Kalss/Klampfl

Europäisches Gesellschaftsrecht

Europäisches Gesellschaftsrecht

Sonderausgabe aus

Dauses

Handbuch des EU-Wirtschaftsrechts

Bearbeitet von

Prof. Dr. Susanne Kalss, LL.M.
Wirtschaftsuniversität Wien

und

Mag. Christoph Klampfl, LL.M.
Wirtschaftsuniversität Wien

2015

C.H.BECK MANZ

www.beck.de
www.manz.at

ISBN 978 3 406 68600 9 (C.H.BECK)
ISBN 978 3 214 06896 7 (MANZ)

Wilhelmstraße 9, 80801 München
Gesamtherstellung: Druckerei C. H. Beck Nördlingen
(Adresse wie Verlag)
Umschlaggestaltung: Druckerei C. H. Beck Nördlingen

Gedruckt auf säurefreiem, alterungsbeständigem Papier
(hergestellt aus chlorfrei gebleichtem Zellstoff)

Vorwort

Das Gesellschaftsrecht ist eine der Erfolgsgeschichten der Europäischen Union. Die Verwirklichung der Niederlassungsfreiheit für Gesellschaften, die die grenzüberschreitende Tätigkeit von Unternehmen sichert, ist einer der Grundpfeiler der Europäischen Union. Die Niederlassungsfreiheit begründet damit die Harmonisierung der nationalen Gesellschaftsrechte, zugleich die Schaffung supranationaler Rechtsformen. Da die grenzüberschreitende Tätigkeit von Unternehmen und Gesellschaften gesichert werden soll, ist keine Vollharmonisierung erforderlich, sondern nur soweit dies für die unternehmerische Tätigkeit erforderlich ist.

Das Europäische Gesellschaftsrecht fokussiert auf das Recht der Kapitalgesellschaften. Die Aktiengesellschaft – und dabei wiederum die börsennotierte Aktiengesellschaft – nimmt eine herausragende Stellung ein. Dies ist naheliegend, da bei diesen Gesellschaften der grenzüberschreitende Aspekt sowohl auf operativer Unternehmensebene als auch auf Eigentümerebene eine besondere Rolle spielt. Zunehmend wird aber erkannt, dass auch für nicht-börsennotierte Gesellschaften bestimmte Rahmenbedingungen geschaffen werden müssen, um auch für sie die grenzüberschreitende Tätigkeit in planbarer Weise zu ermöglichen und damit deren wirtschaftliche Aktivitäten zu fördern.

Gerade darauf zielt eines der jüngsten Projekte der Europäischen Union, nämlich die neue Richtlinie über die Einpersonengesellschaft zur Einführung der Societas Unius Personae. Sie ist ein maßgeblicher, aber – ganz gewiss – nicht der letzte Schritt für die Gewährleistung unternehmerischer Tätigkeit kapitalmarktferner Unternehmen, insbesondere von Unternehmensgruppen. Gerade darin wird in den nächsten Jahren die Aufmerksamkeit der Europäischen Normgeber liegen.

Europäisches Gesellschaftsrecht ist Teil des Europäischen Wirtschaftsrechts. Die Verwirklichung der Niederlassungsfreiheit darf daher nicht allein auf Gesellschaftsrecht beschränkt werden, vielmehr bedarf es massiver Anstrengungen auch im Bereich des Steuerrechts, Sozialversicherungsrechts, Arbeitsrechts und Unternehmensrechts. Jedenfalls werden aber im Gesellschaftsrecht maßgebliche Leitlinien für die Verwirklichung grenzüberschreitender Tätigkeiten gesetzt. Der Inhalt dieses Buches entspricht dem Beitrag „Gesellschaftsrecht" in Dauses, Handbuch des EU-Wirtschaftsrechts, das in einer Loseblattausgabe im Verlag C.H.Beck erscheint. Dem Herausgeber, Herrn Professor Manfred A. Dauses, und dem Verlag C.H.Beck danken wir sehr herzlich, dass zusätzlich zur Aufnahme in das Gesamtwerk die Veröffentlichung des Beitrages in der Form dieses Buches ermöglicht wurde.

Gesellschaftsrecht ist im Fluss, gerade auch in Europa mit unterschiedlichen Vorhaben für alle Gesellschaften oder nur für einen Teil, wie etwa Überlegungen zur Sitzverlegung und Verschmelzung zeigen oder Fragen der kollisionsrechtlichen Anknüpfung. Daher kann eine Darstellung nur eine Momentaufnahme bieten. Wir sind dankbar, wenn Sie uns Anregungen, Wünsche und Verbesserungsvorschläge übermitteln. Für uns war die Erarbeitung des Buches eine Herausforderung, sie machte uns zugleich große Freude.

Wien, im Juni 2015

Susanne Kalss
susanne.kalss@wu.ac.at

Christoph Klampfl
christoph.klampfl@wu.ac.at

E. III. Gesellschaftsrecht

Susanne Kalss/Christoph Klampfl

Übersicht

	Rn.
1. Entwicklungslinien im Europäischen Gesellschaftsrecht	1–26
a) Gesellschaftsrecht – Rechtsgebiet mit europäischer Tradition	1–4
b) Unternehmensrechtliche Infrastruktur	5
c) Funktionale Ausrichtung – punktuelle Regelung	6–9
d) Schichtwerk der Harmonisierung	1
e) Personengesellschaft	12–16
f) Konzentration auf Kapitalgesellschaften	17
g) Aktiengesellschaft	18
h) Börsennotierte Aktiengesellschaft	19–21
i) Bank- und Versicherungsgesellschaftsrecht	22–26
2. Grundlagen	27–67
a) Regelungsbereiche	27
b) Kompetenzgrundlagen	28–32
c) Regelungsinstrumente	33–37
d) Niederlassungsfreiheit	38–63
aa) Persönlicher Anwendungsbereich	38–45
bb) Ausübungsmodalitäten der Niederlassungsfreiheit	46–53
cc) Schutzgehalt der Niederlassungsfreiheit	54–60
dd) Schutz im Herkunfts- und im Aufnahmestaat einer Niederlassung	61–63
e) Kapitalverkehrsfreiheit	64–67
3. Mobilität und Strukturmaßnahmen	68–204
a) Gewährleistung der Mobilität durch Grundfreiheiten	74–141
aa) Grundsatz der Anerkennung von EU-Auslandsgesellschaften	74–76
bb) Gesellschaftsgründung und Beteiligungserwerb	77–98
aaa) Anwendung von Niederlassungs- und Kapitalverkehrsfreiheit	77–83
bbb) Beteiligungserwerb und Goldene Aktien	84–88
ccc) EU-Auslandskapitalgesellschaft & Co Personengesellschaft	89–98
cc) Verwaltungssitzverlegung	99–115
aaa) Einordnung der Verwaltungssitzverlegung	99–101
bbb) Die Vorfrage der rechtlichen Existenz nach dem Gründungsrecht	102–104
ccc) Schutz im Gründungs- und im Aufnahmestaat – Anerkennung	105–109
ddd) Briefkastengesellschaften	110–113
eee) Rechtfertigungsmöglichkeit für Beschränkungen	114, 115
dd) Gründung von Tochtergesellschaften und Errichtung von Zweigniederlassungen	116–119
ee) Grenzüberschreitende Umwandlungen	120–143
aaa) Verschmelzung als Ausübung der Niederlassungsfreiheit	120–125
bbb) Formwechsel als Ausübung der Niederlassungsfreiheit	126–134
ccc) Andere Umwandlungsmaßnahmen	135–138
ddd) Durchführung grenzüberschreitender Umwandlungen	139–143
b) Harmonisierung von Strukturmaßnahmen	144–204
aa) Innerstaatliche Verschmelzung	148–168
aaa) Grundlagen und Anwendungsbereich	148, 149
bbb) Verschmelzungsarten und Rechtsfolgen	150–152
ccc) Verschmelzungsverfahren nach dem Europäischen Modell für Strukturmaßnahmen	153–161
ddd) Absicherung durch Haftung, Gläubiger- und Bestandschutz	162–165
eee) Verschmelzungen in der Unternehmensgruppe	166–168
bb) Innerstaatliche Spaltung	169–182
aaa) Grundlagen und Anwendungsbereich	169, 170
bbb) Spaltungsarten und Rechtsfolgen	171–174
ccc) Spaltungsverfahren nach dem Europäischen Modell für Strukturmaßnahmen	175, 176
ddd) Besonderheiten der Spaltung im Vergleich zur Verschmelzung	177–182
cc) Grenzüberschreitende Verschmelzung	183–204
aaa) Grundlagen und Anwendungsbereich	183–186
bbb) Verschmelzungsarten und Rechtsfolgen	187, 188
ccc) IntVersch-Richtlinie und Niederlassungsfreiheit	189

	Rn.
ddd) Grenzüberschreitendes Verschmelzungsverfahren nach dem Europäischen Modell für Strukturmaßnahmen	190–198
eee) Absicherung durch Haftung, Gläubiger-, Minderheitsgesellschafter- und Bestandschutz	199–202
fff) Grenzüberschreitende Verschmelzung in der Unternehmensgruppe	203
ggg) Unternehmerische Mitbestimmung	204
4. Informationsmodell	205–308
a) Handelsrechtliche Publizität und Verkehrsschutz bei Vertretung und Nichtigkeit von Kapitalgesellschaften	212–254
aa) Rechtsrahmen	212–215
bb) Handelsrechtliche Publizität von Kapitalgesellschaften	216–231
aaa) Grundlagen und Anwendungsbereich	216–219
bbb) Publizitätsmittel	220–224
ccc) Publizitätsgegenstände	225, 226
ddd) Publizitätswirkungen	227–230
eee) Unternehmensregisterverknüpfung	231
cc) Handelsrechtliche Publizität von Zweigniederlassungen	232–242
aaa) Grundlagen und Anwendungsbereich	232–236
bbb) Publizitätsmittel und Publizitätswirkungen	237
ccc) Publizitätsgegenstände	238–241
ddd) Unternehmensregisterverknüpfung	242
dd) Verkehrsschutz bei Handeln im Namen einer Kapitalgesellschaft	243–250
aaa) Handelndenhaftung	244
bbb) Fehlerhafte Bestellung von Vertretungsorganen	245
ccc) Grundsätze organschaftlicher Vertretungsmacht	246–250
ee) Beschränkung der Nichtigkeit von Kapitalgesellschaften	251–254
b) Rechnungslegung, Abschlussprüfung und Offenlegung	255–308
aa) Entwicklung und Struktur des europäischen Rechtsrahmens	255–261
bb) Rechnungslegung für einzelne Gesellschaften	262–277
aaa) Grundlagen und Anwendungsbereich	262–267
bbb) Bestandteile der Rechnungslegung	268–274
ccc) Abschlussprüfung, Offenlegung und Verantwortung	275–277
cc) Konsolidierte Rechnungslegung für Gruppen	278–292
aaa) Grundlagen und Anwendungsbereich	278–286
bbb) Grundsätze der konsolidierten Rechnungslegung, Abschlussprüfung, Offenlegung	287–292
dd) Konsolidierter Abschluss für Gruppen mit kapitalmarktorientierter Muttergesellschaft	293–299
ee) Länderbezogene Berichterstattung für Zahlungen an staatliche Stellen	300, 301
ff) Rechtsrahmen für die Abschlussprüfung	302–308
aaa) Grundlagen und Anwendungsbereich	302, 303
bbb) Allgemeiner Rechtsrahmen für die Abschlussprüfung	304
ccc) Rechtsrahmen für die Abschlussprüfung bei Unternehmen von öffentlichem Interesse	305–308
5. Finanzverfassung	309–381
a) Grundlagen und Anwendungsbereich der Kapital-Richtlinie	313–316
b) Satzungspublizität und Gründung einer Aktiengesellschaft	317–321
c) Der Grundsatz des festen Kapitals	322–325
d) Kapitalaufbringung	326–333
e) Kapitalerhaltung	334–356
aa) Kapitalschutz durch Ausschüttungsbeschränkungen	335–339
bb) Einberufungspflicht bei schweren Verlusten	340, 341
cc) Erwerb eigener Aktien	342–356
aaa) Allgemeines	342, 343
bbb) Originärer Erwerb eigener Aktien	344, 345
ccc) Derivativer Erwerb eigener Aktien	346–352
ddd) Umgehungsschutz – Zwischenschaltung Dritter, finanzielle Unterstützung, abhängige Gesellschaft	353–356
f) Kapitalmaßnahmen	357–375
aa) Kapitalerhöhung	358–369
aaa) Zuständigkeit der Hauptversammlung	359–362
bbb) Tatsächliche Kapitalaufbringung	363, 364
ccc) Bezugsrecht	365–370
bb) Kapitalherabsetzung	371–375
g) Gleichbehandlungsgrundsatz im Europäischen Gesellschaftsrecht	376–381
6. Organisation	382–452
a) Aktionärsrechte in börsennotierten Gesellschaften	389–429
aa) Grundlagen und Anwendungsbereich	389–394
bb) Mindeststandards für die Hauptversammlung	395–414
aaa) Einberufung	395–399
bbb) Zugang zur Hauptversammlung	400
ccc) Fernteilnahme und -abstimmung	401–404

Rn.

ddd) Fragerecht der Aktionäre 405–407
eee) Unmittelbare Stellvertretung 408–411
fff) Intermediäre 412, 413
ggg) Feststellung und Veröffentlichung von Abstimmungsergebnissen 414
cc) Reform der Aktionärsrechte-Richtlinie – Vorschläge 2014 415–429
aaa) Grundlagen und Ausblick 415, 416
bbb) Finanzintermediäre und Einbeziehung der Aktionäre 417
ccc) Institutionelle Anleger und Vermögensverwalter 418
ddd) Professionelle Stimmrechtsberater 419, 420
eee) Vergütung für Mitglieder der Unternehmensleitung 421–425
fff) Transaktionen mit nahestehenden Unternehmen und Personen 426–429
b) Corporate Governance 430–452
aa) Gegenstand von Corporate Governance 430–432
bb) Entwicklung des Corporate Governance-Rahmens 433–439
cc) Corporate Governance und Europäisches Bankgesellschaftsrecht 440–452
aaa) Anforderungen an das Leitungsorgan und Annäherung an das monistische System 443–448
bbb) Weitere Corporate Governance-Elemente im Europäischen Bankgesellschaftsrecht 449–452
7. Unternehmensgruppe 453–537
a) Einpersonen-Kapitalgesellschaften mit beschränkter Haftung 461–500
aa) Grundlagen und Entwicklung 461–463
bb) Zulässigkeit und Harmonisierung 464–474
cc) Rechtsrahmen für Societas Unius Personae – Vorschläge 2014 475–500
aaa) Grundlagen 475–478
bbb) Rechtsnatur der SUP 479–481
ccc) Sitz und anwendbares Recht 482, 483
ddd) Gründung 484–491
eee) Finanzverfassung 492–494
fff) Organisationsverfassung 495–499
ggg) Mitbestimmungsrecht 500
b) Beteiligungserwerb an der Schnittstelle zum Kapitalmarktrecht 501–537

Rn.

aa) Öffentliche Übernahmeangebote 502–526
aaa) Grundlagen 502–505
bbb) Anwendungsbereich, allgemeine Grundsätze und Zuständigkeit 506–510
ccc) Kontrollerwerb und Pflichtangebot 511–515
ddd) Übernahmeverfahren 516–518
eee) Rechtsrahmen für Abwehrmaßnahmen 519–523
fff) Übernahmerechtlicher Squeeze-out und Sell-out 524–526
bb) Beteiligungspublizität 527–537
aaa) Die Transparenz-Richtlinie und ihre Reform 2013 527–529
bbb) Beteiligungspublizität im Überblick 530–537
8. Rechtsrahmen für die Insolvenz 538–549
a) Entwicklung des Rechtsrahmens 538–540
b) Anwendungsbereich und Grundzüge 541–546
c) Sanierung und Abwicklung von Kreditinstituten und Wertpapierfirmen 547–549
9. Europäische Gesellschaftsformen 550–629
a) Europäische Gesellschaft – SE 556–587
aa) Grundlagen 556–561
bb) Sitz, Sitzverlegung und Umgründungsmaßnahmen 562–565
cc) Gründung 566–573
dd) Organisationsverfassung 574–582
aaa) Wahlrecht zwischen monistischem und dualistischem System 574, 575
bbb) Organe der Verwaltung 576–581
ccc) Hauptversammlung 582
ee) Arbeitnehmerbeteiligung 583–586
ff) Ausblick 587
b) Europäische Genossenschaft – SCE 588–607
aa) Grundlagen 588–592
bb) Sitz, Sitzverlegung und Umgründungsmaßnahmen 593, 594
cc) Gründung 595–597
dd) Mitglieder 598, 599
ee) Organisationsverfassung 600–605
ff) Arbeitnehmerbeteiligung 606
gg) Ausblick 607
c) Europäische wirtschaftliche Interessenvereinigung – EWIV 608–617
aa) Grundlagen 608–612
bb) Zentrale Regelungsbereiche 613–617
d) Europäische Privatgesellschaft – SPE 618–626
e) Alternativen zu Europäischen Gesellschaftsformen 627–629

Schrifttum: *Arbeitskreis Bilanzrecht,* Zur Fortentwicklung des deutschen Bilanzrechts, BB 2002, 2372; *Arbeitskreis Bilanzrecht,* Stellungnahme zum Grünbuch der Europäischen Kommission Weiteres Vorgehen im Bereich der Abschlussprüfung – Lehren aus der Krise, NZG 2011, 176; *Arbeitskreis Bilanzrecht,* Überlegungen zur Umsetzung der EU-Bilanzrichtlinie RL 2013/34/EU vom 26.6.2013 in deutsches

Recht, NZG 2014, 892; *Arbeitskreis Fortentwicklung der Rechnungslegung für KMU,* Stellungnahme zum Vorschlag der Europäischen Kommission vom 25.10.2011 zur Änderung der Bilanzrichtlinien, DB 2012, 991; *Armbrüster,* Aufsichtsrecht überlagert Aktienrecht, KSzW 2013, 10; *Arminger,* Solvenztest – eine Alternative zur bilanziellen Kapitalerhaltung in der Europäischen Union? IRZ 2012, 343; *Arminger,* Der Entwurf des Rechnungslegungs-Änderungsgesetzes 2014 im Überblick – Geplante Änderungen für die Erstellung von Jahresabschlüssen, CFO aktuell 2014, 210; *Assmann/Pötzsch/U. H. Schneider* (Hrsg.), Wertpapiererwerbs- und Übernahmegesetz, 2. Auflage 2013; *Assmann/U. H. Schneider* (Hrsg.), Wertpapierhandelsgesetz, 6. Auflage 2012; *Auer,* Unternehmensrecht – Die Politik der Union, in: Herzig (Hrsg.), Jahrbuch Europarecht 2013, S. 303; *Augustin,* (Selbst)Regulierung von institutionellen Stimmrechtsberatern auf europäischer Ebene, ÖBA 2014, 583; *Bachmann,* Der Grundsatz der Gleichbehandlung im Kapitalmarktrecht, ZHR 170 (2006) 144; *Bachmann/Eidenmüller/Engert/Fleischer/Schön,* Rechtsregeln für die geschlossene Kapitalgesellschaft, 2012; *Bachner,* The Battle over Jurisdiction in European Insolvency Law – ECJ 2.5.2006, C-341/04 (Eurofood), ECFR 2006, 310; *Bachner/Dokalik,* Die neue EU-Richtlinie über Aktionärsrechte und ihre Auswirkungen auf das österreichische Aktienrecht, GesRZ 2007, 104; *Baldamus,* Reform der Kapitalrichtlinie, 2002; *Basedow,* Editorial: Ende des 28. Modells? – Das Bundesverfassungsgericht und das europäische Wirtschaftsprivatrecht, EuZW 2010, 41; *Basedow/Hopt/Zimmermann,* Handwörterbuch des Europäischen Privatrechts, 2009; *Baum,* Von Konzession, staatlicher Aufsicht und Zwangsrecht zur Marktregulierung? in Doralt/Kalss (Hrsg.), Franz Klein – Vorreiter des modernen Aktien- und GmbH-Rechts, 2004, S. 93; *Baumbach/Hueck,* GmbHG, 20. Auflage 2013; *Baums,* Low Balling, Creeping in und deutsches Übernahmerecht, ZIP 2010, 2374; *Baums/Cahn,* Die Umsetzung der Übernahme-Richtlinie in Europa, 2006; *Baums/Krüger Andersen,* The European Model Company Act Project, FS Wymeersch, 2009, S. 5; *Bayer,* Aktuelle Entwicklungen im Europäischen Gesellschaftsrecht, BB 2004, 1; *Bayer,* Grundsatzfragen der Regulierung der aktienrechtlichen Corporate Governance, NZG 2013, 1; *Bayer/J. Schmidt,* Der Schutz der grenzüberschreitenden Verschmelzung durch die Niederlassungsfreiheit, ZIP 2006, 210; *Bayer/J. Schmidt,* Überlagerungen des deutschen Aktienrechts durch das Europäische Unternehmensrecht: Eine Bilanz von 1968 bis zur Gegenwart, in Bayer/Habersack (Hrsg.), Aktienrecht im Wandel, Band I, 2007, S. 944; *Bayer/J. Schmidt,* Grenzüberschreitende Sitzverlegungen und grenzüberschreitende Restrukturierungen nach MoMiG, Cartesio und Trabrennbahn – Europäischer Rahmen, deutsche lex lata und rechtspolitische Desiderata, ZHR 173 (2009) 735; *Bayer/J. Schmidt,* Die Reform der Kapitalaufbringung bei der Aktiengesellschaft durch das ARUG, ZGR 2009, 805; *Bayer/J. Schmidt,* BB-Rechtsprechungs- und Gesetzgebungsreport im Europäischen Gesellschaftsrecht 2008/09, BB 2010, 387; *Bayer/J. Schmidt,* Der Referentenentwurf zum 3. UmwÄndG: Vereinfachungen bei Verschmelzungen und Spaltungen und ein neuer verschmelzungsspezifischer Squeeze out, ZIP 2010, 953; *Bayer/J. Schmidt,* Das Vale-Urteil des EuGH: Die endgültige Bestätigung der Niederlassungsfreiheit als „Formwechselfreiheit“, ZIP 2012, 1481; *Bayer/J. Schmidt,* BB-Gesetzgebungs- und Rechtsprechungsreport Europäisches Unternehmensrecht 2012, BB 2013, 3; *Bayer/J. Schmidt,* Aktuelle Rechtsprechung des EuGH zum Europäischen Unternehmensrecht – 2012 bis Anfang 2014, KSzW 2014, 69; *Bayer/Selentin,* Related Party Transactions: Der neueste EU-Vorschlag im Kontext des deutschen Aktien- und Konzernrechts, NZG 2015, 7; *Beck,* Befreiungen des Tochterunternehmens bei Einbezug in den Konzernabschluss – eine Betrachtung nach deutschem und europäischem Recht, EWS 2014, 263; *Beck,* Perspektiven eines Konzerninsolvenzrechts, DZWiR 2014, 381; *Becker,* Insolvenz in der Europäischen Union – Zur Verordnung des Rates über Insolvenzverfahren, ZEuP 2002, 287; Beck'sches IFRS-Handbuch, 4. Auflage 2013; *Behme,* Der grenzüberschreitende Formwechsel von Gesellschaften nach Cartesio und Vale, NZG 2012, 936; *Behrens,* Gesellschaftsrecht, in Dauses (Hrsg.), Europäisches Wirtschaftsrecht, EL. 14, Kapitel E. III.; *Behrens,* Erneuerung des Stiftungskollisionsrechts, GS Walz, 2008, S. 13; *Beurskens,* „Societas Unius Personae“ – der Wolf im Schafspelz? GmbHR 2014, 738; *Bezzenberger,* Das Kapital der Aktiengesellschaft, 2005; *Binder,* Komplexitätsbewältigung durch Verwaltungsverfahren? Krisenbewältigung und Krisenprävention nach der EU-Bankensanierungs- und -abwicklungsrichtlinie, ZHR 179 (2015) 83; *Binz/Mayer,* Die Rechtsstellung von Kapitalgesellschaften aus Nicht-EU/EWR/USA-Staaten mit Verwaltungssitz in Deutschland, BB 2005, 2361; *Binz/Sorg,* Die GmbH & Co. KG, 11. Auflage 2010; *Birkmose,* European Challenges for Institutional Investor Engagement – Is Mandatory Disclosure the Way Forward, ECFR 2014, 214; *Blöink/Kumm,* Erleichterungen und neue Pflichten – ein Überblick über die Regelpublizität nach der neuen EU-Transparenzrichtlinie, BB 2013, 1963; *Brause,* Stimmrechtslose Vorzugsaktien bei Umwandlungen, 2002; *Bremer,* Neuere Entwicklungen in Brüssel – Neue Regulierungsvorschläge im EU-Kapitalgesellschaftsrecht Anfang 2014 erwartet, NZG 2014, 57; *Brinckmann,* Die geplante Reform der Transparenz-RL: Veränderungen bei der Regelpublizität und der Beteiligungstransparenz,

BB 2012, 1370; *Brinckmann,* § 16 Grundlagen, § 18 Periodische Publizität, in Veil (Hrsg.), Europäisches Kapitalmarktrecht, 2. Auflage 2014, S. 293, S. 339; *Brinckmann,* EuGH: Anwendbarkeit der EuInsVO bei grenzüberschreitendem Bezug nur zu einem Drittstaat, LMK 2014, 356291; *Brosius,* Die finanzielle Unterstützung des Erwerbs eigener Aktien, 2011; *Brouwer,* Unternehmensrechtliche Herausforderungen der 18. Legislaturperiode aus Sicht der Realwirtschaft, NZG 2014, 201; *Brünkmans,* Die Sanierung von Konzernen in Europa, Konzern 2013, 234; *Brünkmans,* Auf dem Weg zu einem europäischen Konzerninsolvenzrecht, ZInsO 2013, 797; *Bungert,* Grenzüberschreitende Verschmelzungsmobilität – Anmerkung zur Sevic-Entscheidung des EuGH, BB 2006, 53; *Burgard/Heimann,* Bankrecht, in Dauses (Hrsg.), Europäisches Wirtschaftsrecht EL. 32, Kapitel E. IV.; *Burgard/Heimann,* Beteiligungspublizität nach der Transparenzrichtlinie 2013, FS Dauses, 2014, S. 47; *Bürkle,* Europarechtliche Vorgaben für die interne Governance im Versicherungssektor, WM 2012, 878; *Buschmann,* EU-Grünbuch zur Corporate Governance: Alter Wein in neuen Schläuchen? NZG 2011, 87; *Cach,* EuGH: Deutsches VW-Gesetz europarechtskonform, GesRZ 2013, 310; *Cahn,* Die Auswirkungen der Richtlinie zur Änderung der Kapitalrichtlinie auf den Erwerb eigener Aktien, Konzern 2007, 385; *Calliess/Ruffert* (Hrsg.), EUV/AEUV, 4. Auflage 2011; *Câmara,* The AIFM's Governance and Remuneration Committees, in Zetzsche, The Alternative Investment Fund Managers Directive, 2012, S. 237; *Canzler/Hammermaier,* Die Verfolgung und Ahndung wertpapierrechtlicher Delinquenz durch die Wertpapieraufsicht der BaFin: Das kapitalmarktrechtliche Bußgeldverfahren, AG 2014, 57; *Chattopadhyay,* Der Vorschlag für eine Richtlinie zur Sanierung und Abwicklung von Kreditinstituten, WM 2013, 405; *Chekushina/Loth,* Die kritische Grundhaltung bei der Abschlussprüfung, NZG 2014, 85; *Cichy/Behrens,* Sanierungspläne als zentrales Element zur Verhinderung künftiger Bankenkrisen, WM 2014, 438; *Clausnitzer,* EU-Parlament nimmt Stellung zur Zukunft des europäischen Gesellschaftsrechts, AG 2012, R224; *Claussen,* Konzernabschluß versus Einzelabschluß der Muttergesellschaft, ZGR 2000, 604; *Conac,* Directors' Duties in Groups of Companies: Legalizing the Interest of Group at the European Level, ECFR 2013, 194; *Cordewener,* Europäische Grundfreiheiten und nationales Steuerrecht, 2001; *Cordewener,* Der europarechtliche Rahmen für Unternehmensinformationen, in Schön (Hrsg.), Rechnungslegung und Wettbewerbsschutz im deutschen und europäischen Recht, 2009, S. 105; *Daiber,* EU-Durchführungsrechtsetzung nach Inkrafttreten der neuen Komitologie-Verordnung, EuR 2012, 240; *DAV Ausschuss Handelsrecht,* Stellungnahme zum Referentenentwurf eines Gesetzes zur Änderung des Aktiengesetzes (Aktienrechtsnovelle 2011) NZG 2011, 217; *Davies/Schuster/van de Walle de Ghelcke,* The Takeover Directive as a Protectionist Tool?, in Bernitz/Ringe (Hrsg.), Company Law and Economic Protectionism, 2010, S. 105; *de Erice/Gaude,* Societas Privata Europaea – Unternehmensleitung und Haftung, DStR 2009, 857; *Dienes/Velte,* Integrated Reporting und Nachhaltigkeitsberichterstattung im Fokus aktueller Corporate-Governance-Entwicklungen, ZCG 2013, 229; *Dietz/Streinz,* Das Marktzugangskriterium in der Dogmatik der Grundfreiheiten, EuR 2015, 50; *Dohrn,* Der Richtlinienvorschlag zur Festlegung eines Rahmens für die Sanierung und Abwicklung von Kreditinstituten und Wertpapierfirmen, WM 2012, 2033; *Dokalik,* RÄG 2014 – Rechnungslegungs-Änderungsgesetz 2014, 2015; *M. Doralt,* OGH zur verschmelzenden Umwandlung über die Grenze – ein Meilenstein im internationalen Gesellschaftsrecht? GesRZ 2004, 26; *W. Doralt,* Die Haftung des gesetzlichen Abschlussprüfers – Mitverschulden, Ansprüche Dritter und Wege der Haftungsbegrenzung, ZGR 2015, 266; *P. Doralt/Nowotny/Kalss,* Aktiengesetz, 2. Auflage 2012; *Dreher,* Ausstrahlungen des Aufsichtsrechts auf das Aktienrecht – Unter besonderer Berücksichtigung des Risikomanagement, ZGR 2010, 496; *Dreher,* Der Richtlinienvorschlag über die Societas Unius Personae und seine Regelungen zur faktischen Geschäftsführung, NZG 2014, 967; *Drinkuth,* Die Kapitalrichtlinie – Mindest- oder Höchstnorm? 1998; *Drouven/Mödl,* US-Gesellschaften mit Hauptverwaltungssitz in Deutschland im deutschen Recht, NZG 2007, 7; *Drygala,* Stammkapital heute – Zum veränderten Verständnis vom System des festen Kapitals und seinen Konsequenzen, ZGR 2006, 587; *Drygala,* Finanzielle Unterstützung des Aktienerwerbs nach der Reform der Kapitalrichtlinie, Konzern 2007, 396; *Drygala,* Europäisches Konzernrecht: Gruppeninteresse und Related Party Transactions, AG 2013, 198; *Drygala,* Europäische Niederlassungsfreiheit vor der Rolle rückwärts? EuZW 2013, 569; *Drygala,* What's SUP? Der Vorschlag der EU-Kommission zur Einführung einer europäischen Einpersonengesellschaft (Societas Unius Personae, SUP) EuZW 2014, 491; *Ebers,* Die Gründung der SCE, in Schulze (Hrsg.), Europäische Genossenschaft, 2004, Kapitel 3; *Eckert,* Internationales Gesellschaftsrecht, 2010; *Ege/Klett,* Praxisfragen der grenzüberschreitenden Mobilität von Gesellschaften, DStR 2012, 2442; *Ehricke,* Die neue Europäische Insolvenzordnung und grenzüberschreitende Konzerninsolvenzen, EWS 2002, 101; *Eidenmüller,* Europäische Verordnung über Insolvenzverfahren und zukünftiges deutsches internationales Insolvenzrecht, IPRax 2001, 2; *Eidenmüller,* Die GmbH im Wettbewerb der Rechtsformen, ZGR 2007, 168; *Eidenmüller,* A New Framework for Business Restructuring in Europe: The EU Commission's Proposals for a Reform of the European Insolvency Regulation and Beyond, MJ 2013, 133; *Eidenmüller/Engert,* Reformperspektiven einer Umwandlung von Fremd- in Eigenkapital (Debt-Equity Swap) im Insolvenzplanverfahren, ZIP 2009, 541; *Eidenmüller/Grunewald/Noack,* Das Mindestkapital im System des festen Kapitals, in Lutter (Hrsg.), Das Kapital der Aktiengesellschaft in Europa, 2006, S. 17; *Eidenmüller/Rehberg,* Rechnungslegung von Auslandsgesellschaften, ZVglRWiss 105 (2006) 427; *Eidenmüller/Rehberg,* Umgehung von Gewerbeverboten mittels Auslandsgesellschaften, NJW 2008, 28; *Eierle/Ketterer/Kummer,* Überarbeitung des IFRS for SMEs durch den Comprehensive Review, DB 2014, 2180 (Teil 1), 2239 (Teil 2); *Einmahl,* Die erste gesellschaftsrechtliche Richtlinie des Rates der Europäischen Gemeinschaften und ihre Bedeutung für das deutsche Aktienrecht (II), AG 1969, 167; *Eisenhardt/Wader,* Vorschläge zur Fortentwicklung der Abschlussprüfung – Das Grünbuch der EU-Kommission, DStR 2010, 2532; *Ekkenga,* Die Kapitalherabsetzung nach der neuen EG-Kapitalrichtlinie: Änderungen, Ergänzungen und Umsetzungsbedarf, Konzern 2007, 413; *Ekkenga,* Neue Pläne der Europäischen Kommission für ein Europäisches Konzernrecht: Erste Eindrücke, AG 2013, 181; *Emmenegger,* Bankorganisationsrecht als Regulierungsaufgabe, 2004; *Engert,* Solvenzanforderungen als gesetzliche Ausschüttungssperre bei Kapitalgesellschaften, ZHR 170 (2006) 296; *Engert,* § 5 Gesellschaftsrecht, in Langenbucher (Hrsg.), Europäisches Privat- und Wirtschaftsrecht, 3. Auflage 2013, S. 269; *Ernst/Seidler,* Der Regierungsentwurf eines Gesetzes zur Modernisierung des Bilanzrechts, ZGR 2008, 631; *Everling,* Das Niederlassungsrecht in der EG als Beschränkungsverbot – Tragweite und Grenzen, GS Knobbe-Keuk, 1997, S. 607; *Fichtner,* Prinzipielle Anerkennung ausländischer Insolvenzverfahren, BB 2010, 532; *Finesi,* Suitability of Bank Directors in Europe: Just a Matter of Being ‚Fit & Proper'?, ECFR 2015, 45; *Fischer-Zernin,* Der Rechtsangleichungserfolg der 1. Gesellschaftsrechtlichen Richtlinie der EWG, 1986; *Fleischer,* Börseneinführung von Tochtergesellschaften, ZHR 165 (2001) 513; *Fleischer,* Reichweite und Grenzen der unbeschränkten Organvertretungsmacht im Kapitalgesellschaftsrecht, NZG 2005, 529; *Fleischer,* Verdeckte Gewinnausschüttung und Kapitalschutz im Europäischen Gesellschaftsrecht, in Lutter (Hrsg.), Das Kapital der Aktiengesellschaft in Europa, 2006, S. 114; *Fleischer,* Das Gesetz zur Angemessenheit der Vorstandsvergütung (VorstAG), NZG 2009, 801; *Fleischer,* Supranationale Gesellschaftsformen in der Europäischen Union, ZHR 174 (2010), 385; *Fleischer,* Zur Rolle und Regulierung von Stimmrechtsberatern (Proxy Advisors) im deutschen und europäischen Aktien- und Kapitalmarktrecht, AG 2012, 2; *Fleischer,* Corporate Governance in Europa als Mehrebenensystem, ZGR 2012, 160; *Fleischer,* Related Party Transactions bei börsennotierten Gesellschaften: Deutsches Aktien(konzern)recht und Europäische Reformvorschläge, BB 2014, 2691; *Fleischer/Kalss,* Das neue Wertpapiererwerbs- und Übernahmegesetz – Einführende Gesamtdarstellung und Materialien, 2002; *Fleischer/Kalss,* Neues zur Lockerung der Satzungsstrenge bei nicht börsennotierten Aktiengesellschaften, AG 2013, 693; *Fleischer/Strothotte,* Ein Stewardship Code für institutionelle Investoren: Wohlverhaltensregeln und Offenlegung der Abstimmungspolitik als Vorbild für Deutschland und Europa?, AG 2011, 221; *Forsthoff,* EuGH fördert Vielfalt im Gesellschaftsrecht – Traditionelle deutsche Sitztheorie verstößt gegen Niederlassungsfreiheit, DB 2002, 2471; *Forum Europaeum Konzernrecht,* Konzernrecht für Europa, ZGR 1998, 672; Frankfurter Kommentar zum WpÜG, 3. Auflage 2008; *Freiberg/Lüdenbach,* BilRUG-RegE: Mehr als selektive Nachbesserungen? BB 2015, 363; *Freitag,* „Financial Assistance" durch die Aktiengesellschaft nach der Reform der Kapitalrichtlinie – (k)ein Freifahrtschein für LBOs?, AG 2007, 157; *Freitag,* Neue Publizitätspflichten für institutionelle Anleger? AG 2014, 647; *Freitag/Leible,* Justizkonflikte im Europäischen Internationalen Insolvenzrecht und (k)ein Ende?, RIW 2006, 641; *Freytag,* Neues zum Recht der Konzernverschmelzung und des Squeeze out, BB 2010, 1611; *Ganske,* Änderungen des Verschmelzungsrechts, DB 1981, 1551; *German Experts on Corporate Law,* Stellungnahme zum Abschlussbericht der High Level Group, ZIP 2003, 863; *Ghetti,* Acting in Concert in EU Company Law: How Safe Harbours can Reduce Interference with the Exercise of Shareholder Rights, ECFR 2014, 595; *Götze/Nartowska,* Der Regierungsentwurf der Aktienrechtsnovelle 2014 – Anmerkungen aus der Praxis, NZG 2015, 298; *Grabitz/Hilf/Nettesheim,* Das Recht der Europäischen Union, 54. Ergänzungslieferung 2014; *Grohmann,* Das Informationsmodell im Europäischen Gesellschaftsrecht, 2006; *Grohmann,* Das Informationsmodell im Europäischen Gesellschaftsrecht, EWS 2007, 540; Großkommentar zum Aktiengesetz, 4. Auflage; *Gruber,* Der unabhängige Finanzexperte im Aufsichtsrat nach dem Referentenentwurf des Bilanzrechtsmodernisierungsgesetzes, NZG 2008, 12; *Grundmann,* Information und ihre Grenzen im europäischen und neuen englischen Gesellschaftsrecht, FS Lutter, 2000, S. 61; *Grundmann,* Die Struktur des europäischen Gesellschaftsrechts – Von der Krise zum Boom, ZIP 2004, 2401; *Grundmann,* The renaissance of organized shareholder representation in Europe, FS Wymeersch, 2009, S. 183; *Grundmann,* Inter-Instrumental-Interpretation, RabelsZ 75 (2011) 882; *Grundmann,* Europäisches Gesellschaftsrecht,

2. Auflage 2011; *Grundmann/Möslein,* Europäisierung, in Bayer/Habersack (Hrsg.), Aktienrecht im Wandel, Band II, 2007, S. 31; *Grundmann/Winkler,* Das Aktionärsstimmrecht in Europa und der Kommissionsvorschlag zur Stimmrechtsausübung in börsennotierten Gesellschaften, ZIP 2006, 1421; *Grunewald,* Der Gläubigerschutz bei grenzüberschreitenden Verschmelzungen nach dem Entwurf eines zweiten Gesetzes zur Änderung des UmwG, Konzern 2007, 106; *Haberer,* The Road Ahead: Zur Zukunft des europäischen Gesellschaftsrechts, GesRZ 2003, 211; *Habersack,* Genußrechte und sorgfaltswidrige Geschäftsführung, ZHR 155 (1991), 378; *Habersack,* Rückerwerbbare Aktien auch für deutsche Gesellschaften!, FS Lutter, 2000, S. 1329; *Habersack,* Europäisches Gesellschaftsrecht im Wandel – Bemerkungen zum Aktionsplan der EG-Kommission betreffend die Modernisierung des Gesellschaftsrechts und die Verbesserung der Corporate Governance in der Europäischen Union, NZG 2004, 1; *Habersack,* Verdeckte Sacheinlage und Hin und Herzahlen nach dem ARUG – gemeinschaftsrechtlich betrachtet, AG 2009, 557; *Habersack,* Editorial: Gesellschaftsrecht vor neuen Herausforderungen, NJW 27/2014; *Habersack/Drinhausen,* SE-Recht, 2013; *Habersack/Schürnbrandt,* Modernisierung des Aktiengesetzes von 1965, in Bayer/Habersack (Hrsg.), Aktienrecht im Wandel, Band I, 2007, S. 889; *Habersack/Tröger,* „Ihr naht Euch wieder, schwankende Gestalten …" – Zur Frage eines europarechtlichen Gleichbehandlungsgebots beim Anteilshandel, NZG 2010, 1; *Habersack/Verse,* Europäisches Gesellschaftsrecht, 4. Auflage 2012; *Hadding/Klatt,* Zur entsprechenden Geltung aktienrechtlicher Vorschriften beim Versicherungsverein auf Gegenseitigkeit, FS Lwowski, 2014, S. 317; *Hahnefeld,* Neue Regelungen zur Offenlegung bei Zweigniederlassungen – Inkrafttreten des Gesetzes zur Umsetzung der Elften gesellschaftsrechtlichen EG-Richtlinie, DStR 1993, 1596; *Heidinger,* Der „ständige Vertreter" der Zweigniederlassung einer ausländischen Kapitalgesellschaft, MittBayNot 1998, 72; *Heinze,* Europäisches Kapitalmarktrecht, 1999; *Heinze,* Die Europäische Aktiengesellschaft, ZGR 2002, 66; *Helios,* § 22 Europäisches und Internationales Steuerrecht, in Schauhoff (Hrsg.), Handbuch der Gemeinnützigkeit, 3. Auflage 2010; *Hellgardt/Hoger,* Transatlantische Konvergenz der Aktionärsrechte – Systemvergleich und neuere Entwicklungen, ZGR 2011, 38; *Hellgardt/Illmer,* Wiederauferstehung der Sitztheorie?, NZG 2009, 94; *Hennrichs,* Abschlussprüferreform im Unionsrecht, ZGR 2015, 248; *Henselmann/Kaya/Meichelbeck,* Vermeidung der Jahresabschlusspublizität durch Auslandsgesellschaften, ZCG 2010, 100; *Henssler,* Die LLP die bessere Alternative zur PartG mbB?, NJW 2014, 1761; *Henssler/Strohn,* Gesellschaftsrecht, 2. Auflage 2014; *Henze,* Das Richtlinienrecht und der Schutz von Minderheitsgesellschaftern und Gläubigern im deutschen Aktienrecht – verdeckte Sacheinlage, Bezugsrecht und Verschmelzungsbericht, in Grundmann (Hrsg.), Systembildung und Systemlücken in Kerngebieten des Europäischen Privatrechts, 2000, S. 235; *Hess,* Europäisches Insolvenzrecht nach Eurofood: Methodische Standortbestimmung und praktische Schlussfolgerungen, IPRax 2007, 89; *Hilgers/Kurta,* Die fachlichen und persönlichen Anforderungen an Mitglieder von Verwaltungs- und Aufsichtsräten, ZBB 2010, 471; *Hirschfeld,* Die niederländische „bv" nach dem Gesetz zur Vereinfachung und Flexibilisierung des bv-Rechts (flex-bv), RIW 2013, 134; *Hirte,* Daihatsu: Durchbruch für die Publizität, NJW 1999, 36; *Hirte,* Kapitalschutz (Gläubiger- und Eignerschutz) im Europäischen Recht, in Grundmann (Hrsg.), Systembildung und Systemlücken in Kerngebieten des Europäischen Privatrechts, 2000, S. 211; *Hirte,* Die Europäische Aktiengesellschaft, NZG 2002, 1; *Hirte,* Anmerkung zu einer Entscheidung des EFTA-Gerichtshofs, Urteil vom 10.12.2010, Az. E-1/10 – Zu Art. 5 Abs. 4 EGRL 25/2004, EWiR 2011, 133; *Hirte/Teichmann,* The European Private Company – Societas Privata Europaea (SPE) ECFR Special Volume 3, 2013; *Hoffmann,* § 53 Grenzüberschreitende Verschmelzung, § 54 Grenzüberschreitender Formwechsel, § 56 Grenzüberschreitende Spaltung, in Münchener Handbuch des Gesellschaftsrechts, Band 6, 4. Auflage 2012, S. 1178, S. 1230, S. 1248; *Hoffmann-Becking,* § 4 Besonderheiten der Sachgründung, in Münchener Handbuch des Gesellschaftsrechts, Band 4, 3. Auflage 2007, S. 23; *Hommelhoff,* Europäisches Bilanzrecht im Aufbruch, RabelsZ 62 (1998) 381; *Hommelhoff,* Einige Bemerkungen zur Organisationsverfassung der Europaischen Aktiengesellschaft, AG 2001, 279; *Hommelhoff,* Aktionärs-Aktivismus im dualistischen System? – ein Zuruf im EU Corporate Governance-Diskurs, in Liber amicorum für Martin Winter, 2011, S. 255; *Hommellhoff,* Gesetzgebungsprojekte im Gesellschafts- und Unternehmensrecht für die kommende Legislaturperiode, ZIP 2013, 2177; *Hommelhoff,* Die Unternehmensgruppe am europäischen Binnenmarkt, FS Stilz, 2014, S. 287; *Hommelhoff,* Die Societas Unius Personae: als Konzernbaustein momentan noch unbrauchbar, GmbHR 2014, 1065; *Hommelhoff/Riesenhuber,* Strukturmaßnahmen, insbesondere Verschmelzung und Spaltung im Europäischen und deutschen Gesellschaftsrecht, in Grundmann (Hrsg.), Systembildung und Systemlücken in Kerngebieten des europäischen Privatrechts, 2000, S. 259; *Hommelhoff/Schubel/Teichmann,* Societas Privata Europaea (SPE), – die europäische Kapitalgesellschaft für mittelständische Unternehmen, 2014; *Hommelhoff/Teichmann,* Auf dem Weg zur Europäischen Privatgesellschaft (SPE) DStR 2008, 925; *Hommel-*

hoff/Teichmann, Die SPE vor dem Gipfelsturm, GmbHR 2010, 337; *Hommelhoff/Teichmann,* Die Wiederbelebung der SPE, GmbHR 2014, 177; *Honorati/Corno,* A double lesson from Interedil: higher courts, lower courts and preliminary ruling and further clarifications on COMI and establishment under EC Insolvency Regulation, IILR 2013, 18; *Hönsch/Kaspar,* Der Nominierungsausschuss nach § 25d XI KWG, AG 2014, 297; *Hooft,* The Financial Assistance Prohibition: Origins, Evolution, and Future (2011) 8 ECL 157; *Hopt,* Übernahmen, Geheimhaltung und Interessenkonflikte: Probleme für Vorstände, Aufsichtsräte und Banken, ZGR 2002, 333; *Hopt,* Europäisches Gesellschaftsrecht und deutsche Unternehmensverfassung – Aktionsplan und Interdependenzen, ZIP 2005, 461; *Hopt,* Konzernrecht – Die europäische Perspektive, ZHR 171 (2007), 199; *Hopt,* Die internationalen und europarechtlichen Rahmenbedingungen des Corporate Governance, in: *Hommelhoff/Hopt/von Werder,* Handbuch Corporate Governance, 2. Auflage 2009, S. 39; *Hopt,* Corporate Governance – Zur nationalen und internationalen Diskussion, in Hopt/Wohlmannstetter (Hrsg.), Handbuch Corporate Governance von Banken, 2011, S. 3; *Hopt,* Verbot von Erwerbs- oder Veräußerungsgeschäften in Insiderpapieren unter Verwendung von Insiderinformationen (§ 14 Abs. 1 Nr. 1 WpHG), in: FS Goette, 2011, S. 179; *Hopt,* Editorial: Europäisches Gesellschaftsrecht: Quo vadis?, EuZW 2012, 481; *Hopt,* Europäisches Übernahmerecht, 2013; *Hopt,* Europäisches Gesellschaftsrecht im Lichte des Aktionsplans der Europäischen Kommission vom Dezember 2012, ZGR 2013, 165; *Hopt,* Die Verantwortlichkeit von Vorstand und Aufsichtsrat: Grundsatz und Praxisprobleme – unter besonderer Berücksichtigung der Banken, ZIP 2013, 1793; *Hopt,* Editorial: Europäisches Übernahmerecht oder nur mehr Aktionärsschutz? Ein Plädoyer für mehr Mut bei der externen Corporate Governance, EuZW 2014, 401; *Hopt,* Abschlussprüfung in Deutschland und Europa nach der europäischen Reform von 2014, ZGR 2015, 186; *Horn,* Änderungen bei der Vorbereitung und Durchführung der Hauptversammlung nach dem Referentenentwurf zum ARUG, ZIP 2008, 1558; *Huber,* Die Europäische Insolvenzverordnung, EuZW 2002, 490; *Huber* (Hrsg.), Übernahmegesetz, 2007; *Hüffer,* Aktienbezugsrechte als Bestandteil der Vergütung von Vorstandsmitgliedern und Mitarbeitern – gesellschaftsrechtliche Analyse, ZHR 161 (1997) 214; *Hüffer,* Aktiengesetz, 11. Auflage 2014; *Humbeck,* Plädoyer für ein materielles Konzerninsolvenzrecht, NZI 2013, 957; *Hupka,* Der Aktionsplan der EU-Kommission „Europäisches Gesellschaftsrecht und Corporate Governance", GWR 2013, 59; *Hushahn,* Grenzüberschreitende Formwechsel im EU/EWR-Raum, RNotZ 2014, 137; *Inwinkl/Kortenbusch/Schneider,* Die Abschlussprüferrichtlinie: Rechtliche Umsetzung in deutsches Recht, Konzern 2008, 215; *Jabornegg/Strasser* (Hrsg.), Aktiengesetz, 5. Auflage 2011; *Jahn,* Brüssel knöpft sich die Corporate Governance vor, AG 2011, 454; *Jessen/Haaker,* Implikationen der neuen Rechnungslegungsrichtlinien für die Fortentwicklung des deutschen Bilanzrechts, DB 2013, 1617; *Jung,* Die Societas Privata Europaea (SPE) 2009; *Jung,* Das Grünbuch der Kommission zu einem europäischen Corporate Governance-Rahmen und die Weiterentwicklung des Europäischen Gesellschaftsrechts, BB 2011, 1987; *Jung,* Eine Frauenquote für die EU?, BB 2013, 387; *Jung,* Die Societas Unius Personae – ein Hybrid aus nationalem und europäischem Recht, GesRZ 2014, 363; *Jung,* Societas Unius Personae (SUP) – Der neue Konzernbaustein, GmbHR 2014, 579; *Jung,* Transaktionen mit nahestehenden Unternehmen und Personen (Related Party Transactions) WM 2014, 2351; *Jungmann,* Solvenztest- versus Kapitalschutzregeln – Zwei Systeme im Spannungsfeld von Gläubigerschutz und Finanzierungsfreiheit der Kapitalgesellschaft, ZGR 2006, 638; *Kaetzler/Hoops,* Der Aufsichtsrat in der Finanzbranche: Ein Ausnahmemodell von der gesellschaftsrechtlichen Grundkonzeption, BKR 2013, 192; *Kainer,* Binnenmarktrechtliche Grenzen des Übernahmerechts, ZHR 168 (2004), 542; *Kalss,* Die erste, zweite, elfte und zwölfte Richtlinie, in Koppensteiner (Hrsg.), Konsequenzen des EG-Rechts für das österreichische Privat- und Privatwirtschaftsrecht, Teil 1: Gesellschaftsrecht, 1994, S. 119; *Kalss,* Europarechtliche und verfassungsrechtliche Rahmenbedingungen für das Umwandlungsrecht, JBl 1995, 420; *Kalss,* Anlegerinteressen – Der Anleger im Handlungsdreieck von Vertrag, Verband und Markt, 2000; *Kalss,* Die Vorgesellschaft im europäischen Recht, ZHR 155 (2002) 133; *Kalss,* § 51 Das deutsche Übernahmegesetz – Reichweite und Anwendung, in Semler/Volhard (Hrsg.), Arbeitshandbuch für Unternehmensübernahmen, Band 2, 2003, S. 3; *Kalss,* Aktienrecht im Licht der Kapitalverkehrsfreiheit, JRP 2005, 26; *Kalss,* Gläubigerschutz bei Verschmelzungen von Kapitalgesellschaften, ZGR 2009, 74; *Kalss,* Shareholder Suits: Common Problems, Different Solutions and First Steps towards a Possible Harmonisation by Means of a European Model Code, ECFR 2009, 324; *Kalls,* Verschmelzung – Spaltung – Umwandlung, 2. Auflage 2010; *Kalss,* Der Vertrauensgrundsatz im Gesellschafts- und Kapitalmarktrecht, in Aichberger-Beig et al (Hrsg.), Jahrbuch junger Zivilrechtswissenschaftler, Vertrauen und Kontrolle im Privatrecht 2010, S. 9; *Kalss,* Können sich österreichische Rechtsanwaltssozietäten ausländischer Rechtsformen, etwa der englischen LLP, bedienen, um in Österreich tätig zu sein?, in Heidinger/Zöchling-Jud (Hrsg.), Jahrbuch Anwaltsrecht 2012, S. 101; *Kalss,* Ein Corporate Governance-Kodex für Non-Profit-Organisationen

– ein erster Versuch, FS Melnizky, 2013, S. 77; *Kalss,* Creeping-in und Beteiligungspublizität nach österreichischem Recht – Taugliche Instrumente zur Bewältigung von Low Balling-Strategien?, in Kämmerer/Veil (Hrsg.), Übernahme- und Kapitalmarktrecht in der Reformdiskussion, 2013, S. 139; *Kalss,* Zauberwort „Fit and Proper", in Lewisch (Hrsg.), Jahrbuch Wirtschaftsstrafrecht und Organverantwortlichkeit 2013, S. 301; *Kalss,* Der Gläubigerschutz in der SPE nach dem Kompromissvorschlag Schwedens, in Hommelhoff/Schubel/Teichmann (Hrsg.), Societas Privata Europaea (SPE) – die europäische Kapitalgesellschaft für mittelständische Unternehmen, 2014, S. 133; *Kalss,* Editorial: Stimmrechtsberater ans Licht oder an die Kandare?, EuZW 2014, 441; *Kalss,* § 20 Kapitalmarktrecht, in Riesenhuber (Hrsg.), Europäische Methodenlehre, 3. Auflage 2014, S. 451; *Kalss,* Das Schichtwerk des Europäischen Gesellschaftsrechts, EuZW 2015, 252; *Kalss/Adensamer/Oelkers,* Die Rechtspflichten der Geschäftsleiter in der Krise der Gesellschaft sowie damit verbundene Rechtsfolgen im Rechtsvergleich, in Lutter (Hrsg.), Das Kapital der Aktiengesellschaft in Europa, 2006, S. 134; *Kalss/Burger/Eckert,* Die Entwicklung des österreichischen Aktienrechts, 2003; *Kalss/Nowotny/Schauer,* Österreichisches Gesellschaftsrecht, 2008; *Kalss/Oppitz/Zollner,* Kapitalmarktrecht, 2. Auflage 2015; *Kalss/Schauer/Winner,* Unternehmensrecht, 2. Auflage 2014; *Katzengruber,* Die Richtlinie zur Sanierung und Abwicklung von Kreditinstituten (BRRD) und deren Konsequenzen für österreichische Institute, ÖBA 2014, 513; *Keller/Schmid,* Country-by-Country-Reporting: neue Anforderungen für das Rechnungswesen durch BiLRUG-RefE und EITI, BB 2014, 2283; *Kersten/Habersack,* Chancengleiche Teilhabe an Führungspositionen in der Privatwirtschaft – Gesellschaftsrechtliche Dimensionen und verfassungsrechtliche Anforderungen, BB 2014, 2819; *Kersting,* Die Vorgesellschaft im europäischen Gesellschaftsrecht, 2000; *Kersting,* Das Auskunftsrecht des Aktionärs bei elektronischer Teilnahme an der Hauptversammlung (§§ 118, 131 AktG) NZG 2010, 130; *Kettler,* Die Offenlegungspflichten für Zweigniederlassungen ausländischer Unternehmen, 2002; *Kiem,* Die Eintragung der angefochtenen Verschmelzung, 1991; *Kiem,* Der Evaluierungsbericht der EU-Kommission zur SE-Verordnung, CFL 2011, 134; *Kieninger,* § 52 Verwaltungssitzverlegung, in Münchener Handbuch des Gesellschaftsrechts, Band 6, 4. Auflage 2012, S. 1159; *Kienle,* § 23 Gläubigerschutz, in: Münchener Handbuch des Gesellschaftsrechts, Band 6, 4. Auflage 2012, S. 408; *Kilian,* EU-Richtlinie zur Verknüpfung der Handelsregister verabschiedet, FGPrax 2012, 185; *Kindler,* Gemeinschaftsrechtliche Grenzen der Konzernführung in der Einmann-GmbH, ZHR 157 (1993) 1; *Kindler,* Die sachliche Rechtfertigung des aktienrechtlichen Bezugsrechtsausschlusses im Lichte der Zweiten Gesellschaftsrechtlichen Richtlinie der Europäischen Gemeinschaft, ZHR 158 (1994) 339; *Kindler,* Die EuGH-Vorlage zur Auslegung der Haustürgeschäfte-Richtlinie: Verbraucherschutz gegen Gesellschaftsrecht?, DStR 2008, 1335; *Kindler,* Der reale Niederlassungsbegriff nach dem VALE-Urteil des EuGH, EuZW 2012, 888; *Kläner,* Limited, UG (haftungsbeschränkt) und Flex-B. V.: A race to the bottom?, KSzW 2014, 101; *Klöhn,* EuGH: Grundsatz der Gleichbehandlung der Aktionäre im Gemeinschaftsrecht, LMK 2009, 294692; *Klöhn/Schwarz,* Die Regulierung institutioneller Stimmrechtsberater, ZIP 2012, 149; *Koch,* EU-Kompetenz für eine Frauenquote in den Führungsgremien von Aktiengesellschaften, ZHR 175 (2011) 827; *Kocher/Lönner,* Das Auskunftsrecht in der Hauptversammlung nach der Aktionärsrechterichtlinie, AG 2010, 153; *Köhler,* Die Arbeit des IAASB – Perspektiven und Probleme international einheitlicher Abschlussprüfungsstandards, ZGR 2015, 204; *Köhler/Runke/M. Schmidt,* Nutzen der Abschlussprüfung für die Aufsichtsräte, DB 2011, 773; *Koll-Möllenhoff,* Das Prinzip des festen Grundkapitals im europäischen Gesellschaftsrecht, 2005; Kölner Kommentar zum Aktiengesetz, 3. Auflage; Kölner Kommentar zum Umwandlungsgesetz, 2009; Kölner Kommentar zum WpHG, 2. Auflage 2014; Kölner Kommentar zum WpÜG, 2. Auflage 2010; *König/Bormann,* „Genuine Link" und freie Rechtsformwahl im Binnenmarkt, NZG 2012, 1241; *Koppensteiner,* Österreichisches und Europäisches Verschmelzungsrecht, FS Semler, 1993, S. 485; *Koppensteiner/Rüffler,* GmbH-Gesetz, 3. Auflage 2007; *Körnert,* Paradigmenwechsel in der deutschen Bankenregulierung, ZHR 176 (2012) 96; *Kraakman/Davies/Hansmann/Hertig/Hopt/Kanda/Rock,* The Anatomy of Corporate Law – A Comparative and Functional Approach, 2. Auflage 2009; *Kraft/Böttcher,* Grenzüberschreitender Formwechsel und tatsächliche Sitzverlegung – Die Entscheidung VALE des EuGH, NJW 2012, 2701; *Kraft/Hohage,* Die Itelcar-Entscheidung des EuGH – ein Ausreißer? Eine Entgegnung zu Mitschke, IStR 2014, 174; *Krause,* Periscopus and Clear Criteria in European Public Takeover Legislation, ECFR 2011, 70; *Krause,* Die erweiterte Beteiligungstransparenz bei börsennotierten Aktiengesellschaften, AG 2011, 469; *Krebs,* Grenzüberschreitender Formwechsel nach Deutschland – Einordnung, Voraussetzungen und Praxisfolgen, GWR 2014, 144; *Kreipl,* Neue EU-Bilanzrichtlinie verabschiedet: Was sind die wesentlichen Änderungen?, BC 2013, 399; *Krieger/Kraft,* § 56 (Reguläre) Kapitalerhöhung gegen Einlagen, in Münchener Handbuch des Gesellschaftsrechts, Band 4, 3. Auflage 2007, S. 839; *Kroh,* Die französische société à responsabilité limitée – (k)eine Alternative zur GmbH? KSzW 2014, 94; *Kronke,* Die

Stiftung im internationalen Privat- und Zivilverfahrensrecht, in Campenhausen/Kronke/Werner (Hrsg.), Stiftungen in Deutschland und Europa, 1998, S. 361; *Kropff,* Phasengleiche Gewinnvereinnahmung aus der Sicht des Europäischen Gerichtshofs – zugleich Besprechung der Entscheidung EuGH ZIP 1996, 1168, ZGR 1997, 115; *Kube,* EuGH-Rechtsprechung zum direkten Steuerrecht – Stand und Perspektiven, 2009; *Kubis,* Auskunft ohne Grenzen? – Europarechtliche Einflüsse auf den Informationsanspruch nach § 131 AktG, ZGR 2014, 608; *Kübler,* Rechnungslegung im Dienste finanzieller Stabilität?, NZG 2003, 358; *Kulenkamp,* Die grenzüberschreitende Verschmelzung von Kapitalgesellschaften in der EU, 2008; *Küting/Eichenlaub,* Verabschiedung des MicroBilG – Der „vereinfachte" Jahresabschluss für Kleinstkapitalgesellschaften, DStR 2012, 2615; *Lack,* Rechtsfragen des individuellen Auskunftsrechts des Aktionärs, 2009; *Lackhoff/Kulenkamp,* Neue Vorgaben des KWG für das Verhältnis von variabler und fixer Vergütung bei Kreditinstituten (§ 25a V KWG), AG 2014, 770; *Lanfermann,* EU-Rechnungslegungsrichtlinie: Zum Handlungsbedarf des deutschen Gesetzgebers, WPg 2013, 849; *Lanfermann,* EU-Richtlinienvorschlag zur Offenlegung von nicht-finanziellen Informationen: Ist eine Pflicht notwendig?, BB 2013, 1323; *Lanfermann,* EU-Richtlinie zur Angabe von nichtfinanziellen Informationen, WPg 2015, 322; *Lanfermann/Maul,* EU-Prüferrichtlinie: Neue Pflichtanforderungen für Audit Committees, DB 2006, 1505; *Lanfermann/Maul,* Änderung der EU-Rechnungslegungsrichtlinien, BB 2006, 2011; *Lanfermann/Maul,* Maßnahmepaket der Europäischen Kommission zum Gesellschaftsrecht und Corporate Governance, BB 2014, 1283; *Langenbucher,* Kapitalerhaltung und Kapitalmarkthaftung, ZIP 2005, 239; *Langenbucher,* Bausteine eines Bankgesellschaftsrechts, ZHR 176 (2012) 652; *Langenbucher,* Vorstandshaftung und Legalitätspflicht in regulierten Branchen, ZBB 2013, 16; *Langenbucher,* § 1 Euoparechtliche Methodenlehre, in Langenbucher (Hrsg.), Europäisches Privat- und Wirtschaftsrecht, 3. Auflage 2013, S. 25; *Langenbucher,* Finanzinnovationen, Geschäftsleiterhaftung und Corporate Governance in regulierten Branchen, in Möslein (Hrsg.), Finanzinnovation und Rechtsordnung, 2014, S. 272; *Latella,* The „COMI" Concept in the Revision of the European Insolvency Regulation, ECFR 2014, 479; *Leible,* Bilanzpublizität und Effektivität des Gemeinschaftsrechts, ZHR 162 (1998) 594; *Leible,* Die Sitftung im internationalen Privatrecht, FS Werner, 2009, S. 256; *Leible/Hoffmann,* Wie inspiriert ist „Inspire Art"?, EuZW 2003, 677; *Leinekugel,* Die Sachdividende im deutschen und europäischen Aktienrecht, 2001; *Lenaerts,* Die direkte Besteuerung in der EU, 2006; *Lenenbach,* Kapitalmarktrecht, 2. Auflage 2010; *Lentfer/Weber,* Das Corporate Governance Statement als neues Publizitätsinstrument, DB 2006, 2357; *Leuering,* Die GmbH und der internationale Wettbewerb der Rechtsformen, ZRP 2006, 201; *Lieder,* Staatliche Sonderrechte in Aktiengesellschaften, ZHR 172 (2008) 306; *Lösekrug,* Die Umsetzung der Kapital-, Verschmelzungs- und Spaltungsrichtlinie der EG in das nationale deutsche Recht, 2004; *Louven,* Umsetzung der Verschmelzungsrichtlinie, ZIP 2006, 2021; *Lüdenbach/Freiberg,* BilRUG-RefE: Nur „punktuelle Änderungen"?, BB 2014, 2219; *Lüdenbach/Hoffmann/Freiberg* (Hrsg.), IFRS-Kommentar, 12. Auflage 2014; *Lunk/Besenthal,* Die neuen EU Regelungen zu Banker Boni – Auswirkungen der Boni-Deckelung auch auf bestehende Verträge?, NZG 2013, 1010; *Lürken,* Totgesagte leben länger – Neuer Anstoß aus Brüssel für die Einführung eines vorinsolvenzlichen Sanierungsverfahrens, NZI 2015, 3; *Lutter,* Kapital, Sicherung der Kapitalaufbringung und Kapitalerhaltung in den Aktien- und GmbH-Rechten der EWG, 1964; *Lutter,* Die erste Angleichungs-Richtlinie zu Art. 54 Abs. 3 lit. g) EWGV und ihre Bedeutung für das geltende deutsche Unternehmensrecht, EuR 1969, 1; *Lutter,* Die Entwicklung des Gesellschaftsrechts in Europa, EuR 1975, 44; *Lutter,* Zur Europäisierung des deutschen Aktienrechts, FS Ferid, 1978, S. 599; *Lutter,* Zur Privilegierung einheitlicher Leitung im französischen (Konzern-) Recht, FS Kellermann, 1991, S. 257; *Lutter,* Mißglückte Rechtsangleichung: das Chaos der Einpersonen-Gesellschaft in Europa, FS Brandner, 1996, S. 81; *Lutter,* Konzepte, Erfolge und Zukunftsaufgaben Europäischer Gesellschaftsrechtsharmonisierung, in Grundmann (Hrsg.), Systembildung und Systemlücken im Europäischen Privatrecht, 2000, S. 121; *Lutter,* Das (feste Grund-)Kapital der Aktiengesellschaft in Europa – Zusammenfassung der Überlegungen des Arbeitskreises „Kapital in Europa", in Lutter (Hrsg.), Das Kapital der Aktiengesellschaft in Europa, 2006, S. 1; *Lutter,* Die Empfehlungen der Kommission vom 14.12.2004 und vom 15.2.2005 und ihre Umsetzung in Deutschland, EuZW 2009, 799; *Lutter,* Nochmal: Die geplante europäische Gesetzgebung zu „related party transactions", EuZW 2014, 687; *Lutter,* Eine neue europäische Rechtsfigur zur wechselseitigen finanziellen Unterstützung in Bankenkonzernen, ZIP 2014, 910; *Lutter,* Umwandlungsgesetz, 5. Auflage 2014; *Lutter/Bayer/J. Schmidt,* Europäisches Unternehmens- und Kapitalmarktrecht, 5. Auflage 2012; *Lutter/Drygala,* Internationale Verschmelzungen in Europa, JZ 2006, 770; *Lutter/Hommelhoff* (Hrsg.), SE-Kommentar, 2008; *Luttermann,* Die „mangelhafte" Umsetzung europäischer Richtlinien – Zugleich Besprechung von EuGH, EuZW 1998 – Daihatsu, EuZW 1998, 264; *Lutterman,* Neue Bilanzrichtlinie: Europäisches Bewertungsrecht in prozessualer Praxis, NZG 2013, 1128; *Lutz,* Ent-Nationalisierung aus der Perspektive der Aufsichtspraxis, ZVglRWiss 113 (2014) 496; *Mankowski,* Klärung von Grundfragen des europäischen Internationalen Insolvenzrechts durch die Eurofood-Entscheidung?, BB 2006, 1753; *Mankowski,* Keine Anordnung von Vollstreckungsmaßnahmen nach Eröffnung des Hauptinsolvenzverfahrens in anderem Mitgliedstaat, NZI 2010, 178; *Manns/Schulte-Mattler,* CRD-IV-Regulierungspaket zur Stärkung der Widerstandsfähigkeit des Bankensektors – Europäische Umsetzung des Basel-III-Rahmenwerkes im Entwurf, WM 2011, 2069; *Marsch-Barner,* § 3 Besonderheiten der börsennotierten Europäischen Gesellschaft (SE) in Marsch-Barner/Schäfer (Hrsg.), Handbuch börsennotierte AG, 3. Auflage 2014, S. 74; *Max-Planck-Arbeitsgruppe,* Stellungnahme zum Grünbuch der Europäischen Kommission „Weiteres Vorgehen im Bereich der Abschlussprüfung: Lehren aus der Krise", ZIP 2011, 459; *Mehringer,* Das allgemeine kapitalmarktrechtliche Gleichbehandlungsprinzip, 2007; *Meilicke,* Unvereinbarkeit der Video-Rechtsprechung mit EG-Recht, DB 1992, 1867; *Meinhart,* Der Begriff der Zweigniederlassung, in W. Schuhmacher/M. Gruber (Hrsg.), Rechtsfragen der Zweigniederlassung, 1993, S. 1; *Mense/Klie,* Neues aus Brüssel: Empfehlung der Kommission zur Qualität der Berichterstattung über die Unternehmensführung und geplante Vorgaben zur Vorstandsvergütung, GWR 2014, 232; *Mense/Klie,* Die Quote kommt – aber wie? Konturen der geplanten Neuregelungen zur Frauenquote, GWR 2015, 1; *Merkelbach,* Neue Vergütungsregeln für Banken – Institutsvergütungsverordnung 2.0, WM 2014, 1990; *Merkt,* Unternehmenspublizität, 2001; *Merkt,* Die Pluralisierung des europäischen Gesellschaftsrechts, RIW 2004, 1; *Merkt,* Der Kapitalschutz in Europa ein rocher de bronze?, ZGR 2004, 305; *Merkt,* „Creeping in" aus internationaler Sicht, NZG 2011, 561; *Merkt,* Die Bedeutung der International Standards on Auditing (ISA) für die Abschlussprüfung in Europa und Deutschland, ZGR 2015, 215; *Michalski* (Hrsg.), GmbH-Gesetz, 2. Auflage 2010; *Mitschke,* Direktes Europäisches Steuerrecht auf Schlingerkurs?, IStR 2014, 37; *Mitterecker,* Grenzüberschreitende Verschmelzungen, 2014; *Mitterecker,* Grenzüberschreitende Sitzverlegungen von Gesellschaften, Dissertation an WU Wien, 2014; *Möhlenkamp,* Konzerne in der Insolvenz – Chance auf Sanierung?, BB 2013, 579; *Möllers/Kernchen,* Information Overload am Kapitalmarkt – Plädoyer zur Einführung eines Kurzfinanzberichts auf empirischer, psychologischer und rechtsvergleichender Basis, ZGR 2011, 1; *Moloney,* EU Securities and Financial Markets Regulation, 3. Auflage 2014; *Mörwald/Nreka,* Die Reichweite der Kapitalverkehrsfreiheit in Drittstaatenfällen – Bestandsaufnahme der neuen EuGH-Rechtsprechung zur Dividendenbesteuerung, EWS 2014, 76; *Mosel/Peters,* Die neue EU-Bilanzrichtlinie: Stärkung des Vertrauens in Jahres- und Konzernabschlüsse? GWR 2014, 97; *Möslein,* Europäisierung der Haftungsbeschränkung, NZG 2011, 174; *Möslein,* Europäische Zertifizierung mitgliedstaatlichen GmbH-Rechts, ZHR 176 (2012) 470; *Mousoulas,* La société unipersonelle à responsabilité limitée communautaire – Appreciation de la XII directive du Conseil en matière de sociétés, Rev. soc. 1990, 395; *Mülbert,* Kapitalschutz und Gesellschaftszweck bei der Aktiengesellschaft, FS Lutter, 2000, S. 535; *Mülbert,* Zukunft der Kapitalaufbringung/Kapitalerhaltung, Konzern 2004, 151; *Mülbert,* Corporate Governance in der Krise, ZHR 174 (2010) 375; *Mülbert,* Corporate Governance von Banken: Ein europäisches Konzept?, ZVglRWiss 113 (2014) 520; *Mülbert/Nienhaus,* Europäisches Gesellschaftsrecht und die Neubildung nationaler Gesellschaftsformen – oder: unterliegt die Vorgesellschaft der Publizitätsrichtlinie?, RabelsZ 65 (2001) 513; *Mülbert/Wilhelm,* Risikomanagement und Compliance im Finanzmarktrecht – Entwicklung der aufsichtsrechtlichen Anforderungen, ZHR 178 (2014) 502; *Müller-Eising,* Aktienrechtsnovelle 2014 – Ein neuer Anlauf zur Novellierung des Aktienrechts, GWR 2014, 229; *Müller-Graff/Teichmann,* Europäisches Gesellschaftsrecht auf neuen Wegen, 2010; Münchener Kommentar zum Aktiengesetz, 3. Auflage, 4. Auflage 2014 (§§ 76–117); Münchener Kommentar zum Bürgerlichen Gesetzbuch, 6. Auflage; Münchener Kommentar zum Bilanzrecht, Band 1: IFRS, 5. Ergänzungslieferung 2014, Band 2: Bilanzrecht §§ 238–342e HGB, 2013; Münchener Kommentar zum Gesetz betreffend die Gesellschaften mit beschränkter Haftung, 1. Auflage, 2. Auflage 2015 (Einl., §§ 1–34); Münchener Kommentar zum Handelsgesetzbuch, 3. Auflage; Münchener Kommentar zur Insolvenzordnung, 2. Auflage 2008; *Nagel/Freis/Kleinsorge,* Beteiligung der Arbeitnehmer in Unternehmen auf Grundlage europäischen Rechts, 2. Auflage 2010; *Naumann/Feld,* Die Transformation der neuen Abschlussprüferrichtlinie, WPg 2006, 873; *Neye/Jäckel,* Umwandlungsrecht zwischen Brüssel und Berlin, AG 2010, 237; *Niemann,* Aktuelles aus der Wirtschaftsprüfung für den Mittelstand – Das Grünbuch der EU-Kommission, DStR 2010, 2368; *Niemeier,* Die Steigerung der Aussagekraft des handelsrechtlichen Jahresabschlusses durch die Änderungen der 4. und 7. Richtlinie, WPg 2006, 173; *Noack,* Der Vorschlag für eine Richtlinie über Rechte von Aktionären börsennotierter Gesellschaften, NZG 2006, 321; *Noack,* Die Aktionärsrechte-Richtlinie, FS Westermann, 2008, S. 1203; *Nonnenmacher/Pohle/von Werder,* Aktuelle Anforderungen an Prüfungsausschüsse, DB 2007, 2412; *Nordemann,* Der Europäische Wirtschaftsprüfer – Mythos oder Realität?, WPg 1989, 671; *Nowak,* Wahl des unabhängigen Finanzexperten nach BilMoG: Praxistipps für den

Umgang mit dem neuen § 100 V AktG, BB 2010, 2423; *Ochmann,* Die Aktionärsrechte-Richtlinie, 2009; *Oechsler,* Die Änderung der Kapitalrichtlinie und der Rückerwerb eigener Aktien, ZHR 170 (2006) 72; *Oechsler,* Die Geschichte der Lehre von der fehlerhaften Gesellschaft und ihre Stellung im europäischen Gesellschaftsrecht, NJW 2008, 2471; *Omlor,* Die Societas Unius Personae – eine supranationale Erweiterung der deutschen GmbH-Familie, NZG 2014, 1137; *Opitz,* Zur Fortbildungsverantwortung von Vorstand und Aufsichtsrat, BKR 2013, 177; *Oppitz,* Kapitalmarktaufsicht (Habilschrift 2012); *Paefgen,* „Deutsche" Corporations im System des Gesellschaftskollisionsrechts, DZWiR 2003, 441; *Paefgen,* Umwandlung über die Grenze – ein leichtes Spiel?, IPRax 2004, 132; *Paefgen,* Handelsregisterpublizität und Verkehrsschutz im Lichte des EHUG, ZIP 2008, 1653; *Palandt,* Bürgerliches Gesetzbuch, 74. Auflage 2015; *Parmentier,* Die Revision der EU-Transparenzrichtlinie für börsennotierte Unternehmen, AG 2014, 15; *Paulus,* Der EuGH und das moderne Insolvenzrecht, NZG 2006, 609; *Peltzer,* Das Grünbuch der EU-Kommission vom 5.4.2011 und die Deutsche Corporate Governance, NZG 2011, 961; *Pentz/Priester/Schwanna,* Bar- und Sachkapitalaufbringung bei Gründung und Kapitalerhöhung, in Lutter (Hrsg.), Das Kapital der Aktiengesellschaft in Europa, 2006, S. 42; *Pluskat,* Auswirkungen der Aktionärsrichtlinie auf das deutsche Aktienrecht, WM 2007, 2135; *Pöschke,* Auskunft ohne Grenzen? Die Bedeutung der Aktionärsrechterichtlinie für die Auslegung des § 131 I S. 1 AktG, ZIP 2010, 1221; *Prager/Keller,* Der Vorschlag der Europäischen Kommission zur Reform der EuInsVO, NZI 2013, 57; *Priester,* Kapitalaufbringungspflicht und Gestaltungsspielräume beim Agio, FS Lutter, 2000, S. 617; *Psaroudakis,* The Mandatory Bid and Company Law in Europe, ECFR 2010, 550; *Raschauer/Völkl,* Überlegungen zum neuen Bankeninterventionsregime, ÖBA 2014, 573; *Ratschow,* Die Aktionärsrechte-Richtlinie – neue Regeln für börsennotierte Gesellschaften, DStR 2007, 1402; *Reichert,* Golden Shares und andere Schutzmechanismen, FS K. Schmidt, 2009, S. 1341; *Reuß,* Europäisches Insolvenzrecht 3.0 oder doch nur Version 1.1? EuZW 2013, 165; *Rickford,* Reforming Capital, EBLR 2004, 919; *Ries,* Die europaweite Verknüpfung der Handelsregister – Risiken und Chancen, ZIP 2013, 866; *Ries,* Societas Unius Personae – cui bono? NZG 2014, 569; *Ringe,* Die Sitzverlegung der Europäischen Aktiengesellschaft, 2006; *Ringe,* Corporate Mobility in the European Union – a Flash in the Pan? An empirical study on the success of lawmaking and regulatory competition, ECFR 2013, 230; *Röder,* Die Kommanditgesellschaft im Rechtsvergleich – Hintergründe der unterschiedlichen Karriere einer Rechtsform, RabelsZ 78 (2014) 109; *Rodewald/Paulat,* Führung von Gruppengesellschaften durch Gesellschafterweisungen im faktischen Konzern, GmbHR 2013, 519; *Röhricht/Graf von Westphalen/Haas* (Hrsg.), Handelsgesetzbuch, 4. Auflage 2014; *G. H. Roth,* Gläubigerschutz bei der GmbH: Was ist unverzichtbar? FS P. Doralt, 2004, S. 479; *G. H. Roth,* Das Ende der Briefkastengründung? – Vale contra Centros, ZIP 2012, 1744; *G. H. Roth/Altmeppen,* GmbHG, 7. Auflage 2012; *G. H. Roth/Kindler,* The Spirit of Corporate Law – Core Principles of Corporate Law in Continental Europe, 2013; *W.-H. Roth,* Grenzüberschreitender Rechtsformwechsel nach VALE, FS Hoffmann-Becking, 2013, S. 965; *W.-H. Roth,* Internationalprivatrechtliche Aspekte der Personengesellschaften, ZGR 2014, 168; *Rüb/Teichmann,* Der Regierungsentwurf zur Geschlechterquote in Aufsichtsrat und Vorstand, BB 2015, 259; *Rubner/Leuering,* Die Frauenquote im Unternehmen, NJW-Spezial 2015, 207; *Rüffler,* Die Umwandlung auf den deutschen Alleingesellschafter – eine Kritik an der Entscheidung des OGH 6 Ob 283/02i, GesRZ 2004, 3; *Sandhaus,* Richtlinienvorschlag der Kommission zur Vereinfachung der Berichts- und Dokumentationspflichten bei Verschmelzungen und Spaltungen, NZG 2009, 41; *Schäfer,* Das registerliche Verfahren betreffend die Zweigniederlassung einer private limited company nach englischem und walisischem Recht (Anmeldung und Eintragung), ZNotP 2007, 450; *Schaper,* Grenzüberschreitender Formwechsel und Sitzverlegung: Die Umsetzung der Vale-Rechtsprechung des EuGH, ZIP 2014, 810; *Schatzmann,* Die Auswirkungen der Achten gesellschaftsrechtl. Richtlinie auf die Bestellung zum Abschlußprüfer, RIW 1984, 614; *Schauer,* Kollisionsrechtliche Fragen öffentlicher Übernahmeangebote, FS P. Doralt, 2004, S. 529; *Scheffler,* EU-Grünbuch zur Corporate Governance, AG 2011, R262; *Scheffler,* Geänderte Transparenzrichtlinie – Auswirkungen im Bereich der Rechnungslegung, AG 2014, R28; *Scheffler,* Neue Europäische Vorschriften für die Abschlussprüfung, AG 2014, R196; *Schemmann,* Die Neufassung der ersten gesellschaftsrechtlichen Richtlinie, GPR 2004, 92; *Schmalenbach,* Die Aktiengesellschaft, 7. Auflage 1950; *Schmid,* Die gemeinschaftsrechtliche Überlagerung der Tatbestände des Mißbrauchs der Vertretungsmacht und des Insichgeschäfts, AG 1998, 127; *J. Schmidt,* Innovation durch „Innoventif"? Die EuGH-Entscheidung „innoventif" und die Eintragung der Zweigniederlassung einer englischen Limited ins deutsche Handelsregister, NZG 2006, 899; *J. Schmidt,* Die geplante Richtlinie über Aktionärsrechte und ihre Bedeutung für das deutsche Aktienrecht, BB 2006, 1641; *J. Schmidt,* Eurofood – Eine Leitentscheidung und ihre Rezeption in Europa und den USA, ZIP 2007, 405; *J. Schmidt,* Zur gemeinschaftsrechtlichen Kontrolle nationaler Durchgriffshaftungstatbestände, EWiR 2010, 693; *J. Schmidt,*

Die EuGH-Entscheidung „Impacto Azul" – Der Impakt der Niederlassungsfreiheit auf das nationale Konzernrecht, GPR 2014, 40; *J. Schmidt,* Der Vorschlag für eine Societas Unius Personae (SUP) – super oder suboptimal? GmbHR 2014, R129; *K. Schmidt,* Quasi-Eigenkapital als haftungsrechtliches und als bilanzielles Problem, FS Goerdeler, 1987, S. 487; *K. Schmidt,* Einschränkung der umwandlungsrechtlichen Eintragungswirkungen durch den umwandlungsrechtlichen numerus clausus? ZIP 1998, 181; *K. Schmidt,* Publizität von „Schein-Auslandsgesellschaften" durch Firmenrecht und durch Angaben auf Geschäftsbriefen in Lutter et al (Hrsg.), Europäische Auslandsgesellschaften in Deutschland, 2005, S. 15; *K. Schmidt/Lutter* (Hrsg.), Aktiengesetz, 2. Auflage 2010; *Schmidt-Kessel,* Das Gemeinschaftsrecht des Handelsregisters, GPR 2006, 6; *Schmidt-Kessel,* Niederlassungsfreiheit gestattet Wegzugsbeschränkungen. Anmerkung zu EuGH, Urteil vom 16.12.2008, C-210/06 – Cartesio, GPR 2009, 26; *Schmitt/Hörtnagl/Stratz,* Umwandlungsgesetz, Umwandlungssteuergesetz, 6. Auflage 2013; *U. H. Schneider,* Editorial: Europarechtlicher Schutz vor nachteiligen Transaktionen mit nahe stehenden Unternehmen und Personen?, EuZW 2014, 641; *Schoenemann,* Bauen am Baustein für einen europäischen Konzern – Der Richtlinienvorschlag der Kommission zur SUP, EWS 2014, 241; *Schoenemann,* Die Organisationsverfassung der Societas Privata Europaea, 2014; *Scholz,* Die Einführung elektronischer Handelsregister im Europarecht, EuZW 2004, 172; *Schön,* Entwicklung und Perspektiven des Handelsbilanzrechts – vom ADHGB zum IAS C, ZHR 161 (1997), 133; *Schön,* Deutsches Konzernprivileg und europäischer Kapitalschutz – ein Widerspruch?, FS Kropff, 1997, S. 285; *Schön,* Zwingendes Recht oder informierte Entscheidung – zu einer (neuen) Grundlage unserer Zivilrechtsordnung, FS Canaris, 2007, S. 1191; *Schön,* Das System der gesellschaftsrechtlichen Niederlassungsfreiheit nach VALE, ZGR 2013, 333; *Schrank/Meister,* Das Bankentestament nach dem BIRG – Österreich eilt den europäischen Vorgaben voraus, ÖBA 2014, 403; *Schubel,* Die Binnenorganisation der Societas Privata Europaea, in Hommelhoff/Schubel/Teichmann (Hrsg.), Societas Privata Europaea (SPE) – die europäische Kapitalgesellschaft für mittelständische Unternehmen, 2014, S. 83; *Schuberth/von der Höh,* Zehn Jahre „deutsche" SE – Eine Bestandsaufnahme, AG 2014, 439; *F. Schuhmacher,* Gesellschaftsrecht und Kapitalverkehrsfreiheit – Staatliche Sonderrechte und allgemeines Gesellschaftsrecht, FS W. Jud, 2012, S. 631; *Schulze-Osterloh,* Der Europäische Gerichtshof zu phasengleichen Aktivierung von Dividendenansprüchen, ZIP 1996, 1453; *Schulze-Osterloh,* Aktivierung, Ertragsausweis und Kapitalrücklage einer Kapitalgesellschaft beim kostenlosen oder verbilligten Erwerb von Vermögensgegenständen von ihrem Gesellschafter, NZG 2014, 1, *Schumann,* Die englische Limited mit Verwaltungssitz in Deutschland: Buchführung, Rechnungslegung und Strafbarkeit wegen Bankrotts, ZIP 2007, 1189; *Schuster,* Zur Stellung der Anteilseigner in der Sanierung, ZGR 2010, 325; *Schwarz,* Europäisches Gesellschaftsrecht, 2000; *Schwarz,* Vertretungsregelungen durch den Aufsichtsrat (§ 78 Abs 3 S 2 AktG) und durch Vorstandsmitglieder (§ 78 Abs 4 S 1 AktG), ZHR 166 (2002), 625; *Schwarz,* SE-VO, 2006; *Schwarze,* EU-Kommentar, 3. Auflage 2012; *Seibert,* Neuordnung des Rechts der Zweigniederlassung im HGB, DB 1993, 1705; *Seibert,* Die Koalitionsarbeitsgruppe „Managervergütungen": Rechtspolitische Überlegungen zur Beschränkung der Vorstandsvergütung (Ende 2007 bis März 2009), FS Hüffer, 2010, S. 955; *Seibert,* Corporate Governance: The Next Phase – Die Corporate Governance-Debatte schreitet weiter zu den Pflichten der Eigentümer und ihrer Helfer, FS Hoffmann-Becking, 2013, S. 1101; *Seibert,* SUP – Der Vorschlag der EU-Kommission zur Harmonisierung der Einpersonen-Gesellschaft, GmbHR 2014, R209; *Seibt,* Der (Stimm-)Rechtsverlust als Sanktion für die Nichterfüllung kapitalmarktrechtlicher Mitteilungspflichten im Lichte des Vorschlags der Europäischen Kommission zur Reform der Transparenzrichtlinie, ZIP 2012, 797; *Seibt,* Richtlinienvorschlag zur Weiterentwicklung des europäischen Corporate Governance-Rahmens, DB 2014, 1910; *Seibt/Heiser,* Analyse der EU-Übernahmerichtlinie und Hinweise für eine Reform des deutschen Übernahmerechts, ZGR 2005, 200; *Seibt/Wollenschläger,* Revision des Europäischen Transparenzregimes: Regelungsinhalte der TRL 2013 und Umsetzungsbedarf, ZIP 2014, 545; *Semler/Stengel* (Hrsg.), Umwandlungsgesetz, 3. Auflage 2012; *Siemon,* Konzerninsolvenzverfahren – wird jetzt alles besser?, NZI 2014, 55; *Skog/Sjöman,* No Rule, Just Exemptions? – Mandatory Bids in Sweden and the EU, ECFR 2014, 393; *Sørensen,* Branches of Companies in the EU: Balancing the Eleventh Company Law Directive, National Company Law and the Right of Establishment, ECFR 2014, 53; *Spahlinger/Wegen,* Deutsche Gesellschaften in grenzüberschreitenden Umwandlungen nach „SEVIC" und der Verschmelzungsrichtlinie in der Praxis, NZG 2006, 721; *Spießhofer,* Die neue europäische Richtlinie über die Offenlegung nichtfinanzieller Informationen – Paradigmenwechsel oder Papiertiger?, NZG 2014, 1281; *Spindler,* Die Empfehlungen der EU für den Aufsichtsrat und ihre deutsche Umsetzung im Corporate Governance Kodex, ZIP 2005, 2033; *Spindler/Stilz* (Hrsg.), Aktiengesetz 2. Auflage 2010; *Staub,* Handelsgesetzbuch, 5. Auflage; *Stephanblome,* Der Unabhängigkeitsbegriff des Deutschen Corporate Governance Kodex, NZG 2013, 445; *Stiegler,* Der grenzüberschreitende Rechtsformwechsel in der EU, 2013; *Stiegler,* Die Durchführung eines grenzüberschreitenden Herausformwechsels aus Deutschland, KSzW 2014, 107; *Stöbener/Böhm,* Kompetenzen ohne Grenzen, EuZW 2013, 371; *Stöber,* Kapitalverkehrsfreiheit und persönliche Gesellschafterhaftung im europäischen Kapitalgesellschaftsrecht, ZVglRWiss 113 (2014) 57; *Stüber,* Regierungsentwurf zur sog. „Frauenquote" – Eine Übersicht der Neuerungen, CCZ 2015, 38; *Straube* (Hrsg.), GmbHG, 62. Ergänzungslieferung 2013; *Straube* (Hrsg.), UGB Unternehmensgesetzbuch, Band I 46. Lieferung 2014, Band II 38. Lieferung 2012; *Streinz* (Hrsg.), EUV/AEUV, 2. Auflage 2012; *Streinz,* Europarecht: Grenzüberschreitende Umwandlung einer Gesellschaft, JuS 2012, 1142; *Teichmann,* Binnenmarktkonformes Gesellschaftsrecht, 2006; *Teichmann,* Binnenmarktmobilität von Gesellschaften nach „Sevic", ZIP 2006, 355; *Teichmann,* Mitbestimmung und grenzüberschreitende Verschmelzung, Konzern 2007, 89; *Teichmann,* Cartesio: Die Freiheit zum formwechselnden Wegzug, ZIP 2009, 393; *Teichmann,* Gesellschaftsrecht im System der Europäischen Niederlassungsfreiheit, ZGR 2011, 639; *Teichmann,* § 48 EWIV, § 49 SE, § 50 SPE, § 51 SCE, in Münchener Handbuch des Gesellschaftsrechts, Band 6, 4. Auflage 2012, S. 1063, S. 1086, S. 1127, S. 1145; *Teichmann,* Der grenzüberschreitende Formwechsel ist spruchreif: das Urteil des EuGH in der Rs. Vale, DB 2012, 2085; *Teichmann,* Europäisches Konzernrecht: Vom Schutzrecht zum Enabling Law, AG 2013, 184; *Teichmann,* Konzernrecht und Niederlassungsfreiheit, ZGR 2014, 45; *Teichmann,* European Model Companies Act in the making – Ein Werkstattbericht, KSzW 2014, 77; *Teichmann,* Die Auslandsgesellschaft & Co, ZGR 2014, 220; *Teichmann,* Fragerecht und Aktionärsrechterichtlinie, NZG 2014, 401; *Teichmann,* Europäische Harmonisierung des GmbH-Rechts – Der Beitrag der Societas Unius Personae (SUP) zur grenzüberschreitenden Niederlassungsfreiheit, NJW 2014, 3561; *Teichmann/Heise,* Das VW-Urteil des EuGH und seine Folgen, BB 2007, 2577; *Teichmann/Knaier,* Die deutsche Unternehmergesellschaft als Alternative für österreichische Gründer, GesRZ 2014, 285; *Teigelack,* § 14 Marktmanipulation, in Veil (Hrsg.), Europäisches Kapitalmarktrecht, 2. Auflage 2014, S. 243; *Terbrack,* Das gläserne Unternehmen? – Die Umsetzung der europaweiten Verknüpfung von Handelsregistern in das deutsche Recht, DStR 2015, 236; *Thaler,* Sanktionen bei Marktmissbrauch, 2014; *Thole,* Die Reform der Europäischen Insolvenzverordnung, ZEuP 2014, 39; *Thüsing,* Das Gesetz zur Angemessenheit der Vorstandsvergütung, AG 2009, 517; *Tromp/Nagler/Gehrke,* Die Möglichkeit einer Befreiung von der Offenlegung von Jahresabschlüssen nach § 264 III HGB bei (un-)mittelbarer Konzernmutter im EU-/EWR-Ausland?, GmbHR 2009, 641; *Vallander,* Der deutsche Motor stockt, aber Europa drückt aufs Gas, ZInsO 2015, 57; *Veil,* The Reform of the Transparency Regime in European Capital Markets Laws, ECFR 2013, 18; *Veil,* Europäische Kapitalmarktunion, ZGR 2014, 544; *Veil,* § 1 Rechtsentwicklung, § 2 Begriffe und Ziele des Kapitalmarktrechts, § 12 Sanktionen, § 20 Beteiligungstransparenz, § 24 Übernahmerechtliche Publizität, in Veil (Hrsg.), Europäisches Kapitalmarktrecht, 2. Auflage 2014, S. 1, S. 23, S. 165, S. 431, S. 513; *Velte,* Say on Pay als wirkungsvolles europäisches Regulierungsinstrument?, EuZW 2013, 893; *Velte,* Die neue EU-Bilanzrichtlinie, GmbHR 2013, 1125; *Velte,* Die Bedeutung des Wesentlichkeitsprinzips in den Rechnungslegungs- und Prüfungsnormen, EWS 2014, 142; *Velte,* (Un)geprüfte Nachhaltigkeitsinformationen im (Konzern-)Lagebericht nach der modifizierten EU-Rechnungslegungsrichtlinie?, NZG 2014, 1046; *Velte,* Reform der Abschlussprüfung nach der Richtlinie 2014/56/EU und der Verordnung (EU) Nr. 537/2014 – Unabhängigkeit und Berichterstattung des Abschlussprüfers sowie Tätigkeit von Prüfungsausschüssen, DStR 2014, 1688; *Velte/Haaker,* Transformation der neuen EU-Rechungslegungsrichtlinie in das deutsche Bilanzrecht, EWS 2014, 204; *Velte/Weber/Stiglbauer,* Reform der Abschlussprüfung, 2. Auflage 2014; *Verse,* Der Gleichbehandlungsgrundsatz im Recht der Kapitalgesellschaften, 2006; *Verse,* Das VW-Urteil und seine Folgen, GPR 2008, 31; *Verse,* Übergang von gemeinsamer zu alleiniger Kontrolle – ein Fall für das Pflichtangebot? NZG 2009, 1331; *Verse,* Anteilseigner im Insolvenzverfahren. Überlegungen zur Reform des Insolvenzplanverfahrens aus gesellschaftsrechtlicher Sicht, ZGR 2010, 299; *Verse,* Die Entwicklung des europäischen Gesellschaftsrechts im Jahr 2012, EuZW 2013, 336; *Verse,* Niederlassungsfreiheit und grenzüberschreitende Sitzverlegung – Zwischenbilanz nach „National Grid Indus" und „Vale", ZEuP 2013, 458; *Verse,* Regulierung der Vorstandsvergütung – mehr Macht für die Aktionäre? Überlegungen zur geplanten Reform des say on pay, NZG 2013, 921; *Verse,* Das VW-Gesetz abermals vor dem EuGH – Vorhang zu und (fast) alle Fragen offen, EuZ 2014, 4; *Verse/Wiersch,* Die Entwicklung des europäischen Gesellschaftsrechts im Jahr 2013, EuZW 2014, 375; *Virgós/Schmit,* Erläuternder Bericht, in Stoll, Vorschläge und Gutachten zur Umsetzung des EU-Übereinkommens über Insolvenzverfahren, 1997, S. 32; *Voigt,* Das Handelsrecht der Zweigniederlassung, 2010; *Vokuhl,* § 17 Prospektpublizität, in Veil (Hrsg.), Europäisches Kapitalmarktrecht, 2. Auflage 2014, S. 307; *von der Groeben/Schwarze/Hatje* (Hrsg.), Europäisches Unionsrecht, 7. Auflage 2015; *von Hein,* Zur Kodifikation des europäischen Übernahmekollisionsrechts, ZGR 2005, 528; *von Werder,* Ökonomische Grundfragen der Corporate Governance, in Hommelhoff/Hopt/von Werder, Handbuch Corporate Governance, 2. Auflage 2009, S. 3; *Wagenhofer,* Internationale Rechnungslegungsstandards – IAS/IFRS, 2009; *Wagner,* Der Regierungsentwurf für ein Drittes Gesetz zur Änderung des Umwandlungsgesetzes, DStR 2010, 1629; *Wallach,* Die Regulierung von Personengesellschaften im Kapitalanlagegesetzbuch, ZGR 2014, 289; *Weber-Grellet,* Bilanzrecht im Lichte, Bilanzsteuerrecht im Schatten des EuGH, DB 1996, 2089; *Weber-Rey,* Ausstrahlungen des Aufsichtsrechts (insbesondere für Banken und Versicherungen) auf das Aktienrecht – oder die Infiltration von Regelungssätzen?, ZGR 2010, 543; *Weber-Rey,* Der Aufsichtsrat in der europäischen Perspektive – Vorschläge und Ideen für eine wirksame Corporate Governance, NZG 2013, 766; *Weber-Rey/Baltzer,* Verlautbarungen der EU und der BaFin zur internen Governance von Banken, in Hopt/Wohlmannstetter (Hrsg.), Handbuch Corporate Governance von Banken, 2011, S. 431; *Weber-Rey/Reps,* Ankerbeteiligungen: Chancen für die Corporate Governance, Rechtsrahmen und Investorenvereinbarungen, ZGR 2013, 597; *Weijs/Breeman,* Comimigration: Use or Abuse of European Insolvency Law? ECFR 2014, 495; *Weitemeyer,* Entwicklungen im europäischen Stiftungs- und Gemeinnützigkeitsrecht (unter Einbezug der European Foundation), in Jakob (Hrsg.), Perspektiven des Stiftungsrechts in der Schweiz und in Europa, 2010, S. 73; *Weitemeyer,* Der Kommissionsvorschlag zum Statut einer Europäischen Stiftung, NZG 2012, 1001; *Weller,* Die „Wechselbalgtheorie“, FS Goette, 2011, S. 583; *Weller/Bauer,* Europäisches Konzernrecht: vom Gläubigerschutz zur Konzernleitungsbefugnis via Societas Unius Personae, ZEuP 2015, 6; *Werlauff,* Can National Company Law Require a Branch of a Foreign Company to Have an Independent Name? ECL 2014, 165; *Wicke,* Flexibilisierung der HV-Teilnahme und Stimmrechtsausübung – neue Möglichkeiten zur Gestaltung der AG-Satzung nach dem ARUG, FS Kanzleiter, 2010, S. 415; *Wicke,* Zulässigkeit des grenzüberschreitenden Formwechsels – Rechtssache „Vale“ des Europäischen Gerichtshofs zur Niederlassungsfreiheit, DStR 2012, 1756; *Wicke,* Societas Unius Personae – SUP: eine äußerst wackelige Angelegenheit, ZIP 2014, 1414; *Wiersch,* Der Richtlinienentwurf zu Transaktionen mit nahestehenden Unternehmen und Personen – Sinnvolle Verstärkung des Minderheitenschutzes? NZG 2014, 1131; *Wiesner,* Neue Brüssler Impulse für Corporate Governance und Gesellschaftsrecht, BB 2003, 213; *Wiesner,* § 20 Bestellung und Abberufung der Vorstandsmitglieder, in Münchener Handbuch des Gesellschaftsrechts, Band 4, 3. Auflage 2007, S. 202; *Wilsing,* Corporate Governance in Deutschland und Europa, ZGR 2012, 291; *Wimmer,* Die EU-Verordnung zur Regelung grenzüberschreitender Insolvenzverfahren, NJW 2002, 2427; *Windbichler,* Eine internationale Landkarte der Personengesellschaften, ZGR 2014, 110; *Winner,* Das Pflichtangebot nach neuem Übernahmerecht, ÖJZ 2006, 659; *Winner,* Derivate und Beteiligungstransparenz – Zur novellierten Transparenzrichtlinie GesRZ 2014, 141; *Winner,* Active Shareholders and European Takeover Regulation, ECFR 2014, 364; *Winner/Schulz,* Aktuelle Entwicklungen im Übernahmerecht – M&A und die Krise, ÖBA 2010, 82; *Witt,* Modernisierung der Gesellschaftsrechte in Europa, ZGR 2009, 872; *Wojcik/Ceyssens,* Der einheitliche EU-Bankenabwicklungsmechanismus: Vollendung der Bankenunion, Schutz des Steuerzahlers, EuZW 2014, 893; *Wymeersch,* Übernahmeangebote und Pflichtangebote, ZGR 2002, 520; *Wymeersch,* A New look at the Debate about the Takeover Directive, FS Hommelhoff, 2012, S. 1375; *Zetzsche,* Die neue Aktionärsrechte-Richtlinie: Auf dem Weg zur Virtuellen Hauptversammlung, NZG 2007, 686; *Zetzsche,* Langfristigkeit im Aktienrecht? – Der Vorschlag der Europäischen Kommission zur Reform der Aktionärsrechterichtlinie, NZG 2014, 1121; *Zetzsche/Preiner,* Der Verhaltenskodex für Stimmberater zwischen Vertrags- und Wettbewerbsrecht, AG 2014, 685; *Ziemons,* Als Aktienrechtsnovelle 2012 gestartet und als VorstKoG gelandet: Neues „Say on Pay“ und andere punktuelle Weiterentwicklungen des Aktienrechts, GWR 2013, 283; *Zürn/Böhm,* Neue Regeln für die Vergütung in Banken – Arbeitsrechtliche Umsetzung der Änderungen der Instituts-Vergütungsverordnung, BB 2014, 1269; *Zwirner,* EU-Bilanzrechtsreform: Änderungen der EU-Richtlinien zur Rechnungslegung, StuB 2014, 315; *Zwirner,* Neue Rechnungslegungsvorschriften ab 2016 – EU-Rechnungslegungsrichtlinie: Zusammenfassung und Überarbeitung der Bilanz- und Konzernbilanzrichtlinie, DStR 2014, 439; *Zwirner,* Reform des HGB durch das BilRUG – Ein Überblick über die wesentlichen Detailänderungen im Einzelabschluss, DStR 2014, 1784; *Zwirner,* Reform des HGB durch das BilRUG – Ein Überblick über die wesentlichen Detailänderungen im Konzernabschluss, DStR 2014, 1843; *Zwirner,* Reform durch das BilRUG – Sonstige Änderungen, DStR 2014, 1889; *Zwirner,* Reform des HGB durch das BiLRUG – mehr als nur eine Rechnungslegungsreform DStR 2015, 375.

1. Entwicklungslinien im Europäischen Gesellschaftsrecht

a) Gesellschaftsrecht – Rechtsgebiet mit europäischer Tradition

1 Gesellschaftsrecht ist von der Geburtsstunde der Europäischen Gemeinschaft an ein Wirtschafts- und Rechtsbereich, dem sich die Kommission mit intensiver Begleitung der Wissenschaft widmete. Bereits in den 50er Jahren des 20. Jahrhunderts wird die rechtspolitische Diskussion stark von der Rechtswissenschaft begleitet. Das **Gesellschaftsrecht** kann insgesamt als **Erfolgsgeschichte europäischer Regelungsbemühungen** angesehen werden.[1]

2 Zentrales Ziel des europäischen Gesellschaftsrechts ist gemäß Art. 50 Abs. 2 lit. g AEUV der **Gesellschafter- und Gläubigerschutz** im Rahmen der Verwirklichung der Niederlassungsfreiheit, soweit er erforderlich ist. Daher ist in vielen Bereichen eine Harmonisierung über alle europäischen Staaten hinweg weder erforderlich noch angemessen und sind nationale Regelungen für kleine und mittlere Unternehmen viel geeigneter. Dies folgt aus dem Prinzip der **Subsidiarität** gem. Art. 5 AEUV.[2]

3 Das europäische Gesellschaftsrecht steht vor den beiden großen **Alternativen,** ein einheitliches harmonisiertes Recht für die Gesellschaften zu schaffen, somit die Entscheidung von oben zu treffen, oder den Rahmen für die Freiheit zu spannen, möglichst viele nationale Regelungsangebote und Regelungen zu sichern.[3] Zunächst startete die Europäische Gemeinschaft mit dem Anspruch auf Harmonisierung und legte Maß an der offenen Kapitalgesellschaft *(Public Limited Company)* und orientierte sich dabei am hohen und weit ausziselierten Standard der deutschen Aktiengesellschaft.[4]

4 Trotz des vielfältigen Bemühens des Europäischen Normgebers zur Angleichung der mitgliedschaftlichen Regelungen haben sich die bislang 28 unterschiedlichen nationalen Rechtsordnungen und Wertvorstellungen erhalten und auch erhalten sollen.[5] Dies zeigt sich deutlich in der Wahl der **Richtlinie als maßgebliches Regelungs- und Gestaltungselement.**[6] Verstärkt wird dieses Bemühen durch den Umstand, dass die gesellschaftsrechtlichen Richtlinien, wie gerade zuletzt die geplante Änderungsrichtlinie der Aktionärsrichtlinie vom 9.4.2014, Richtlinien mit **Mindestharmonisierung und nationalen Wahlrechten** sind und damit dem einzelnen Mitgliedsstaat noch Gestaltungsmöglichkeiten offen halten. Noch deutlicher wird dies bei **Empfehlungen,** wie sie gerade im Bereich der Corporate Governance eingesetzt werden. Dies steht im klaren **Gegensatz zum Kapitalmarktrecht,** das immer deutlicher auf eine Voll- oder Maximalharmonisierung zielt.[7]

b) Unternehmensrechtliche Infrastruktur

5 Mit der **ersten Richtlinie** („Publizitäts-Richtlinie"), die 1968 verabschiedet wurde, wurde die **Richtung** des europäischen Gesellschaftsrechts auf das **Kapitalgesellschaftsrecht** festgelegt. Die erste Richtlinie leistete aber mehr. Mit der Vorgabe für die Registrierung – von Kapitalgesellschaften – und mit der Regelung der Offenlegung von

---

[1] *Kalss/Burger/Eckert,* Die Entwicklung des österreichischen Aktienrechts, 2003, 365; *Kalss/Oppitz/Zollner* KMR § 1 Rn. 70; *Windbichler/Krolob,* in Riesenhuber, Europäische Methodenlehre, 2014, § 19 Rn. 1 ff.

[2] *Hopt* EuZW 2012, 481 (482); *G. H. Roth/Kindler,* The Spirit of Corporate Law – Core Principles of Corporate Law in Continental Europe, 2013, 19.

[3] *G. H. Roth/Kindler,* The Spirit of Corporate Law, 2013, 21.

[4] *G. H. Roth/Kindler,* The Spirit of Corporate Law, 2013, 1.

[5] Vgl. *Hommelhoff,* FS Stilz, 2014, 287; *Lutter/Bayer/Schmidt* EuropUR § 2 Rn. 3 ff.; *Teichmann,* Binnenmarktkonformes Gesellschaftsrecht, 2006, 5 ff.

[6] *Lutter/Bayer/Schmidt* EuropUR § 1 Rn. 7.

[7] *Kalss/Oppitz/Zollner* KMR § 1 Rn. 68; *Möllers,* Diskussionsbeitrag ZHR-Tagung am 17.1.2014 in Königstein; *Veil* ZGR 2014, 544 ff.; vgl. auch das Grünbuch der Kommission CON(2015) 63 final v. 18.2.2015 zur Schaffung einer Kapitalmarktunion.

Gründungsdaten und der Publizitätswirkungen der Eintragung und schließlich mit der Anerkennung einer Vertretungsbefugnis wurde eine ganz zentrale Einrichtung europaweit festgelegt. Die **Einrichtung und Etablierung eines Handelsregisters** und die **Registrierung der Unternehmen** markieren eine maßgebliche **regulatorische Infrastrukturleistung** nicht nur für Kapitalgesellschaften, sondern für alle Unternehmensträger, somit auch für Einzelunternehmen und für die Personengesellschaft. Die erste Richtlinie ist daher nicht nur der Auftakt zu einem europäischen Kapitalgesellschaftsrecht. Vielmehr erbringt die Richtlinie damit eine herausragende **unternehmensrechtliche Leistung**, nämlich die Zurverfügungstellung eines Registers, das mit öffentlichem Glauben versehen ist und dem bei Eintragung oder Unterlassung einer Eintragung weitreichende Wirkungen und Rechtsfolgen (Publizitätswirkungen, Vertrauensschutz) zuerkannt werden. **Vielfach** sind die Etablierung eines Handels- oder Unternehmensregisters ebenso wie die Eintragungswirkungen **über die Umsetzung der Publizitäts-Richtlinie hinausgehend** nicht nur für Kapitalgesellschaften, sondern **für alle Unternehmen geregelt,** wie § 15 HGB in Deutschland und § 15 UGB in Österreich zeigen.[8] Die Fragen der europaweit einheitlichen und überall wirksamen Registrierung sind noch nicht abgeschlossen, sondern auch aktuell Gegenstand von Regelungsbemühungen. Neben technischen Fragen sind vor allem normative Fragen eines einheitlichen Registers und des Verlusts der Bedeutung nationaler Register zu bewältigen. Die technischen Möglichkeiten sollen nunmehr europaweit einheitlich normativ verfestigt werden, um die unternehmensrechtlichen Wirkungen durch die modernen technischen Möglichkeiten zur Entfaltung zu bringen.

c) Funktionale Ausrichtung – punktuelle Regelung

Dachfirst des europäischen Gesellschaftsrechts ist die **Niederlassungsfreiheit.** Daraus 6
begründen sich die Rechtsangleichung und die Etablierung supranationaler Rechtsformen. Die **Gestaltung europäischen Gesellschaftsrechts** ist daher **funktional auf die Verwirklichung der Niederlassungsfreiheit ausgerichtet.** Daher ist es auch nicht erforderlich, dass das gesamte europäische Gesellschaftsrecht vereinheitlicht und gleichgerichtet wird, vielmehr ist es nur soweit erforderlich, als dies die Niederlassungsfreiheit verlangt. Die Notwendigkeit rechtlicher Regelung und Unterstützung folgt schon allein aus dem Umstand, dass Gesellschaften keine natürlichen Personen, sondern erst durch Rechtsakt geschaffene Schöpfungen des Rechts sind.[9] Genau deshalb sehen die europäischen Grundlagen eine Ermächtigungskompetenz zur Verabschiedung rechtsangleichender Richtlinien und Verordnungen vor.

Der europäische Gesetzgeber hatte wegen dieser funktionalen Ausrichtung des Gesell- 7
schaftsrechts von Anfang an nicht die Absicht, ein vollständiges Modell oder System des Gesellschaftsrechts zu schaffen. Vielmehr sind ihm nur **einzelne Aspekte im Lichte der Niederlassungsfreiheit** wichtig. Zum Teil sind sie mit dem **Gesellschafter- und Gläubigerschutz** auch bereits in der Ermächtigungsnorm von Art. 50 Abs. 2 lit. g AEUV genannt.[10]

Das europäische Gesellschaftsrecht leistet daher **keinen vollkommen gleichen Bei-** 8
trag wie nationale Gesellschaftsrechte, die zur Herausbildung des Systems und der maßgeblichen Regelungsbereiche des Gesellschaftsrechts beitragen. Sie werden sowohl für die große kapitalmarktorientierte Kapitalgesellschaft[11] sowie für die zweite Kapitalgesell-

---

[8] *Windbichler* ZGR 2014, 110 (128).

[9] *Teichmann,* Binnenmarktkonformes Gesellschaftsrecht, 2006, 73.

[10] Art. 50 Abs. 2 lit. g AEUV: *„Schutzbestimmungen […] im Interesse der Gesellschafter sowie Dritter“,* zum geschützten Personenkreis *Forsthoff,* in Grabitz/Hilf/Nettesheim, Das Recht der EU, EL. 46, AEUV Art. 50 Rn. 15; *Tiedje,* in von der Groeben/Schwarze/Hatje, Europäisches Unionsrecht, AEUV Art. 50 Rn. 24 ff.

[11] *Kraakman/Davies/Hansmann/Hertig/Hopt/Kanda/Rock,* The Anatomy of Corporate Law – A Comparative and Functional Approach, 2009.

schaftsform, die geschlossene Kapitalgesellschaft oder GmbH,[12] herausgearbeitet. **Im europäischen Gesellschaftsrecht** geht es jeweils nicht um eine Systembildung, sondern um einen **funktionalen Zugang.** Die **maßgeblichen Regelungsaufgaben für die jeweilige Gesellschaftsform werden über die einzelnen Rechtsordnungen hinweg vergleichend wertend erarbeitet.** So werden die Fragen des Charakters einer Gesellschaft an und für sich, die Fragen der Agenturprobleme, der Übertragung von Verfügungsbefugnis, weitergehend Governance-Fragen und der Minderheitenschutz sowie der Gläubigerschutz angesprochen, weiters Fragen des Schutzes der Gesellschafter bei ausgewählten Gesellschaftstransaktionen von gravierender Bedeutung oder mit einzelnen Gesellschaftern, schließlich Fragen des Kontrollwechsels und ergänzend des Anlegerschutzes. Bei geschlossenen Kapitalgesellschaften spielen die Regeln der Kapitalausstattung ebenso eine bedeutende Rolle wie die Lösung von Gesellschafterkonflikten, zumal der Exit deutlich schwieriger ist als bei börsennotierten Gesellschaften, die Fragen der Governance, Geschäftsleitung und Überwachung durch Aufsicht oder Gesellschafter und schließlich die Fragen des Gläubigerschutzes und der Anteilsübertragung bei Fehlen eines Marktes.

9 Das europäische Recht kann an einzelnen Stellen verstärkend wirken oder einzelne Grundelemente für eine Regelung aufgreifen und entweder ein nationales Regelungsmodell übernehmen, umgekehrt gerade modifizieren und weiterentwickeln.

d) Schichtwerk der Harmonisierung

10 Die **Harmonisierung** im europäischen Gesellschaftsrecht ist für börsennotierte Gesellschaften, Aktiengesellschaften, geschlossene Kapitalgesellschaften (GmbH) und sonstige Gesellschaften **unterschiedlich weit fortgeschritten.** Die **primärrechtliche Niederlassungsfreiheit** gewährleistet in ihrem umfassenden, von nationaler Kategorisierung unabhängigen persönlichen Anwendungsbereich die grenzüberschreitende **Mobilität von Unternehmern und Gesellschaften mit Erwerbszweck,** insbesondere auch von Personengesellschaften. Die **sekundärrechtlichen Rechtsakte** zählen die jeweils erfassten Gesellschaftsformen grundsätzlich abschließend auf. Allein die grenzüberschreitende Verschmelzung wurde nicht nur für Aktiengesellschaften, sondern für alle Kapitalgesellschaften innerhalb der europäischen Gemeinschaft in Kraft gesetzt. Während der **Anwendungsbereich** von Richtlinien traditionell dadurch festgelegt wird, dass die **jeweilige nationale Rechtsform ausdrücklich** für die Anwendbarkeit der jeweiligen Richtlinie **genannt** wird, öffnet gerade die **Richtlinie für die grenzüberschreitende Verschmelzung** das Regelungskonzept und geht neben der Aufzählung der nationalen Ausformungen der geschlossenen Kapitalgesellschaft (in Deutschland oder Österreich eben die GmbH) von einer **funktionalen Umschreibung** aus.[13]

11 Die Richtlinien und Verordnungen konzentrieren sich auf **Kapitalgesellschaften** und zeichnen ein **Schichtwerk,**[14] in dem der Harmonisierungsgrad nach Gesellschaftstypen unterschiedlich dicht ist, sich tendenziell bei Aktiengesellschaften deutlich erhöht und an dessen Spitze die **börsennotierte Gesellschaft** steht, die parallel zur gesellschaftsrechtlichen Harmonisierung dem europäischen Kapitalmarktrecht unterliegt.[15] Erweiterungen bilden sich durch **branchenspezifisches Aufsichtsrecht,** das öffentlich-rechtliche Organisationspflichten für Banken und Versicherungsgesellschaften enthält. Die nachstehende Grafik soll dies verdeutlichen:

---

[12] Vgl. *Bachmann/Eidenmüller/Engert/Fleischer/Schön,* Rechtsregeln für die geschlossene Kapitalgesellschaft, 2012.

[13] *Eckert,* in Kalss, Verschmelzung – Spaltung – Umwandlung, § 1 EuVerschG Rn. 3 ff.; *Kalss,* in Heidinger/Zöchling-Jud, JB Anwaltsrecht 2012, 107 ff.

[14] Vgl. *Kalss* EuZW 2015, 252 ff.; der Begriff „Schichtwerk" soll verdeutlichen, dass damit kein strikter Aufbau eines allgemeinen Teils und nachfolgend spezieller Regelungen gemeint ist, sondern die Schichten gleich Gesteinsbändern in einem Kalkstock ineinander übergehen.

[15] Vgl. *Engert,* in Langenbucher, EuropPR § 5 Rn. 3.

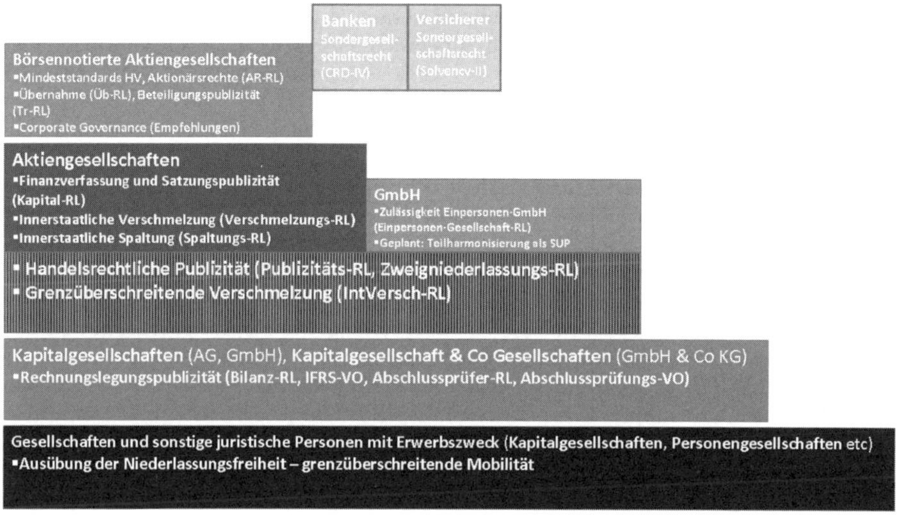

Abbildung 1: Schichtwerk der Harmonisierung im Gesellschaftsrecht

e) Personengesellschaft

Personengesellschaften werden als **erwerbstätige Rechtsträger** von Art. 54 Abs. 2 AEUV auf primärrechtlicher Ebene erfasst und sind **Träger der Grundfreiheiten,** wie dies auch die EuGH-Judikatur eindrücklich bestätigt.[16] Das europäische Gesellschaftsrecht ist kein Recht der Personengesellschaften, vielmehr ist das europäische Gesellschaftsrecht als Recht der Kapitalgesellschaften konzipiert.[17] Der EuGH war aber gerade auch in gesellschaftsrechtlichen oder gesellschaftsrechtsnahen Fragen mehrfach mit Personengesellschaftsrecht befasst, so etwa mit der Frage der Wegzugsberechtigung einer (ungarischen) Personengesellschaft.[18] In der Rechtsache *„Fritz"* hatte der EuGH die Rechtsfolgen eines fehlerhaften Beitritts zu einem Immobilienfonds in der Rechtsgestalt einer Personengesellschaft zu beurteilen.[19] Die Folgen waren stark gesellschaftsrechtlicher Natur. Thema war allerdings das Widerrufsrecht nach der Verbraucherrechtsrichtlinie. 12

Der Grund der **mangelnden Ausrichtung des europäischen Gesellschaftsrechts** auf Personengesellschaften liegt darin, dass sie **typischerweise deutlich weniger grenzüberschreitend tätig sind,** kleinere Volumina bewegen und daher Regelungsunterschiede weniger hinderlich sind.[20] Die mangelnde internationale Tätigkeit ist darauf zurückzuführen, dass bei – echten – Personengesellschaften noch eine natürliche Person persönlich haftet. Die **persönliche Haftung** legt eine entsprechende Bremse ein. Damit **entsteht auch Vertrauen.** Bei Kapitalgesellschaften muss erst durch ein bestimmtes Regelungskonzept Vertrauen gegenüber dem Rechtsverkehr geschaffen werden.[21] 13

Die Nichteinbeziehung von Personengesellschaften in die europäische Rechtssetzung folgt aus der großen **Vielfalt** und diversen Lösung maßgeblicher Fragen durch die einzelnen Rechtsordnungen.[22] Die Mitgliedstaaten lösen weder die Zweckverfolgung, die Rechtspersönlichkeit, die Registrierungsnotwendigkeit oder die Vertretung einheitlich.[23] 14

---

[16] EuGH v. 16.12.2008 – C-210/06, NJW 2009, 569 – Cartesio.
[17] *Grundmann* EuGesR Rn. 192.
[18] EuGH v. 16.12.2008 – C-210/06, NJW 2009, 569 – Cartesio.
[19] EuGH v. 8.9.2009 – C-215/08, ZIP 2010, 773 – Fritz.
[20] *Grundmann/Möslein,* in Bayer/Habersack, Aktienrecht im Wandel II, 2007, Kap. 2 Rn. 90.
[21] *Grundmann/Möslein,* in Bayer/Habersack, Aktienrecht im Wandel II, 2007, Kap. 2 Rn. 90.
[22] Eindrücklich *Windbichler* ZGR 2014, 110 ff.
[23] *Windbichler* ZGR 2014, 116 ff.; speziell zur KG *Röder* RabelsZ 78 (2014), 109 ff.

15 Personengesellschaften werden **von europäischen Richtlinien nur in Randbereichen** und nicht als Personengesellschaften, sondern als eine der Organisationsformen unter kapitalmarktrechtlichen Aspekten erfasst, so etwa Personengesellschaften im Lichte der AIFM-Richtlinie.[24] Ziel dieser Regelungen sind aber nicht gesellschaftsrechtliche Angleichungen, sondern marktrechtliche Vorgaben für die Verwaltung kollektiv verwalteten Vermögens.

16 In **Ausübung der Niederlassungsfreiheit** können Personengesellschaften im Grundsatz ihren Verwaltungs- und Satzungssitz grenzüberschreitend verlegen und sonstige grenzüberschreitende Umwandlungsmaßnahmen setzen. Die **sekundärrechtlichen Verfahrensbestimmungen** für grenzüberschreitende Strukturmaßnahmen und Sitzverlegungen in der IntVersch-Richtlinie sowie der SE-Verordnung, die analog für die Durchführung solcher Maßnahmen herangezogen werden könnten, sind allerdings **auf Kapitalgesellschaften zugeschnitten.** Die EWIV-Verordnung sieht nur rudimentäre Regelungen für die grenzüberschreitende Sitzverlegung vor. Darüber hinaus sind Personengesellschaften nicht zwingend in den Kernbereich des europäischen Informationsmodells einbezogen, da sich ihre **handelsrechtliche Publizität** durch Aufnahme in ein öffentliches Register als wesentliches Element grenzüberschreitender Verkehrsfähigkeit ausschließlich **nach nationalem Recht** richtet. Die Entwicklung des **europäischen Gesellschaftsrechts hinkt daher für Personengesellschaften dem Anspruch der Niederlassungsfreiheit auf grenzüberschreitende Mobilität hinterher.** Dies zeigt sich – trotz Anerkennung der primärrechtlichen Gewährleistung – an der Rechtsunsicherheit für Gerichte und dadurch unmittelbar für die betroffenen Gesellschaften und Unternehmer, nach welchen materiellen und formalen Voraussetzungen entsprechende Vorgänge beurteilt und eingetragen werden sollen.[25]

f) Konzentration auf Kapitalgesellschaften

17 Das europäische Recht ist **auf Kapitalgesellschaften ausgerichtet** (vgl. bereits Rn. 11).[26] Die Kapitalgesellschaftsformen werden aber nicht einheitlich von den europäischen Regelungsanliegen und Maßnahmen erfasst. Vielmehr besteht eine deutlich abgestufte Regelungsintensität. Die **geschlossene Kapitalgesellschaft,** dh die GmbH, ist **nur zu einem kleinen Bereich „europäisiert".**[27] Weite Bereiche des Rechts der geschlossenen Kapitalgesellschaften werden – anders als das Aktienrecht – nicht in die europäische Harmonisierung einbezogen, sondern der freien Gestaltung der nationalen Regelgeber überlassen.[28]

g) Aktiengesellschaft

18 Der **Fokus des Europäischen Gesellschaftsrechts** liegt **auf dem Aktienrecht** und eben nicht auf dem gesamten Kapitalgesellschaftsrecht. War ursprünglich die Aktiengesellschaft insgesamt Gegenstand der Harmonisierungsbemühungen, wie insbesondere die Regelungen für eine einheitliche Kapitalverfassung und die gesellschaftsrechtlichen Umwandlungen zeigen, so wurde das Regelungskonzept über die Jahre zugespitzt. Das Scheitern der 5. Gesellschaftsrechtlichen Richtlinie („Struktur-Richtlinie") für Organisationsfragen

---

[24] Dazu etwa *Wallach* ZGR 2014, 289 ff.

[25] Vgl. OGH v. 10.4.2014 – 6 Ob 224/13d, GesRZ 2014, 317 mAnm *Artmann*: Der OGH erkennt zwar im Sinne der EuGH-Rechtsprechung *Vale* (vgl. Rn. 126) das Recht der verfahrensgegenständlichen Personengesellschaft (italienische S. a. s.) auf einen grenzüberschreitenden Formwechsel (in eine österreichische KG) an, lehnte die Eintragung aber letztlich aufgrund fehlender Behauptungen und Bescheinigungen, dh aufgrund formaler Mängel ab, die bei Bestehen eines klaren Rechtsrahmens wohl nicht aufgetreten wären.

[26] *Engert,* in Langenbucher, EuropPR § 5 Rn. 3; *Grundmann* EuGesR Rn. 192.

[27] *Grundmann* EuGesR Rn. 1143 ff.; *Lutter/Bayer/Schmidt* EuropUR § 11 Rn. 3; *G. H. Roth/Kindler,* The Spirit of Corporate Law, 2013, 19.

[28] *Fleischer,* in MüKoGmbHG, Einl. Rn. 265; *Hommelhoff/Teichmann* DStR 2008, 925.

zeigte bereits, dass nicht alle Regelungsbereiche für alle Aktiengesellschaften einer europäischen Vereinheitlichung bedürfen. Letztlich liegen auch und gerade in den Regelungen über die Finanzverfassung Bestimmungen über die Verkehrssicherheit, nämlich die Offenlegung des gezeichneten Kapitals und damit des Informationsmodells.[29] Miterfasst werden auch der Gläubigerschutz und der Minderheitenschutz,[30] die in der primärrechtlichen Ermächtigungsgrundlage von Art. 50 Abs. 2 lit. g AEUV genannt werden.[31]

h) Börsennotierte Aktiengesellschaft

Zunehmend **konzentriert** sich das europäische Gesellschaftsrecht **auf börsennotierte** 19 **Aktiengesellschaften** und sieht nur mehr für diesen besonderen Typus der Gesellschaft Regelungen vor **(Börsenaktienrecht).**[32] Das Börsengesellschaftsrecht bringt das ursprüngliche Konzept der Aktiengesellschaft im Sinne der **Kapitalsammelstelle** zum Ausdruck.[33] Pfeiler dieses Regelungsmodells sind **Empfehlungen** für die Leitung und Kontrolle (Corporate Governance-Grundsätze) und die **Aktionärsrechte-Richtlinie** und deren **Änderungsentwurf 2014.** Die Regelungen konzentrieren sich auf die **Rechte und Pflichten der Aktionäre,** wie die Erleichterung der Ausübung von Aktionärsrechten, die Regelung von Stimmrechtsberatern, ihre Mitwirkung zur Regelung der Vergütung von Vorstands- und Verwaltungsmitgliedern, die Verpflichtung, Related Party Transactions offenzulegen und nach entsprechenden inhaltlichen Kriterien zu gestalten.[34]

Die **europäischen Maßnahmen** sind damit **Rutenschläge zur Entwicklung eines ei-** 20 **genständigen Sonderrechts der börsennotierten Aktiengesellschaft,** das durch europäische Maßnahmen angeregt wird, aber schon deutlich darüber hinausgehende Differenzierungen erkennen lässt.[35] Im deutschen Aktienrecht zeigt sich dies bei Regelungen über den Bezugsrechtsausschluss gemäß § 186 AktG, im österreichischen Recht etwa beim zweckfreien Erwerb eigener Aktien gemäß § 65 Abs. 1 Nr. 8 AktG, vor allem aber auch mit einer deutlich weiter anerkannten Satzungsfreiheit für nicht börsennotierte Aktiengesellschaften.[36]

Das **Börsengesellschaftsrecht** findet sich aber überhaupt nicht allein im Aktienrecht, 21 vielmehr bilden die aktienrechtlichen Bestimmungen nur einen **Teil eines vielgestaltigen Regelungspanoramas,** das den Bogen von spezifisch börserechtlichen Verhaltenspflichten[37] über das Übernahmerecht an der Schnittstelle von Gesellschafts- und Kapitalmarktrecht mit starken konzernrechtlichen Bezügen bis in das Bilanzrecht spannt.[38]

---

[29] *Grundmann* EuGesR Rn. 232; *Grundmann,* FS Lutter, 2000, 61 (71 f.); *Grohmann,* Das Informationsmodell im europäischen Gesellschaftsrecht, 2006, 254 ff.

[30] *Lutter,* in Grundmann, Systembildung und Systemlücken im Europäischen Privatrecht, 2000, 121 (135 ff.); *Kalss/Burger/Eckert,* Die Entwicklung des österreichischen Aktienrechts, 2003, 366.

[31] Art. 50 Abs. 2 lit. g AEUV: *„Schutzbestimmungen [...] im Iinteresse der Gesellschafter sowie Dritter“,* zum geschützten Personenkreis *Forsthoff,* in Grabitz/Hilf/Nettesheim, Das Recht der EU, EL. 46, AEUV Art. 50 Rn. 15; *Tiedje,* in von der Groeben/Schwarze/Hatje, Europäisches Unionsrecht, AEUV Art. 50 Rn. 24 ff.

[32] *Fleischer* ZHR 165 (2001), 513 (514 f.); *Baum,* in Doralt/Kalss, Franz Klein – Vorreiter des modernen Aktien- und GmbH-Rechts, 2004, 93 (111).

[33] *Schmalenbach,* Die Aktiengesellschaft, 1950, 12; *Kalss,* Anlegerinteressen, 2001, 71; *Nobel,* FS Bär, 1998, 301 (302).

[34] Im Detail zu diesem Rechtsrahmen Rn. 389 ff.

[35] *Habersack/Schürnbrandt,* in Bayer/Habersack, Aktienrecht im Wandel I, 2007, Kap. 17 Rn. 71 ff.; *Bayer/J. Schmidt,* in Bayer/Habersack, Aktienrecht im Wandel I, 2007, Kap. 18 Rn. 116; *Kalss/Oppitz/Zollner* KMR § 14 Rn. 1 ff.

[36] OGH v. 8.5.2013 – 6 Ob 28/13f, GesRZ 2013, 212 mAnm *Schopper;* vgl. *Fleischer/Kalss* AG 2013, 693 ff.; *Kalss/Oppitz/Zollner* KMR § 14 Rn. 13 f.

[37] Zu den Verhaltenspflichten *Timmermanns,* in Doralt/Kalss, Franz Klein – Vorreiter des modernen Aktien- und GmbH-Rechts, 2004, 161 (164).

[38] S. nur *Moloney,* EU Securities and Financial Markets Regulation, 2014, 379 ff.; *Kalss/Schauer/Winner,* Unternehmensrecht, 2014, Rn. 7/52 ff.; *Wagenhofer,* Internationale Rechnungslegungsstandards – IAS/IFRS, 2009, 71 ff.

i) Bank- und Versicherungsgesellschaftsrecht

22 Neben und zum Teil überschneidend mit dem Börsengesellschaftsrecht[39] entwickelte sich gerade in den letzten Jahren motiviert und angetrieben durch die Finanzkrise ein eigener Regelungskorpus, nämlich das **Bank- und Versicherungsgesellschaftsrecht.**

23 Als **Reaktion auf die Finanzkrise** des Jahres 2008 sind **drei aufsichtsrechtliche Säulen** etabliert worden: Mindestkapitalanforderungen, Überprüfungsprozesse und Markttransparenz.[40] Die bankaufsichtsrechtlichen Überprüfungsprozesse sind Teil der qualitativen Bankenaufsicht, die prinzipienbasiert eine **ordnungsgemäße Geschäftsorganisation** verlangt.[41] Im Rahmen der zweiten Säule sollen Mängel in der Corporate Governance von Kreditinstituten und Versicherungsunternehmen ausgeglichen werden,[42] zumal Defizite als ein Mitgrund für das Auslösen der Finanzkrise gesehen werden. Insbesondere sollen die Unabhängigkeit von Markt- und Marktfolge hergestellt und zugleich die Anforderungen an eine funktionsfähige Compliance-Struktur erhöht werden.[43] Für die maßgeblichen Bereiche der **Corporate Governance** für Kreditinstitute nach der **Kapitaladäquanz-Richtlinie** (CRD-IV-RL, vgl. Rn. 440ff.) geht es vor allem um die Sicherstellung der Pflichten des Leitungsorgans für die Wahrnehmung von Leitung und Überwachungsaufgaben. Die europäischen Vorgaben sehen bestimmte Regelungen für die Qualifikation und das zeitliche Engagement von Organmitgliedern vor, zugleich werden Leitlinien für die diverse Zusammensetzung der Gremien aufgestellt.[44] Schließlich werden die Vergütungsstrukturen für Vorstandsmitglieder und bestimmte Mitarbeiterklassen neu gestaltet, um Fehlanreize durch die Vergütung hintanzuhalten.

24 Aufgaben des Leitungsorgans für die Wahrung der regulatorischen Eigenmittelanforderungen, wie das Risikomanagement, das Vergütungssystem und die Einrichtung spezifischer, unternehmensinterner Funktionen wie Risikocontrolling, Compliance und interne Revision werden festgeschrieben.[45] Damit **steigen insgesamt** – jedenfalls reflexartig – die **Sorgfaltsanforderungen an die Organmitglieder von Kreditinstituten und Versicherungsunternehmen.**[46]

25 Das Bankgesellschaftsrecht[47] ist Ausschnitt einer allgemeineren **Entwicklung zwischen Organisations- und Aufsichtsrecht,** nämlich der institutsspezifischen **Überlagerung des allgemeinen Organisationsstatuts von Rechtsträgern nach aufsichtsrechtlichen Kriterien** im Sinne eines allgemeinen Bankorganisationsrechts.[48] Trotz der grundsätzlichen Neutralität gegenüber den nationalen oder besonderen Rechtsformen zeigt sich eine klare Tendenz zur monistischen Gestaltung für Kapitalgesellschaften. Das konzeptionelle Leitbild des Corporate Governance-Rahmens für das bank- und versicherungsaufsichtsrechtliche Organisationsrecht bildet die monistische Struktur *(One-Tier-Corporation),* der sowohl Führungs- als auch Aufsichtsaufgaben zukommen.[49] Zwar wird der Aufsichtsrat als mögliche Organisationsform anerkannt, dennoch werden die Aufsichtsratsaufgaben zunehmend mit jenen Aufgaben angereichert, ja geradezu befrachtet, die sonst den nicht ge-

---

[39] Bezogen auf Publizitäts- und Prüfpflichten sind davon die sonstigen Gesellschaften von öffentlichem Interesse, die völlig unterschiedliche Unternehmen zusammenfassen, zu unterscheiden (vgl. Rn. 265).

[40] *Körnert* ZHR 176 (2012), 96ff.; *Bürkle* WM 2012, 878 (880) (für Versicherungen und Solvency II); *Langenbucher,* in Möslein, Finanzinnovation und Rechtsordnung, 2014, 272ff.

[41] *Langenbucher* ZBB 2013, 16 (17f.); *Mülbert/Wilhelm* ZHR 178 (2014), 502 (505).

[42] *Langenbucher* ZBB 2013, 16 (18); *Kalss,* in Lewisch, JB Wirtschaftsstrafrecht und Organverantwortlichkeit, 2013, 301ff.

[43] *Langenbucher* ZBB 2013, 16f.; *Mülbert/Wilhelm* ZHR 178 (2014), 502 (505ff.).

[44] *Bürkle* WM 2012, 878; *Langenbucher* ZHR 176 (2012), 652; *Kalss,* in Lewisch, JB Wirtschaftsstrafrecht und Organverantwortlichkeit, 2013, 301 (304).

[45] *Mülbert* ZVglRWiss 113 (2014), 521 (523f.).

[46] *Hopt* ZIP 2013, 1793ff.

[47] *Langenbucher* ZHR 176 (2012), 652ff.

[48] *Mülbert* ZVglRWiss 113 (2014), 521 (525).

[49] *Mülbert* ZVglRWiss 113 (2014), 521 (526).

schäftsführenden Verwaltungsratsmitgliedern im einstufigen System zukommen, somit mit klaren Leitungsfunktionen. Insofern ist von einem deutlichen Trend zur **„Boardisierung"** des Organisationsmodells auszugehen.[50] Zwar werden andere Organisationsmodelle als das Boardsystem anerkannt, in der praktischen Umsetzung erweist sich dies aber deutlich schwieriger. Die Vorgaben für große Verwaltungsräte werden auch für sonstige Organisationsmodelle, wie etwa das zweistufige System der Aktiengesellschaft angewendet; zum Teil werden die Regeln auch auf Versicherungsvereine auf Gegenseitigkeit oder sonstige Anteilsverwaltungseinrichtungen ausgerollt, etwa das Verbot von Doppelmandaten. Dies obwohl diese Einrichtungen und damit auch die Doppelmandatschaft in anderen Organisationsformen eine andere Bedeutung haben.[51]

Im Vergleich zum allgemeinen Aktien- und GmbH-Recht werden **zusätzliche Anforderungen** an die **Verwaltungsorgane der Kreditinstitute und Versicherungsunternehmen** etabliert: 26

- Das gesetzlich vorgegebene **Pflichtenprogramm** wird durch Richtlinien der EBA (European Banking Authority) und der EIOPA (European Insurance and Occupational Pensions Authority) maßgeblich **angehoben.**[52]
- Die deutliche Annäherung vom zweistufigen zum einstufigen System und der klare **Trend hin zum einstufigen System** werden erkennbar. Das einstufige *One-Tier-Corporation-Model* ist das **konzeptionelle Leitbild der Corporate Governance-Regelungen** im bankaufsichtsrechtlichen und versicherungsaufsichtsrechtlichen Bereich.[53]
- Daraus wird die Überlagerung oder gleichzeitige Geltung der öffentlichrechtlichen-aufsichtsrechtlichen Organisationspflichten sowie der gesellschaftsrechtlichen Organisationspflichten deutlich, die aus der Leitungs- und Überwachungspflicht der Organe folgen. Der gleichzeitige Geltungsgrund dieser unterschiedlichen Rechtsnormen ist nicht eine Frage der Dominanz des einen Regelungsbereichs über den anderen, sondern eine Frage, inwieweit der eine Bereich durch den anderen mitgeprägt und gestaltet wird und inwieweit diese Bereiche harmoniert und koordiniert werden können und werden müssen. Insofern ist der Bedarf einer Koordinationsdogmatik eindeutig vorgezeichnet.[54]
- Öffentlich-rechtliches Recht folgt einem anderen **Auslegungsregime** als privatrechtliches Recht;[55] die **Sanktionsmechanismen** sind **verschieden.**
- Nicht nur die Beteiligten sind interessiert und berufen, die wechselseitige Einhaltung der Normen sicherzustellen, vielmehr wacht eine **hoheitlich agierende Aufsicht** darüber. Bereits *ex ante* werden gesellschaftsrechtliche Voraussetzungen überprüft[56] und kann die hoheitliche Behörde jederzeit auch in gesellschaftsrechtlich-organisationsrechtliche Maßnahmen, Gestaltungen und Organbesetzungen der Gesellschaft eingreifen.[57]

---

[50] *Kalss,* in Lewisch, JB Wirtschaftsstrafrecht und Organverantwortlichkeit, 2013, 301 (304).

[51] Zurückhaltend und ebenso gegen eine pauschale Übernahme des AktG auf VVaG: *Hadding/Klatt,* FS Lwowski, 2014, 317 (322ff.).

[52] Dazu *Kalss,* in Lewisch, JB Wirtschaftsstrafrecht und Organverantwortlichkeit, 2013, 301 (304); ferner *Mülbert/Wilhelm* ZHR 178 (2014), 502ff. Die bisherige begleitende Aufsichtstätigkeit wird jedenfalls in Kreditausschüssen zur begleitenden Mitleitungstätigkeit. Die Schlagzahl neuer Regelungen steigt jährlich. Der Aufsichtsratsvorsitzende eines börsennotierten ATX (DAX) Kreditinstituts hat ca. 18 000 Seiten Normtext zu bewältigen. Das Vorbereitungsmaterial für eine AR-Sitzung (Ausschusssitzung) beträgt 800 Seiten.

[53] *Kalss,* in Lewisch, JB Wirtschaftsstrafrecht und Organverantwortlichkeit, 2013, 301 (304 f.).

[54] *Emmenegger,* Bankorganisationsrecht als Regulierungsaufgabe, 2004, 49ff. (87ff., 392ff.); ferner *Oppitz,* Kapitalmarktaufsicht, 2012, 401ff.

[55] *Kalss,* in Riesenhuber, Europäische Methodenlehre, 2014, § 20.

[56] Vgl. FMA, Rundschreiben zur Eignungsprüfung von Geschäftsleitern, Aufsichtsratsmitgliedern und Inhabern von Schlüsselfunktionen (Fit & Proper-Rundschreiben, 2. Fassung November 2014), online abrufbar: https://www.fma.gv.at/typo3conf/ext/dam_download/secure.php?u=0&file=13283&t=1423586488&hash=ffcafd6ff95e062d16b884f590949804 (15.1.2015).

[57] *Kalss,* in Lewisch, JB Wirtschaftsstrafrecht und Organverantwortlichkeit, 2013, 301 (305).

– Die **aufsichtsrechtlichen Regelungen** werden – zum Teil – **entnationalisiert.** Die Bankgesellschaften mit systemrelevanter Bedeutung werden nicht mehr von nationalen Aufsichtsbehörden, sondern von der **europäischen Aufsichtsbehörde** kontrolliert. Im einheitlichen Aufsichtsmechanismus (Simple Supervison/Mechanism = SSM) übernimmt die Europäische Zentralbank (EZB) seit November 2014 die unmittelbare Aufsicht über die bedeutenden Banken. Sie kann dabei hilfsweise auf nationale Aufsichtsbehörden zurückgreifen.[58] Damit ist nicht mehr die nationale Behörde, die mit nationalen Besonderheiten vertraut ist, zuständig, vielmehr wird das europäische Leitbild auf legislativer Ebene auch durch eine zentralisierte Aufsicht konsequent fortgeführt und ausgerollt. Daher bleibt noch weniger Raum für nationale Gestaltungen. Die gesetzgeberische Vereinheitlichungstendenz wird durch vergröbernd-entfernte Lupenführung in der Aufsicht zementiert.

2. Grundlagen

a) Regelungsbereiche

27 Das Europäische Gesellschaftsrecht kann grob in drei Regelungsbereiche eingeteilt werden:[59] (i) **Erleichterung und Schutz grenzüberschreitender Tätigkeiten** von Gesellschaften in Form von Niederlassung (Niederlassungsfreiheit) und sonstigem Anteilserwerb (Kapitalverkehrsfreiheit) in anderen Mitgliedstaaten. (ii) **Harmonisierung der nationalen Gesellschaftsrechte in Kernbereichen,** insbesondere durch die gesellschaftsrechtlichen Richtlinien. (iii) **Schaffung europäischer Gesellschaftsformen,** die sich durch einen hohen Grad an Mobilität auszeichnen und daher grenzüberschreitende Formwechsel, Verwaltungssitzverlegungen und Verschmelzungen erleichtert vornehmen können.

b) Kompetenzgrundlagen

28 Zentrale Grundlage für die Rechtssetzung der Europäischen Union ist Art. 5 EUV, der die „Prinzipien der Kompetenzordnung" definiert.[60] Art. 5 Abs. 1 S. 1, Abs. 2 EUV legen das **Prinzip der begrenzten Einzelermächtingung** fest, nach dem für jeden Rechtsakt der Europäischen Union eine primärrechtliche Ermächtigungsgrundlage gegeben sein muss. Die Europäische Union kann daher nur in den ihr ausdrücklich übertragenen Zuständigkeitsbereichen tätig werden.[61] Für die Ausübung der übertragenen Kompetenzen sind das **Prinzip der Subsidiarität** und das **Prinzip der Verhältnismäßigkeit** gemäß Art. 5 Abs. 1 S. 2, Abs. 3 und 4 EUV zu beachten. Die Ausübung einer bestehenden Kompetenz setzt daher voraus, dass das jeweilige Regelungsziel nicht durch nationale Rechtssetzung, aber durch Rechtssetzung auf europäischer Ebene erreicht werden kann, sowie dass die konkrete Maßnahme geeignet ist, das Regelungsziel zu erreichen, und zu diesem Zweck nicht über das erforderliche Maß hinausgeht.[62] Die für das **europäische Gesellschaftsrecht relevanten Ermächtigungsgrundlagen** befinden sich in Art. 50, Art. 114, Art. 352 und Art. 292 S. 4 AEUV.

[58] Verordnung (EU) Nr. 1024/2013 v. 15.10.2013, ABl. 2013, L 287/63 („SSM-VO"); dazu *Lutz* ZVglRWiss 113 (2014), 496 (501).

[59] Vgl. *Lutter/Bayer/J. Schmidt* EuropUR § 1 Rn. 5; s. auch *Engert,* in Langenbucher, EuropPR § 5 Rn. 1; *Habersack/Verse* EuGesR § 2 Rn. 1 ff.

[60] *Callies,* in Callies/Ruffert, EUV/AEUV, EUV Art. 5 Rn. 4.

[61] Dazu im Detail *Bast,* in Grabitz/Hilf/Nettesheim, Das Recht der EU, EL. 51, EUV Art. 5 Rn. 13 ff.; *Callies,* in Callies/Ruffert, EUV/AEUV, EUV Art. 5 Rn. 16 ff.; *Streinz,* in Streinz, EUV/AEUV, EUV Art. 5 Rn. 8 ff.

[62] Dazu im Detail *Bast,* in Grabitz/Hilf/Nettesheim, Das Recht der EU, EL. 51, EUV Art. 5 Rn. 49 ff. (66 ff.); *Callies,* in Callies/Ruffert, EUV/AEUV, EUV Art. 5 Rn. 20 ff. (44 ff.); *Streinz,* in Streinz, EUV/AEUV, EUV Art. 5 Rn. 19 ff., 41 ff.

Art. 50 Abs. 1 AEUV ermöglicht zum Zweck der Verwirklichung der Niederlassungsfreiheit die Verabschiedung **ausschließlich** von **Richtlinien im ordentlichen Gesetzgebungsverfahren** gemäß Art. 289 Abs. 1 iVm Art. 294 AEUV, das eine **qualifizierte Mehrheit im Rat** der Europäischen Union voraussetzt.[63] Art. 50 Abs. 2 AEUV konkretisiert die Kompetenznorm gemäß Art. 50 Abs. 1 AEUV durch acht nicht abschließende Vorgaben.[64] **Art. 50 Abs. 2 lit. g AEUV**[65] dient als **zentrale Ermächtigungsgrundlage** für die **Rechtsangleichung** im Bereich des Gesellschaftsrechts,[66] ermächtigt aber nicht zur Schaffung supranationaler Rechtsformen.[67] Art. 50 Abs. 2 lit. g AEUV berechtigt zur Angleichung der nationalen Schutzbestimmungen für Gesellschaften zugunsten von Gesellschaftern und Dritten soweit dies **erforderlich** ist, um Schranken für die Ausübung der Niederlassungsfreiheit abzubauen, und erfasst mangels Abgenzbarkeit der *„Schutzbestimmungen"* grundsätzlich das **gesamte Gesellschaftsrecht.**[68] 29

Art. 114 AEUV ermöglicht die Verabschiedung von Maßnahmen, die die Errichtung und das Funktionieren des Binnenmarktes zum Gegenstand haben, und kann daher als **Ermächtigungsgrundlage für Rechtsakte auf dem Gebiet des Gesellschaftsrechts** herangezogen werden. Als Maßnahmen gelten alle möglichen Rechtsakte, neben **Richtlinien** insbesondere auch **Verordnungen,**[69] die im **ordentlichen Gesetzgebungsverfahren** gemäß Art. 289 Abs. 1 iVm Art. 294 AEUV und daher mit **qualifizierter Mehrheit im Rat** der Europäischen Union verabschiedet werden.[70] Da Art. 114 AEUV genauso wie Art. 50 AEUV nur die Angleichung von Rechtsvorschriften ermöglicht und daher keine geeignete Rechtsgrundlage für die Schaffung supranationaler Rechtsformen ist,[71] sowie aufgrund des breiten Anwendungsbereiches von Art. 50 AEUV für das Gesellschaftsrecht hat Art. 114 AEUV nur **geringe praktische Bedeutung** erlangt.[72] 30

Die **„Flexibilitätsklausel"**[73] gemäß Art. 352 AEUV räumt der Europäischen Union die Kompetenz ein, bei Erforderlichkeit zur Erreichung eines Vertragsziels Maßnahmen, dh insbesondere **Richtlinien** und **Verordnungen,**[74] trotz Fehlens einer sonstigen Ermächti- 31

---

[63] *Bröhmer,* in Callies/Ruffert, EUV/AEUV, AEUV Art. 50 Rn. 2; *Müller-Graff,* in Streinz, EUV/AEUV, AEUV Art. 50 Rn. 6; zum Erfordernis der qualifizierten Mehrheit *Obwexer,* in Streinz, EUV/AEUV, EUV Art. 16 Rn. 43ff.

[64] *Forsthoff,* in Grabitz/Hilf/Nettesheim, Das Recht der EU, EL. 46, AEUV Art. 50 Rn. 2; *Müller-Graff,* in Streinz, EUV/AEUV, AEUV Art. 50 Rn. 10.

[65] Beachte aber auch die Konkretisierung in Art. 50 Abs. 2 lit. f. AEUV, die von der Kommission für den Vorschlag eines Rechtsrahmens für nationale Gesellschaftsformen als *Societas Unius Personae* herangezogen wurde (vgl. Rn. 480).

[66] Zum Ziel der Rechtsangleichung („Harmonisierung") anstatt der Rechtsvereinheitlichung im europäischen Gesellschaftsrecht auf Grundlage von Art. 50 AEUV *Lutter,* in Grundmann, Systembildung und Systemlücken in Kerngebieten des Europäischen Privatrechts, 2000, 121ff.

[67] *Müller-Graff,* in Streinz, EUV/AEUV, AEUV Art. 50 Rn. 17.; *Tiedje,* in von der Groeben/Schwarze/Hatje, Europäisches Unionsrecht, AEUV Art. 50 Rn. 33.

[68] Dazu im Detail *Forsthoff,* in Grabitz/Hilf/Nettesheim, Das Recht der EU, EL. 46, AEUV Art. 50 Rn. 11ff.; *Habersack/Verse* EuGesR § 3 Rn. 42ff.; *Lutter/Bayer/J. Schmidt* EuropUR § 2 Rn. 7ff.; vgl. EuGH v. 9.12.1997 – C-265/95, Slg. 1197, I-06959 – Daihatsu, dazu *Hirte* NJW 1999, 36ff.; *Leible* ZHR 162 (1998), 594ff.; *Luttermann* EuZW 1998, 264ff.

[69] *Kahl,* in Callies/Ruffert, EUV/AEUV, AEUV Art. 114 Rn. 28; *Leible/Schröder,* in Streinz, EUV/AEUV, AEUV Art. 114 Rn. 58.

[70] *Leible/Schröder,* in Streinz, EUV/AEUV, AEUV Art. 114 Rn. 69ff.; zum Erfordernis der qualifizierten Mehrheit *Obwexer,* in Streinz, EUV/AEUV, EUV Art. 16 Rn. 43ff.

[71] Vgl. EuGH v. 2.5.2006 – C-436/03, EuZW 2006, 380 – EP/Rat zur SCE-Verordnung; *Habersack/Verse* EuGesR § 3 Rn. 46; *Winkler,* in Grabitz/Hilf/Nettesheim, Das Recht der EU, EL. 46, AEUV Art. 352 Rn. 134.

[72] *Habersack/Verse* EuGesR § 3 Rn. 43, 46.

[73] Zur unterschiedlichen Terminologie *Rossi,* in Callies/Ruffert, EUV/AEUV, AEUV Art. 352 Rn. 11.

[74] *Rossi,* in Callies/Ruffert, EUV/AEUV, AEUV Art. 352 Rn. 78f.; *Streinz,* in Streinz, EUV/AEUV, AEUV Art. 352 Rn. 45.

gungsgrundlage zu erlassen.[75] Rechtsakte auf Grundlage von Art. 352 AEUV setzen neben einer besonderen **Information der nationalen Parlamente**[76] die **Einstimmigkeit im Rat** der Europäischen Union und die **Zustimmung des Europäischen Parlaments** voraus.[77] Im Bereich des Gesellschaftsrechts dient Art. 352 AEUV als Ermächtigungsgrundlage für die Verordnungen zur Einführung von **supranationalen Rechtsformen** (vgl. Rn. 550 ff.).[78]

32 Art. 292 S. 4 AEUV dient als Rechtsgrundlage für **Empfehlungen der Kommission,** die insbesondere für die Entwicklung der Corporate Governance im europäischen Gesellschaftsrecht eine wichtige Rolle innehaben (vgl. Rn. 432 ff.).[79]

c) Regelungsinstrumente

33 Im europäischen **Primärrecht,** dh insbesondere in den Verträgen der Europäischen Union, sind für das Gesellschaftsrecht die einschlägigen **Kompetenzgrundlagen** für sekundärrechtliche Rechtsakte (vgl. Rn. 28 ff.) sowie die Grundfreiheiten der **Niederlassungs-** und der **Kapitalverkehrsfreiheit** (vgl. Rn. 38 ff.) zu beachten, die als **unmittelbar anwendbares Recht** in den Mitgliedstaaten ohne mitgliedstaatlichen Umsetzungsakt anzuwenden sind und zur Nichtanwendbarkeit widersprechender mitgliedstaatlicher Regelungen führen.[80]

34 Als **sekundärrechtliche Regelungsinstrumente** dienen im Gesellschaftsrecht insbesondere die in Art. 288 AEUV aufgezählten Rechtsakttypen der Verordnung, Richtlinie und Empfehlung.

35 Die **Richtlinie** im Sinne von Art. 288 Abs. 3 AEUV ist in Anwendung der für das Gesellschaftsrecht zentralen Kompetenzgrundlage in Art. 50 Abs. 2 lit. g AEUV (vgl. Rn. 29) das **wichtigste Regelungsinstrument** für die Harmonisierung im **Gesellschaftsrecht.** Die **Mitgliedstaaten** sind zur **Umsetzung von Richtlinien in nationales Recht** und zu ihrer **effektiven Durchsetzung** (**„Effektivitätsgrundsatz“** bzw. **„effet utile“**[81]) verpflichtet.[82] Dies beinhaltet insbesondere die Verpflichtung zur **richtlinienkonformen Auslegung** des nationalen Rechts sowie – bei fehlender Sanktionsregelung in der

---

[75] Zu den Tatbestandselementen im Detail *Rossi,* in Callies/Ruffert, EUV/AEUV, AEUV Art. 352 Rn. 23 ff.; *Winkler,* in Grabitz/Hilf/Nettesheim, Das Recht der EU, EL. 46, AEUV Art. 352 Rn. 37 ff.

[76] *Rossi,* in Callies/Ruffert, EUV/AEUV, AEUV Art. 352 Rn. 91; *Streinz,* in Streinz, EUV/AEUV, AEUV Art. 352 Rn. 52; vgl. zum Ratifikationserfordernis in Deutschland gemäß § 8 IntVG *Basedow* EuZW 2010, 41; *Fleischer* ZHR 174 (2010), 385 (400); *Rossi,* in Callies/Ruffert, EUV/AEUV, AEUV Art. 352 Rn. 92 ff.; *Winkler,* in Grabitz/Hilf/Nettesheim, Das Recht der EU, EL. 46, AEUV Art. 352 Rn. 30 ff.

[77] *Rossi,* in Callies/Ruffert, EUV/AEUV, AEUV Art. 352 Rn. 81; *Streinz,* in Streinz, EUV/AEUV, AEUV Art. 352 Rn. 43 (49 ff.); *Winkler,* in Grabitz/Hilf/Nettesheim, Das Recht der EU, EL. 46, AEUV Art. 352 Rn. 100 f.

[78] *Habersack/Verse* EuGesR § 3 Rn. 46; *Lutter/Bayer/J. Schmidt* EuropUR § 3 Rn. 13; *Streinz,* in Streinz, EUV/AEUV, AEUV Art. 352 Rn. 69; *Winkler,* in Grabitz/Hilf/Nettesheim, Das Recht der EU, EL. 46, AEUV Art. 352 Rn. 134; für den Vorschlag eines Rechtsrahmens für nationale Gesellschaftsformen als *Societas Unius Personae* hat die Kommission Art. 50 Abs. 2 lit. f. AEUV herangezogen (vgl. Rn. 480).

[79] Dazu *Habersack/Verse* EuGesR § 3 Rn. 47; *Lutter/Bayer/J. Schmidt* EuropUR § 3 Rn. 14; *Nettesheim,* in Grabitz/Hilf/Nettesheim, Das Recht der EU, EL. 50, AEUV Art. 292 Rn. 13 f.

[80] Grundlegend EuGH v. 5.2.1963 – 26/62, NJW 1963, 974 – van Gend & Loos; vgl. *Langenbucher,* in Langenbucher, EuropPR § 1 Rn. 30 ff.; zur Niederlassungsfreiheit: EuGH v. 21.6.1974 – 2/74, NJW 1975, 513 – Reyners.

[81] Zu Terminologie und Abgrenzung *Heinze,* in Basedow/Hopt/Zimmermann, Handwörterbuch des Europäischen Privatrechts, 2009, 337 ff.

[82] Zu den Rechtswirkungen der Richtlinie im Detail allgemein *Nettesheim,* in Grabitz/Hilf/Nettesheim, Das Recht der EU, EL. 48, AEUV Art. 288 Rn. 104 ff.; in Hinblick auf Gesellschaftsrecht *Habersack/Verse* EuGesR § 3 Rn. 48, 51 ff.; *Lutter/Bayer/J. Schmidt* EuropUR § 3 Rn. 8 ff.

Richtlinie – zur Einführung von **Sanktionen,** die **wirksam, verhältnismäßig** und **abschreckend** sind.[83] Wird eine Richtlinie nicht fristgerecht oder hinreichend in nationales Recht umgesetzt, kann sie unter bestimmten Voraussetzungen **unmittelbare Anwendbarkeit** im säumigen Mitgliedstaat erlangen. Mit einer Harmonisierungsrichtlinie **dürfen auch neue Bestimmungen geschaffen werden,** die zuvor noch nicht in den nationalen Rechtsordnungen vorhanden waren, zumal nur so Hindernisse für die Niederlassungsfreiheit abgebaut werden können. In einer einschlägigen Entscheidung des Europäischen Gerichts erster Instanz ging es um Offenlegungsvorschriften für GmbH.[84] Durch eine Richtlinie können die Mitgliedstaaten sowohl zur Aufhebung bereits bestehender Bestimmungen als auch zur Einführung gänzlich neuer Vorschriften verhalten werden. Für die Vereinheitlichung ist daher nicht unbedingt die Wahl der Verordnung notwendig, auch eine Richtlinie kann dafür verwendet werden.[85]

Die **Verordnung** im Sinne von Art. 288 Abs. 2 AEUV zeichnet sich durch ihre **unmittelbare Anwendbarkeit** und Verdrängung widersprechenden nationalen Rechts in allen 36
Mitgliedstaaten aus.[86] Im Gesellschaftsrecht wird die Verordnung überwiegend für die **Schaffung supranationaler Rechtsformen** auf Grundlage von Art. 352 AEUV (vgl. Rn. 31) verwendet, darüber hinaus hat die Verordnung für die von Mindeststandards geprägte gesellschaftsrechtliche Harmonisierung aber nur eine **untergeordnete Bedeutung,** während sie außerhalb des Gesellschaftsrechts, zusehends auch im stärker auf Maximalharmonisierung gerichteten Kapitalmarktrecht,[87] eine herausragende Stellung im Rahmen der europäischen Integration einnimmt.[88]

Empfehlungen im Sinne von Art. 288 Abs. 5 AEUV sind **rechtlich unverbindlich,** 37
können aber **normative Wirkungen** entfalten, indem sie insbesondere von nationalen Gerichten bei der Auslegung von unionsrechtlichen Bestimmungen und von nationalen Bestimmungen im Anwendungsbereich einer Empfehlung berücksichtigt werden müssen.[89] Trotz ihrer grundsätzlichen Unverbindlichkeit haben Empfehlungen in der Praxis eine erhebliche Bedeutung und insgesamt einen **hohen Steuerungseffekt,** da Mitgliedstaaten in vielen Fällen die Umsetzung einer unverbindlichen Empfehlung einem andernfalls drohenden, verbindlichen Sekundärrechtsakt, der gegebenenfalls weniger Spielraum lässt, vorziehen.[90] Die Empfehlung ist daher auch **geeignet,** praktische **Erfahrungen mit den Wir-**

---

[83] Vgl. EuGH v. 10.4.1984 – C-14/83, Slg. 1984, I-891 Rn. 22f., 26 – von Colson und Kamann; EuGH v. 21.9.1989 – 68/88, Slg. 1989, II-965 Rn. 23f. – Kommission/Griechenland; EuGH v. 10.7.1990 – C-326/88, Slg. 1990, I-2911 Rn. 17 – Hansen; EuGH v. 15.9.1998 – C-231/96, Slg. 1998, I-4951 Rn. 34 – Edis; EuGH v. 15.1.2004, C-230/01, Slg. 2004, I-00937 Rn. 36f. – Intervention Board for Agricultural Produce; vgl. *von Bogdandy/Schill,* in Grabitz/Hill/Nettesheim, Das Recht der EU, EL. 53, EUV Art. 4 Rn. 77, 79; *Habersack/Verse* EuGesR § 3 Rn. 48; *Schroeder,* in Streinz, EUV/AEUV, AEUV Art. 288 Rn. 100.

[84] EuG v. 21.6.2006 – T-47/02, Slg. 2006 II-1779 Rn. 25ff. – Danzer/Danzer.

[85] EuG v. 21.6.2006 – T-47/02, Slg. 2006 II-1779 Rn. 49f. – Danzer/Danzer; *Cordewener,* in Schön, Rechnungslegung und Wettbewerbsschutz im deutschen und europäischen Recht, 2009, 105 (246f.).

[86] Zu den Rechtswirkungen der Verordnung im Detail allgemein *Nettesheim,* in Grabitz/Hilf/Nettesheim, Das Recht der EU, EL. 48, AEUV Art. 288 Rn. 89ff.; für das Gesellschaftsrecht *Lutter/Bayer/J. Schmidt* EuropUR § 3 Rn. 3ff.

[87] *Kalss/Oppitz/Zollner* KMR § 1 Rn. 68; *Möllers,* Diskussionsbeitrag ZHR-Tagung am 17.1.2014 in Königstein; *Veil* ZGR 2014, 544ff.

[88] Vgl. *Nettesheim,* in Grabitz/Hilf/Nettesheim, Das Recht der EU, EL. 48, AEUV Art. 288 Rn. 89; *Schroeder,* in Streinz, EUV/AEUV, AEUV Art. 288 Rn. 53.

[89] EuGH v. 13.12.1989 – C-322/88, Slg. 1989, 4407 Rn. 18 – Grimaldi; EuGH v. 21.1.1993 – C-188/91, Slg. 1993, I-363 Rn. 18 – Deutsche Shell; vgl. *Nettesheim,* in Grabitz/Hilf/Nettesheim, Das Recht der EU, EL. 48, AEUV Art. 288 Rn. 206; *Schroeder,* in Streinz, EUV/AEUV, AEUV Art. 288 Rn. 146.

[90] Vgl. *Lutter* EuZW 2009, 799ff.; *Nettesheim,* in Grabitz/Hilf/Nettesheim, Das Recht der EU, EL. 48, AEUV Art. 288 Rn. 208.

kungen eines bestimmten Regelungsansatzes zu sammeln, auf die im Rahmen künftiger Regulierungsbemühungen zurückgegriffen werden kann.[91] Empfehlungen können von der Kommission **ohne Mitwirkung des Europäischen Parlaments und des Rats** verabschiedet werden. Die **Kommission greift seit dem Aktionsplan 2003** auf der Grundlage von Art. 292 S. 4 AEUV (vgl. Rn. 32) häufig auf das Regelungsinstrument der Empfehlung zurück, um insbesondere **politisch sensible Bereiche,** in denen eine Einigung in Rat und Parlament nicht zu erwarten ist, zum Beispiel die Gestaltung der Vergütungssysteme von Leitungsorganen und die Verankerung von unabhängigen Aufsichtsratsmitgliedern in börsennotierten Gesellschaften sowie die Gestaltung von Restrukturierungsverfahren für Unternehmen, indirekt einer **Vereinheitlichung zuzuführen** oder zumindest den Weg dafür zu prüfen.[92] Adressaten der Empfehlungen sind überwiegend die **Mitgliedstaaten,** vereinzelt auch die zur Erstellung von **Corporate Governance-Kodizes verantwortlichen Stellen.**[93]

d) Niederlassungsfreiheit

38 **aa) Persönlicher Anwendungsbereich:** Die **Niederlassungsfreiheit** gemäß Art. 49 AEUV gewährt den **Staatsangehörigen der Mitgliedstaaten,** dh **Unionsbürgern** im Sinne von Art. 20 Abs. 1 AEUV,[94] das Recht, sich auf dem Gebiet eines anderen Mitgliedstaats niederzulassen und einer selbstständigen Erwerbstätigkeit nachzugehen. Art. 54 AEUV erweitert den persönlichen Anwendungsbereich der Niederlassungsfreiheit[95] auf Gesellschaften und führt daher für die Niederlassungsfreiheit zur **Gleichstellung** von Unionsbürgern und **bestimmten Gesellschaften.**[96] Art. 54 AEUV ist keine Kollisionsnorm zur Anknüpfung des Gesellschaftsstatuts, sondern eine **Verweisungsnorm,** die auf die Art. 49 bis 55 AEUV[97] verweist und die Anwendung dieser für natürliche Personen geltenden Bestimmungen zur Niederlassungsfreiheit auf Gesellschaften im Sinne von Art. 54 Abs. 2 AEUV anordnet.[98]

39 Als **Gesellschaften** im Sinne von Art. 54 Abs. 2 AEUV gelten – unabhängig von Begriffsbestimmungen und Kategorien der Mitgliedstaaten – alle **rechtlich verselbstständigten Akteure des privaten oder öffentlichen Rechts.**[99] Vom Anwendungsbereich

---

[91] Vgl. *Nettesheim,* in Grabitz/Hilf/Nettesheim, Das Recht der EU, EL. 48, AEUV Art. 288 Rn. 201.

[92] Zu den Empfehlungen als Teil der Corporate Governance-Entwicklung vgl. Rn. 432 ff.; dazu auch *Fleischer* ZGR 2012, 160 (176 ff.); zur Empfehlung über Restrukturierungsverfahren vgl. Rn. 540.

[93] *Nettesheim,* in Grabitz/Hilf/Nettesheim, Das Recht der EU, EL. 48, AEUV Art. 288 Rn. 204; Empfehlung der Kommission v. 9.4.2014, 2014/208/EU, ABl. 2014 L 109/43 zur Qualität der Berichterstattung über die Unternehmensführung („Comply or Explain"), vgl. Rn. 437.

[94] *Forsthoff,* in Grabitz/Hilf/Nettesheim, Das Recht der EU, EL. 43, AEUV Art. 49 Rn. 11; *Müller-Graff,* in Streinz, EUV/AEUV, AEUV Art. 49 Rn. 27, 31; zur Unionsbürgerschaft *Magiera,* in Streinz, EUV/AEUV, AEUV Art. 20 Rn. 19 ff.

[95] Neben der Niederlassungsfreiheit werden die Gesellschaften gemäß Art. 54 AEUV iVm Art. 62 AEUV auch für die Dienstleistungsfreiheit den Staatsangehörigen gleichgestellt, dazu *Müller-Graff,* in Streinz, EUV/AEUV, AEUV Art. 62 Rn. 16.

[96] *Bröhmer,* in Callies/Ruffert, EUV/AEUV, AEUV Art. 54 Rn. 1; *Forsthoff,* in Grabitz/Hilf/Nettesheim, Recht der EU, EL. 46, AEUV Art. 54 Rn. 1; *Müller-Graff,* in Streinz, EUV/AEUV, AEUV Art. 54 Rn. 1.

[97] Für die Dienstleistungsfreiheit verweist Art. 54 AEUV iVm Art. 62 AEUV auch auf die Art. 56 bis 61 AEUV.

[98] *Forsthoff,* in Grabitz/Hilf/Nettesheim, Recht der EU, EL. 46, AEUV Art. 54 Rn. 2; *Jung,* in Schwarze, EU-Kommentar, AEUV Art. 54 Rn. 1; vgl. EuGH v. 17.6.1997 – C-70/95, EuZW 1998, 124 Rn. 25 – Sodemare.

[99] *Jung,* in Schwarze, EU-Kommentar, AEUV Art. 54 Rn. 2; *Müller-Graff,* in Streinz, EUV/AEUV, AEUV Art. 54 Rn. 2; *Teichmann* ZGR 2011, 639 (659 ff.); nach der nicht leicht verständlichen Formulierung erfasst der Begriff der „juristischen Person" terminologisch iSv Art. 54 Abs. 2 AEUV alle

erfasst sind daher juristische Personen des Privatrechts, insbesondere Aktiengesellschaften, GmbH,[100] Genossenschaften, Vereine und Stiftungen, aber auch **rechtlich verselbstständigte** und **nach außen auftretende Personengesamtheiten ohne Rechtspersönlichkeit** wie OHG, KG und Partnerschaftsgesellschaft,[101] sowie juristische Personen des öffentlichen Rechts, sofern diese keine Hoheitsrechte ausüben.[102]

Um sich auf die Niederlassungsfreiheit berufen zu können, muss eine Gesellschaft (i) einen **Erwerbszweck verfolgen** und (ii) eine **qualifizierte, dh rechtliche und räumliche Verknüpfung zur Europäischen Union** aufweisen. Die notwendige Unionsverknüpfung bzw. -zugehörigkeit setzt voraus, dass die Gesellschaft nach den Rechtsvorschriften eines EU/EWR-Mitgliedstaats[103] wirksam gegründet ist sowie ihren Satzungssitz, ihre Hauptverwaltung oder ihre Hauptniederlassung im Gebiet eines Mitgliedstaats hat.[104] 40

Für die **Verfolgung eines Erwerbszwecks** kommt es darauf an, ob die Gesellschaft nach ihrer internen Ausrichtung *(„Erwerbsabsicht“[105])* auf eine Teilnahme am wirtschaftlichen Wettbewerb durch das Anbieten von Leistungen gegen Entgelt angelegt ist.[106] Eine Gewinnerzielungsabsicht ist nicht erforderlich.[107] Zur Verfolgung eines Erwerbszwecks gehört jede entgeltliche Leistungserbringung. Mit der überwiegenden Lehre ist davon auszugehen, dass auch die bloße Vermögensverwaltung von dem Begriff erfasst ist und daher auch entsprechend tätige Stiftungen in den Schutz der Niederlassungsfreiheit fallen. Entscheidend ist die Generierung von Einkünften. Jedenfalls sind daher Unternehmensstiftungen von der Niederlassungsfreiheit erfasst.[108] In weiter Auslegung werden alle Stiftungen erfasst, die eigenes Vermögen verwalten.[109] Die österreichische Privatstiftung fällt als mittelbar unternehmerisch tätige juristische Person jedenfalls in den Anwendungsbereich der Niederlassungsfreiheit. 41

„Gesellschaften“, darüber hinaus aber noch weitere rechtlich verselbstständigte Akteure ohne Erwerbszweck.

[100] Daher auch Einpersonen-GmbH, die den vorgeschlagenen SUP-Rechtsrahmen (vgl. Rn. 475 ff.) nutzen.

[101] Reine Innengesellschaften, zB stille Gesellschaften und Unterbeteilungsgesellschaften sind daher nicht erfasst; vgl. *Forsthoff,* in Grabitz/Hilf/Nettesheim, Recht der EU, EL. 46, AEUV Art. 54 Rn. 3; *Jung,* in Schwarze, EU-Kommentar, AEUV Art. 54 Rn. 4 f.; *Müller-Graff,* in Streinz, EUV/AEUV, AEUV Art. 54 Rn. 4; *W.-H. Roth* ZGR 2014, 168 (180 f.); *Tiedje,* in von der Groeben/Schwarze/Hatje, Europäisches Unionsrecht, AEUV Art. 54 Rn. 19; enger *Bröhmer,* in Callies/Ruffert, EUV/AEUV, AEUV Art. 54 Rn. 4; vgl. EuGH v. 16.12.2008 – C-210/06, NJW 2009, 569 Rn. 21 – Cartesio: In diesem Fall war eine Kommanditgesellschaft ungarischen Rechts verfahrensgegenständlicher Träger der Niederlassungsfreiheit iSv Art. 54 Abs. 2 AEUV; zur Vielfalt nationaler Ausgestaltungen rechtlich verselbstständigter Rechtsträger *Windbichler* ZGR 2014, 110 (121 ff.).

[102] Dazu *Bröhmer,* in Callies/Ruffert, EUV/AEUV, AEUV Art. 54 Rn. 3; *Jung,* in Schwarze, EU-Kommentar, AEUV Art. 54 Rn. 6; *Müller-Graff,* in Streinz, EUV/AEUV, AEUV Art. 54 Rn. 5.

[103] Die Niederlassungsfreiheit gilt gemäß Art. 31, 34 EWR-Abkommen nicht nur in den EU-Mitgliedstaaten, sondern auch in den EFTA-Mitgliedstaaten Island, Liechtenstein und Norwegen mit Ausnahme der Schweiz; dazu *Altmeppen/Ego,* in MüKoAktG, EuNlf Rn. 15 f.

[104] *Jung,* in Schwarze, EU-Kommentar, AEUV Art. 54 Rn. 8 ff.; *Müller-Graff,* in Streinz, EUV/AEUV, AEUV Art. 54 Rn. 6 ff.

[105] *W.-H. Roth* ZGR 2014, 168 (180).

[106] Vgl. *Bröhmer,* in Callies/Ruffert, EUV/AEUV, AEUV Art. 54 Rn. 2; *Forsthoff,* in Grabitz/Hilf/Nettesheim, Recht der EU, EL. 46, AEUV Art. 54 Rn. 5; *Müller-Graff,* in Streinz, EUV/AEUV, AEUV Art. 54 Rn. 3.

[107] *Jung,* in Schwarze, EU-Kommentar, AEUV Art. 54 Rn. 7.

[108] *Behrens,* GS Walz, 2008, 13 (20); *Leible,* FS Werner, 2009, 256 (270); *Weitemeyer,* in Jakob, Perspektiven des Stiftungsrechts in der Schweiz und in Europa, 2010, 73 (100 f.).

[109] *Weitemeyer,* in Jakob, Perspektiven des Stiftungsrechts in der Schweiz und in Europa 100 f.; zurückhaltend hingegen *Kindler,* in MüKoBGB, IntGesR Rn. 676; *Kronke,* Die Stiftung im internationalen Privat- und Zivilverfahrensrecht, in Campenhausen/Kronke/Werner, Stiftungen in Deutschland und Europa, 1998, 361 (371 f.).

42 Gesellschaften, die **ausschließlich gemeinnützige,** etwa wissenschaftliche, kulturelle oder religiöse **Zwecke ohne wirtschaftlichen Nebenzweck** verfolgen, sind vom Anwendungsbereich der Niederlassungsfreiheit ausgenommen.[110] Gesellschaften, die neben gemeinnützigen Zielsetzungen auch einen Erwerbszweck verfolgen, insbesondere wirtschaftlich tätige Stiftungen oder im professionellen Bereich tätige Sportvereine, können sich hingegen auf die Niederlassungsfreiheit berufen.[111]

43 Die **rechtliche Unionsverknüpfung** setzt die **Wirksamkeit der Gründung** einer Gesellschaft nach den Bestimmungen des Mitgliedstaats voraus, nach dessen Recht die Gründung der Gesellschaft durchgeführt wird („Gründungsstaat").[112] Nach der Rechtsprechung des EuGH[113] ist für die Anwendbarkeit der Niederlassungsfreiheit zusätzlich maßgeblich, dass die Gesellschaft **nach dem Recht ihres Gründungsstaats wirksam fortbesteht.**[114] Das Recht des Gründungsstaats entscheidet daher auch über die Art der notwendigen Anknüpfung, zum Beispiel durch das Erfordernis einer Geschäftstätigkeit oder des Verwaltungssitzes in diesem Mitgliedstaat. Wird nach dem Recht des Gründungsstaats, insbesondere aufgrund einer grenzüberschreitenden Verwaltungssitzverlegung einer Gesellschaft ihr Gesellschaftsstatut entzogen bzw. wird sie aufgelöst und verliert damit ihre Eigenschaft als Gesellschaft im Sinne von Art. 54 Abs. 2 AEUV, befindet sie sich nicht mehr im persönlichen Anwendungsbereich der Niederlassungsfreiheit und kann sich daher nicht mehr auf diese berufen.[115] Die **rechtliche Existenz einer Gesellschaft nach den Voraussetzungen des Rechts ihres Gründungsstaats** ist daher **„Vorfrage"**[116] für die Möglichkeit zur Ausübung der Niederlassungsfreiheit (vgl. Rn. 102 ff.).

44 Die **räumliche Unionsverknüpfung** kann **alternativ** durch den **satzungsmäßigen Sitz,** dh dem Ort, den die Satzung der Gesellschaft als Sitz festlegt, die **Hauptverwaltung,** dh dem Ort, an dem die Leitungsorgane die unternehmerische Leitung der Gesellschaft ausüben, oder die **Hauptniederlassung,** dh dem tatsächlichen Geschäftsschwerpunkt, an dem sich die wesentlichen personellen und Sachmittel der Gesellschaft

---

[110] EuGH v. 17.6.1997 – C-70/95, EuZW 1998, 124 Rn. 25 – Sodemare; vgl. *Bröhmer,* in Callies/Ruffert, EUV/AEUV, AEUV Art. 54 Rn. 2; *Jung,* in Schwarze, EU-Kommentar, AEUV Art. 54 Rn. 7; *Müller-Graff,* in Streinz, EUV/AEUV, AEUV Art. 54 Rn. 3; *Tiedje,* in von der Groeben/Schwarze/Hatje, Europäisches Unionsrecht, AEUV Art. 54 Rn. 22; Idealvereine ohne wirtschaftlichen Nebenzweck liegen daher nicht im Anwendungsbereich der Niederlassungsfreiheit.

[111] *Jung,* in Schwarze, EU-Kommentar, AEUV Art. 54 Rn. 7; *Müller-Graff,* in Streinz, EUV/AEUV, AEU Art. 54 Rn. 3 f.; *Tiedje,* in von der Groeben/Schwarze/Hatje, Europäisches Unionsrecht, AEUV Art. 54 Rn. 22; vgl. auch *Forsthoff,* in Grabitz/Hilf/Nettesheim, Recht der EU, EL. 46, AEUV Art. 54 Rn. 6; *Helios,* in Schauhoff, Handbuch der Gemeinnützigkeit, § 22 Rn. 27; *Weitemeyer* NZG 2012, 1001 (1002); die Anforderungen an einen für die Anwendung der Niederlassungsfreiheit ausreichenden wirtschaftlichen Nebenzweck sind umstritten und harren einer Klärung durch den EuGH.

[112] *Altmeppen/Ego,* in MüKoAktG, EuNlf Rn. 18; *Forsthoff,* in Grabitz/Hilf/Nettesheim, Recht der EU, EL. 46, AEUV Art. 54 Rn. 14; *Jung,* in Schwarze, EU-Kommentar, AEUV Art. 54 Rn. 11; *Müller-Graff,* in Streinz, EUV/AEUV, AEUV Art. 54 Rn. 8 ff.; *W.-H. Roth* ZGR 2014, 168 (181).

[113] EuGH v. 12.7.2012 – C-378/10, EuZW 2012, 621 Rn. 28 f. – Vale; EuGH v. 29.11.2011 – C-371/10, BeckRS 2011, 81704 Rn. 26 f. – National Grid Indus; EuGH v. 16.12.2008 – C-210/06, NJW 2009, 569 Rn. 104, 109 f. – Cartesio; EuGH v. 27.9.1988 – 81/87, BeckRS 2004, 73768 Rn. 19 – Daily Mail.

[114] *Altmeppen/Ego,* in MüKoAktG, EuNlf Rn. 21; *Engert,* in Langenbucher, EuropPR § 5 Rn. 12; *Habersack/Verse* EuGesR § 3 Rn. 20; *Jung,* in Schwarze, EU-Kommentar, AEUV Art. 54 Rn. 12; *Kieninger,* in MüHBGesR VI, § 52 Rn. 6; *W.-H. Roth* ZGR 2014, 168 (181 f.); kritisch *Forsthoff,* in Grabitz/Hilf/Nettesheim, Recht der EU, EL. 46, AEUV Art. 54 Rn. 11.

[115] Anders ist der Fall zu beurteilen, dass die Gesellschaft ihr Gesellschaftsstatut wechselt („Satzungssitzverlegung"), da sie in diesem Fall wiederum nach den Bestimmungen eines anderen Mitgliedstaats wirksam besteht (vgl. Rn. 130 ff.).

[116] EuGH v. 12.7.2012 – C-378/10, EuZW 2012, 621 Rn. 28 – Vale; EuGH v. 29.11.2011 – C-371/10, BeckRS 2011, 81704 Rn. 26 – National Grid Indus; EuGH v. 16.12.2008 – C-210/06, NJW 2009, 569 Rn. 109 – Cartesio.

konzentrieren, in einem Mitgliedstaat erfüllt werden.[117] Die Staatsangehörigkeit bzw. der Sitz der Gesellschafter einer Gesellschaft haben keine Bedeutung für die Anwendbarkeit der Niederlassungsfreiheit auf die Gesellschaft, sodass auch Drittstaatsangehörige eine von der Niederlassungsfreiheit geschützte Gesellschaft gründen und nutzen können.[118]

Nach diesen Voraussetzungen können sich die **supranationalen Rechtsformen** SE, SCE und EWIV ebenfalls auf die Niederlassungsfreiheit berufen, da sich ihre Gründung auch nach dem zum europäischen Verordnungsrecht subsidiär anwendbaren nationalen Recht richtet.[119] 45

bb) Ausübungsmodalitäten der Niederlassungsfreiheit: Die Niederlassungsfreiheit wird durch eine **grenzüberschreitende**[120] **Niederlassung in einem anderen Mitgliedstaat** („Aufnahmestaat") ausgeübt. 46

Eine **Niederlassung** in einem anderen Mitgliedstaat ist die **tatsächliche Ausübung** einer **wirtschaftlichen Tätigkeit,** die auf die Teilnahme am Wirtschaftsleben dieses anderen Mitgliedstaats gerichtet ist und sich durch eine **gewisse Dauerhaftigkeit** und den Bestand einer **festen Einrichtung** auszeichnet.[121] Als wirtschaftliche Tätigkeit gelten gleichgestellt gemäß Art. 49 Abs. 2 AEUV die **Aufnahme und Ausübung einer selbstständigen Erwerbstätigkeit** sowie die **Gründung und Leitung eines Unternehmens,** insbesondere einer Gesellschaft im Sinne von Art. 54 Abs. 2 AEUV (vgl. Rn. 39).[122] Die erforderliche wirtschaftliche Tätigkeit kann daher auch durch Kapitalbeteiligung an einer Gesellschaft ausgeübt werden, wenn es sich um eine unternehmerische Beteiligung handelt, die eine **Kontrolle** *(„sicherer Einfluss")* über die Geschäftstätigkeit der Gesellschaft ermöglicht.[123] 47

Um eine Niederlassung im Sinne der Niederlassungsfreiheit zu begründen, sind daher **im Aufnahmestaat der Niederlassung** eine *„tatsächliche Ansiedlung"* und die *„Ausübung einer wirklichen wirtschaftlichen Tätigkeit"* **erforderlich,**[124] dh es muss ein *„realwirtschaftlicher* 48

---

[117] *Eckert* IntGesR 44 f.; *Jung,* in Schwarze, EU-Kommentar, AEUV Art. 54 Rn. 14 f.

[118] Zu dieser Absage an die *„Kontrolltheorie" Altmeppen/Ego,* in MüKoAktG, EuNlf Rn. 24; *Bröhmer,* in Callies/Ruffert, EUV/AEUV, AEUV Art. 49 Rn. 6; *Forsthoff,* in Grabitz/Hilf/Nettesheim, Recht der EU, EL. 46, AEUV Art. 54 Rn. 66; *Jung,* in Schwarze, EU-Kommentar, AEUV Art. 54 Rn. 9; vgl. EuGH v. 25.7.1991 – C-221/89, EuZW 1991, 764 Rn. 28 ff. – Factortame.

[119] *Jung,* in Schwarze, EU-Kommentar, AEUV Art. 54 Rn. 13; *Tiedje,* in von der Groeben/Schwarze/Hatje, Europäisches Unionsrecht, AEUV Art. 54 Rn. 19; dazu im Detail *Ringe,* Die Sitzverlegung der Europäischen Aktiengesellschaft, 2006, 49 ff.; vgl. auch *Altmeppen/Ego,* in MüKoAktG, EuNlf Rn. 26; *Casper,* in Spindler/Stilz, AktG, Art. 2 SE-VO Rn. 15; *Mitterecker,* Grenzüberschreitende Verschmelzungen, 2014, 157; *Müller-Graff,* in Streinz, EUV/AEUV, AEUV Art. 54 Rn. 4; *Oechsler,* in MüKoAktG, Art. 2 SE-VO Rn. 36.

[120] *Altmeppen/Ego,* in MüKoAktG, EuNlf Rn. 31; *Bröhmer,* in Callies/Ruffert, EUV/AEUV, AEUV Art. 49 Rn. 6; *Forsthoff,* in Grabitz/Hilf/Nettesheim, Recht der EU, EL. 46, AEUV Art. 54 Rn. 66; *Müller-Graff,* in Streinz, EUV/AEUV, AEUV Art. 49 Rn. 20.

[121] EuGH v. 25.7.1991 – C-221/89, EuZW 1991, 764 Rn. 20 – Factortame; EuGH v. 12.9.2006– C-196/04, EuZW 2006, 633 Rn. 54 – Cadbury Schweppes; EuGH v. 12.7.2012 – C-378/10, EuZW 2012, 621 Rn. 34 – Vale.

[122] Zu den einzelnen Voraussetzungen im Detail *Bröhmer,* in Callies/Ruffert, EUV/AEUV, AEUV Art. 49 Rn. 10 ff.; *Forsthoff,* in Grabitz/Hilf/Nettesheim, Recht der EU, EL. 43, AEUV Art. 49 Rn. 16 ff.; *Müller-Graff,* in Streinz, EUV/AEUV, AEUV Art. 49 Rn. 11 ff.; *Schlag,* in Schwarze, EU-Kommentar, AEUV Art. 49 Rn. 15 ff.; *Müller-Graff,* in Streinz, EUV/AEUV, AEUV Art. 49 Rn. 14, 19.

[123] EuGH v. 26.6.2008 – C-284/06, EuZW 2008, 533 Rn. 69 – Burda; EuGH v. 6.12.2007 – C-298/05, EuZW 2008, 157 Rn. 29 – Columbus; EuGH v. 13.3.2007 – C-524/04, BeckRS 2007, 70189 Rn. 27 – Test Claimants in the Thin Cap Group Litigation; EuGH v. 12.9.2006 – C-196/04, EuZW 2006, 633 Rn. 31 – Cadbury Schweppes; vgl. *Müller-Graff,* in Streinz, EUV/AEUV, AEUV Art. 49 Rn. 15; *Schlag,* in Schwarze, EU-Kommentar, AEUV Art. 49 Rn. 11; zur teilweisen Überschneidung der sachlichen Anwendungsbereiche von Niederlassungs- und Kapitalverkehrsfreiheit vgl. Rn. 80 f.

[124] EuGH v. 12.7.2012 – C-378/10, EuZW 2012, 621 Rn. 34 – Vale, zur Satzungssitzverlegung (vgl. Rn. 127); EuGH v. 12.9.2006 – C-196/04, EuZW 2006, 633 Rn. 54, 65–67 – Cadbury

Bezug"[125] zum Aufnahmestaat bestehen.[126] Nicht abschließend geklärt ist, welche Intensität die Aktivitäten des Berechtigten im Aufnahmestaat erreichen müssen. Eine wirtschaftliche Tätigkeit unter **Verwendung von Geschäftsräumlichkeiten, personeller und sonstiger Ausstattung auf unbestimmte Zeit,** aber – insbesondere angesichts der technologischen Fortentwicklung – auch **andere Möglichkeiten** einer realwirtschaftlichen Verknüpfung, zum Beispiel durch die Kombination der Erbringung digitaler Dienstleistungen an einen erheblichen Kundenkreis im Aufnahmestaat, sowie die **ernsthafte Absicht,** eine entsprechende Tätigkeit zukünftig im Aufnahmestaat zu entfalten, sollen ausreichen.[127]

49 Solange sich der Berechtigte im persönlichen Anwendungsbereich der Niederlassungsfreiheit (vgl. Rn. 38ff.) befindet, ist eine **realwirtschaftliche Verbindung zum Wegzugs- bzw. Gründungsstaat („genuine link") europarechtlich nicht erforderlich.**[128] Daher können auch sogenannte **„Briefkastengesellschaften"**, die in ihrem Gründungsstaat keine wirtschaftlichen Tätigkeiten erbringen, als Berechtigte gemäß Art. 54 Abs. 2 AEUV durch Errichtung einer Niederlassung in einem anderen Mitgliedstaat die Niederlassungsfreiheit ausüben (vgl. Rn. 110ff.).[129]

50 Im Zusammenhang mit dem europäischen Gesellschaftsrecht lässt sich die **Ausübung der Niederlassungsfreiheit** in folgende **Gruppen grenzüberschreitender Tätigkeiten** einteilen, die vom EuGH teilweise als *„Modalitäten der Ausübung"*[130] bezeichnet werden **(Ausübungsmodalitäten der Niederlassungsfreiheit):** (i) Gesellschaftsgründung und Erwerb einer unternehmerischen Beteiligung mit sicherem Einfluss (vgl. Rn. 77ff.), (ii) Verwaltungs-

---

Schweppes, zu Errichtung und Betrieb einer Zweigniederlassung in Form einer Tochtergesellschaft (vgl. Rn. 118).

[125] *König/Bormann* NZG 2012, 1241 (1242).

[126] Vgl. *Kindler,* in MüKoBGB, IntGesR Rn. 136; *Kindler* EuZW 2012, 888 (891); *König/Bormann* NZG 2012, 1241 (1242); *Kraft/Böttcher* NJW 2012, 2701 (2703); *Mörsdorf/Jopen* ZIP 2012, 1398 (1399); *W.-H. Roth* ZGR 2014, 168 (181, Fn. 63); *W.-H. Roth,* FS Hoffmann-Becking, 2013, 965 (989ff.); *G. H. Roth* ZIP 2012, 1744 (1745); *Teichmann* ZGR 2011, 639 (663f., 669); *Teichmann* DB 2012, 2085 (2087f.); *Verse* ZEuP 2013, 458 (478ff.); *Wicke* DStR 2012, 1756 (1757f.); aA *Bayer/J. Schmidt* ZIP 2012, 1481 (1486); *Behme* NZG 2012, 936 (939); *Schön* ZGR 2013, 333 (357ff.), die daher eine „isolierte Satzungssitzverlegung", dh ohne Absicht tatsächlicher Niederlassung im Aufnahmestaat, als von der Niederlassungsfreiheit geschützt ansehen.

[127] Vgl. EuGH v. 12.7.2012 – C-378/10, EuZW 2012, 62 Rn. 34f. – Vale; *Drygala* EuZW 2013, 569 (570); *Teichmann* DB 2012, 2085 (2088).

[128] EuGH v. 30.9.2003 – C-167/01, BeckRS 2004, 74612 Rn. 139 – Inspire Art; EuGH v. 9.3.1999 – C-212/97, NJW 1999, 2027 Rn. 29 – Centros; vgl. *Altmeppen/Ego,* in MüKoAktG, EuNlf Rn. 206; *Bayer/J. Schmidt,* ZIP 2012, 1481 (1486); *Drygala,* in Lutter, UmwG, § 1 Rn. 17; *Drygala* EuZW 2013, 569ff.; *Habersack/Verse* EuGesR § 3 Rn. 18; *W.-H. Roth* ZGR 2014, 168 (181, Fn. 63); *Schaper* ZIP 2014, 810 (814); *Teichmann* ZGR 2011, 639 (669ff.); *Teichmann* DB 2012, 2085ff.; BGH v. 12.7.2011 – II ZR 28/10, BeckRS 2011, 22672 Rn. 19; aA *Kindler,* in MüKoBGB, IntGesR Rn. 136; *Kindler* EuZW 2012, 888ff.; *G. H. Roth* ZIP 2012, 1744ff.; ein Erfordernis nach tatsächlicher Verbindung kann sich aber aus dem nationalen Recht des Mitgliedstaats ergeben, nach dessen Recht die Gesellschaft gegründet wurde, da dieser Mitgliedstaat als „Vorfrage" die Anknüpfungspunkte, die für eine wirksame Gründung und den Fortbestand der Gesellschaft erfüllt werden müssen, frei wählen darf (vgl. Rn. 102ff.), dazu EuGH v. 16.12.2008 – C-210/06, DStR 2009, 121 Rn. 110 – Cartesio; dasselbe gilt für eine Gesellschaft, die aus einem grenzüberschreitenden Formwechsel („Satzungssitzverlegung") hervorgeht (vgl. Rn. 132), dazu EuGH v. 12.7.2012 – C-378/10, EuZW 2012, 621 Rn. 29–32 – Vale.

[129] Eine solche Ausübung der Niederlassungsfreiheit durch die Briefkastengesellschaft ist zu unterscheiden von der grenzüberschreitenden Gründung der Briefkastengesellschaft durch die Gründer, die mangels realwirtschaftlichem Bezug zum Aufnahmestaat dieses Vorgangs, dh des Satzungssitzstaats der Briefkastengesellschaft, keine Ausübung der Niederlassungsfreiheit darstellt, dazu *Teichmann* ZGR 2011, 639 (669ff.).

[130] Zur Verschmelzung EuGH v. 13.12.2005 – C-411/03, EuZW 2006, 81 Rn. 19 – Sevic; zum Formwechsel vgl. auch EuGH v. 12.7.2012 – C-378/10, EuZW 2012, 621 Rn. 24 – Vale.

sitzverlegung (vgl. Rn. 99ff.), (iii) Gründung von Tochtergesellschaften und Errichtung von Zweigniederlassungen (vgl. Rn. 116ff.), und (iv) Umwandlung durch Formwechsel sowie durch Verschmelzung und andere Umwandlungsmaßnahmen (vgl. Rn.120ff.).

Niederlassungen werden nach dem Schwerpunkt der wirtschaftlichen Tätigkeit in **primäre** und **sekundäre Niederlassungen** eingeteilt, sodass zwischen der Ausübung der primären und der sekundären Niederlassungsfreiheit unterschieden werden kann. Der **Schutzgehalt** (vgl. Rn. 54ff.) von primärer und sekundärer Niederlassungsfreiheit ist **gleich,**[131] allerdings muss für die **Ausübbarkeit der sekundären Niederlassungsfreiheit** die Ansässigkeit gemäß Art. 49 Abs. 1 S. 2 AEUV bereits gegeben sein.[132] **Ansässigkeit** bedeutet für Unionsbürger, dass sich ihr wirtschaftlicher Schwerpunkt in einem Mitgliedstaat befindet, für Gesellschaften, dass diese eine tatsächliche und dauerhafte Verbindung mit der Wirtschaft eines Mitgliedstaats haben und nicht überwiegend in der Volkswirtschaft eines Drittstaats eingegliedert sind, dh insbesondere ihre Hauptniederlassung nicht in einem Drittstaat liegt.[133] 51

Primäre Niederlassung ist der **Schwerpunkt der wirtschaftlichen Tätigkeit,** dh die Hauptniederlassung, die bei **Ausübung der primären Niederlassungsfreiheit** in einen anderen Mitgliedstaat als Aufnahmestaat verlagert wird.[134] Dazu kann eine im Wegzugsstaat bestehende Tätigkeit in den Aufnahmestaat übersiedelt oder dort neu aufgenommen werden.[135] Für Konzerngesellschaften ist die eigene Hauptniederlassung die primäre, die Hauptniederlassung einer nachgeordneten Tochtergesellschaft eine sekundäre Niederlassung.[136] 52

Für die **Ausübung der sekundären Niederlassungsfreiheit** bleibt die Hauptniederlassung im jeweiligen Mitgliedstaat, grenzüberschreitend wird aber in einem anderen Mitgliedstaat als Aufnahmestaat eine Niederlassung errichtet, die **der Hauptniederlassung nachgeordnet** ist.[137] Eine sekundäre Niederlassung kann rechtlich selbstständig als Tochtergesellschaft oder unselbstständig als Zweigniederlassung bzw. Agentur ausgestaltet sein.[138] Der Schutzgehalt der Niederlassungsfreiheit ist für die verschiedenen Formen der sekundären Niederlassung gleich, die Berechtigten können frei zwischen diesen wählen.[139] 53

cc) Schutzgehalt der Niederlassungsfreiheit: Der **Berechtigte** (vgl. Rn. 38ff.) wird **bei Ausübung der Niederlassungsfreiheit** (vgl. Rn. 46ff.) durch ein **Diskriminierungs-** und ein **Beschränkungsverbot geschützt.** 54

Die Niederlassungsfreiheit als **Diskriminierungsverbot** richtet sich gegen die rechtliche Schlechterbehandlung von EU-Ausländern im Verhältnis zu Inländern bei einem gleichartigen Sachverhalt und gewährt damit ein **Recht auf Inländergleichbehand-** 55

---

[131] *Bröhmer,* in Callies/Ruffert, EUV/AEUV, AEUV Art. 49 Rn. 17f.; *Forsthoff,* in Grabitz/Hilf/Nettesheim, Recht der EU, EL. 43, AEUV Art. 49 Rn. 53; *Müller-Graff,* in Streinz, EUV/AEUV, AEUV Art. 49 Rn. 21.

[132] *Forsthoff,* in Grabitz/Hilf/Nettesheim, Recht der EU, EL. 43, AEUV Art. 49 Rn. 54, 56; *Müller-Graff,* in Streinz, EUV/AEUV, AEUV Art. 49 Rn. 31f.; *Teichmann* ZGR 2011, 639 (665).

[133] Vgl. *Forsthoff,* in Grabitz/Hilf/Nettesheim, Recht der EU, EL. 43, AEUV Art. 49 Rn. 58ff.; *Müller-Graff,* in Streinz, EUV/AEUV, AEUV Art. 49 Rn. 32; *Teichmann* ZGR 2011, 639 (665).

[134] *Schlag,* in Schwarze, EU-Kommentar, AEUV Art. 49 Rn. 19.

[135] *Bröhmer,* in Callies/Ruffert, EUV/AEUV, AEUV Art. 49 Rn. 17; *Kieninger,* in MüHBGesR VI, § 52 Rn. 5.

[136] Vgl. *Forsthoff,* in Grabitz/Hilf/Nettesheim, Recht der EU, EL. 43, AEUV Art. 49 Rn. 55; *Müller-Graff,* in Streinz, EUV/AEUV, AEUV Art. 49 Rn. 24.

[137] *Forsthoff,* in Grabitz/Hilf/Nettesheim, Recht der EU, EL. 43, AEUV Art. 49 Rn. 52, 62; *Kieninger,* in MüHBGesR VI, § 52 Rn. 5; *Habersack/Verse* EuGesR § 3 Rn. 2.

[138] *Bröhmer,* in Callies/Ruffert, EUV/AEUV, AEUV Art. 49 Rn. 17; *Forsthoff,* in Grabitz/Hilf/Nettesheim, Recht der EU, EL. 43, AEUV Art. 49 Rn. 52; *Habersack/Verse* EuGesR § 3 Rn. 2; *Müller-Graff,* in Streinz, EUV/AEUV, AEUV Art. 49 Rn. 23.

[139] *Forsthoff,* in Grabitz/Hilf/Nettesheim, Recht der EU, EL. 43, AEUV Art. 49 Rn. 61, 87; *Müller-Graff,* in Streinz, EUV/AEUV, AEUV Art. 49 Rn. 23.

lung.[140] Die Niederlassungsfreiheit verbietet nicht nur **offen diskriminierende Regelungen** und Maßnahmen, die nach Staatsangehörigkeit einer natürlichen Person bzw. nach dem Gesellschaftsstatut[141] einer Gesellschaft differenzieren,[142] sondern auch **versteckt diskriminierende Regelungen,** die unterschiedslos auf In- und EU-Ausländer angewandt werden, aber tatsächlich zu einer Benachteiligung von EU-Ausländern führen.[143]

56 Über das Diskriminierungsverbot hinausgehend versteht der EuGH[144] die Niederlassungsfreiheit auch als **allgemeines Verbot für Beschränkungen** der Niederlassungsfreiheit,[145] das Regelungen und Maßnahmen untersagt, die die Ausübung der Niederlassungsfreiheit *„behindern oder weniger attraktiv machen".*[146] Die Bestimmung der Reichweite des Beschränkungsverbots, etwa durch eine Übertragung der *Keck*-Rechtsprechung des EuGH zur Warenverkehrsfreiheit, die bestimmte Umfeldregelungen *(„Verkaufsmodalitäten")* vom Anwendungsbereich des Verbots ausnimmt, und durch Konzentration auf die Beschränkung des Marktzugangs,[147] ist nicht abschließend geklärt.[148] Dazu kommt, dass sich Beschränkungen und versteckte Diskriminierungen in vielen Fällen nicht klar voneinander abgrenzen lassen und denselben Rechtfertigungsvoraussetzungen unterliegen.[149] Der EuGH prüft daher in jüngerer Zeit überwiegend nach dem allgemeinen Beschränkungsverbot.[150]

---

[140] *Altmeppen/Ego,* in MüKoAktG, EuNlf Rn. 98; *Bröhmer,* in Callies/Ruffert, EUV/AEUV, AEUV Art. 49 Rn. 19, 22; *Müller-Graff,* in Streinz, EUV/AEUV, AEUV Art. 49 Rn. 41; *Schlag,* in Schwarze, EU-Kommentar, AEUV Art. 49 Rn. 33.

[141] *Forsthoff,* in Grabitz/Hilf/Nettesheim, Recht der EU, EL. 43, AEUV Art. 54 Rn. 22; vgl. EuGH v. 9.3.1999 – C-212/97, NJW 1999, 2027 Rn. 20 – Centros; EuGH v. 5.11.2002 – C-208/00, BeckRS 2004, 74969 Rn. 57 – Überseering, die auf die *„Zugehörigkeit zur Rechtsordnung eines Mitgliedstaats"* nach Satzungssitz, Hauptverwaltung oder Hauptniederlassung abstellen; vgl. auch *Jung,* in Schwarze, EU-Kommentar, AEUV Art. 54 Rn. 23.

[142] Dazu *Altmeppen/Ego,* in MüKoAktG, EuNlf Rn. 102f.; *Müller-Graff,* in Streinz, EUV/AEUV, AEUV Art. 49 Rn. 44ff.; *Schlag,* in Schwarze, EU-Kommentar, AEUV Art. 49 Rn. 34.

[143] Dazu *Altmeppen/Ego,* in MüKoAktG, EuNlf Rn. 106; *Bröhmer,* in Callies/Ruffert, EUV/AEUV, AEUV Art. 49 Rn. 20; *Müller-Graff,* in Streinz, EUV/AEUV, AEUV Art. 49 Rn. 48ff. *Schlag,* in Schwarze, EU-Kommentar, AEUV Art. 49 Rn. 35ff.

[144] Grundlegend EuGH v. 31.3.1993 – C-19/92, BeckRS 2004, 74812 Rn. 32 – Kraus; EuGH v. 30.11.1995 – C-55/94, NJW 1996, 579 Rn. 37 – Gebhard; seitdem ständige Rechtsprechung, vgl. EuGH v. 5.10.2004 – C-442/02, BeckRS 2004, 78010 Rn. 11 – CaixaBank France; EuGH v. 9.3.1999 – C-212/97, NJW 1999, 2027 Rn. 34 – Centros.

[145] *Altmeppen/Ego,* in MüKoAktG, EuNlf Rn. 108; *Bröhmer,* in Callies/Ruffert, EUV/AEUV, AEUV Art. 49 Rn. 30; *Forsthoff,* in Grabitz/Hilf/Nettesheim, Recht der EU, EL. 43, AEUV Art. 49 Rn. 88; *Schlag,* in Schwarze, EU-Kommentar, AEUV Art. 49 Rn. 45.

[146] Grundlegend EuGH v. 31.3.1993 – C-19/92, BeckRS 2004, 74812 Rn. 32 – Kraus; EuGH v. 30.11.1995 – C-55/94, NJW 1996, 579 Rn. 37 – Gebhard.

[147] EuGH v. 24.11.1993 – verb. Rs. C-267/91 und C-268/91, GRUR 1994, 296 Rn. 16f. – Keck; dazu *Everling,* GS Knobbe-Keuk, 1997, 607 (621); *Habersack/Verse* EuGesR § 3 Rn. 5ff.; kritisch *Müller-Graff,* in Streinz, EUV/AEUV, AEUV Art. 49 Rn. 62; *Schlag,* in Schwarze, EU-Kommentar, AEUV Art. 49 Rn. 56; zum Kriterium des Marktzugangs *Dietz/Streinz* EuR 2015, 50ff.; vgl. dazu EuGH v. 7.3.2013 – C-577/11, BeckRS 2013, 80485, Rn. 31, 33 – DKV Belgium.

[148] Dazu im Detail *Forsthoff,* in Grabitz/Hilf/Nettesheim, Recht der EU, EL. 43, AEUV Art. 49 Rn. 89ff. (96ff.); *Müller-Graff,* in Streinz, EUV/AEUV, AEUV Art. 49 Rn. 57ff.; *Schlag,* in Schwarze, EU-Kommentar, AEUV Art. 49 Rn. 45ff.

[149] *Forsthoff,* in Grabitz/Hilf/Nettesheim, Recht der EU, EL. 43, AEUV Art. 49 Rn. 81; vgl. auch *Jung,* in Schwarze, EU-Kommentar, AEUV Art. 54 Rn. 20, 23; *Schlag,* in Schwarze, EU-Kommentar, AEUV Art. 49 Rn. 49.

[150] *Forsthoff,* in Grabitz/Hilf/Nettesheim, Recht der EU, EL. 43, AEUV Art. 49 Rn. 95; *Schlag,* in Schwarze, EU-Kommentar, AEUV Art. 49 Rn. 49; vgl. EuGH v. 12.7.2012 – C-378/10, EuZW 2012, 621 Rn. 36ff. – Vale; EuGH v. 13.12.2005 – C-411/03, NJW 2006, 425 Rn. 23 – Sevic, die die Differenzierung des jeweiligen nationalen Umgründungsrechts für Inlands- und EU-Auslandsgesellschaften als *Beschränkung im Sinne des Beschränkungsverbots* verstehen und prüfen; vgl. auch die Rechtsprechungslinie des EuGH zu Beschränkungen durch „Goldene Aktien" (vgl. Rn. 84ff.).

Beschränkungen und **versteckte Diskriminierungen,** aber nicht offene Diskriminierungen, können nach der Rechtsprechung des EuGH **aus zwingenden Gründen des Allgemeininteresses gerechtfertigt werden.**[151] Derartige Regelungen und Maßnahmen sind daher gerechtfertigt, wenn sie (i) in nicht diskriminierender Weise angewandt werden,[152] (ii) aus zwingenden Gründen des Allgemeininteresses gesetzt werden, (iii) zur Zielerreichung geeignet sowie (iv) verhältnismäßig sind, dh nicht über das zur Zielerreichung Erforderliche hinausgehen **(„Vier-Kriterien-Test").**[153] Die zwingenden Gründe des Allgemeininteresses sind nicht abschließend aufgezählt, umfassen nach der Rechtsprechung des EuGH aber den **Schutz der Arbeitnehmer**, **Gläubiger** und **Minderheitsgesellschafter,**[154] die **Lauterkeit des Handelsverkehrs,**[155] die Wahrung der **ausgewogenen Aufteilung der Besteuerungsbefugnis** durch Sicherstellung der Steuerzuständigkeit für auf dem Gebiet eines Mitgliedstaats erbrachte Tätigkeiten,[156] sowie die **Bekämpfung einer missbräuchlichen Ausnutzung der Niederlassungsfreiheit,**[157] insbesondere von *„rein künstliche[n], jeder wirtschaftlichen Realität bare[n] Gestaltungen",*[158] die ausschließlich auf die Umgehung bestimmter, insbesondere steuerrechtlicher Rechtsvorschriften eines Mitgliedstaats[159] bzw. auf die Ausnutzung von Steueroasen[160] abzielen, nicht hingegen die Verhinderung der Minderung von Steuereinnahmen.[161] 57

Kein missbräuchliches Verhalten liegt vor, wenn eine Gesellschaft das vorteilhafte Gesellschaftsstatut eines Mitgliedstaats nutzt, ihre Tätigkeit aber ausschließlich in einem anderen Mitgliedstaat ausübt („Briefkastengesellschaft", vgl. Rn. 110ff.),[162] oder – abseits von 58

---

[151] Grundlegend EuGH v. 31.3.1993 – C-19/92, BeckRS 2004, 74812 Rn. 32 – Kraus; EuGH v. 30.11.1995 – C-55/94, NJW 1996, 579 Rn. 37 – Gebhard; seitdem ständige Rechtsprechung, vgl. EuGH v. 30.9.2003 – C-167/01, BeckRS 2004, 74612 Rn. 133 – Inspire Art; EuGH v. 9.3.1999 – C-212/97, NJW 1999, 2027 Rn. 34 – Centros; dazu *Forsthoff,* in Grabitz/Hilf/Nettesheim, Recht der EU, EL. 43, AEUV Art. 49 Rn. 95; *Schlag,* in Schwarze, EU-Kommentar, AEUV Art. 49 Rn. 53.

[152] Dieses Kriterium wird durch den EuGH bei *Beschränkungen durch den Herkunftsstaat einer Gesellschaft* nicht gesondert angeführt, da in diesen Fällen keine Diskriminierung vorliegt (vgl. *Forsthoff,* in Grabitz/Hilf/Nettesheim, Recht der EU, EL. 43, AEUV Art. 49 Rn. 116), vgl. EuGH v. 29.11.2011 – C-371/10, BeckRS 2011, 81704 Rn. 42 – National Grid Indus; EuGH v. 12.9.2006 – C-196/04, EuZW 2006, 633 Rn. 47 – Cadbury Schweppes.

[153] Dazu im Detail *Müller-Graff,* in Streinz, EUV/AEUV, AEUV Art. 49 Rn. 84ff.; *Schlag,* in Schwarze, EU-Kommentar, AEUV Art. 49 Rn. 48, 53ff.

[154] Vgl. EuGH v. 12.7.2012 – C-378/10, EuZW 2012, 621 Rn. 39 – Vale; EuGH v. 13.12.2005 – C-411/03, NJW 2006, 425 Rn. 28 – Sevic; EuGH v. 5.11.2002 – C-208/00, BeckRS 2004, 74969 Rn. 92 – Überseering.

[155] Vgl. EuGH v. 12.7.2012 – C-378/10, EuZW 2012, 621 Rn. 39 – Vale; EuGH v. 13.12.2005 – C-411/03, NJW 2006, 425 Rn. 28 – Sevic.

[156] Vgl. EuGH v. 29.11.2011 – C-371/10, BeckRS 2011, 81704 Rn. 45f. – National Grid Indus; EuGH v. 12.9.2006 – C-196/04, EuZW 2006, 633 Rn. 56 – Cadbury Schweppes; EuGH v. 13.12.2005 – C-446/03, EuR 2006, 266 Rn. 45f. – Marks & Spencer; dazu *Müller-Graff,* in Streinz, EUV/AEUV, AEUV Art. 49 Rn. 89.

[157] Vgl. EuGH v. 30.9.2003 – C-167/01, BeckRS 2004, 74612 Rn. 136 – Inspire Art; EuGH v. 9.3.1999 – C-212/97, NJW 1999, 2027 Rn. 24 – Centros.

[158] In diesen Fällen betont der EuGH im Rahmen der Verhältnismäßigkeitsprüfung, dass die beschränkenden Maßnahmen „spezifisch" das Ziel der Missbrauchsbekämpfung verfolgen misssen, dh nicht pauschal alle potentiellen Missbrauchsfälle, sondern gezielt die tatsächlichen Missbrauchsfälle erfassen müssen, vgl. EuGH v. 1.4.2014 – C-80/12, Konzern 2014, 165 Rn. 33f. – Felixstowe; EuGH v. 12.9.2006 – C-196/04, EuZW 2006, 633 Rn. 55 – Cadbury Schweppes.

[159] EuGH v. 21.1.2010 – C-311/08, BeckEuRS 2010, 506955 Rn. 65ff. (66) – SGI; EuGH v. 12.9.2006 – C-196/04, EuZW 2006, 633 Rn. 51ff. (55) – Cadbury Schweppes; dazu *Müller-Graff,* in Streinz, EUV/AEUV, AEUV Art. 49 Rn. 91.

[160] EuGH v. 1.4.2014 – C-80/12, Konzern 2014, 165 Rn. 31–33 – Felixstowe.

[161] Vgl. EuGH v. 21.11.2002 – C-436/00, BeckRS 2004, 77242 Rn. 50 – X und Y II.

[162] EuGH v. 30.9.2003 – C-167/01, BeckRS 2004, 74612 Rn. 137–139 – Inspire Art; EuGH v. 9.3.1999 – C-212/97, NJW 1999, 2027 Rn. 27, 29 – Centros; vgl. *Engert,* in Langenbucher,

„rein künstlichen Gestaltungen" – in tatsächlicher Ausübung der Niederlassungsfreiheit grenzüberschreitend Strukturen, insbesondere durch Tochtergesellschaften aufbaut, um steuerliche Vorteile zu nutzen (vgl. Rn. 119).[163]

59 **Offene Diskriminierungen** können **ausschließlich** gemäß Art. 52 AEUV aus Gründen der **öffentlichen Ordnung**, **Sicherheit** oder **Gesundheit gerechtfertigt werden,** der Anwendungsbereich dieser Ausnahmebestimmung ist allerdings eng auszulegen.[164] Dieser Rechtfertigungsgrund ist auch auf verdeckte Diskriminierungen und Beschränkungen anwendbar.[165]

60 Der Schutzgehalt der Niederlassungsfreiheit ist für **alle Maßnahmearten** der Mitgliedstaaten, dh insbesondere Gesetze, Verwaltungsvorschriften und -praxis, Gerichtsentscheidungen sowie unter bestimmten Voraussetzungen sogar einem Mitgliedstaat zurechenbare Gesellschaftssatzungen[166] zu beachten.[167] Generelle Ausnahmen einzelner Rechtsbereiche bestehen grundsätzlich[168] nicht, daher können insbesondere auch die Anwendung des **internationalen Gesellschaftsrechts**[169] oder **steuerrechtliche**[170] und **konzernrechtliche**[171] Maßnahmen der Mitgliedstaaten zu Diskriminierungen und Beschränkungen führen, die **an der Niederlassungsfreiheit zu messen** sind.

61 **dd) Schutz im Herkunfts- und im Aufnahmestaat einer Niederlassung:** Der **Schutz durch die Niederlassungsfreiheit** besteht sowohl im Mitgliedstaat der bisherigen (Haupt-)Niederlassung, dem **„Herkunftsstaat"** bzw. dem Gründungsstaat der Gesellschaft, als auch im Mitgliedstaat der künftigen Niederlassung, dem **„Aufnahmestaat"** einer konkreten grenzüberschreitenden Tätigkeit, die auf Errichtung einer Niederlassung im Sinne von Art. 49 AEUV (vgl. Rn. 47 f.) gerichtet ist und daher eine der Ausübungsmodalitäten der Niederlassungsfreiheit (vgl. Rn. 50) verwirklicht.[172]

EuropPR § 5 Rn. 9; *Habersack/Verse* EuGesR § 3 Rn. 18; *Lutter/Bayer/J. Schmidt* EuropUR § 6 Rn. 46; dazu *Müller-Graff,* in Streinz, EUV/AEUV, AEUV Art. 49 Rn. 91.

[163] EuGH v. 12.9.2006 – C-196/04, EuZW 2006, 633 Rn. 63–65 – Cadbury Schweppes; vgl. *Körner* IStR 2006, 675.

[164] EuGH v. 19.1.1999 – C-348/96, EuZW 1999, 345 Rn. 23 – Calfa; dazu *Bröhmer,* in Callies/Ruffert, EUV/AEUV, AEUV Art. 52 Rn. 1; *Forsthoff,* in Grabitz/Hilf/Nettesheim, Recht der EU, EL. 43, AEUV Art. 49 Rn. 122; vgl. zur Anwendung auf Gesellschaften EuGH v. 22.12.2008 – C-161/07, BeckRS 2009, 70002 Rn. 35 ff. – Kommission/Österreich; EuGH v. 10.7.1986 – 79/85, NJW 1987, 571 Rn. 17 – Segers.

[165] *Forsthoff,* in Grabitz/Hilf/Nettesheim, Recht der EU, EL. 46, AEUV Art. 52 Rn. 3.

[166] EuGH v. 11.11.2010 – C-543/08, EuZW 2011, 17 Rn. 48 ff., 53, 99 – Kommission/Portugal; zu Beschränkungen der Niederlassungsfreiheit durch „Goldene Aktien" vgl. Rn. 86.

[167] *Müller-Graff,* in Streinz, EUV/AEUV, AEUV Art. 49 Rn. 35.

[168] Vgl. aber die Bereichsausnahme gemäß Art. 51 Abs. 1 AEUV für Tätigkeiten, die mit der Ausübung öffentlicher Gewalt verbunden sind, dazu *Müller-Graff,* in Streinz, EUV/AEUV, AEUV Art. 52 Rn. 2 ff.; vgl. auch *Müller-Graff,* in Streinz, EUV/AEUV, AEUV Art. 49 Rn. 98.

[169] Das internationale Privatrecht der Mitgliedstaaten wird nicht separat, sondern im Zusammenspiel mit dem danach anwendbaren materiellen Recht geprüft; vgl. *Müller-Graff,* in Streinz, EUV/AEUV, AEUV Art. 54 Rn. 15; *Teichmann* ZGR 2011, 639 (678); vgl. EuGH v. 5.11.2002 – C-208/00, BeckRS 2004, 74969 Rn. 82 – Überseering (vgl. Rn. 107).

[170] Dazu im Detail *Bröhmer,* in Callies/Ruffert, EUV/AEUV, AEUV Art. 49 Rn. 35 ff.; *Cordewener,* Europäische Grundfreiheiten und nationales Steuerrecht, 2001; *Kube,* EuGH-Rechtsprechung zum direkten Steuerrecht – Stand und Perspektiven, 2009; *Lenaerts,* Die direkte Besteuerung in der EU, 2006; *Müller-Graff,* in Streinz, EUV/AEUV, AEUV Art. 49 Rn. 70 ff.; vgl. EuGH v. 29.11.2011 – C-371/10, BeckRS 2011, 81704 – National Grid Indus; EuGH v. 21.1.2010 – C-311/08, BeckEuRS 2010, 506955 – SGI; EuGH v. 12.9.2006 – C-196/04, EuZW 2006, 633 – Cadbury Schweppes.

[171] *Teichmann* ZGR 2014, 45 (62 ff.); vgl. EuGH v. 20.6.2013 – C-186/12, EuZW, 2013, 664 – Impacto Azul, der im Anlassfall aber keine Beschränkung der Niederlassungsfreiheit einer EU-Auslandsgesellschaft, sondern eine europarechtlich zulässige Inländerdiskriminierung sah, dies kann allerdings auch anders gesehen werden, dazu *Lehmann* LMK 2013, 352735; *J. Schmidt* GPR 2014, 40 ff.; *Teichmann* ZGR 2014, 45 ff.; *Weller/Bauer* ZEuP 2015, 6 (Fn. 14).

[172] *Jung,* in Schwarze, EU-Kommentar, AEUV Art. 54 Rn. 22.

„Wegzugsbeschränkungen" im Herkunftsstaat sind nach der Rechtsprechung des EuGH zum Beispiel Regelungen, die für den Fall der Verlegung der Hauptniederlassung ins EU-Ausland eine Wegzugsbesteuerung anordnen,[173] die eine Hinzurechnungsbesteuerung von Gewinnen EU-ausländischer Tochtergesellschaften im Herkunftsstaat der Muttergesellschaft vorsehen[174] oder die Auflösung einer Gesellschaft anordnen, die sich in eine Gesellschaftsform eines anderen Mitgliedstaats umwandeln möchte[175] („Satzungssitzverlegung", vgl. Rn. 130).[176] 62

„Zuzugsbeschränkungen" im Aufnahmestaat sind nach der Rechtsprechung des EuGH zum Beispiel bei Verlegung der Hauptniederlassung in den Aufnahmestaat („Verwaltungssitzverlegung", vgl. Rn. 107) die Verweigerung der Eintragung der Gesellschaft im Handelsregister,[177] der Entzug der Rechts- und Parteifähigkeit der Gesellschaft durch Anwendung des Gesellschaftsrechts des Aufnahmestaats aufgrund der kollisionsrechtlich im Aufnahmestaat geltenden Sitztheorie[178] und die Anwendung gesellschaftsrechtlicher Sonderbestimmungen des Aufnahmestaats zu Mindestkapital und Geschäftsführerhaftung auf die Gesellschaft,[179] bei einem grenzüberschreitenden Formwechsel dessen Verweigerung trotz Zulässigkeit eines entsprechenden Formwechsels für Inlandsgesellschaften im Aufnahmestaat[180] („Satzungssitzverlegung", vgl. Rn. 128), sowie Regelungen, die dem Aufnahmestaat unverhältnismäßige Einflussrechte in einer Gesellschaft sichern und daher den Erwerb von unternehmerischen Beteiligungen mit sicherem Einfluss an dieser Gesellschaft behindern[181] („Goldene Aktien", vgl. Rn. 84ff.).[182] 63

e) Kapitalverkehrsfreiheit

Kapitalverkehr gemäß Art. 63 AEUV ist der **grenzüberschreitende**[183] **Verkehr von Sach- und Geldkapital,** dh Wertübertragungen in Form von Sach- und Geldkapital von 64

[173] EuGH v. 29.11.2011 – C-371/10, BeckRS 2011, 81704 Rn. 35–37 – National Grid Indus; dazu *Hruschka* DStR 2011, 2343f.; *Schinkels* LMK 2012, 330739; vgl. auch EuGH v. 6.9.2012 – C-38/10, EuZW 2012, 947 – Kommission/Portugal; EuGH v. 31.1.2013 – C-301/11, BeckRS 2013, 80253 – Kommission/Niederlande; EuGH v. 25.4.2013 – C-64/11, BeckRS 2013, 80877 – Kommission/Spanien.

[174] EuGH v. 12.9.2006 – C-196/04, EuZW 2006, 633 Rn. 42–46 – Cadbury Schweppes; dazu *Körner* IStR 2006, 675.

[175] EuGH v. 16.12.2008 – C-210/06, DStR 2009, 121 Rn. 112f. – Cartesio; dazu *Teichmann* ZIP 2009, 393ff.

[176] Grundlegend EuGH v. 11.3.2004 – C-9/02, BeckRS 2004, 77876 Rn. 42 – Lasteyrie du Saillant; vgl. *Altmeppen/Ego,* in MüKoAktG, EuNlf Rn. 101; *Forsthoff,* in Grabitz/Hilf/Nettesheim, Recht der EU, EL. 43, AEUV Art. 49 Rn. 116f.; *Müller-Graff,* in Streinz, EUV/AEUV, AEUV Art. 49 Rn. 69, AEUV Art. 54 Rn. 17ff.

[177] EuGH v. 9.3.1999 – C-212/97, NJW 1999, 2027 Rn. 21f. – Centros; dazu *Eckert* IntGesR 50ff.; *Lutter/Bayer/J. Schmidt* EuropUR § 6 Rn. 19ff.

[178] EuGH v. 5.11.2002 – C-208/00, BeckRS 2004, 74969 Rn. 82 – Überseering; dazu *Eckert* IntGesR 54ff.; *Lutter/Bayer/J. Schmidt* EuropUR § 6 Rn. 23ff.

[179] EuGH v. 30.9.2003 – C-167/01, BeckRS 2004, 74612 Rn. 101, 104f. – Inspire Art; dazu *Eckert* IntGesR 57ff.; *Lutter/Bayer/J. Schmidt* EuropUR § 6 Rn. 27ff.; die ebenfalls verfahrensgegenständlichen, besonderen Offenlegungspflichten für EU-Auslandsgesellschaften wurden hingegen nicht an der Niederlassungsfreiheit gemessen, da sie bereits über die abschließenden Offenlegungspflichten nach Art. 2 ZwN-RL hinausgingen (vgl. Rn. 238).

[180] EuGH v. 12.7.2012 – C-378/10, EuZW 2012, 621 Rn. 36 – Vale; dazu *Behme* NZG 2012, 936ff.; *Streinz* JuS 2012, 1142ff.

[181] EuGH v. 26.3.2009 – C-326/07, BeckRS 2009, 70334 Rn. 56ff. – Kommission/Italien; dazu *Pießkalla* EuZW 2009, 463f.; zur teilweisen Überschneidung der sachlichen Anwendungsbereiche von Niederlassungs- und Kapitalverkehrsfreiheit für Beschränkungen durch Goldene Aktien vgl. Rn. 84.

[182] Vgl. *Müller-Graff,* in Streinz, EUV/AEUV, AEUV Art. 49 Rn. 65ff., AEUV Art. 54 Rn. 20ff.

[183] Dazu *Ress/Ukrow,* in Grabitz/Hilf/Nettesheim, Recht der EU, EL. 52, AEUV Art. 63 Rn. 133ff.; *Sedlaczek/Züger,* in Streinz, EUV/AEUV, AEUV Art. 63 Rn. 26f.

einem Staat in einen anderen Staat.[184] Die **Kapitalverkehrsfreiheit schützt** nicht bestimmte Personen, sondern **sachlich unter die Kapitalverkehrsfreiheit fallende Kapitalbewegungen** zwischen Staaten, von denen einer ein Mitgliedstaat sein muss.[185] Daher können sich – im Gegensatz zur Niederlassungsfreiheit (vgl. Rn. 38, 40) – nicht nur Staatsangehörige und Gesellschaften eines Mitgliedstaats, sondern auch natürliche Personen und Gesellschaften aus **Drittstaaten** auf die Kapitalverkehrsfreiheit berufen.[186]

65 In der Strukturierung des Schutzgehalts und der Rechtfertigungsmöglichkeiten sind **Kapitalverkehrs- und Niederlassungsfreiheit vergleichbar:**[187] Die Kapitalverkehrsfreiheit schützt allgemein vor **diskriminierenden** und sonstigen, den Kapitalverkehr **beschränkenden Maßnahmen,** die geeignet sind, Personen von grenzüberschreitenden Geschäften im Sinne des Kapitalverkehrs abzuhalten (vgl. Rn. 56).[188] Derartige Maßnahmen können aus zwingenden Gründen des Allgemeininteresses[189] sowie gemäß Art. 65 AEUV **gerechtfertigt** werden (vgl. Rn. 57 ff.).[190]

66 Zum Kapitalverkehr gehören auch **grenzüberschreitende Erwerbe und Veräußerungen von Beteiligungen an Unternehmen.**[191] Beteiligungen werden eingeteilt in **„Direktinvestitionen",**[192] die die Möglichkeit einer tatsächlichen Teilnahme an Verwaltung und Kontrolle der Gesellschaft bieten, und **„Portfolioinvestitionen",**[193] die ausschließlich auf eine Geldanlage ohne Teilnahme an der Gesellschaftsverwaltung abzielen.[194]

---

[184] *Ress/Ukrow,* in Grabitz/Hilf/Nettesheim, Recht der EU, EL. 52, AEUV Art. 63 Rn. 122 ff. (131); *Glaesner,* in Schwarze, EU-Kommentar, Art. 63 Rn. 7; *Sedlaczek/Züger,* in Streinz, EUV/AEUV, AEUV Art. 63 Rn. 18 ff. vgl. zum sachlichen Anwendungsbereich auch Anhang I zur RL 88/361/EG v. 24.6.1988, der unter die Kapitalverkehrsfreiheit fallende Geschäfte demonstrativ aufzählt.

[185] Vgl. *Bröhmer,* in Callies/Ruffert, EUV/AEUV, AEUV Art. 63 Rn. 5; *Ress/Ukrow,* in Grabitz/Hilf/Nettesheim, Recht der EU, EL. 52, AEUV Art. 63 Rn. 131.

[186] *Glaesner,* in Schwarze, EU-Kommentar, AEUV Art. 63 Rn. 18; *Ress/Ukrow,* in Grabitz/Hilf/Nettesheim, Recht der EU, EL. 52, AEUV Art. 63 Rn. 120 f.; vorsichtiger *Bröhmer,* in Callies/Ruffert, EUV/AEUV, AEUV Art. 63 Rn. 7; *Sedlaczek/Züger,* in Streinz, EUV/AEUV, AEUV Art. 63 Rn. 17, AEUV Art. 64 Rn. 8 f.; vgl. im Detail *Mörwald/Nreka* EWS 2014, 76 ff.

[187] Vgl. *Bröhmer,* in Callies/Ruffert, EUV/AEUV, AEUV Art. 63 Rn. 27; *Habersack/Verse* EuGesR § 3 Rn. 32; *Lutter/Bayer/J. Schmidt* EuropUR § 15 Rn. 10; *Sedlaczek/Züger,* in Streinz, EUV/AEUV, AEUV Art. 63 Rn. 33.

[188] Dazu *Bröhmer,* in Callies/Ruffert, EUV/AEUV, AEUV Art. 63 Rn. 43 ff.; *Glaesner,* in Schwarze, EU-Kommentar, AEUV Art. 63 Rn. 16 ff.; *Ress/Ukrow,* in Grabitz/Hilf/Nettesheim, Recht der EU, EL. 52, AEUV Art. 63 Rn. 158 ff.; *Sedlaczek/Züger,* in Streinz, EUV/AEUV, AEUV Art. 65 Rn. 1 ff.; vgl. zB EuGH v. 23.1.2014 – C-164/12, EuZW 2014, 273 *(Bünning)* – DMC, zu einer steuerlichen Diskriminierung des grenzüberschreitenden Anteilserwerbs an einer dt. KG (§ 20 Abs. 3 UmwStG 1995, mittlerweile geändert).

[189] EuGH v. 11.11.2010 – C-543/08, BeckRS 2010, 91307 Rn. 83 – Kommission/Portugal; EuGH v. 26.3.2009 – C-326/07, BeckRS 2009, 70334 Rn. 42 – Kommission/Italien; EuGH v. 23.10.2007 – C-112/05, NZG 2009, 942 Rn. 73 – VW.

[190] *Bröhmer,* in Callies/Ruffert, EUV/AEUV, AEUV Art. 65 Rn. 1; *Glaesner,* in Schwarze, EU-Kommentar, AEUV Art. 63 Rn. 22 ff.; *Habersack/Verse* EuGesR § 3 Rn. 31; *Lutter/Bayer/J. Schmidt* EuropUR § 15 Rn. 13 ff.; *Sedlaczek/Züger,* in Streinz, EUV/AEUV, AEUV Art. 65 Rn. 25 ff.

[191] *Glaesner,* in Schwarze, EU-Kommentar, AEUV Art. 63 Rn. 7; *Ress/Ukrow,* in Grabitz/Hilf/Nettesheim, Recht der EU, EL. 52, AEUV Art. 63 Rn. 130; *Sedlaczek/Züger,* in Streinz, EUV/AEUV, AEUV Art. 63 Rn. 19 f.

[192] EuGH v. 11.11.2010 – C-543/08, BeckRS 2010, 91307 Rn. 44, 46 – Kommission/Portugal; EuGH v. 23.10.2007 – C-112/05, NZG 2009, 942 Rn. 18 – VW; EuGH v. 12.12.2006 – C-446/04, BeckRS 2006, 70965 Rn. 182 – Test Claimants in the FII Group Litigation.

[193] EuGH v. 11.11.2010 – C-543/08, BeckRS 2010, 91307 Rn. 46 – Kommission/Portugal; EuGH v. 8.7.2010 – C-171/08, BeckRS 2010, 90868 Rn. 49 – Kommission/Portugal; EuGH v. 28.9.2006 – verb. Rs. C-282/04, 283/04, BeckRS 2006, 70757 Rn. 19 – Kommission/Niederlande.

[194] *Habersack/Verse* EuGesR § 3 Rn. 31; *Lutter/Bayer/J. Schmidt* EuropUR § 15 Rn. 3; *Ress/Ukrow,* in Grabitz/Hilf/Nettesheim, Recht der EU, EL. 52, AEUV Art. 63 Rn. 130; *Sedlaczek/Züger,* in Streinz, EUV/AEUV, AEUV Art. 63 Rn. 19.

Nach der Rechtsprechung des EuGH schützt die Kapitalverkehrsfreiheit vor **Maßnahmen,** die **geeignet** sind, solche Investitionen zu **verhindern** oder zu **beschränken** oder **Anleger davon abzuhalten** *(„abzuschrecken").*[195]

67 Im **Zusammenhang mit dem europäischen Gesellschaftsrecht** ist insbesondere die **Anwendung der Kapitalverkehrsfreiheit** auf **„Goldene Aktien"** *(„Golden shares")* zu beachten.[196] Allgemein bezeichnen „Goldene Aktien" besondere, angesichts der gehaltenen Beteiligung unverhältnismäßig weitreichende Befugnisse in einer Gesellschaft, zum Beispiel Vetorechte zu grundlegenden Entscheidungen. Werden derartige Sonderrechte einem Mitgliedstaat als Maßnahme zugerechnet und haben sie eine beschränkende Wirkung auf den grenzüberschreitenden Erwerb von Beteiligungen an der betroffenen Gesellschaft, stellen solche „Goldenen Aktien" eine – rechtfertigungsbedürftige – Beschränkung der Kapitalverkehrsfreiheit dar (vgl. Rn. 84ff.).[197]

3. Mobilität und Strukturmaßnahmen

68 Eine nach dem Recht eines Mitgliedstaats **wirksam gegründete und fortbestehende Gesellschaft** ist in Ausübung der Niederlassungsfreiheit in einem anderen Mitgliedstaat als Gesellschaft des Gründungsstaats **anzuerkennen.** Die Anerkennung von EU-Auslandsgesellschaften hat zu einer erweiterten Wahlmöglichkeit für Gesellschaftsgründer und zur **Verbreitung** als attraktiv angesehener **EU-Auslandsgesellschaftsformen** wie insbesondere der englischen **Limited** geführt.[198] Diese Entwicklung schlägt sich in **gegensteuernden Reformbestrebungen** der Mitgliedstaaten, das eigene Gesellschaftsrecht zu optimieren,[199] daher einem **verstärkten Wettbewerb der mitgliedstaatlichen Gesellschaftsrechte** nieder.[200] Bei Licht betrachtet lässt sich feststellen, dass die mit einer Grün-

---

[195] EuGH v. 11.11.2010 – C-543/08, BeckRS 2010, 90868 Rn. 50 – Kommission/Portugal; EuGH v. 19.5.2009 – C-531/06, BeckRS 2009, 70534 Rn. 46 – Kommission/Italien; EuGH v. 23.10.2007 – C-112/05, NZG 2009, 942 Rn. 19 – VW; EuGH v. 28.9.2006 – verb. Rs. C-282/04, 283/04, BeckRS 2006, 70757 Rn. 20 – Kommission/Niederlande; vgl. *Bröhmer,* in Callies/Ruffert, EUV/AEUV, AEUV Art. 63 Rn. 43; *Glaesner,* in Schwarze, EU-Kommentar, AEUV Art. 63 Rn. 21; *Ress/Ukroff,* in Grabitz/Hilf/Nettesheim, Recht der EU, EL. 52, AEUV Art. 63 Rn. 158.

[196] Vgl. aber auch EuGH v. 22.10.2013 – verb. Rs. C-105/12, 106/12, 107/12, EuZW 2014, 61 – Essent ua.: Privatisierungsverbot, Konzernverbot und Verbot von Tätigkeiten wider dem Interesse des Netzbetriebs für Betreiber von inländischen Elektrizitäts- und Gasnetzen als Beschränkung der Kapitalverkehrsfreiheit; zur teilweisen Überschneidung der sachlichen Anwendungsbereiche von Niederlassungs- und Kapitalverkehrsfreiheit für Beschränkungen durch Goldene Aktien vgl. Rn. 84.

[197] EuGH v. 10.11.2011 – C-212/09, BeckRS 2011, 81606 – Kommission/Portugal; EuGH v. 11.11.2010 – C-543/08, BeckRS 2010, 91307 Rn. 47 – Kommission/Portugal; EuGH v. 8.7.2010 – C-171/08, BeckRS 2010, 90868 Rn. 50 – Kommission/Portugal; EuGH v. 23.10.2007 – C-112/05, NZG 2009, 942 Rn. 19 – VW; EuGH v. 28.9.2006 – verb. Rs. C-282/04, 283/04, BeckRS 2006, 70757 Rn. 20 – Kommission/Niederlande; EuGH v. 6.12.2007 – verb. Rs. C-463/04, 464/04, BeckRS 2007, 71020 – Federconsumatori; EuGH v. 26.3.2009 – C-326/07, BeckRS 2009, 70334 Rn. 42 – Kommission/Italien; EuGH v. 2.6.2005 – C-174/04, BeckRS 2005, 70404 – Kommission/Italien; vgl. *Bröhmer,* in Callies/Ruffert, EUV/AEUV, AEUV Art. 65 Rn. 27ff.; *Kalss* JRP 2005, 26ff.; *Lutter/Bayer/J. Schmidt* EuropUR § 15 Rn. 1ff.; *Ress/Ukroff,* in Grabitz/Hilf/Nettesheim, Recht der EU, EL. 52, AEUV Art. 63 Rn. 222f.

[198] Vgl. *Ringe* ECFR 2013, 230 (236ff.).

[199] Vgl. *Ringe* ECFR 2013, 230 (239ff.); *Witt* ZGR 2009, 872 (872ff.); vgl. insbesondere GmbH-Reform 2008, PartG-Reform 2013 in Deutschland; GmbH-Reform 2013 in Österreich (beachte aber die teilweise Zurücknahme dieser Reform durch das AbgÄndG 2014); vgl. zu einzelnen, im Wettbewerb zueinander stehenden Rechtsformen *Henssler* NJW 2014, 1761ff. (LLP, Partnerschaftsgesellschaft mit beschränkter Berufshaftung); *Hirschfeld* RIW 2013, 134ff. (Flex-B. V.); *Kläner* KSzW 2014, 101ff. (Limited, UG haftungsbeschränkt, Flex-B. V.); *Kroh* KSzW 2014, 94ff. (société à responsabilité limitée).

[200] Vgl. *Eidenmüller* ZGR 2007, 168ff.; *Engert,* in Langenbucher, EuropPR, § 5 Rn. 9; *Fleischer,* in MüKoGmbH, Einl. Rn. 217ff.

dungswelle von EU-Auslandsgesellschaften einhergehende **Flucht aus dem innerstaatlichen Gesellschaftsrecht** weniger von der tatsächlichen Rechtslage, sondern stark **beratergetrieben** ist. Dies zeigt sich insbesondere am starken Rückgang von Limited-Gründungen durch deutsche Unternehmer, der nach den ersten Erfahrungen insbesondere mit damit verbundenen Kosten und Reputationsverlusten bereits 2006, dh noch vor der deutschen GmbH-Reform 2008, eingesetzt hat.[201] Auch die geringe Annahme der deutschen Unternehmergesellschaft durch österreichische Unternehmer verdeutlicht die zurückgenommene Bedeutung der Regelung einzelner gesellschaftsrechtlicher Bereiche, insbesondere eines Mindestkapitalerfordernisses, im Vergleich zu anderen Aspekten, zum Beispiel den steuerlichen Rahmenbedingungen oder dem tatsächliche Aufwand eines Notartermins im Gründungsstaat.[202]

69 **Niederlassungs-** und **Kapitalverkehrsfreiheit schützen grenzüberschreitende Tätigkeiten** von Unternehmern und Gesellschaften vor ungerechtfertigten Beschränkungen durch die Mitgliedstaaten und gewährleisten daher im Grundsatz grenzüberschreitende Gesellschaftsgründungen, Beteiligungserwerbe, Verwaltungssitzverlegungen, Umwandlungen sowie die Begründung von Tochtergesellschaften und Zweigniederlassungen.

70 Das europäische Sekundärrecht erkennt den **Bedarf** von Gesellschaften nach **Strukturmaßnahmen** zum Zweck grenzüberschreitender Umwandlung und eines Wechsels des anwendbaren Gesellschaftsrechts sowie zur grenzüberschreitenden Unternehmensreorganisation an. Ein **harmonisierter Rechtsrahmen** zur Durchführung solcher Maßnahmen besteht für die Gründung durch grenzüberschreitende Verschmelzung und die grenzüberschreitende Sitzverlegung von europäischen Rechtsformen sowie für **grenzüberschreitende Verschmelzungen** von **Kapitalgesellschaften,** die dieses Instrument in der Praxis ganz überwiegend zum Zweck einer gruppeninternen Unternehmensumgruppierung zwischen Mutter- und Tochtergesellschaft bzw. zwischen Schwestergesellschaften nutzen. Ausnahmsweise dient die grenzüberschreitende Verschmelzung auch der Zusammenführung voneinander unabhängiger Gesellschaften.[203]

71 Die **harmonisierten Verfahrensregelungen** basieren auf den Grundsätzen des **„Europäischen Modells für Strukturmaßnahmen“,** das in der Verschmelzungs-Richtlinie grundgelegt ist und dem **Informationsmodell** (vgl. Rn. 205 ff.) folgt, das den Schutz der Beteiligten insbesondere durch die Bereitstellung verlässlicher und geprüfter Informationen und die auf diese Weise abgesicherte Möglichkeit zur informierten Entscheidung gewährleistet.

72 **Außerhalb der sekundärrechtlich geregelten Bereiche,** insbesondere für die grenzüberschreitende Spaltung sowie für Personengesellschaften, haben die Mitgliedstaaten Umwandlungen im Schutzbereich der Niederlassungsfreiheit unter **analoger Anwendung des bestehenden Umwandlungsrechts,** insbesondere nach der SE-Verordnung und der IntVersch-Richtlinie, durchzuführen.

73 **Rechtssicherheit** für die Durchführung unmittelbarer grenzüberschreitender Umwandlungen kann letztlich nur ein der IntVersch-Richtlinie vergleichbarer Rechtsrahmen für die jeweiligen Vorgänge bieten. Die **grenzüberschreitende Spaltung** lässt sich allerdings

---

[201] Vgl. *Ringe* ECFR 2013, 230 (247 ff.).

[202] Vgl. *Teichmann/Knaier* GesRZ 2014, 285 ff., 294: *„...zu vermuten, dass die Last einer Autofahrt von zwei oder drei Stunden von den Akteuren negativer bewertet wird als die Notwendigkeit, das Mindeststammkapital aufzubringen.“*

[203] Vgl. die grenzüberschreitende Verschmelzung der österreichischen *Bwin Interactive Entertainment AG* und der englischen *PartyGaming plc* zur *Bwin.Party Digital Entertainment plc* mit Sitz in Gibraltar, dazu Der Standard, Online-Ausgabe v. 28.1.2011, online abrufbar:

http://derstandard.at/1295571080238/bwinparty-digital-Fusion-von-bwin-mit-PartyGaming-ist-durch (15.1.2015); vgl. die grenzüberschreitende Verschmelzung der österreichischen *Intercell AG* und der französischen *Vivalis SA* zur *Valneva SE* mit Sitz in Lyon, dazu Der Standard, Online-Ausgabe v. 17.12.2012, online abrufbar: http://derstandard.at/1355459837574/Wiener-Impfstoffhersteller-Intercell-und-Vivalis-fusionieren (15.1.2015).

auch durch die Kombination einer innerstaatlichen Spaltung und einer grenzüberschreitenden Verschmelzung verwirklichen. Daher ist fraglich, ob tatsächlich ein unmittelbarer Bedarf nach einer Regulierung der grenzüberschreitenden Spaltung besteht,[204] auch wenn nach Regelung der grenzüberschreitenden Verschmelzung sowie der innerstaatlichen Spaltung und Verschmelzung eine entsprechende Erweiterung der IntVersch-Richtlinie für grenzüberschreitende Spaltungen konsequent wäre. Sachgerecht sind schließlich die Wiederbelebung des Projekts einer Sitzverlegungs-Richtlinie und die Ausdehnung der Möglichkeit einer grenzüberschreitenden Verschmelzung auf Grundlage der IntVersch-Richtlinie auf Personengesellschaften sowie deren zwingende Anwendbarkeit auf GmbH.

a) Gewährleistung der Mobilität durch Grundfreiheiten

aa) Grundsatz der Anerkennung von EU-Auslandsgesellschaften: Grundvoraussetzung für grenzüberschreitende Tätigkeiten einer Gesellschaft ist ihre **Anerkennung im Aufnahmestaat** der jeweiligen Tätigkeit **als Gesellschaft nach dem Recht ihres Gründungsstaats.**[205] Problematisch für eine solche Anerkennung können insbesondere unterschiedliche Anknüpfungspunkte im internationalen Gesellschaftsrecht des Gründungsstaats der Gesellschaft und des Aufnahmestaats der Tätigkeit sein. Folgt der Gründungsstaat der Gründungstheorie, der Aufnahmestaat jedoch der Sitztheorie, gilt nach einer Verlegung des Verwaltungssitzes im Gründungsstaat weiterhin das Gründungsrecht, im Aufnahmestaat jedoch dessen Recht als Gesellschaftsstatut der zugezogenen Gesellschaft *(„Statutenverdoppelung“).*[206] Im Aufnahmestaat wird die Gesellschaft daher entweder als nicht rechts- und parteifähiges Gebilde bzw. rechtliches Nullum[207] oder als nicht eingetragene Personengesellschaft nach dem eigenen Gesellschaftsrecht[208] und nicht mehr als Gesellschaft nach dem Gesellschaftsrecht ihres Gründungsstaats angesehen.[209] 74

Ein auf Grundlage des Art. 220 EWG bzw. Art. 293 EGV im Jahr 1968 geschlossenes **Übereinkommen über die gegenseitige Anerkennung von Gesellschaften und juristischen Personen,** das diese Problematik auch nur teilweise zu lösen vermochte, trat mangels Ratifizierung in den Niederlanden **nicht in Kraft.**[210] 75

Der **EuGH**[211] hat diese Frage in seiner Rechtsprechung zur Verwaltungssitzverlegung geklärt und festgestellt, dass eine nach dem Recht ihres Gründungsstaats **wirksam gegründete** und trotz grenzüberschreitender Tätigkeit **fortbestehende Gesellschaft im Sinne von Art. 54 Abs. 2 AEUV in Ausübung der Niederlassungsfreiheit im Aufnahmestaat als Gesellschaft des Gründungsstaats anzuerkennen ist** (vgl. Rn. 108 f.).[212] 76

---

[204] Vor allem zur Klärung dieser Frage führte die Kommission bis Ende Januar 2015 eine Konsultation über grenzüberschreitende Verschmelzungen und Spaltungen durch, online abrufbar: http://ec.europa.eu/internal_market/consultations/2014/cross-border-mergers-divisions/index_de.htm (15.1.2015).

[205] Vgl. *Lutter/Bayer/J. Schmidt* EuropUR § 5 Rn. 1, 64.

[206] *Binz/Mayer* BB 2005, 2361 (2363 ff.); *Hellgardt/Illmer* NZG 2009, 94 ff.; *Kieninger,* in MüHB-GesR, § 52 Rn. 9; *Lutter/Bayer/Schmidt* EuropUR § 6 Rn. 7; *Weller,* FS Goette, 2011, 583 (593 ff.).

[207] BayObLG v. 26.8.1998 – 3Z BR 78/98, IPRax 1999, 364.

[208] BGH v. 1.7.2002 – II ZR 380/00, NZG 2002, 1009 – Jersey.

[209] *Forsthoff* DB 2002, 2471 (2476); *Paefgen* DZWiR 2003, 441 (444).

[210] Dazu *Lutter/Bayer/J. Schmidt* EuropUR § 6 Rn. 9.

[211] EuGH v. 30.9.2003 – C-167/01, BeckRS 2004, 74612 Rn. 101, 104 f. – Inspire Art; dazu *Eckert* IntGesR 57 ff.; *Lutter/Bayer/J. Schmidt* EuropUR § 6 Rn. 27 ff.; EuGH v. 5.11.2002 – C-208/00, BeckRS 2004, 74969 Rn. 79–82, 93, 95 – Überseering; dazu *Eckert* IntGesR 54 ff.; *Lutter/Bayer/J. Schmidt* EuropUR § 6 Rn. 23 ff.

[212] Vgl. *Altmeppen/Ego,* in MüKoAktG, EuNlf Rn. 204 ff.; *Engert,* in Langenbucher, EuropPR § 5 Rn. 9; *Grundmann* EuGesR Rn. 188, 798; *Habersack/Verse* EuGesR § 3 Rn. 22; *Kieninger,* in MüHB-GesR VI, § 52 Rn. 6; *Lutter/Bayer/J. Schmidt* EuropUR § 5 Rn. 2, § 6 Rn. 46; *W.-H. Roth* ZGR 2014, 168 (203); *Verse* ZEuP 2013, 458 (469 f.); aA für Gesellschaften ohne Tätigkeit im Gründungsstaat („Briefkastengesellschaften“) *Kindler* EuZW 2012, 888 (891 f.); *G. H. Roth* ZIP 2012, 1744 ff.

77 **bb) Gesellschaftsgründung und Beteiligungserwerb:** *aaa) Anwendung von Niederlassungs- und Kapitalverkehrsfreiheit:* Für die grenzüberschreitende Gründung einer Gesellschaft und den grenzüberschreitenden Erwerb von Beteiligungen an einer Gesellschaft sind die **Niederlassungs- und die Kapitalverkehrsfreiheit** zu beachten.

78 Als Ausübung der **Niederlassungsfreiheit** gilt neben der **Gründung**[213] der Erwerb von **Beteiligungen**, die eine Möglichkeit zur Kontrolle, dh einen **„sicheren Einfluss"** auf Verwaltung, Entscheidungen und Tätigkeiten der Gesellschaft gewähren **(unternehmerische Beteiligung).**[214] Wann ein sicherer Einfluss vorliegt, bestimmt sich nach den tatsächlichen Umständen und dem anwendbaren Gesellschaftsrecht.[215] Als ausreichend werden eine unmittelbare oder mittelbare Mehrheitsbeteiligung und eine Sperrminorität gesehen,[216] bei breit gestreutem Aktionärskreis kann einerseits sogar eine Beteiligung von nur 5% ausreichen,[217] andererseits vermitteln nach rezenter EuGH-Entscheidung Beteiligungen von 10% *„nicht zwangsläufig"* einen sicheren Einfluss.[218]

79 Die **Kapitalverkehrsfreiheit** schützt den Erwerb von **Direkt-** und von **Portfolioinvestitionen** (vgl. Rn. 66).

80 Die **sachlichen Anwendungsbereiche** von **Niederlassungs- und Kapitalverkehrsfreiheit überschneiden** sich, wenn eine beschränkende Maßnahme den grenzüberschreitenden **Erwerb von Beteiligungen** betrifft, die einen **„sicheren Einfluss"** auf die Verwaltung der Gesellschaft vermitteln, während der Erwerb von Portfolioinvestitionen ausschließlich durch die Kapitalverkehrsfreiheit geschützt wird.[219]

81 Lehre und Rechtsprechung beantworten die Frage, wie diese Überschneidung von Niederlassungs- und Kapitalverkehrsfreiheit aufzulösen ist, nicht einheitlich.[220] Als Leitlinie kann vom **Gegenstand der mitgliedstaatlichen Maßnahme** ausgegangen werden:[221]

---

[213] *Grundmann* EuGesR Rn. 188.

[214] EuGH v. 26.6.2008 – C-284/06, EuZW 2008, 533 Rn. 69 – Burda; EuGH v. 6.12.2007 – C-298/05, EuZW 2008, 157 Rn. 29 – Columbus; EuGH v. 13.3.2007 – C-524/04, BeckRS 2007, 70189 Rn. 27 – Test Claimants in the Thin Cap Group Litigation; EuGH v. 12.9.2006 – C-196/04, EuZW 2006, 633 Rn. 31 – Cadbury Schweppes; vgl. *Bröhmer,* in Callies/Ruffert, EUV/AEUV, AEUV Art. 49 Rn. 9; *Müller-Graff,* in Streinz, EUV/AEUV, AEUV Art. 49 Rn. 15; *Schlag,* in Schwarze, EU-Kommentar, AEUV Art. 49 Rn. 11.

[215] EuGH v. 6.12.2007 – C-298/05, EuZW 2008, 157 Rn. 30 – Columbus; vgl. *Bröhmer,* in Callies/Ruffert, EUV/AEUV, AEUV Art. 63 Rn. 23; *Ress/Ukroff,* in Grabitz/Hilf/Nettesheim, Recht der EU, EL. 52, AEUV Art. 63 Rn. 315.

[216] Vgl. EuGH v. 21.10.2010 – C-81/09, ZIP 2010, 2493 Rn. 51 – Idryma Typou; EuGH v. 22.12.2008 – C-282/07 IStR 2009, 135 Rn. 27, 29 – État belge; EuGH v. 10.5.2007 – C-492/04, IStR 2007, 439 Rn. 20–23 – Lasertec; vgl. *Habersack/Verse* EuGesR § 3 Rn. 2; *Lutter/Bayer/J. Schmidt* EuropUR § 15 Rn. 3; *Ress/Ukroff,* in Grabitz/Hilf/Nettesheim, Recht der EU, EL. 52, AEUV Art. 63 Rn. 315 f.; *Sedlaczek/Zügler,* in Streinz, EUV/AEUV, AEUV Art. 63 Rn. 34.

[217] EuGH v. 26.3.2009 – C-326/07, BeckRS 2009, 70334 Rn. 38 – Kommission/Italien.

[218] EuGH v. 3.10.2013 – C-282/12, BeckEuRS 2013, 738473 Rn. 22 – Itelcar, dazu einerseits *Mitschke* IStR 2014, 37 (39), der die E als *„Ausreißer"* bezeichnet, andererseits *Kraft/Hohage* IStR 2014, 174 (177 f.), die die *„Entwicklung [der Rsp] noch im Fluss"* sehen; vgl. BFH v. 29.8.2012 – I R 7/12, NZG 2012, 1354, der für Beteiligungen ab 10% ausschließlich die Niederlassungsfreiheit anwendbar sah, daher bei entsprechenden Drittstaatsachverhalten keine Grundfreiheitenkontrolle vornahm und dies auch als *acte clair* verstand, was nun nicht mehr aufrecht erhalten werden kann, dazu *Verse/Wiersch* EuZW 2014, 375 (376).

[219] *Glaesner,* in Schwarzer, EU-Kommentar, AEUV Art. 63 Rn. 11 f.; *Lutter/Bayer/J. Schmidt* EuropUR § 15 Rn. 3; *Sedlaczek/Zügler,* in Streinz, EUV/AEUV, AEUV Art. 63 Rn. 19, 31.

[220] Vgl. *Bröhmer,* in Callies/Ruffert, EUV/AEUV, AEUV Art. 63 Rn. 16 ff.; *Lutter/Bayer/J. Schmidt* EuropUR § 15 Rn. 5; *Mörwald/Nreka* EWS 2014, 76 (77 ff.); *Ress/Ukroff,* in Grabitz/Hilf/Nettesheim, Recht der EU, EL. 52, AEUV Art. 63 Rn. 305 ff.; *Sedlaczek/Zügler,* in Streinz, EUV/AEUV, AEUV Art. 63 Rn. 33 ff.

[221] EuGH v. 13.11.2012 – C-35/11, BeckRS 2012, 82405 Rn. 90–103 – Test Claimants in the FII Group Litigation; EuGH v. 21.1.2010 – C-311/08, IStR 2010, 144 Rn. 25 – SGI; *Habersack/Verse*

Bezieht sich die Maßnahme nur auf den grenzüberschreitenden Erwerb von Gesellschaftsanteilen, die einen sicheren Einfluss auf die Verwaltung der Gesellschaft vermitteln, ist die Niederlassungsfreiheit anwendbar und tritt die – zwangsläufig – ebenfalls betroffene Kapitalverkehrsfreiheit zurück.[222] Zielt die Maßnahme hingegen auf Portfolioinvestitionen ab, ist ausschließlich die Kapitalverkehrsfreiheit anwendbar.[223] Für mitgliedstaatliche Maßnahmen, die sowohl Direkt- als auch Portfolioinvestitionen betreffen, stellt der EuGH auf die „*tatsächlichen Gegebenheiten*" im Anlassfall ab, dh ob **Gegenstand des Verfahrenssachverhalts** eine Beteiligung mit sicherem Einfluss oder eine Portfolioinvestition ist.[224]

Für Personen mit Unionsverknüpfung (vgl. Rn. 38, 40) ist die Abgrenzung zwischen 82
Niederlassungs- und Kapitalverkehrsfreiheit aufgrund der strukturellen Vergleichbarkeit der beiden Freiheiten in Schutzgehalt und Rechtfertigungsmöglichkeit nicht relevant, für **Investoren aus Drittstaaten** hat sie aber entscheidende Bedeutung, da sich diese nur auf die Kapitalverkehrsfreiheit berufen können (vgl. Rn. 64).[225]

Die Gründung von und der Erwerb einer Beteiligung an **„Tochtergesellschaften"**, auf 83
die ein sicherer Einfluss ausgeübt wird und die als – rechtlich selbstständige – Niederlassungen der Muttergesellschaft in einem anderen Mitgliedstaat gelten, werden mit der Errichtung von unselbstständigen Niederlassungen **(Zweigniederlassungen)** als **Ausübung der sekundären Niederlassungsfreiheit** unter Rn. 116ff. behandelt.

bbb) Beteiligungserwerb und Goldene Aktien: Der grenzüberschreitende Erwerb von Be- 84
teiligungen an Gesellschaften fällt – je nach Abgrenzung (vgl. Rn. 80f.) – unter den Schutz der Niederlassungs- und/oder der Kapitalverkehrsfreiheit und wird in Rechtsprechung[226] und Lehre[227] insbesondere[228] im Zusammenhang mit mitgliedstaatlichen Sonderrechten in

---

EuGesR § 3 Rn. 32; *Ress/Ukrow*, in Grabitz/Hilf/Nettesheim, Recht der EU, EL. 52, AEUV Art. 63 Rn. 318; *Sedlaczek/Zügler*, in Streinz, EUV/AEUV, AEUV Art. 63 Rn. 34f.

[222] EuGH v. 8.11.2012 – C-244/11, EuZW 2013, 29 Rn. 23, 25 – Kommission/Griechenland; EuGH v. 13.3.2007 – C-524/04, IStR 2007, 249 Rn. 33f. – Test Claimants in the Thin Cap Group Litigation; EuGH v. 12.9.2006 – C-196/04, EuZW 2006, 633 Rn. 31, 33 – Cadbury Schweppes.

[223] EuGH v. 19.7.2012 – C-31/11, EuZW 2012, 751 Rn. 23 – Scheunemann; EuGH v. 10.2.2011 – verb. Rs. C-436/08, 437/08, BeckRS 2011, 80119 Rn. 35 – Haribo Lakritzen Hans Riegel und Österreichische Salinen.

[224] EuGH v. 13.11.2012 – C-35/11, BeckRS 2012, 82405 Rn. 94 – Test Claimants in the FII Group Litigation; EuGH v. 21.1.2010 – C-311/08, IStR 2010, 144 Rn. 34–36 – SGI.

[225] *Habersack/Verse* EuGesR § 3 Rn. 32; *Ress/Ukrow*, in Grabitz/Hilf/Nettesheim, Recht der EU, EL. 52, AEUV Art. 63 Rn. 304.

[226] EuGH v. 8.11.2012 – C-244/11, EuZW 2013, 29 – Kommission/Griechenland; EuGH v. 10.11.2011 – C-212/09, BeckRS 2011, 81606 – Kommission/Portugal; EuGH v. 11.11.2010 – C-543/08, BeckRS 2010, 91307 – Kommission/Portugal; EuGH v. 8.7.2010 – C-171/08, BeckRS 2010, 90868 – Kommission/Portugal; EuGH v. 17.7.2008 – C-207/07, BeckRS 2010, 91877 – Kommission/Spanien; EuGH v. 23.10.2007 – C-112/05, NZG 2009, 942 – VW; EuGH v. 28.9.2006 – verb. Rs. C-282/04, 283/04, BeckRS 2006, 70757 – Kommission/Niederlande; EuGH v. 6.12.2007 – verb. Rs. C-463/04, 464/04, BeckRS 2007, 71020 – Federconsumatori; EuGH v. 26.3.2009 – C-326/07, BeckRS 2009, 70334 – Kommission/Italien; EuGH v. 2.6.2005 – C-174/04, BeckRS 2005, 70404 – Kommission/Italien; EuGH v. 13.5.2003 – C-98/01, EuZW 2003, 536 – BAA; EuGH v. 13.5.2003 – C-463/00, EuZW 2003, 529 – Kommission/Spanien; EuGH v. 4.6.2002 – C-503/99, EuZW 2002, 429 – Kommission/Belgien; EuGH v. 4.6.2002 – C-483/99, EuZW 2002, 433 – Kommission/Frankreich; EuGH v. 4.6.2002 – C-367/98, EuZW 2002, 437 – Kommission/Portugal; EuGH v. 23.5.2000 – C-58/99, BeckRS 2004, 77589 – Kommission/Italien; zur Anwendung der Kapitalverkehrs- und Niederlassungsfreiheit erstmals für „Goldene Aktien" eines EFTA-Mitgliedstaats vgl. EFTA-Gerichtshof v. 19.7.2012 – E-9/11 – ESA/Norwegen.

[227] Vgl. *Bröhmer*, in Callies/Ruffert, EUV/AEUV, AEUV Art. 65 Rn. 27ff.; *Kalss* JRP 2005, 26ff.; *Lewisch/Kristoferitsch* GesRZ 2012, 19ff.; *Lutter/Bayer/J. Schmidt* EuropUR § 15 Rn. 1ff.; *Ress/Ukrow*, in Grabitz/Hilf/Nettesheim, Recht der EU, EL. 52, AEUV Art. 63 Rn. 222f.; *F. Schuhmacher*, FS W. Jud, 2012, 631ff.

[228] Vgl. aber auch EuGH v. 21.10.2010 – C-81/09, ZIP 2010, 2493 – Idryma Typou, zur Beschränkung der Kapital- und Niederlassungsfreiheit durch eine spezifische Durchgriffshaftung der Ge-

Gesellschaften, den sogenannten **„Goldenen Aktien"** *(„Golden shares")* behandelt. In seiner Rechtsprechung wendet der **EuGH** in diesen Fällen **überwiegend** die **Kapitalverkehrsfreiheit** an und unterlässt eine gesonderte Prüfung nach der Niederlassungsfreiheit mit der Begründung, eine Beschränkung der Niederlassungsfreiheit folge gegebenenfalls unmittelbar aus der festgestellten Beschränkung der Kapitalverkehrsfreiheit.[229]

85 Bei den **„Goldenen Aktien"** handelt es sich um **Sonderrechte von Mitgliedstaaten** in **bestimmten Unternehmen** bzw. **Unternehmenskategorien,** die in der Regel, aber nicht notwendiger Weise[230] mit einer Beteiligung des Mitgliedstaats am Unternehmen verknüpft sind.[231] Im Fall einer Beteiligung räumen Goldene Aktien dem Mitgliedstaat jedenfalls im **Verhältnis zu seiner Beteiligung** einen **unverhältnismäßig hohen Einfluss** ein. Bei den betroffenen Unternehmen handelt es sich überwiegend um ehemals staatliche und nun teilprivatisierte Unternehmen in Schlüsselindustrien, die als von besonderer Bedeutung für die nationalen Interessen angesehen werden, zum Beispiel in den Bereichen Energieversorgung und Telekommunikation.

86 Grundvoraussetzung für die Anwendbarkeit der Grundfreiheiten ist, dass die Sonderrechte auf einer **mitgliedstaatlichen Maßnahme** basieren. Dies liegt einerseits vor, wenn sie durch **hoheitlichen Akt** begründet werden, zum Beispiel unmittelbar durch Gesetz.[232] Andererseits fallen nach der Rechtsprechung Sonderrechte auch dann in den Schutzbereich, wenn sie zwar in der **privatautonomen Satzung** festgelegt sind, der Mitgliedstaat die Sonderrechte aber mit hoheitlicher Einflussnahme begründet oder abgesichert, dh insbesondere im Zuge der Privatisierung oder auf Grundlage bereits bestehender Sonderrechte geschaffen hat und diese nicht oder nur schwer ohne Zustimmung des Mitgliedstaats abgeändert werden können, zum Beispiel durch Nichtübertragbarkeit[233] der Sonderaktien oder Zustimmungsvorbehalt[234] für deren Einziehung.[235] Inwieweit Sonderrechte eines Mitgliedstaats, die dieser ausschließlich über die Nutzung gesellschaftsrechtlicher Instrumente, dh durch privatautonome Gestaltung der Gesellschafter

---

sellschafter mit mehr als 2,5%-Beteiligung für eine öffentlich-rechtliche Verbindlichkeit einer Kapitalgesellschaft, dazu *Eckert* GesRZ 2011, 176f.; *Möslein* NZG 2011, 174f.; *J. Schmidt* EWiR 2010, 693f.; zur Bedeutung der Entscheidung im Detail *Stöber* ZVglRWiss 113 (2014), 57ff.

[229] EuGH v. 11.11.2010 – C-543/08, BeckRS 2010, 91307 Rn. 99 – Kommission/Portugal; EuGH v. 8.7.2010 – C-171/08, BeckRS 2010, 90868 Rn. 80 – Kommission/Portugal; EuGH v. 28.9.2006 – verb. Rs. C-282/04 und C-283/04, BeckRS 2006, 70757 Rn. 43 – Kommission/Niederlande; EuGH v. 13.5.2003 – C-98/01, EuZW 2003, 536 Rn. 52 – BAA; vgl. *Glaesner,* in Schwarze, EU-Kommentar, AEUV Art. 63 Rn. 11; *Habersack/Verse* EuGesR § 3 Rn. 34; *Lutter/Bayer/J. Schmidt* EuropUR § 15 Rn. 5; *Ress/Ukrow,* in Grabitz/Hilf/Nettesheim, Recht der EU, EL. 52, AEUV Art. 63 Rn. 308; vgl. aber EuGH v. 26.3.2009 – C-326/07, BeckRS 2009, 70334 – Kommission/Italien, sowie EuGH v. 17.7.2008 – C-207/07, BeckRS 2010, 91877 – Kommission/Spanien, in denen der EuGH eine Verletzung von Niederlassungs- und Kapitalverkehrsfreiheit feststellt; EuGH v. 8.11.2012 – C-244/11, EuZW 2013, 29 – Kommission/Griechenland, zur ausschließlichen Anwendbarkeit der Niederlassungsfreiheit aufgrund des Anwendungsbereichs der verfahrensgegenständlichen Regelung; vgl. auch EuGH v. 23.10.2007 – C-112/05, NZG 2009, 942 Rn. 15f. – VW, wo der EuGH mangels Vorbringen keine Prüfung der Niederlassungsfreiheit vornimmt.

[230] Sonderrechte im Sinne von Goldenen Aktien können daher auch unabhängig von einer Beteiligung zustehen, vgl. EuGH v. 23.5.2000 – C-58/99, BeckRS 2004, 77589 – Kommission/Italien; EuGH v. 4.6.2002 – C-367/98, EuZW 2002, 437 – Kommission/Portugal; EuGH v. 17.7.2008 – C-207/07, BeckRS 2010, 91877 – Kommission/Spanien; EuGH v. 8.11.2012 – C-244/11, EuZW 2013, 29 – Kommission/Griechenland.

[231] *Habersack/Verse* EuGesR § 3 Rn. 33; *Lutter/Bayer/J. Schmidt* EuropUR § 15 Rn. 2.

[232] Vgl. EuGH v. 23.10.2007 – C-112/05 NZG 2009, 942 – VW, dazu *Teichmann/Heise* BB 2007, 2577; *Verse* GPR 2008, 31.

[233] EuGH v. 4.6.2002 – C-367/98, EuZW 2002, 437 Rn. 52 – Kommission/Portugal.

[234] EuGH v. 28.9.2006 – verb. Rs. 282/04 und 283/04, BeckRS 2006, 70757 Rn. 25 – Kommission/Niederlande.

[235] *Habersack/Verse* EuGesR § 3 Rn. 33; *Lutter/Bayer/J. Schmidt* EuropUR § 15 Rn. 6.

untereinander, und nicht durch Hoheitsmacht oder bereits bestehende Sonderrechte erhält, in den Anwendungsbereich der Freiheiten fallen, ist nicht abschließend geklärt, aber abzulehnen.[236]

Als **mitgliedstaatliche Sonderrechte** im Anwendungsbereich der Freiheiten gelten insbesondere[237] Entsendungsrechte für Aufsichtsrats- bzw. Verwaltungsratsmitglieder,[238] Veto- und Zustimmungsrechte zu wesentlichen unternehmerischen Maßnahmen wie Strukturmaßnahmen oder Beteiligungserwerbe in bestimmter Höhe,[239] sowie die Kombination eines Höchststimmrechts von 20% mit der Festlegung der Sperrminorität von 20% bei staatlicher Beteiligung von 20%.[240] 87

Eine **mögliche Rechtfertigung** für Beschränkungen der Niederlassungs- bzw. Kapitalverkehrsfreiheit durch „Goldene Aktien" prüft der EuGH nach **allgemeinen Regelungen** (vgl. Rn. 57ff., 65). In Frage kommt eine Rechtfertigung insbesondere aus Gründen der **öffentlichen Sicherheit** gemäß Art. 52 Abs. 1 bzw. Art. 65 Abs. 1 lit. b AEUV, daher zum Beispiel zum Zweck der Gewährleistung der Energie- und Wasserversorgung sowie einer funktionierenden Telekommunikation in Krisensituationen,[241] sowie aus sonstigen, **zwingenden Gründen des Allgemeininteresses,** zum Beispiel zum Arbeitnehmer- und Minderheitsgesellschafterschutz[242] sowie zur Sicherstellung von Dienstleistungen im allgemeinen Interesse wie beispielsweise eines *„postalischen Universaldienstes"*.[243] Der **EuGH** wendet die **Rechtfertigungsgründe restriktiv** an und hat – soweit ersichtlich – nur in einer einzigen Entscheidung zu Goldenen Aktien von bisher insgesamt sechzehn eine Rechtfertigung der beschränkenden Maßnahmen angenommen.[244] 88

ccc) U-Auslandskapitalgesellschaft & Co Personengesellschaft: **Kapitalgesellschaft & Co Personengesellschaften,** dh in Deutschland und Österreich die **GmbH & Co. KG**, bieten Unternehmern eine Gestaltungsvariante, die durch eine **Typenvermischung von Kapital- und Personengesellschaft** insbesondere steuerliche Transparenz, Gestaltungsfreiheit und formlose Kapitalbeschaffung mit beschränkter Haftung für die beteiligten natürlichen Personen, Fremdgeschäftsführung und von natürlichen Personen unabhängigem Fortbestand kombinieren kann.[245] 89

---

[236] Vgl. EuGH v. 22.10.2013 – C-95/12, NZG 2013, 1308 Rn. 25 – VW II, dazu *Kalss* EuZW 2013, 948 (949); vgl. auch *Lutter/Bayer/J. Schmidt* EuropUR § 15 Rn. 7; *Lieder* ZHR 172 (2008), 306 (311f.); *Reichert,* FS K. Schmidt, 2009, 1341 (1355).

[237] S. Überblick bei *Lutter/Bayer/J. Schmidt* EuropUR § 15 Rn. 11.

[238] EuGH v. 23.10.2007 – C-112/05, NZG 2009, 942 Rn. 59ff. – VW; EuGH v. 6.12.2007 – verb. Rs. 463/04 und 464/04, BeckRS 2007, 71020 Rn. 23ff. – Federconsumatori.

[239] EuGH v. 26.3.2009 – C-326/07, BeckRS 2009, 70334 Rn. 40 – Kommission/Italien.

[240] EuGH 23.10.2007 – C-112/05, NZG 2009, 942 Rn. 82 – VW; die Nachfolgeentscheidung EuGH v. 22.10.2013 – C-95/12, NZG 2013, 1308, EuZW 2013, 946 mAnm *Kalss* – VW II, bestätigt im Rahmen eines Vollstreckungsverfahrens gemäß Art. 260 Abs. 2 AEUV (keine neuerliche Beurteilung der Rechtsfrage, sondern authentische Auslegung der früheren E und Prüfung der Umsetzung, dazu *Karpenstein,* in Grabitz/Hilf/Nettesheim, Recht der EU, EL. 50, AEUV Art. 260 Rn. 27) nur, dass der EuGH in der ersten Entscheidung die Kombination von Höchststimmrecht und Sperrminorität als Verletzung der Kapitalverkehrsfreiheit festgestellt hatte, die Frage, wie die Absenkung der Sperrminorität für sich allein zu beurteilen ist, wurde dadurch nicht entschieden, dazu *Bayer/J. Schmidt* KSzW 2014, 69 (71); *Verse* EuZ 2014, 4 (6f.); aA *Cach* GesRZ 2013, 310.

[241] EuGH v. 4.6.2002 – C-503/99, EuZW 2002, 429 Rn. 46 – Kommission/Belgien, für die Gewährleistung der Energieversorgung im Krisenfall.

[242] EuGH v. 23.10.2007 – C-112/05, NZG 2009, 942 Rn. 74, 77 – VW.

[243] EuGH v. 28.9.2006 – verb. Rs. C-282/04, 283/04, BeckRS 2006, 70757 Rn. 38 – Kommission/Niederlande.

[244] EuGH v. 4.6.2002 – C-503/99, EuZW 2002, 429 Rn. 45ff. – Kommission/Belgien, für ein gerichtlich nachprüfbares und objektiv zu begründendes Widerspruchsrecht des Mitgliedstaats gegen Maßnahmen, die für die Energieversorgung kritische Aktiva des Unternehmens betreffen.

[245] Vgl. *Binz/Sorg,* Die GmbH & Co. KG, § 1 Rn. 17ff.; *Grunewald,* in MüKoHGB, § 161 Rn. 48ff.; *Haas/Mock,* in Röhricht/Graf von Westphalen/Haas, HGB § 161 Rn. 43ff.

90 Im Zuge der **Anerkennung von EU-Auslandsgesellschaften** (vgl. Rn. 108 f.) eröffnete sich die Möglichkeit, eine Kapitalgesellschaft eines Mitgliedstaats als unbeschränkt haftende Gesellschafterin einer Personengesellschaft eines anderen Mitgliedstaats zu benutzen, dh für Deutschland und Österreich eine **EU-Auslandskapitalgesellschaft & Co. KG** zu errichten.[246] Zu der bekannten Typenvermischung tritt auf diese Weise eine **Statutenvermischung,** die Unternehmern insbesondere die Nutzung einer gewünschten Corporate Governance-Struktur nach dem Gesellschaftsstatut der Kapitalgesellschaft ermöglicht, welche die Geschäftsführung der Personengesellschaft übernimmt.[247] In der Praxis äußert sich dies in unterschiedlichen Konstruktionen, zum Beispiel von Plc & Co. KG, Limited & Co. KG und B.V. & Co. KG.[248]

91 Sekundärrechtlich haben diese Entwicklungen Berücksichtigung im europäischen **Bilanzrecht** gefunden, das gemäß Art. 1 Abs. 1 iVm Anhang I, II Bilanz-RL sowohl für Inlands-Kapitalgesellschaft & Co Personengesellschaften als auch für EU-Auslandskapitalgesellschaft & Co Personengesellschaften die Anwendung des europäischen Rechtsrahmens für Rechnungslegung, Prüfung und Offenlegung anordnet (vgl. 263).[249]

92 Die **Errichtung einer EU-Auslandskapitalgesellschaft & Co Personengesellschaft** stellt eine **Ausübung der Niederlassungsfreiheit** dar:[250] Eine **Kapitalgesellschaft,** die eine Gesellschaft **im Sinne von Art. 54 Abs. 2 AEUV** ist und sich daher im persönlichen Anwendungsbereich der Niederlassungsfreiheit befindet, erwirbt an einer Personengesellschaft (Kommanditgesellschaft) **grenzüberschreitend** eine **Beteiligung** als einziger unbeschränkt haftender Gesellschafter (Komplementär), die einen **sicheren Einfluss** auf die Verwaltung der Personengesellschaft ermöglicht (vgl. Rn. 47), da der einzige unbeschränkt haftende Gesellschafter die Geschäfte der Personengesellschaft führt.

93 Nach diesem Prinzip können nicht nur Kapitalgesellschaften, sondern grundsätzlich **alle Gesellschaftsformen im persönlichen Anwendungsbereich der Niederlassungsfreiheit** (vgl. Rn. 38 ff.) grenzüberschreitend als einziger unbeschränkt haftender Gesellschafter einer Personengesellschaft (Komplementär einer KG) auftreten, sodass zum Beispiel auch eine **LLP & Co. KG** möglich ist.[251]

94 Für eine abschließende **Beurteilung der Zulässigkeit** sind aber die auf die beiden Gesellschaften, dh auf die Personengesellschaft und auf die EU-Auslandsgesellschaft, anzuwendenden **Gesellschaftsstatute** und das jeweilige **internationale Gesellschaftsrecht** insbesondere unter folgenden Gesichtspunkten zu beachten:[252]

95 (i) Die **EU-Auslandsgesellschaft** muss nach dem Recht ihres Gründungsstaats, dh nach ihrem materiellen Gesellschaftsrecht sowie unter Berücksichtigung des internationalen Gesellschaftsrechts **wirksam gegründet sein und fortbestehen**, um überhaupt die Niederlassungsfreiheit ausüben (vgl. Rn. 102) und sich daher als einziger unbeschränkt haftender Gesellschafter grenzüberschreitend an der Personengesellschaft beteiligen zu können. Insbesondere in den Fällen, in denen sich der Verwaltungssitz im Gründungsstaat der Personengesellschaft befinden muss (vgl. Rn. 103), muss darauf geachtet werden, dass die Ka-

---

[246] Vgl. *Grunewald,* in MüKoHGB, § 161 Rn. 105; *Haas/Mock,* in Röhricht/Graf von Westphalen/Haas, HGB § 161 Rn. 61.

[247] *Teichmann* ZGR 2014, 220 (222 f.), mit Berufung auf einen entsprechenden Hinweis von Notar Dr. Oliver Vossius (München).

[248] *Teichmann* ZGR 2014, 220 (222 f.); vgl. auch *Sick/Pütz* WSI-Mitteilungen 2011, 34 (37), die zahlreiche Auslandskapitalgesellschaft & Co. KG identifizieren, auf die aufgrund des ausländischen Komplementärs die deutsche Unternehmensmitbestimmung nicht anzuwenden ist, zB *Müller Ltd & Co. KG, Air Berlin PLC & Co Luftverkehrs KG, H&M Hennes & Mauritz B. V. & Co. KG,* online abrufbar unter: http://www.boeckler.de/wsimit_2011_01_Sick.pdf (15.1.2015).

[249] Vgl. §§ 264a–264c HGB.

[250] Vgl. *Teichmann* ZGR 2014, 220 (224).

[251] Zur Einordnung der „Hybridgesellschaftsform" LLP (Limited Liability Partnership) als Kapital- oder Personengesellschaft *Kalss,* in Heidinger/Zöchling-Jud, JB Anwaltsrecht 2012, 101 (108 ff.).

[252] Dazu im Detail *Teichmann* ZGR 2014, 220 (225 ff.).

pitalgesellschaft aufgrund der Verwaltungssitzverlegung nicht nach dem Recht ihres Gründungsstaats aufgelöst wird.

(ii) Auf die Personengesellschaft ist das Gesellschaftsstatut ihres Gründungsstaats anzuwenden, das daher auch entscheidet, unter welchen Voraussetzungen sich welche Gesellschaftsformen an dieser Gesellschaft beteiligen können. Soweit das Gesellschaftsrecht der Personengesellschaft die Beteiligung inländischer Gesellschaftsformen als einzige unbeschränkt haftende Gesellschafter ermöglicht, hat das Gründungsrecht diese Möglichkeit auch **vergleichbaren EU-ausländischen Gesellschaften einzuräumen,** da andernfalls eine Beschränkung der Niederlassungsfreiheit in Form einer direkten Diskriminierung vorliegen würde.[253] **96**

(iii) **Besondere sachliche Anforderungen** aus dem Gesellschaftsrecht des Gründungsstaats der Personengesellschaft an die EU-Auslandsgesellschaft als einzigen unbeschränkt haftenden Gesellschafter, zum Beispiel das Erfordernis eines bestimmten Systems der Kapitalerhaltung, werden als Beschränkungen der Niederlassungsfreiheit nur unter denselben engen Voraussetzungen gerechtfertigt werden können, die die Anwendung besonderer gesellschaftsrechtlicher Bestimmungen auf anzuerkennende EU-Auslandsgesellschaften ermöglichen (vgl. Rn. 114f.).[254] **97**

(iv) Nach dem materiellen Gesellschaftsrecht, insbesondere aber nach dem internationalen Gesellschaftsrecht des Gründungsstaats der Personengesellschaft kann – wie in Deutschland[255] – das Erfordernis bestehen, dass der Verwaltungssitz der Personengesellschaft im Gründungsstaat verbleibt. Der Verwaltungssitz der Personengesellschaft ist mit dem Verwaltungssitz der diese leitenden Gesellschaft ident, sodass die EU-Auslandsgesellschaft in solchen Fällen ihren **Verwaltungssitz im Gründungsstaat der Personengesellschaft** haben muss.[256] **98**

cc) erwaltungssitzverlegung: *aaa) Einordnung der Verwaltungssitzverlegung:* Bei einer **grenzüberschreitenden Verwaltungssitzverlegung** verlegt eine Gesellschaft ihren **Verwaltungssitz,** dh ihre Hauptniederlassung, aus dem **Herkunftsstaat** der bisherigen Hauptniederlassung, bzw. ihrem **Gründungsstaat** in einen anderen Mitgliedstaat, dem **Aufnahmestaat.** Die Verwaltungssitzverlegung ist **statutenwahrend,** wenn die Gesellschaft sowohl im Gründungs- als auch im Aufnahmestaat weiterhin als rechts- und parteifähige Gesellschaft nach dem bisherigen Gesellschaftsstatut anerkannt und beurteilt wird. **99**

Die grenzüberschreitende, statutenwahrende Verwaltungssitzverlegung (im Folgenden „Verwaltungssitzverlegung") **ist eine Ausübung der primären Niederlassungsfreiheit.**[257] Die Niederlassungsfreiheit bietet der Gesellschaft **Schutz** vor Beschränkungen im **Gründungsstaat**[258] und im **Aufnahmestaat**[259] (vgl. Rn. 105ff.). **100**

Bei der Verwaltungssitzverlegung kann es sich um eine **anfängliche** bzw. **originäre Verwaltungssitzverlegung** unmittelbar bei Gründung der Gesellschaft handeln, dh dass die Gesellschaft von Beginn ihrer Existenz und Tätigkeit an ihren Verwaltungssitz in einem **101**

---

[253] Vgl. *Teichmann* ZGR 2014, 220 (225f.).

[254] Vgl. *Teichmann* ZGR 2014, 220 (226f.); vgl. auch *Grunewald,* in MüKoHGB, § 161 Rn. 105.

[255] Vgl. *Kieninger,* in MüHBGesR VI, § 52 Rn. 24; *Kindler,* in MüKoBGB, IntGesR Rn. 5, 358, 420; *W.-H. Roth* ZGR 2014, 168 (171ff.); *Thorn,* in Palandt, BGB Anh. zu Art. 12 EGBGB Rn. 10.

[256] *Teichmann* ZGR 2014, 220 (229).

[257] EuGH v. 9.3.1999 – C-212/97, NJW 1999, 2027 Rn. 27 – Centros; EuGH v. 5.11.2002 – C-208/00, BeckRS 2004, 74969 Rn. 52 – Überseering; EuGH v. 30.9.2003 – C-167/01, BeckRS 2004, 74612 Rn. 97f. – Inspire Art; vgl. *Bröhmer,* in Callies/Ruffert, EUV/AEUV, AEUV Art. 49 Rn. 17f.; *Forsthoff,* in Grabitz/Hilf/Nettesheim, Recht der EU, EL. 43, AEUV Art. 49 Rn. 52; *Habersack/Verse* EuGesR Rn. 17; *Kieninger,* in MüHBGesR VI, § 52 Rn. 5; *Lutter/Bayer/J. Schmidt* EuropUR § 6 Rn. 46; *W.-H. Roth* ZGR 2014, 168 (203).

[258] Vgl. EuGH v. 29.11.2011 – C-371/10, BeckRS 2011, 81704 Rn. 35 – National Grid Indus.

[259] Vgl. die „Zuzugsentscheidungen": EuGH v. 9.3.1999 – C-212/97, NJW 1999, 2027 – Centros; EuGH v. 5.11.2002 – C-208/00, BeckRS 2004, 74969 – Überseering; EuGH v. 30.9.2003 – C-167/01, BeckRS 2004, 74612 – Inspire Art.

anderen Mitgliedstaat als ihren Gründungsstaat hat und gegebenenfalls auch nur mit der Absicht gegründet wurde, das günstigere Gesellschaftsrecht des Gründungsstaats zu nutzen sowie ausschließlich im Aufnahmestaat Geschäftstätigkeit zu entwickeln („Briefkastengesellschaft", vgl. Rn. 110ff.).[260] Es kann sich auch um eine **nachträgliche Verwaltungssitzverlegung** handeln, dh die Gesellschaft verlegt ihren tatsächlich im Gründungsstaat bestehenden Verwaltungssitz erst in weiterer Folge in den Aufnahmestaat.[261]

102 *bbb) Die Vorfrage der rechtlichen Existenz nach dem Gründungsrecht:* **Voraussetzung** für den Schutz durch die Niederlassungsfreiheit ist, dass sich die **Gesellschaft im persönlichen Anwendungsbereich der Niederlassungsfreiheit** (vgl. Rn. 38ff.) befindet. Nach der Rechtsprechung des EuGH[262] erfordert dies insbesondere, dass die Gesellschaft nach dem **Recht ihres Gründungsstaats wirksam gegründet wurde** sowie nach diesem Recht – trotz Verlegung des Verwaltungssitzes – **wirksam fortbesteht.** Die **rechtliche Existenz einer Gesellschaft nach den Voraussetzungen des Rechts ihres Gründungsstaats** ist **„Vorfrage"**[263] für die Möglichkeit zur Ausübung der Niederlassungsfreiheit und daher auch für die Möglichkeit zur Verwaltungssitzverlegung als Ausübungsmodalität der Niederlassungsfreiheit.[264] Sieht das Recht des Gründungsstaats vor, dass der Gesellschaft bei Verstoß gegen diese Voraussetzungen das Gesellschaftsstatut entzogen wird bzw. diese aufgelöst wird, besteht die Gesellschaft nicht mehr wirksam fort und kann sich daher nicht mehr auf die Niederlassungsfreiheit berufen. Das **Recht des Gründungsstaats** kann **frei entscheiden,** ob eine **Gesellschaft** ihren **Verwaltungssitz unter Beibehaltung des Gesellschaftstatuts des Gründungsstaats**[265] in einen anderen Mitgliedstaat **verlegen kann oder nicht.** Hier wirkt insbesondere die nationale Wahl für die Gründungs- oder Sitztheorie unmittelbar nach.

103 Der Gründungsstaat legt die **erforderlichen Anknüpfungspunkte** zwischen der Gesellschaft und dem Gründungsstaat fest, die gegeben sein müssen, damit die Gesellschaft wirksam fortbesteht und auf diese Weise im persönlichen Anwendungsbereich der Niederlassungsfreiheit verbleibt. Insbesondere entscheidet das Recht des Gründungsstaats darüber, ob die Gesellschaft eine tatsächliche wirtschaftliche Tätigkeit im Gründungsstaat auszuüben hat. Die Frage der Erforderlichkeit und gegebenenfalls Intensität eines **„genuine link"** einer Gesellschaft zu ihrem Gründungsstaat richtet sich daher **ausschließlich nach dem Recht des Gründungsstaats.**[266]

---

[260] Ausdrücklich EuGH v. 9.3.1999 – C-212/97, NJW 1999, 2027 Rn. 17f. – Centros; s. auch EuGH v. 19.7.1986 – 79/85, BeckRS 2004, 73706 Rn. 16 – Segers; vgl. *Altmeppen/Ego,* in MüKo-AktG, EuNlf Rn. 20, 57, 205; *Engert,* in Langenbucher, EuropPR § 5 Rn. 9; *Grundmann* EuGesR Rn. 798; *Habersack/Verse* EuGesR § 3 Rn. 22; *Lutter/Bayer/J. Schmidt* EuropUR § 6 Rn. 46; *Kieninger,* in MüHBGesR VI, § 52 Rn. 5; *Verse* ZEuP 2013, 458 (470).

[261] So in den Fällen EuGH v. 5.11.2002 – C-208/00, BeckRS 2004, 74969 – Überseering und EuGH v. 30.9.2003 – C-167/01, BeckRS 2004, 74612 – Inspire Art.

[262] EuGH v. 12.7.2012 – C-378/10, EuZW 2012, 621 Rn. 27–29 – Vale; EuGH v. 29.11.2011 – C-371/10, BeckRS 2011, 81704 Rn. 26f. – National Grid Indus; EuGH v. 16.12.2008 – C-210/06, NJW 2009, 569 Rn. 104, 109f. – Cartesio; EuGH v. 27.9.1988 – 81/87, BeckRS 2004, 73768 Rn. 19 – Daily Mail.

[263] EuGH v. 12.7.2012 – C-378/10, EuZW 2012, 621 Rn. 28 – Vale; EuGH v. 29.11.2011 – C-371/10, BeckRS 2011, 81704 Rn. 26 – National Grid Indus; EuGH v. 16.12.2008 – C-210/06, NJW 2009, 569 Rn. 109 – Cartesio.

[264] Dazu *Altmeppen/Ego,* in MüKoAktG, EuNlf Rn. 18, 21; *Bayer/J. Schmidt* ZHR 173 (2009), 735 (743f.); *Engert,* in Langenbucher, EuropPR § 5 Rn. 12; *Grundmann* EuGesR Rn. 789, 799; *Habersack/Verse* EuGesR § 3 Rn. 20, 22; *Jung,* in Schwarze, EU-Kommentar, AEUV Art. 54 Rn. 11f.; *Kieninger,* in MüHBGesR VI, § 52 Rn. 6; *W.-H. Roth* ZGR 2014, 168 (181f.); *Verse* ZEuP 2013, 458 (461f.); kritisch zum Kriterium des Fortbestandes *Forsthoff,* in Grabitz/Hilf/Nettesheim, Recht der EU, EL. 46, AEUV Art. 54 Rn. 11.

[265] Kommt es aber zu einem Wechsel des Gesellschaftsstatuts (grenzüberschreitender Formwechsel bzw. „Satzungssitzverlegung"), endet diese Regelungsmacht des – bisherigen – Gründungsstaats der Gesellschaft (vgl. Rn. 130).

[266] *Drygala,* in Lutter, UmwG § 1 Rn. 17; *Schaper* ZIP 2014, 810 (814); *Schön* ZGR 2013, 333 (351f.); *Teichmann* ZGR 2011, 639 (662f., 669).

Anknüpfungspunkte können im **materiellen Recht des Gründungsstaats**[267] festgelegt sein oder sich insbesondere aus dem **internationalen Gesellschaftsrecht** ergeben.[268] Folgt das Recht des Gründungsstaats der Sitztheorie, ist aus dessen Sicht auf die Gesellschaft nach der Verwaltungssitzverlegung ins Ausland grundsätzlich das Gesellschaftsrecht des Aufnahmestaats als neuer Sitzstaat anzuwenden. Kommt es in weiterer Folge nicht über das internationale Gesellschaftsrecht des Aufnahmestaats zu einer Rückverweisung auf das materielle Recht des Gründungsstaats, der diese Rückverweisung auch annimmt, bleibt es beim Verlust des Gesellschaftsstatuts des Gründungsstaats. Die Gesellschaft verliert daher in bestimmten Konstellationen der internationalen Gesellschaftsrechtslage zwischen Gründungs- und Aufnahmestaat, insbesondere bei Geltung der Sitztheorie sowohl im Gründungs- als auch im Aufnahmestaat, ihr Gesellschaftsstatut und kann sich für die Beibehaltung ihres Statuts nicht mehr auf die Niederlassungsfreiheit berufen.[269] 104

ccc) Schutz im Gründungs- und im Aufnahmestaat – Anerkennung: Sind die Voraussetzungen für die Verwaltungssitzverlegung als Ausübung der Niederlassungsfreiheit erfüllt, dh ist die Verwaltungssitzverlegung unter Beibehaltung des Gesellschaftsstatuts insbesondere nach dem Recht des Gründungsstaats zulässig („Vorfrage“, vgl. Rn. 102 ff.), kann sich die **Gesellschaft** gegen **Beschränkungen** sowohl des **Gründungsstaats** als auch des **Aufnahmestaats** auf die **Niederlassungsfreiheit berufen.** 105

Der **Schutz im Gründungsstaat**[270] richtet sich etwa gegen Regelungen einer Wegzugsbesteuerung für den Fall der Verwaltungssitzverlegung, die der EuGH im einschlägigen Anlassfall der Rechtssache *National Grid Indus* in Anwendung der allgemeinen Rechtfertigungskriterien für Beschränkungen der Niederlassungsfreiheit als teilweise gerechtfertigt und teilweise nicht gerechtfertigt angesehen hat.[271] 106

Zum **Schutz im Aufnahmestaat** hat der EuGH in der Entscheidungskette *Centros, Überseering* und *Inspire Art* die Verweigerung der Eintragung der Gesellschaft im Handelsregister,[272] den Entzug der Rechts- und Parteifähigkeit der Gesellschaft durch Anwendung 107

---

[267] Vgl. EuGH v. 16.12.2008 – C-210/06, NJW 2009, 569 Rn. 11, 17 – Cartesio: Im Anlassfall setzte das ungarische Gesellschafts- im Zusammenhang mit dem Handelsregisterrecht voraus, dass sich der Verwaltungssitz der Gesellschaft im Inland des Gründungsstaats Ungarn befinden muss; vgl. die Rechtslage für AG und GmbH gemäß § 5 Abs. 2 AktG und § 4a Abs. 2 GmbHG vor dem MiMoG, wonach der Verwaltungssitz – bei sonstiger Auflösung der Gesellschaft – in der Regel mit dem Satzungssitz im Inland verknüpft sein musste, vgl. *Hüffer* AktG (8. Auflage), § 5 Rn. 5; *J. Mayer,* in MüKoGmbHG (1. Auflage), § 4a Rn. 67; BGH v. 2.6.2008 – II ZB 1/06, NJW 2008, 2914.

[268] *Altmeppen/Ego,* in MüKoAktG, EuNlf Rn. 18; *Eckert* IntGesR 103; *Grundmann* EuGesR Rn. 799; *Verse* ZEuP 2013, 458 (474); vgl. für den Wegzug deutscher Personengesellschaften, für die nach wohl überwiegender Meinung weiterhin die Sitztheorie gilt, *W.-H. Roth* ZGR 2014, 168 (205 f.); vgl. zur Diskussion für deutsche AG und GmbH, ob die Streichung von § 5 Abs. 2 AktG und § 4a Abs. 2 GmbHG durch das MoMiG in 2008 nur das materiellrechtliche Erfordernis eines Inlandssitzes beseitigt hat oder auch kollisionsrechtlichen Gehalt im Sinne der nunmehrigen Geltung der Gründungstheorie hat, *Kieninger,* in MüHBGesR VI, § 52 Rn. 19 f.; *Lutter/Bayer/J. Schmidt* EuropUR § 6 Rn. 56; *Verse* ZEuP 2013, 458 (466 f.); bei kollisionsrechtlicher Deutung sind deutsche AG und GmbH nach einer Verwaltungssitzverlegung im EU-Aufnahmestaat jedenfalls als deutsche Gesellschaften anzuerkennen, da sie nach dem Recht des Gründungsstaats Deutschland nicht mehr ihr Gesellschaftsstatut verlieren.

[269] Dazu im Detail *Eckert* IntGesR 103 ff. (108).

[270] Grundlegend EuGH v. 11.3.2004 – C-9/02, BeckRS 2004, 77876 Rn. 42– Lasteyrie du Saillant; ausdrücklich EuGH v. 12.9.2006 – C-196/04, EuZW 2006, 633 Rn. 42 – Cadbury Schweppes; vgl. *Teichmann* ZGR 2011, 639 (672); *Verse* ZEuP 2013, 458 (463 ff.).

[271] EuGH v. 29.11.2011 – C-371/10, BeckRS 2011, 81704 Rn. 35–37, 86 – National Grid Indus; vgl. auch EuGH v. 6.9.2012 – C-38/10, EuZW 2012, 947 – Kommission/Portugal; EuGH v. 31.1.2013 – C-301/11, BeckRS 2013, 80253 – Kommission/Niederlande; EuGH v. 25.4.2013 – C-64/11, BeckRS 2013, 80877 – Kommission/Spanien.

[272] EuGH v. 9.3.1999 – C-212/97, NJW 1999, 2027 Rn. 21 f. – Centros; dazu *Eckert* IntGesR 50 ff.; *Lutter/Bayer/J. Schmidt* EuropUR § 6 Rn. 19 ff.

des Gesellschaftsrechts des Aufnahmestaats aufgrund der kollisionsrechtlich im Aufnahmestaat geltenden Sitztheorie,[273] sowie die Anwendung gesellschaftsrechtlicher Bestimmungen des Aufnahmestaats zu Mindestkapital und Geschäftsführerhaftung auf die Gesellschaft[274] als Beschränkungen der Niederlassungsfreiheit angesehen.

108 Während in den Rechtssachen *Centros* und *Inspire Art* die Anwendung der entsprechenden Bestimmungen des Aufnahmestaats bzw. die Eintragungsverweigerung als Beschränkung festgestellt wurden, sprach der EuGH in der Rechtssache *Überseering* aus, dass der Aufnahmestaat aufgrund der Niederlassungsfreiheit dazu verpflichtet sei, *„die Rechtsfähigkeit und damit die Parteifähigkeit zu achten, die diese Gesellschaft nach dem Recht ihres Gründungstaats besitzt"*.[275] Der EuGH ordnet auf diese Weise **für die Beurteilung der Rechts- und Parteifähigkeit** einer in Ausübung der Niederlassungsfreiheit zugezogenen Gesellschaft durch den Aufnahmestaat die **Anwendung des Gesellschaftsrechts des Gründungsstaats** an und etabliert daher für diese Aspekte ausdrücklich die **Gründungstheorie** unabhängig davon, ob im internationalen Gesellschaftsrecht des Aufnahmestaats die Sitztheorie gilt.[276]

109 Diese Rechtsprechung hat zur **Anerkennung von die Niederlassungsfreiheit ausübenden EU-Auslandsgesellschaften im jeweiligen Aufnahmestaat** geführt.[277] Nicht abschließend geklärt ist die **Reichweite** dieser in der Niederlassungsfreiheit begründeten „Anerkennung", dh ob die Gesellschaft nur für ihre Rechts- bzw. Parteifähigkeit,[278] zusätzlich für gesellschaftsrechtliche Teilbereiche wie die Anforderungen an ein mögliches Mindestkapital[279] oder für ihr gesamtes Gesellschaftsstatut nach dem Recht ihres Gründungsstaats behandelt werden soll.[280] Mit der Rechtsprechung[281] in Deutschland und Österreich

---

[273] EuGH v. 5.11.2002 – C-208/00, BeckRS 2004, 74969 Rn. 82 – Überseering; dazu *Eckert* IntGesR 54 ff.; *Lutter/Bayer/J. Schmidt* EuropUR § 6 Rn. 23 ff.

[274] EuGH v. 30.9.2003 – C-167/01, BeckRS 2004, 74612 Rn. 101, 104 f. – Inspire Art; dazu *Eckert* IntGesR 57 ff.; *Lutter/Bayer/J. Schmidt* EuropUR § 6 Rn. 27 ff.; die ebenfalls verfahrensgegenständlichen, besonderen Offenlegungspflichten für EU-Auslandsgesellschaften wurden hingegen nicht an der Niederlassungsfreiheit gemessen, da sie bereits über die abschließenden Offenlegungspflichten nach Art. 2 ZwN-RL hinausgingen (vgl. Rn. 238); die wirksame und verhältnismäßige Sanktionierung von Verstößen gegen Offenlegungspflichten der ZwN-RL stellt hingegen weder eine Verletzung der Richtlinie noch der Niederlassungsfreiheit dar, vgl. EuGH v. 26.9.2013 – C-418/11, IStR 2013, 922 Rn. 48 ff., 67 f. – Texdata Software, dazu *Bayer/J. Schmidt* KsZW 2014, 69 (73 f.).

[275] EuGH v. 5.11.2002 – C-208/00, BeckRS 2004, 74969 Rn. 95 – Überseering.

[276] *Eckert* IntGesR 56; *Engert,* in Langenbucher, EuropPR § 5 Rn. 9; *Lutter/Bayer/J. Schmidt* EuropUR § 6 Rn. 26.

[277] Vgl. *Altmeppen/Ego,* in MüKoAktG, EuNlf Rn. 204 ff.; *Engert,* in Langenbucher, EuropPR § 5 Rn. 9; *Grundmann* EuGesR Rn. 188, 798; *Habersack/Verse* EuGesR § 3 Rn. 22; *Kieninger,* in MüHBGesR VI, § 52 Rn. 6; *Lutter/Bayer/J. Schmidt* EuropUR § 5 Rn. 2, § 6 Rn. 46; *W.-H. Roth* ZGR 2014, 168 (203); *Verse* ZEuP 2013, 458 (469 f.); aA für Gesellschaften ohne Tätigkeit im Gründungsstaat („Briefkastengesellschaften") *Kindler* EuZW 2012, 888 (891 f.); *G. H. Roth* ZIP 2012, 1744 ff.

[278] EuGH v. 5.11.2002 – C-208/00, BeckRS 2004, 74969 Rn. 95 – Überseering, beschränkt sich auf die Beurteilung der Rechts- und Parteifähigkeit nach dem Recht des Gründungsstaats.

[279] EuGH v. 30.9.2003 – C-167/01, BeckRS 2004, 74612 – Inspire Art, beschränkt sich auf die Beurteilung der Regelung eines Mindestkapitals und der Geschäftsführerhaftung nach dem Recht des Aufnahmestaats als Beschränkung.

[280] Vgl. *Eckert* IntGesR 234; *Grundmann* EuGesR Rn. 188, 798; *Habersack/Verse* EuGesR § 3 Rn. 24; *Kieninger,* in MüHBGesR VI, § 52 Rn. 6; *Koch,* in Hüffer, AktG § 1 Rn. 35, 43; *Lutter/Bayer/J. Schmidt* EuropUR § 6 Rn. 50 f.; *W.-H. Roth* ZGR 2014, 168 (182 f.); *Teichmann* ZGR 2011, 639 (675 ff.); *Verse* ZEuP 2013, 458 (470); *Zimmer,* in K. Schmidt/Lutter, AktG IntGesR Rn. 48.

[281] Vgl. BGH v. 13.3.2003 – VII ZR 370/98, NJW 2003, 1461 – Überseering II; BGH v. 14.3.2005 – II ZR 5/03, NJW 2005, 1648; BGH v. 12.7.2011 – II ZR 28/10, NZG 2011, 1114; BGH v. 19.9.2005 – II ZR 372/03, NZG 2005, 974 – Liechtenstein, in diesem Fall handelte es sich um eine Gesellschaft aus dem EFTA-Mitgliedstaat Liechtenstein, daher Anwendbarkeit der Niederlassungsfreiheit; vgl. im Gegensatz dazu BGH v. 27.10.2008 – II ZR 158/06, NZG 2009, 68, NJW 2009, 289 mAnm *Kieninger* – Trabrennbahn, zu einer Aktiengesellschaft aus der Schweiz (Drittstaat im

ist im Grundsatz von der **Anwendung des Gesellschaftsstatuts des Gründungsstaats** auszugehen. Allerdings kann der **Aufnahmestaat** nach den **allgemeinen Regelungen zur Rechtfertigung** von Beschränkungen der Niederlassungsfreiheit, dh insbesondere aus zwingenden Gründen des Allgemeininteresses, bei Erfüllung der entsprechenden, allerdings sehr engen Voraussetzungen (vgl. Rn. 114f.) **nationale gesellschaftsrechtliche Bestimmungen auf EU-Auslandsgesellschaften anwenden.**[282]

ddd) riefkastengesellschaften: **„Briefkastengesellschaften"** bzw. **„Scheinauslandsgesellschaften"** sind Gesellschaften, die in ihrem Gründungsstaat keine wirtschaftliche Tätigkeit und keine Niederlassung im Sinne der Niederlassungsfreiheit betreiben. Aufgrund der grundsätzlichen Anerkennung von EU-Auslandsgesellschaften (vgl. Rn. 108f.) ermöglicht es eine Briefkastengesellschaft, ein gewünschtes Gesellschaftsstatut eines Mitgliedstaats für den Betrieb eines Unternehmens in einem anderen Mitgliedstaat zu nutzen, ohne in irgendeiner Weise im Gründungsstaat der Gesellschaft wirtschaftlich tätig zu sein. 110

Solange sich die **Briefkastengesellschaft im persönlichen Anwendungsbereich der Niederlassungsfreiheit** befindet, dh insbesondere das Recht ihres Gründungsstaats die Abwesenheit wirtschaftlicher Tätigkeit im Inland zulässt („Vorfrage", vgl. Rn. 102ff.), und die Briefkastengesellschaft die Niederlassungsfreiheit ausübt, dh grenzüberschreitend eine Niederlassung in einem anderen Mitgliedstaat begründet, genießt sie den **Schutz der Niederlassungsfreiheit** in ihrem Gründungsstaat und im Aufnahmestaat der Niederlassung und daher auch die **Anerkennung** als EU-Auslandsgesellschaft.[283] 111

Zu unterscheiden ist zwischen den beiden Vorgängen der **Gründung der Briefkastengesellschaft** durch die Gründergesellschafter als Träger der Niederlassungsfreiheit und der **Ausübung der Niederlassungsfreiheit durch die Briefkastengesellschaft** selbst als Trägerin der Niederlassungsfreiheit.[284] Bei der grenzüberschreitenden Gründung einer Briefkastengesellschaft wird im Aufnahmestaat dieses Vorgangs, dh im Gründungsstaat der Briefkastengesellschaft, keine Niederlassung begründet. Es handelt sich daher nicht um eine Ausübung der Niederlassungsfreiheit. Dasselbe gilt für eine grenzüberschreitende Umwandlung in eine Briefkastengesellschaft (vgl. Rn. 127). 112

Die **Briefkastengesellschaft** selbst hingegen übt zwar nicht in ihrem Gründungsstaat, aber **in ihrem Aufnahmestaat** – der oftmals der Herkunftsstaat der Gründer sein wird – eine **tatsächliche wirtschaftliche Tätigkeit** im Sinne einer Niederlassung aus. Daher handelt es sich um eine Ausübung der Niederlassungsfreiheit und **nicht** um eine **„rein künstliche, jeder wirtschaftlichen Realität bare Gestaltung"** im Sinne der Rechtsprechung des EuGH,[285] die voraussetzt, dass im Aufnahmestaat eines grenzüberschreiten- 113

Verhältnis zu EU- und EFTA-Staaten, daher Niederlassungsfreiheit nicht anwendbar), die in Anwendung der Sitztheorie im Aufnahmestaat Deutschland nur als rechtsfähige Personengesellschaft (OHG oder GbR) nach deutschem Recht anerkannt wurde; für Ö: OGH v. 13.9.2007 – 6 Ob 146/06y, GesRZ 2007, 429; OGH v. 29.4.2004 – 6 Ob 44/04w, GesRZ 2004, 272.

[282] Vgl. EuGH v. 5.11.2002 – C-208/00, BeckRS 2004, 74969 Rn. 92f. – Überseering, wonach eine Rechtfertigung grundsätzlich möglich ist, aber die im Anlassfall vorliegende Beschränkung einer Nichtanerkennung der Rechtsfähigkeit als *„Negierung der […] Niederlassungsfreiheit"* so schwerwiegend ist, dass sie nach dem 4-Kriterien-Test (vgl. Rn. 57) nicht gerechtfertigt werden kann; vgl. EuGH v. 30.9.2003 – C-167/01, BeckRS 2004, 74612 Rn. 106ff. – Inspire Art, mit einer Prüfung der Anwendung der nationalen gesellschaftsrechtlichen Bestimmungen des Aufnahmestaats auf eine mögliche Rechtfertigung; vgl. *Kienle,* in MüHBGesR VI, § 23 Rn. 13ff.; *Teichmann* ZGR 2011, 639 (680f.); *Verse* ZEuP 2013, 458 (470).

[283] Vgl. *Altmeppen/Ego,* in MüKoAktG, EuNlf Rn. 20, 57, 205; *Grundmann* EuGesR Rn. 188, 799; *Habersack/Verse* EuGesR Rn. 18; *Lutter/Bayer/J. Schmidt* EuropUR § 6 Rn. 46f.; *Schaper* ZIP 2014, 810 (814f.); *Schön* ZGR 2013, 333 (352f.); *Teichmann* ZGR 2011, 639 (669ff.); *Verse* ZEuP 2013, 458 (470); aA *Kindler,* in MüKoBGB, IntGesR Rn. 136; *Kindler* EuZW 2012, 888 (891f.); *G. H. Roth* ZIP 2012, 1744ff.

[284] Dazu *Teichmann* ZGR 2011, 639 (669ff.); *Verse* ZEuP 2013, 458 (470ff.).

[285] EuGH v. 12.9.2006 – C-196/04, EuZW 2006, 633 Rn. 54f. – Cadbury Schweppes.

den Vorgangs keine wirtschaftliche Tätigkeit gesetzt wird und daher keine Ausübung der Niederlassungsfreiheit vorliegen kann.[286]

114 *eee) Rechtfertigungsmöglichkeit für Beschränkungen:* **Beschränkungen der Niederlassungsfreiheit** für Verwaltungssitzverlegungen, zum Beispiel durch steuerliche Beschränkungen im Gründungsstaat oder durch besondere organisations- oder haftungsrechtliche Regelungen im Aufnahmestaat, können **nach den allgemeinen Regelungen** für die Rechtfertigung von Beschränkungen der Niederlassungsfreiheit (vgl. Rn. 57ff.), dh insbesondere aus **zwingenden Gründen des Allgemeininteresses** (4-Kriterien-Test), **gerechtfertigt werden.**[287]

115 Die **Anforderungen des EuGH** an eine mögliche Rechtfertigung von Beschränkungen sind jedoch **sehr hoch:** (i) Zum **Gläubigerschutz** als Rechtfertigungsgrund hat der EuGH ausgeführt, dass es dazu genüge, dass die EU-Auslandsgesellschaft als solche im Geschäftsverkehr auftritt und insbesondere den Offenlegungspflichten nach der Zweigniederlassungs-Richtlinie (handelsrechtliche Publizität) und der Bilanz-Richtlinie (Rechnungslegungspublizität) unterliegt und die Gläubiger daher ausreichend gewarnt seien.[288] Eine Rechtfertigungsmöglichkeit für die Anwendung von besonderen Mindestkapital- oder sonstigen materiellen Gläubigerschutzregelungen auf EU-Auslandsgesellschaften scheint daher mangels Erforderlichkeit generell nicht gegeben zu sein.[289] (ii) Die **Verweigerung der Anerkennung** der Rechts- und Parteifähigkeit einer Gesellschaft nach ihrem Gründungsrecht hat der EuGH als so schwerwiegend beurteilt, dass sie aus zwingenden Gründen des Allgemeininteresses nicht gerechtfertigt werden kann *(„Negierung der [...] Niederlassungsfreiheit“).*[290] (iii) Ein **missbräuchliches Verhalten** liegt nicht vor, wenn eine Gesellschaft ihren Satzungssitz in einem Mitgliedstaat hat mit dem Ziel, das Gesellschaftsstatut dieses Mitgliedstaats zu nutzen, ihre Tätigkeit aber ausschließlich in einem anderen Mitgliedstaat ausübt („Briefkastengesellschaft“, vgl. Rn. 110ff.).[291]

116 **dd) Gründung von Tochtergesellschaften und Errichtung von Zweigniederlassungen:** Parallel zur Verwaltungssitzverlegung, dh der Verlegung der primären Niederlassung ohne Statutenwechsel, ist die **grenzüberschreitende Errichtung sekundärer Niederlassungen** in einem anderen Mitgliedstaat eine Ausübung der Niederlassungsfreiheit.[292] Sekundäre Niederlassungen können **rechtlich selbstständige,** aber der Muttergesellschaft nachgeordnete **Tochtergesellschaften** oder **rechtlich unselbstständige** Betriebsteile, dh **Zweigniederlassungen** bzw. Agenturen[293] sein.[294]

---

[286] *Habersack/Verse* EuGesR § 3 Rn. 18; *Teichmann* ZGR 2011, 639 (672); *Verse* ZEuP 2013, 458 (472f.); aA *G.H. Roth* EuZW 2010, 607ff.; zum europarechtlichen Erfordernis einer tatsächlichen wirtschaftlichen Tätigkeit im *Aufnahmestaat,* aber nicht im *Gründungsstaat,* vgl. Rn. 47ff.

[287] *Engert,* in Langenbucher, EuropPR § 5 Rn. 10; *Lutter/Bayer/J. Schmidt* EuropUR § 6 Rn. 47; *Teichmann* ZGR 2011, 639 (667f.); vgl. zur Rechtfertigung im Aufnahmestaat EuGH v. 30.9.2003 – C-167/01, BeckRS 2004, 74612 Rn. 133 – Inspire Art; EuGH v. 9.3.1999 – C-212/97, NJW 1999, 2027 Rn. 34 – Centros; zur Rechtfertigung im Gründungsstaat EuGH v. 29.11.2011 – C-371/10, BeckRS 2011, 81704 Rn. 42 – National Grid Indus.

[288] EuGH v. 30.9.2003 – C-167/01, BeckRS 2004, 74612 Rn. 135 – Inspire Art; EuGH v. 9.3.1999 – C-212/97, NJW 1999, 2027 Rn. 36 – Centros; vgl. *Merkt,* Unternehmenspublizität, 2001, 134f.

[289] Vgl. *Engert,* in Langenbucher, EuropPR § 5 Rn. 10; *Grundmann* EuGesR Rn. 798.

[290] EuGH v. 5.11.2002 – C-208/00, BeckRS 2004, 74969 Rn. 92f. – Überseering.

[291] EuGH v. 30.9.2003 – C-167/01, BeckRS 2004, 74612 Rn. 137–139 – Inspire Art; EuGH v. 9.3.1999 – C-212/97, NJW 1999, 2027 Rn. 27, 29 – Centros; *Engert,* in Langenbucher, EuropPR § 5 Rn. 9; *Habersack/Verse* EuGesR § 3 Rn. 18; *Lutter/Bayer/J. Schmidt* EuropUR § 6 Rn. 46; *Müller-Graff,* in Streinz, EUV/AEUV, AEUV Art. 49 Rn. 91.

[292] *Forsthoff,* in Grabitz/Hilf/Nettesheim, Recht der EU, EL. 43, AEUV Art. 49 Rn. 53; allgemein zur rechtlichen Behandlung von Zweigniederlassungen in den Mitgliedstaaten *Sørensen* ECFR 2014, 53ff.

[293] Die Begriffe „Zweigniederlassung“ und „Agentur“ müssen für die Zwecke der Niederlassungsfreiheit nicht weiter unterschieden werden, dazu *Forsthoff,* in Grabitz/Hilf/Nettesheim, Recht der EU, EL. 43, AEUV Art. 49 Rn. 62, 64.

[294] *Bröhmer,* in Callies/Ruffert, EUV/AEUV, AEUV Art. 49 Rn. 17; *Forsthoff,* in Grabitz/Hilf/Nettesheim, Recht der EU, EL. 43, AEUV Art. 49 Rn. 62.

Der **Schutz** für die Gründung bzw. den Erwerb von Tochtergesellschaften sowie für die Errichtung von Zweigniederlassungen gilt sowohl im **Gründungsstaat** der ausübenden (Mutter-)Gesellschaft[295] als auch im **Aufnahmestaat**[296] des Niederlassungsvorgangs. **117**

Als **Beschränkung der Niederlassungsfreiheit** hat der EuGH in der Rs. *Cadbury Schweppes* Regelungen einer **Hinzurechnungsbesteuerung** bei der **Muttergesellschaft** in ihrem **Gründungsstaat** für Gewinne von Tochtergesellschaften in einem anderen Mitgliedstaat mit niedrigerem Besteuerungsniveau[297] angesehen, da diese geeignet waren, eine entsprechende Ausübung der Niederlassungsfreiheit im Wege der Errichtung von Tochtergesellschaften in Mitgliedstaaten mit niedrigerem Besteuerungsniveau zu behindern.[298] **118**

Die **Rechtfertigung** von Beschränkungen richtet sich nach den allgemeinen Regelungen zur Niederlassungsfreiheit (vgl. Rn. 57 ff.). Der EuGH hat dazu ausgesprochen, dass die **Bekämpfung missbräuchlichen Verhaltens** in Form von *„rein künstliche[n], jeder wirtschaftlichen Realität bare[n] Gestaltungen“*, die ausschließlich auf die Umgehung bestimmter, insbesondere steuerrechtlicher Rechtsvorschriften eines Mitgliedstaats gerichtet sind, als zwingender Grund des Allgemeininteresses Beschränkungen der Niederlassungsfreiheit rechtfertigen kann.[299] Der Entscheidung lag als künstliche Gestaltung die grenzüberschreitende Errichtung von Tochtergesellschaften **ohne jegliche wirtschaftliche Tätigkeit im Aufnahmestaat** zugrunde, die ausschließlich auf die Umgehung von steuerlichen Bestimmungen des Gründungsstaats der Muttergesellschaft gerichtet war. **119**

ee) Grenzüberschreitende Umwandlungen: *aaa) Verschmelzung als Ausübung der Niederlassungsfreiheit:* Als **grenzüberschreitende Verschmelzung** gilt eine Verschmelzung unter Beteiligung von Gesellschaften mit unterschiedlichem Gesellschaftsstatut, dh die Auflösung ohne Abwicklung zumindest einer Gesellschaft mit Statut eines Mitgliedstaats und die grenzüberschreitende Übertragung ihres gesamten Vermögens in Gesamtrechtsnachfolge auf eine Gesellschaft mit Statut eines anderen Mitgliedstaats.[300] Die grenzüber- **120**

---

[295] EuGH v. 17.7.2014 – C-48/13, EuZW 2014, 787 Rn. 18 f., 22 – Nordea; EuGH v. 12.9.2006 – C-196/04, EuZW 2006, 633 Rn. 42 – Cadbury Schweppes.

[296] EuGH v. 10.5.2012 – verb. Rs. C-357/10, 358/10, 359/10, NZBau 2012, 714 Rn. 35, 38 – Duomo Gpa ua: Beschränkung der Niederlassungsfreiheit durch das Erfordernis eines bestimmten eingezahlten Mindestkapitals zur Teilnahme an Ausschreibungsverfahren im Aufnahmestaat einer Zweigniederlassung; vgl. auch EuGH v. 6.2.2014 – C-528/12, DStR 2014, 436 – Mömax Logistik, in diesem Fall stellte der EuGH eine Verletzung von Art. 57 RL 78/660/EWG (jetzt: Art. 37 Bilanz-RL) fest und prüfte daher die verfahrensgegenständliche Regelung (§ 264 Abs. 3 HGB – mittlerweile richtlinienkonform geändert) nicht mehr an der Niederlassungsfreiheit (EuGH v. 6.2.2014 – C-528/12, DStR 2014, 436 Rn. 29), die verfahrensgegenständliche Regelung wäre aber wohl aufgrund der Differenzierung zwischen Inlands- und EU-Auslandsmuttergesellschaften als Beschränkung der Niederlassungsfreiheit anzusehen gewesen (vgl. auch EuGH v. 6.2.2014 – C-528/12, DStR 2014, 436 Rn. 27), dazu *Beck* EWS 2014, 263 (266 ff.); *C. Kindler* DStR 2013, 267; *Tromp/Nagler/Gehrke* GmbHR 2009, 641 (644 ff.); zur Beschränkung der Niederlassungsfreiheit durch eine Regelung des Aufnahmestaats mit besonderen Vorgaben für die Firma der Zweigniederlassung vgl. *Werlauff* ECL 2014, 165 ff.

[297] Zur verfahrensgegenständlichen Regelung EuGH v. 12.9.2006 – C-196/04, EuZW 2006, 633 Rn. 5 ff. – Cadbury Schweppes.

[298] EuGH v. 12.9.2006 – C-196/04, EuZW 2006, 633 Rn. 46 – Cadbury Schweppes; zu einer vergleichbaren Beschränkung der Niederlassungsfreiheit durch den Entzug einer Steuervergünstigung, wenn sich die Niederlassung einer Bindegliedgesellschaft nicht im Inland der begünstigten Gesellschaften, sondern in einem anderen Mitgliedstaat befindet, EuGH v. 1.4.2014 – C-80/12, Konzern 2014, 165 Rn. 18 ff. – Felixstowe.

[299] EuGH v. 12.9.2006 – C-196/04, EuZW 2006, 633 Rn. 51 ff. (55) – Cadbury Schweppes; dazu *Müller-Graff,* in Streinz, EUV/AEUV, AEUV Art. 49 Rn. 91.

[300] Vgl. EuGH v. 13.12.2005 – C-411/03, NJW 2006, 425 Rn. 15 f. – Sevic; *Eckert,* in Kalss, Verschmelzung – Spaltung – Umwandlung, Vor § 1 EU-VerschG Rn. 1; *Hoffmann,* in MüHBGesR VI, § 53 Rn. 1 f.; *Kulenkamp,* Die grenzüberschreitende Verschmelzung von Kapitalgesellschaften in der EU, 2008, 40 ff.; *Mitterecker,* Grenzüberschreitende Verschmelzungen, 2014, 9 ff.

schreitende Verschmelzung stellt als **Maßnahme zur Gesellschaftsumwandlung** eine **Ausübung der Niederlassungsfreiheit** dar.[301] Der **Schutz durch die Niederlassungsfreiheit** besteht sowohl für **Hinein-** als auch für **Hinausverschmelzungen.**[302]

121 Eine **Beschränkung der Niederlassungsfreiheit** liegt bei unterschiedlicher Behandlung einer **innerstaatlichen und einer grenzüberschreitenden Verschmelzung** vor, da diese **Differenzierung** geeignet ist, Gesellschaften von der Ausübung der Niederlassungsfreiheit im Wege grenzüberschreitender Verschmelzung abzuhalten.[303]

122 Ist in einem Mitgliedstaat eine **innerstaatliche Verschmelzung zulässig,** stellt der **generelle Ausschluss einer grenzüberschreitenden Verschmelzung** eine Beschränkung dar, die mangels Verhältnismäßigkeit **nicht** aus zwingenden Gründen des Allgemeininteresses **gerechtfertigt werden kann.**[304] Lässt ein Mitgliedstaat innerstaatliche Verschmelzungen zu, hat er daher als **Aufnahmestaat** auch grenzüberschreitende Verschmelzungen aus EU-Auslandsgesellschaften zuzulassen.[305] Zu beachten ist, dass dies nicht für alle möglichen **Gesellschaftsformen** anderer Mitgliedstaaten gelten kann, sondern nur für diejenigen, die zu den zur innerstaatlichen Verschmelzung jeweils berechtigten Gesellschaftsformen des Aufnahmestaats **vergleichbar** sind.[306]

123 Aus der Niederlassungsfreiheit lässt sich **allerdings keine Verpflichtung der Mitgliedstaaten** ableiten, überhaupt **eine innerstaatliche Verschmelzung zuzulassen.**[307] Für **Aktiengesellschaften** besteht in den Mitgliedstaaten eine solche Verpflichtung jedoch nach der zwingend umzusetzenden **Verschmelzungs-Richtlinie** (vgl. Rn. 148). Nach der Umsetzung der Verschmelzungs-Richtlinie ist daher für Aktiengesellschaften in allen Mitgliedstaaten eine grenzüberschreitende Verschmelzung auf Grundlage der Niederlassungsfreiheit zuzulassen.[308]

124 Lässt der Aufnahmestaat die grenzüberschreitende Verschmelzung zu bzw. hat er diese aufgrund seiner Regelungen für vergleichbare innerstaatliche Verschmelzungen zuzulassen, darf der **Wegzugsstaat,** für den es sich um eine Hinausverschmelzung handelt, nach Rs. *Cartesio* die grenzüberschreitende Verschmelzung nicht generell verhindern.[309]

---

[301] EuGH v. 13.12.2005 – C-411/03, NJW 2006, 425 Rn. 16, 19 – Sevic; vgl. *Habersack/Verse* EuGesR § 3 Rn. 19; *Lutter/Bayer/J. Schmidt* EuropUR § 6 Rn. 33; *Mitterecker*, Grenzüberschreitende Verschmelzungen, 2014, 54ff.; *Teichmann* ZIP 2006, 355 (356).

[302] *Bayer/J. Schmidt* ZIP 2006, 210 (211); *Bayer/J. Schmidt* ZHR 173 (2009), 735 (765f.); *Drygala,* in Lutter, UmwG § 1 Rn. 12, 15; *Habersack/Verse* EuGesR § 3 Rn. 19; *Hoffmann,* in MüHBGesR VI, § 53 Rn. 15, 17; *Mitterecker*, Grenzüberschreitende Verschmelzungen, 2014, 78f.; *W.-H. Roth* ZGR 2014, 168 (212); *Schmidt-Kessel* GPR 2009, 26 (29); *Teichmann* ZIP 2006, 355 (357f., 362).

[303] EuGH v. 13.12.2005 – C-411/03, NJW 2006, 425 Rn. 22f. – Sevic; zur Einstufung als „Beschränkung" und nicht als „Diskriminierung" im Sinne der Niederlassungsfreiheit durch den EuGH *Teichmann* ZIP 2006, 355 (356f.).

[304] EuGH v. 13.12.2005 – C-411/03, NJW 2006, 425 Rn. 30 – Sevic; vgl. *Hoffmann,* in MüHB-GesR VI, § 53 Rn. 13; *Lutter/Bayer/J. Schmidt* EuropUR § 6 Rn. 35; *Teichmann* ZIP 2006, 355 (356 f).

[305] *Hoffmann,* in MüHBGesR VI, § 53 Rn. 17.

[306] *Hoffmann,* in MüHBGesR VI, § 53 Rn. 16; *Spahlinger/Wegen* NZG 2006, 721 (725) sprechen von *„Pendants";* lässt das Recht des Aufnahmestaats – wie in D gemäß § 3 Abs. 1 Nr. 1 UmwG (vgl. *Stengel,* in Semler/Stengel, UmwG § 3 Rn. 14ff.) – die innerstaatliche Verschmelzung aus Personengesellschaften zu, hat er daher grenzüberschreitende Hineinverschmelzungen unter Beteiligung vergleichbarer EU-Auslands-Personengesellschaften ebenfalls zuzulassen; vgl. die österreichische Rechtslage, wonach innerstaatliche Verschmelzungen für Personengesellschaften nicht möglich sind (vgl. *Kalss,* Verschmelzung – Spaltung – Umwandlung, Vor § 219 AktG Rn. 16), sodass eine entsprechende grenzüberschreitende Hineinverschmelzung in Ö als Aufnahmestaat nicht zugelassen werden muss.

[307] *Hoffmann,* in MüHBGesR VI, § 53 Rn. 16, § 56 Rn. 15.

[308] Zur grenzüberschreitenden Verschmelzung auf Grundlage der IntVersch-RL vgl. Rn. 183ff.

[309] Unter Berufung auf EuGH v. 16.12.2008 – C-210/06, NJW 2009, 569 Rn. 112 – Cartesio: *Bayer/J. Schmidt* ZHR 173 (2009), 735 (765f.); *Eckert* IntGesR 559; *Habersack/Verse* EuGesR § 3 Rn. 21 Fn. 78; *Hoffmann,* in MüHBGesR VI, § 53 Rn. 15f.

Abseits eines generellen Ausschlusses können **Beschränkungen** des **Aufnahmestaats** und des **Wegzugsstaats** insbesondere in Form von umwandungsrechtlichen Regelungen zum Schutz von Gläubigern, Minderheitsgesellschaftern und Arbeitnehmern nach den allgemeinen Regelungen zur Niederlassungsfreiheit gemäß Art. 52 AEUV oder aus zwingenden Gründen des Allgemeininteresses gerechtfertigt werden, wenn die beschränkenden Maßnahmen zur Zweckerreichung geeignet und verhältnismäßig sind (vgl. Rn. 57ff.).[310] Der EuGH deutet in diesem Zusammenhang einen **größeren Rechtfertigungsspielraum** für Beschränkungen einer grenzüberschreitenden Verschmelzung an, da diese aufgrund der *„sukzessive[n] Anwendung von zwei nationalen Rechtsordnungen [...] spezifische Probleme mit sich bringen“*.[311] 125

bbb) Formwechsel als Ausübung der Niederlassungsfreiheit: Ein **grenzüberschreitender Formwechsel („Satzungssitzverlegung“)** ist der identitätswahrende, dh ohne Auflösung und Neugründung der Gesellschaft und ohne Gesamt- oder Einzelrechtsnachfolge vollzogene Wechsel der Rechtsform einer Gesellschaft nach dem Gesellschaftsstatut eines Mitgliedstaats in eine Rechtsform nach dem Gesellschaftsstatut eines anderen Mitgliedstaats („Wechsel des Rechtskleids“).[312] Als Maßnahme zur Gesellschaftsumwandlung stellt der grenzüberschreitende Formwechsel nach Rs. *Vale* eine **Ausübung der Niederlassungsfreiheit** dar.[313] Der **Schutz durch die Niederlassungsfreiheit** besteht sowohl in dem Mitgliedstaat, dessen Recht die Gesellschaft vor dem Wechsel unterliegt **(„Wegzugsstaat“),** sowie in dem Staat, dessen Gesellschaftsrecht übernommen werden soll **(„Aufnahmestaat“).**[314] 126

Voraussetzung für den Schutz durch die Niederlassungsfreiheit ist – wie bei jeder Ausübung der Niederlassungsfreiheit – die **tatsächliche Ausübung einer wirtschaftlichen Tätigkeit im Aufnahmestaat,** dh die Errichtung einer Niederlassung im Sinne der Niederlassungsfreiheit (vgl. Rn. 47f.).[315] Bei der Niederlassung muss es sich aus unionsrechtlicher Sicht nicht um den Verwaltungssitz der Gesellschaft handeln[316] und die Niederlassung kann bereits seit längerer Zeit im Aufnahmestaat bestehen, dh sie muss nicht erst gleichzeitig mit dem Formwechsel begründet werden.[317] Im Zusammenhang mit dem Formwechsel bzw. anderen Gesellschaftsumwandlungen hat diese Voraussetzung insbesondere für die Fälle, in denen das Recht des Aufnahmestaats für die durch den Wechsel gewählte Gesell- 127

---

[310] EuGH v. 13.12.2005 – C-411/03, NJW 2006, 425 Rn. 23, 28f. – Sevic; vgl. *Engert,* in Langenbucher, EuropPR § 5 Rn. 13; *Hoffmann,* in MüHBGesR VI, § 53 Rn. 13; *Mitterecker,* Grenzüberschreitende Verschmelzungen, 2014, 69; *Teichmann* ZIP 2006, 355 (356f.).

[311] EuGH v. 13.12.2005 – C-411/03, NJW 2006, 425 Rn. 27f. – Sevic; vgl. *Eckert* IntGesR 62; *Engert,* in Langenbucher, EuropPR § 5 Rn. 13.

[312] *Drygala,* in Lutter, UmwG § 1 Rn. 21; *Eckert* IntGesR 541f.; *Hoffmann,* in MüHBGesR VI, § 54 Rn. 1; *Verse* ZEuP 2013, 458 (476); „Satzungssitzverlegung“, da die Mitgliedstaaten für die Anwendung ihres Gesellschaftsrechts grundsätzlich die Lage des Satzungssitzes im Inland verlangen und daher ein Formwechsel die Verlegung des Satzungssitzes voraussetzt, vgl. auch *Altmeppen/Ego,* in MüKoAktG, EuNlf Rn. 61.

[313] EuGH v. 12.7.2012 – C-378/10, EuZW 2012, 621 Rn. 24 – Vale, iVm EuGH v. 13.12.2005 – C-411/03, NJW 2006, 425 – Sevic; s. auch *obiter dictum* in EuGH v. 16.12.2008 – C-210/06, NJW 2009, 569 Rn. 111ff. – Cartesio, in dem bereits festgestellt wurde, dass ein grenzüberschreitender Formwechsel von der Niederlassungsfreiheit geschützt ist, wenn dies nach dem Recht des Aufnahmestaats möglich ist, vgl. *Drygala,* in Lutter, UmwG § 1 Rn. 21; *Eckert* IntGesR 64, 66f.; *Hoffmann,* in MüHBGesR VI, § 54 Rn. 3f.; *Lutter/Bayer/J. Schmidt* EuropUR § 6 Rn. 43; *Teichmann* DB 2012, 2085 (2091); aus der nationalen Rspr. vgl. OGH v. 10.4.2014 – 6 Ob 224/13d, GesRZ 2014, 317 mAnm *Artmann;* OLG Nürnberg v. 19.6.2013 – 12 W 520/13, ZIP 2014, 128.

[314] Schutz im Wegzugsstaat: EuGH v. 16.12.2008 – C-210/06, NJW 2009, 569 Rn. 112f. – Cartesio; Schutz im Aufnahmestaat: EuGH v. 12.7.2012 – C-378/10, EuZW 2012, 621 Rn. 41 – Vale; vgl. *Verse* ZEuP 2013, 458 (476).

[315] EuGH v. 12.7.2012 – C-378/10, EuZW 2012, 621 Rn. 34 – Vale.

[316] Ein solches Erfordernis kann aber aus dem Recht des Aufnahmestaats folgen, vgl. Rn. 132.

[317] *W.-H. Roth,* FS Hoffmann-Becking, 2013, 965 (990); *Verse* ZEuP 2013, 458 (479f.).

schaftsform tatsächlich keine Tätigkeiten im Inland verlangt, die Frage aufgeworfen, ob nicht auch eine **„isolierte Satzungssitzverlegung“** ohne Tätigkeit im Aufnahmestaat von der Niederlassungsfreiheit erfasst ist. Da die grenzüberschreitende Errichtung einer Niederlassung im Aufnahmestaat aber Tatbestandselement der Niederlassungsfreiheit ist, können solche Vorgänge **keine Ausübung der Niederlassungsfreiheit** darstellen.[318] Die grenzüberschreitende Umwandlung in eine Briefkastenfirma ist daher nicht von der Niederlassungsfreiheit geschützt.

128 Ist nach dem Recht eines Mitgliedstaats ein **innerstaatlicher Formwechsel zulässig,** stellt der **generelle Ausschluss eines grenzüberschreitenden Formwechsels** eine **Beschränkung** der Niederlassungsfreiheit dar, die aus zwingenden Gründen des Allgemeininteresses **mangels Verhältnismäßigkeit nicht gerechtfertigt werden kann.**[319] Ist nach dem Recht des Aufnahmestaats ein **innerstaatlicher Formwechsel in die Zielgesellschaftsform zulässig,** hat der **Aufnahmestaat** auch einen grenzüberschreitenden Formwechsel in diese Gesellschaftsform **zuzulassen.**[320] Ausgangsgesellschaft ist entweder eine **der zum Formwechsel berechtigten Inlandsgesellschaft vergleichbare**[321] oder – besonders praxisrelevant – eine **zur Zielgesellschaft rechtsformkongruente EU-Auslandsgesellschaft.**[322] Der Formwechsel einer englischen Public Limited company (Plc) in eine deutsche GmbH ist daher aufgrund der innerstaatlichen Zulässigkeit eines Formwechsels von AG in GmbH im Aufnahmestaat Deutschland, der Formwechsel einer englischen Limited in eine deutsche GmbH als kongruenter Rechtsformwechsel zuzulassen, nicht aber der Wechsel aus einer EU-Auslands-Personengesellschaft in eine österreichische Kapitalgesellschaft, da weder im Aufnahmestaat Österreich ein solcher Formwechsel innerstaatlich zulässig ist noch ein kongruenter Formwechsel vorliegt.

129 Eine **Verpflichtung** der Mitgliedstaaten, überhaupt **innerstaatliche Formwechsel zuzulassen,** lässt sich nicht aus der Niederlassungsfreiheit ableiten[323] und **besteht** – im Gegensatz zur Verschmelzung von Aktiengesellschaften (vgl. Rn. 123) – auch **nicht** nach sekundärrechtlichen Bestimmungen.

130 Lässt der Aufnahmestaat den grenzüberschreitenden Formwechsel zu oder hat er diesen nach Rs. *Vale* aufgrund seiner Regelungen für vergleichbare innerstaatliche Formwechsel zuzulassen, darf der **Wegzugsstaat** nach Rs. *Cartesio* den Formwechsel nicht generell verhindern, dh insbesondere nicht die Auflösung und Abwicklung der Gesellschaft anord-

---

[318] Vgl. *Kindler,* in MüKoBGB, IntGesR Rn. 136; *Kindler* EuZW 2012, 888 (891); *König/Bormann* NZG 2012, 1241 (1242); *Kraft/Böttcher* NJW 2012, 2701 (2703); *Mörsdorf/Jopen* ZIP 2012, 1398 (1399); *W.-H. Roth* ZGR 2014, 168 (181 Fn. 63); *W.-H. Roth,* FS Hoffmann-Becking, 2013, 965 (989ff.); *G. H. Roth* ZIP 2012, 1744 (1745); *Teichmann* ZGR 2011, 639 (663f., 669); *Teichmann* DB 2012, 2085 (2087f.: auch vermittelnd); *Verse* ZEuP 2013, 458 (478f.); *Wicke* DStR 2012, 1756 (1757f.); aA *Bayer/J. Schmidt* ZIP 2012, 1481 (1486); *Behme* NZG 2012, 936 (939); *Schaper* ZIP 2014, 810 (816); *Schön* ZGR 2013, 333 (357ff.).

[319] EuGH v. 12.7.2012 – C-378/10, EuZW 2012, 621 Rn. 36 (Beschränkung), Rn. 40 (keine Rechtfertigungsmöglichkeit) – Vale; vgl. *Hoffmann,* in MüHBGesR VI, § 54 Rn. 4; *Teichmann* DB, 2085 (2089); vgl. parallele Aussagen des EuGH zur Verschmelzung in EuGH v. 13.12.2005 – C-411/03, NJW 2006, 425 Rn. 22f., 30 – Sevic.

[320] *Drygala,* in Lutter, UmwG § 1 Rn. 23; *Eckert* IntGesR 559; *Engert,* in Langenbucher, EuropPR § 5 Rn. 12; *Hoffmann,* in MüHBGesR VI, § 54 Rn. 5, 7f.; *Mitterecker,* Grenzüberschreitende Sitzverlegungen von Gesellschaften, Dissertation an WU Wien, 2014, 257f.

[321] Vgl. *Drygala,* in Lutter, UmwG § 1 Rn. 23; *Hoffmann,* in MüHBGesR VI, § 54 Rn. 8.

[322] Vgl. *Bayer/J. Schmidt* ZIP 2012, 1481 (1488f.); *Drygala,* in Lutter, UmwG § 1 Rn. 23; *Kindler* EuZW 2012, 888 (890); *W.-H. Roth* ZGR 2014, 168 (207f.); *Schön* ZGR 2013, 333 (345f.); vgl. OGH v. 10.4.2014 – 6 Ob 224/13d, GesRZ 2014, 317 mAnm *Artmann* zum Formwechsel einer italienischen S. a. s. in eine österreichische KG; OLG Nürnberg v. 19.6.2013 – 12 W 520/13, ZIP 2014, 128 zum Formwechsel einer luxemburgischen (S.à.r.l.) in eine deutsche GmbH; EuGH v. 12.7.2012 – C-378/10, EuZW 2012, 621 Rn. 24 – Vale zum Formwechsel einer italienischen (S.r.l.) in eine ungarische (kft.) GmbH.

[323] *Hoffmann,* in MüHBGesR VI, § 54 Rn. 7.

nen.[324] Darin liegt der wesentliche **Unterschied** zwischen einer **schlichten Verwaltungssitzverlegung** unter Beibehaltung des Gesellschaftsstatuts des Wegzugsstaats und einer Umwandlung mit einem Wechsel des Gesellschaftsstatuts **(Satzungssitzverlegung).**[325] Soll das Gesellschaftsstatut des Wegzugsstaats beibehalten werden, bestimmt dieser weiterhin die Voraussetzungen und Anknüpfungspunkte für den Fortbestand der Gesellschaft und daher deren Möglichkeit zur Ausübung der Niederlassungsfreiheit („Vorfrage", vgl. Rn. 102ff.). Kommt es aufgrund einer grenzüberschreitenden Umwandlung aber zu einem Wechsel des Gesellschaftsstatuts, verliert der Wegzugsstaat diese Befugnis und darf er die Umwandlung nicht verhindern.

In der Praxis kann daher auch die **Verwaltungssitzverlegung** einer Gesellschaft da- 131
durch bewältigt werden, dass dieser Wegzug **mit einem grenzüberschreitenden Rechtsformwechsel kombiniert** wird, dh eine Rechtsform des Aufnahmestaats angenommen wird. Voraussetzung dafür ist nur, dass nach dem Recht des Aufnahmestaats zumindest eine entsprechende innerstaatliche Umwandlung zulässig ist (vgl. Rn. 128).

Die **Anknüpfungspunkte** und **materiellen gesellschaftsrechtlichen Voraussetzun-** 132
gen, die das Kollisions- und Sachrecht des **Aufnahmestaats** für die rechtliche Existenz der im Rahmen des Formwechsels gewünschten Gesellschaftsform aufstellt, insbesondere Regelungen für Organisationsstruktur, Kapitalaufbringung und Gesellschaftsvertrag sowie die mögliche Pflicht zur Belegenheit des Verwaltungssitzes im Inland, hat die formwechselnde Gesellschaft zu erfüllen, da sie in das Gesellschaftsstatut dieses Mitgliedstaats wechselt.[326] Die **entsprechenden Regelungen des Wegzugsstaats** sind **nicht mehr relevant,** da dessen Rechtsordnung verlassen wird *(„Abstreifen des Rechtskleids").*[327]

Für die **Durchführung** des grenzüberschreitenden Formwechsels ist **im Wegzugs-** 133
sowie im Aufnahmestaat das jeweilige **Umwandlungsrecht** unter Berücksichtigung des **Äquivalenzgrundsatzes,** dh ohne Diskriminierung gegenüber innerstaatlichen Sachverhalten, und des **Effektivitätsgrundsatzes,** dh ohne unverhältnismäßige Erschwerung des Vorgangs, **analog anzuwenden.**[328] Mangels harmonisierten Rechtsrahmens für grenzüberschreitende Formwechsel sind zu diesem Zweck insbesondere das nationale Umwandlungsrecht für innerstaatliche Formwechsel, die Regelungen zur Satzungssitzverlegung der SE nach der SE-VO sowie die Umsetzungsbestimmungen zur IntVersch-RL heranzuziehen.[329]

---

[324] EuGH v. 16.12.2008 – C-210/06, NJW 2009, 569 Rn. 112 – Cartesio; vgl. *Eckert* IntGesR 559; *Engert,* in Langenbucher, EuropPR § 5 Rn. 12; *Habersack/Verse* EuGesR § 3 Rn. 21; *Hoffmann,* in MüHBGesR VI, § 54 Rn. 4f.

[325] EuGH v. 16.12.2008 – C-210/06, NJW 2009, 569 Rn. 111 – Cartesio; vgl. *Eckert* IntGesR 66ff., 559; *Engert,* in Langenbucher, EuropPR § 5 Rn. 12; *Grundmann* EuGesR Rn. 789; *Habersack/Verse* EuGesR § 3 Rn. 20f.

[326] EuGH v. 12.7.2012 – C-378/10, EuZW 2012, 621 Rn. 31 – Vale; OGH v. 10.4.2014 – 6 Ob 224/13d, GesRZ 2014, 317 mAnm *Artmann* GesRZ 2014, 322f., Punkt 6: *„[...] zugleich der Verwaltungssitz nach Österreich verlegt wird, [...] die Gesellschaft die Anforderungen an eine österr Gesellschaft (insb in Bezug auf Satzung, Kapitalausstattung, Organbesetzung) erfüllt [...]";* vgl. *Eckert* IntGesR 68; *Schön* ZGR 2013, 333 (360f.); *Verse* ZEuP 2013, 458 (488f.); die Voraussetzung des Verwaltungssitzes im Inland wird insbesondere in Aufnahmestaaten einzuhalten sein, deren internationales Gesellschaftsrecht der Sitztheorie folgt (zB Ö); vgl. dazu *W.-H. Roth* ZGR 2014, 168 (207f.).

[327] *Schaper* ZIP 2014, 810 (816); vgl. auch *Verse* ZEuP 2013, 458 (479) spezifisch zur Irrelevanz des internationalen Gesellschaftsrechts des Wegzugsstaats.

[328] EuGH v. 12.7.2012 – C-378/10, EuZW 2012, 621 Rn. 42ff. (47) – Vale.

[329] Dazu im Detail *Drygala,* in Lutter, UmwG § 1 Rn. 32ff.; *Eckert* IntGesR 567ff.; *Eckert,* in Kalss, Verschmelzung – Spaltung – Umwandlung, Vor § 1 EU-VerschG Rn. 51ff. (55, 58); *Ege/Klett* DStR 2012, 2442ff.; *Hoffmann,* in MüHBGesR VI, § 54 Rn. 10ff.; *Hushahn* RNotZ 2014, 137ff.; *Krebs* GWR 2014, 144ff.; *Mitterecker,* Grenzüberschreitende Sitzverlegungen von Gesellschaften, Dissertation an WU Wien, 2014, 268ff.; *Schön* ZGR 2013, 333 (360ff.); *Stiegler,* Der grenzüberschreitende Rechtsformwechsel in der EU, 2013, 50ff.; *Verse* ZEuP 2013, 458 (484ff., 488ff.).

134 Abseits eines generellen Ausschlusses können **Beschränkungen** des **Wegzugsstaats** und des **Aufnahmestaats,** insbesondere in Form von **steuerrechtlichen Regelungen zur Wahrung der Besteuerungsbefugnis der Mitgliedstaaten**[330] sowie von **umwandlungsrechtlichen Regelungen zum Schutz von Gläubigern, Minderheitsgesellschaftern und Arbeitnehmern,**[331] nach den allgemeinen Regelungen zur Niederlassungsfreiheit gemäß Art. 52 AEUV oder aus zwingenden Gründen des Allgemeininteresses gerechtfertigt werden, wenn die beschränkenden Maßnahmen zur Zweckerreichung geeignet und verhältnismäßig sind (vgl. Rn. 57ff.).[332] Mit Hinweis auf die spezifischen Probleme, die grenzüberschreitende Umwandlungen aufgrund der Anwendung von zwei nationalen Rechtsordnungen mit sich bringen, lässt der EuGH für den Formwechsel einen **größeren Rechtfertigungsspielraum** für Beschränkungen offen.[333]

135 *ccc) Andere Umwandlungsmaßnahmen:* Neben der grenzüberschreitenden Verschmelzung erwähnt der EuGH in Rs. *Sevic „andere Gesellschaftsumwandlungen"*[334] als Ausübungsmodalitäten der Niederlassungsfreiheit und erfasst daher **Strukturmaßnahmen,** die im Wege eines einzigen Vorgangs ohne Abwicklung der Gesellschaft und Übertragung des Vermögens in Einzelrechtsnachfolge auf eine neu gegründete Gesellschaft[335] zu einer **grenzüberschreitenden Umwandlung** einer Gesellschaft, dh zu einem Wechsel des anwendbaren Gesellschaftsstatuts führen. Solche Maßnahmen stellen eine **Ausübung der Niederlassungsfreiheit** dar und sind daher **nach denselben Grundsätzen** wie die **grenzüberschreitende Verschmelzung** und der **grenzüberschreitende Formwechsel** zuzulassen und geschützt (vgl. Rn. 120ff., 126ff.).[336]

136 Als mögliche Maßnahme zur Gesellschaftsumwandlung ist insbesondere die **grenzüberschreitende Spaltung** eine **Ausübungsmodalität der Niederlassungsfreiheit** und daher von einem Mitgliedstaat zuzulassen, wenn nach dessen Recht eine innerstaatliche Spaltung mit vergleichbaren Inlandsgesellschaftsformen zulässig ist.[337] Bei der grenzüberschreitenden Spaltung werden das gesamte Vermögen oder Vermögensteile einer Gesellschaft mit Statut eines Mitgliedstaats in partieller Gesamtrechtsnachfolge auf eine oder mehrere Gesellschaften mit Gesellschaftsstatut eines anderen Mitgliedstaats übertragen.[338] Wesentlicher Unterschied zur Verschmelzung ist, dass nicht das gesamte Vermögen einer Gesellschaft auf eine andere Gesellschaft übertragen wird und Vermögensteile bei der fortbestehenden Gesellschaft verbleiben können.[339]

137 Aufgrund der **Spaltungs-Richtlinie,** die von den Mitgliedstaaten jedoch nicht zwingend umzusetzen ist (vgl. Rn. 169), ist davon auszugehen, dass in den Mitgliedstaaten für **Aktiengesellschaften** weitgehend eine entsprechende Grundlage für innerstaatliche Spaltungen vorhanden ist.

---

[330] *Verse* ZEuP 2013, 458 (483); zu entsprechenden steuerrechtlichen Beschränkungen bei der schlichten Verwaltungssitzverlegung vgl. Rn. 106.

[331] Vgl. *Verse* ZEuP 2013, 458 (481ff., 491).

[332] Wegzugsstaat: EuGH v. 16.12.2008 – C-210/06, NJW 2009, 569 Rn. 112f. – Cartesio; Aufnahmestaat: EuGH v. 12.7.2012 – C-378/10, EuZW 2012, 621 Rn. 39 – Vale; vgl. *Altmeppen/Ego,* in MüKoAktG, EuNlf Rn. 80; *Engert,* in Langenbucher, EuropPR § 5 Rn. 13; *Hoffmann,* in MüHB-GesR VI, § 54 Rn. 4, 6f.; *Schön* ZGR 2013, 333 (362ff.); *Teichmann* DB 2012, 2085 (2089).

[333] EuGH v. 12.7.2012 – C-378/10, EuZW 2012, 621 Rn. 37– Vale; vgl. *Engert,* in Langenbucher, EuropPR § 5 Rn. 13.

[334] EuGH v. 13.12.2005 – C-411/03, NJW 2006, 425 Rn. 19 – Sevic.

[335] EuGH v. 13.12.2005 – C-411/03, NJW 2006, 425 Rn. 21 – Sevic.

[336] *Hoffmann,* in MüHBGesR VI, § 53 Rn. 14.

[337] Vgl. *Bungert* BB 2006, 53 (55); *Drygala,* in Lutter, UmwG § 1 Rn. 20; *Habersack/Verse* EuGesR § 8 Rn. 59; *Lutter/Bayer/J. Schmidt* EuropUR § 6 Rn. 76; *Hoffmann,* in MüHBGesR VI, § 53 Rn. 14, § 56 Rn. 14, 23; *Spahlinger/Wegen* NZG 2006, 721 (725); zur grenzüberschreitenden Spaltung auf Grundlage der Niederlassungsfreiheit im Detail *Hoffmann,* in MüHBGesR VI, § 56 Rn. 14ff.

[338] Vgl. *Hoffmann,* in MüHBGesR VI, § 56 Rn. 1, 4.

[339] *Kalss,* Verschmelzung – Spaltung – Umwandlung, Vor § 1 SpaltG Rn. 22.

Ein Sonderfall einer Strukturmaßnahme, die zum Zweck einer grenzüberschreitenden Umwandlung einer Gesellschaft eingesetzt werden kann, ist die **verschmelzende Umwandlung gemäß §§ 2 bis 4 öUmwG,** bei der eine Kapitalgesellschaft ihr Vermögen auf ihren Hauptgesellschafter, der keine Kapitalgesellschaft sein darf, überträgt und erlischt.[340] Die verschmelzende Umwandlung ist bei Ausübung der Niederlassungsfreiheit in Österreich als Aufnahmestaat auch für EU-Auslandsgesellschaften, die der AG oder GmbH in Österreich vergleichbar sind, zu öffnen, da andernfalls eine Beschränkung durch Differenzierung zwischen innerstaatlicher und grenzüberschreitender Umwandlung bestünde (vgl. Rn. 121 f., 128). Eine verschmelzende Umwandlung auf eine EU-Auslandsgesellschaft als Hauptgesellschafter haben Österreich als Wegzugsstaat[341] sowie der jeweilige Aufnahmestaat, dh der Gründungsstaat der EU-Auslandsgesellschaft, auf Grundlage der Niederlassungsfreiheit zuzulassen, wenn nach dem Recht des Aufnahmestaats eine entsprechende Strukturmaßnahme für innerstaatliche Vorgänge zwischen vergleichbaren Gesellschaftsformen existiert, da nur in diesem Fall aufgrund der Differenzierung eine Beschränkung der Niederlassungsfreiheit vorliegt. 138

ddd) Durchführung grenzüberschreitender Umwandlungen: Die **Niederlassungsfreiheit** gewährleistet für **alle Gesellschaften in ihrem persönlichen Anwendungsbereich**[342] (vgl. Rn. 38 ff.) die Nutzung der grenzüberschreitenden Verschmelzung, des grenzüberschreitenden Formwechsels sowie anderer **Umwandlungsmaßnahmen, soweit** im Recht des jeweiligen Aufnahmestaats für innerstaatliche Sachverhalte eine entsprechende Umwandlungsmaßnahme für der EU-Auslandsgesellschaft vergleichbare Gesellschaftsformen zur Verfügung steht (vgl. Rn. 121 f., 128, 135). 139

Schwierig bleibt aber die **Durchführung grenzüberschreitender Umwandlungen.** Ein harmonisierter und auf die Besonderheiten grenzüberschreitender Sachverhalte zugeschnittener **Rechtsrahmen** für die Durchführung besteht **unmittelbar** nur für **grenzüberschreitende Verschmelzungen** im Anwendungsbereich der nationalen Umsetzungsbestimmungen zur **IntVersch-Richtlinie** (vgl. Rn. 185 f.) und daher europaweit nur für **Aktiengesellschaften.** Für **GmbH** kommt es darauf an, ob die einzelnen Mitgliedstaaten diesen **nach nationalem Recht** die innerstaatliche Verschmelzungsfähigkeit verliehen haben. 140

Für **europäische Rechtsformen** stehen für die **Gründung** von SE und SCE **durch grenzüberschreitende Verschmelzung** von Aktiengesellschaften[343] bzw. Genossenschaften[344] sowie für die **grenzüberschreitende Satzungssitzverlegung**[345] von SE, SCE und EWIV Verfahrens- und Schutzbestimmungen in den einschlägigen sekundärrechtlichen Rechtsgrundlagen zur Verfügung.[346] 141

Außerhalb dieser spezifisch geregelten Bereiche fehlt für Gesellschaften im persönlichen Anwendungsbereich der Niederlassungsfreiheit **ein harmonisierter Rechts-** 142

---

[340] Vgl. OGH v. 20.3.2003 – 6 Ob 283/02i, GesRZ 2003, 161, dazu *M. Doralt* GesRZ 2004, 26 ff.; *Rüffler* GesRZ 2004, 3 ff.; *Paefgen* IPRax 2004, 132 ff.; zur verschmelzenden Umwandlung s. die Kommentierung in *Kalss,* Verschmelzung – Spaltung – Umwandlung, UmwG.

[341] § 2 UmwG lässt einen ausländischen Hauptgesellschafter unabhängig von der Niederlassungsfreiheit zu, dazu *Kalss,* Verschmelzung – Spaltung – Umwandlung, § 2 UmwG Rn. 15.

[342] *Hoffmann,* in MüHBGesR VI, § 53 Rn. 17; vgl. speziell für Personengesellschaften *W.-H. Roth* ZGR 2014, 168 (212 f.).

[343] Art. 2 Abs. 1 SE-VO iVm Art. 17 ff. SE-VO; vgl. *Habersack/Verse* EuGesR § 8 Rn. 56.

[344] Art. 2 Abs. 1 SCE-VO iVm Art. 19 ff. SCE-VO.

[345] Bei diesen Satzungssitzverlegungen handelt es sich nicht um einen grenzüberschreitenden Rechtsformwechsel im Sinne eines vollständigen Wechsels des Gesellschaftsstatuts, sondern nur um einen Wechsel der subsidiär nach dem Sekundärrecht anzuwendenden nationalen Regelungen, dh um einen teilweisen Wechsel des Gesellschaftstatuts, nämlich des *„ergänzenden nationalen Rechtskleids",* dazu *Hoffmann,* in MüHBGesR VI, § 54 Rn. 11; *Eckert* IntGesR 567 f.

[346] Art. 8 SE-VO, Art. 7 SCE-VO, Art. 14 EWIV-VO; vgl. *Altmeppen/Ego,* in MüKoAktG, EuNlf Rn. 65; *Habersack/Verse* EuGesR § 4 Rn. 30; *Lutter/Bayer/J. Schmidt* EuropUR § 6 Rn. 12.

rahmen zur Durchführung von grenzüberschreitenden Umwandlungen.[347] Dieses Fehlen kann Beschränkungen der Niederlassungsfreiheit jedoch nicht rechtfertigen.[348] Die Mitgliedstaaten haben daher Umwandlungen im Schutzbereich der Niederlassungsfreiheit unter **analoger Anwendung des bestehenden Umwandlungsrechts** durchzuführen (vgl. Rn. 133).[349] Zu diesem Zweck sind das einschlägige nationale Umwandlungsrecht, die einschlägigen Umwandlungsregelungen für die europäischen Rechtsformen, insbesondere nach der SE-Verordnung, sowie die IntVersch-Richtlinie analog anzuwenden.

143 **Rechtssicherheit** für die Durchführung grenzüberschreitender Umwandlungen kann letztlich nur ein der IntVersch-Richtlinie vergleichbarer Rechtsrahmen für die jeweiligen Vorgänge und Gesellschaften, insbesondere Personengesellschaften, bieten. Im Aktionsplan 2012[350] ist daher vorgesehen, für **grenzüberschreitende Spaltungen** die Schaffung eines derartigen Rechtsrahmens zu prüfen, der in die IntVersch-Richtlinie aufgenommen werden könnte.[351] Die Arbeiten an der **Sitzverlegungs-Richtlinie,**[352] die einen Rechtsrahmen für den **grenzüberschreitenden Formwechsel** bieten sollte, wurden 2007 auf Eis gelegt.[353] Nach dem Aktionsplan 2012 kam es 2013 aber zu einer neuerlichen öffentlichen Konsultation, auf deren Grundlage die Weiterführung des Projekts erwogen werden soll.[354]

b) Harmonisierung von Strukturmaßnahmen

144 Das europäische Sekundärrecht erkennt den **Bedarf** von Gesellschaften nach **Strukturmaßnahmen** zu Zwecken der Unternehmensorganisation und -kooperation, des

[347] *Habersack/Verse* EuGesR § 8 Rn. 59; *Hoffmann,* in MüHBGesR VI, § 53 Rn. 14; *Lutter/Bayer/J. Schmidt* EuropUR § 6 Rn. 72, 76, § 23 Rn. 11; *Engert,* in Langenbucher, EuropPR § 5 Rn. 106; vgl. für D daher die verschiedenen Umwandlungsmöglichkeiten nach dem UmwG, die für jeweils vergleichbare EU-Auslandsgesellschaften zur Umwandlung zugelassen werden müssen, vgl. *J. Semler,* in Semler/Stengel, UmwG § 1 Rn. 41, der zu Recht darauf hinweist, dass die Beschränkung in § 1 Abs. 1 UmwG auf Gesellschaften mit Sitz im Inland grenzüberschreitende Umwandlungen nicht verbietet, sondern nur den Anwendungsbereich des UmwG auf innerstaatliche Vorgänge – mit Ausnahme von grenzüberschreitenden Verschmelzungen gemäß § 122a ff. UmwG – beschränkt.

[348] EuGH v. 12.7.2012 – C-378/10, EuZW 2012, 621 Rn. 38 – Vale; EuGH v. 13.12.2005 – C-411/03, NJW 2006, 425 Rn. 26 – Sevic; vgl. *Drygala,* in Lutter, UmwG § 1 Rn. 33 f.

[349] EuGH v. 12.7.2012 – C-378/10, EuZW 2012, 621 Rn. 42 ff. (47) – Vale; vgl. allgemein *Drygala,* in Lutter, UmwG § 1 Rn. 32 ff.; *Hoffmann,* in MüHBGesR VI, § 53 Rn. 16 (Verschmelzung), § 54 Rn. 10 ff. (Formwechsel), § 56 Rn. 24, 37 ff. (42 ff.) (Spaltung); Formwechsel: *Eckert* IntGesR 567 ff.; *Eckert,* in Kalss, Verschmelzung – Spaltung – Umwandlung, Vor § 1 EU-VerschG Rn. 51 ff. (55, 58); *Hushahn* RNotZ 2014, 137 ff.; *Krebs* GWR 2014, 144 ff.; *Schön* ZGR 2013, 333 (360 ff.); *Stiegler* KSzW 2014, 107 ff.; *Verse* ZEuP 2013, 458 (484 ff., 488 ff.).

[350] Mitteilung der Kommission v. 12.12.2012, COM(2012) 740 final, Aktionsplan: Europäisches Gesellschaftsrecht und Corporate Governance – ein moderner Rechtsrahmen für engagiertere Aktionäre und besser überlebensfähige Unternehmen („Aktionsplan 2012").

[351] Aktionsplan 2012, Punkt 4.3 und Anhang; vgl. *Bayer/J. Schmidt* BB 2013, 3 (15); *Hopt* ZGR 2013, 165 (202); vgl. die Konsultation der Kommission v. 8.9.2014–31.1.2015 über grenzüberschreitende Verschmelzungen und Spaltungen, online abrufbar: http://ec.europa.eu/internal_market/consultations/2014/cross-border-mergers-divisions/index_de.htm (15.1.2015).

[352] Vierzehnte Richtlinie (Sitzverlegungsrichtlinie) als Vorentwurf vom 22.4.1997, abgedruckt in ZIP 1997, 1721 ff.; dazu *Eckert* IntGesR 671 ff.

[353] *Engert,* in Langenbucher, EuropPR § 5 Rn. 2; *Saenger,* Gesellschaftsrecht, § 20 Fn. 128.

[354] Aktionsplan 2012, Punkt 4.1 und Anhang; die Ergebnisse der Konsultation waren zum Redaktionsschluss noch nicht veröffentlicht, online abrufbar: http://ec.europa.eu/internal_market/company/seat-transfer/index_de.htm (15.1.2015); die Lehre spricht sich weitgehend einhellig für die Wiederbelebung der Sitzverlegungs-RL aus, vgl. Report of the Reflection Group On the Future of EU Company Law v. 5.4.2011, S. 19 ff., online abrufbar: http://ec.europa.eu/internal_market/company/docs/modern/reflectiongroup_report_en.pdf (15.1.2015); *Hommelhoff* ZIP 2013, 2177 (2183); *Hopt* ZGR 2013, 165 (201).

externen Wachstums durch Ewerb neuer Unternehmensteile sowie des Wechsels des anwendbaren Gesellschaftsrechts an[355] und stellt daher **harmonisierte Verfahrensregelungen** zur praktischen Durchführung und zum **Schutz der Gesellschafter und Gläubiger** der beteiligten Gesellschaften zur Verfügung. Die einschlägigen Umgründungs-Richtlinien erfassen die **grenzüberschreitende Verschmelzung**, **innerstaatliche Verschmelzung** und die **innerstaatliche Spaltung** und sind an unterschiedliche Rechtsformen adressiert, was sich nur aus ihrer historischen Entwicklung erklären lässt: Während die innerstaatliche Verschmelzung nach der **Verschmelzungs-Richtlinie zwingend für alle Aktiengesellschaften** anwendbar ist, eröffnet die **Spaltungs-Richtlinie** allein die **Möglichkeit der Spaltung für Aktiengesellschaften,** die Spaltungs-Richtlinie zwingt aber nicht dazu.[356] Die **internationale Verschmelzungs-Richtlinie** gilt wiederum für alle nach nationalem Recht **verschmelzungsfähigen Kapitalgesellschaften,** dh im Grundsatz für **Aktiengesellschaften und GmbH.**

Die **harmonisierten Verfahrensbestimmungen** basieren wie die entsprechenden Re- 145
gelungen für die supranationalen Gesellschaftsformen SE und SCE auf den Grundsätzen des **„Europäischen Modells für Strukturmaßnahmen“,** das in der Verschmelzungs-Richtlinie grundgelegt ist und einem **Informationsmodell** folgt,[357] das den Schutz der Beteiligten insbesondere durch die Bereitstellung verlässlicher und geprüfter Informationen gewährleistet. Grundelemente des Modells sind (i) ein gemeinsamer **Plan** für die Strukturmaßnahme und erläuternde **Berichte der Leitungsorgane,** (ii) eine **unabhängige Prüfung** durch externe Sachverständige, (iii) der **Zugang** zu diesen Unterlagen und die **Entscheidungsbefugnis der Gesellschafter,** sowie (iv) eine **Rechtmäßigkeitskontrolle** der Maßnahme.[358] Für den Schutz der unternehmerischen Mitbestimmung von Arbeitnehmern hat sich für die mit einem Rechtswechsel einhergehende grenzüberschreitende Verschmelzung das in der SE-Richtlinie grundgelegte **Verhandlungsmodell mit Auffangregelung** etabliert.

Zur Bewertung des aktuellen **Rechtsrahmens für grenzüberschreitende Ver-** 146
schmelzungen und Spaltungen hat die Kommission bis Ende Januar 2015 eine **öffentliche Konsultation** durchgeführt, deren Ergebnisse zur Klärung eines möglichen Bedarfs nach einer Modernisierung der Richtlinie für grenzüberschreitende Verschmelzungen und einer sekundärrechtlichen Regelung für grenzüberschreitende Spaltungen dienen sollen.[359]

Bei Anwendung bestimmter **Restrukturierungs- und Abwicklungsinstrumente** 147
nach dem Rechtsrahmen aus 2014 für die Sanierung und Abwicklung von **Kreditinstituten und Wertpapierfirmen**[360] (vgl. Rn. 547) auf Gesellschaften hat die Anwendung der Umgründungs-Richtlinien auf diese Gesellschaften zu unterbleiben.[361]

---

[355] Vgl. *Grundmann* EuGesR, Rn. 765ff.

[356] *Hommelhoff/Riesenhuber,* in Grundmann, Systembildung und Systemlücken in Kerngebieten des europäischen Privatrechts, 2000, 259 (266f.).

[357] Vgl. *Grohmann,* Das Informationsmodell im Europäischen Gesellschaftsrecht, 2006, 318; *Hommelhoff/Riesenhuber,* in Grundmann, Systembildung und Systemlücken in Kerngebieten des europäischen Privatrechts, 2000, 259 (270, 272ff.); *Lutter/Bayer/J. Schmidt* EuropUR § 21 Rn. 3, 24.

[358] Vgl. *Grohmann,* Das Informationsmodell im Europäischen Gesellschaftsrecht, 2006, 318ff.; *Grundmann* EuGesR Rn. 888ff.; *Hommelhoff/Riesenhuber,* in Grundmann, Systembildung und Systemlücken in Kerngebieten des europäischen Privatrechts, 2000, 259 (272ff.); *Lutter/Bayer/J. Schmidt* EuropUR § 21 Rn. 24.

[359] Online abrufbar: http://ec.europa.eu/internal_market/consultations/2014/cross-border-mergers-divisions/index_de.htm (15.1.2015); vgl. auch die von der Kommission in Auftrag gegebene Studie *Bech-Bruun/Lexidale,* Study on the application of the cross-border merger directive (2013), online abrufbar: http://ec.europa.eu/internal_market/company/mergers/index_de.htm (15.1.2015).

[360] RL 2014/59/EU v. 15.5.2014, ABl. 2014 L 173/190.

[361] S. Art. 1 Abs. 4 Spalt-RL, Art. 1 Abs. 4 Versch-RL, Art. 3 Abs. 4 IntVersch-RL.

148 **aa) Innerstaatliche Verschmelzung:** *aaa) Grundlagen und Anwendungsbereich:* Die **Verschmelzungs-Richtlinie**[362] („Versch-RL") legt einen Rechtsrahmen für innerstaatliche Verschmelzungen von Aktiengesellschaften fest und etabliert mit ihren Regelungsinstrumenten das **„Europäische Modell für Strukturmaßnahmen"**, auf dem die entsprechenden Bestimmungen der Richtlinien zur Spaltung (vgl. Rn. 176) und zur grenzüberschreitenden Verschmelzung (vgl. Rn. 191) sowie die Verschmelzungs- und Sitzverlegungsbestimmungen für SE und SCE aufbauen.[363] Art. 2 Versch-RL **verpflichtet** die Mitgliedstaaten dazu, das Umstrukturierungsinstrument der **Verschmelzung** im Anwendungsbereich der Richtlinie einzuführen,[364] und sieht dafür **harmonisierte Regelungen** zum Verschmelzungsverfahren und zum Schutz von Aktionären und Gläubigern der sich verschmelzenden Gesellschaften sowie zur gesellschaftsrechtlichen Wirksamkeit der Verschmelzung vor.[365]

149 Der **Anwendungsbereich** der Verschmelzungs-Richtlinie beschränkt sich – übereinstimmend mit dem der Kapital-Richtlinie (vgl. Rn. 316) – auf die nach dem Recht eines Mitgliedstaats wirksam gegründeten **Aktiengesellschaften,**[366] die in Art. 1 Abs. 1 Versch-RL abschließend aufgezählt werden,[367] sowie gemäß Art. 2 Versch-RL auf **innerstaatliche Verschmelzungsvorgänge** unter Beteiligung ausschließlich von Gesellschaften, die dem gleichen Gesellschaftsstatut unterliegen.[368] Den Mitgliedstaaten ist es aber nicht verwehrt, die nationalen Umsetzungsbestimmungen zur Verschmelzungs-Richtlinie auch auf andere Gesellschaftsformen anzuwenden *(„überschießende Umsetzung").*[369] In diesen Fällen ist durch Auslegung des nationalen Rechts zu ermitteln, ob außerhalb des Anwendungsbereichs der Richtlinie eine europarechtskonforme und daher einheitliche Auslegung dieser Regelungen oder Abweichungen dazu intendiert sind.[370] Auf **Genossenschaften** in der Rechtsform einer Aktiengesellschaft sowie auf Verschmelzungsvorgänge unter Beteiligung einer

---

[362] Die Versch-RL wurde am 9.10.1978 als Dritte Gesellschaftsrechtliche Richtlinie 78/855/EWG verabschiedet, durch das EWR-Abkommen, Anhang XXII, Nr. 3 (ABl. 1994 L 1/3) in ihrem Wirkungsbereich auch auf EWR-Staaten ausgedehnt und nach Änderungen insbesondere durch die Änderungs-RL 2007/63/EG v. 13.11.2007 und die Änderungs-RL 2009/109/EG v. 16.9.2009 als Richtlinie 2011/35/EU v. 5.4.2011 über die Verschmelzung von Aktiengesellschaften, ABl. 2011 L 110/1, kodifiziert.

[363] *Hommelhoff/Riesenhuber,* in Grundmann, Systembildung und Systemlücken in Kerngebieten des europäischen Privatrechts, 2000, 259 (270, 272ff.); *Lutter/Bayer/J. Schmidt* EuropUR § 21 Rn. 3, 24; vgl. auch *Grundmann* EuGesR Rn. 868 *(„Basisrechtsakt für ein Europäisches Recht der Strukturmaßnahmen").*

[364] Vgl. ErwG 4 Versch-RL; *Habersack/Verse* EuGesR § 8 Rn. 1; *Hommelhoff/Riesenhuber,* in Grundmann, Systembildung und Systemlücken in Kerngebieten des europäischen Privatrechts, 2000, 259 (266); *Lutter/Bayer/J. Schmidt* EuropUR § 21 Rn. 2, 11.

[365] Vgl. §§ 2 bis 38 UmwG (allgemeine Verschmelzungsbestimmungen) und §§ 60 bis 76 UmwG (besondere Regelungen für Verschmelzungen von AG); vgl. Ö: §§ 219 bis 233 AktG.

[366] Zur Beschränkung auf AG im Gegensatz zur ursprünglich geplanten Erfassung auch von GmbH s. *Grundmann* EuGesR Rn. 876.

[367] *Grundmann* EuGesR Rn. 875; *Habersack/Verse* EuGesR § 8 Rn. 6; *Lutter/Bayer/J. Schmidt* EuropUR § 21 Rn. 7; dazu kommen die entsprechenden nationalen Gesellschaftsformen gemäß Anhang XXII Nr. 3 EWR-Abkommen.

[368] *Habersack/Verse* EuGesR § 8 Rn. 7; *Lutter/Bayer/J. Schmidt* EuropUR § 21 Rn. 8; grenzüberschreitende Verschmelzungsvorgänge werden von der IntVersch-RL (vgl. Rn. 184) geregelt, darüber hinaus ist die Schutzwirkung der Niederlassungsfreiheit für diese Vorgänge zu beachten (vgl. Rn. 120ff.).

[369] In diesem Sinne ist die Anwendbarkeit der an die Versch-RL angepassten §§ 2 bis 38 UmwG auf Verschmelzungen aller verschmelzungsfähigen Rechtsformen zu verstehen, dazu *Habersack/Verse* EuGesR § 8 Rn. 3ff.; *Lutter/Bayer/J. Schmidt* EuropUR § 21 Rn. 6; *Lutter,* in Lutter, UmwG Einl. I Rn. 40.

[370] Dazu *Habersack/Verse* EuGesR § 8 Rn. 5; *Kalss,* Verschmelzung – Spaltung – Uwmandlung, Vor § 219 AktG Rn. 14; *Lutter,* in Lutter, UmwG Einl. I Rn. 41.

oder mehrerer Gesellschaften, die Gegenstand eines **Insolvenz- oder Ausgleichsverfahrens** sind, müssen die Mitgliedstaaten gemäß Art. 1 Abs. 2 und 3 Versch-RL die Verschmelzungs-Richtlinie nicht anwenden.

bbb) Verschmelzungsarten und Rechtsfolgen: Art 2 Versch-RL sieht zwei Arten der Verschmelzung vor, die in Art. 3 und 4 Versch-RL legaldefiniert werden: Die **Verschmelzung durch Aufnahme** sieht den Übergang des gesamten Vermögens von einer oder mehreren Gesellschaften („übertragende Gesellschaften") auf eine bereits bestehende Gesellschaft („übernehmende Gesellschaft") vor, bei der **Verschmelzung durch Neugründung** wird das Vermögen von zumindest zwei Gesellschaften auf eine neu zu gründende Gesellschaft übertragen. Bei der Verschmelzung durch Aufnahme muss eine Ausgangsgesellschaft bestehen, ebenso eine bereits bestehende Zielgesellschaft („sich verschmelzende Gesellschaften"). Bei der Verschmelzung durch Neugründung werden hingegen mindestens zwei Ausgangsgesellschaften auf eine noch nicht existierende Gesellschaft verschmolzen. Regelungstechnisch verweist Art. 23 Versch-RL für die Verschmelzung durch Neugründung weitgehend auf die Regelungen der Verschmelzung durch Aufnahme[371] und stellt die darin verwendete Terminologie für die Anwendung auf die Verschmelzung durch Neugründung klar. Die neu gegründete Gesellschaft gilt als „übernehmende Gesellschaft", sie ist nicht eine der „sich verschmelzenden Gesellschaften". 150

Gemeinsam sind beiden Arten der Verschmelzung insbesondere die kraft Gesetzes eintretenden **Rechtsfolgen** und gleichzeitig Merkmale dieser Umstrukturierungsmaßnahme (vgl. Art. 19 Abs. 1 Versch-RL[372]): Es kommt jeweils (i) zur **Gesamtrechtsnachfolge** des gesamten Vermögens, dh des Aktiv- und Passivvermögens der übertragenden Gesellschaft(en) auf die übernehmende Gesellschaft, (ii) zum **Erlöschen** der übertragenden Gesellschaft(en) **ohne Abwicklung,** und (iii) zum **Aktientausch,** dh zum Erwerb von Aktien an der übernehmenden Gesellschaft durch die Aktionäre der übertragenden Gesellschaft(en) sowie gegebenenfalls zu einer zusätzlichen **Barzahlung** an diese in Höhe von maximal 10% des Nennbetrags bzw. des rechnerischen Werts der zugeteilten Aktien.[373] Gemäß Art. 19 Abs. 2 Versch-RL ist aber der Aktienerwerb für Anteile, die die übernehmende Gesellschaft bisher gehalten hat, und für eigene Aktien der übertragenden Gesellschaft(en) sowie für Aktien, die durch Dritte auf Rechnung der Gesellschaften gehalten werden, ausgeschlossen,[374] um bei der übernehmenden Gesellschaft im Einklang mit den Regelungen der Kapital-Richtlinie (vgl. Rn. 342ff.) die **Entstehung eigener Aktien** durch die Verschmelzung zu **verhindern.**[375] Inhaber sonstiger **Wertpapiere mit Sonderrechten** (insbesondere Wandel- und Gewinnschuldverschreibungen) haben gemäß Art. 15 Versch-RL im Sinne eines Verwässerungsschutzes[376] einen Anspruch auf Erhalt gleichwertiger Rechte in der übernehmenden Gesellschaft.[377] 151

Neben der Verpflichtung zur Zulassung der beiden Verschmelzungsarten nach Art. 3 und 4 Versch-RL besteht für die **Mitgliedstaaten** auch die **Möglichkeit,** der Verschmel- 152

---

[371] Mangels aufnehmender Gesellschaft, die gerade erst neu gegründet werden muss, wird ausdrücklich nicht auf Art. 8 Versch-RL verwiesen, der den Entfall der obligatorischen HV-Zuständigkeit der aufnehmenden Gesellschaft betrifft (vgl. Rn. 159).

[372] Vgl. § 20 Abs. 1 Nr. 1–3 UmwG; zur Reichweite der Gesamtrechtsnachfolge vgl. EuGH v. 5.3.2015 – C-343/13, BeckRS 2015, 80336 – MCH, wonach die Verpflichtung zur Zahlung einer Geldbuße auf die aufnehmende Gesellschaft übergeht, wenn der Rechtsverstoß durch die übertragende Gesellschaft vor der Verschmelzung stattfand, die (endgültige) Verhängung der Geldbuße jedoch erst nach der Verschmelzung gegen die aufnehmende Gesellschaft stattfindet.

[373] *Grundmann* EuGesR Rn. 879; dazu im Detail *Habersack/Verse* EuGesR § 8 Rn. 8f., 13ff., *Lutter/Bayer/J. Schmidt* EuropUR § 21 Rn. 14ff., 91ff.

[374] Vgl. § 20 Abs. 1 Nr. 3 S. 1 2. HS UmwG, dazu im Detail *Grunewald,* in Lutter, UmwG § 20 Rn. 63ff.

[375] *Habersack/Verse* EuGesR § 8 Rn. 14; *Lutter/Bayer/J. Schmidt* EuropUR § 21 Rn. 95.

[376] Vgl. *Grunewald,* in Lutter, UmwG § 23 Rn. 1.

[377] Dazu im Detail *Lutter/Bayer/J. Schmidt,* EuropUR § 21 Rn. 124ff.; vgl. § 23 UmwG.

zung **gleichgestellte Vorgänge** zu gestatten: Die Mitgliedstaaten dürfen daher (i) gemäß Art. 30 Versch-RL Umstrukturierungsvorgänge im Sinne von Verschmelzungen zur Aufnahme bzw. zur Neugründung, bei denen die Barzahlung über 10% beträgt[378] und daher auch eine Verschmelzung ausschließlich gegen Barabfindung möglich ist,[379] sowie (ii) gemäß Art. 31 Versch-RL verschmelzungsähnliche Vorgänge zulassen, bei denen nicht alle übertragenden Gesellschaften erlöschen.[380] Die Mitgliedstaaten müssen in diesen Fällen aber die Regelungen der Verschmelzungs-Richtlinie anwenden,[381] sodass der einzige rechtliche Unterschied der gleichgestellten Vorgänge zu den Verschmelzungen iSv Art. 2 Versch-RL die fehlende Einführungspflicht der Mitgliedstaaten ist.

153 *ccc) Verschmelzungsverfahren nach dem Europäischen Modell für Strukturmaßnahmen:* Die Verschmelzung führt als einschneidende Strukturmaßnahme mit ihren Rechtsfolgen zu einer **Gefährdung** der **Interessen** der **Gläubiger** und **Aktionäre** der beteiligten Gesellschaften.[382] Die Gläubiger werden mit einem neuen, gegebenenfalls weniger solventen Schuldner und mit konkurrierenden Gläubigern konfrontiert, die Aktionäre sind den Risiken einer Benachteiligung beim Aktientausch durch unangemessen hohe bzw. niedrige Abfindungen sowie einer Anteilsverwässerung ausgesetzt.[383] Die Regelungen der Richtlinie verfolgen insbesondere den **Schutz durch Information**[384] im Sinne eines Informationsmodells, das die Beschaffung, die Prüfung und den Zugang zu den relevanten Informationen gewährleistet, und sehen folgende Schritte für das **Verschmelzungsverfahren** als Kernelemente des „Europäischen Modells für Strukturmaßnahmen" vor:[385] (i) Die Erstellung eines **offenlegungspflichtigen Verschmelzungsplans** (Art. 5, 6 Versch-RL) und von **Verschmelzungsberichten** (Art. 9 Versch-RL) durch die zuständigen Verwaltungs- bzw. Leitungsorgane, (ii) die **Prüfung** des Verschmelzungsplans sowie eine schriftliche Berichterstattung darüber durch **unabhängige Sachverständige** (Art. 10 Versch-RL), (iii) das **Zustimmungserfordernis** der Hauptversammlungen der sich verschmelzenden Gesellschaften (Art. 7, 8 Versch-RL) mit einem umfassenden **Informationsanspruch** der Aktionäre als Grundlage (Art. 11 Versch-RL), sowie (iv) eine staatliche oder notarielle **Kontrolle** der Verschmelzung (Art. 16 Versch-RL). Diese Schritte werden abgesichert durch die **verschuldensabhängige Haftung** von Verwaltungs- bzw. Leitungsorgan und der Sachverständigen (Art. 20, 21 Versch-RL) sowie ergänzt durch die Gläubigerrechte auf

---

[378] Vgl. § 68 Abs. 3 UmwG, der höhere Zuzahlungen als 10 % nicht gestattet, sich allerdings nicht auf freiwillige Zuzahlungen bzw. auf Zuzahlungen zur Nachbesserung in einem Spruchverfahren gemäß § 15 UmwG erstreckt (vgl. ausdrückliche Klarstellung in § 15 Abs. 1 S. 1, 2. Hs. UmwG), dazu *Diekmann,* in Semler/Stengel, UmwG § 68 Rn. 21.

[379] Der in der deutschen Sprachfassung der Versch-RL durchgehend verwendete Begriff *„Zuzahlung"* erweckt den Eindruck, dass eine Verschmelzung ausschließlich gegen Abfindung in Geld und ohne Gewährung von Aktien nicht zulässig sei, aus anderen Sprachfassungen (zB englisch: *„cash payment"*) und dem Fehlen einer Obergrenze lässt sich aber die Zulässigkeit einer solchen Verschmelzungsvariante ableiten, zustimmend *Grundmann* EuGesR Rn. 882; *Habersack/Verse* EuGesR § 8 Rn. 12; *Kalss* JBl 1995, 420 (423ff.); *Lutter/Bayer/J. Schmidt* EuropUR § 21 Rn. 18; aA *Schwarz* EuGesR Rn. 668.

[380] Keine Umsetzung im UmwG; vgl. aber die Teilverschmelzung nach französischem Recht, dazu *Lutter* EuR 1975, 44 (62f.).

[381] Denklogisch zwingend sind aber auf Fälle gemäß Art. 30 Versch-RL die Art. 24–26 Versch-RL über Erleichterungen bei 100%-upstream-Verschmelzungen (vgl. Rn. 167) sowie auf Fälle gemäß Art. 31 Versch-RL der Art. 19 Abs. 1 lit. c Versch-RL, der das Erlöschen der übertragenden Gesellschaften anordnet, nicht anzuwenden.

[382] *Habersack/Verse* EuGesR § 8 Rn. 15; *Kalss,* Verschmelzung – Spaltung – Umwandlung, Vor § 219 AktG Rn. 19.

[383] Zur Problematik der Angemessenheit des Umtauschverhältnisses *Drygala,* in Lutter, UmwG § 5 Rn. 25ff.

[384] Vgl. ErwG 5 Versch-RL.

[385] Vgl. *Grundmann* EuGesR Rn. 888; *Habersack/Verse* EuGesR § 8 Rn. 16; *Lutter/Bayer/J. Schmidt* EuropUR § 21 Rn. 24.

Sicherheitsleistung (Art. 13 Versch-RL) und durch den **Bestandschutz** der wirksam gewordenen Verschmelzung (Art. 22 iVm Art. 17 Versch-RL).

Der in der Verschmelzungs-Richtlinie grundgelegte **Aktionärs- und Gläubigerschutz** ist ein **Mindeststandard,** die Mitgliedstaaten können daher strengere bzw. ergänzende Schutzregelungen vorsehen, zum Beispiel ein Austrittsrecht von Aktionären, die gegen die Verschmelzung stimmen.[386] 154

Zum **Schutz** der **Arbeitnehmerinteressen** beinhaltet die Verschmelzungs-Richtlinie keine eigenständigen Regelungen, sondern verweist in Art. 12 Versch-RL auf die Anwendbarkeit der **Betriebsübergangs-Richtlinie,**[387] die insbesondere anordnet, dass der Betriebsübergang aufgrund einer Verschmelzung keinen Kündigungsgrund darstellt, sowie bestimmte Informations- und Konsultationspflichten festlegt.[388] 155

Die Verwaltungs- bzw. Leitungsorgane der sich verschmelzenden Gesellschaften müssen gemäß Art. 5 Versch-RL einen schriftlichen[389] **Verschmelzungsplan**[390] aufstellen, der bestimmte Mindestangaben gemäß Abs. 2 leg cit zu beinhalten hat, insbesondere die Grunddaten der sich verschmelzenden Gesellschaften,[391] das Umtauschverhältnis der Aktien und gegebenenfalls die Höhe der Barzahlungen an die Aktionäre der übertragenden Gesellschaft(en) sowie den Zeitpunkt der zukünftigen Teilnahme am Bilanzgewinn der übernehmenden Gesellschaft. Der Verschmelzungsplan ist gemäß Art. 6 Versch-RL im Sinne von Art. 3 P-RL (vgl. Rn. 220ff.) spätestens einen Monat[392] vor der jeweils beschließenden Hauptversammlung **offenzulegen,** sodass Aktionäre, Gläubiger und allgemein der Rechtsverkehr von der geplanten Verschmelzung rechtzeitig informiert werden.[393] Alternativ kann die Offenlegungspflicht insbesondere auch durch Veröffentlichung auf den Internetseiten der sich verschmelzenden Gesellschaften erfüllt werden. 156

---

386 *Grundmann* EuGesR Rn. 901; *Lutter/Bayer/J. Schmidt* EuropUR § 21 Rn. 113; vgl. § 15 UmwG, der den Aktionären der übertragenden Gesellschaften einen Anspruch auf Verbesserung des Umtauschverhältnisses durch bare Zuzahlung einräumt, sowie § 29 UmwG, der den gegen die Verschmelzung stimmenden Aktionären der übertragenden Gesellschaften ein Austrittsrecht gegen Barabfindung einräumt, dazu *Kalss,* in Semler/Stengel, UmwG § 29 Rn. 3; zum weiter gehenden Gläubigerschutz vgl. Rn. 163.

387 Richtlinie 2001/23/EG v. 12.3.2001 zur Angleichung der Rechtsvorschriften der Mitgliedstaaten über die Wahrung von Ansprüchen der Arbeitnehmer beim Übergang von Unternehmen, Betrieben oder Unternehmens- oder Betriebsteilen, ABl. 2001 L 82/16, zur Anwendbarkeit vgl. auch die ausdrückliche Regelung in Art. 1 Abs. 1 lit. a Betriebsübergangs-RL.

388 Vgl. *Lutter/Bayer/J. Schmidt* EuropUR § 38 Rn. 30ff., 33ff.; vgl. § 613a BGB zur Umsetzung der Betriebsübergangs-RL, und § 324 UmwG, der dessen Anwendbarkeit auf Verschmelzungen und Spaltungen ausdrücklich klarstellt, vgl. auch § 5 Abs. 1 Nr. 9, Abs. 3 UmwG, die über den Mindeststandard der Versch-RL hinaus die Aufnahme von arbeitnehmerrelevanten Informationen in den Verschmelzungsvertrag und dessen Übermittlung an den Betriebsrat anordnen.

389 Schriftlichkeit iSd Versch-RL bedeutet Textform iSv § 126b BGB und ist nur ein Mindeststandard, vgl. § 6 UmwG, der die notarielle Beurkundung vorsieht, dazu *Lutter/Bayer/J. Schmidt* EuropUR § 21 Rn. 36; vgl. Ö: § 222 AktG, der – trotz missverständlichen Wortlauts – einen Notariatsakt verlangt, dazu *Kalss*, Verschmelzung – Spaltung – Umwandlung, § 222 AktG Rn. 4.

390 Der „Verschmelzungsplan" iSd Versch-RL entspricht dem „Verschmelzungsvertrag" bzw. dem der HV vorgelegten Entwurf dazu im UmwG, dazu *Lutter/Bayer/J. Schmidt* EuropUR § 21 Rn. 35.

391 Dazu gehört aufgrund ausdrücklicher Anordnung in Art. 23 Abs. 1 Uabs. 2 Versch-RL auch die neu gegründete Gesellschaft bei der Verschmelzung durch Neugründung.

392 Gemäß § 61 S. 1 UmwG ist der Verschmelzungsvertrag bzw. sein Entwurf *vor der Einberufung* der jeweiligen HV zum Register einzureichen, sodass diese Regelung aufgrund der – durch das UMAG im Jahr 2005 eingeführten – nur 30-tägigen Einberufungsfrist gemäß § 123 Abs. 1 S. 1 AktG richtlinienwidrig und daher richtlinienkonform so auszulegen ist, dass stets die Monatsfrist gewahrt bleibt, dazu *Lutter/Bayer/J. Schmidt* EuropUR § 21 Rn. 41.

393 Dazu im Detail *Lutter/Bayer/J. Schmidt* EuropUR § 21 Rn. 25ff.; vgl. §§ 4 bis 6, 61 UmwG.

157 Das Verwaltungs- bzw. Leitungsorgan jeder sich verschmelzenden Gesellschaft hat gemäß Art. 9 Versch-RL einen schriftlichen[394] **Verschmelzungsbericht** zu erstellen, der zur besonderen Information der **Aktionäre** über die Angaben im Verschmelzungsplan hinaus dient, diesen rechtlich und wirtschaftlich ausführlich zu begründen und zu erläutern[395] sowie im Kern zu prüfen bzw. darzustellen hat, ob die geplante Verschmelzung im Interesse der Aktionäre der Gesellschaft ist.[396] Der Verschmelzungsbericht ist den Aktionären im Rahmen ihres Informationsanspruchs gemäß Art. 11 Versch-RL (vgl. Rn. 160) zugänglich zu machen. Wesentliche Vermögensveränderungen der sich verschmelzenden Gesellschaften zwischen der Aufstellung des Berichts und den jeweiligen Hauptversammlungen sind gemäß Art. 9 Abs. 2 Versch-RL mitzuteilen.[397] Als Mindeststandard können die Mitgliedstaaten weitergehende Angaben für den Verschmelzungsbericht verlangen,[398] Art. 9 Abs. 3 Versch-RL ermöglicht ihnen aber auch, einen einvernehmlichen Verzicht aller Aktionäre auf den Verschmelzungsbericht zuzulassen, der allerdings bei Publikumsgesellschaften nur schwer realisierbar erscheint.[399]

158 Gemäß Art. 10 Versch-RL haben **unabhängige Sachverständige** den **Verschmelzungsplan**[400] auf Vollständigkeit und Richtigkeit zu **prüfen** und darüber schriftlich den Aktionären der sich verschmelzenden Gesellschaften zu **berichten.** Schwerpunkt der Prüfung ist die zugrunde liegende Bewertung bzw. Bewertungsmethode und die Angemessenheit des Umtauschverhältnisses,[401] zu der die Sachverständigen in ihrem Bericht ein Urteil abzugeben haben.[402] Die Unabhängigkeit der Sachverständigen ist durch ihre mitgliedstaatliche Zulassung bzw. Bestellung zu gewährleisten, die Festlegung der einzelnen Voraussetzungen dazu sowie zur Qualifikation der Sachverständigen obliegt dem nationalen Recht.[403] Grundsätzlich ist für jede sich verschmelzende Gesellschaft eine separate Prüfung durch einen oder mehrere Sachverständige durchzuführen, die Mitgliedstaaten können aber auch die – in diesem Fall zwingend gerichtliche bzw. verwaltungsbehördliche sowie antragsbedürftige – Bestellung eines bzw. mehrerer Sachverständiger für eine gemeinsame Prüfung für alle Gesellschaften zulassen.[404] Art. 10 Abs. 4 Versch-RL ermöglicht parallel zur entsprechenden Regelung für den Verschmelzungsbericht einen einvernehmlichen Verzicht aller Aktionäre auf die Sachverständigenprüfung und -berichterstattung.[405] Bei Durchführung der Prüfung und Berichterstattung gemäß Art. 10 Versch-RL können die Mitgliedstaaten die Wertprüfung für Sacheinlagen, die nach der Kapital-Richtlinie grundsätzlich auch im Rahmen einer Gesellschaftsgründung bzw. einer Kapitalerhöhung zum

---

[394] Schriftlichkeit iSd Versch-RL bedeutet Textform iSv § 126b BGB und ist nur ein Mindeststandard, vgl. § 8 Abs. 1 S. 1 UmwG, der Schriftlichkeit iSv § 126 Abs. 1 BGB anordnet, dazu *Gehling,* in Semler/Stengel, UmwG § 8 Rn. 7.

[395] Zu den konkreten Anforderungen BGH v. 22.5.1989 – II ZR 206/88, BGHZ 107, 296 (302 ff.); *Grundmann* EuGesR Rn. 892; *Lutter/Bayer/J. Schmidt* EuropUR § 21 Rn. 42 f.

[396] Die Versch-RL geht daher von einem separaten Verschmelzungsbericht für jede beteiligte Gesellschaft aus, lässt aber bei Einhaltung der Voraussetzungen wohl auch einen gemeinsamen Bericht der Organe der sich verschmelzenden Gesellschaften zu, dazu *Koppensteiner,* FS Semler, 1993, 485 (490); *Lutter/Bayer/J. Schmidt* EuropUR § 21 Rn. 46; vgl. § 8 Abs. 1 S. 1 2. Hs. UmwG, der diese Möglichkeit ausdrücklich zulässt.

[397] Vgl. § 64 Abs. 1 S. 2–4 UmwG.

[398] *Drygala,* in Lutter, UmwG § 8 Rn. 65; vgl. die inhaltlichen Erweiterungen in § 8 Abs. 1 UmwG.

[399] Vgl. § 8 Abs. 3 UmwG.

[400] Der Verschmelzungsbericht iSv Art. 9 Versch-RL ist nicht Gegenstand der Prüfung, dazu *Drygala,* in Lutter, UmwG § 9 Rn. 13; *Zeidler,* in Semler/Stengel, UmwG § 9 Rn. 18.

[401] Zu den inhaltlichen Anforderungen im Detail *Lutter/Bayer/J. Schmidt* EuropUR § 21 Rn. 52; *Drygala,* in Lutter, UmwG § 9 Rn. 9 ff.

[402] *Grundmann* EuGesR Rn. 894; *Lutter/Bayer/J. Schmidt* EuropUR § 21 Rn. 53.

[403] *Lutter/Bayer/J. Schmidt* EuropUR § 21 Rn. 56.

[404] Vgl. § 10 Abs. 1 S. 2 UmwG, der die Bestellung gemeinsamer Prüfer erlaubt.

[405] Vgl. § 12 Abs. 3 iVm § 8 Abs. 3 UmwG.

Zweck einer Verschmelzung durch Neugründung bzw. durch Aufnahme in der übernehmenden Gesellschaft durchzuführen wäre, gemäß Art. 10 Abs. 5 bzw. Art. 31 Abs. 3 Kapital-RL (vgl. Rn. 330, 363) entfallen lassen oder zumindest die Identität von Gründungs- und Verschmelzungsprüfer zulassen.[406]

Die **Hauptversammlung** jeder sich verschmelzenden Gesellschaft hat zum Zweck des Aktionärsschutzes gemäß Art. 7 Versch-RL ein **Zustimmungsrecht** für die Verschmelzung.[407] Als Grundlagenentscheidung setzt die Zustimmung eine Mehrheit von zwei Drittel oder – wenn mindestens die Hälfte des Grundkapitals vertreten ist – die einfache Mehrheit voraus. Erfordert die Verschmelzung eine Satzungsänderung der aufnehmenden Gesellschaft, sind zusätzlich die entsprechenden nationalen Voraussetzungen für eine Satzungsänderung einzuhalten.[408] Bei einer Verschmelzung durch Neugründung ist die Satzung der neu gegründeten Gesellschaft gemäß Art. 23 Abs. 2 Versch-RL zwingend ebenfalls Gegenstand der Zustimmungsbeschlüsse. Die Mitgliedstaaten können das obligatorische Zustimmungsrecht der Hauptversammlung der übernehmenden Gesellschaft durch das Recht einer Aktionärsminderheit von höchstens 5% des Grundkapitals ersetzen, unter bestimmten Voraussetzungen gemäß Art. 8 Versch-RL eine entsprechende Beschlussfassung zu verlangen.[409] 159

Um den **Aktionären** eine informierte Ausübung ihres Stimmrechts zu ermöglichen, räumt ihnen Art. 11 Versch-RL innerhalb eines Monats vor der jeweiligen Hauptversammlung einen umfassenden **Informationsanspruch** auf **Einsicht** am Satzungssitz[410] und auf **Abschriften** bestimmter Unterlagen zur Beurteilung der Verschmelzung und der sich verschmelzenden Gesellschaften ein, insbesondere von Verschmelzungsplan, -bericht und -prüfungsbericht sowie der Jahresabschlüsse und Geschäftsberichte der Gesellschaften für die letzten drei Geschäftsjahre.[411] Das Recht auf Einsicht und Abschriften kann auch auf elektronischem Weg gewährt werden.[412] 160

Gemäß Art. 16 Versch-RL haben die Mitgliedstaaten die **Wahl,** eine gerichtliche oder verwaltungsbehördliche **Kontrolle** der **Rechtmäßigkeit** der Verschmelzung oder eine **öffentliche,** dh insbesondere notarielle **Beurkundung** der Hauptversammlungsniederschrif- 161

---

[406] Vgl. § 69 Abs. 1 S. 1 2. Hs., S. 4 UmwG (Verschmelzung durch Aufnahme mit Kapitalerhöhung) sowie § 75 Abs. 1 S. 2, Abs. 2 UmwG (Verschmelzung durch Neugründung einer Aktiengesellschaft) für die Zulässigkeit des Verschmelzungsprüfers auch zur aktienrechtlichen Prüfung des Werts der Sacheinlagen sowie zum (teilweisen) Entfall der aktienrechtlichen Wertprüfung der Sacheinlagen, wobei allerdings richtlinienwidrig nicht danach differenziert wird, ob tatsächlich eine Verschmelzungsprüfung stattfindet, sodass der Entfall richtlinienkonform einschränkend auszulegen ist, dazu *Lutter/Bayer/J. Schmidt* EuropUR § 21 Rn. 61 f., 132 f., § 20 Rn. 52, 175.

[407] Vgl. § 13 Abs. 1 UmwG.

[408] Vgl. § 65 Abs. 1 UmwG, der über diesen Mindeststandard der Versch-RL hinausgeht; vgl. auch § 65 Abs. 2 UmwG, der pauschal für jede Aktiengattung einen Sonderbeschluss verlangt, während Art. 7 Abs. 2 Versch-RL dies nur anordnet, wenn die Rechte der Aktionäre einer Gattung durch die Verschmelzung *„beeinträchtigt"* werden.

[409] Keine Umsetzung im UmwG.

[410] Die deutsche Sprachfassung spricht nur von *„Sitz"*, nach anderen Sprachfassungen (zB englisch: *„registered office"*) ist aber der Satzungssitz gemeint, sodass insbesondere auch § 63 Abs. 1 UmwG (*„in dem Geschäftsraum der Gesellschaft"*) richtlinienkonform so auszulegen ist, dass auf den Satzungssitz abzustellen ist, dazu *Lutter/Bayer/J. Schmidt* EuropUR § 21 Rn. 75; iE auch *Diekmann,* in Semler/Stengel, UmwG § 63 Rn. 9; *Simon,* in KK-UmwG, § 63 Rn. 24; aA *Grunewald,* in Lutter, UmwG § 63 Rn. 2.

[411] Vgl. § 63 UmwG; wie für die Offenlegung des Verschmelzungsvertrags gemäß § 61 Abs. 1 UmwG sind auch die relevanten Unterlagen gemäß § 63 Abs. 1 UmwG *ab Einberufung* zur Verfügung zu stellen, sodass diese Regelung aufgrund der – durch das UMAG im Jahr 2005 eingeführten – nur 30-tägigen Einberufungsfrist gemäß § 123 Abs. 1 S. 1 AktG richtlinienwidrig ist und daher richtlinienkonform so auszulegen ist, dass stets die Monatsfrist gewahrt bleibt, dazu *Lutter/Bayer/J. Schmidt* EuropUR § 21 Rn. 74.

[412] Dazu im Detail *Lutter/Bayer/J. Schmidt* EuropUR § 21 Rn. 66 f.

ten und eines gegebenenfalls danach geschlossenen Verschmelzungsvertrags vorzusehen. Entfällt ausnahmsweise das Zustimmungserfordernis iSv Art. 7 Versch-RL, ist der Verschmelzungsplan jedenfalls öffentlich zu beurkunden. Die zur Beurkundung berufene Stelle, dh insbesondere der Notar, ist gemäß Art. 16 Abs. 2 Versch-RL ausdrücklich zur Prüfung der materiellen und formellen Rechtmäßigkeit der Verschmelzung berufen.[413] Als Mindeststandard lässt Art. 16 Versch-RL auch die **Kumulation** von staatlicher Kontrolle und öffentlicher Beurkundung zu.[414]

162 *ddd) Absicherung durch Haftung, Gläubiger- und Bestandschutz:* Art. 20 und 21 Versch-RL verpflichten die Mitgliedstaaten, eine **verschuldensabhängige Haftung** der Mitglieder der **Verwaltungs- oder Leitungsorgane der übertragenden Gesellschaften** sowie der **Sachverständigen,** die die Verschmelzungsprüfung gemäß Art. 10 Versch-RL durchgeführt haben, für die fahrlässige[415] oder vorsätzliche Verletzung ihrer Pflichten, dh insbesondere der Pflichten zur Bereitstellung und Prüfung der relevanten Informationen, vorzusehen. Die Haftung dient in Ergänzung des Informationsmodells dem nachgelagerten Schutz der Aktionäre und soll präventiv eine sorgfaltsgemäße Pflichterfüllung der Organmitglieder und der Sachverständigen fördern.[416] Geschützt und daher anspruchsberechtigt sind ausdrücklich nur die **Aktionäre der übertragenden Gesellschaften,** da diese – wohl aufgrund des Erlöschens der übertragenden Gesellschaften – als besonders schutzwürdig erachtet werden.[417] Über diesen **Mindeststandard** hinaus können die Mitgliedstaaten allerdings weitere Haftungen im Zusammenhang mit Verschmelzungen vorsehen, insbesondere eine Haftung der Organmitglieder der übernehmenden Gesellschaft oder eine Haftung gegenüber den an der Verschmelzung beteiligten Gesellschaften und den Aktionären der übernehmenden Gesellschaft.[418] Die nähere Ausgestaltung der Haftungen, insbesondere zu Verjährung, Beweislastverteilung und Durchsetzung, obliegt dem nationalen Recht, das eine effektive Umsetzung der Haftung gewährleisten muss.[419]

163 Art. 13 Abs. 1 Versch-RL verpflichtet die Mitgliedstaaten, zum Zweck des **Gläubigerschutzes** ein *„angemessenes Schutzsystem"* einzurichten, und räumt dabei grundsätzlich einen weiten Gestaltungsspielraum ein.[420] Zu schützen sind jedenfalls die Gläubiger der sich verschmelzenden Gesellschaften, deren Forderungen vor der Offenlegung des Verschmelzungsplans (vgl. Rn. 156) entstanden, aber zu diesem Zeitpunkt noch nicht fällig[421] geworden sind.

---

[413] *Grundmann* EuGesR Rn. 905.

[414] *Habersack/Verse* EuGesR § 8 Rn. 21; *Lutter/Bayer/J. Schmidt* EuropUR § 21 Rn. 83; vgl. § 6 UmwG und § 130 Abs. 1 AktG, die die notarielle Beurkundung des Verschmelzungsvertrags sowie generell der Hauptversammlungsniederschrift anordnen, sowie zusätzlich die allgemeine gerichtliche Rechtmäßigkeitskontrolle im Registerverfahren zur Eintragung der Verschmelzung im Handelsregister, dazu *Grunewald,* in Lutter, UmwG § 20 Rn. 6; *Schwanna,* in Semler/Stengel, UmwG § 19 Rn. 2ff.

[415] Leichte Fahrlässigkeit reicht bereits aus, dazu *Grundmann* EuGesR Rn. 907.

[416] Vgl. *Habersack/Verse* EuGesR § 8 Rn. 19; *Lutter/Bayer/J. Schmidt* EuropUR § 21 Rn. 105.

[417] *Grundmann* EuGesR Rn. 907.

[418] *Habersack/Verse* EuGesR § 8 Rn. 19f.; *Koppensteiner,* FS Semler, 1993, 485 (492); *Lösekrug,* Die Umsetzung der Kapital-, Verschmelzungs- und Spaltungsrichtlinie der EG in das nationale deutsche Recht, 2004, 282; *Lutter/Bayer/J. Schmidt* EuropUR § 21 Rn. 107; vgl. § 11 Abs. 2 UmwG, der eine Haftung der Verschmelzungsprüfer gegenüber den beteiligten Gesellschaften und ihren Aktionären anordnet; sowie §§ 25–27 UmwG, die eine Haftung auch gegenüber den übertragenden Gesellschaften, deren Forbestand zu diesem Zweck fingiert wird, und deren Gläubigern anordnen sowie die Haftung auf Organmitglieder der übernehmenden Gesellschaft und generell auf Aufsichtsratsmitglieder der beteiligten Gesellschaften erstrecken.

[419] *Habersack/Verse* EuGesR § 8 Rn. 20; *Lutter/Bayer/J. Schmidt* EuropUR § 21 Rn. 108.

[420] Vgl. *Kalss* ZGR 2009, 74 (83); vgl. § 22 Abs. 1 S. 1 UmwG mit 6-monatiger Ausschlussfrist als zulässige Ausgestaltung des angemessenen Schutzsystems bzw. der angemessenen Garantien, dazu *Lutter/Bayer/J. Schmidt* EuropUR § 21 Rn. 121.

[421] Die deutsche Sprachfassung spricht unrichtigerweise von Forderungen, die noch nicht *„erloschen"* sind, nach den anderen Sprachfassungen sowie der parallelen Regelung in Art. 12 Abs. 1 Spalt-

Gläubiger von erst nach diesem Zeitpunkt entstandenen bzw. fällig gewordenen Forderungen gelten als nicht schutzbedürftig, da ihnen die Verschmelzung bekannt sein konnte bzw. sie die Forderungen sofort durchsetzen können, wobei dies auch zu einem unmittelbaren „Vollstreckungsdruck" führen kann.[422] Eine Differenzierung zwischen Gläubigern der übertragenden Gesellschaften und solchen der übernehmenden Gesellschaft ist gemäß Art. 13 Abs. 3 Versch-RL ausdrücklich zulässig.[423] Art. 13 Abs. 2 Versch-RL legt als **Mindeststandard**[424] einen Anspruch der Gläubiger auf *„angemessene Garantien"* für den Fall fest, dass ein solcher Schutz aufgrund der finanziellen Lage der sich verschmelzenden Gesellschaften erforderlich ist[425] und die Gläubiger nicht bereits über eine gleichwertige Garantie verfügen,[426] und konkretisiert diesen als gerichtlich oder verwaltungsbehördlich zu beantragenden Anspruch auf eine **angemessene Sicherheitsleistung**[427] für Gläubiger, die eine Gefährdung der Befriedigung ihrer Forderung durch die Verschmelzung, dh eine Verschlechterung der Durchsetzungswahrscheinlichkeit nach Wirksamkeit der Verschmelzung,[428] **glaubhaft machen**[429] können.[430]

Der **Zeitpunkt** der **Rechtswirksamkeit** der Verschmelzung, an den sich der gesetzliche Eintritt ihrer Rechtsfolgen (vgl. Rn. 151) knüpft, wird gemäß Art. 17 Versch-RL von den Mitgliedstaaten bestimmt.[431] Art. 18 Versch-RL ordnet zur Information des Rechtsverkehrs die **Offenlegung** iSv Art. 3 P-RL (vgl. Rn. 220ff.) der Verschmelzung an, wobei die übernehmende Gesellschaft die Offenlegung auch für die übertragenden Gesellschaften veranlassen kann.[432] **164**

Da die Rückabwicklung einer wirksam gewordenen Verschmelzung („Entschmelzung") mit schwerwiegenden praktischen Problemen verbunden ist,[433] begrenzt Art. 22 Versch-RL mit dem Ziel der Rechtssicherheit für alle Beteiligten und den Rechtsverkehr[434] die Gründe für die Nichtigkeit einer Verschmelzung sowie deren Geltendmachung **(„Bestandschutz").** Verschmelzungen, die iSv Art. 17 Versch-RL rechtswirksam geworden **165**

RL ist aber die *Fälligkeit* relevant, dazu *Grundmann* EuGesR Rn. 902 Fn. 55; *Lutter/Bayer/J. Schmidt* EuropUR § 21 Rn. 118 Fn. 316.

[422] *Grundmann* EuGesR Rn. 902.

[423] § 22 UmwG stellt diese beiden Gläubigergruppen gleich.

[424] BGH v. 18.3.1996 – II ZR 299/94, NJW 1996, 1539; *Grundmann* EuGesR Rn. 902; *Habersack/Verse* EuGesR § 8 Rn. 25; *Kalss* ZGR 2009, 74 (82); *Lutter/Bayer/J. Schmidt* EuropUR § 21 Rn. 120.

[425] Dies ist nicht der Fall, wenn die übernehmende Gesellschaft nach angemessenen Merkmalen des nationalen Rechts als zahlungsfähig gilt, dazu das Ratsprotokoll R/2337/78, S. 2; *Ganske* DB 1981, 1551 (1555); *Kalss* ZGR 2009, 74 (83).

[426] Vgl. § 22 Abs. 2 UmwG.

[427] Es kann sich dabei um einen *ex post* oder *ex ante* wirkenden Anspruch auf Sicherheitsleistung handeln, dazu *Kalss* ZGR 2009, 74 (83).

[428] Vgl. *Grundmann* EuGesR Rn. 902.

[429] In der deutschen Sprachfassung von Art. 13 Abs. 2 Uabs. 2 Versch-RL wird wie in der Parallelregelung in Art. 12 Abs. 2 Uabs. 2 Spalt-RL von *„nachweisen"* gesprochen, aus den anderen Sprachfassungen (zB englisch: *„credibly demonstrate"*) und deren Gleichlauf mit der parallelen Formulierung in Art. 36 Abs. 1 Uabs. 2 S. 2 Kapital-RL, deren deutsche Fassung ebenfalls *„glaubhaft machen"* verwendet, ist zu schließen, dass es sich tatsächlich um „glaubhaft machen" als Mindeststandard handelt.

[430] Vgl. auch die parallele Regelung in Art. 36 Abs. 1 Uabs. 2 S. 2 Kapital-RL zur Sicherstellung von Gläubigern bei einer Kapitalherabsetzung (vgl. Rn. 372).

[431] Vgl. § 20 Abs. 1 iVm § 19 Abs. 1 UmwG, wonach die Rechtswirkungen der Verschmelzung mit der Eintragung der Verschmelzung im Handelsregister des Sitzes der übernehmenden Gesellschaft eintreten, dazu *Grunewald,* in Lutter, UmwG § 20 Rn. 3; *Kübler,* in Semler/Stengel, UmwG § 20 Rn. 5.

[432] Vgl. § 16 Abs. 1, § 19 Abs. 3 UmwG iVm § 10 HGB.

[433] *Grunewald,* in Lutter, UmwG § 20 Rn. 76f.; *Habersack/Verse* EuGesR § 8 Rn. 26; *Kübler,* in Semler/Stengel, UmwG § 20 Rn. 84; *Lutter/Bayer/J. Schmidt* EuropUR § 21 Rn. 99.

[434] Vgl. ErwG 10 Versch-RL.

sind,[435] können daher **materiell** nur aufgrund des Fehlens der Rechtmäßigkeitskontrolle gemäß Art. 16 Versch-RL (vgl. Rn. 161) oder bei Nichtigkeit bzw. Anfechtbarkeit[436] des Zustimmungsbeschlusses einer beteiligten Hauptversammlung (vgl. Rn. 159) sowie unter strengen **prozeduralen Vorgaben,** insbesondere dem Erfordernis einer gerichtlichen oder verwaltungsbehördlichen Entscheidung und der Ausschlussfrist von 6 Monaten ab Wirksamkeit der Verschmelzung, für nichtig erklärt werden. Als Mindeststandard können die Mitgliedstaaten die Nichtigerklärung noch weiter beschränken oder sogar gänzlich ausschließen.[437] Kommt es zur Nichtigerklärung einer Verschmelzung, bleiben zum Schutz des Rechtsverkehrs Verpflichtungen, die zwischen dem Wirksamwerden und der Nichtigerklärung für die übernehmende Gesellschaft begründet wurden, jedenfalls bestehen und haften dafür alle beteiligten Gesellschaften solidarisch. Die Nichtigerklärung einer Verschmelzung aus nicht im – gesellschaftsrechtlichen – Anwendungsbereich der Richtlinie liegenden, dh insbesondere kartellrechtlichen Gründen ist gemäß Art. 22 Abs. 3 Versch-RL von diesen Regelungen nicht betroffen.[438]

166 *eee) Verschmelzungen in der Unternehmensgruppe:* Die Art. 24 bis 29 Versch-RL enthalten für **Verschmelzungen in der Unternehmensgruppe Erleichterungen,** die aber ausschließlich Verschmelzungen von der Tochter- auf die Muttergesellschaft **(„upstream-merger")** betreffen und zwischen der Verschmelzung von 100%-Tochtergesellschaften (Art. 24 bis 26 Versch-RL) und der Verschmelzung von mindestens 90%-Tochtergesellschaften (Art. 27 bis 29 Versch-RL) differenzieren. Grundgedanke für diese Regelungen ist das Ziel einer Vereinfachung und daher Effizienzsteigerung für Verschmelzungen innerhalb von Gruppenstrukturen bei mangelndem (für 100%-Tochtergesellschaften) bzw. auch alternativ zu befriedigendem (für 90%-Tochtergesellschaften) Schutzbedürfnis von Minderheitsaktionären.[439]

167 Für die **Verschmelzung von 100%-Tochtergesellschaften**[440] auf die Muttergesellschaft stellt Art. 24 Versch-RL klar, dass auch diese Verschmelzungskonstellation in den Anwendungsbereich der Richtlinie fällt und die Mitgliedstaaten diesen Vorgang grundsätzlich unter Umsetzung der allgemeinen Regelungen zulassen müssen, obwohl es zu **keinem Aktientausch** kommen kann.[441] Die **zwingend**[442] angeordneten Erleichterungen beste-

---

[435] Für die Nichtigerklärung von Verschmelzungen, die noch nicht iSv Art. 17 Versch-RL rechtswirksam geworden sind, beinhaltet die Richtlinie daher keine harmonisierenden Vorgaben, sodass die Mitgliedstaaten für die entsprechenden Regelungen frei in der Gestaltung sind.

[436] Die Frage der Nichtigkeit bzw. Anfechtbarkeit des HV-Beschlusses richtet sich mangels Harmonsierung ausschließlich nach nationalem Recht.

[437] *Habersack/Verse* EuGesR § 8 Rn. 27; *Lutter/Bayer/J. Schmidt* EuropUR § 21 Rn. 99; vgl. § 20 Abs. 2 UmwG, der in richtlinienkonformer Auslegung die Nichtigerklärung einer eingetragenen Verschmelzung generell ausschließt, dazu *Grunewald,* in Lutter, UmwG § 20 Rn. 76ff.; *Kübler,* in Semler/Stengel, UmwG § 20 Rn. 86; *Lutter/Bayer/J. Schmidt* EuropUR § 21 Rn. 104; *Simon,* in KK-UmwG, § 20 Rn. 52; *Stratz,* in Schmitt/Hörtnagl/Stratz, UmwG/UmwStG, § 20 UmwG Rn. 121f.; aA für eine Entschmelzung mit Wirkung *ex nunc,* die aber nur unter den Voraussetzungen gemäß Art. 22 Versch-RL europarechtskonform zulässig wäre, welche aber nicht entsprechend im UmwG umgesetzt wurden, zB *Kiem,* Die Eintragung der angefochtenen Verschmelzung, 1991, 153ff.; *K. Schmidt* ZIP 1998, 181 (187).

[438] Vgl. *Ganske* DB 1981, 1551 (1556f.); *Lösekrug,* Die Umsetzung der Kapital-, Verschmelzungs- und Spaltungsrichtlinie der EG in das nationale deutsche Recht, 2004, 281; *Lutter/Bayer/J. Schmidt* EuropUR § 21 Rn. 100.

[439] Vgl. *Lutter/Bayer/J. Schmidt* EuropUR § 21 Rn. 134.

[440] Art. 26 Versch-RL (nicht umgesetzt im UmwG) ermöglicht den Mitgliedstaaten, die Erleichterungen auch auf *„wirtschaftliche",* dh teilweise oder vollständig von Dritten auf Rechnung der Muttergesellschaft gehaltene 100%-Beteiligungen anzuwenden, dazu *Lutter/Bayer/J. Schmidt* EuropUR § 21 Rn. 140.

[441] Art. 24 Versch-RL ordnet ausdrücklich die Nichtanwendung von Art. 19 Abs. 1 lit. b Versch-RL an, was aber bereits unmittelbar aus Art. 19 Abs. 2 lit. a Versch-RL folgt, der den Aktientausch für von der übernehmenden Gesellschaft gehaltene Aktien ausschließt (vgl. Rn. 151).

[442] Vgl. zum zwingenden Charakter der Erleichterungen nach der Änderungs-RL 2009/109/EG *Bayer/J. Schmidt* ZIP 2010, 953 (958); *Freytag* BB 2010, 1611 (1613ff.); *Neye/Jäckel* AG 2010, 237 (239f.); *Sandhaus* NZG 2009, 41 (45), *Wagner* DStR 2010, 1629 (1632f.).

hen im Wegfall bestimmter Angaben im Verschmelzungsplan, dem Unterbleiben von Verschmelzungsbericht und -prüfung sowie der entsprechenden Beschränkung der Informationen gemäß Art. 11 Versch-RL und der Haftungsregelungen. Das Zustimmungsrecht iSv Art. 7 (vgl. Rn. 159) entfällt gemäß Art. 25 Versch-RL unter Einhaltung bestimmter Bedingungen, insbesondere des Bestehens eines Minderheitenrechts in der übernehmenden Gesellschaft auf Herbeiführung der Beschlussfassung.[443]

Für die **Verschmelzung einer mindestens 90%-Tochtergesellschaft**[444] auf die Muttergesellschaft sieht Art. 27 Versch-RL den Entfall des Zustimmungsrechts der Hauptversammlung der aufnehmenden (Mutter-)Gesellschaft unter denselben Bedingungen wie gemäß Art. 25 Versch-RL vor.[445] Das Zustimmungsrecht der – sich auch aus Minderheitsaktionären zusammensetzenden – Hauptversammlungen der übertragenden (Tochter-)Gesellschaften bleibt bestehen. Die Erleichterungen gemäß Art. 28 Abs. 1 Versch-RL entsprechen denen einer Verschmelzung einer 100%-Tochtergesellschaft, als Ausgleich muss den Minderheitsaktionären der Tochtergesellschaften aber ein Andienungsrecht, dh ein Anspruch auf Ausscheiden gegen Abfindung eingeräumt werden **(„sell-out“)**.[446] Alternativ zu diesen Erleichterungen mit obligatorischem Andienungsrecht der Minderheitsaktionäre können die Mitgliedstaaten der übernehmenden (Mutter-)Gesellschaft gemäß Art. 28 Abs. 2 Versch-RL das Recht einräumen (Wahlrecht des Mitgliedstaats), die Anteile der Minderheitsaktionäre ohne vorheriges öffentliches Übernahmeangebot zu einem angemessenen Preis zu übernehmen (verschmelzungsrechtlicher **„Squeeze-out“**).[447] 168

bb) Innerstaatliche Spaltung: *aaa) Grundlagen und Anwendungsbereich:* Die **Spaltungs-Richtlinie**[448] („Spalt-RL“) legt einen Rechtsrahmen für innerstaatliche Spaltungen von Aktiengesellschaften fest und folgt mit ihren Regelungsinstrumenten dem in der Verschmelzungs-Richtlinie grundgelegten ***„Europäischen Modell für Strukturmaßnahmen“***.[449] Die Spaltungs-Richtlinie ergänzt die Verschmelzungs-Richtlinie[450] für die Umstrukturierungsmaßnahme der Spaltung, die in ihren Rechtsfolgen und dem Gefährdungspotential für Aktionäre und Gläubiger eng mit der Verschmelzung verwandt ist, und dient auch dem Schutz vor Umgehungen der Verschmelzungs-Richtlinie.[451] Die Spaltung unterscheidet sich von der Verschmelzung durch die Aufteilung des Vermögens, insbesondere auch der Gläubigerpositionen, und der Aktionäre der gespaltenen Gesellschaft auf 169

---

443 Vgl. § 62 Abs. 4 UmwG; allgemein zu den Erleichterungen im Detail *Lutter/Bayer/J. Schmidt* EuropUR § 21 Rn. 135 ff. und zu der Umsetzung im UmwG Rn. 141.

444 Art. 29 Versch-RL (nicht umgesetzt im UmwG) ermöglicht den Mitgliedstaaten, die Erleichterungen auch auf *„wirtschaftliche“*, dh teilweise oder vollständig von Dritten auf Rechnung der Muttergesellschaft gehaltene, mindestens 90%-Beteiligungen anzuwenden, dazu *Lutter/Bayer/J. Schmidt* EuropUR § 21 Rn. 142.

445 Vgl. § 62 Abs. 1–3 UmwG.

446 Dazu im Detail *Kalss* JBl 1995, 420 (426 ff.).

447 Vgl. § 62 Abs. 5 UmwG.

448 Sechste Gesellschaftsrechtliche Richtlinie 82/891/EWG v. 17.12.1982 betreffend die Spaltung von Aktiengesellschaften, ABl. 1982 L 378/47, die durch das EWR-Abkommen, Anhang XXII, Nr. 5 (ABl. 1994 L 1/3) in ihrem Anwendungsbereich auf EWR-Staaten ausgedehnt und durch die Änderungs-RL 2007/63/EG v. 13.11.2007 und die Änderungs-RL 2009/109/EG v. 16.9.2009 abgeändert wurde.

449 Vgl. *Hommelhoff/Riesenhuber,* in Grundmann, Systembildung und Systemlücken in Kerngebieten des europäischen Privatrechts, 2000, 259 (270, 272 ff.); *Lutter/Bayer/J. Schmidt* EuropUR § 22 Rn. 2.

450 Die Spaltung sollte ursprünglich als verschmelzungsähnlicher Vorgang (vgl. Rn. 152 zur Gleichstellung solcher Vorgänge in der Versch-RL) in der Verschmelzungs-RL geregelt werden, wurde dann aber aus dem Entwurf entfernt und einer eigenständigen Regelung vorbehalten, dazu *Grundmann* EuGesR Rn. 874; *Lösekrug,* Die Umsetzung der Kapital-, Verschmelzungs und Spaltungsrichtlinie der EG in das nationale deutsche Recht, 2004, 313; *Lutter/Bayer/J. Schmidt* EuropUR § 22 Rn. 1.

451 Vgl. *Grundmann* EuGesR Rn. 874 Fn. 14 mwN; *Habersack/Verse* EuGesR § 8 Rn. 28; *Lutter/Bayer/J. Schmidt* EuropUR § 22 Rn. 2.

mehrere begünstigte Gesellschaften und beinhaltet daher ein erhöhtes Gefährdungspotential für Gläubiger und Aktionäre (vgl. Rn. 175).[452] Die Regelungen und Schutzmechanismen der Spaltungs-Richtlinie stimmen zwar **weitgehend** mit denjenigen der **Verschmelzungs-Richtlinie** überein oder verweisen auf diese, beinhalten aber abweichend dazu auch **notwendige Anpassungen** an die Spaltung.[453] Im Gegensatz zur Verschmelzungs-Richtlinie enthält die Spaltungs-Richtlinie **keine Verpflichtung** der Mitgliedstaaten zur Einführung des Umstrukturierungsinstruments der **Spaltung,** sondern ordnet sie die Anwendung harmonisierter Regelungen ausschließlich in den Fällen an, in denen die Mitgliedstaaten die Spaltung im Anwendungsbereich der Richtlinie tatsächlich zulassen.[454]

170 Die Spaltungs-Richtlinie verweist für ihren **Anwendungsbereich** auf die entsprechenden Bestimmungen der **Verschmelzungs-Richtlinie**, dh auf die dort abschließend aufgezählten, nach dem Recht eines Mitgliedstaats wirksam gegründeten Aktiengesellschaften (vgl. Rn. 149)[455] und beschränkt diesen gemäß Art. 1 Abs. 1 Spalt-RL ebenfalls auf **innerstaatliche Spaltungsvorgänge** unter Beteiligung ausschließlich von Gesellschaften, die dem gleichen Gesellschaftsstatut unterliegen.[456]

171 *bbb) Spaltungsarten und Rechtsfolgen:* Die Spaltungs-Richtlinie sieht zwei Arten der Spaltung vor, die in Art. 2 und Art. 21 Spalt-RL legaldefiniert werden: Die **Spaltung durch Übernahme** sieht den Übergang des gesamten Vermögens von einer Gesellschaft („gespaltene Gesellschaft") auf zwei oder mehrere Gesellschaften („begünstigte Gesellschaften") vor, bei der **Spaltung durch Neugründung** wird das Vermögen einer Gesellschaft auf zwei oder mehrere neu zu gründende Gesellschaften übertragen.[457] In allen Fällen bestehen nur eine Ausgangsgesellschaft und mindestens zwei Zielgesellschaften, die je nach Art der Spaltung bereits bestehen oder neu gegründet werden müssen. Gemäß Art. 1 Abs. 3 Spalt-RL kann eine Spaltung auch in Form einer **Kombination** der beiden Arten durchgeführt werden, sodass das Vermögen der gespaltenen Gesellschaft auf bereits bestehende und auf neu gegründete Gesellschaften aufgeteilt wird.[458] Regelungstechnisch verweist Art. 22 Abs. 1 Spalt-RL für die Spaltung durch Neugründung weitgehend auf die Regelungen der Spaltung durch Übernahme (Art. 3–5, 7–19 Spalt-RL)[459] und stellt die darin verwendete Terminologie für die Anwendung auf die Spaltung durch Neugründung

---

[452] Vgl. *Grundmann* EuGesR Rn. 909, 912; *Habersack/Verse* EuGesR § 8 Rn. 45; *Kalss*, Verschmelzung – Spaltung – Umwandlung, Vor § 1 SpaltG Rn. 11 ff., 18; *Lutter/Bayer/J. Schmidt* EuropUR § 22 Rn. 82, 87.

[453] Vgl. *Grundmann* EuGesR Rn. 909 mit grafischer Übersicht zu Parallelen und punktuellen Unterschieden zwischen Versch-RL und Spalt-RL; *Habersack/Verse* EuGesR § 8 Rn. 29; *Lutter/Bayer/J. Schmidt* EuropUR § 22 Rn. 2; vgl. § 125 S. 1 UmwG, der weitgehend die Anwendung der Regelungen für die Verschmelzung auf die Spaltung anordnet.

[454] Art. 1, ErwG 5 Spalt-RL; vgl. *Grundmann* EuGesR Rn. 884; *Habersack/Verse* EuGesR § 8 Rn. 28; *Hommelhoff/Riesenhuber,* in Grundmann, Systembildung und Systemlücken in Kerngebieten des europäischen Privatrechts, 2000, 259 (267); *Kalss,* Verschmelzung – Spaltung – Umwandlung, Vor § 1 SpaltG Rn. 9; *Lutter/Bayer/J. Schmidt* EuropUR § 22 Rn. 3.

[455] Art. 1 Abs. 1 Spalt-RL verweist auf Art. 1 Abs. 1 Versch-RL, Art. 1 Abs. 4 und Art. 2 Abs. 2 Spalt-RL verweisen auf Art. 1 Abs. 2, 3 und Art. 3 Abs. 2 Versch-RL.

[456] *Habersack/Verse* EuGesR § 8 Rn. 29; *Lutter/Bayer/J. Schmidt* EuropUR § 22 Rn. 7; für grenzüberschreitende Spaltungen besteht kein Sekundärrecht, nach dem Aktionsplan 2012 prüft die Kommission allerdings den Bedarf nach einem entsprechenden Rechtsrahmen (vgl. Rn. 143), darüber hinaus ist die Schutzwirkung der Niederlassungsfreiheit auf grenzüberschreitende Spaltungen zu beachten (vgl. Rn. 136).

[457] § 123 Abs. 1 UmwG bezeichnet diese Spaltungsvarianten als *„Aufspaltung",* da das gesamte Vermögen übertragen wird.

[458] Vgl. § 123 Abs. 4 UmwG.

[459] Nicht verwiesen wird auf Art. 6 (Entfall des Zustimmungsrechts der begünstigten Gesellschaften) und Art. 20 Spalt-RL (Erleichterung für 100%-upstream-Spaltung), da es bei der Spaltung durch Neugründung keine begünstigten Gesellschaften mit Zustimmungsrecht oder mit Anteilen an der gespaltenen Gesellschaft geben kann.

klar, bei der die neu gegründeten Gesellschaften als „begünstigte Gesellschaften" gelten, die „an der Spaltung beteiligten Gesellschaften" aber nur die gespaltene Gesellschaft bezeichnen.

Gemeinsam sind beiden Arten der Spaltung die gesetzlich eintretenden **Rechtsfolgen** und gleichzeitig Merkmale dieser Umstrukturierungsmaßnahme (vgl. Art. 17 Abs. 1 Spalt-RL[460]):[461] Es kommt (i) zur **Übertragung** des gesamten Aktiv- und Passivvermögens der gespaltenen Gesellschaft auf die begünstigten Gesellschaften. Im Gegensatz zur Verschmelzung geht das Vermögen der gespaltenen Gesellschaft nicht einheitlich auf eine einzelne Zielgesellschaft über, sondern ist es zwischen mehreren begünstigten Gesellschaften als Rechtsnachfolger aufzuteilen. Die genaue **Aufteilung** der Vermögensgegenstände richtet sich primär nach dem **Spaltungsplan**, der dazu grundsätzlich keinen Vorgaben unterliegt, dh frei in der Zuteilung der einzelnen Vermögensgegenstände ist **(„Spaltungsfreiheit").**[462] Subsidiär greift die **Auffangregelung** gemäß Art. 3 Abs. 3 Spalt-RL, die für Aktiva eine dem jeweils tatsächlich zugeteilten Nettoaktivvermögen verhältnismäßig entsprechende Aufteilung sowie für Passiva eine unbeschränkte Haftung aller begünstigten Gesellschaften vorsieht, wenn die Mitgliedstaaten die Haftung nicht auf das jeweils übernommene Nettoaktivvermögen beschränken.[463] Die einzelnen Vermögensteile gehen in Form einer **„partiellen Gesamtrechtsnachfolge"** auf die so festgelegten Zielgesellschaften über, die ausschließlich die ihnen derart zugewiesenen Vermögensgegenstände übernehmen.[464] Die Spaltung führt (ii) zum **Erlöschen** der gespaltenen Gesellschaft **ohne Abwicklung,** und (iii) zum **Aktientausch,** dh zum Erwerb von Aktien an den begünstigten Gesellschaften durch die Aktionäre der gespaltenen Gesellschaft sowie gegebenenfalls zu einer zusätzlichen **Barzahlung** an diese in Höhe von maximal 10% des Nennbetrags bzw. des rechnerischen Werts der zugeteilten Aktien. Gemäß Art. 17 Abs. 2 Spalt-RL ist aber der Aktienerwerb für Anteile, die eine begünstigte Gesellschaft bisher gehalten hat, und für eigene Aktien der gespaltenen Gesellschaft sowie für Aktien, die durch Dritte auf Rechnung der Gesellschaften gehalten werden, ausgeschlossen,[465] um bei den begünstigten Gesellschaften im Einklang mit den Regelungen der Kapital-Richtlinie (vgl. Rn. 342 ff.) die **Entstehung eigener Aktien** durch die Spaltung zu **verhindern.**[466] Inhaber sonstiger **Wertpapiere mit Sonderrechten** (insbesondere Wandel- und Gewinnschuldverschreibungen) haben gemäß Art. 13 Spalt-RL im Sinne eines Verwässerungsschutzes einen Anspruch auf Erhalt gleichwertiger Rechte in den begünstigten Gesellschaften.[467] 172

Für den Aktientausch bei der Spaltung stellt sich abweichend von der Verschmelzung aufgrund der Mehrzahl an begünstigten Nachfolgegesellschaften die Frage, in welchem Verhältnis die Aktionäre der gespaltenen Gesellschaft an den begünstigten Gesellschaften beteiligt werden sollen. Die Spaltungs-Richtlinie regelt sowohl die **verhältniswahrende Spaltung,** bei der die Aktionäre im Verhältnis ihrer bisherigen Anteile an allen begünstigten Gesellschaften beteiligt werden, als auch die **nicht-verhältniswahrende Spaltung,** bei der 173

---

[460] Vgl. § 131 Abs. 1 Nr. 1–3 UmwG.

[461] *Grundmann* EuGesR Rn. 884; dazu im Detail *Habersack/Verse* EuGesR § 8 Rn. 35 ff.; *Lutter/Bayer/J. Schmidt* EuropUR § 22 Rn. 68 ff.

[462] Vgl. aber die Beschränkung für Arbeitsverhältnisse nach der Betriebsübergangs-RL (vgl. Rn. 155) sowie Grenzen der Übertrag- bzw. Aufteilbarkeit nach nationalem Recht, dazu *Habersack/Verse* EuGesR § 8 Rn. 36; *Lutter/Bayer/J. Schmidt* EuropUR § 22 Rn. 28.

[463] *Lutter/Bayer/J. Schmidt* EuropUR § 22 Rn. 29; vgl. § 131 Abs. 3 UmwG (Aktiva), § 133 Abs. 1 S. 1 UmwG (generell unbeschränkte Haftung der begünstigten Gesellschaften für Passiva).

[464] *Habersack/Verse* EuGesR § 8 Rn. 35; vgl. zur partiellen Gesamtrechtsnachfolge *A. Teichmann,* in Lutter, UmwG § 123 Rn. 4 ff.

[465] Vgl. § 131 Abs. 1 Nr. 3 S. 1 2. Hs UmwG, dazu *Kübler,* in Semler/Stengel, UmwG § 131 Rn. 60.

[466] *Lutter/Bayer/J. Schmidt* EuropUR § 22 Rn. 72.

[467] *Lutter/Bayer/J. Schmidt* EuropUR § 22 Rn. 101; vgl. § 125 S. 1 UmwG, der ua auf § 23 UmwG verweist; vgl. Art. 15 Versch-RL.

sich die Beteiligungsverhältnisse verschieben.[468] Die Mitgliedstaaten, die im Anwendungsbereich der Richtlinie Spaltungen zulassen, müssen beide Varianten ermöglichen.[469] Auch eine **„Spaltung zu Null"** ist als nicht-verhältniswahrende Spaltung zuzulassen, bei der Aktionäre nur an einer der begünstigten Gesellschaften Anteile erhalten, sodass eine Trennung von Gesellschaftergruppen ermöglicht wird.[470] Art. 5 Abs. 2 Spalt-RL gestattet den Mitgliedstaaten für die Fälle einer nicht-verhältniswahrenden Spaltung ausdrücklich die **Option,** den Minderheitsaktionären ein **sell-out-Recht,** dh einen Anspruch auf Austritt gegen eine dem Wert der Aktien entsprechende Abfindung einzuräumen.[471] Die Mitgliedstaaten können aber auch weiter gehende Regelungen zum Schutz von Minderheitsaktionären vorsehen.[472] Unabhängig von der Frage, ob im konkreten Fall eine nicht-verhältniswahrende Spaltung vorliegt, haben die Aktionäre durch ihnen zugewiesene Aktien und gegebenenfalls eine Barzahlung stets eine angemessene Gegenleistung für den Verlust ihrer Aktien an der gespaltenen Gesellschaft zu erhalten.[473]

174 Neben den beiden Spaltungsarten iSv Art. 2 und Art. 21 Spalt-RL können die Mitgliedstaaten bestimmte, der Spaltung **gleichgestellte Vorgänge** gestatten und daher (i) gemäß Art. 24 Spalt-RL Umstrukturierungsmaßnahmen im Sinne von Spaltungen durch Übernahme bzw. durch Neugründung, bei denen die **Barzahlung über 10 %** beträgt[474] und daher auch eine Spaltung ausschließlich gegen Barabfindung möglich ist,[475] sowie (ii) gemäß Art. 25 Spalt-RL spaltungsähnliche Vorgänge zulassen, bei denen die gespaltene Gesellschaft nicht erlischt, sondern mit ihren Aktionären[476] und einem Teil ihres Vermögens fortbesteht **(„Abspaltung"[477]).**[478] Zum Schutz vor Umgehungen müssen die Mitgliedstaa-

---

[468] Dazu *Kalss,* Verschmelzung – Spaltung – Umwandlung, § 9 SpaltG Rn. 8; *Schröer,* in Semler/Stengel, UmwG § 128 Rn. 5 ff.

[469] *Habersack/Verse* EuGesR § 8 Rn. 37; *Lutter/Bayer/J. Schmidt* EuropUR § 22 Rn. 16.

[470] Vgl. Art. 17 Abs. 1 lit. b Spalt-RL *(„[...] einer oder mehrerer begünstigter Gesellschaften");* dazu *Habersack/Verse* EuGesR § 8 Rn. 37; *Lutter/Bayer/J. Schmidt* EuropUR § 22 Rn. 16.

[471] Vgl. Ö: § 9 SpaltG, dazu *Kalss,* Verschmelzung – Spaltung – Umwandlung, § 9 SpaltG Rn. 1 ff. (1).

[472] *Habersack/Verse* EuGesR § 8 Rn. 37; *Lösekrug,* Die Umsetzung der Kapital-, Verschmelzungs und Spaltungsrichtlinie der EG in das nationale deutsche Recht, 2004, 331 f.; *Lutter/Bayer/J. Schmidt* EuropUR § 22 Rn. 83; vgl. § 128 S. 1 UmwG, der für die Fälle einer nicht-verhältnismäßigen Spaltung die Zustimmung aller Aktionäre der gespaltenen Gesellschaft verlangt, dh jedem (Minderheits-) Aktionär ein Vetorecht dafür einräumt, eine nicht-verhältnismäßige Spaltung erscheint daher bei einem größeren Aktionärskreis bzw. bei Publikums-AG in der Praxis nur schwer verwirklichbar, ein Verstoß gegen die Spalt-RL liegt dadurch aber nicht vor, da diese die Einführung der (nicht-verhältniswahrenden) Spaltung nicht verlangt, dazu *Grundmann* EuGesR Rn. 916; *Priester,* in Lutter, UmwG § 128 Rn. 1.

[473] *Habersack/Verse* EuGesR § 8 Rn. 37.

[474] Vgl. § 125 S. 1 iVm § 68 Abs. 3 UmwG, der höhere Zuzahlungen als 10% nicht gestattet, sich allerdings nicht auf freiwillige Zuzahlungen bzw. auf Zuzahlungen zur Nachbesserung in einem Spruchverfahren gemäß § 15 UmwG bezieht (vgl. ausdrückliche Klarstellung in § 15 Abs. 1 S. 1, 2. Hs UmwG), dazu *Diekmann,* in Semler/Stengel, UmwG § 68 Rn. 21; vgl. *Lutter/Bayer/J. Schmidt* EuropUR § 22 Rn. 22.

[475] Parallel zur Verschmelzung (vgl. Rn. 152) erweckt der in der deutschen Sprachfassung der Spalt-RL durchgehend verwendete Begriff *„Zuzahlung"* den Eindruck, dass eine Spaltung ausschließlich gegen Abfindung in Geld und ohne Gewährung von Aktien nicht zulässig sei, aus anderen Sprachfassungen (zB englisch: *„cash payment"*) und dem Fehlen einer Obergrenze lässt sich aber die Zulässigkeit einer solchen Spaltungsvariante ableiten, iE *Grundmann* EuGesR Rn. 885; *Lutter/Bayer/J. Schmidt* EuropUR § 22 Rn. 14.

[476] In diesem Fall kommt es nicht zu einem Aktien*tausch,* sondern die Aktionäre der gespaltenen Gesellschaft erhalten *zusätzlich* Aktien an den begünstigten Gesellschaften, dazu *Habersack/Verse* EuGesR § 8 Rn. 39.

[477] Vgl. die Abspaltung gemäß § 123 Abs. 2 UmwG.

[478] *Gehling,* in Semler/Stengel, UmwG § 127 Rn. 4; *Habersack/Verse* EuGesR § 8 Rn. 39; *Kalss,* Verschmelzung – Spaltung – Umwandlung, § 1 SpaltG Rn. 1; *A. Teichmann,* in Lutter, UmwG § 123 Rn. 3; aA *Lutter/Bayer/J. Schmidt* EuropUR § 22 Rn. 19 mwN, die unter Berufung auf die Legalde-

ten die Regelungen der Spaltungs-Richtlinie auch in diesen Fällen anwenden.[479] Im Gegensatz zur Rechtslage nach der Verschmelzungs-Richtlinie (vgl. Rn. 152) besteht zwischen Spaltungen iSv Art. 2 und Art. 21 Spalt-RL und den gemäß Art. 24, 25 Spalt-RL gleichgestellten Vorgängen kein Unterschied im Sinne einer Einführungspflicht, da die Mitgliedstaaten für alle von der Spaltungs-Richtlinie erfassten Spaltungsvarianten frei entscheiden, ob sie diese nach nationalem Recht zulassen oder nicht.[480] Darüber hinaus ist die Spaltungs-Richtlinie **keine abschließende Regelung** spaltungsähnlicher Vorgänge, sodass die Mitgliedstaaten andere Umstrukturierungsmaßnahmen mit vergleichbarer Wirkung vorsehen können, die aber nicht im Anwendungsbereich der Spaltungs-Richtlinie liegen und auf diese daher die harmonisierten Regelungen nicht angewendet werden müssen.[481]

ccc) Spaltungsverfahren nach dem Europäischen Modell für Strukturmaßnahmen: Die Spaltung 175
führt als einschneidende Strukturmaßnahme mit ihren Rechtsfolgen zu einer Gefährdung der Interessen der Gläubiger und Aktionäre der beteiligten Gesellschaften. Im Vergleich zur Verschmelzung kann die Spaltung insbesondere zur Schaffung kleinerer, dh auch übernahmegefährderter Gesellschaften mit geminderter Ertragskraft sowie zu einer ungleichmäßigen Vermögensaufteilung (vgl. Rn. 172 zur Spaltungsfreiheit) und Beteiligungszuordnung (vgl. Rn. 173 zur nicht-verhältniswahrenden Spaltung) führen, wodurch ein **erhöhtes Gefährdungspotential für Aktionäre und Gläubiger** geschaffen wird.[482] Gläubiger sind insbesondere – ohne Einfluss auf die konkrete Aufteilung des Vermögens der gespaltenen Gesellschaft – der Gefahr ausgesetzt, einer Gesellschaft zugeteilt zu werden bzw. dort bereits Gläubiger zu sein, der im Rahmen der Spaltung nicht auch entsprechende Aktiva zugeteilt werden, wodurch ein erweiterter Gläubigerschutz gerechtfertigt ist (vgl. Rn. 180).

Die Spaltungs-Richtlinie verfolgt insbesondere den **Schutz durch Information** im 176
Sinne eines Informationsmodells, das die Beschaffung, die Prüfung und den Zugang zu den relevanten Informationen gewährleistet, folgt dem durch die Verschmelzungs-Richtlinie vorgegebenen „Europäischen Modell für Strukturmaßnahmen“[483] und sieht folgende Schritte für das **Spaltungsverfahren** vor: (i) Die Erstellung eines **offenlegungspflichtigen Spaltungsplans** (Art. 3, 4 Spalt-RL) und von **Spaltungsberichten** (Art. 7 Spalt-RL) durch die zuständigen Verwaltungs- bzw. Leitungsorgane, (ii) die **Prüfung** des Spaltungsplans sowie eine schriftliche Berichterstattung darüber durch **unabhängige Sachverständige,** (Art. 8 Spalt-RL) (iii) das **Zustimmungserfordernis** der Hauptversammlungen der an der Spaltung beteiligten Gesellschaften (Art. 5, 6 Spalt-RL) mit einem umfassenden **Informationsanspruch** der Aktionäre als Grundlage (Art. 9 Spalt-RL), sowie (iv) eine staatliche oder notarielle **Kontrolle** der Spaltung (Art. 14 Spalt-RL). Diese Schritte werden abgesichert durch die **verschuldensabhängige Haftung** von Verwaltungs- bzw. Leitungsorgan und der Sachverständigen (Art. 18 Spalt-RL) sowie ergänzt durch Regelungen zum **Gläubigerschutz** (Art. 12 Spalt-RL), einem optionalen besonderen Schutz von **Minderheitsaktionären** bei der nicht-verhältniswahrenden Spaltung (Art. 5 Abs. 2 Spalt-RL, vgl. Rn. 173) und durch den **Bestandschutz** der wirksam gewordenen Spaltung (Art. 19 iVm Art. 15 Spalt-RL).

---

finitionen in Art. 2 Abs. 1 bzw. Art. 21 Abs. 1 Spalt-RL die Übertragung des *gesamten Vermögens* als unverzichtbaren Bestandteil auch eines spaltungsähnlichen Vorgangs gemäß Art. 25 Spalt-RL sehen.

[479] Denklogisch zwingend ist aber Art. 17 Abs. 1 lit. c Spalt-RL, der das Erlöschen der gespaltenen Gesellschaft anordnet, auf Fälle gemäß Art. 25 Spalt-RL nicht anzuwenden.

[480] Vgl. *Grundmann* EuGesR Rn. 885.

[481] *Habersack/Verse* EuGesR § 8 Rn. 41; *Lösekrug,* Die Umsetzung der Kapital-, Verschmelzungs und Spaltungsrichtlinie der EG in das nationale deutsche Recht, 2004, 390 f.; *Lutter/Bayer/J. Schmidt* EuropUR § 22 Rn. 19; vgl. die Ausgliederung gemäß § 123 Abs. 3 UmwG, dazu *Gehling,* in Semler/Stengel, UmwG § 127 Rn. 4; *A. Teichmann,* in Lutter, UmwG § 123 Rn. 3.

[482] Vgl. *Grundmann* EuGesR Rn. 909, 912; *Habersack/Verse* EuGesR § 8 Rn. 45; *Kalss,* Verschmelzung – Spaltung – Umwandlung, Vor § 1 SpaltG Rn. 12, 18; *Lutter/Bayer/J. Schmidt* EuropUR § 22 Rn. 82, 87.

[483] *Lutter/Bayer/J. Schmidt* EuropUR § 22 Rn. 23.

177 *ddd) Besonderheiten der Spaltung im Vergleich zur Verschmelzung:* Das **Spaltungsverfahren** und die sonstigen Regelungen zum **Schutz der Aktionäre**, **Gläubiger** und **Arbeitnehmer**[484] stimmen mit den entsprechenden Regelungen der **Verschmelzungs-Richtlinie** weitgehend überein (vgl. Rn. 153 ff.), im Folgenden wird daher nur auf die wesentlichen Unterschiede zu den verschmelzungsrechtlichen Bestimmungen hingewiesen.[485]

178 Der **Spaltungsplan** muss als **spaltungsspezifische Angaben** gemäß Art. 3 Abs. 2 lit. h und i Spalt-RL die Aufteilung des Vermögens der gespaltenen Gesellschaft, dh der einzelnen Aktiva und Passiva auf die begünstigten Gesellschaften (vgl. Rn. 172) sowie die Zuteilung von Aktien an den begünstigten Gesellschaften an die Aktionäre der gespaltenen Gesellschaft (vgl. 173) enthalten.[486]

179 Für die **verhältniswahrende Spaltung durch Neugründung** sieht Art. 22 Abs. 5 Spalt-RL zwingend den Entfall der Pflichten zur Erstellung eines Spaltungsberichts durch die zuständigen Organe gemäß Art. 7 Spalt-RL und zur Prüfung und Berichterstattung durch Sachverständige gemäß Art. 8 Spalt-RL vor, da in diesen Fällen eine Erläuterung und Prüfung des unveränderten, an allen begünstigten Gesellschaften bestehenden Beteiligungsverhältnisses und eine entsprechende Unternehmensbewertung nicht erforderlich sind.[487]

180 Das erhöhte Gefährdungspotential für Gläubiger aufgrund der Spaltungsfreiheit bei der Aufteilung des Vermögens auf die begünstigten Gesellschaften (vgl. Rn. 175) rechtfertigt einen im Vergleich zur Verschmelzungs-Richtlinie **erweiterten Gläubigerschutzstandard.**[488] Parallel zu Art. 13 Abs. 1 Versch-RL (vgl. Rn. 163) verpflichtet Art. 12 Abs. 1 Spalt-RL die Mitgliedstaaten zur Einrichtung eines *„angemessenen Schutzsystems"* für die Gläubiger der an der Spaltung beteiligten Gesellschaften, deren Forderungen vor der Offenlegung des Spaltungsplans entstanden, aber zu diesem Zeitpunkt noch nicht fällig geworden sind. Eine Differenzierung zwischen Gläubigern der gespaltenen Gesellschaft und solchen der begünstigten Gesellschaften ist gemäß Art. 12 Abs. 4 Spalt-RL, der auf Art. 13 Abs. 3 Versch-RL verweist, ausdrücklich zulässig und wird auch von der Spaltungs-Richtlinie vorgenommen, die drei Gestaltungsvarianten als **Mindeststandard** skizziert: Das Schutzsystem kann daher (i) gemäß Art. 12 Abs. 2 Spalt-RL[489] aus einem Anspruch auf **angemessene Sicherheitsleistung** für Gläubiger, die eine Gefährdung der Befriedigung ihrer Forderung durch die Spaltung glaubhaft machen können, sowie zusätzlich gemäß Art. 12 Abs. 3 Spalt-RL – allerdings nur – für Forderungen gegen die gespaltene Gesellschaft aus einer **subsidiären Ausfallshaftung** aller begünstigten Gesellschaften, die die Mitgliedstaaten auf das jeweils zugeteilte Nettoaktivvermögen beschränken dürfen, bestehen. Die Mitgliedstaaten können alternativ dazu (ii) gemäß Art. 12 Abs. 6 Spalt-RL eine **primäre** und **unbeschränkbare gesamtschuldnerische Haftung** aller begünstigten Gesellschaften – nur – für Verbindlichkeiten der gespaltenen Gesellschaft anordnen oder (iii)

---

[484] Parallel zu Art. 12 Versch-RL (vgl. Rn. 155) verweist Art. 11 Spalt-RL für den Arbeitnehmerschutz auf die Betriebsübergangs-RL, dazu *Lutter/Bayer/J. Schmidt* EuropUR § 22 Rn. 85, § 38; vgl. § 613a BGB zur Umsetzung der Betriebsübergangs-RL, § 324 UmwG, der dessen Anwendbarkeit auf Verschmelzungen und Spaltungen ausdrücklich klarstellt, vgl. auch die über den Mindeststandard der Spalt-RL hinaus gehenden Schutzregelungen in § 126 Abs. 1 Nr. 11, Abs. 3 UmwG, die die Aufnahme von arbeitnehmerrelevanten Informationen in den Spaltungsvertrag und dessen Übermittlung an den Betriebsrat anordnen, sowie in § 134 UmwG, der für die Variante der Betriebsaufspaltung eine Haftungserweiterung für bestimmte Arbeitnehmeransprüche vorsieht, dazu *Maier-Reimer/Seulen,* in Semler/Stengel, UmwG § 134 Rn. 1 ff. (6).

[485] Vgl. *Grundmann* EuGesR Rn. 909 mit grafischer Übersicht und Rn. 910 ff. mit verbaler Kurzdarstellung der Parallelen und Unterschiede zwischen Versch-RL und Spalt-RL in diesen Bereichen.

[486] Vgl. § 126 Abs. 1 Nr. 9, 10 UmwG.

[487] *Grundmann* EuGesR Rn. 910; *Lutter/Bayer/J. Schmidt* EuropUR § 22 Rn. 106; vgl. § 143 UmwG.

[488] *Grundmann* EuGesR Rn. 912; *Lutter/Bayer/J. Schmidt* EuropUR § 22 Rn. 87.

[489] Identische Regelung in Art. 13 Abs. 2 Versch-RL (vgl. Rn. 163).

gemäß Art. 12 Abs. 7 Spalt-RL **beide Systeme** miteinander **kombinieren** und in diesem Fall die primäre Haftung der begünstigten Gesellschaften optional auf das jeweils zugeteilte Nettoaktivvermögen beschränken.[490]

Vergleichbar mit Art. 25 Versch-RL, aber spaltungsspezifisch angepasst, enthält Art. 20 Spalt-RL eine **Erleichterung** für die **100%-upstream-Spaltung,** dh einer Spaltung mit begünstigten Gesellschaften, die gemeinsam 100% der Anteile an der gespaltenen Gesellschaft halten.[491] Bei Erfüllung bestimmter Voraussetzungen, die im Unterschied zu Art. 25 Abs. 1 lit. c Versch-RL nicht das Bestehen eines Minderheitenrechts auf Herbeiführung der Beschlussfassung vorsehen,[492] ist der Entfall des Zustimmungsrechts der Hauptversammlung – nur – der gespaltenen Gesellschaft zwingend angeordnet.[493] Mit Blick auf die besonderen Gefahren für Minderheitsaktionäre durch Spaltungen und die höhere Komplexität sieht die Spaltungs-Richtlinie im Unterschied zur Verschmelzungs-Richtlinie keine weiteren Erleichterungen für **Spaltungen in der Unternehmensgruppe** vor.[494] 181

Art. 23 Spalt-RL lässt für **Spaltungen,** die unter **qualifizierter gerichtlicher Aufsicht** vollzogen werden, die Befreiung von bestimmten, in Abs. 2 leg cit abschließend aufgezählten Regelungen der Spaltungs-Richtlinie zu.[495] Das Gericht muss zu diesem Zweck nach nationalem Recht über bestimmte Mindestbefugnisse für die Kontrolle und die Steuerung des Spaltungsverfahrens verfügen, insbesondere die Befugnis zur Genehmigung des Spaltungsplans. In diesen Fällen kann eine qualifizierte Gläubigermehrheit auch den Entfall der subsidiären Ausfallshaftung gemäß Art. 12 Abs. 3 S. 3 Spalt-RL beschließen. 182

cc) Grenzüberschreitende Verschmelzung: *aaa) Grundlagen und Anwendungsbereich:* Die **Richtlinie für die Verschmelzung von Kapitalgesellschaften aus verschiedenen Mitgliedstaaten** („IntVersch-RL")[496] legt einen Rechtsrahmen für grenzüberschreitende Verschmelzungen von Kapitalgesellschaften fest, der dem von der Verschmelzungs-Richtlinie grundgelegten ***„Europäischen Modell für Strukturmaßnahmen"*** folgt,[497] sich aufgrund des grenzüberschreitenden Elements aber auch an den Verschmelzungsbestim- 183

---

[490] Vgl. § 133 UmwG, der iSv Art. 12 Abs. 7 Spalt-RL die Kombination eines Anspruchs auf Sicherheitsleistung mit einer gesamtschuldnerischen Haftung der begünstigten Gesellschaften anordnet, allerdings nicht die Option zur Beschränkung der Haftung auf das jeweils zugewiesene Nettoaktivvermögen nutzt; dazu im Detail *Habersack/Verse* EuGesR § 8 Rn. 48 ff.; *Lutter/Bayer/J. Schmidt* EuropUR § 22 Rn. 96 ff.; die in § 133 Abs. 3 UmwG vorgesehene Ausschlussfrist anhand der eintretenden Fälligkeit von Verbindlichkeiten ist allerdings nicht richtlinienkonform, da eine derartige Beschränkung in der Spalt-RL nicht vorgesehen ist, dazu *Grundmann* EuGesR Rn. 916; *Habersack/Verse* EuGesR § 8 Rn. 50; aA *Lutter/Bayer/J. Schmidt* EuropUR § 22 Rn. 98.

[491] Eine mit Art. 26 Versch-RL vergleichbare Option für Mitgliedstaaten, auch „wirtschaftliche" 100%-Beteiligungen zu erfassen (vgl. Rn. 167), findet sich nicht in der Spalt-RL.

[492] Da sich die Befreiung nur auf das Zustimmungsrecht der HV in der gespaltenen Gesellschaft bezieht, gibt es keine (Minderheits-)Aktionäre, die nicht an der Vereinbarung des Spaltungsplans beteiligt sind.

[493] Vgl. § 125 S. 1 iVm § 62 Abs. 4 UmwG, der richtlinienkonform so auszulegen ist, dass für die Spaltung auch das Halten von 100% der Anteile durch mehrere Gesellschaften erfasst ist, s. dazu *Lutter/Bayer/J. Schmidt* EuropUR § 22 Rn. 111 mwN.

[494] *Grundmann* EuGesR Rn. 909; *Lutter/Bayer/J. Schmidt* EuropUR § 22 Rn. 109.

[495] Keine Umsetzung im UmwG; die Regelung geht auf entsprechende Rechtsinstitute im Recht des Vereinigten Königreichs zurück, dazu *Lutter/Bayer/J. Schmidt* EuropUR § 22 Rn. 112 sowie zu den Einzelheiten der Regelung Rn. 113 ff.

[496] Richtlinie 2005/56/EG v. 26.10.2005 über die Verschmelzung von Kapitalgesellschaften aus verschiedenen Mitgliedstaaten, ABl. 2005 L 310/1, die durch Beschluss des gemeinsamen EWR-Ausschusses Nr. 127/2006 v. 22.9.2006 zur Änderung von Anhang XXII des EWR-Abkommens, ABl. 2006 L 333/59, in ihrem Wirkungsbereich auf den EWR ausgedehnt und durch die Änderungs-RL 2009/109/EG v. 16.9.2009 sowie durch die Unternehmensregisterverknüpfungs-RL 2012/17/EU v. 13.6.2012 (vgl. Rn. 214) abgeändert wurde.

[497] *Eckert,* in Kalss, Verschmelzung – Spaltung – Umwandlung, Vor § 1 EU-VerschG Rn. 8; vgl. auch *Lutter/Bayer/J. Schmidt* EuropUR § 23 Rn. 3, 26.

mungen der **SE-VO** und SCE-VO orientiert.[498] Insbesondere das für die SE geschaffene Modell der Verhandlungslösung mit Auffangregelung für die Frage der **Mitbestimmung** der Arbeitnehmerinnen und Arbeitnehmer (vgl. Rn. 583ff.) wurde übernommen[499] und ermöglichte erst die Verabschiedung der Richtlinie.[500]

184 Das in Abgrenzung zur Verschmelzungs-Richtlinie gemäß Art. 1 IntVersch-RL notwendige **grenzüberschreitende Element** besteht darin, dass zumindest zwei der **sich verschmelzenden Gesellschaften** dem Recht unterschiedlicher Mitgliedstaaten unterliegen, dh in dem Zusammentreffen von mindestens **zwei verschiedenen Gesellschaftsstatuten** (Mehrstaatlichkeit durch „*Statutendivergenz*").[501] Ob sich die tatsächlichen Niederlassungen bzw. Verwaltungssitze der sich verschmelzenden Gesellschaften im Sinne einer „materiellen" Mehrstaatlichkeit in unterschiedlichen Mitgliedstaaten oder überhaupt in Drittstaaten befinden, ist für die Frage der Anwendbarkeit der IntVersch-RL irrelevant.[502] Eine Verschmelzung zur Neugründung, bei der alle sich verschmelzenden Gesellschaften dem selben Gesellschaftsstatut unterliegen und nur auf die neu gegründete Gesellschaft ein anderes Gesellschaftsstatut anzuwenden ist („NewCo-Fälle"), erfüllt die Voraussetzung einer grenzüberschreitenden Verschmelzung gemäß Art. 1 IntVersch-RL nicht.[503]

185 Der **persönliche Anwendungsbereich** der IntVersch-Richtlinie beschränkt sich gemäß Art. 1 IntVersch-RL auf Kapitalgesellschaften, die nach dem Recht eines Mitgliedstaats wirksam gegründet wurden und ihren Satzungssitz, ihre Hauptverwaltung oder ihre Hauptniederlassung in einem Mitgliedstaat haben. Als **Kapitalgesellschaften** gelten gemäß der Legaldefinition in Art. 2 Nr. 1 IntVersch-RL[504] (i) die Gesellschaften im Sinne von Art. 1 Abs. 1 P-RL (vgl. Rn. 217)[505] und (ii) alle sonstigen Gesellschaften, die im Sinne einer Generalklausel Rechtspersönlichkeit besitzen, über ein abgesondertes Gesellschaftskapital verfügen, das allein den Gesellschaftsgläubigern haftet, und Schutzbestimmungen im Sinne der Publizitäts-Richtlinie unterliegen.[506] Zu den von der IntVersch-Richtlinie erfassten Kapitalgesellschaften gehört auch die SE, die gemäß Art. 9 Abs. 1 lit. c sublit. ii, Art. 10 SE-VO wie eine nationale Aktiengesellschaft zu behandeln ist. Auf grenzüberschreitende Verschmelzungen unter Beteiligung einer SE sind daher die Umsetzungsbestimmungen zur IntVersch-Richtlinie anzuwenden, die aber im Fall einer Verschmelzung gemäß Art. 2 Abs. 1 SE-VO zur Neugründung einer SE von den speziellen Verschmelzungsregelungen in Art. 17ff. SE-VO verdrängt werden.[507]

---

[498] Vgl. *Habersack/Verse* EuGesR § 8 Rn. 62 allgemein, Rn. 65 zur zweistufigen Rechtmäßigkeitskontrolle, Rn. 67 zum Mitbestimmungsmodell in Anlehnung an die Regelungen der SE-RL.

[499] Vgl. Umsetzung im MgVG.

[500] Vgl. *Habersack/Verse* EuGesR § 8 Rn. 53; *Lutter/Bayer/J. Schmidt* EuropUR § 23 Rn. 2.

[501] *Lutter/Bayer/J. Schmidt* EuropUR § 23 Rn. 22.

[502] *Lutter/Bayer/J. Schmidt* EuropUR § 23 Rn. 22; *Habersack/Verse* EuGesR § 8 Rn. 57.

[503] *Bayer,* in Lutter, UmwG § 122a Rn. 25; *Habersack/Verse* EuGesR § 8 Rn. 57; *Lutter/Bayer/J. Schmidt* EuropUR § 23 Rn. 23; vgl. zur Gründung einer SE durch Verschmelzung gemäß Art. 2 Abs. 1 SE-VO, bei der als notwendiges Mehrstaatlichkeitskriterium die sich verschmelzenden Gesellschaften ebenfalls dem Recht von zumindest zwei Mitgliedstaaten unterliegen müssen, dazu *Bayer,* in Lutter, SE-Kommentar Art. 2 SE-VO Rn. 11; *Oechsler,* in MüKoAktG, Art. 2 SE-VO Rn. 25; vgl. aber § 122a Abs. 1 UmwG, der über Art. 1 IntVersch-RL hinaus geht und auch die Konstellation der NewCo-Fälle erfasst, da er sich auf alle an der Verschmelzung beteiligten Gesellschaften bezieht, dazu *Bayer,* in Lutter, UmwG § 122a Rn. 26; *Drinhausen,* in Semler/Stengel, UmwG § 122a Rn. 10; vgl. *Eckert,* in Kalss, Verschmelzung – Spaltung – Umwandlung, § 3 EU-VerschG Rn. 11 zur parallelen Rechtslage in Ö.

[504] Vgl. § 122b Abs. 1 UmwG, der unmittelbar auf diese Legaldefinition verweist.

[505] AG, GmbH, KGaA.

[506] ZB in D die eingetragene Genossenschaft, dazu *Habersack/Verse* EuGesR § 8 Rn. 56; gemäß Art. 3 Abs. 2 IntVersch-RL können die Mitgliedstaaten aber Genossenschaften aus dem Anwendungsbereich ausnehmen, OGAW sind gemäß Art. 3 Abs. 3 IntVersch-RL sogar zwingend ausgenommen, vgl. dazu die entsprechenden Ausnahmen in § 122b Abs. 2 Nr. 1 (Genossenschaften), Nr. 2 (OGAW).

[507] *Bayer,* in Lutter, UmwG § 122b Rn. 7; *Lutter/Bayer/J. Schmidt* EuropUR § 41 Rn. 177; *Drinhausen,* in Semler/Stengel, UmwG § 122b Rn. 5; *Oechsler,* in MüKoAktG, Vor Art. 1 SE-VO Rn. 19.

Im Gegensatz zur Verschmelzungs-Richtlinie enthält die IntVersch-Richtlinie **keine Verpflichtung** der Mitgliedstaaten, die grenzüberschreitende Verschmelzung **generell zuzulassen,** sondern ist sie darauf gerichtet, eine **Diskriminierung** der grenzüberschreitenden Verschmelzung gegenüber der innerstaatlichen Verschmelzung im jeweiligen Mitgliedstaat zu verhindern.[508] Die IntVersch-Richtlinie verpflichtet die Mitgliedstaaten nur für diejenigen Gesellschaften in ihrem persönlichen Anwendungsbereich eine grenzüberschreitende Verschmelzung zuzulassen, die sich nach dem nationalen Recht des jeweiligen Mitgliedstaats an einer innerstaatlichen Verschmelzung beteiligen können.[509] Der Anwendungsbereich der IntVersch-Richtlinie beschränkt sich daher auf **Gesellschaften,** die nach dem auf sie anwendbaren nationalen Recht, dh ihrem Gesellschaftsstatut **aktiv bzw. passiv verschmelzungsfähig** sind.[510] Einheitlich in allen Mitgliedstaaten ist die Verschmelzungsfähigkeit aufgrund der Einführungspflicht nach der Verschmelzungs-Richtlinie (vgl. Rn. 148) nur für Aktiengesellschaften gegeben. Die Anwendbarkeit der IntVersch-Richtlinie auf grenzüberschreitende Verschmelzungen unter Beteiligung einer Kapitalgesellschaft, die nicht Aktiengesellschaft ist, hängt daher vom nationalen Recht dieser Gesellschaft ab. 186

bbb) Verschmelzungsarten und Rechtsfolgen: Parallel zu Art. 3, 4 Versch-RL (vgl. Rn. 150) werden in Art. 2 Nr. 2 IntVersch-RL als **sachlicher Anwendungsbereich** die Verschmelzungsarten legaldefiniert: Die **Verschmelzung durch Aufnahme** (lit. a) sieht den Übergang des gesamten Vermögens von einer oder mehreren Gesellschaften auf eine bereits bestehende Gesellschaft („übernehmende Gesellschaft") vor, bei der **Verschmelzung durch Neugründung** (lit. b) wird das Vermögen von zumindest zwei Gesellschaften auf eine zu gründende Gesellschaft („neue Gesellschaft") übertragen. Eine mögliche bare Zuzahlung kann grundsätzlich maximal 10% des Nennbetrags bzw. des rechnerischen Werts der zugeteilten Gesellschaftsanteile betragen, Art. 3 Abs. 1 IntVersch-RL erweitert den Anwendungsbereich der Richtlinie aber auch auf grenzüberschreitende Verschmelzungen, bei denen es nach dem nationalen Recht einer oder mehrerer beteiligter Rechtsordnungen zu höheren Barzahlungen kommen kann.[511] Art. 2 Nr. 2 lit. c IntVersch-RL stellt – parallel zu Art. 24 Versch-RL (vgl. Rn. 167) – klar, dass auch **100%-upstream-Verschmelzungen** einer 100%-Tochter- auf ihre Muttergesellschaft im Anwendungsbereich der Richtlinie liegen, obwohl es in diesen Fällen gemäß Art. 14 Abs. 5 lit. a IntVersch-RL nicht zu einem Tausch von Gesellschaftsanteilen kommt.[512] 187

Art. 14 IntVersch-RL regelt – parallel zu Art. 19 Versch-RL, Art. 29 SE-VO und Art. 33 SCE-VO – die gesetzlich eintretenden **Rechtsfolgen** einer grenzüberschreitenden Verschmelzung:[513] Es kommt (i) zur **Gesamtrechtsnachfolge** des gesamten Aktiv- und Passivvermögens der übertragenden Gesellschaft(en) auf die übernehmende bzw. neue Gesellschaft, Art. 14 Abs. 4 IntVersch-RL enthält dazu die Klarstellung, dass insbesondere auch alle Rechte und Pflichten aus Beschäftigungsverhältnissen übergehen. Weiters kommt es (ii) zum **Erlöschen** der übertragenden Gesellschaft(en) **ohne Abwicklung,** und (iii) zum **Anteilstausch,** dh zum Erwerb von Gesellschaftsanteilen an der übernehmenden bzw. neuen Gesellschaft durch die Gesellschafter der übertragenden Gesellschaft(en) sowie gegebenenfalls zu einer zusätzlichen oder gänzlichen **Barzahlung** an diese. Gemäß Art. 14 Abs. 5 IntVersch-RL ist aber der Anteilserwerb für Anteile, die die übernehmende Gesellschaft bisher gehalten hat, und für eigene Anteile der übertragenden Gesellschaft(en) sowie für Anteile, die durch Dritte auf Rechnung der Gesellschaften gehalten werden, ausge- 188

---

[508] *Grundmann* EuGesR Rn. 926; *Habersack/Verse* EuGesR § 8 Rn. 60.

[509] Vgl. Art. 4 Abs. 1 lit. a, ErwG 2 IntVersch-RL, dazu *Habersack/Verse* EuGesR § 8 Rn. 60; *Lutter/Bayer/J. Schmidt* EuropUR § 23 Rn. 24.

[510] *Eckert,* in Kalss, Verschmelzung – Spaltung – Umwandlung, § 3 EU-VerschG Rn. 18.

[511] *Lutter/Bayer/J. Schmidt* EuropUR § 23 Rn. 19.

[512] *Lutter/Bayer/J. Schmidt* EuropUR § 23 Rn. 20.

[513] Vgl. § 122 Abs. 2 iVm § 20 Abs. 1 UmwG.

schlossen, um bei der übernehmenden Gesellschaft in Weiterführung der Regelungen der Kapital-Richtlinie (vgl. Rn. 342 ff.) die **Entstehung eigener Anteile** durch die Verschmelzung zu **verhindern.**[514]

189 *ccc) IntVersch-Richtlinie und Niederlassungsfreiheit:* Im **Verhältnis** zum Schutzbereich der **Niederlassungsfreiheit** ist der Anwendungsbereich der IntVersch-Richtlinie relativ eng, da er (i) persönlich auf – nach nationalem Recht verschmelzungsfähige – Kapitalgesellschaften und (ii) sachlich auf den Umgründungsvorgang der Verschmelzung beschränkt ist. Dieser Anwendungsbereich deckt nur einen Teil des Schutzbereichs der Niederlassungsfreiheit ab, in dem zusätzlich alle sonstigen Gesellschaften im Sinne von Art. 54 Abs. 2 AEUV (vgl. Rn. 38 ff.), dh insbesondere Personengesellschaften, sowie andere Umwandlungsmaßnahmen, insbesondere die Spaltung und der identitätswahrende Formwechsel, als mögliche Ausübungsmodalitäten der Niederlassungsfreiheit (vgl. Rn. 50) liegen.[515] Die **IntVersch-Richtlinie** ist daher die **sekundärrechtliche Regelung** und verfahrensrechtliche Konkretisierung für einen **Teil des Schutzbereichs der Niederlassungsfreiheit.** Nach den Grundsätzen der EuGH-Rechtsprechung haben die Mitgliedstaaten aber für alle Gesellschaften im Schutzbereich die entsprechenden Umwandlungsmaßnahmen, dh insbesondere auch für die nicht von der IntVersch-RL erfassten Personengesellschaften die Verschmelzung,[516] grenzüberschreitend zuzulassen, soweit sie dies innerstaatlich ermöglichen und dadurch tatsächlich die Niederlassungsfreiheit ausgeübt wird (vgl. Rn. 120 ff.).[517]

190 *ddd) Grenzüberschreitendes Verschmelzungsverfahren nach dem Europäischen Modell für Strukturmaßnahmen:* Soweit die IntVersch-Richtlinie keine Sachvorgaben für die grenzüberschreitende Verschmelzung enthält, ist nach dem **kollisionsrechtlichen Verweis** in Art. 4 Abs. 1 lit. b S. 1, Abs. 2 S. 1 IntVersch-RL **subsidiär das nationale Recht für innerstaatliche Verschmelzungen** anzuwenden[518] und ist die grenzüberschreitende Verschmelzung daher nicht ungünstiger zu behandeln als eine innerstaatliche Verschmelzung **(„Diskriminierungsverbot").**[519] Aufgrund der Verschmelzungs-Richtlinie besteht zumindest für Verschmelzungen unter Beteiligung von Aktiengesellschaften in den Mitgliedstaaten zwingend ein harmonisiertes Verschmelzungsrecht (vgl. Rn. 148). Da für sonstige Kapitalgesellschaften eine entsprechende Harmonisierung fehlt, regelt die **IntVersch-Richtlinie** das grenzüberschreitende Verschmelzungsverfahren materiell **weitgehend** selbst durch **sachrechtliche Vorgaben.**[520]

191 Die Verfahrensbestimmungen verfolgen insbesondere den **Schutz durch Information** im Sinne eines Informationsmodells, das die Beschaffung, die Prüfung und den Zugang zu den relevanten Informationen gewährleistet, und sehen für das **grenzüberschreitende Verschmelzungsverfahren** folgende Schritte entsprechend dem *„Europäischen Modell für Strukturmaßnahmen"* vor:[521] (i) Die Erstellung eines **offenlegungspflichtigen Gemeinsamen Verschmelzungsplans** (Art. 5, 6 IntVersch-RL) und von **Verschmelzungsberich-**

---

[514] *Lutter/Bayer/J. Schmidt* EuropUR § 23 Rn. 115.

[515] Vgl. *Bayer,* in Lutter, UmwG § 122a Rn. 11 f.

[516] *Bayer,* in Lutter, UmwG § 122a Rn. 12; *Lutter/Bayer/J. Schmidt* EuropUR § 6 Rn. 72; *Lutter/Drygala* JZ 2006, 770 (771); *Spahlinger/Wegen* NZG 2006, 721 (727).

[517] Vgl. *Habersack/Verse* EuGesR § 8 Rn. 59; im Verhältnis zur Niederlassungsfreiheit ist die IntVersch-RL allein insofern „überschießend", als ihre Anwendung keine „Niederlassung" im Zielstaat der grenzüberschreitenden Verschmelzung voraussetzt, dazu *Schön,* ZGR 2013, 333 (359).

[518] *Bayer,* in Lutter, UmwG § 122a Rn. 5; *Grundmann* EuGesR Rn. 926; *Habersack/Verse* EuGesR Rn. 60; *Lutter/Bayer/J. Schmidt* EuropUR § 23 Rn. 27; vgl. ErwG 3 IntVersch-RL; vgl. Art. 122a Abs. 2 UmwG, der die subsidiäre, dh soweit keine besonderen Regelungen gemäß §§ 122b ff. UmwG bestehen, Anwendung der Regelungen für die innerstaatliche Verschmelzung auf die grenzüberschreitende Verschmelzung anordnet.

[519] *Grundmann* EuGesR Rn. 926.

[520] Vgl. *Eckert,* in Kalss, Verschmelzung – Spaltung – Umwandlung, Vor § 1 EU-VerschG Rn. 8.

[521] *Lutter/Bayer/J. Schmidt* EuropUR § 23 Rn. 26.

ten (Art. 7 IntVersch-RL) durch die zuständigen Verwaltungs- bzw. Leitungsorgane, (ii) die **Prüfung** des Verschmelzungsplans sowie eine schriftliche Berichterstattung darüber durch **unabhängige Sachverständige** (Art. 8 IntVersch-RL), (iii) das **Zustimmungserfordernis** der Hauptversammlungen der sich verschmelzenden Gesellschaften (Art 9 IntVersch-RL), sowie (iv) die **zweistufige** staatliche oder notarielle **Kontrolle** der grenzüberschreitenden Verschmelzung (Art. 10, 11 IntVersch-RL). Abgesichert wird die grenzüberschreitende Verschmelzung durch ihren **absoluten Bestandschutz** (Art. 17 iVm Art. 12 IntVersch-RL).

Da die Sachvorgaben der IntVersch-RL zum grenzüberschreitenden Verschmelzungs- 192
verfahren mit den entsprechenden Regelungen der Verschmelzungs-Richtlinie (vgl. Rn. 153 ff.) weitgehend übereinstimmen, wird im Folgenden nur auf die wesentlichen Unterschiede hingewiesen.

Die Verwaltungs- bzw. Leitungsorgane der sich verschmelzenden Gesellschaften müssen 193
gemäß Art. 5 IntVersch-RL einvernehmlich einen schriftlichen[522] **Gemeinsamen Verschmelzungsplan** aufstellen. Da es sich dabei um ein einheitliches Dokument aller sich verschmelzenden Gesellschaften, die verschiedenen Gesellschaftsstatuten unterliegen, handelt, sind auf Aufstellung und Inhalt des Verschmelzungsplans grundsätzlich alle beteiligten Rechtsordnungen anzuwenden, sodass sich das **strengste nationale Formerfordernis** durchsetzt[523] sowie gegebenenfalls mehrere **Sprachfassungen** anzufertigen sind.[524] Art. 5 S. 2 IntVersch-RL enthält für den Verschmelzungsplan einen Mindestkatalog an Inhalten, der sich an den entsprechenden Regelungen nach der Verschmelzungs-Richtlinie und der SE-VO orientiert,[525] aber auch darüber hinausgeht und insbesondere Angaben zu den voraussichtlichen Auswirkungen der Verschmelzung auf die Beschäftigung verlangt.[526] Umstritten ist, ob die beteiligten Rechtsordnungen zusätzliche Inhalte vorschreiben dürfen.[527] Da Art. 5 S. 2 IntVersch-RL gleichlautend zu Art. 5 Abs. 2 Versch-RL nur einen **Mindeststandard** festlegt, ist davon auszugehen, dass die Mitgliedstaaten **weitere Angaben** verlangen können und diese Regelungen gegebenenfalls kumuliert werden müssen.[528] Die sich verschmelzenden Gesellschaften können jedenfalls freiwillig weitere Informationen in den Verschmelzungsplan aufnehmen.[529] Für jede sich verschmelzende Gesellschaft ordnet Art. 6 Abs. 2 IntVersch-RL zusätzlich zur **Offenlegung** des Gemeinsamen Verschmelzungsplans (vgl. Rn. 156 zur Parallelregelung Art. 6 Versch-RL) die **öffentliche Be-**

---

[522] Ein ausdrückliches Schriftlichkeitserfordernis als Mindeststandard fehlt zwar, aus dem Zweck des offenlegungspflichtigen Plans ist ein solches aber abzuleiten, wobei es sich um Schriftlichkeit iSv § 126b BGB, dh um die Textform, handelt; dazu *Lutter/Bayer/J. Schmidt* EuropUR § 23 Rn. 31.

[523] *Grundmann* EuGesR Rn. 928; *Lutter/Bayer/J. Schmidt* EuropUR § 23 Rn. 31; vgl. § 122c Abs. 4 UmwG, der eine notarielle Beurkundung vorsieht; vgl. Ö: § 5 Abs. 4 EU-VerschG, der – trotz missverständlichen Wortlauts – einen Notariatsakt verlangt, dazu sowie allgemein zum möglichen Entfall einer nationalen Formvorschrift, der sich aus dem nationalen Kollisionsrecht ergeben kann, *Eckert,* in Kalss, Verschmelzung – Spaltung – Umwandlung, § 5 EU-VerschG Rn. 8.

[524] Vgl. allgemein *Grundmann* EuGesR Rn. 927; zu den Sprachfassungen *Lutter/Bayer/J. Schmidt* EuropUR § 23 Rn. 32.

[525] Vgl. Art. 5 Abs. 2 Versch-RL; Art. 20 Abs. 1 S. 2 SE-VO; Art. 22 Abs. 1 S. 2 SCE-VO.

[526] Dazu im Detail *Lutter/Bayer/J. Schmidt* EuropUR § 23 Rn. 33 ff., zur Auslegung der geforderten Angaben zur Beschäftigung *Bayer,* in Lutter, UmwG § 122c Rn. 19; vgl. § 122c Abs. 2 UmwG.

[527] Für Regelungskompetenz der Mitgliedstaaten *Lutter/Bayer/J. Schmidt* EuropUR § 23 Rn. 40; aA *Grundmann* EuGesR Rn. 928; *Drinhausen,* in Semler/Stengel, UmwG § 122c Rn. 11; *Louven* ZIP 2006, 2021 (2025).

[528] Der ua als Argument angeführte ErwG 4 IntVersch-RL sagt nur, dass die Gesellschaften weitere Angaben aufnehmen können, aber trifft keine Aussage über eine mögliche mitgliedstaatliche Kompetenz; vgl. für Ö: § 5 Abs. 2 Nr. 3, 8 EU-VerschG, die weitergehende Angaben verlangen.

[529] Vgl. ErwG 4 IntVersch-RL; *Bayer,* in Lutter, UmwG § 122c Rn. 30; *Drinhausen,* in Semler/Stengel, UmwG § 122c Rn. 11; *Grundmann* EuGesR Rn. 928; *Lutter/Bayer/J. Schmidt* EuropUR § 23 Rn. 41.

kanntmachung[530] weiterer Angaben[531] im nationalen Amtsblatt spätestens einen Monat[532] vor der jeweils beschließenden Gesellschafterversammlung an. Für die Offenlegungspflichten ist für jede Gesellschaft ausschließlich das auf sie anwendbare Recht relevant.[533]

194 Das Verwaltungs- bzw. Leitungsorgan jeder sich verschmelzenden Gesellschaft hat gemäß Art. 7 IntVersch-RL einen schriftlichen[534] **Verschmelzungsbericht** zu erstellen. Ein gemeinsamer Verschmelzungsbericht für alle sich verschmelzenden Gesellschaften ist zulässig, wenn alle beteiligten Rechtsordnungen einen solchen zulassen.[535] Aufstellung, Inhalt und Zugänglichmachung des Verschmelzungsberichts richten sich – soweit nicht in der Richtlinie vorgegeben – nach dem jeweils anwendbaren Gesellschaftsstatut, im Fall eines gemeinsamen Verschmelzungsberichts sind die Anforderungen aller beteiligten Rechtsordnungen zu kumulieren.[536] Anders als nach Art. 9 Versch-RL dient der Verschmelzungsbericht nicht nur der besonderen Information der **Gesellschafter,** sondern auch der **Arbeitnehmer** der Gesellschaft. Dies äußert sich in einer inhaltlichen Erweiterung der notwendigen Berichtsgegenstände sowie in der Verpflichtung, den Bericht zusätzlich zu den Gesellschaftern auch der Arbeitnehmervertretung bzw. den Arbeitnehmern spätestens einen Monat vor der beschließenden Gesellschafterversammlung zugänglich zu machen.[537] Inhaltlich verlangt Art. 7 IntVersch-RL parallel zu Art. 9 Versch-RL die Erläuterung der rechtlichen und wirtschaftlichen Aspekte der grenzüberschreitenden Verschmelzung, darüber hinaus aber auch der **Auswirkungen auf die Gläubiger und Arbeitnehmer** der jeweiligen Gesellschaft.[538] Art. 7 Abs. 3 IntVersch-RL sieht zusätzlich die Aufnahme einer **Stellungnahme der Arbeitnehmervertreter** in den Bericht auf, wenn das nationale Recht eine solche Stellungnahme vorsieht und diese rechtzeitig vorgelegt wird.[539] Eine mit Art. 9 Abs. 2 Versch-RL vergleichbare Verpflichtung zur Unterrichtung bei nachträglichen Vermögensveränderungen ist nicht vorgesehen, kann sich aber aus dem nationalen Recht ergeben, was in Umsetzung der Verschmelzungs-Richtlinie jedenfalls für Aktiengesellschaften gegeben ist.[540] Die Mitgliedstaaten können über die Richtlinie als **Mindeststandard** hinaus zusätzliche Angaben verlangen sowie die sich verschmelzenden Gesellschaften freiwillig weitere Informationen aufnehmen.[541] Eine mit Art. 9 Abs. 3 Versch-RL vergleichbare Möglichkeit

---

[530] Vgl. die Parallelregelungen in Art. 21 SE-VO, Art. 24 Abs. 2 SCE-VO.

[531] Dazu im Detail *Lutter/Bayer/J. Schmidt* EuropUR § 23 Rn. 46ff.; in diesem Fall stellt die Richtlinie ausdrücklich klar, dass die Mitgliedstaaten zusätzliche Angaben verlangen dürfen; vgl. § 122d Nr. 1–4 UmwG, der aber nicht über den Richtlinienstandard hinausgeht.

[532] Gemäß § 122d S. 1 UmwG sind der Verschmelzungsplan sowie die weiteren Angaben spätestens einen Monat vor der Gesellschafterversammlung beim Register *einzureichen*, richtlinienkonform muss aber die gesamte Offenlegung bis dahin durchgeführt worden sein.

[533] *Grundmann* EuGesR Rn. 927.

[534] Ein ausdrückliches Schriftlichkeitserfordernis als Mindeststandard fehlt zwar, aus dem Zweck des Berichts, den Gesellschaftern und Arbeitnehmern zugänglich gemacht zu werden, ist ein solches aber abzuleiten, wobei es sich um Schriftlichkeit iSv § 126b BGB, dh um die Textform, handelt; dazu *Lutter/Bayer/J. Schmidt* EuropUR § 23 Rn. 54.

[535] *Bayer,* in Lutter, UmwG § 122e Rn. 4; *Drinhausen,* in Semler/Stengel, UmwG § 122e Rn. 5; *Hörtnagl,* in Schmitt/Hörtnagl/Stratz, UmwG § 122e Rn. 4; *Lutter/Bayer/J. Schmidt* EuropUR § 23 Rn. 53; vgl. § 122a Abs. 2 iVm § 8 Abs. 1 S. 1 Hs. 2 UmwG, die – wie bereits für die innerstaatliche Verschmelzung – eine gemeinsame Berichterstattung zulassen.

[536] *Drinhausen,* in Semler/Stengel, UmwG § 122e Rn. 5; *Grundmann* EuGesR Rn. 927 Fn 19; *Hörtnagl,* in Schmitt/Hörtnagl/Stratz, UmwG § 122e Rn. 4.

[537] Vgl. § 122e S. 2 UmwG zur Zugänglichmachung.

[538] Dazu im Detail *Lutter/Bayer/J. Schmidt* EuropUR § 23 Rn. 56ff.; vgl. § 122e S. 1 UmwG.

[539] Nach dt. Umwandlungsrecht besteht kein derartiges Stellungnahmerecht; vgl. Ö: § 6 Abs. 1 S. 4 EU-VerschG ermöglicht eine Stellungnahme der Arbeitnehmervertreter und sieht ihre Aufnahme vor, wenn sie zeitlich vor der Gesellschafterversammlung vorgelegt wird, dazu *Eckert.* in Kalss, Verschmelzung – Spaltung – Umwandlung, § 6 EU-VerschG Rn. 26ff.

[540] Vgl. § 122a Abs. 2 iVm § 64 Abs. 1 S. 2–4 UmwG.

[541] *Lutter/Bayer/J. Schmidt* EuropUR § 23 Rn. 60.

zum **Verzicht** auf den Verschmelzungsbericht (vgl. Rn. 157) sieht Art. 7 IntVersch-RL in Anbetracht des zusätzlichen Zwecks des Arbeitnehmerinformation nicht vor, ist aber bei Zustimmung durch die Arbeitnehmer bzw. bei Fehlen von Arbeitnehmern zuzulassen.[542]

Gemäß Art. 8 IntVersch-RL haben **unabhängige Sachverständige** den Verschmelzungsplan auf Vollständigkeit und Richtigkeit zu **prüfen** und darüber schriftlich den Gesellschaftern der sich verschmelzenden Gesellschaften zu **berichten.** Die Regelung statuiert einen **Mindeststandard**[543] und entspricht im Wesentlichen Art. 10 Versch-RL bzw. verweist darauf (vgl. Rn. 158),[544] allerdings müssen die Mitgliedstaaten gemäß Art. 8 Abs. 2 IntVersch-RL den sich verschmelzenden Gesellschaften zwingend das **Wahlrecht** zwischen einer individuellen Prüfung für jede Gesellschaft und einer gemeinsamen[545] Verschmelzungsprüfung einräumen.[546] Die sich verschmelzenden Gesellschaften können einvernehmlich in jedem Mitgliedstaat, dessen Recht auf eine der an der Verschmelzung beteiligten[547] Gesellschaften anzuwenden ist, einen entsprechenden Antrag auf gemeinsame Prüfung stellen. Antrags- und Bestellungsverfahren sowie die näheren Regelungen für Qualifikation und Unabhängigkeit der Sachverständigen richten sich in diesem Fall ausschließlich nach dem Recht des gewählten Mitgliedstaats, die sich verschmelzenden Gesellschaften genießen daher für diese Bereiche eine **Rechtswahl.**[548] Ob diese Rechtswahl auch für Inhalt und Gegenstand der Prüfung gilt oder ob dafür die Regelungen der beteiligten Rechtsordnungen zu kumulieren sind, ist umstritten, aufgrund der durch Art. 8 IntVersch-RL erreichten Harmonisierung zur Verschmelzungsprüfung ist eine „Umgehungsgefahr" bei Annahme der Rechtswahl aber nicht zu befürchten.[549] Bei getrennten Verschmelzungsprüfungen richten sich die nicht von der Richtlinie geregelten Fragen ausschließlich nach dem jeweils für die konkrete Gesellschaft anwendbaren Gesellschaftsstatut.[550] **195**

Die **Gesellschafterversammlung** jeder sich verschmelzenden Gesellschaft hat zum Zweck des Gesellschafterschutzes gemäß Art. 9 Abs. 1 IntVersch-RL ein **Zustimmungsrecht** für die grenzüberschreitende Verschmelzung.[551] Die Einzelheiten der Beschlussfassung, dh insbesondere für Einberufung, Abstimmungsverfahren und -erfordernisse, Formvorschriften etc, richten sich mangels Regelungen in der IntVersch-Richtlinie nach dem **196**

---

[542] Vgl. § 122e S. 3 UmwG, der die Anwendung von § 8 Abs. 3 UmwG (Möglichkeit des einvernehmlichen Verzichts auf Verschmelzungsbericht bei innerstaatlicher Verschmelzung) ausdrücklich ausschließt, aber nach hier vertretener Ansicht entsprechend teleologisch zu reduzieren ist, dazu *Bayer,* in Lutter, UmwG § 122e Rn. 13; *Drinhausen,* in Semler/Stengel, UmwG § 122e Rn. 13; *Lutter/Bayer/J. Schmidt* EuropUR § 23 Rn. 64.

[543] Die Mitgliedstaaten können daher eine weitergehende Prüfung, zB des Verschmelzungsberichts anordnen, dazu *Lutter/Bayer/J. Schmidt* EuropUR § 23 Rn. 68.

[544] Vgl. *Lutter/Bayer/J. Schmidt* EuropUR § 23 Rn. 68ff.; vgl. § 122f S. 1 Hs. 1 iVm §§ 9–12 UmwG.

[545] Daher sollte auch eine gemeinsame Prüfung nur für einen Teil der sich verschmelzenden Gesellschaften zulässig sein, dazu *Bayer,* in Lutter, UmwG § 122f Rn. 2; *Lutter/Bayer/J. Schmidt* EuropUR § 23 Rn. 71.

[546] Art. 10 Abs. 1 S. 2 Versch-RL räumt den Mitgliedstaaten nur die *Option* ein, eine gemeinsame Verschmelzungsprüfung zuzulassen.

[547] Dazu gehört auch die neue Gesellschaft, die im Rahmen einer Verschmelzung durch Neugründung gegründet wird.

[548] *Bayer,* in Lutter, UmwG § 122f Rn. 3; *Drinhausen,* in Semler/Stengel, UmwG § 122f Rn. 5; *Hörtnagl,* in Schmitt/Hörtnagl/Stratz, UmwG § 122f Rn. 3.

[549] Für Rechtswahl *Bayer,* in Lutter, UmwG § 122f Rn. 3; *Müller,* in Kallmeyer, UmwG § 122f Rn. 10; *Lutter/Bayer/J. Schmidt* EuropUR § 23 Rn. 71; aA *Drinhausen,* in Semler/Stengel, UmwG § 122f Rn. 5; *Hörtnagl,* in Schmitt/Hörtnagl/Stratz, UmwG § 122f Rn. 3; *Simon/Rubner,* in KK-UmwG, § 122f Rn. 9; vgl. zum spiegelbildlichen Meinungsstreit bei der Parallelregelung in Art. 22 Abs. 1 SE-VO *Bayer,* in Lutter/Hommelhoff, SE-Kommentar Art. 22 SE-VO Rn. 6 (für Rechtswahl); aA *Schäfer,* in MüKoAktG, Art. 22 SE-VO Rn. 8.

[550] *Grundmann* EuGesR Rn. 930.

[551] Vgl. § 122a Abs. 2 iVm § 13 UmwG.

auf die jeweilige Gesellschaft anwendbaren nationalen Recht,[552] das für Aktiengesellschaften teilweise durch Art. 7 Abs. 3 Versch-RL (vgl. Rn. 159) harmonisiert ist.[553] Gemäß Art. 9 Abs. 2 IntVersch-RL hat die Gesellschafterversammlung jeder sich verschmelzenden Gesellschaft die Möglichkeit, die Wirksamkeit ihrer Zustimmung und damit der grenzüberschreitenden Verschmelzung von ihrer späteren Bestätigung der **Mitbestimmungsmodalitäten** in der aus der Verschmelzung hervorgehenden Gesellschaft abhängig zu machen **(Zustimmungsvorbehalt).**[554] Die Gesellschafterversammlung, die auf die Gestaltung der Mitbestimmungslösung keinen Einfluss hat, sichert sich durch einen derartigen Vorbehalt das Recht, nach Feststehen des konkreten Mitbestimmungsmodells, insbesondere auch bei Eingreifen der Auffangregelung,[555] die grenzüberschreitende Verschmelzung bei einem „unerwünschten" Ergebnis noch zu verhindern, ohne zuvor das Verschmelzungsverfahren verzögern zu müssen.[556] Art. 9 Abs. 3 IntVersch-RL verweist auf Art. 8 Versch-RL, sodass die Mitgliedstaaten unter den dort vorgeschriebenen Bedingungen auf das Zustimmungsrecht der Gesellschafterversammlung in der übernehmenden Gesellschaft verzichten können.[557]

197 Die IntVersch-Richtlinie beinhaltet keine mit Art. 11 Versch-RL vergleichbare Regelung für einen umfassenden Informationsanspruch der Gesellschafter (vgl. Rn. 160), die **rechtzeitige Zugänglichmachung** des **Verschmelzungsberichts** und des **Verschmelzungsprüfungsberichts** spätestens einen Monat vor der beschließenden Gesellschafterversammlung wird aber in Art. 7 Abs. 2 Versch-RL[558] und in Art. 8 Abs. 1 iVm Art. 9 Abs. 1 IntVersch-RL gewährleistet.[559] Darüber hinaus richtet sich die Information der Gesellschafter, insbesondere auch über den – offenlegungspflichtigen – Verschmelzungsplan, nach dem auf die einzelne Gesellschaft anwendbaren, nationalen Recht, das für Aktiengesellschaften gemäß Art. 11 Versch-RL harmonisiert ist.[560]

198 Die Art. 10, 11 IntVersch-RL sehen nach dem Vorbild von Art. 25 f. SE-VO und Art. 29 f. SCE-VO eine **zweistufige Rechtmäßigkeitskontrolle** der grenzüberschreitenden Verschmelzung vor. Die Mitgliedstaaten bestimmen für jede Stufe die jeweils zuständige **Kontrollstelle,** bei der es sich um ein Gericht, eine sonstige Behörde oder einen Notar handeln kann.[561] Auf der **ersten Stufe** wird gemäß Art. 10 Abs. 1 IntVersch-RL **gesondert** für jede der sich verschmelzenden Gesellschaften in dem Mitgliedstaat, dessen Gesellschaftsstatut sie unterliegt, durch die zuständige Kontrollstelle die materielle und formelle

---

[552] *Drinhausen,* in Semler/Stengel, UmwG § 122g Rn. 1; *Grundmann* EuGesR Rn. 931; *Habersack/Verse* EuGesR § 8 Rn. 63; *Lutter/Bayer/J. Schmidt* EuropUR § 23 Rn. 82.

[553] Für börsennotierte Aktiengesellschaften sind darüber hinaus die Regelungen der Aktionärsrechte-RL zur HV (vgl. Rn. 395 ff.) zu beachten.

[554] Vgl. § 122g Abs. 1 UmwG.

[555] Die Formulierung *„Modalitäten"* in Art. 9 Abs. 2 IntVersch-RL ist weiter als in der vergleichbaren Regelung in Art. 23 Abs. 2 S. 2 SE-VO, der den Vorbehalt ausdrücklich nur auf Mitbestimmungslösungen aufgrund einer *„Vereinbarung"* und daher grundsätzlich nicht auf die Auffanglösung bezieht, dazu *Habersack/Verse* EuGesR § 8 Rn. 64; die hM legt allerdings Art. 23 Abs. 2 S. 2 SE-VO gleichermaßen weit aus und bezieht den Zustimmungsvorbehalt auch auf die Auffanglösung, dazu *Bayer,* in Lutter/Hommelhoff, SE-Kommentar Art. 23 SE-VO Rn. 15; *Schäfer,* in MüKoAktG, Art. 23 SE-VO Rn. 9.

[556] *Bayer,* in Lutter, UmwG § 122g Rn. 2, 27; *Drinhausen,* in Semler/Stengel, UmwG § 122g Rn. 8.

[557] Keine Umsetzung im UmwG.

[558] Vgl. § 122e S. 2 UmwG.

[559] *Lutter/Bayer/J. Schmidt* EuropUR § 23 Rn. 80.

[560] *Grundmann* EuGesR Rn. 931; *Lutter/Bayer/J. Schmidt* EuropUR § 23 Rn. 80; im Detail zur Information der Gesellschafter vor der beschließenden Gesellschafterversammlung in Anwendung der entsprechenden Regelung für innerstaatliche Verschmelzungen *Bayer,* in Lutter, UmwG § 122g Rn. 6 ff.

[561] *Habersack/Verse* EuGesR § 8 Rn. 65; *Lutter/Bayer/J. Schmidt* EuropUR § 23 Rn. 93, 96; vgl. §§ 122k, 122l UmwG, wonach das Registergericht am Satzungssitz der jeweiligen Gesellschaft als Kontrollstelle zuständig ist.

Rechtmäßigkeit der für diese Gesellschaft relevanten Verfahrensschritte und Voraussetzungen, insbesondere von Verschmelzungsplan und dessen Offenlegung, von Verschmelzungsbericht, Verschmelzungsprüfung und -prüfungsbericht, sowie die Einhaltung der Schutzregelungen für Gläubiger und Gesellschafter gemäß Art. 4 Abs. 2 IntVersch-RL,[562] geprüft.[563] Nach positivem Abschluss der Prüfung hat die zuständige Stelle gemäß Art. 10 Abs. 2 IntVersch-RL unverzüglich eine **Vorabbescheinigung** zur Bestätigung der Rechtmäßigkeit auszustellen.[564] Auf der **zweiten Stufe** wird gemäß Art. 11 Abs. 1 IntVersch-RL in dem Mitgliedstaat, dessen Gesellschaftsstatut die übernehmende bzw. neue Gesellschaft unterliegt bzw. unterliegen soll, durch die zuständige Kontrollstelle die Rechtmäßigkeit der Durchführung der grenzüberschreitenden Verschmelzung sowie für eine Verschmelzung zur Neugründung die Einhaltung der entsprechenden Gründungsvoraussetzungen geprüft, insbesondere sind die Einheitlichkeit des in den einzelnen Gesellschaften beschlossenen Verschmelzungsplans sowie gegebenenfalls die rechtmäßige Durchführung des Verfahrens für die Arbeitnehmerbeteiligung iSv Art. 16 IntVersch-RL (vgl. Rn. 204) zu kontrollieren.[565] Die auf der ersten Stufe zu prüfenden Voraussetzungen dürfen nicht noch einmal kontrolliert werden, da für diese die Vorabbescheinigungen, die gemäß Art. 11 Abs. 2 IntVersch-RL bei Vorlage an die Kontrollstelle der zweiten Stufe zwecks Aktualität nicht älter als 6 Monate sein dürfen,[566] **Bindungswirkung** entfalten.[567]

eee) Absicherung durch Haftung, Gläubiger-, Minderheitsgesellschafter- und Bestandschutz: Für die **Haftung** von Verwaltungs- bzw. Leitungsorganen und Sachverständigen,[568] die Rechte von Inhabern sonstiger **Wertpapiere mit Sonderrechten**[569] (insbesondere Wandel- und Gewinnschuldverschreibungen) sowie **Gläubigerrechte**[570] gelten in Ermangelung entsprechender Sachvorgaben in der IntVersch-RL nach dem **kollisionsrechtlichen Verweis** in Art. 4 Abs. 1 lit. b S. 1, Abs. 2 S. 1 IntVersch-RL die Regelungen des für die jeweilige Gesellschaft anwendbaren Gesellschaftsstatuts über innerstaatliche Verschmelzungen, die für Aktiengesellschaften durch die Verschmelzungs-Richtlinie harmonisiert sind. Aus dem 199

[562] Vgl. *Bayer,* in Lutter, UmwG § 122k Rn. 18f.; *Lutter/Bayer/J. Schmidt* EuropUR § 23 Rn. 94.

[563] Vgl. § 122k UmwG, der aber ausdrücklich nur für übertragende Gesellschaften gilt; für übernehmende Gesellschaften sieht § 122l UmwG nur einen einzigen Prüfungsschritt vor, was (i) aufgrund des Gleichlaufs der zuständigen Kontrollstelle (das Registergericht würde an sich selbst eine Vorabbescheinigung ausstellen) und (ii) aufgrund der Prüfung gemäß § 122l UmwG, die für die übernehmende Gesellschaft auch die Voraussetzungen iSv Art. 10 IntVersch-RL bzw. § 122k UmwG erfasst (dazu *Bayer,* in Lutter, UmwG § 122l Rn. 16; *Drinhausen,* in Semler/Stengel, UmwG § 122l Rn. 10), aber richtlinienkonform ist, dazu *Bayer,* in Lutter, UmwG § 122k Rn. 6 mwN.

[564] Dazu *Lutter/Bayer/J. Schmidt* EuropUR § 23 Rn. 95; vgl. § 122k Abs. 2 UmwG zur Ausstellung dieser *„Verschmelzungsbescheinigung"*, § 122k Abs. 2 S. 2 UmwG, der die *Nachricht* über die Eintragung im Register als Verschmelzungsbescheinigung gelten lässt, ist angesichts der ausdrücklichen *Verpflichtung zur Ausstellung einer Bescheinigung* nicht als richtlinienkonform anzusehen, dazu *Bayer,* in Lutter, UmwG § 122k Rn. 21 mwN.

[565] *Habersack/Verse* EuGesR § 8 Rn. 65; *Lutter/Bayer/J. Schmidt* EuropUR § 23 Rn. 98ff.; vgl. § 122l Abs. 2 UmwG.

[566] *Bayer,* in Lutter, UmwG § 122k Rn. 23, § 122l Rn. 7; vgl. § 122k Abs. 3, § 122l Abs. 1 S. 3 Hs 1 UmwG.

[567] *Bayer,* in Lutter, UmwG § 122l Rn. 19; *Drinhausen,* in Semler/Stengel, UmwG § 122l Rn. 10; *Lutter/Bayer/J. Schmidt* EuropUR § 23 Rn. 101.

[568] *Grundmann* EuGesR Rn. 938; *Lutter/Bayer/J. Schmidt* EuropUR § 23 Rn. 121; für Aktiengesellschaften vgl. Art. 20, 21 Versch-RL (vgl. Rn. 162).

[569] *Lutter/Bayer/J. Schmidt* EuropUR § 23 Rn. 142; für Aktiengesellschaften vgl. Art. 15 Versch-RL (vgl. Rn. 151).

[570] *Bayer,* in Lutter, UmwG § 122j Rn. 5; *Grundmann* EuGesR Rn. 933; *Lutter/Bayer/J. Schmidt* EuropUR § 23 Rn. 141; für Aktiengesellschaften vgl. Art. 13, 14 Versch-RL (vgl. Rn. 163).

Fehlen einer mit Art. 4 Abs. 2 S. 2 IntVersch-RL vergleichbaren Regelungsermächtigung und dem Verweis auf das innerstaatliche Verschmelzungsrecht ist zu schließen, dass die Mitgliedstaaten besondere Regelungen zum Schutz von Gläubigern, die von den entsprechenden Bestimmungen für innerstaatliche Verschmelzungen abweichen, nicht erlassen, sondern nur eine Anpassung der bestehenden Regelungen an die Besonderheiten aufgrund des grenzüberschreitenden Elements vornehmen dürfen.[571]

200 Aufgrund **ausdrücklicher Regelungsermächtigung** in Art. 4 Abs. 2 S. 2 IntVersch-RL[572] können die Mitgliedstaaten für **Minderheitsgesellschafter** angemessene **Schutzbestimmungen** vorsehen, die von den entsprechenden Regelungen für innerstaatliche Verschmelzungen abweichen.[573] Diese besonderen Schutzbestimmungen, zum Beispiel ein Austrittsrecht gegen Barabfindung, gelten jeweils nur für die grenzüberschreitende Verschmelzung ablehnende Gesellschafter von sich verschmelzenden Gesellschaften, die dem Gesellschaftsstatut des jeweiligen Mitgliedstaats unterliegen, und müssen angemessen, dh verhältnismäßig sein.[574] Art. 10 Abs. 3 IntVersch-RL sieht für nationale Schutzregelungen, die auf Grundlage dieser Ermächtigung ein **Spruchverfahren** zur Kontrolle und Verbesserung des Umtauschverhältnisses bzw. einer Barabfindung bei Ausscheiden vorsehen und der Eintragung der Verschmelzung nicht entgegenstehen,[575] Sonderregelungen zu deren Anwendbarkeit und tatsächlichen Durchführung vor.[576] Spruchverfahren sind insbesondere brisant, da sie bei erfolgreicher Durchführung die Gesellschafter der anderen Gesellschaften belasten, ohne dass diese gegebenenfalls selbst ein entsprechendes Verfahren nutzen können.[577]

201 Der **Zeitpunkt** der **Rechtswirksamkeit** der grenzüberschreitenden Verschmelzung, an den sich der gesetzliche Eintritt ihrer Rechtsfolgen (vgl. Rn. 188) knüpft, wird gemäß Art. 12 S. 1 IntVersch-RL von dem Mitgliedstaat bestimmt, dessen Recht die übernehmende bzw. neue Gesellschaft unterliegt, und kann gemäß Art. 12 S. 2 IntVersch-RL jedenfalls erst nach Abschluss der Rechtmäßigkeitskontrolle eintreten.[578] Gemäß Art. 13 Abs. 1 IntVersch-RL ist zur Information des Rechtsverkehrs für jede beteiligte Gesellschaft nach dem Recht des Mitgliedstaats, dessen Gesellschaftsstatut sie unterliegt, der Abschluss der grenzüberschreitenden Verschmelzung iSv Art. 3 P-RL (vgl. Rn. 220ff.) **offenzulegen.** Art. 13 Abs. 2 IntVersch-RL statuiert eine **Meldepflicht** des Registers, in dem die übernehmende bzw. neue Gesellschaft eingetragen ist, den Registern der anderen beteilig-

---

[571] *Bayer,* in Lutter, UmwG § 122j Rn. 5; *Grundmann* EuGesR Rn. 934; *Grunewald* Konzern 2007, 106 (107); *Lutter/Bayer/J. Schmidt* EuropUR § 23 Rn. 141; *Marsch-Barner,* in Kallmeyer, UmwG § 122j Rn. 3; zweifelnd auch *Drinhausen,* in Semler/Stengel, UmwG § 122j Fn 5; aA *Kiem,* in Habersack/Drinhausen, SE-Recht § 122j Rn. 4; fraglich ist daher die Zulässigkeit der besonderen Gläubigerschutzregelung in § 122j UmwG, der – im Gegensatz zum nachgelagerten Anspruch gemäß § 22 UmwG bei einer innerstaatlichen Verschmelzung – einen vorverlagerten Anspruch auf Sicherheitsleistung einräumt, dazu zweifelnd *Bayer,* in Lutter, UmwG § 122j Rn. 6; *Lutter/Bayer/J. Schmidt* EuropUR § 23 Rn. 143; *Marsch-Barner,* in Kallmeyer, UmwG § 122j Rn. 3.

[572] Vgl. die parallelen Regelungen in Art. 24 Abs. 2 SE-VO, Art. 28 Abs. 2 SCE-VO.

[573] *Bayer,* in Lutter, UmwG § 122h Rn. 1; *Grundmann* EuGesR Rn. 926; *Habersack/Verse* EuGesR § 8 Rn. 61; *Lutter/Bayer/J. Schmidt* EuropUR § 23 Rn. 131; vgl. § 122h UmwG, der einen Anspruch auf Verbesserung des Umtauschverhältnisses einräumt, und § 122i UmwG, der Minderheitsgesellschaftern für bestimmte Fälle einen Anspruch auf Austritt gegen Barabfindung einräumt; diese Schutzregelungen sind aber inhaltlich an die Bestimmungen in §§ 14f., 29ff. UmwG für innerstaatliche Verschmelzungen angelehnt, dazu *Bayer,* in Lutter, UmwG § 122h Rn. 2; *Lutter/Bayer/J. Schmidt* EuropUR § 23 Rn. 140.

[574] Dazu im Detail *Lutter/Bayer/J. Schmidt* EuropUR § 23 Rn. 131ff.

[575] Vgl. §§ 122h, 122i Abs. 2 UmwG.

[576] Dazu im Detail *Lutter/Bayer/J. Schmidt* EuropUR § 23 Rn. 135ff.

[577] *Lutter/Bayer/J. Schmidt* EuropUR § 23 Rn. 135; *Simon/Rubner,* in KK-UmwG, § 122h Rn. 2.

[578] *Bayer,* in Lutter, UmwG § 122l Rn. 23; *Grundmann* EuGesR Rn. 936; vgl. § 122a Abs. 2 iVm § 20 Abs. 1 UmwG, wonach die grenzüberschreitende Verschmelzung mit ihrer Eintragung im Register der übernehmenden bzw. neuen Gesellschaft rechtswirksam wird.

ten Gesellschaften unverzüglich die Wirksamkeit der grenzüberschreitenden Verschmelzung mitzuteilen.[579] Die Mitteilung muss nach der Änderung durch die Unternehmensregisterverknüpfungs-Richtlinie (vgl. Rn. 214) zukünftig über das neue **System der Registervernetzung** durchgeführt werden.[580]

Aufgrund der noch verschärften Schwierigkeit einer mehrere Rechtsordnungen betreffenden „Entschmelzung" ordnet Art. 17 IntVersch-RL über die entsprechende Regelung in Art. 22 Versch-RL[581] (vgl. Rn. 165) hinausgehend einen **absoluten Bestandschutz** der grenzüberschreitenden Verschmelzung an, dh ihre Nichtigerklärung und Rückabwicklung ist nach Eintritt der Wirksamkeit gemäß Art. 12 IntVersch-RL generell ausgeschlossen.[582] 202

fff) Grenzüberschreitende Verschmelzung in der Unternehmensgruppe: Art. 15 IntVersch-RL enthält für **grenzüberschreitende Verschmelzungen in der Unternehmensgruppe Erleichterungen,** die – wie die vergleichbaren Regelungen in der Verschmelzungs-Richtlinie (vgl. Rn. 166) – ausschließlich Verschmelzungen von der Tochter- auf die Muttergesellschaft **(„upstream-merger")** betreffen und zwischen der Verschmelzung von 100%-Tochtergesellschaften[583] und der Verschmelzung von mindestens 90%-Tochtergesellschaften differenzieren.[584] Für die **Verschmelzung von 100%-Tochtergesellschaften** auf die Muttergesellschaft bestehen die gemäß Art. 15 Abs. 1 IntVersch-RL zwingend angeordneten Erleichterungen im Wegfall bestimmter Angaben im Verschmelzungsplan[585] und der Verschmelzungsprüfung[586] sowie im generellen Entfall des Zustimmungsrechts iSv Art. 9 Abs. 1 IntVersch-RL für die übertragende(n) Gesellschaft(en).[587] Für die **Verschmelzung von mindestens 90%-Tochtergesellschaften** auf die Muttergesellschaft sieht Art. 15 Abs. 2 IntVersch-RL als Erleichterung vor,[588] dass die Verschmelzungsprüfung 203

---

[579] Vgl. § 122l Abs. 3 UmwG, der die Mitteilung der *„Eintragung"* der Verschmelzung an die anderen Register anordnet, tatsächlich geht es um die *Wirksamkeit* der Verschmelzung (die nach dt Recht aber mit der Eintragung zusammenfällt), dazu Drinhausen, in Semler/Stengel, UmwG § 122l Rn. 15, darüber hinaus ist die Mitteilung – in richtlinienkonformer Auslegung – *unverzüglich* durchzuführen, dazu *Bayer,* in Lutter, UmwG § 122l Rn. 22.

[580] Dazu *Bayer,* in Lutter, UmwG § 122l Rn. 22 mit dem Hinweis, dass auch die über die Richtlinie hinausgehende Verpflichtung zur Dokumentenübermittlung gemäß § 122k Abs. 4 UmwG zukünftig über das System der Registervernetzung abgewickelt werden könnte; vgl. § 9b Abs. 2 Nr. 4 HGB.

[581] Vgl. auch Art. 30 SE-VO, der – beschränkt – eine Auflösung mit Wirkung ex nunc zulässt, dazu und zu den damit verbundenen Auslegungsfragen *Bayer,* in Lutter/Hommelhoff, SE-Kommentar Art. 30 SE-VO Rn. 7; *Schäfer,* in MüKoAktG, Art. 30 SE-VO Rn. 7.

[582] *Grundmann* EuGesR Rn. 940; *Lutter/Bayer/J. Schmidt* EuropUR § 23 Rn. 119; vgl. § 122a Abs. 2 iVm § 20 Abs. 2 UmwG, wonach – bereits für innerstaatliche Verschmelzungen (vgl. Rn. 165) – die Nichtigerklärung ausgeschlossen ist.

[583] Ein solcher Vorgang liegt gemäß Art. 2 Nr. 2 lit. c IntVersch-RL trotz Fehlens eines Anteilstauschs ausdrücklich im Anwendungsbereich der IntVersch-RL (vgl. Rn. 187), auch wenn Art. 14 Abs. 1 lit. b IntVersch-RL über den Anteilstausch – denklogisch – nicht zur Anwendung kommt, dazu *Lutter/Bayer/J. Schmidt* EuropUR § 23 Rn. 123.

[584] Im Gegensatz zu Art. 26 und 29 Versch-RL ermöglicht die IntVersch-RL den Mitgliedstaaten nicht, die Erleichterungen auch auf *„wirtschaftliche"*, dh teilweise oder vollständig von Dritten auf Rechnung der Muttergesellschaft gehaltene 100 bzw. 90%-Beteiligungen anzuwenden, für die Anwendbarkeit von Art. 15 IntVersch-RL muss die Beteiligung daher unmittelbar von der Muttergesellschaft gehalten werden, dazu *Lutter/Bayer/J. Schmidt* EuropUR § 23 Rn. 122.

[585] Vgl. § 122c Abs. 3 UmwG, dazu *Bayer,* in Lutter, UmwG § 122c Rn. 32.

[586] Vgl. § 122f iVm § 9 Abs. 2 UmwG, dazu *Bayer,* in Lutter, UmwG § 122f Rn. 15.

[587] Vgl. § 122g Abs. 2 UmwG; dazu *Bayer,* in Lutter, UmwG § 122g Rn. 35.

[588] Ein Entfall des Zustimmungsrechts der übertragenden Gesellschaft ist – da Minderheitsaktionäre vorhanden sind – nicht vorgesehen; ein Entfall des Zustimmungsrechts der übernehmenden Gesellschaft ebenfalls nicht, allerdings kann ein solcher Entfall aufgrund von Umsetzungsbestimmungen zu Art. 27 Versch-RL (vgl. § 62 Abs. 1 UmwG) gegeben sein, zu der Frage, ob dies im Lichte von Art. 9 Abs. 3 IntVersch-RL richtlinienkonform ist, *Bayer,* in Lutter, UmwG § 122g Rn. 36 mwN.

und -berichterstattung durch Sachverständige iSv Art. 8 IntVersch-RL nur durchgeführt werden muss, soweit das nationale Recht einer der beteiligten Rechtsordnungen dies verlangt.[589]

204 *ggg) Unternehmerische Mitbestimmung:* Gemäß Art. 16 Abs. 1 IntVersch-RL kommt es nach dem **Sitzstaatprinzip** grundsätzlich – und gegebenenfalls – zur Anwendung des unternehmerischen Mitbestimmungsrechts des Mitgliedstaats, in dem die übernehmende bzw. neue Gesellschaft ihren Satzungssitz hat.[590] Um eine **„Flucht aus der Mitbestimmung"** im Wege einer grenzüberschreitenden Verschmelzung und dem einhergehenden Wechsel der anwendbaren Mitbestimmungsregelungen zu verhindern, ordnet Art. 16 Abs. 3 IntVersch-RL in den Fällen iSv Abs. 2 leg cit[591] die Anwendbarkeit des für die **SE** entwickelten **Verhandlungsmodells** mit einer **Auffangregelung** (vgl. Rn. 583ff.) an. Zu diesem Zweck wird auf die entsprechenden Regelungen der SE-VO und SE-RL verwiesen, Art. 16 Abs. 3 lit. e, Abs. 4 bis 7 IntVersch-RL enthalten aber auch bestimmte **Modifikationen:**[592] Insbesondere ist der **Schwellenwert** für das Eingreifen der Auffangregelung nach Scheitern einer Verhandlungslösung im Vergleich zur SE-Regelung von 25% auf ein Drittel **heraufgesetzt.**[593] Für die Fortgeltung des bisherigen Mitbestimmungsniveaus aus einer der übertragenden Gesellschaften[594] muss daher ein Drittel der Arbeitnehmer vor der Verschmelzung Mitbestimmungsrechte gehabt haben. Die Leitungs- oder Verwaltungsorgane der sich verschmelzenden Gesellschaften können die Anwendung der Auffangregelung kosten- und zeitsparend auch ohne vorherige Verhandlung beschließen (Art. 16 Abs. 4 lit. a IntVersch-RL),[595] das Besondere Verhandlungsgremium der Arbeitnehmer umgekehrt mit qualifizierter Mehrheit das Sitzstaatprinzip durchsetzen und das unternehmerische Mitbestimmungsrecht des Sitzstaats zur Anwendung bringen (Art. 16 Abs. 4 lit. b IntVersch-RL).[596] Für den Fall der Anwendung der Auffangregelung kann das Recht des Sitzstaats den Anteil der Arbeitnehmervertreter im Verwaltungsorgan der übernehmenden bzw. neuen Gesellschaft begrenzen, bei einem früheren Anteil von mindestens einem Drittel im Verwaltungs- oder Aufsichtsorgan einer sich verschmelzenden Gesellschaft muss der Anteil im Verwaltungsorgan der übernehmenden bzw. neuen Gesellschaft aber jedenfalls ein Drittel betragen (Art. 16 Abs. 4 lit. c IntVersch-RL).[597]

---

[589] Im UmwG bestehen jedoch keine Regelungen, die einen Entfall der Verschmelzungsprüfung für 90%-upstream-Verschmelzungen zulassen.

[590] *Habersack/Verse* EuGesR § 8 Rn. 67; *Lutter/Bayer/J. Schmidt* EuropUR § 23 Rn. 149; vgl. § 4 MgVG.

[591] Dazu im Detail *Teichmann* Konzern 2007, 89 (91f.); vgl. § 5 MgVG; bei den drei Fallgruppen gemäß Art. 16 Abs. 2 IntVersch-RL handelt es sich um alternative Tatbestände, vgl. EuGH v. 20.6.2013 – C-635/11, BeckRS 2013, 81253 Rn. 31 – Kommission/Niederlande, dazu *Verse/Wiersch* EuZW 2014, 375 (377).

[592] Dazu im Detail *Habersack/Verse* EuGesR § 8 Rn. 69ff.; *Lutter/Bayer/J. Schmidt* EuropUR § 23 Rn. 151.

[593] *Habersack/Verse* EuGesR § 8 Rn. 69; *Lutter/Bayer/J. Schmidt* EuropUR § 23 Rn. 151; vgl. § 23 Abs. 1 MgVG.

[594] Wenn verschiedene Formen der Mitbestimmung in den sich übertragenden Gesellschaften bestanden haben, entscheidet grundsätzlich das Besondere Verhandlungsgremium der Arbeitnehmer, welches Modell in der übernehmenden bzw. neuen Gesellschaft anzuwenden ist, vgl. Art. 16 Abs. 3 lit. e IntVersch-RL iVm Art. 7 Abs. 2 SE-RL bzw. § 23 Abs. 2 MgVG.

[595] Vgl. § 23 Abs. 1 S. 1 Nr. 3 MgVG.

[596] Vgl. § 18 MgVG.

[597] Keine Umsetzung im MgVG, da die deutschen Gesellschaften im Anwendungsbereich dualistisch organisiert sind und die Mitbestimmung im Aufsichtsrat, dh im Aufsichts- und nicht im Verwaltungsorgan, stattfindet, dazu *Teichmann* Konzern 2007, 89 (93); vgl. zum Ziel der Regelung, Probleme bei der Anwendung von Mitbestimmungsregelungen auf monistisch organisierte Zielgesellschaften zu vermeiden, *Habersack* ZHR 171 (2007), 613 (625f.); *Teichmann* Konzern 2007, 89 (92f.).

Nz. 679 / 302

Nm

zur Ansicht

unverlangt / ~~bestellt~~ am

Kaelbl, Europ. Gesellschaftsgeschichte

Preis: 59,–

Das Buch soll angeschafft werden / nicht angeschafft werden.

Verbleib: Handbücherei / Bibliothek / Bibliothek mit Ausleihe an mich

prüfe

Rückgabe der Ansichtssendung an die Bibliothek bis: 18. 9.

18/9

11.9. Bl

4. Informationsmodell

Leitprinzip im europäischen Gesellschaftsrecht ist das Informationsmodell,[598] nach dem allgemein der **Rechtsverkehr,** im Besonderen Gesellschafter, Anleger, Gläubiger und Kreditgeber durch **Zugang zu verständlicher, verlässlicher, gleichwertiger und vergleichbarer Information** über Gesellschaften in allen Mitgliedstaaten in die Lage versetzt werden, **informierte Entscheidungen** zu treffen und ihre Interessen zu wahren. 205

Aspekte des Informationsmodells sind die inhaltliche Vorgabe der Information, Vorgaben für die Aufbereitung und Zugänglichmachung, die Validierung der Information durch neutrale und professionelle Überprüfung und schließlich die Absicherung durch Haftung. Information dient jeweils als Grundlage für Entscheidungen entweder durch das Gesellschafterkollektiv oder durch einzelne Gesellschafter.[599] Damit Information wirken kann und als maßgeblicher Transmissionsriemen von Vertrauen greift, bedarf es bestimmter Rahmenbedingungen und Regelungen, nämlich der Festlegung eines unbedingt offenzulegenden Inhalts, der Form und Gliederung dieses Inhalts, der erstmaligen und dauerhaften Zugänglichkeit der Berichtung und Aktualisierung falscher, überholter oder irreführender Information, der Kontrolle durch externe und professionelle Dritte und schließlich ergänzender und begleitender Haftungs- und sonstiger Sanktionsregelungen für erteilte oder unterlassene Information.[600] Das breite Leistungsspektrum an Regelungen soll sicherstellen, dass Information aussagekräftig, werthaltig und funktionsgerecht wird, damit die Informationsadressaten, nämlich die Gesellschafter, tatsächlich profunde Entscheidungen treffen können. Informationsmodell des europäischen Gesellschaftsrechts bedeutet, dass Informationsregelungen soweit verdichtet werden, dass die **Regelungen über die Information tatsächlich die Möglichkeit der Entscheidung gewährleisten. Information und Entscheidungsmöglichkeit müssen somit korrelieren.**[601] Kann eine informierte Entscheidung herbeigeführt werden, braucht und darf dementsprechend keine inhaltliche Gestaltung eines Produkts oder einer Maßnahme zwingend vorgegeben werden. Ausdrücklich hat dies der EuGH für die Niederlassungsfreiheit formuliert.[602] Der **Vorrang der Informationsregelung** ist als Grundsatz einfach dargelegt. Er ist an den Informationsverpflichteten zu adressieren. Die Verpflichteten sind dann zur Weitergabe der Information verhalten. Das Informationsmodell des europäischen Gesellschaftsrechts trifft vor allem die Außenbeziehungen der Gesellschaft, das Rechtsverhältnis zu den aktuellen und zu den künftigen Anlegern. 206

Grundstein des Informationsmodells im europäischen Gesellschaftsrecht ist die **Publizitäts-Richtlinie,** die in allen Mitgliedstaaten die Einrichtung eines **öffentlichen Registers** voraussetzt, in dem wesentliche Informationen zu Kapitalgesellschaften sowie über die **Zweigniederlassungs-Richtlinie** zu deren Zweigniederlassungen in anderen Mitgliedstaaten zugänglich, insbesondere auch elektronisch verfügbar sind. Diese **„handelsrechtliche Publizität"** stärkt die – insbesondere grenzüberschreitende – **Verkehrsfähigkeit** der Gesellschaften und stellt dem Rechtsverkehr **einheitliche Mindestangaben** über **Kapitalgesellschaften** zur Verfügung. 207

---

[598] *Grundmann/Möslein,* in Bayer/Habersack, Aktienrecht im Wandel II, 2007, Kap. 2 Rn. 104.

[599] *Grundmann/Möslein,* in Bayer/Habersack, Aktienrecht im Wandel II, 2007, Kap. 2 Rn. 104.

[600] *Kalss,* in Aichberger-Beig et al, JB junger Zivilrechtswissenschafter 2010, 9 (27).

[601] *Grundmann,* FS Lutter, 2000, 61 ff.; *Grundmann* ZIP 2004, 2401 (2406 ff.); *Grundmann*/Möslein, in Bayer/Habersack, Aktienrecht im Wandel II, 2007, Kap. 2 Rn. 104 ff.; *Kalss,* in Aichberger-Beig et al, JB junger Zivilrechtswissenschafter 2010, 9 (26).

[602] EuGH v. 9.3.1999 – C-212/97, NJW 1999, 2027 Rn. 36 – Centros; EuGH v. 30.9.2003 – C-167/01, BeckRS 2004, 74612 Rn. 135 – Inspire Art; für die Warenverkehrsfreiheit: EuGH v. 20.2.1979 – C-120/78, BeckEuRS 1979, 74722 Rn. 13 – Cassis de Dijon; vgl. *Grundmann* EuGesR Rn. 187, 231.

208 Als Herzstück des europäischen Gesellschaftsrechts dient das **Bilanzrecht** der Informationsaufbereitung und Weitergabe der maßgeblichen wirtschaftlichen Zahlen des Unternehmens,[603] indem es Erstellung, unabhängige Prüfung und Offenlegung von Jahresabschluss und konsolidiertem Abschluss im öffentlichen Register als zentrale Elemente des Informationsmodells festschreibt. Diese **„Rechnungslegungspublizität"** ermöglicht interessierten Kreisen den **Zugang zu qualifiziert geprüfter und europaweit vergleichbarer Information über die Rechnungslegung.** Die Harmonisierung der Rechnungslegungsunterlagen richtet sich teilweise nach der **Bilanz-Richtlinie,** teilweise nach der **IFRS-Verordnung** und ist daher von einer inhaltlichen **Zweiteilung** gezeichnet.

209 Das Informationsmodell findet seine konsequente Fortsetzung im Außenrecht, nämlich im **Kapitalmarktrecht,** das ganz wesentlich durch informationsbezogene Regelungen geprägt ist und zum Zweck des Markt- und Anlegerschutzes **periodisch wiederkehrende** und **anlassbezogene Publizitätspflichten als zentrales Regulierungsinstrument** verwendet (vgl. Kapitel D. III.):[604] Die Transparenz-Richtlinie legt die Pflicht zur regelmäßigen Finanzberichterstattung[605] und -veröffentlichung fest, die inhaltlich auf den harmonisierten Rechnungslegungsunterlagen basiert und dem spezifisch kapitalmarktrechtlichen Ziel des Anlegerschutzes für Investitionsentscheidungen dient (**„kapitalmarktrechtliche Rechnungslegungspublizität"** bzw. **„Regelpublizität"**). Die Prospekt-Richtlinie regelt die Prospektpflicht **(„Emissionspublizität"),** die Marktmissbrauchs-Richtlinie[606] die **Ad-hoc-Publizität** für Insider-Informationen sowie Publizitätspflichten zu **directors' dealings.** Am Schnittpunkt zum Gesellschaftsrecht sehen im Zusammenhang mit der Bildung von Unternehmensgruppen die Transparenz-Richtlinie die **Beteiligungspublizität** und die Übernahme-Richtlinie **Publizitätspflichten beim Kontrollerwerb** vor.

210 Dem gesellschaftsrechtlich und kapitalmarktrechtlich verankerten Informationsmodell lässt sich eine **Differenzierung nach Unternehmenskategorien** entnehmen. Kleine und mittlere Gesellschaften und Gruppen profitieren von Befreiungen und Erleichterungen und sollen entlastet werden; große, kapitalmarktorientierte und sonstige Gesellschaften von öffentlichem Interesse unterliegen – zusehends auch **branchenspezifisch** – strengeren Publizitätsbestimmungen.

---

[603] *Grundmann/Möslein,* in Bayer/Habersack, Aktienrecht im Wandel II, 2007 Kap. 2 Rn. 104.

[604] Zum Informationsmodell im Kapitalmarktrecht *Brinckmann,* in Veil, EuKMR § 16 Rn. 3; *Grundmann* EuGesR Rn. 233, 478, 1169; *Kalss/Oppitz/Zollner* KMR § 1 Rn. 14 f., 41; *Lutter/Bayer/J. Schmidt* EuropUR § 17 Rn. 151 ff.; *Schön,* FS Canaris, 2007, 1191 (1193 ff., 1198 ff.); *Veil,* in Veil, EuKMR § 2 Rn. 12; zum „information overload" durch zu viele kapitalmarktrechtliche Informationspflichten *Möllers/Kernchen* ZGR 2011, 1 ff.

[605] Zu den Änderungen der Transparenz-RL durch Entfall der Pflicht zur Zwischenmitteilung und der weitgehenden Vollharmonisierung für die Finanzberichterstattung mit Wirkung zum 26.11.2015 vgl. Rn. 528.

[606] Die Marktmissbrauchs-RL 2003/6/EG wird durch den neuen Rechtsrahmen zum Marktmissbrauch aus VO (EU) Nr. 596/2014 und RL 2014/57/EU mit Wirkung zum 3.7.2016 ersetzt werden.

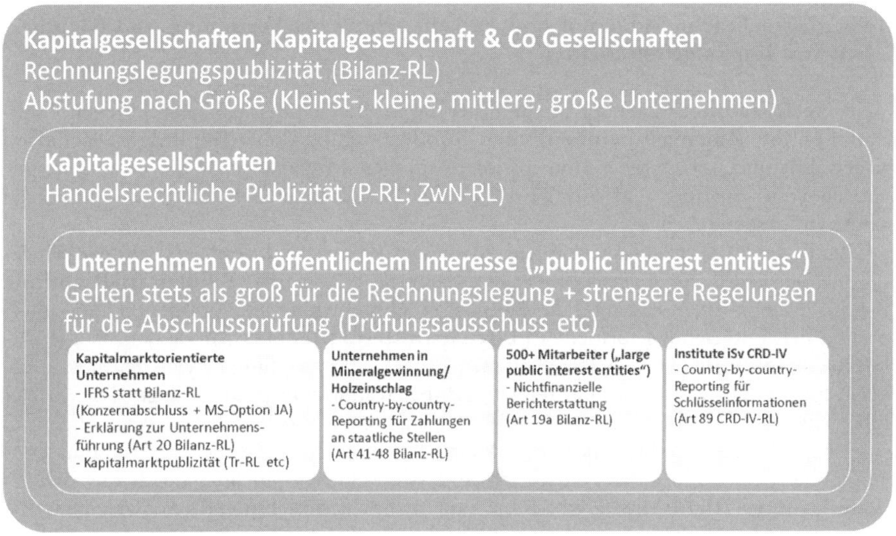

Abbildung 2: Überblick zu Publizitätspflichten im europäischen Gesellschaftsrecht

Das Informationsmodell findet sich in mehr oder weniger starker Ausprägung in allen europäischen gesellschaftsrechtlichen Rechtsakten.[607] Dem Informationsmodell folgend zeichnen die **harmonisierten Verfahrensbestimmungen** zur **Spaltung**, **Verschmelzung** und **Sitzverlegung** ein **„Europäisches Modell für Strukturmaßnahmen",** das in der Verschmelzungs-Richtlinie grundgelegt ist und den Schutz der Gesellschafter der an Strukturmaßnahmen beteiligten Gesellschaften insbesondere durch die Bereitstellung verlässlicher und geprüfter Informationen und die auf diese Weise abgesicherte Möglichkeit zur informierten Entscheidung gewährleistet (vgl. Rn. 145).[608] Parallel zu den Umgründungsmaßnahmen verankert die Übernahme-Richtlinie das Informationsmodell auch für **Übernahmen,** um eine **informierte Entscheidung der Angebotsadressaten** sicherzustellen (vgl. Rn. 508). Die **Aktionärsrechte-Richtlinie** zielt darauf ab, den Aktionären börsennotierter Gesellschaften die **informierte und interessenwahrende Ausübung ihrer Einflussrechte** zu eröffnen und sichert dies insbesondere durch ein Fragerecht und Mindeststandards zur Stimmabgabe ohne Anwesenheit in der Hauptversammlung ab (vgl. Rn. 401ff., 405ff.). Die **Kapital-Richtlinie** konkretisiert – vergleichbar mit der Bilanz-Richtlinie für die Rechnungslegungspublizität – für Aktiengesellschaften den Mindestinhalt der nach der Publizitäts-Richtlinie offenlegungspflichtigen Satzung und sonstiger Gründungsdokumente und gewährleistet insbesondere die Offenlegung des gezeichneten Kapitals (**„Satzungspublizität",** vgl. Rn. 317ff.), die Etablierung des Systems des festen Kapitals (vgl. Rn. 322ff.) dient schließlich auch der Vergleichbarkeit und der erleichterten Information über die Finanzverfassung der nationalen Aktiengesellschaftsformen. Die Einpersonen-Gesellschaft-Richtlinie sieht zum Ausgleich des für **Kapitalgesellschaften mit einem einzigen Gesellschafter typischen Kontrolldefizits Transparenzbestimmungen** vor (vgl. Rn. 469ff.). 211

[607] Vgl. *Grundmann* EuGesR Rn. 232ff.

[608] Vgl. *Grohmann*, Das Informationsmodell im Europäischen Gesellschaftsrecht, 2006, 318; *Grundmann* EuGesR Rn. 234; *Hommelhoff/Riesenhuber,* in Grundmann, Systembildung und Systemlücken in Kerngebieten des europäischen Privatrechts, 2000, 259 (270, 272ff.); *Lutter/Bayer/J. Schmidt* EuropUR § 21 Rn. 3, 24.

a) Handelsrechtliche Publizität und Verkehrsschutz bei Vertretung und Nichtigkeit von Kapitalgesellschaften

212 **aa) Rechtsrahmen:** Ziel der Harmonisierung im Bereich der handelsrechtlichen Publizität ist es, den **Zugang** zu **einheitlichen Mindestangaben** über **Kapitalgesellschaften** zu gewährleisten, sodass diese Informationen in allen Mitgliedstaaten für Gläubiger, potentielle Vertragspartner und sonstige Dritte zur Verfügung stehen und eine einheitliche Schutzwirkung entfalten.

213 Grundlegendes Regelungsinstrument zu diesem Zweck und *„**erste[r] Eckstein für das Informationsmodell** im Europäischen Gesellschaftsrecht“*[609] ist die **Publizitäts-Richtlinie** (P-RL),[610] die in ihrem Kapitel 2 die Eintragung, Hinterlegung und Veröffentlichung sowie sonstige Bekanntmachungsformen **(Publizitätsmittel)** bestimmter Mindestangaben **(Publizitätsgegenstände)** zu den Gesellschaften in ihrem Anwendungsbereich regelt und die Rechtsfolgen dieser Bekanntmachungen **(Publizitätswirkungen)** festlegt. Die in der Publizitäts-Richtlinie definierten Mindestinformationen werden durch Regelungen in anderen Richtlinien, insbesondere der Bilanz-Richtlinie zum Zweck der „Rechnungslegungspublizität“, ergänzt, und die Reichweite der Publizitätspflichten durch die **Zweigniederlassungs-Richtlinie** (ZwN-RL)[611] auf rechtlich unselbstständige Zweigniederlassungen im EU-Ausland erweitert. Andere Richtlinien wie die Kapital-Richtlinie und die Richtlinien zu den Umgründungsmaßnahmen Verschmelzung und Spaltung knüpfen für bestimmte anlassbezogene Informationen unmittelbar an dieses Publizitätsregime an.

214 Die **Unternehmensregisterverknüpfungs-Richtlinie** (UrV-RL)[612] sieht durch Änderungen der Publizitäts-, Zweigniederlassungs- und IntVersch-Richtlinien Maßnahmen zum verbesserten Informationsaustausch zwischen den nationalen Registern über eine europäische Plattform und zum erleichterten Informationszugang über ein zentrales europäisches Portal vor. Teilweise waren diese Änderungen, insbesondere die 21-Tagesfrist für die Offenlegung geänderter Angaben (vgl. Rn. 223), bereits bis 7.7.2014 umzusetzen, teilweise, insbesondere für die volle Funktionsfähigkeit der europäischen Plattform der Unternehmensregisterverknüpfung (vgl. Rn. 231), sind die Änderungen innerhalb von 2 Jahren nach dem bis zum 7.7.2015 durchzuführenden Erlass von Durchführungsrechtsakten der Kommission gemäß Art. 4c P-RL umzusetzen.[613]

---

[609] *Grundmann* EuGesR Rn. 227, 228 ff. (Hervorhebung hinzugefügt).

[610] Richtlinie 2009/101/EG v. 16.9.2009 zur Koordinierung der Schutzbestimmungen, die in den Mitgliedstaaten den Gesellschaften im Sinne des Artikels 48 Absatz 2 des Vertrags im Interesse der Gesellschafter sowie Dritter vorgeschrieben sind, um diese Bestimmungen gleichwertig zu gestalten, ABl. 2009 L 258/11, ursprünglich RL 68/151/EWG („Erste gesellschaftsrechtliche Richtlinie“), die auf Grundlage von Art. 44 Abs. 2 lit. g EGV (jetzt Art. 50 Abs. 2 lit. g AEUV) verabschiedet, 2009 aufgehoben und durch die neue, nur redaktionell überarbeitete Richtlinie ersetzt wurde und zuletzt durch die Unternehmensregisterverknüpfungs-RL inhaltlich geändert wurde.

[611] Richtlinie 89/666/EWG v. 21.12.1989, über die Offenlegung von Zweigniederlassungen, die in einem Mitgliedstaat von Gesellschaften bestimmter Rechtsformen errichtet wurden, die dem Recht eines anderen Staates unterliegen, ABl. 1989 L 395/36 („Elfte gesellschaftsrechtliche Richtlinie“).

[612] Richtlinie 2012/17/EU v. 13.6.2012, zur Änderung der Richtlinie 89/666/EWG des Rates sowie der Richtlinien 2005/56/EG und 2009/101/EG des Europäischen Parlaments und des Rates in Bezug auf die Verknüpfung von Zentral-, Handels- und Gesellschaftsregistern, ABl. 2012 L 156/1; dazu im Detail *Auer,* in Herzig, JB Europarecht, 2013, 303 (304 ff.); *Kilian* FGPrax 2012, 185 ff.; *Ries* ZIP 2013, 866 ff.

[613] Art. 5 Abs. 1, 2 UrV-RL; zur Vornahme der „ersten Stufe“ der Umsetzung vgl. das – richtlinienwidrig verspätete – Gesetz zur Umsetzung der Richtlinie 2012/17/EU in Bezug auf die Verknüpfung von Zentral-, Handels- und Gesellschaftsregistern in der Europäischen Union v. 22.12.2014, BGBl. I 2409, dazu *Terbrack* DStR 2015, 236 f.; in Ö ist bis März 2015 noch kein Entwurf zur Umsetzung veröffentlicht worden; vgl. aber die aktuellen Informationen gemäß Art. 3a P-RL auf dem E-Justiz-Portal (vgl. Rn. 231).

Darüber hinaus schützt die **Publizitäts-Richtlinie** den Rechtsverkehr durch Regelungen zur **Wirksamkeit** von im Gründungsstadium und bei aufrechtem Bestand im Namen einer Gesellschaft abgegebenen **Willenserklärungen** (Kapitel 3 Publizitäts-RL) sowie zur **beschränkten Möglichkeit der Nichtigkeit** einer ordnungsgemäß bekanntgemachten Gesellschaft (Kapitel 4 Publizitäts-RL). 215

bb) Handelsrechtliche Publizität von Kapitalgesellschaften: *aaa) Grundlagen und Anwendungsbereich:* Die Bestimmungen der **Publizitäts-Richtlinie** (vgl. Rn. 213) zur handelsrechtlichen Publizität zielen auf die **Harmonisierung** der mitgliedstaatlichen Regelungen über die **Offenlegung** bestimmter **wesentlicher Informationen** über **Kapitalgesellschaften** ab. 216

Im **persönlichen Anwendungsbereich** der Publizitäts-Richtlinie liegen die in Art. 1 P-RL abschließend aufgezählten Gesellschaftsformen[614] sowie kraft Anwendbarkeit des nationalen auf AG anwendbaren Rechts gemäß Art. 9 Abs. 1 lit. c sublit. ii SE-VO die SE.[615] Es handelt sich ausschließlich um **Kapitalgesellschaften,** da diese besonders oft grenzüberschreitend tätig sind und deren Gläubiger aufgrund der Haftungsbeschränkung auf das Gesellschaftsvermögen besonders schutzbedürftig sind.[616] Eine europarechtliche Definition von Kapitalgesellschaften bzw. die Festlegung, dass bei Kapitalgesellschaften die Haftung der Gesellschafter für Gesellschaftsverbindlichkeiten ausgeschlossen ist, lässt sich aus der Publizitäts-Richtlinie nicht ableiten.[617] 217

Gemäß Art. 4 P-RL richtet sich die **Sprache** der offenzulegenden Angaben und Dokumente nach der Sprachregelung im Registerstaat. Die Gesellschaften können freiwillig eine zusätzliche Offenlegung in einer anderen Amtssprache eines Mitgliedstaats vornehmen, für die die Mitgliedstaaten eine Beglaubigung der Übersetzung verlangen dürfen.[618] 218

Die Mitgliedstaaten haben gemäß Art. 7 P-RL **geeignete Sanktionen** zumindest für die Unterlassung der Offenlegung der Rechnungslegungsunterlagen sowie der notwendigen Angaben auf Geschäftskorrespondenz und Website (vgl. Rn. 224) vorzusehen.[619] 219

bbb) Publizitätsmittel: Als **primäre Publizitätsmittel** dienen die Hinterlegung und Eintragung in einem nationalen Register sowie die Bekanntmachung in einem Amtsblatt oder durch eine vergleichbare Form der Veröffentlichung, als **sekundäre Publizitätsmittel** das Recht auf Abschriften der offenlegungspflichtigen Unterlagen sowie die Pflicht der Gesellschaften, in ihrer Geschäftskorrespondenz bestimmte Informationen anzugeben.[620] 220

---

[614] Für D: AG, GmbH, KGaA; für Ö: AG, GmbH; ergänzt wird die Auflistung um entsprechende Gesellschaften der EWR-Staaten, vgl. Anhang XXII, Nr. 1 EWR-Abkommen (ABl. 1994 L 1/3).

[615] Neben der SE würde auch die SPE (vgl. Rn. 618 ff.) als Kapitalgesellschaft mit beschränkter Haftung im Anwendungsbereich der Publizitäts-RL liegen, vgl. Art. 4 Abs. 2 lit. b SPE-VO-E, wonach das für vergleichbare Gesellschaften (GmbH) nationale Recht des Sitzstaats, dh auch das nationale Umsetzungsrecht zu Richtlinienrecht, auf SPE anzuwenden ist, vgl. *Lutter/Bayer/J. Schmidt* EuropUR § 43 Rn. 21; für die geplante SUP ist entscheidend, ob auf diese das nationale GmbH-Recht anwendbar ist (vgl. Rn. 483).

[616] Vgl. *Habersack/Verse* EuGesR § 5 Rn. 9; *Lutter/Bayer/J. Schmidt* EuropUR § 19 Rn. 9; zur mittelbaren Wirkung der Publizitäts-RL auch auf Personengesellschaften vgl. Rn. 5.

[617] EuGH v. 21.10.2010 – C-81/09, ZIP 2010, 2493 Rn. 38 ff. (46) – Idryma Typou, mAnm *Eckert* GesRZ 2011, 176 f.; *Möslein* NZG 2011, 174 f.; *J. Schmidt* EWiR 2010, 693 f.; vgl. auch *Bayer/J. Schmidt* BB 2012, 3 (9); *Lutter/Bayer/J. Schmidt* EuropUR § 19 Rn. 11; *Stöber* ZVglRWiss 113 (2014), 57 (60); aA *Grundmann* EuGesR Rn. 286; zur Definition von *„Kapitalgesellschaften"* gemäß Art. 2 Nr. 1 IntVersch-RL vgl. Rn. 185.

[618] Vgl. *Scholz* EuZW 2004, 172 (174); *Schemmann* GPR 2004, 92 (93 f.); vgl. § 11 Abs. 1 HGB.

[619] Vgl. *Cordewener,* in Schön, Rechnungslegung und Wettbewerbsschutz im deutschen und europäischen Recht, 2009, 105 (125 ff.); *Habersack/Verse* EuGesR § 5 Rn. 17; vgl. EuGH v. 4.12.1997 – C-97/96, DStR 1998, 214 Rn. 22 f. – Daihatsu, zur Ungeeignetheit aufgrund der auf einen kleinen Kreis beschränkten Antragsberechtigung gemäß § 335 S. 1 Nr. 6, S. 2 HGB aF; vgl. § 335 HGB nF mit amtswegiger Befugnis.

[620] Dazu im Detail *Grundmann* EuGesR Rn. 262 ff.; *Lutter/Bayer/J. Schmidt* EuropUR § 19 Rn. 13 ff.; *Schwarz* EuGesR Rn. 313 ff.

221 Notwendige Plattform für die **Hinterlegung** und **Eintragung** ist ein mitgliedstaatliches, **öffentliches Register,** das zentral oder dezentral eingerichtet sein kann[621] und zu jeder Gesellschaft eine Akte führt (Art 3 Abs. 1 P-RL). Die offenlegungspflichtigen Unterlagen und Angaben müssen gemäß Art. 3 Abs. 3 Uabs. 3 P-RL zwingend **in elektronischer Form**[622] entweder in dieser Akte hinterlegt oder in das Register eingetragen werden. Die Hinterlegung und die Eintragung sind daher **alternative Publizitätsmittel.**[623] Die Unterlagen und Angaben können durch die Gesellschaften auch in elektronischer Form eingereicht werden.[624]

222 Gemäß Art. 3 Abs. 5 P-RL sind die offenlegungspflichtigen Informationen in einem mitgliedstaatlichen Amtsblatt bekannt zu machen, das elektronisch geführt, aber auch durch eine ebenso wirksame Form der Veröffentlichung ersetzt werden kann.[625] Die Mitgliedstaaten legen fest, ob die **Bekanntmachung** in einer vollständigen oder auszugsweisen Wiedergabe der Informationen oder nur in einem Hinweis auf die Hinterlegung bzw. Eintragung besteht.[626]

223 Jede **Änderung** der zur Offenlegung in Art. 2 P-RL bestimmten **Publizitätsgegenstände**[627] ist gemäß Art. 2a P-RL innerhalb einer **Regelfrist von 21 Tagen** ab Einlangen der vollständigen Unterlagen zu der Änderung und einer gegebenenfalls nach nationalem Recht angeordneten Prüfung des Antrags offenzulegen.[628] Der Fristbeginn ist daher flexibel und erlaubt weiterhin eine sorgfältige Prüfung der Anträge, eine Sanktionierung bei Fristüberschreitung ist europarechtlich nicht angeordnet.[629]

224 Gemäß Art. 3 Abs. 4 P-RL hat jedermann das **Recht, Abschriften** der offenlegungspflichtigen Unterlagen und Angaben zu verlangen (sekundäres Publizitätsmittel).[630] Eine Beschränkung auf bestimmte Personengruppen mit einem qualifizierten Informationsinteresse besteht nicht. Der Antragsteller hat grundsätzlich die Wahl zwischen elektronischer und Papierform, vollständiger und auszugsweiser Information sowie beglaubigten und unbeglaubigten Kopien.[631] Als zweites sekundäres Publizitätsmittel ordnet Art. 5 P-RL die **Pflicht der Gesellschaften** an, in ihrer **Geschäftskorrespondenz,** dh auf Briefen und Bestellscheinen in jeglicher Form (Papier, Fax, Email, Online-Browser etc) das Register, in dem die Akte der Gesellschaft geführt wird, ihre Registernummer, Rechtsform, ihren Satzungssitz sowie gegebenenfalls einen Hinweis auf ein laufendes Liquidationsverfahren als *„Schlüsselinformationen"* für den Geschäftsverkehr anzugeben.[632] Unter-

---

[621] *Kalss,* in Koppensteiner, ÖuEuWPR, Teil 1, 119, 133.

[622] Seit 1.1.2007 aufgrund Änderungs-RL 2003/58/EG.

[623] *Grohmann,* Informationsmodell im Europäischen Gesellschaftsrecht, 2006, 152; *Kalss,* in Koppensteiner, ÖuEuWPR, Teil 1, 119, 132; *Lutter* EuR 1969, 1 (4); *J. Schmidt* NZG 2006, 899 (901).

[624] Seit 1.1.2007 aufgrund Änderungs-RL 2003/58/EG gemäß Art. 3 Abs. 3 Uabs. 2 P-RL, die elektronische Einreichung kann durch die Mitgliedstaaten auch zwingend angeordnet werden, wie dies in D der Fall ist (§ 12 Abs. 1 S. 1 HGB), in Ö ist die schriftliche Einreichung grundsätzlich weiterhin zulässig (vgl. § 11 UGB).

[625] § 10 HGB ordnet zu diesem Zweck die Veröffentlichung im elektronischen Informations- und Kommunikationssystem der Landesjustizverwaltungen an, das unter dem zentralen Portal www.handelsregister.de sowie über das Unternehmensregister (www.unternehmensregister.de) abrufbar ist und daher die Anforderungen der Publizitäts-RL in Art. 3 Abs. 5 Uabs. 2 P-RL erfüllt, dazu *Krafka,* in MüKoHGB § 10 Rn. 12; *Lutter/Bayer/J. Schmidt* EuropUR § 19 Rn. 21; für Ö ordnet § 10 Abs. 1 UGB sowohl eine Veröffentlichung in der Ediktsdatei (http://www.ediktsdatei.justiz.gv.at/) als auch im „Amtsblatt zur Wiener Zeitung" an.

[626] *Grohmann,* Informationsmodell im Europäischen Gesellschaftsrecht, 2006, 157; *Grundmann* EuGesR Rn. 266; *Lutter/Bayer/J. Schmidt* EuropUR § 19 Rn. 18.

[627] Gemäß Art. 2a Abs. 2 P-RL mit Ausnahme der Rechnungslegungsunterlagen.

[628] Eingefügt durch die UrV-RL; vgl. § 26 HRV (in Kraft seit 1.1.2015).

[629] *Ries* ZIP 2013, 866 (869).

[630] Vgl. § 9 HGB; vgl. Ö: § 9 UGB.

[631] *Lutter/Bayer/J. Schmidt* EuropUR § 19 Rn. 22.

[632] *Lutter/Bayer/J. Schmidt* EuropUR § 19 Rn. 25; vgl. § 80 AktG, § 35a GmbHG; vgl. Ö: § 14 UGB.

hält die Gesellschaft eine **Website**, hat auch diese die entsprechenden Informationen zu beinhalten.[633]

ccc) Publizitätsgegenstände: Als **Publizitätsgegenstände** legt Art. 2 P-RL **bestimmte Urkunden und Angaben** fest:[634] (i) die Gründungsdokumente der Gesellschaft (Errichtungsakt und gegebenenfalls separate Satzung), deren Änderungen und konsolidierte Fassungen, (ii) die aktuelle Besetzung der gesetzlich vorgesehenen Geschäftsführungs- und Vertretungs- sowie Aufsichtsorgane[635] und die Form der Vertretungsbefugnis (Einzel-, Gesamtvertretung, Mischformen),[636] (iii) jährlich die Höhe des gezeichneten Kapitals, falls dieses ohne Satzungsänderung erhöht werden kann, (iv) die **Unterlagen der Rechnungslegung nach Maßgabe der Bilanz-Richtlinie,**[637] (v) die Verlegung des Satzungssitzes sowie (vi) Angaben zur Auflösung, Nichtigerklärung und Liquidation der Gesellschaft. Die **Aufzählung** der Publizitätsgegenstände in Art. 2 P-RL ist **nicht abschließend,** weitere publizitätspflichtige Angaben und inhaltliche Konkretisierungen werden in anderen Richtlinien, allerdings mit unterschiedlichem Geltungsbereich, festgelegt, insbesondere in der **Kapital-Richtlinie** mit Vorgaben zum **Mindestinhalt der Satzung** und sonstigen Gründungsdokumenten von Aktiengesellschaften, den Richtlinien zu den Umgründungsvorgängen Verschmelzung, Spaltung und grenzüberschreitende Verschmelzung sowie für börsennotierte Gesellschaften in der Transparenz- und der Übernahme-Richtlinie.[638] 225

Eine besonders enge **Verknüpfung** besteht zwischen den Publizitätspflichten nach der Publizitäts-Richtlinie und der **Bilanz-Richtlinie.** Art. 2 lit. f. P-RL ordnet die Offenlegung der Rechnungslegungsunterlagen an, die in der Bilanz-Richtlinie zur Offenlegung bestimmt werden (vgl. Rn. 276, 291, 300). Das Zusammenwirken der Richtlinien führt zu einer europaweiten Offenlegung der inhaltlich harmonisierten Rechnungslegungsunterlagen mit dem Ziel, dem Rechtsverkehr in allen Mitgliedstaaten einheitlich Informationen und Informationszugang zur Rechnungslegung potentieller Geschäftspartner zu sichern **(„Rechnungslegungspublizität").**[639] 226

---

[633] Es besteht keine Verpflichtung der Gesellschaft, eine Website zu führen, vgl. *Schemmann* GPR 2004, 92 (93).

[634] Dazu im Detail *Lutter/Bayer/J. Schmidt* EuropUR § 19 Rn. 29 ff.

[635] Freiwillig eingerichtete Organe sind nicht erfasst, dazu *Grohmann*, Informationsmodell des Europäischen Gesellschaftsrechts, 2006, 135; *Grundmann* EuGesR Rn. 249; *Habersack/Verse* EuGesR § 5 Fn. 33.

[636] EuGH v. 12.11.1974 – C-32/74, Slg. 1974, 1201 Rn. 6 – Friedrich Haaga GmbH: Zum Schutz des Geschäftsverkehrs ist auch eine Vertretungsregelung, die sich *„ohne weiteres aus den nationalen Rechtsvorschriften [ergibt] oder offenkundig [erscheint]"*, zB wenn nur ein einzelner vertretungsbefugter Organwalter gegeben ist, offenzulegen, dazu *Habersack/Verse* EuGesR § 5 Rn. 15; *Lutter/Bayer/J. Schmidt* EuropUR § 19 Rn. 32; vgl. auch BGH NJW 1998, 1071 (1072): Ein Organwalter mit Vertretungsbefugnis, der „Stellvertreter" iSv § 94 AktG, § 44 GmbHG ist, ist ohne Stellvertreterzusatz einzutragen, da dies für die Beurteilung seiner Vertretungsbefugnis irreführend sein könnte, dazu *Habersack/Verse* EuGesR § 5 Rn. 16; *Fleischer,* in Spindler/Stilz, AktG § 94 Rn. 8; vgl. auch *Habersack,* in GroßKAktG, § 94 Rn. 16; *Fleischer,* in Spindler/Stilz, AktG § 94 Rn. 9 zur Erweiterung dieser Auslegung auf sekundäre Publizitätsmittel (Briefe, Bestellscheine).

[637] Neben der Bilanz-RL sind noch die Spezial-Richtlinien für Banken (RL 86/635/EWG) und für Versicherungsgesellschaften (RL 91/674/EWG) zu beachten.

[638] Für einen Überblick zu den Publizitätspflichten nach Richtlinienrecht s. *Cordewener,* in Schön, Rechnungslegung und Wettbewerbsschutz im deutsche und europäischen Recht, 2009, 105 (153 ff.); *Grundmann* EuGesR Rn. 246 ff.; *Kalss,* in Koppensteiner, ÖuEuWPR, Teil 1, 119 139 ff.; *Schwarz* EuGesR Rn. 305 ff.

[639] Vgl. *Habersack/Verse* EuGesR § 5 Rn. 5; zur Konformität der Rechnungslegungspublizität mit Unionsgrundrechten vgl. EuGH v. 23.9.2004 – verb. Rs. C-435/02 und C-103/03, BeckRS 2004, 78107 – Axel Springer; dazu im Detail *Cordewener,* in Schön, Rechnungslegung und Wettbewerbsschutz im deutsche und europäischen Recht, 2009, 105 (236 ff.).

227 *ddd) Publizitätswirkungen:* In Art. 3 Abs. 6 und 7 P-RL werden die **Publizitätswirkungen** zum Schutz des Geschäftsverkehrs[640] geregelt. Der Grundsatz der **negativen Publizität** gemäß Art. 3 Abs. 6 Uabs. 1 P-RL sieht vor, dass die Gesellschaft einem Dritten noch nicht ordnungsgemäß offengelegte, dh nicht bekanntgemachte Tatsachen ohne Nachweis der tatsächlichen Kenntnis des Dritten nicht entgegenhalten kann.[641] Art. 3 Abs. 6 Uabs. 2 P-RL erweitert die negative Publizitätswirkung auf einen Zeitraum von 15 Tagen nach der Bekanntmachung, wenn der Dritte nachweist, dass ihm die entsprechenden Tatsache *„unmöglich"* bekannt sein konnte.[642] Nach ihrer ordnungsgemäßen Bekanntmachung gemäß Art. 3 Abs. 5 P-RL bzw. nach Ablauf der 15-Tagesfrist ohne Nachweis muss jeder Dritte die Tatsache gegen sich gelten lassen.[643]

228 Art 3 Abs. 7 Uabs. 2 P-RL regelt die **positive Publizität** für den Fall, dass der Inhalt der Bekanntmachung und der Inhalt der hinterlegten Urkunde bzw. der Eintragung, dh der beiden primären Publizitätsmittel voneinander abweichen. Bei Vorliegen einer solchen Divergenz kann dem Dritten der Inhalt der Bekanntmachung nicht entgegengehalten werden, dieser kann sich aber auch auf den Inhalt der Bekanntmachung berufen, außer die Gesellschaft beweist, dass dem Dritten der hinterlegte bzw. eingetragene Inhalt bekannt war.[644] Die Richtlinie geht in ihrem Wortlaut von dem Fall aus, dass der Registerinhalt richtig und die Bekanntmachung falsch ist.[645] Im Sinne eines Größenschlusses ist die Anwendbarkeit der positiven Publizitätswirkung auch in den Fällen zu bejahen, in denen nicht nur die Bekanntmachung, sondern auch der Registerinhalt unrichtig ist.[646] Umstritten ist die Frage, ob die positive Publizität analog auch in dem Fall anwendbar ist, dass zwar die Bekanntmachung richtig, aber der Registerinhalt falsch ist. Im Sinne des angestrebten Verkehrsschutzes ist dies zu bejahen, da das – ausdrücklich geschützte – Vertrauen auf die Bekanntmachung und das Vertrauen auf den elektronisch zugänglichen Registerinhalt gleichwertig erscheint.[647]

---

[640] Vgl. grundlegend zur dogmatischen Einordnung der handelsrechtlichen Publizität zwischen Vertrauens- und Verkehrsschutz *Merkt,* Unternehmenspublizität, 2001, 229 ff.

[641] Vgl. § 15 Abs. 1 HGB; vgl. Ö: § 15 Abs. 1 UGB.

[642] Vgl. § 15 Abs. 2 S. 2 HGB; vgl. Ö: § 15 Abs. 2 S. 2 UGB; die „Unmöglichkeit" der Kenntnis der offengelegten Tatsache wird nur in seltenen Fällen gegeben sein und hat daher nur geringe praktische Bedeutung, dient aber der Rechtssicherheit im internationalen Geschäftsverkehr, vgl. *Kalss.* in Koppensteiner, ÖuEuWPR, Teil 1, 119, 160; die Umsetzung in § 15 Abs. 2 S. 2 HGB (bzw. UGB) ist mit dem Wortlaut *„nicht kennen müssen"* ungenau und – je nach Auslegung – zu weit, da ihr Wortlaut ggf unverschuldete Unkenntnis genügen lässt, während die RL ausdrücklich nur die Unmöglichkeit als Grund für die erweiterte negative Publizität zulässt; vgl. *Habersack/Verse* EuGesR § 5 Rn. 21; *Krebs,* in MüKoHGB, § 15 Rn. 72 f. mwN.

[643] *Kalss,* in Koppensteiner, ÖuEuWPR, Teil 1, 119, 160.

[644] Vgl. § 15 Abs. 3 HGB; vgl. Ö: § 15 Abs. 3 UGB, der das in D von der hM bejahte „Veranlassungsprinzip" als zusätzliche Voraussetzung der positiven Publizität auch ausdrücklich festschreibt. Das Veranlassungsprinzip sieht vor, dass eine Berufung auf die positive Publizitätswirkung nur gegen Personen und Gesellschaften möglich ist, die durch Antrag oder ihnen zurechenbaren Antrag zur Herbeiführung der unrichtigen Bekanntmachung beigetragen haben. Die Europarechtskonformität des Veranlassungsprinzips ist umstritten, mangels Hinweises im Richtlinientext jedenfalls in Frage zu stellen, aber praktisch nur wenig bedeutsam, vgl. zur Diskussion zB *Krebs,* in MüKoHGB, § 15 Rn. 83 ff. mwN.

[645] *Grundmann* EuGesR Rn. 278; *Habersack/Verse* EuGesR § 5 Rn. 19; *Kalss,* in Koppensteiner, ÖuEuWPR, Teil 1, 119, 161 f.; *Lutter/Bayer/J. Schmidt* EuropUR § 19 Rn. 49.

[646] *Grundmann* EuGesR Rn. 278; *Habersack/Verse* EuGesR § 5 Rn. 19; *Lutter/Bayer/J. Schmidt* EuropUR § 19 Rn. 50; aA *Krebs,* in MüKoHGB, § 15 Rn. 81; *Schwarz* EuGesR Rn. 321.

[647] *Frankhauser,* Gemeinschaftsrechtliche Publizitäts- und Kapital-Richtlinie, 2001, 81 ff.; *Lutter/Bayer/J. Schmidt* EuropUR § 19 Rn. 51; *Paefgen* ZIP 2008, 1653 (1658); *Schmidt-Kessel* GPR 2006, 6 (15); aA *Grohmann,* Das Informationsmodell im Europäischen Gesellschaftsrecht, 166 f.; *Krebs,* in MüKoHGB, § 15 Rn. 81; *Schwarz* EuGesR Rn. 323.

229 Art. 3 Abs. 7 Uabs. 3 P-RL stellt darüber hinaus klar, dass sich ein Dritter stets auf die **wahre Rechtslage** berufen kann, auch wenn die entsprechenden Unterlagen und Angaben nicht ordnungsgemäß offengelegt sind.[648]

230 Im Zusammenhang mit der **Sprachregelung** (vgl. Rn. 218) bestimmt Art. 4 Abs. 4 P-RL, dass der Inhalt einer freiwilligen Übersetzung einem Dritten nicht entgegen gehalten werden kann, umgekehrt ein Dritter sich auf die Übersetzung berufen kann, soweit nicht die Gesellschaft nachweist, dass ihm das Original bekannt war.[649]

231 *eee) Unternehmensregisterverknüpfung:* Die Änderungen der Publizitäts-Richtlinie durch die **Unternehmensregisterverknüpfungs-Richtlinie** sollen den mit der erhöhten Mobilität von Gesellschaften (vgl. Rn. 68ff.) gestiegenen **Bedarf** nach Zusammenarbeit der nationalen Register sowie nach einfachem und grenzüberschreitendem Informationszugriff auf Unternehmensdaten bedienen.[650] Zu diesem Zweck wird ein **System der Registervernetzung** geschaffen, das aus einer zentralen europäischen Plattform, den nationalen Registern der Mitgliedstaaten und dem europäischen E-Justiz-Portal besteht. Die **europäische Plattform** gemäß Art. 4aff. P-RL ist kein eigenständiges europäisches Register bzw. eine Paralleldatenbank, sondern dient der Kommunikation zwischen den nationalen Registern.[651] Als zentrale europäische Anlaufstelle gewährt das **E-Justiz-Portal**[652] **elektronischen Zugang** (i) gemäß Art. 3a P-RL zu **aktuellen Informationen** der Mitgliedstaaten über die nationalen Umsetzungsbestimmungen zu den **Publizitätswirkungen** sowie (ii) gemäß Art. 3b P-RL zu elektronischen Kopien der gemäß Art. 2 P-RL **offenlegungspflichtigen Angaben und Urkunden.** Die nationalen Register haben darüber hinaus gemäß Art. 3d P-RL **Beginn und Beendigung von Insolvenzverfahren sowie die Löschung** von Gesellschaften unverzüglich über die Plattform zu **melden,** um die Löschung von Zweigniederlassungen in anderen Mitgliedstaaten sicherzustellen.[653] Zwecks einfacher Identifikation der Gesellschaften bei der Kommunikation zwischen den Registern erhalten alle Gesellschaften gemäß Art. 3 Abs. 1 Uabs. 2 P-RL eine **europaweit einheitliche Kennung,** die den Rückschluss auf das Herkunftsregister, den entsprechenden Mitgliedstaat und die Nummer der Gesellschaft in diesem Register erlaubt. Die Kennung ist nur zum Zweck der Kommunikation zwischen den Registern über die Plattform, nicht zum Gebrauch im Geschäftsverkehr, auch nicht in Geschäftsbriefen und Bestellscheinen bestimmt.[654]

232 **cc) Handelsrechtliche Publizität von Zweigniederlassungen:** *aaa) Grundlagen und Anwendungsbereich:* Die Regelungen der **Zweigniederlassungs-Richtlinie** (vgl. Rn. 213 legen **Offenlegungspflichten** für **unselbstständige Zweigniederlassungen** von **Kapitalgesellschaften im EU-Ausland** fest. Grundüberlegung hinter der Zweigniederlassungs-Richtlinie ist, dass die Niederlassungsfreiheit gemäß Art. 49 iVm Art. 54 AEUV nicht nur durch die Gründung von Tochtergesellschaften, sondern auch durch die Errichtung von Zweigniederlassungen ausgeübt werden kann (vgl. Rn. 53).[655] Während Tochtergesellschaften aber als selbstständige Gesellschaften unmittelbar in den Anwendungsbereich der Publizitäts-Richtlinie fallen, sah erst die Zweigniederlassungs-Richtlinie entsprechende Regelun-

[648] Vgl. *Merkt,* Unternehmenspublizität, 2001, 134; der Wortlaut der RL stellt auch ausdrücklich die offensichtliche Ausnahme dazu klar, nämlich dass die Offenlegung Wirksamkeitserfordernis der offenzulegenden Tatsache ist; vgl. *Grundmann* EuGesR Rn. 272; *Kalss,* in Koppensteiner, ÖuEuWPR, Teil 1, 119, 160.

[649] Vgl. § 11 Abs. 2 HGB.

[650] Dazu *Kilian* FGPrax 2012, 185 (186f.); *Ries* ZIP 2013, 866 (867ff.).

[651] Vgl. ErwG 10 UrV-RL.

[652] Online abrufbar: https://e-justice.europa.eu/home.do?plang=de&action=home (15.1.2015).

[653] Vgl. ErwG 15 UrV-RL; *Kilian* FGPrax 2012, 185 (186); *Ries* ZIP 2013, 866 (869).

[654] Vgl. ErwG 14 UrV-RL.

[655] Vgl. *Forsthoff,* in Grabitz/Hilf/Nettesheim, Recht der EU, EL. 43, AEUV Art. 49 Rn. 62ff.; ErwG 3 ZwN-RL.

gen für Zweigniederlassungen vor. Die Zweigniederlassungs-Richtlinie verfolgt einen *„doppelten Schutzzweck"*:[656] Einerseits soll für Gesellschaften die Ausübung der Niederlassungsfreiheit durch harmonisierte Regelungen in allen Zielmitgliedstaaten erleichtert werden.[657] Andererseits sollen Dritte, die über die Zweigniederlassung in Geschäftsbeziehung mit ausländischen Gesellschaften treten und daher mit ausländischem Gesellschaftsrecht, insbesondere zu Haftung und Gläubigerschutz, konfrontiert sind, durch gesicherte Information über die Zweigniederlassung und die dahinter stehende Gesellschaft geschützt werden.[658]

233 Der **Anwendungsbereich** der Zweigniederlassungs-Richtlinie ist zweigeteilt: Abschnitt I (Art 1 ff.) gilt gemäß Art. 1 ZwN-RL für **Zweigniederlassungen,** die von einer **Kapitalgesellschaft** im Sinne von Art. 1 P-RL (vgl. Rn. 217), die dem Recht eines Mitgliedstaats unterliegt, **in einem anderen Mitgliedstaat** errichtet werden.[659] Abschnitt II (Art 7 ff.) enthält gemäß Art. 7 ZwN-RL entsprechende Regelungen für Zweigniederlassungen, die von einer Gesellschaft errichtet werden, die nicht dem Recht eines Mitgliedstaats unterliegt, aber mit den Gesellschaftsformen nach Art. 1 P-RL vergleichbar ist. Dies soll verhindern, dass Gesellschaften aus Nichtmitgliedstaaten einen Wettbewerbsvorteil haben,[660] sowie Dritte im Geschäftsverkehr mit Zweigniederlassungen unabhängig vom Gesellschaftsstatut der Gesellschaft schützen.[661] Die Offenlegung von Zweigniederlassungen im Inland des Mitgliedstaats, dessen Gesellschaftsstatut die Gesellschaft unterliegt, ist nicht erfasst.

234 Der Begriff der **„Zweigniederlassung"** wird nicht definiert, aber aus den Richtlinienbestimmungen und nach der Rechtsprechung des EuGH so ausgelegt, dass eine Zweigniederlassung jedenfalls keine Rechtspersönlichkeit hat, auf Dauer angelegt ist, sachlich und personell für einen Geschäftsbetrieb mit Dritten ausgestattet ist und durch die Geschäftsleitung der Zweigniederlassung Rechtsgeschäfte mit der (Auslands-)Gesellschaft eingegangen werden können.[662] Nach der Rechtsprechung des EuGH zur Ausübung der Niederlassungsfreiheit ist auch klar, dass die „Zweigniederlassung" tatsächlich die Haupt- bzw. einzige Niederlassung der Auslandsgesellschaft sein kann, dh im Sinne der Zweigniederlassungs-Richtlinie auch dann eine „Zweigniederlassung" vorliegt, wenn die Gesellschaft weder im Staat ihres Satzungssitzes noch in einem anderen Staat eine Niederlassung betreibt.[663]

235 Die **Sprache** der offenzulegenden Angaben für Zweigniederlassungen richtet sich grundsätzlich nach der Sprachregelung des Registerstaats der Zweigniederlassung.[664] Die Rechnungslegungsunterlagen sowie der Errichtungsakt bzw. die Satzung der Gesellschaft und deren Änderungen werden jedoch in ihrer ursprünglichen Sprachfassung offengelegt, der Registerstaat der Zweigniederlassung kann gemäß Art. 4 ZwN-RL eine beglaubigte Übersetzung in einer anderen Amtssprache eines Mitgliedstaats, insbesondere in der eigenen verlangen.[665]

---

[656] *Cordewener,* in Schön, Rechnungslegung und Wettbewerbsschutz im deutschen und europäischen Recht, 2009, 105 (154); *Grundmann* EuGesR Rn. 816; *Habersack/Verse* EuGesR § 5 Rn. 48; *Lutter/Bayer/J. Schmidt,* EuropUR § 28 Rn. 3.

[657] ErwG 5 ZwN-RL.

[658] ErwG 6 ZwN-RL.

[659] *Grundmann* EuGesR Rn. 825; *Habersack/Verse* EuGesR § 5 Rn. 52.

[660] ErwG 11 ZwN-RL; *Grundmann* EuGesR Rn. 832.

[661] *Habersack/Verse* EuGesR § 5 Rn. 53.

[662] Grundlegend EuGH v. 22.11.1978 – 33/78, BeckRS 2004, 70835 Rn. 12 – Somafer; vgl. *Grundmann* EuGesR Rn. 825; *Kalss,* in Koppensteiner, ÖuEuWPR, Teil 1, 119, 131; *Schwarz* EuGesR Rn. 375; vgl. allgemein *Meinhart,* in W. Schuhmacher/M. Gruber, Rechtsfragen der Zweigniederlassung, 1993, 1 (6 ff.).

[663] EuGH v. 19.7.1986 – 79/85, BeckRS 2004, 73706 Rn. 16 – Segers; EuGH v. 9.3.1999 – C-212/97, NJW 1999, 2027 Rn. 29 – Centros; EuGH v. 30.9.2003 – C-167/01, BeckRS 2004, 74612 Rn. 96 – Inspire Art.

[664] *Lutter/Bayer/J. Schmidt* EuropUR § 28 Rn. 84; vgl. § 11 Abs. 1 HGB.

[665] *Habersack/Verse* EuGesR § 5 Rn. 60; *Grundmann* EuGesR Rn. 831; vgl. § 13f Abs. 2 S. 1, § 13g Abs. 2 S. 1 HGB (Offenlegung der Satzung in deutscher Sprache), § 325a Abs. 1 HGB (Rechnungslegung in englischer Sprache oder in beglaubigter bzw. bescheinigter Abschrift).

Die Mitgliedstaaten haben gemäß Art. 12 ZwN-RL geeignete **Sanktionen** für die Verletzung von Offenlegungspflichten vorzusehen[666] sowie gemäß Art. 13 ZwN-RL die konkret zur Durchführung der Offenlegung verpflichteten Personen zu bestimmen, insbesondere die Geschäftsleiter der Gesellschaft und die ständigen Vertreter der Zweigniederlassung.[667] **236**

bbb) Publizitätsmittel und Publizitätswirkungen: Für **Publizitätsmittel** und **Publizitätswirkungen** verweist die Zweigniederlassungs-Richtlinie im Wesentlichen auf die entsprechenden Regelungen der Publizitäts-Richtlinie (vgl. Rn. 220ff., 227ff.). Daher sind gemäß Art. 1 Abs. 1 bzw. Art. 7 Abs. 1 ZwN-RL[668] die relevanten Publizitätsgegenstände im Einklang mit Art. 3 P-RL, dh unter Verwendung der dort geregelten primären Publizitätsmittel (Hinterlegung oder Eintragung im Register sowie Bekanntmachung) und unter Beachtung der daran geknüpften Publizitätswirkungen offenzulegen, sowie das Recht auf Abschriften in elektronischer oder Papierform (Art 3 Abs. 4 P-RL) zu gewährleisten.[669] Zum Schutz von mit der Zweigniederlassung im Geschäftsverkehr stehenden Dritten sieht Art. 1 Abs. 2 bzw. Art. 7 Abs. 2 ZwN-RL als zusätzliche Publizitätswirkung den Vorrang der Offenlegung der Zweigniederlassung für den Fall ihrer Divergenz mit der Offenlegung der Gesellschaft vor.[670] Für Zweigniederlassungen von EU-Auslandsgesellschaften ordnet Art. 6 ZwN-RL die Offenlegung auf Geschäftsbriefen und Bestellscheinen im Sinne von Art. 5 P-RL[671] an und ergänzt die demnach erforderlichen Angaben um das Register und die Registernummer der Zweigniederlassung.[672] Art. 10 ZwN-RL legt eine entsprechende Offenlegungspflicht für Zweigniederlassungen von Gesellschaften aus Drittstaaten fest, die offenzulegenden Angaben beschränken sich jedoch auf Register und Registernummer der Zweigniederlassung und – abhängig vom Gesellschaftsstatut – gegebenenfalls der Gesellschaft.[673] **237**

ccc) Publizitätsgegenstände: Für die Festlegung der **Publizitätsgegenstände** differenziert Art. 2 ZwN-RL für Zweigniederlassungen von **EU-Auslandsgesellschaften** zwischen Angaben gemäß Abs. 1, die zwingend offenzulegen sind, und Angaben gemäß Abs. 2, deren Offenlegung der jeweilige Mitgliedstaat anordnen kann. Der **Katalog** ist **abschließend,** dh zusätzliche Angaben, zB eine Kennzeichnung als „formal ausländische Gesell- **238**

---

666 Vgl. *Cordewener,* in Schön, Rechnungslegung und Wettbewerbsschutz im deutschen und europäischen Recht, 2009, 105 (127); zur Zulässigkeit von Zwangsstrafen ohne Aufforderung für die verspätete Offenlegung von Jahresabschlüssen vgl. EuGH v. 26.9.2013 – C-418/11, IStR 2013, 922 – Texdata Software, dazu *Bayer/J. Schmidt* KSzW 2014, 69 (73f.); vgl. § 14 HGB, §§ 388ff. FamFG, §§ 329, 335 HGB; vgl. Ö: § 24 FBG, § 283 UGB.

667 Vgl. § 13e Abs. 2 S. 1, Abs. 3 S. 1 HGB; vgl. Ö: § 254 Abs. 1, 2 AktG, § 107 Abs. 1, 2 GmbHG, dazu *Rauter/Ratka,* in Straube, UGB I § 12 Rn. 48; obwohl die bisherige Offenlegungspraxis für Zweigniederlassungen von Auslandsgesellschaften im Anwendungsbereich der Zweigniederlassungs-RL in Deutschland und die Möglichkeit zur Festsetzung von Zwangsgeld mangels tatsächlicher Kenntnis der Registergerichte über das Bestehen von Zweigniederlassungen als ungenügend gelten, bestehen derzeit keine Bestrebungen, die Sanktionen zu verschärfen; vgl. *Eidenmüller/Rehberg* NJW 2008, 28; *Habersack/Verse* EuGesR § 5 Rn. 62; *Lutter/Bayer/J. Schmidt* EuropUR § 28 Rn. 94 Fn. 179 mwN, Fn. 184.

668 Art. 1 Abs. 1 ZwN-RL für Zweigniederlassungen von EU-Auslandsgesellschaften, Art. 7 Abs. 1 ZwN-RL für Zweigniederlassungen von Gesellschaften aus Drittstaaten.

669 Vgl. insbesondere §§ 9, 13, 13d-13g HGB; vgl. Ö: §§ 9, 12 UGB iVm dem Firmenbuchgesetz.

670 Vgl. § 15 Abs. 4 HGB.

671 Der Verweis in Art. 6 ZwN-RL auf Art. 4 P-RL (Fassung RL 68/151/EWG) ist als Verweis auf Art. 5 P-RL in kodifizierter Fassung (RL 2009/101/EG) zu verstehen, vgl. dazu Art. 16 Abs. 2 P-RL (2009/101/EG).

672 Vgl. § 80 Abs. 4 AktG, § 35a Abs. 4 GmbHG; vgl. für Ö: § 14 Abs. 3 UGB.

673 *Lutter/Bayer/J. Schmidt* EuropUR § 28 Rn. 82; vgl. § 80 Abs. 4 AktG, § 35a Abs. 4 GmbHG; vgl. für Ö § 14 Abs. 3 UGB.

schaft" können von den Mitgliedstaaten nicht angeordnet werden,[674] allerdings könnte nationales Recht zusätzliche freiwillige Angaben ermöglichen.[675]

239 Die **obligatorischen Publizitätsgegenstände** können eingeteilt werden in Angaben zur Gesellschaft und in Angaben zur Zweigniederlassung: Für die Gesellschaft sind (i) Firma, Rechtsform, Register und Registernummer, (ii) Informationen über Liquidations-[676] und Insolvenzverfahren, (iii) Angaben zu den organschaftlichen Vertretern[677] und (iv) die Rechnungslegungsunterlagen nach Maßgabe der Bilanz-Richtlinie offenzulegen. Eine eigene Rechnungslegung für die Zweigniederlassung, dh die Erstellung einer *„Zweigniederlassungsbilanz"*[678] wird nicht angeordnet, es sind nur die entsprechenden Rechnungslegungsunterlagen der Gesellschaft bei der Zweigniederlassung offenzulegen.[679] Für die Zweigniederlassung selbst sind (i) die Anschrift und eine gegebenenfalls von der Gesellschaft unterschiedliche Firma, (ii) die konkrete geschäftliche Tätigkeit, (iii) die Aufhebung der Zweigniederlassung und (iv) Angaben zu den ständigen Vertretern der Zweigniederlassung[680] offenzulegen. Als „ständige Vertreter" gelten Personen, die rechtsgeschäftlich[681] zur gerichtlichen und außergerichtlichen Vertretung der Gesellschaft[682] für eine gewisse Dauer[683] befugt und am Ort der Zweigniederlassung tätig[684] sind. Als ständige Vertreter kommen insbesondere Prokuristen, aber auch Handlungsbevollmächtigte in Frage, soweit diese eine auf Dauer angelegte Befugnis zur gerichtlichen und außergerichtlichen Vertretung haben.[685] Die Befugnisse der ständigen Vertreter, dh der Umfang der Vertretungsmacht und die Wirkung als Einzel- oder Gesamtvertretung sind ebenfalls offenzulegen. Zwingend ist die Bestellung eines ständigen Vertreters jedoch nicht.[686]

240 Der Katalog des Art. 2 Abs. 2 ZwN-RL bietet den Mitgliedstaaten die Möglichkeit, aufgrund nationaler Besonderheiten zum Zweck des Schutzes Dritter die Offenlegung bestimmter weiterer Angaben bzw. Urkunden zu verlangen **(fakultative Publizitätsge-**

---

[674] EuGH v. 30.9.2003 – C-167/01, BeckRS 2004, 74612 Rn. 65 ff. (69) – Inspire Art; vgl. *Cordewener,* in Schön, Rechnungslegung und Wettbewerbsschutz im deutschen und europäischen Recht, 2009, 105 (155 f.); *Kettler,* Die Offenlegungspflichten für Zweigniederlassungen ausländischer Unternehmen, 2002, 40; *Leible/Hoffmann* EuZW 2003, 677 (680); *Merkt,* Unternehmenspublizität, 2001, 134; *K. Schmidt,* in Lutter, Europäische Auslandsgesellschaften in Deutschland, 2005, 15 (22).

[675] *Lutter/Bayer/J. Schmidt* EuropUR § 28 Rn. 12.

[676] Unter ausdrücklichem Verweis auf Art. 2 Abs. 1 lit. h, j, k P-RL.

[677] Unter ausdrücklichem Verweis auf Art. 2 Abs. 1 lit. d P-RL; auf die dort festgelegte Offenlegung der Mitglieder von Kontroll- und Verwaltungsorganen verzichtet die Zweigniederlassungs-RL jedoch, vgl. *Lutter/Bayer/J. Schmidt* EuropUR § 28 Rn. 17.

[678] *Lutter/Bayer/J. Schmidt* EuropUR § 28 Rn. 23.

[679] *Grundmann* EuGesR Rn. 830; *Habersack/Verse* EuGesR § 5 Rn. 60; *Schumann* ZIP 2007, 1189 (1191); vgl. § 325a Abs. 1 HGB (Abs. 2 nimmt Zweigniederlassungen von Kreditinstituten und Versicherungsunternehmen entsprechend Art. 14 ZwN-RL aus, für diese gelten besondere Regelungen in § 340l Abs. 2, § 341 Abs. 2, § 341l HGB); für Ö: § 280a UGB (für Zweigniederlassungen von Kreditinstituten und Versicherungsunternehmen vgl. § 44 Abs. 3–6, § 65 Abs. 3a BWG, § 84 Abs. 4 VAG).

[680] Vgl. § 13f Abs. 3, § 13g Abs. 3 HGB iVm § 13e Abs. 2 Nr. 3 HGB; vgl. Ö: § 254 Abs. 2, 3, 5 AktG § 107 Abs. 2, 3, 5 GmbHG iVm § 12 UGB.

[681] *Heidinger* MittBayNot 1998, 72 (73, 75); *Lutter/Bayer/J. Schmidt* EuropUR § 28 Rn. 30; *Schäfer* ZNotP 2007, 450 (451); *Voigt,* Das Handelsrecht der Zweigniederlassung, 2010, 203 f.

[682] Mangels Rechtspersönlichkeit der Zweigniederlassung wird stets die Gesellschaft vertreten, vgl. *Habersack/Verse* EuGesR § 5 Fn 140.

[683] *Heidinger* MittBayNot 1998, 72 (74); *Lutter/Bayer/J. Schmidt* EuropUR § 28 Rn. 30; *Voigt,* Das Handelsrecht der Zweigniederlassung, 2010, 204.

[684] *Habersack/Verse* EuGesR § 5 Rn. 59.

[685] *Habersack/Verse* EuGesR § 5 Rn. 59 Fn 144; *Krafka,* in MüKoHGB, § 13e Rn. 14; *J. Zehetner,* in Straube, UGB II § 280a Rn. 57 f.

[686] OLG München v. 14.2.2008 – 31 Wx 67/07, NZG 2008, 342; *Heidinger* MittBayNot 1998, 72 (73); *Lutter/Bayer/J. Schmidt* EuropUR § 28 Rn. 31; *Schäfer* ZNotP 2007, 450 (451).

gegenstände). Insbesondere kommen zur Offenlegung (i) die Unterschriften der organschaftlichen Vertreter bzw. Liquidatoren der Gesellschaft sowie der ständigen Vertreter der Zweigniederlassung,[687] (ii) eine Bescheinigung des Gesellschaftsregisters für das Bestehen der Gesellschaft[688] und (iii) der Errichtungsakt bzw. die Satzung sowie Änderungen dazu[689] in Frage.

Für **Zweigniederlassungen** von **Gesellschaften aus Drittstaaten** sieht Art. 8 ZwN- **241**
RL einen Katalog offenzulegender Angaben bzw. Urkunden vor, der im Gegensatz zu dem in Art. 2 ZwN-RL nur eine **nicht abschließende Mindestharmonisierung** darstellt und daher von den Mitgliedstaaten frei erweitert werden kann.[690] Im Unterschied zu Art. 2 ZwN-RL ist insbesondere das Gesellschaftsstatut der Gesellschaft gesondert anzugeben, die Satzung und deren Änderungen zwingend offenzulegen[691] und für den Fall, dass im Drittstaat der Gesellschaft keine dem Standard der Bilanz-Richtlinie gleichwertige Rechnungslegungsregelung besteht, eine auf die Zweigniederlassung beschränkte Rechnungslegung durchzuführen und offenzulegen.[692]

ddd) Unternehmensregisterverknüpfung: Nach den Änderungen durch die Unterneh- **242**
mensregisterverknüpfungs-Richtlinie[693] müssen gemäß Art. 1 Abs. 3 ZwN-RL die Urkunden und Angaben nach Art. 2 Abs. 1 ZwN-RL, dh die **zwingenden Publizitätsgegenstände, über das System der Registervernetzung** (vgl. Rn. 231) **öffentlich zugänglich** gemacht werden. Gemäß Art. 1 Abs. 4 ZwN-RL bekommen Zweigniederlassungen eine europaweit **einheitliche Kennung,** durch die sie für die Kommunikation zwischen den nationalen Registern über die Plattform eindeutig identifiziert werden können, die aber nicht für den Geschäftsverkehr bestimmt ist.[694] Art. 5a ZwN-RL verpflichtet das Register der Gesellschaft, **Informationen über die Eröffnung und Beendigung von Abwicklungs- und Insolvenzverfahren** der Gesellschaft bzw. ihre **Löschung,** falls dies Rechtswirkungen auslöst, unverzüglich über das System der Registervernetzung zur Verfügung zu stellen, sodass sichergestellt ist, dass Zweigniederlassungen einer gelöschten Gesellschaft ohne unangemessene Verzögerung ebenfalls aus den jeweiligen Registern gelöscht werden. Die Mitgliedstaaten können das Verfahren festlegen, das an den Eingang solcher Informationen beim Register einer Zweigniederlassung geknüpft wird, um vor einer

---

[687] In D ursprünglich gegeben, durch das EHUG v. 10.11.2006, BGBl. I 2553 jedoch aufgehoben; vgl. Ö: § 254 Abs. 3 AktG, § 107 Abs. 3 GmbHG.

[688] Vgl. § 13e Abs. 2 S. 2 HGB; vgl. für Ö: § 12 Abs. 2 UGB.

[689] Vgl. § 13f Abs. 2 S. 1, Abs. 4, § 13g Abs. 2 S. 1, Abs. 4 HGB; vgl. Ö: § 254 Abs. 4 S. 3 AktG, § 107 Abs. 4 S. 2 GmbHG; auch die Offenlegung nur von einzelnen Inhalten der Satzung kann angeordnet werden, dazu EuGH v. 1.6.2006 – C-453/04, BeckRS 2006, 70420 Rn. 33ff. – Innoventif, zur Angabe des Unternehmensgegenstandes; *Cordewener,* in Schön, Rechnungslegung und Wettbewerbsschutz im deutschen und europäischen Recht, 2009, 105 (156); *J. Schmidt* NZG 2006, 899 (900f.).

[690] *Eidenmüller/Rehberg* ZVglRWiss 2006, 427 (448); *Grundmann* EuGesR Rn. 832; *Habersack/Verse* EuGesR § 5 Rn. 51; *Lutter/Bayer/J. Schmidt* EuropUR § 28 Rn. 49.

[691] Vgl. § 13f Abs. 2 S. 1, Abs. 4, § 13g Abs. 2 S. 1, Abs. 4 HGB; vgl. für Ö: § 254 Abs. 4 S. 3 AktG, § 107 Abs. 4 S. 2 GmbHG.

[692] Art. 8 lit. j iVm Art. 9 ZwN-RL, der nach richtiger Auffassung jedenfalls die Offenlegung der Rechnungslegungsunterlagen der Gesellschaft verlangt, darüber hinaus im Fall der Nichtäquivalenz der Regelungen des Drittstaats den Mitgliedstaaten die Option einräumt, zusätzlich zu diesen Unterlagen eine eigenständige Zweigniederlassungsbilanz zu verlangen, vgl. dazu *Eidenmüller/Rehberg* ZVglRWiss 2006, 427 (448f.); *Grundmann* EuGesR Rn. 833; *Henselmann/Kaya/Meichelbeck* ZCG 2010, 100 (101); *Lutter/Bayer/J. Schmidt* EuropUR § 28 Rn. 57; aA *Hahnefeld* DStR 1993, 1596 (1597); *Seibert* DB 1993, 1705 (1706); zur in ihrem Wortlaut der Richtlinie daher widersprechenden Umsetzung in § 325a Abs. 1 HGB, der nur eine Offenlegung für Gesellschaften aus EU-/EWR-Mitgliedstaaten verlangt, *Eidenmüller/Rehberg* ZVglRWiss 2006, 427 (448); *Grottel,* in Beck'scher Bilanzkommentar, § 325a Rn. 1; *Drouven/Mödl* NZG 2007, 7 (12).

[693] Vgl. *Kilian* FGPrax 2012, 185 (187); *Ries* ZIP 2013, 866 (867f.).

[694] Vgl. ErwG 14 UrV-RL.

Löschung die Rechtswirkungen der entsprechenden Mitteilungen überprüfen zu können, zum Beispiel durch die Voraussetzung eines Nachweises oder der Anordnung eines Amtslöschungsverfahrens.[695]

243 **dd) Verkehrsschutz bei Handeln im Namen einer Kapitalgesellschaft:** Für **Kapitalgesellschaften**[696] zielen die Art. 8 bis 10 P-RL zum **Schutz des Geschäftsverkehrs** darauf ab, die Fälle, in denen im Namen der Gesellschaft eingegangene Verpflichtungen nicht wirksam sind, möglichst zu beschränken und beinhalten daher Regelungen zur Haftung für das Handeln im Namen der Gesellschaft im Gründungsstadium, zum Schutz bei fehlerhafter Bestellung von Vertretungsorganen und schließlich zur Gestaltung organschaftlicher Vertretungsmacht.[697]

244 *aaa) Handelndenhaftung:* Art. 8 P-RL ordnet an, dass Personen, die im Namen einer in Gründung befindlichen Gesellschaft vor Erlangen ihrer Rechtsfähigkeit handeln, gesamtschuldnerisch für Verpflichtungen haften, wenn die Gesellschaft diese nicht übernimmt **(Handelndenhaftung).**[698] Es handelt sich um eine reine Haftungsnorm,[699] die zur Haftung der handelnden Personen führt und diese im Sinne einer auflösenden Bedingung erst entfallen lässt, wenn die Gesellschaft – auf welchem Weg auch immer[700] – die Verbindlichkeit übernimmt, dh nach Erlangen ihrer Rechtsfähigkeit mit ihrem Vermögen dafür haftet. Das in einigen Mitgliedstaaten, insbesondere auch Deutschland und Österreich,[701] anerkannte Modell einer rechtsfähigen Vorgesellschaft wird von Art. 8 P-RL weder angeordnet noch vorausgesetzt.[702] Strittig ist, ob für die Anwendbarkeit der Haftungsbestimmung ein Handeln im Namen der künftigen Gesellschaft, der Gesellschaft in Gründung oder – gegebenenfalls – der Vorgesellschaft notwendig ist bzw. ausreicht. Aus dem Schutzzweck der Regelung ist zu schließen, dass alle Varianten zu einer Haftung der Handelnden führen.[703]

245 *bbb) Fehlerhafte Bestellung von Vertretungsorganen:* Art. 9 P-RL legt fest, dass nach ordnungsgemäßer Offenlegung der Bestellung eines vertretungsbefugten Organwalters die Unwirksamkeit der Bestellung aufgrund eines **Bestellungsmangels**[704] gutgläubigen Dritten

---

[695] Vgl. *Kilian* FGPrax 2012, 185 (187); *Ries* ZIP 2013, 866 (868).

[696] Persönlicher Anwendungsbereich der Publizitäts-Richtlinie (vgl. Rn. 217).

[697] Vgl. ErwG 9 P-RL.

[698] Vgl. § 41 Abs. 1 S. 2 AktG, § 11 Abs. 2 GmbHG; vgl. für Ö: § 34 Abs. 1 S. 2 AktG, § 2 Abs. 1 S. 2 GmbHG; vgl. auch die sekundärrechtlichen Parallelregelungen in Art. 16 Abs. 2 SE-VO, Art. 18 Abs. 2 SCE-VO, Art. 9 Abs. 2 EWIV-VO; vgl. auch Art. 12 SPE-VO-E, der für die Haftung im Gründungsstadium der SPE auf das anwendbare nationale Recht verweist, das durch Art. 8 P-RL harmonisiert ist.

[699] *Kalss* ZHR 155 (2002), 133 (134); *Lutter/Bayer/J. Schmidt* EuropUR § 19 Rn. 57; *Mülbert/Nienhaus* RabelsZ 65 (2001), 513 (521, 528).

[700] Die Regelung der Übernahme bleibt den Mitgliedstaaten überlassen, dh es kann rechtsgeschäftlich oder aufgrund gesetzlicher Anordnung zur Übernahme kommen, möglich ist auch, dass keine mitgliedstaatliche Regelung dazu besteht; vgl. *Grundmann* EuGesR Rn. 210; *Lutter/Bayer/J. Schmidt* EuropUR § 19 Rn. 59.

[701] Auch Frankreich und Spanien, vgl. *Kersting*, Die Vorgesellschaft im europäischen Gesellschaftsrecht, 2000, 272f.; *Mülbert/Nienhaus* RabelsZ 65 (2001), 513 (520).

[702] *Grohmann*, Das Informationsmodell im Europäischen Gesellschaftsrecht, 2006, 170; *Habersack/Verse* EuGesR § 5 Rn. 26; *Kalss* ZHR 155 (2002), 133 (134); *Lutter/Bayer/J. Schmidt* EuropUR § 19 Rn. 57; *Mülbert/Nienhaus* RabelsZ 65 (2001), 513 (521); aA *Kersting*, Die Vorgesellschaft im europäischen Gesellschaftsrecht, 2000, 190ff.

[703] *Habersack/Verse* EuGesR § 5 Rn. 27; *Kersting*, Die Vorgesellschaft im europäischen Gesellschaftsrecht, 2000, 268; *Lutter/Bayer/J. Schmidt* EuropUR § 19 Rn. 58.

[704] Ob ein bestimmter Bestellungsmangel tatsächlich zur Unwirksamkeit der Bestellung führt, bestimmt sich nach nationalem Recht des Mitgliedstaats, vgl. dazu *Habersack/Verse* EuGesR § 5 Rn. 29 mit Verweis auf die vorläufige Wirksamkeit einer mangelhaften Bestellung durch die „Lehre von der fehlerhaften Organstellung", dazu *Fleischer,* in Spindler/Stilz, AktG § 84 Rn. 20; *Koch,* in Hüffer, AktG § 84 Rn. 12f.; *Wiesner,* in MüHBGesR IV, § 20 Rn. 34ff.

nicht entgegengehalten werden kann. Nur die Kenntnis des Dritten um die Unwirksamkeit der Bestellung schadet, die Beweislast dafür liegt bei der Gesellschaft.[705] Art. 9 P-RL ordnet daher eine **positive Publizitätswirkung** im Sinne von Art. 3 Abs. 7 Uabs. 2 P-RL an. Geht man davon aus, dass die allgemein angeordnete positive Publizität gemäß Art. 3 Abs. 7 Uabs. 2 P-RL nicht nur in Fällen der Divergenz der Offenlegungen, sondern auch bei durchgehend unrichtiger Offenlegung, dh Eintragung und Bekanntmachung, greift (vgl. Rn. 228), ist Art. 9 P-RL nur eine Klarstellung für die Offenlegung von Vertretungsorganen. Analog zu Art. 3 Abs. 7 Uabs. 3 P-RL kann sich der Dritte aber auch auf die wahre Rechtslage, dh auf die Unwirksamkeit der Bestellung berufen.[706]

ccc) Grundsätze organschaftlicher Vertretungsmacht: Art. 10 Abs. 1 und 2 P-RL legen die Grundsätze der **Unbeschränktheit** und der **Unbeschränkbarkeit organschaftlicher Vertretungsmacht** fest und gelten als wesentliche Bausteine der Harmonisierung im europäischen Gesellschaftsrecht. Die dahinter stehende, zum Beispiel in Deutschland, Österreich, Dänemark und den Niederlanden vertretene **Organtheorie** hat sich gegen die insbesondere im französischen, italienischen und englischen Recht verfolgte Mandatstheorie, die den Organwalter als Beauftragten begreift, dessen Vertretungsmacht durch die Gesellschafter als Auftraggeber auch mit Wirkung gegenüber Dritten gestaltet und beschränkt werden kann, im Grundsatz durchgesetzt; die Regelungen haben aber auch Kompromisscharakter.[707] 246

Gemäß Art. 10 Abs. 1 Uabs. 1 P-RL wird eine Gesellschaft durch das Handeln ihrer Organe Dritten gegenüber verpflichtet. Die Unbeschränktheit der Vertretungsmacht gilt allerdings nur im Rahmen der **gesetzlichen Zuständigkeitsordnung** der Organe. Die Vertretungsmacht ist daher nur unbeschränkt, soweit durch das nationale Recht dem jeweiligen Organ die Vertretungsmacht für bestimmte Handlungen zugewiesen ist oder zugewiesen werden kann, dh unbeschränkt ist die jeweils nach nationalem Recht höchstmögliche Vertretungsbefugnis.[708] Art. 10 Abs. 2 P-RL definiert die organschaftliche Vertretungsmacht darüber hinaus als unbeschränkbar, Beschränkungen durch Satzungsregelung oder durch Organbeschlüsse beschränken daher die Vertretungsmacht im Außenverhältnis nicht, selbst wenn solche Beschränkungen offengelegt sind, sodass auch keine Nachforschungspflichten des Dritten dazu bestehen.[709] Die Bindung der Organe an derartige Beschränkungen im Innenverhältnis ist von der Regelung aber nicht betroffen.[710] 247

Art. 10 Abs. 1 Uabs. 1 P-RL stellt ausdrücklich klar, dass die Vertretungsmacht auch nicht durch den **Unternehmensgegenstand** der Gesellschaft beschränkt ist, und wendet 248

---

[705] *Habersack/Verse* EuGesR § 5 Rn. 28; *Lutter/Bayer/J. Schmidt* EuropUR § 19 Rn. 65.

[706] *Habersack/Verse* EuGesR § 5 Rn. 29; *Lutter/Bayer/J. Schmidt* EuropUR § 19 Rn. 66.

[707] *Grundmann* EuGesR Rn. 213f.; *Habersack/Verse* EuGesR § 5 Rn. 30; *Lutter/Bayer/J. Schmidt* EuropUR § 19 Rn. 69.

[708] *Grohmann,* Das Informationsmodell im Europäischen Gesellschaftsrecht, 2006, 177; *Grundmann* EuGesR Rn. 216; *Lutter/Bayer/J. Schmidt* EuropUR § 19 Rn. 72; *Schwarz* EuGesR Rn. 349; vgl. zB § 84 Abs. 1, 3 iVm § 112 AktG zur ausschließlichen Zuständigkeit des Aufsichtsrats für Bestellung, Abberufung und Anstellungsvertrag im Verhältnis zum Vorstand; vgl. auch EuGH v. 16.12.1997 – C-104/96, BeckRS 2004, 74065 Rn. 22ff. – Rabobank, zu Art. 2:256 BW (niederländisches Recht), der dem Vertretungsorgan bei Bestehen eines Interessenkonflikts mit der Gesellschaft die Vertretungsbefugnis entzieht, wobei der EuGH diese Regelung als Zuständigkeitsregelung einordnete, sodass diese Fälle nicht in den Schutz- und Anwendungsbereich der Publizitäts-RL fielen; dazu und der entsprechenden Behandlung von § 181 BGB, der für Insichgeschäfte (iE Doppelvertretung, da bereits § 112 AktG Selbstkontrahieren abdeckt, dazu *Koch,* in Hüffer, AktG § 78 Rn. 6) dem Vertreter (auch) einer Gesellschaft die Vertretungsbefugnis entzieht, *Habersack/Verse* EuGesR § 5 Rn. 35; *Lutter/Bayer/J. Schmidt* EuropUR § 19 Rn. 78, jeweils mwN auch zu Kritik an der Entscheidung.

[709] *Grundmann,* FS Lutter, 2000, 61 (72); *Lutter/Bayer/J. Schmidt* EuropUR § 19 Rn. 75; *Schwarz* EuGesR Rn. 351.

[710] *Kalss,* in Koppensteiner, ÖuEuWPR, Teil 1, 119, 175; *Lutter/Bayer/J. Schmidt* EuropUR § 19 Rn. 75; *Schwarz* EuGesR Rn. 356.

sich damit gegen die englische **ultra-vires-Lehre.**[711] Art. 10 Abs. 1 Uabs. 2 P-RL gestattet den Mitgliedstaaten aber im Sinne eines Kompromisses die Option vorzusehen, dass bei Überschreitung des Unternehmensgegenstands die Gesellschaft nicht verpflichtet wird, wenn sie nachweist, dass dem Dritten die Überschreitung bekannt war oder dieser darüber *„nach den Umständen nicht in Unkenntnis sein konnte."* Dies ist so zu verstehen, dass das Überschreiten des Unternehmensgegenstands für den Dritten aus den Umständen, aber unabhängig von einer Bekanntmachung[712] offensichtlich ist, dh der Dritte grobe Fahrlässigkeit für seine Unkenntnis zu verantworten hat.[713]

249 Aus dieser besonders geregelten Möglichkeit zur mitgliedstaatlichen Beschränkung der Vertretungsmacht im Fall des Überschreitens des Unternehmensgegenstands und der pauschalen Festlegung der Unbeschränkbarkeit in Art. 10 Abs. 2 P-RL ließe sich ableiten, dass in allen anderen Fällen, dh insbesondere auch bei Kenntnis des Dritten von einem sonstigen Verstoß gegen eine Beschränkung im Innenverhältnis oder gar bei kollusivem Zusammenwirken von Organwaltern und Dritten zu Lasten der Gesellschaft die Rechtswirksamkeit der Vertretungshandlung gewährleistet ist.[714] Aus dem **Schutzzweck** der Publizitäts-Richtlinie ist jedoch klar, dass bösgläubige Dritte nicht geschützt werden sollen.[715] In Übereinstimmung mit der Auslegung zu Art. 10 Abs. 1 Uabs. 2 P-RL sind daher Dritte, die von einem Verstoß im Innenverhältnis Kenntnis haben oder in Unkenntnis eines offensichtlichen Verstoßes grob fahrlässig handeln, nicht vom Schutzbereich der Richtlinie erfasst. Die näheren Voraussetzungen dazu bleiben dem mitgliedstaatlichen Recht, zum Beispiel im Wege der in Deutschland und Österreich anerkannten Lehre vom Missbrauch der Vertretungsmacht überlassen, das aber zumindest Offensichtlichkeit des Verstoßes verlangen muss, dh eine leichte Fahrlässigkeit darf dem Dritten noch nicht schaden.[716]

250 Für die Art **der organschaftlichen Vertretungsform** besteht keine materielle Harmonisierung, die Mitgliedstaaten können daher unterschiedliche Gestaltungen vorsehen.[717] Gemäß Art. 10 Abs. 3 P-RL können die Mitgliedstaaten die Regelung der organschaftlichen Vertretungsmacht insbesondere satzungsdispositiv ausgestalten, sodass gegebenenfalls die Satzung einer Gesellschaft abweichend von der mitgliedstaatlichen Grundregel Einzel-, Gesamt- oder gemischte Vertretungsformen vorsehen kann.[718] Zulässig sind im Ergebnis auch nationale Regelungen, nach denen die Satzung die Gestaltung der Vertretungsbefugnis dem Aufsichtsrat übertragen kann, da die konkrete Vertretungsbefugnis jedenfalls gemäß Art. 2 lit. d P-RL offenzulegen ist.[719] Das nationale Recht kann jeweils vorsehen, dass

---

[711] *Lutter/Bayer/J. Schmidt* EuropUR § 19 Rn. 73; *Habersack/Verse* EuGesR § 5 Rn. 31.

[712] Ausdrückliche Klarstellung dazu in Art. 10 Abs. 1 Uabs. 2 P-RL.

[713] *Grohmann* EWS 2007, 540 (546); *Grundmann* EuGesR Rn. 219; *Lutter/Bayer/J. Schmidt* EuropUR § 19 Rn. 73; für *„Evidenz" Habersack/Verse* EuGesR § 5 Rn. 32; *Schwarz* EuGesR Rn. 350.

[714] *Habersack/Verse* EuGesR § 5 Rn. 33.

[715] *Bayer/J. Schmidt,* in Bayer/Habersack, Aktienrecht im Wandel I, 2007 Kap. 18 Rn. 21; *Habersack/Verse* EuGesR § 5 Rn. 33; *Lutter/Bayer/J. Schmidt* EuropUR § 19 Rn. 77; *Schwarz* EuGesR Rn. 356.

[716] *Fleischer* NZG 2005, 529 (534); *Grohmann,* Das Informationsmodell im Europäischen Gesellschaftsrecht, 2006, 181; *Habersack/Verse* EuGesR § 5 Rn. 33; *Lutter/Bayer/J. Schmidt* EuropUR § 19 Rn. 77; *Schmid* AG 1998, 127 (131).

[717] *Grohmann,* Das Informationsmodell im Europäischen Gesellschaftsrecht, 2006, 179; *Habersack/Verse* EuGesR § 5 Rn. 36; *Lutter/Bayer/J. Schmidt* EuropUR § 19 Rn. 79.

[718] Vgl. § 78 Abs. 2 S. 1, Abs. 3 AktG, § 35 Abs. 2 S. 1 GmbHG; vgl. für Ö § 71 Abs. 2 S. 1, Abs. 3 AktG, § 18 Abs. 2 S. 1, Abs. 3 GmbHG; vgl. *Habersack/Verse* EuGesR § 5 Rn. 36 Fn. 105; *Kalss,* in Koppensteiner, ÖuEuWPR, Teil 1, 119, 177; *Lutter/Bayer/J. Schmidt* EuropUR § 19 Rn. 79, jeweils auch für gemischte Vertretungsformen (insbesondere unechte bzw. gemischte Gesamtvertretung).

[719] Vgl. § 78 Abs. 3 S. 2 AktG (§ 35 Abs. 2 S. 1 GmbHG), für Konformität solcher Satzungsregelungen mit Art. 10 Abs. 3 P-RL *Fleischer,* in Spindler/Stilz, AktG § 78 Rn. 35; *Habersack/Verse* EuGesR § 5 Fn 104; *Koch,* in Hüffer, AktG § 78 Rn. 14; *Spindler,* in MüKoAktG, § 78 Rn. 55, *Schwarz* ZHR 166 (2002), 625 (630 ff.), aA *Einmahl* AG 1969, 167 (172 f.); *Fischer-Zernin,* Der Rechtsanglei-

die entsprechende Satzungsbestimmung bei ordnungsgemäßer Offenlegung Dritten entgegen gehalten werden kann.

ee) Beschränkung der Nichtigkeit von Kapitalgesellschaften: Die Art. 11 bis 13 P-RL harmonisieren und beschränken für **Kapitalgesellschaften**[720] die in den Mitgliedstaaten sehr unterschiedlich geregelten **Tatbestände und Rechtsfolgen von Gründungsmängeln und sonstigen Unwirksamkeitsgründen** einer Gesellschaft, die in ihrer Vielfalt für den – insbesondere grenzüberschreitenden – Rechtsverkehr zu Unsicherheit über den tatsächlichen Bestand einer Gesellschaft und daher über die Durchsetzbarkeit von Forderungen führten.[721] 251

Art. 11 P-RL sieht im Sinne einer *„Nichtigkeitsprophylaxe"*[722] eine **Kontrolle von Gesellschaftsgründungen** vor, die nach Wahl der Mitgliedstaaten entweder in einer verwaltungsbehördlichen oder gerichtlichen Kontrolle der Gründung oder in einer öffentlichen Beurkundung des Errichtungsakts, der Satzung und jeder Änderung dazu bestehen muss.[723] Diese Maßnahmen sollen verhindern, dass mangelhafte Gesellschaften überhaupt offengelegt, dh im Register hinterlegt bzw. eingetragen und bekannt gemacht werden.[724] Die Kontrolle vor ordnungsgemäßer Offenlegung der Gesellschaft ist insbesondere wichtig, da die harmonisierenden und beschränkenden Regelungen in den Art. 12, 13 P-RL zu den Nichtigkeitsgründen und -folgen nur auf Gesellschaften anzuwenden sind, die ordnungsgemäß, dh im Sinne von Art. 3 P-RL offengelegt worden sind, wodurch das schützenswerte Vertrauen des Geschäftsverkehrs auf den Bestand der Gesellschaft erst entsteht.[725] Daher fällt auch das Gründungsstadium, wenn eine Gesellschaft im Register als *„in Gründung befindlich"* geführt wird, nicht in den Anwendungsbereich dieser Regelungen.[726] 252

Art. 12 lit. b P-RL enthält einen **abschließenden Katalog** von **Nichtigkeitsgründen,** die die **Mitgliedstaaten** im nationalen Recht **vorsehen können,** dh das nationale Recht kann auch weniger oder keine, aber nicht mehr bzw. andere Nichtigkeitsgründe vorsehen:[727] Sublit i sieht das Fehlen einer Gründungskontrolle iSv Art. 11 P-RL als Nichtigkeitsgrund, sublit. ii die Rechtswidrigkeit des tatsächlichen Unternehmensgegenstands bzw. dessen Verstoß gegen die öffentliche Ordnung, sublit. iii bestimmte Unterlassungen in Errichtungsakt bzw. Satzung, sublit. iv Verstöße gegen mitgliedstaatliche Mindesteinzahlungs- 253

---

chungserfolg der 1. Gesellschaftsrechtlichen Richtlinie der EWG, 1986, 245 f.; vgl. zur ähnlichen Diskussion und der Frage nach Offenlegung für die „Einzelermächtigung" eines Vorstandsmitglieds gemäß § 78 Abs. 4 AktG (Ö: § 71 Abs. 2 S. 2 AktG) *Habersack/Verse* EuGesR § 5 Rn. 37 mwN; *Schwarz* ZHR 166 (2002), 625 (633 ff.); *Spindler,* in MüKoAktG, § 78 Rn. 69 mwN.

[720] Persönlicher Anwendungsbereich der Publizitäts-Richtlinie (vgl. Rn. 217).

[721] Vgl. ErwG 10 P-RL; *Habersack/Verse* EuGesR § 5 Rn. 38; *Lutter/Bayer/J. Schmidt* EuropUR § 19 Rn. 81.

[722] *Grundmann* EuGesR Rn. 198.

[723] Im Sinne eines bloßen Mindeststandards kann das nationale Recht auch beide Kontrollmittel nebeneinander vorsehen, vgl. § 23 Abs. 1 AktG, § 2 Abs. 1 GmbHG (notarielle Beurkundung) und § 38 AktG, § 9c GmbHG (gerichtliche Gründungskontrolle); auch in Ö sind beide Kontrollmittel vorgesehen (vgl. § 16 Abs. 1 und § 31 AktG, § 4 Abs. 3 GmbHG, trotz Fehlens einer ausdrücklichen Bestimmung im öGmbHG wird die Verpflichtung zur gerichtlichen Prüfung der Gründung und Anmeldung angenommen, vgl. *Petrasch/Verweijen,* in Straube, GmbHG § 11 Rn. 4 ff.; *Koppensteiner/Rüffler* GmbHG § 11 Rn. 4 ff.).

[724] *Habersack/Verse* EuGesR § 5 Rn. 39; *Schwarz* EuGesR Rn. 359.

[725] EuGH v. 20.9.1988 – 136/87, BeckRS 2004, 71573 Rn. 13 ff. – Ubbink Isolatie BV; *Habersack/Verse* EuGesR § 5 Rn. 43; *Lutter/Bayer/J. Schmidt* EuropUR § 19 Rn. 82; *Schwarz* EuGesR Rn. 364.

[726] EuGH v. 20.9.1988 – 136/87, BeckRS 2004, 71573 Rn. 15 – Ubbink Isolatie BV.

[727] *Frankhauser,* Gemeinschaftsrechtliche Publizitäts- und Kapital-Richtlinie, 2001, 114 f.; *Grohmann,* Das Informationsmodell im Europäischen Gesellschaftsrecht, 2006, 186; *Grundmann* EuGesR Rn. 203; *Kalss,* in Koppensteiner, ÖuEuWPR, Teil 1, 119, 181; vgl. § 262 Abs. 1 Nr. 5, § 275 AktG, § 60 Abs. 1 Nr. 6, § 75 GmbHG, § 399 FamFG; vgl. für Ö § 216 AktG (für GmbH analoge Anwendung der §§ 216 ff. AktG, dazu *Zehetner,* in Straube, GmbHG § 84 Rn. 109 ff.), § 10 Abs. 3 FBG.

regelungen auf das Gesellschaftskapital, sublit. v. die Geschäftsunfähigkeit aller Gesellschafter und sublit. vi die Einpersonengründung.[728] Die meisten Nichtigkeitsgründe bestimmen sich nach nicht harmonisiertem nationalem Recht, zum Beispiel sublit. v. zur Geschäftsunfähigkeit aller Gesellschafter oder der erwähnte *„ordre public-Vorbehalt"*[729] gemäß sublit. ii, sodass die Problematik einer grenzenlosen Erweiterung der Nichtigkeitsgründe durch entsprechendes nationales Recht droht. Die einzelnen Nichtigkeitsgründe sind nach der Rechtsprechung des EuGH jedoch *„eng auszulegen"*,[730] der Nichtigkeitsgrund gemäß sublit. ii bezieht sich daher *„ausschließlich [...] auf den im Errichtungsakt oder in der Satzung beschriebenen Unternehmensgegenstand"*.[731] Art. 12 S. 2 P-RL stellt weiters Inexistenz, absolute und relative Nichtigkeit (Anfechtbarkeit) sowie Nichtigerklärbarkeit gleich, sodass durch unterschiedliche zivilrechtliche Abstufungen der „Nichtigkeit" einer Gesellschaft im nationalen Recht keine Umgehung der angestrebten Beschränkung der möglichen Nichtigkeit erreicht werden kann.[732]

254 Die **Nichtigkeit** der Gesellschaft kann gemäß Art. 12 S. 1 lit. a P-RL ausschließlich durch **gerichtliche Entscheidung** festgestellt werden, die gemäß Art. 13 Abs. 1 S. 2 P-RL nur innerhalb von 6 Monaten bekämpft werden darf, um einen zu langen *„Schwebezustand"* zu vermeiden.[733] Dritten gegenüber kann die Entscheidung gemäß Art. 13 Abs. 1 S. 1 P-RL erst nach ordnungsgemäßer Offenlegung iSv Art. 3 P-RL entgegen gehalten werden. Art. 13 Abs. 2 P-RL ordnet als zentrale Rechtsfolge der Nichtigerklärung an, dass die Gesellschaft fortbesteht und in Liquidation tritt, weiterhin den Gläubigern haftet und nach den nationalen Regeln für das Liquidationsverfahren abzuwickeln ist.[734] Die Nichtigkeit wirkt daher *ex nunc* und entfaltet keine Rückwirkung.[735] Die Rechtsfolgen zwischen den Gesellschaftern im Innenverhältnis richten sich aber gemäß Art. 13 Abs. 4 P-RL nach dem nationalen Recht der Mitgliedstaaten mit der Ausnahme, dass die Gesellschafter gemäß Art. 13 Abs. 5 P-RL zur Leistung der offenen Einlagen verpflichtet sind, soweit dies zur Befriedigung der Gläubiger erforderlich ist.

b) Rechnungslegung, Abschlussprüfung und Offenlegung

255 **aa) Entwicklung und Struktur des europäischen Rechtsrahmens:** Der europäische Rechtsrahmen für die Rechnungslegung, Abschlussprüfung und Offenlegung hat das **Ziel,** Gesellschaftern, Gläubigern und sonstigen Dritten **bilanzielle Informationen** über in den Mitgliedstaaten tätige **Gesellschaften** und **Gruppen von Unternehmen** zur Verfügung zu stellen. Diese Informationen sollen **durch unabhängige und qualifizierte Personen geprüft werden, verlässlich** sowie über die Mitgliedstaaten hinweg formell und materiell **gleichwertig** und **vergleichbar** sein.[736]

---

[728] Der Nichtigkeitsgrund der Einpersonengründung ist aufgrund der Einpersonen-Gesellschaft-RL jedenfalls für GmbH (vgl. Rn. 464), je nach nationaler Rechtslage auch für Aktiengesellschaften nicht mehr relevant; vgl. für AG auch Art. 5 Kapital-RL (vgl. Rn. 321).

[729] *Grundmann* EuGesR Rn. 204; *Lutter/Bayer/J. Schmidt* EuropUR § 19 Rn. 88.

[730] EuGH v. 13.11.1990 – C-106/89, BeckRS 2004, 74075 Rn. 12 – Marleasing; *Grundmann* EuGesR Rn. 204; *Habersack/Verse* EuGesR § 5 Rn. 41; *Lutter/Bayer/J. Schmidt* EuropUR § 19 Rn. 87.

[731] EuGH v. 13.11.1990 – C-106/89, BeckRS 2004, 74075 Rn. 11f. – Marleasing; vgl. für Ö § 216 Abs. 1 Nr. 2 AktG, der nach diesem Verständnis dem Art. 12 lit. b sublit. ii P-RL klar im Wortlaut widerspricht, da er auch auf den *„tatsächlich verfolgte[n] Gegenstand des Unternehmens"* abstellt, in D fehlt eine vergleichbare Formulierung bzw. stellt § 275 AktG in richtlinienkonformer Auslegung ausschließlich auf den satzungsmäßigen Unternehmensgegenstand ab, vgl. dazu *Hüffer,* in MüKoAktG, § 275 Rn. 22f.; *Diregger,* in Doralt/Nowotny/Kalss, AktG § 216 Rn. 22.

[732] *Habersack/Verse* EuGesR § 5 Rn. 42.

[733] *Lutter/Bayer/J. Schmidt* EuropUR § 19 Rn. 86.

[734] *Habersack/Verse* EuGesR § 5 Rn. 45; *Lutter/Bayer/J. Schmidt* EuropUR § 19 Rn. 90f.

[735] Zum Zusammenhang mit der Lehre von der fehlerhaften Gesellschaft *Habersack/Verse* EuGesR § 5 Rn. 45; *Kindler* DStR 2008, 1335 (1339); *Oechsler* NJW 2008, 2471ff.

[736] Vgl. *Behrens,* in Dauses, EU-Wirtschaftsrecht EL. 14, E. III. Rn. 74.

256 Zu diesem Zweck wird eine Harmonisierung der nationalen Rechnungslegungsrechte angestrebt. In Europa stehen sich allerdings **traditionell zwei verschiedene Konzepte** gegenüber: (i) das englische Prinzip von **„true and fair view"** (Grundsatz der Bilanzwahrheit), das primär die Information aktueller und künftiger Anleger über die den tatsächlichen Verhältnissen entsprechende Finanz-, Vermögens- und Ertragslage der Gesellschaft im Auge hat, und (ii) das kontinentale, dem Gläubigerschutz dienende **Prinzip der Vorsicht,** das auf die Ermittlung des ausschüttungsfähigen Gewinns gerichtet ist.[737] Das europäische Rechnungslegungsrecht versucht diese unterschiedlichen Konzepte und weitere Grundsätze[738] in eine einheitliche Struktur zu gießen[739] und stellt den Grundsatz von *true and fair view* in Art. 4 Abs. 3 Bilanz-RL als *„Hauptzielsetzung"*[740] bzw. *„overriding principle"* den sonstigen Grundsätzen der Rechnungslegung gemäß Art. 6 Abs. 1 lit. a bis j Bilanz-RL voran.[741] Zahlreiche **Wahlrechte,** insbesondere für die anzuwendenden Bewertungsmethoden,[742] überlassen den Mitgliedstaaten aber einen weiten Freiraum, das anzuwendende Rechnungslegungsrecht nationalen Besonderheiten anzupassen, worunter die tatsächliche Harmonisierung nationaler Rechnungslegungsrechte und daher die europaweite Vergleichbarkeit von Abschlüssen weiterhin leiden.[743]

257 Adressaten des Rechtsrahmens sind Gesellschaften, die typischerweise grenzüberschreitend tätig sind und sich dadurch auszeichnen, dass keine natürliche Person unbeschränkt für Verbindlichkeiten der Gesellschaft haftet, dh **Kapitalgesellschaften** und **Kapitalgesellschaft & Co-Gesellschaften** (vgl. Rn. 263). Die einschlägigen Regelungen gelten grundsätzlich **rechtsformunabhängig.** Es bestehen allerdings **Differenzierungen nach Größenkategorien** der **Gesellschaften** und **Gruppen,** nach der **Kapitalmarktorientierung** sowie nach **Branchen**(vgl. Rn. 210, Abb. 2).[744]

258 Der **spezifische Rechtsrahmen** für die Rechnungslegung, ihre Prüfung und Offenlegung besteht aus (i) der **Bilanz-Richtlinie,**[745] die die Rechnungslegung für einzelne Gesellschaften und für Gruppen von Unternehmen harmonisiert sowie die Abschlussprüfung und Offenlegung anordnet, (ii) der **IFRS-Verordnung,**[746] die für den konsolidierten Abschluss kapitalmarktorientierter Gesellschaften die Übernahme und Anwendung von inter-

---

[737] Zu diesen beiden Traditionen und ihrem Spannungsverhältnis *Arbeitskreis Bilanzrecht* BB 2002, 2372 ff.; *Grundmann* EuGesR Rn. 496 ff.; *Hommelhoff* RabelsZ 62 (1998), 381 (386 ff.); *Kübler* NZG 2003, 358 ff.; *Schön* ZHR 161 (1997), 133 ff.

[738] Art. 6 Abs. 1 lit. a–j Bilanz-RL; zu den erst in die Bilanz-RL aufgenommenen Grundsätzen von *„substance over form"* (lit h) und der Wesentlichkeit (lit. j) *Zwirner* DStR 2014, 439 (441); *Arbeitskreis Bilanzrecht* NZG 2014, 892 (894 f.); vgl. auch *Velte* EWS 2014, 142 ff. (zur Wesentlichkeit).

[739] S. Art. 4 Abs. 3 Bilanz-RL *(true and fair view);* Art. 6 Abs. 1 lit. c Bilanz-RL (Vorsichtsprinzip); zu den teilweise in einem Spannungsfeld zueinander stehenden Grundsätzen *Grundmann* EuGesR Rn. 513 ff.; *Habersack/Verse* EuGesR § 9 Rn. 30 ff.

[740] EuGH v. 27.6.1996 – C-234/94 Rn. 17 – Tomberger, mAnm *Kropff* ZGR 1997, 115 ff.; *Schulze-Osterloh* ZIP 1996, 1453 ff.; *Weber-Grellet* DB 1996, 2089 ff.

[741] Dazu *Grundmann* EuGesR Rn. 513 ff.; *Habersack/Verse* EuGesR § 9 Rn. 33 ff., jeweils mwN; vgl. zur Bilanz-RL *Lutterman* NZG 2013, 1128 (1130 f.); zum Verhältnis des Grundsatzes der Bilanzwahrheit und den sonstigen Bilanzierungsgrundsätzen vgl. auch EuGH v. 3.10.2013 – C-322/12, BeckRS 2013, 81909 – GIMLE, dazu *Schulze-Osterloh* NZG 2014, 1 ff.

[742] Vgl. Art. 6 Abs. 1 lit. i, Art. 7, 8 Bilanz-RL.

[743] *Verse/Wiersch* EuZW 2014, 375 (379) mit Hinweis auf *Arbeitskreis Fortentwicklung der Rechnungslegung für KMU* DB 2012, 991 (992): Bilanzierung nach dem Motto *„anything goes";* vgl. auch *Habersack/Verse* EuGesR § 9 Rn. 10.

[744] Vgl. *Habersack/Verse* EuGesR § 9 Rn. 20 ff.; *Lutter/Bayer/J. Schmidt* EuropUR § 10 Rn. 4 ff.

[745] Richtlinie 2013/34/EU v. 26.6.2013, über den Jahresabschluss, den konsolidierten Abschluss und damit verbundene Berichte von Unternehmen bestimmter Rechtsformen und zur Änderung der Richtlinie 2006/43/EG des Europäischen Parlaments und des Rates und zur Aufhebung der Richtlinien 78/660/EWG und 83/349/EWG des Rates, ABl. 2013 L 182/19.

[746] Verordnung (EG) Nr. 1606/2002 v. 19.7.2002, betreffend die Anwendung internationaler Rechnungslegungsstandards, ABl. 2002 L 243/1.

nationalen Rechnungslegungsstandards durch **Verordnungen**[747] anordnet, und (iii) der **Abschlussprüfer-Richtlinie**[748] („AbP-RL") und der **Verordnung zur Abschlussprüfung für Unternehmen von öffentlichem Interesse**[749] („AbP-VO") zur Regulierung der Unabhängigkeit und Qualifikation von Abschlussprüfern bzw. zu strengeren Regelungen für Abschlussprüfungen bei Unternehmen von öffentlichem Interesse. Für Banken und andere Finanzinstitute sowie für Versicherungsgesellschaften sind darüber hinaus **branchenspezifische Richtlinien** zur Rechnungslegung zu beachten.[750] Die nach der Bilanz-Richtlinie angeordnete **Offenlegung** von Rechnungslegungsunterlagen richtet sich nach den Regelungen in Kapitel 2 der Publizitäts-Richtlinie (vgl. Rn. 220 ff.).[751]

259 Seit Einführung der IFRS-Verordnung ist die **Erstellung von Jahresabschluss und konsolidiertem Abschluss** in Europa nach der Anwendung entweder internationaler Rechnungslegungsstandards („IFRS") oder der Bestimmungen der Bilanz-Richtlinie von einer **unregelmäßigen Zweiteilung** geprägt, die von der Ausübung der entsprechenden **Wahlrechte** durch die einzelnen Mitgliedstaaten abhängt (vgl. Rn. 295 f.). Die Optionen werden in hohem Ausmaß genutzt, die Anwendung von IFRS auf den konsolidierten Abschluss nicht kapitalmarktorientierter Gesellschaften haben alle Mitgliedstaaten zumindest teilweise erlaubt, einige Mitgliedstaaten wie Zypern (IFRS generell verpflichtend), Irland und Luxemburg (IFRS generell erlaubt) oder Litauen und Malta haben davon intensiv Gebrauch gemacht. Die Erstellung des Jahresabschlusses nach IFRS untersagen generell nur noch sechs Mitgliedstaaten (Deutschland, Frankreich, Österreich, Schweden, Spanien, Ungarn).[752]

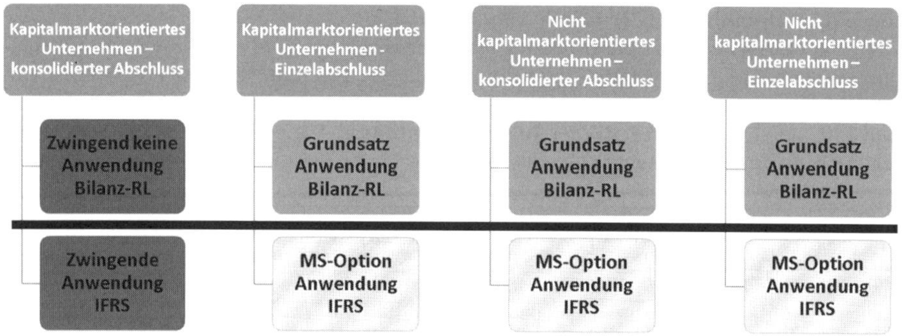

Abbildung 3: Zweiteilung des Rechtsrahmens für die Erstellung der Rechnungslegung

[747] Eine regelmäßig aktualisierte Liste der Verordnungen der Kommission, die internationale Standards übernommen haben, ist online abrufbar: http://ec.europa.eu/internal_market/accounting/legal_framework/regulations_adopting_ias/original_text_de.htm (15.1.2015).

[748] Richtlinie 2006/43/EU v. 17.5.2006 über Abschlussprüfungen von Jahresabschlüssen und konsolidierten Abschlüssen, zur Änderung der Richtlinien 78/660/EWG und 83/349/EWG des Rates und zur Aufhebung der Richtlinie 84/253/EWG des Rates, ABl. 2006 L 81/53.

[749] Verordnung (EU) Nr. 537/2014, v. 16.4.2014 über spezifische Anforderungen an die Abschlussprüfung bei Unternehmen von öffentlichem Interesse und zur Aufhebung des Beschlusses 2005/909/EG der Kommission, ABl. 2014 L 158/77.

[750] Richtlinie 86/635/EWG v. 8.12.1986 über den Jahresabschluß und den konsolidierten Abschluß von Banken und anderen Finanzinstituten, ABl. 1986 L 372/1; Richtlinie 91/674/EWG v. 19.12.1991, über den Jahresabschluß und den konsolidierten Abschluß von Versicherungsunternehmen, ABl. 1991 L 374/7.

[751] Art. 30 Abs. 1 Uabs. 1 Bilanz-RL iVm Kapitel 2 P-RL.

[752] Ein regelmäßig aktualisierter Überblick der Kommission zur Nutzung der Wahlrechte gemäß Art. 5 IFRS-VO durch die Mitgliedstaaten ist online abrufbar: http://ec.europa.eu/internal_market/accounting/legal_framework/regulations_adopting_ias/index_de.htm (15.1.2015 mit Stand zum Dezember 2013).

Entwicklungen in 2013 und 2014 haben den Rechtsrahmen für die Rechnungslegung stark geprägt: Die **Bilanz-Richtlinie** hat mit ihrem Inkrafttreten im August 2013 den bisherigen, über 30 Jahre geltenden Rahmen aus Jahresabschluss-Richtlinie für den Einzelabschluss[753] und Konzernbilanz-Richtlinie für den konsolidierten Abschluss[754] aufgehoben und durch ein einheitliches Regelwerk ersetzt, das bis zum 20.7.2015 in nationales Recht umzusetzen[755] und erstmals auf die Rechnungslegung für Geschäftsjahre anzuwenden ist, die nach dem 31.12.2015 beginnen.[756] Inhaltlich konzentriert sich die Einführung der Bilanz-Richtlinie auf eine weitere Harmonisierung der nationalen Rechnungslegungssysteme und auf Erleichterungen für kleine und mittlere Gesellschaften **(„think small first").**[757] Die **Abschlussprüfer-Richtlinie** ist im April 2014 erheblich geändert und durch die Verordnung zur Abschlussprüfung für Unternehmen von öffentlichem Interesse ergänzt worden; die neuen Regelungen sind ab dem 17.6.2016 anzuwenden.[758] 260

Die aktuelle Darstellung basiert auf der **ab 2016 anzuwendenden Rechtslage.** Die über 40-jährige Entwicklung[759] des europäischen Rechtsrahmens ist mit den jüngsten Reformen nicht beendet, getreu dem Motto *„nach der Reform ist vor der Reform"*[760] wurde im Oktober 2014 bereits eine Änderung der Bilanz-Richtlinie zum Zweck der nichtfinanziellen Berichterstattung[761] verabschiedet (vgl. Rn. 272) und der Entwurf zur Änderung der Aktionärsrechte-Richtlinie aus 2014 sieht die Ergänzung der Erklärung zur Unternehmensführung um einen Vergütungsbericht vor (vgl. Rn. 425). 261

bb) Rechnungslegung für einzelne Gesellschaften: *aaa) Grundlagen und Anwendungsbereich:* **Rechtsgrundlage** für die **Rechnungslegung** von **bestimmten Gesellschaften,** die dem Recht eines Mitgliedstaats unterliegen, ist die **Bilanz-Richtlinie.**[762] 262

---

[753] Richtlinie 78/660/EWG v. 25.7.1978, aufgrund von Artikel 54 Absatz 3 Buchstabe g) des Vertrages über den Jahresabschluss von Gesellschaften bestimmter Rechtsformen, ABl. 1978 L 222/11.

[754] Richtlinie 83/349/EWG v. 13.6.1983, aufgrund von Artikel 54 Absatz 3 Buchstabe g) des Vertrages über den konsolidierten Abschluss, ABl. 1983 L 193/1.

[755] Vgl. Entwurf der Bundesregierung v. 23.1.2015, BR-Drs. 23/15, für ein Bilanzrichtlinie-Umsetzungsgesetz (BilRUG), dazu *Freiberg/Lüdenbach* BB 2015, 363 ff.; *Zwirner* DStR 2015, 375 ff.; vgl. zum Referentenentwurf des BMJV v. 27.7.2014 *Lüdenbach/Freiberg* BB 2014, 2219 ff.; *Velte/Haaker* EWS 2014, 204 ff.; *Zwirner* DStR 2014, 1784 ff. (Teil 1), 1843 ff. (Teil 2), 1889 ff. (Teil 3); vgl. Ö: Rechnungslegungs-Änderungsgesetz 2014 (RÄG 2014) BGBl. I Nr. 22/2015, dazu im Detail *Dokalik,* RÄG 2014 – Rechnungslegungs-Änderungsgesetz 2014 (2015); zur Regierungsvorlage vom September 2014 *Arminger* CFO aktuell 2014, 210 ff.

[756] Art. 52 Uabs. 1, Art. 53 Abs. 1 Uabs. 1, 2 Bilanz-RL.

[757] Zur Bilanz-RL im Detail: *Jessen/Haaker* DB 2013, 1617 ff.; *Kreipl* BC 2013, 399 ff.; *Lanfermann* WPg 2013, 849 ff.; *Luttermann* NZG 2013, 1128 f.; *Velte* GmbHR 2013, 1125 ff.; *Zwirner* DStR 2014, 439 ff.; *Zwirner* StuB 2014, 315 ff.; zwecks Übersicht vgl. insbesondere die Skizze zur Struktur der Bilanz-RL bei *Zwirner* DStR 2014, 439 f., sowie die Entsprechungstabelle in Anhang VII Bilanz-RL zu den aufgehobenen Rechnungslegungs-Richtlinien.

[758] Art. 2 Abs. 1 Richtlinie 2014/56/EU v. 16.4.2014 zur Änderung der Richtlinie 2006/43/EG über Abschlussprüfungen von Jahresabschlüssen und konsolidierten Abschlüssen, ABl. 2014 L 158/196; Art. 44 AbP-VO.

[759] Der erste Entwurf für die Jahresabschluss-Richtlinie wurde im November 1971 von der Kommission vorgelegt: Vorschlag einer Vierten Richtlinie v. 16.11.1971, KOM(71) 1232; zu den einzelnen Entwicklungsschritten *Habersack/Verse* EuGesR § 9 Rn. 5 ff.; *Lutter/Bayer/J. Schmidt* EuropUR § 10 Rn. 7 ff.; *Merkt,* in Baumbach/Hueck, HGB Einl. vor § 238 Rn. 1 ff. (gleichzeitig zur Umsetzung im HGB).

[760] In diesem Zusammenhang treffend *Verse/Wiersch* EuZW 2014, 375 (379); vgl. in diesem Sinne auch das Grünbuch der Kommission COM(2015) 63 final v. 18.2.2015 zur Schaffung einer Kapitalmarktunion, S. 15 f., 18, zur möglichen Schaffung eines einheitlichen, vereinfachten Rechnungslegungsstandards für kapitalmarktorientierte KMU in Anlehnung an die IFRS.

[761] Richtlinie 2014/95/EU v. 22.10.2014 im Hinblick auf die Angabe nichtfinanzieller und die Diversität betreffender Informationen durch bestimmte große Unternehmen und Gruppen, ABl. 2014 L 330/1 („Corporate Social Responsibility-" bzw. „CSR-RL").

[762] Richtlinie 2013/34/EU v. 26.6.2013 über den Jahresabschluss, den konsolidierten Abschluss und damit verbundene Berichte von Unternehmen bestimmter Rechtsformen und zur Änderung der

263 Im **Anwendungsbereich** der Bilanz-Richtlinie liegen gemäß Art. 1 Abs. 1 Bilanz-RL **Kapitalgesellschaften** gemäß Anhang I Bilanz-RL sowie Personenhandelsgesellschaften gemäß Anhang II Bilanz-RL, für deren Verbindlichkeiten keine natürliche Person unbeschränkt haftet (**Kapitalgesellschaft & Co-Gesellschaften** bzw. **atypische Personenhandelsgesellschaften**).[763]

264 Die Bilanz-Richtlinie teilt die Gesellschaften im Anwendungsbereich nach **Größenkategorien** in **Kleinstunternehmen** sowie **kleine, mittlere** und **große Unternehmen** ein.[764] Zur Einordnung einer Gesellschaft in die entsprechende Kategorie legen Art. 3 Abs. 1 bis 4 Bilanz-Richtlinie in jeweils drei Kriterien **Schwellenwerte** fest, von denen mindestens zwei nicht überschritten werden dürfen, um in der jeweils „kleineren" Kategorie zu verbleiben. Die Einführung der Bilanz-Richtlinie brachte im Sinne der verfolgten *„think small first"*-Strategie neben einer Erhöhung der entsprechenden Schwellenwerte zusätzlich die Möglichkeit für die Mitgliedstaaten, die Schwellenwerte für kleine Gesellschaften bis zu einer Höchstgrenze zu erhöhen.[765]

265 Als **Unternehmen von öffentlichem Interesse** (*„public-interest entities"*) definiert Art. 2 Nr. 1 Bilanz-RL kapitalmarktorientierte Gesellschaften, Kreditinstitute und Versicherungsunternehmen sowie Unternehmen, die von den Mitgliedstaaten als Unternehmen von öffentlichem Interesse bestimmt werden. Sie gelten gemäß Art. 40 Bilanz-RL stets als **große Unternehmen** und sind grundsätzlich[766] von jeglichen Erleichterungen ausgenommen.[767]

266 Zahlreiche **Regelungen** der Bilanz-Richtlinie, zum Beispiel die Anforderungen an den Anhang im Jahresabschluss gemäß Art. 16 bis 18 Bilanz-RL (vgl. Rn. 270), sind **nach den Größenkategorien gestaffelt.** Darüber hinaus knüpfen **Mitgliedstaatenoptionen** für **Befreiungen** und **Erleichterungen** an die Größenkategorien an.[768] Für **Kleinstunternehmen** räumt Art. 36 Bilanz-RL den Mitgliedstaaten zahlreiche Optionen ein, unter anderem für den Entfall der verpflichtenden Erstellung des Anhangs und des Lageberichts unter bestimmten Voraussetzungen.[769] Unabhängig von der Ausübung dieser Optionen gelten Kleinstgesellschaften gemäß Art. 36 Abs. 6 Bilanz-RL stets als kleine Unternehmen und profitieren von den für diese Kategorie maßgeblichen Befreiungen und Erleichterungen, entsprechende Regelungen für mittlere Unternehmen gelten auch für kleine Unternehmen.

Richtlinie 2006/43/EG des Europäischen Parlaments und des Rates und zur Aufhebung der Richtlinien 78/660/EWG und 83/349/EWG des Rates, ABl. 2013 L 182/19.

[763] In D daher als Kapitalgesellschaften gemäß Anhang I AG, KGaA und GmbH, gemäß Anhang II OHG und KG, daher insbesondere die GmbH & Co. KG, aber auch Auslandskapitalgesellschaft & Co. KG (vgl. Rn. 90).

[764] Die Bilanz-RL verwendet – im Gegensatz zu *„Gesellschaft"* nach früherem Recht – unpräzise den Begriff des *„Unternehmens"*, für die Rechnungslegung eines einzelnen *„Unternehmens"* liegen aber ausschließlich Gesellschaften iSv Art. 1 Abs. 1 iVm Anhang I, II Bilanz-RL im Anwendungsbereich der Bilanz-RL, für die konsolidierte Rechnungslegung können auch andere Rechtsformen in den Konsolidierungskreis einbezogen werden, da nur das *„Mutterunternehmen"* eine Gesellschaft iSv Art. 1 Abs. 1 iVm Anhang I, II Bilanz-RL sein muss (vgl. Rn. 283); zur geänderten Terminologie – zu Recht – kritisch *Luttermann* NZG 2013, 1128 (1131 f.).

[765] *Zwirner* DStR 2014, 439 (440).

[766] Vgl. aber zB die Pflichten zu nichtfinanziellen Informationen nach der CSR-Richtlinie, die nur für Unternehmen von öffentlichem Interesse gelten, die tatsächlich groß sind (vgl. Rn. 272).

[767] Diese Kategorie wurde mit der Bilanz-RL eingeführt, bisher wurden nur kapitalmarktorientierte Gesellschaften gemäß Art. 53a Jahresabschluss-RL 78/660/EWG von Erleichterungen ausgenommen; vgl. § 267 Abs. 3 S. 2 iVm § 264d HGB, die entsprechend geändert werden müssen.

[768] Vgl. die Übersicht – zur alten Rechtslage – bei *Lutter/Bayer/J. Schmidt* EuropUR § 24 Rn. 10 f.

[769] Die Gesellschaftskategorie der „Kleinstunternehmen" wurde mit der RL 2012/6/EU v. 14.3.2012 zur Änderung der Richtlinie 78/660/EWG des Rates über den Jahresabschluss von Gesellschaften bestimmter Rechtsformen hinsichtlich Kleinstbetrieben, ABl. 2012 L 81/3, eingeführt; zu den einzelnen Optionen *Lanfermann* BB 2012, 1209 ff.; *Verse* EuZW 2013, 336 (339); vgl. § 267a HGB; zu den Erleichterungen für Kleinstgesellschaften im HGB *Küting/Eichenlaub* DStR 2012, 2615 ff.

Unabhängig von den Größenkategorien besteht insbesondere[770] die **Mitgliedstaatenoption, Tochterunternehmen** unter den Voraussetzungen nach Art. 37 Bilanz-RL, insbesondere unter Haftung der Muttergesellschaft für die Verbindlichkeiten der Tochter sowie Einbeziehung in den konsolidierten Abschluss der Muttergesellschaft, von den Pflichten zur Aufstellung, Prüfung und Offenlegung zu befreien.[771] **267**

bbb) Bestandteile der Rechnungslegung: Im Rahmen der **Rechnungslegung** hat jede Gesellschaft im Anwendungsbereich der Bilanz-Richtlinie einen **Jahresabschluss** und einen **Lagebericht** (Art. 19 bis 20 Bilanz-RL) zu erstellen. Der Jahresabschluss besteht gemäß Art. 4 Abs. 1 Uabs. 1 Bilanz-RL aus der **Bilanz** und der **Gewinn- und Verlustrechnung** (Art. 9 bis 14 Bilanz-RL) sowie dem **Anhang** (Art. 15 bis 18 Bilanz-RL). Für mittlere und große Unternehmen können Mitgliedstaaten gemäß Art. 4 Abs. 1 Uabs. 2 Bilanz-RL **zusätzliche Bestandteile** für den Jahresabschluss vorschreiben. **268**

Die **Bilanz** stellt die Vermögensgegenstände und die Schulden der Gesellschaft zum Bilanzstichtag, die **Gewinn- und Verlustrechnung** die Aufwendungen und die Erträge der Gesellschaft in einem Geschäftsjahr einander gegenüber.[772] Die Bilanz-Richtlinie enthält in Art. 9 bis 13 Bilanz-RL Vorgaben für die **Gliederung** von Bilanz und Gewinn- und Verlustrechnung sowie besondere Bestimmungen für einzelne Bilanzposten.[773] Für die **Bewertung** der Posten ordnet Art. 6 Abs. 1 lit. i Bilanz-RL grundsätzlich die Anwendung des Anschaffungs- bzw. Herstellungskostenprinzips an, allerdings können die Mitgliedstaaten gemäß Art. 7 Bilanz-RL eine erfolgsneutrale Neubewertung des Anlagevermögens und gemäß Art. 8 Bilanz-RL eine erfolgswirksame Bewertung zum beizulegenden Zeitwert *(fair value)* neben Finanzinstrumenten auch für bestimmte andere Vermögensgegenstände vorsehen.[774] Art. 14 Bilanz-RL sieht **Mitgliedstaatenoptionen** für **Erleichterungen** durch verkürzte Bilanzen bzw. Gewinn- und Verlustrechnungen gestaffelt für kleine und mittlere Unternehmen vor. **269**

Der **Anhang** dient der **Erläuterung** und **Ergänzung** der Bilanz und der Gewinn- und Verlustrechnung.[775] Gemäß Art. 15 Bilanz-RL sind die Anhangangaben entsprechend der Reihenfolge der Posten in der Bilanz und in der Gewinn- und Verlustrechnung zu strukturieren. Die Art. 16 bis 18 Bilanz-RL legen die **erforderlichen Angaben im Anhang gestaffelt nach den Größenkategorien** fest, Art. 16 Bilanz-RL gilt für alle Unternehmen, Art. 17 für mittlere und große Unternehmen, Art. 18 nur für große Unternehmen.[776] Im Sinne einer Vollharmonisierung bestimmt Art. 16 Abs. 3 Bilanz-RL, dass die Mitgliedstaaten von kleinen Unternehmen für den Anhang ausschließlich die abschließend aufgezählten Angaben nach Art. 16 Bilanz-RL[777] verlangen dürfen.[778] Zu erwähnen sind insbesondere die Angaben gemäß Art. 17 Abs. 1 lit. p Bilanz-RL über nicht in der Bilanz enthaltene Geschäfte, die für die Beurteilung der Finanzlage der Gesellschaft bedeut- **270**

---

[770] Zu weiteren größenunabhängigen Befreiungstatbeständen vgl. Art. 38, 39 Bilanz-RL.

[771] Vgl. *Beck* EWS 2014, 263ff.; vgl. § 264 Abs. 3 HGB, dazu allgemein *Reiner,* in MüKoHGB, § 264 Rn. 119ff.

[772] *Habersack/Verse* EuGesR § 9 Rn. 23, 25.

[773] Zur Rechtslage vor der Bilanz-RL *Grundmann* EuGesR Rn. 520ff.; *Habersack/Verse* EuGesR § 9 Rn. 23ff.; zu Änderungen nach der Bilanz-RL *Zwirner* DStR 2014, 439 (441f.).

[774] Dazu *Arbeitskreis Bilanzrecht* NZG 2014, 892 (896); *Luttermann* NZG 2013, 1128 (1129f.); *Mosel/Peters* GWR 2014, 97ff.

[775] *Grundmann* EuGesR Rn. 555; *Habersack/Verse* EuGesR § 9 Rn. 26.

[776] Dazu und zu Änderungen nach der Bilanz-RL, die insbesondere zu einer Erweiterung der Anhangangaben für kleine und mittlere Unternehmen geführt haben, *Zwirner* DStR 2014, 439 (442f.); zur Rechtslage vor der Bilanz-RL *Grundmann* EuGesR Rn. 555; *Habersack/Verse* EuGesR § 9 Rn. 26.

[777] Art. 16 Abs. 2 Bilanz-RL verweist aber auf bestimmte Angaben nach Art. 17 Bilanz-RL, die von den Mitgliedstaaten zusätzlich verlangt werden können, dazu *Zwirner* DStR 2014, 439 (442).

[778] Diese Regelung zur Vollharmonisierung wurde mit der Bilanz-RL eingeführt, dazu *Verse/Wiersch* EuZW 2014, 375 (378); *Zwirner* DStR 2014, 439 (442).

sam sind, zum Beispiel Geschäfte im Zusammenhang mit Zweckgesellschaften, dauerhaft schwebende Geschäfte und Forderungsverbriefungen,[779] sowie gemäß Art. 17 Abs. 1 lit. r Bilanz-RL über Geschäfte mit nahestehenden Personen und Unternehmen *(related party-transactions)*, sofern diese wesentlich und nicht marktüblich sind.[780]

271 Der **Lagebericht** gemäß Art. 19 Bilanz-RL soll in **verbalisierter Form** den Geschäftsverlauf, das Geschäftsergebnis und die Lage der Gesellschaft so darstellen, dass ein den tatsächlichen Verhältnissen entsprechendes Bild im Sinne des *true and fair view*-Prinzips entsteht. Soweit erforderlich für das Verständnis der Darstellung sind neben finanziellen auch die wichtigsten nichtfinanziellen Leistungsindikatoren, insbesondere Informationen zu Umwelt- und Arbeitnehmerangelegenheiten anzugeben.[781] Der Lagebericht ist nicht nur auf das letzte Geschäftsjahr, dh **vergangenheitsbezogen,** sondern zusätzlich **zukunftsorientiert** und soll Chancen und Risiken der Gesellschaft abschätzbar machen.[782] **Mitgliedstaatenoptionen** sind für kleine Unternehmen in Art. 19 Abs. 3 Bilanz-RL für eine **Befreiung** von der Pflicht zur Erstellung eines Lageberichts,[783] für kleine und mittlere Unternehmen in Art. 19 Abs. 4 Bilanz-RL für **Erleichterungen** durch Verzicht auf die nichtfinanziellen Informationen vorgesehen.[784]

272 Für **große Unternehmen von öffentlichem Interesse,** die durchschnittlich **mehr als 500 Mitarbeiter** beschäftigen, sieht der im Oktober 2014 eingefügte Art. 19a Bilanz-RL[785] eine Pflicht zur nichtfinanziellen Berichterstattung **(„non-financial reporting")** vor.[786] Diese Unternehmen sind verpflichtet, als Teil des Lageberichts[787] eine **„nichtfinanzielle Erklärung"** abzugeben, die zumindest zu Umwelt-, Sozial- und Arbeitnehmerbelangen sowie zur Achtung der Menschenrechte und zur Korruptionsbekämpfung bestimmte Angaben, insbesondere über Risiken und Strategien der Gesellschaft für diese Bereiche und deren Ergebnisse enthalten muss.[788] Die Pflicht der Gesellschaft entfällt nach der **„Konzernklausel"** gemäß Art. 19a Abs. 3 Bilanz-RL, wenn die Gesellschaft in eine konsolidierte nichtfinanzielle Erklärung gemäß Art. 29a Bilanz-RL (vgl. Rn. 287) einbezogen ist. Die Kommission wird bis zum 6.12.2016 unverbindliche **Leitlinien** für Methoden der nichtfinanziellen Berichterstattung und bis zum 6.12.2018 einen **Bericht** über die Umsetzung dieser Bestimmungen vorlegen.[789]

---

[779] Dazu *Habersack/Verse* EuGesR § 9 Rn. 26; *Lutter/Bayer/J. Schmidt* EuropUR § 10 Rn. 17; zur Umsetzung in § 285 Nr. 3 HGB *Merkt,* in Baumbach/Hopt, HGB § 285 Rn. 3; *Poelzig,* in MüKoHGB, § 285 Rn. 29 ff.

[780] Dazu *Habersack/Verse* EuGesR § 9 Rn. 26; *Lutter/Bayer/J. Schmidt* EuropUR § 10 Rn. 16; zur Umsetzung in § 285 Nr. 21 HGB *Merkt,* in Baumbach/Hopt, HGB § 285 Rn. 20; *Poelzig,* in MüKoHGB, § 285 Rn. 347 ff.; zum Entfall der Mitgliedstaatenoption und verpflichtenden Anwendung auf mittlere Unternehmen durch die Bilanz-RL *Zwirner* DStR 2014, 439 (442 f.).

[781] Art. 19 Abs. 1 Uabs. 3 Bilanz-RL; vgl. zu dem Begriff „nichtfinanzielle Leistungsindikatoren" *Velte* NZG 2014, 1046.

[782] Vgl. Art. 19 Abs. 2 lit. a Bilanz-RL; *Grundmann* EuGesR Rn. 557; *Habersack/Verse* EuGesR § 9 Rn. 27.

[783] Vgl. § 264 Abs. 1 S. 4, Hs 1 HGB.

[784] Vgl. § 289 Abs. 3 HGB.

[785] Art. 19a („Nichtfinanzielle Erklärung") wurde durch Art. 1 Nr. 1 der RL 2014/95/EU v. 22.10.2014 im Hinblick auf die Angabe nichtfinanzieller und die Diversität betreffender Informationen durch bestimmte große Unternehmen und Gruppen, ABl. 2014 L 330/1 („Corporate Social Responsibility-" bzw. „CSR-RL") eingefügt; die neuen Bestimmungen sind gemäß Art. 4 CSR-RL bis zum 6.12.2016 umzusetzen und für Geschäftsjahre ab 1.1.2017 anzuwenden.

[786] Dazu *Dienes/Velte* ZCG 2013, 230 ff.; *Lanfermann* WPg 2015, 322 ff.; *Lanfermann* BB 2013, 1323 ff.; *Spießhofer* NZG 2014, 1281 ff.; *Velte* NZG 2014, 1046 ff.

[787] Alternativ können die Mitgliedstaaten gemäß Art. 19a Abs. 3 Bilanz-RL gestatten, einen gesonderten Nachhaltigkeitsbericht entweder gemeinsam mit dem Lagebericht offenzulegen oder auf der Website des Unternehmens zu veröffentlichen.

[788] Dazu *Velte* NZG 2014, 1046 (1047 f.).

[789] Art. 2, 3 CSR-RL.

Art. 20 Bilanz-RL sieht für **kapitalmarktorientierte Gesellschaften** im Sinne von Art. 2 Nr. 1 lit. a Bilanz-RL die Pflicht zur Abgabe einer **Erklärung zur Unternehmensführung** *(„corporate governance statement“)* als gesonderten Abschnitt des Lageberichts[790] vor. Die Erklärung soll insbesondere den Aktionären Zugang zu Schlüsselinformationen über die Gestaltung der Unternehmensführung in der Gesellschaft bieten und ist daher selbst ein wesentliches Element der **Corporate Governance** (vgl. Rn. 434).[791] Die Erklärung muss insbesondere Angaben über Abweichungen zu den Empfehlungen eines auf die Gesellschaft anwendbaren Corporate Governance-Kodizes, Informationen zur Zusammensetzung und zur Arbeitsweise der Verwaltungsorgane und deren Ausschüsse sowie eine Beschreibung bestimmter Merkmale des internen Kontroll- und des Risikomanagementsystems beinhalten.[792] Art. 20 Abs. 4 Bilanz-RL sieht für kapitalmarktorientierte Unternehmen, die keine Aktien an einem geregelten Markt oder in einem multilateralen Handelssystem haben, eine **Mitgliedstaatenoption** für **Erleichterungen** durch den Entfall einzelner Angabepflichten vor. 273

Als weiteren Bestandteil der Erklärung zur Unternehmensführung hat der im Oktober 2014[793] eingefügte Art. 20 Abs. 1 lit. g Bilanz-RL eine **Beschreibung des Diversitätskonzepts** für die Verwaltungsorgane der Gesellschaft, seiner Ziele, Umsetzung und Ergebnisse, bzw. eine Erklärung für die Nichtaufnahme eines entsprechenden Konzepts festgelegt.[794] Zusätzlich sieht der Entwurf zur Änderung der Aktionärsrechte-Richtlinie aus 2014 die Aufnahme des **Vergütungsberichts** gemäß Art. 9b AR-RL-E vor (vgl. Rn. 425). 274

ccc) Abschlussprüfung, Offenlegung und Verantwortung: Der **Jahresabschluss** von Unternehmen von öffentlichem Interesse sowie von mittleren und großen Unternehmen ist gemäß Art. 34 Abs. 1 Uabs. 1 Bilanz-RL einer Pflichtprüfung durch einen oder mehrere Abschlussprüfer zu unterziehen **(„Abschlussprüfung“).**[795] **Abschlussprüfer** und **Abschlussprüfung** müssen den Anforderungen des Rechtsrahmens für die Abschlussprüfung genügen (vgl. Rn. 302ff.). Gemäß Art. 34 Abs. 1 Uabs. 2 Bilanz-RL hat der Abschlussprüfer zusätzlich zu beurteilen, ob der **Lagebericht** (i) mit dem Jahresabschluss übereinstimmt und (ii) nach den geltenden rechtlichen Anforderungen aufgestellt wurde, sowie zu erklären, ob und gegebenenfalls von welcher Art nach den bei der Prüfung gewonnenen Erkenntnissen des Abschlussprüfers wesentliche fehlerhafte Angaben im Lagebericht festgestellt wurden.[796] Der Abschlussprüfer hat die **Ergebnisse der Prüfung** in einem **Bestätigungsvermerk** gemäß Art. 28 AbP-RL[797] darzulegen, der bei Prüfung eines Unternehmens von öffentlichem Interesse zusätzlich den Anforderungen von Art. 10 AbP-VO 275

---

[790] Alternativ können die Mitgliedstaaten gemäß Art. 20 Abs. 2 Bilanz-RL gestatten, unter bestimmten Voraussetzungen die Erklärung als gesonderten Bericht entweder gemeinsam mit dem Lagebericht offenzulegen oder auf der Website des Unternehmens zu veröffentlichen.

[791] Vgl. ErwG 10 Änderungs-RL 2006/46/EG v. 14.6.2006, ABl. 2006 L 224/1; *Habersack/Verse* EuGesR § 9 Rn. 28.

[792] Vgl. § 289a Abs. 2 HGB iVm § 161 AktG; zur nicht richtlinienkonformen Umsetzung, da einzelne Bestandteile nicht direkt in der Erklärung zur Unternehmensführung, sondern an anderer Stelle im Lagebericht gemäß § 289 Abs. 4, 5 HGB und im Anhang gemäß § 285 Nr. 10 HGB untergebracht sind, *Habersack/Verse* EuGesR § 9 Rn. 29.

[793] Art. 1 Nr. 2 CSR-RL.

[794] Kleine und mittlere Unternehmen sind ungeachtet Art. 40 Bilanz-RL (vgl. Rn. 265) gemäß Art. 20 Abs. 5 Bilanz-RL ausdrücklich ausgenommen.

[795] *Grundmann* EuGesR Rn. 559; *Habersack/Verse* EuGesR § 9 Rn. 38; *Lutter/Bayer/J. Schmidt* EuropUR § 24 Rn. 17.

[796] Dazu *Aktienkreis Bilanzrecht* NZG 2014, 892 (896).

[797] Art. 35 Bilanz-RL hat Art. 28 AbP-RL eine neue Fassung gegeben, die aber mit der Änderungs-RL 2014/56/EU zur Abschlussprüfer-Richtlinie (vgl. Rn. 302) ergänzt wurde, zB wird jetzt ausdrücklich festgehalten, dass die Mitgliedstaaten zusätzliche Anforderungen an den Bestätigungsvermerk stellen können (Mindestharmonisierung).

genügen muss. Kleine Unternehmen unterliegen nicht der Pflicht zur Abschlussprüfung.[798]

276 **Jahresabschluss, Lagebericht** und **Bestätigungsvermerk des Abschlussprüfers** sind gemäß Art. 30 Abs. 1 Uabs. 1 Bilanz-RL innerhalb eines angemessenen Zeitraums, der zwölf Monate nach dem Bilanzstichtag nicht überschreiten darf, nach den Regelungen in Kapitel 2 der Publizitäts-Richtlinie (vgl. Rn. 220ff.) **offenzulegen.**[799] **Mitgliedstaatenoptionen** bestehen für einen Entfall der Offenlegungspflicht zum Lagebericht gemäß Art. 30 Abs. 1 Uabs. 2 Bilanz-RL sowie für verschiedene Erleichterungen in der Offenlegung differenziert nach Gesellschaftstyp bzw. Größenkategorien gemäß Art. 30 Abs. 2 (Kapitalgesellschaft & Co Gesellschaften gemäß Anhang II Bilanz-RL), Art. 31 Abs. 1 (kleine Unternehmen) und Art. 31 Abs. 2 (mittlere Unternehmen) Bilanz-RL.[800]

277 Zur Sicherstellung einer tatsächlichen und sorgfältigen Rechnungslegung legt Art. 33 Bilanz-RL als **Mindeststandard** fest, dass gemäß Abs. 1 leg cit die **Mitglieder der Verwaltungsorgane** einer Gesellschaft im Rahmen ihrer nach nationalem Recht bestehenden Zuständigkeiten gemeinsam für die **Aufstellung und Offenlegung** von Jahresabschluss und Lagebericht, insbesondere auch der Erklärung zur Unternehmensführung entsprechend den Anforderungen der Bilanz-Richtlinie **verantwortlich** sind, und gemäß Abs. 2 leg cit dafür die nach nationalem Recht bestehende **Haftung gegenüber der Gesellschaft** anwendbar ist.[801]

278 **cc) Konsolidierte Rechnungslegung für Gruppen:** *aaa) Grundlagen und Anwendungsbereich:* **Rechtsgrundlage** für die **konsolidierte Rechnungslegung** von **Gruppen von Unternehmen** mit einer **Muttergesellschaft**[802] im Anwendungsbereich der Bilanz-Richtlinie (vgl. Rn. 263) ist die **Bilanz-Richtlinie.**[803]

279 Die Regelungen zur konsolidierten Rechnungslegung erkennen die Gruppe und mittelbar den **Konzern als eine Organisationsform von Unternehmen** sowie den Bedarf nach zuverlässiger Information über eine solche Gruppe an.[804] Die konsolidierte Rechnungslegung erfüllt zu diesem Zweck aber ausschließlich eine **Informationsfunktion,** der konsolidierte Abschluss („Konzernabschluss“) hat im Gegensatz zum Jahresabschluss eines einzelnen Unternehmens (Jahresabschluss bzw. „Einzelabschluss“)[805] keine materielle rechtliche Wirkung.[806]

280 Eine **„Gruppe“** im Sinne der Bilanz-Richtlinie besteht aus einem **Mutterunternehmen** und den von **diesem unmittelbar oder mittelbar kontrollierten Tochterunter-**

---

[798] Nach der Rechtslage vor der Bilanz-RL gab es gemäß Art. 51 Abs. 2 Jahresabschluss-RL 78/660/EWG nur eine Mitgliedstaatenoption zur Befreiung kleiner Gesellschaften von der Pflicht zur Abschlussprüfung; vgl. § 316 Abs. 1 S. 1 HGB.

[799] S. Art. 2 lit. f. P-RL, der auf die nach den Rechnungslegungs-Richtlinien offenzulegenden Unterlagen verweist, wobei der Verweis auf die aufgehobene Jahresabschluss-Richtlinie RL 78/660/EWG und die Konzernabschluss-Richtlinie RL 83/349/EWG gemäß Art. 52 Uabs. 2 Bilanz-RL als Verweis auf die Bilanz-RL zu verstehen ist; vgl. *Grundmann* EuGesR Rn. 560; *Habersack/Verse* EuGesR § 9 Rn. 39; *Lutter/Bayer/J. Schmidt* EuropUR § 24 Rn. 19; vgl. § 325 HGB.

[800] Vgl. §§ 326f. HGB.

[801] Dazu *Grundmann* EuGesR Rn. 559; *Lanfermann/Maul* BB 2006, 2011 (2014); *Lentfer/Weber* DB 2006, 2357 (2358); *Lutter/Bayer/J. Schmidt* EuropUR § 10 Rn. 14, § 18 Rn. 13; *Niemeier* WPg 2006, 173 (183f.).

[802] Art. 21 iVm Art. 1 Abs. 1 Bilanz-RL.

[803] Richtlinie 2013/34/EU v. 26.6.2013 über den Jahresabschluss, den konsolidierten Abschluss und damit verbundene Berichte von Unternehmen bestimmter Rechtsformen und zur Änderung der Richtlinie 2006/43/EG des Europäischen Parlaments und des Rates und zur Aufhebung der Richtlinien 78/660/EWG und 83/349/EWG des Rates, ABl. 2013 L 182/19.

[804] Vgl. *Habersack/Verse* EuGesR § 9 Rn. 40; *Lutter/Bayer/J. Schmidt* EuropUR § 25 Rn. 2.

[805] Vgl. insbesondere § 174 Abs. 1 S. 2 AktG (Bindung des Bilanzgewinns an den festgestellten Jahresabschluss) und § 57 Abs. 3 AktG (nur Bilanzgewinn darf an Aktionäre verteilt werden).

[806] *Habersack/Verse* EuGesR § 9 Rn. 40; vgl. auch *Claussen* ZGR 2000, 604 (609f.); *Grundmann* EuGesR Rn. 499.

nehmen als Gruppenmitglieder **(„verbundene Unternehmen").**[807] Als **„Tochterunternehmen"** zählen aufgrund der Variante mittelbarer Kontrolle auch Tochterunternehmen von Tochterunternehmen (Enkelunternehmen) bzw. Unternehmen in darunter liegenden Stufen einer Gruppenstruktur.[808]

Die Bilanz-Richtlinie teilt Gruppen nach **Größenkategorien** in **kleine, mittlere** und **große Gruppen** ein. Zur Einordnung einer Gruppe in die entsprechende Kategorie legen Art. 3 Abs. 5 bis 7 Bilanz-RL in jeweils drei Kriterien **Schwellenwerte** fest, von denen mindestens zwei nicht überschritten werden dürfen, um in der jeweils „kleineren" Kategorie zu verbleiben. Anstatt der in der Bilanz-Richtlinie angegebenen Nettowerte können die Mitgliedstaaten gemäß Art. 3 Abs. 8 Bilanz-RL auch Bruttowerte (summierte Werte) verwenden, die in der Bilanz-Richtlinie angegebenen Werte sind in diesem Fall um 20% zu erhöhen („Bruttomethode").[809] Die Schwellenwerte für kleine Gruppen können die Mitgliedstaaten innerhalb eines bestimmten Rahmens erhöhen.[810] 281

Unter der Voraussetzung, dass keines der Gruppenmitglieder ein Unternehmen von öffentlichem Interesse (vgl. Rn. 265) ist, sind im Sinne einer Vollharmonisierung[811] **kleine Gruppen** gemäß Art. 23 Abs. 1 Bilanz-RL von der Verpflichtung zur konsolidierten Rechnungslegung ausgenommen,[812] **mittlere Gruppen** können durch Ausübung der **Mitgliedstaatenoption** gemäß Art. 23 Abs. 2 Bilanz-RL davon befreit werden. 282

Im **Anwendungsbereich** der Regelungen der Bilanz-Richtlinie für eine konsolidierte Rechnungslegung liegen gemäß Art. 21 Bilanz-RL **Gruppen**, deren **Mutterunternehmen** eine **Gesellschaft gemäß Art. 1 Abs. 1 iVm Anhang I, II Bilanz-RL** (vgl. Rn. 263) ist und daher dem Recht eines Mitgliedstaats unterliegt. Der unmittelbare Anwendungsbereich der Bilanz-Richtlinie für die konsolidierte Rechnungslegung ist daher im Vergleich zur früheren Rechtslage[813] kleiner geworden, anstatt der „Opt-out-Möglichkeit" der Mitgliedstaaten gemäß Art. 4 Abs. 2 Konzernabschluss-RL für Gruppen ohne Mutterunternehmen mit entsprechender Rechtsform ist diese Einschränkung in Art. 21 Bilanz-Richtlinie vorweg genommen worden.[814] 283

Die Verpflichtung zur konsolidierten Rechnungslegung besteht, wenn in einer **Gruppe im Anwendungsbereich** gemäß Art. 21 Bilanz-RL zwischen Mutter- und Tochterunternehmen einer der **zwingenden Tatbestände** gemäß Art. 22 Abs. 1 Bilanz-RL („Kontrollkonzept") oder – bei Ausübung der entsprechenden Mitgliedstaatenoption – einer der **zusätzlichen Tatbestände** gemäß Art. 22 Abs. 2 Bilanz-RL („Beherrschungskonzept") erfüllt ist oder gemäß Art. 22 Abs. 7 Bilanz-RL ein Gleichordnungskonzern vorliegt.[815] 284

---

[807] S. Legaldefinitionen in Art. 2 Nr. 9 *(„Mutterunternehmen"),* 10 *(„Tochterunternehmen"),* 11 *(„Gruppe"),* 12 *(„verbundenes Unternehmen")* Bilanz-RL.

[808] *Habersack/Verse* EuGesR § 9 Rn. 50.

[809] Vgl. § 293 Abs. 1 Nr. 1 HGB, zu dieser Wahlmöglichkeit zwischen Netto- und Bruttomethode *Busse von Colbe,* in MüKoHGB, § 293 Rn. 10ff.

[810] Art. 3 Abs. 5 Uabs. 2 Bilanz-RL.

[811] Nach früherer Rechtslage gemäß Art. 6 Konzernabschluss-RL 83/349/EWG bestanden ausschließlich Mitgliedstaatenoptionen zur Befreiung von der Konsolidierungspflicht, Art. 23 Abs. 1 Bilanz-RL sieht hingegen von sich aus eine generelle Ausnahme vor und überlässt diese Entscheidung nicht mehr den Mitgliedstaaten, dazu *Verse/Wiersch* EuZW 2014, 375 (378 Fn. 58).

[812] Vgl. § 293 Abs. 5 HGB iVm § 264d HGB, die aufgrund der Einführung der Kategorie der Unternehmen von öffentlichem Interesse in Art. 2 Nr. 1 Bilanz-RL entsprechend erweitert werden müssen.

[813] Dazu *Habersack/Verse* EuGesR § 9 Rn. 46; *Lutter/Bayer/J. Schmidt* EuropUR § 25 Rn. 15; vgl. § 290 Abs. 1 iVm § 264a Abs. 1 HGB.

[814] ErwG 30 Bilanz-RL weist – etwas gewagt – darauf hin, dass die Mitgliedstaaten den Anwendungsbereich auch wieder auf sonstige Gruppen erweitern könnten und sich *„die Richtlinie inhaltlich daher nicht geändert [hat]".*

[815] Dazu im Detail *Grundmann* EuGesR Rn. 569ff.; *Habersack/Verse* EuGesR § 9 Rn. 43f.; *Lutter/Bayer/J. Schmidt* EuropUR § 25 Rn. 11ff.; vgl. § 290 HGB.

285 Das **Mutter- und alle seine Tochterunternehmen** werden gemäß Art. 22 Abs. 6 Bilanz-RL **unabhängig von ihrem Sitz in die Konsolidierung** einbezogen **(„Weltabschluss").**[816] Abgesehen von der Anforderung gemäß Art. 21 Bilanz-RL an die Rechtsform[817] des Mutterunternehmens sind daher Sitz und Rechtsform der Gruppenmitglieder, dh insbesondere die Belegenheit ihrer Verwaltungssitze in Drittstaaten, für die Verpflichtung zur konsolidierten Rechnungslegung irrelevant.[818]

286 Aufgrund der **Mehrstufigkeit von Gruppenstrukturen** sind viele Gruppengesellschaften gleichzeitig Mutter- und Tochterunternehmen im Sinne der Bilanz-Richtlinie. Bei Erfüllung eines Kontrolltatbestandes (vgl. Rn. 284) müsste daher auf jeder Stufe einer Gruppe eine konsolidierte Rechnungslegung durchgeführt werden („Teilkonzernabschluss"). Art. 23 Abs. 3 bis 8 Bilanz-RL enthalten Regelungen, nach denen unter bestimmten Voraussetzungen die konsolidierte Rechnungslegung eines Mutterunternehmens dessen Tochterunternehmen von der entsprechenden Verpflichtung befreit **(„befreiende Konzernabschlüsse").**[819] Die Regelungen sind teilweise als zwingende Befreiungstatbestände und teilweise als Mitgliedstaatenoptionen ausgestaltet, verlangen aber jedenfalls eine konsolidierte Rechnungslegung eines übergeordneten Mutterunternehmens, die im Einklang mit der Bilanz-Richtlinie oder der europarechtlich übernommenen, internationalen Standards (vgl. Rn. 293 ff.) bzw. mit gleichwertigen Rechtsgrundlagen steht und die das befreite Unternehmen einbezieht.[820] Art. 23 Abs. 9, 10 Bilanz-RL sehen weitere Ausnahmetatbestände für Sonderfälle vor.[821]

287 *bbb) Grundsätze der konsolidierten Rechnungslegung, Abschlussprüfung, Offenlegung:* Parallel zur Rechnungslegung für eine einzelne Gesellschaft hat die Muttergesellschaft einer verpflichteten Gruppe zum Zweck der **konsolidierten Rechnungslegung** gemäß Art. 22 Abs. 1 S. 1 Bilanz-RL einen **konsolidierten Abschluss** („Konzernabschluss") und einen **konsolidierten Lagebericht** (Art. 29 Bilanz-RL) zu erstellen. Der konsolidierte Abschluss besteht aus der **konsolidierten Bilanz,** der **konsolidierten Gewinn- und Verlustrechnung** (Art. 24 bis 27 Bilanz-RL) und dem **Anhang** (Art. 28 Bilanz-RL).[822] Für **Unternehmen von öffentlichem Interesse,** die Muttergesellschaft einer **großen Gruppe mit konsolidiert mehr als 500 Mitarbeiter** sind, sieht der im Oktober 2014 eingefügte Art. 29a Bilanz-RL[823] eine Pflicht zur nichtfinanziellen Berichterstattung (**„non-financial reporting"**, vgl. Rn. 272) vor.

288 Neben **notwendigen Sonderregelungen verweisen** die Bestimmungen zu den einzelnen Bestandteilen der konsolidierten Rechnungslegung **umfassend** auf die **entsprechenden Bestimmungen für die Rechnungslegung einer einzelnen Gesellschaft** (vgl. Rn. 268 ff.),[824] insbesondere auch auf die Grundsätze der Rechnungslegung gemäß

---

[816] *Habersack/Verse* EuGesR § 9 Rn. 45; *Lutter/Bayer/J. Schmidt* EuropUR § 25 Rn. 14.

[817] Mit dem Erfordernis der entsprechenden Rechtsform eines Mitgliedstaats geht einher, dass zumindest der Satzungssitz der Muttergesellschaft in einem Mitgliedstaat liegt.

[818] *Grundmann* EuGesR Rn. 567.

[819] *Habersack/Verse* EuGesR § 9 Rn. 49; *Lutter/Bayer/J. Schmidt* EuropUR § 25 Rn. 16.

[820] Dazu *Grundmann* EuGesR Rn. 572; vgl. §§ 291 (befreiende EU/EWR-Abschlüsse), 292 (befreiende Drittstaat-Abschlüsse) HGB.

[821] Dazu *Grundmann* EuGesR Rn. 572; *Habersack/Verse* EuGesR § 9 Rn. 49; vgl. § 290 Abs. 5, § 296 HGB.

[822] Vgl. *Grundmann* EuGesR Rn. 573; *Habersack/Verse* EuGesR § 9 Rn. 52; *Lutter/Bayer/J. Schmidt* EuropUR § 25 Rn. 18.

[823] Art. 29a Bilanz-RL („Konsolidierte nichtfinanzielle Erklärung") wurde durch Art. 1 Nr. 3 der RL 2014/95/EU v. 22.10.2014 im Hinblick auf die Angabe nichtfinanzieller und die Diversität betreffender Informationen durch bestimmte große Unternehmen und Gruppen, ABl. 2014 L 330/1 („Corporate Social Responsibility-" bzw. „CSR-RL") eingefügt; die neue Bestimmung ist gemäß Art. 4 CSR-RL bis zum 6.12.2016 umzusetzen und für Geschäftsjahre ab 1.1.2017 anzuwenden.

[824] Art. 24 Abs. 1 verweist für den konsolidierten Abschluss auf Kapitel 2, 3 (Art 4–14) Bilanz-RL, Art. 28 für den Anhang auf Art. 16–18 Bilanz-RL, Art. 29 für den Lagebericht auf Art. 19–20 Bilanz-RL.

Art. 4 Abs. 3 (*true and fair view*-Prinzip) und Art. 6 Abs. 1 lit. a bis j Bilanz-RL (vgl. Rn. 256).[825]

289 Die konsolidierte Rechnungslegung ist spezifisch durch den **Grundsatz der Vollkonsolidierung** bestimmt, nach dem gemäß Art. 24 Abs. 7 Bilanz-RL die Vermögens-, Finanz- und Ertragslage aller in die Konsolidierung einbezogenen Unternehmen so auszuweisen ist, als ob diese ein einziges Unternehmen bildeten.[826] Die einzelnen einbezogenen Unternehmen werden wie unselbstständige Betriebseinheiten behandelt, ihre rechtliche Selbstständigkeit wird negiert, aber anstatt einer einfachen Zusammenrechnung der einzelnen Jahresabschlüsse müssen diese um gruppeninterne Vorgänge, insbesondere durch Kapitalkonsolidierung gemäß Art. 24 Abs. 3 Bilanz-RL[827] und Schuldenkonsolidierung gemäß Art. 24 Abs. 7 lit. a Bilanz-RL,[828] bereinigt werden.[829] Einschränkungen des Grundsatzes der Vollkonsolidierung bestehen gemäß Art. 26 Bilanz-RL[830] für die anteilsmäßige bzw. **Quotenkonsolidierung** von **„Gemeinschaftsunternehmen"** sowie gemäß Art. 27 Bilanz-RL[831] für die Bewertung von Beteiligungen an **„assoziierten Unternehmen"** nach der **Equity-Methode.**[832]

290 Auf den konsolidierten Abschluss und konsolidierten Lagebericht sind gemäß Art. 34 Abs. 2 Bilanz-RL die Bestimmungen zur **Abschlussprüfung** (vgl. Rn. 275) sinngemäß anzuwenden, der entsprechende Bestätigungsvermerk muss gemäß Art. 28 Abs. 5 AbP-RL die Voraussetzungen nach Art. 28 Abs. 1 bis 4 AbP-RL erfüllen.[833]

291 Art. 30 Abs. 3 Uabs. 1 Bilanz-RL verweist für den konsolidierten Abschluss und den konsolidierten Lagebericht auf eine **Offenlegung** gemäß Art. 30 Abs. 1 Bilanz-RL, daher kann die Offenlegung des konsolidierten Lageberichts unter bestimmten Voraussetzungen entfallen, die übrigen Mitgliedstaatenoptionen für Erleichterungen sind jedoch nicht anwendbar (vgl. Rn. 276).[834]

292 Gemäß Art. 33 Abs. 1 lit. b Bilanz-RL gilt der Mindeststandard für **Verantwortung und Haftung** der Mitglieder der Verwaltungsorgane (vgl. Rn. 277) auch für die konsolidierte Rechnungslegung.

293 **dd) Konsolidierter Abschluss für Gruppen mit kapitalmarktorientierter Muttergesellschaft:** Die zahlreichen Mitgliedstaatenoptionen und die in einem Spannungsverhältnis zueinander stehenden Grundsätze der Rechnungslegung im europäischen Rechnungslegungsrecht verhindern weiterhin eine vollständige Harmonisierung der nationalen Rechnungslegungsrechte und die umfassende Vergleichbarkeit der Rechnungslegungsunterlagen von Unternehmen und Gruppen in Europa (vgl. Rn. 256). In den 1990er Jahren kristallisierte sich zusätzlich heraus, dass insbesondere die **europäischen Regelungen zum konsolidierten Abschluss international nicht anerkannt** wurden. Europäische Konzerne mussten daher für eine Teilnahme an internationalen Kapitalmärkten neben einem konsolidierten Abschluss nach europäischem Recht einen Abschluss nach den jeweils akzeptierten Standards[835] erstellen und internationale Konzerne agierten nur zurückhaltend an den kontinentaleuropäischen Kapitalmärkten.[836]

---

[825] Dazu *Grundmann* EuGesR Rn. 573; *Habersack/Verse* EuGesR § 9 Rn. 52ff.; *Lutter/Bayer/J. Schmidt* EuropUR § 25 Rn. 19.

[826] *Lutter/Bayer/J. Schmidt* EuropUR § 25 Rn. 20.

[827] Vgl. § 301 HGB.

[828] Vgl. § 303 HGB.

[829] Dazu im Detail *Grundmann* EuGesR Rn. 574ff.; *Habersack/Verse* EuGesR § 9 Rn. 55ff.; vgl. §§ 300ff. HGB.

[830] Vgl. § 310 HGB.

[831] Zu Änderungen durch die Bilanz-RL *Zwirner* DStR 2014, 439 (444); vgl. §§ 311f. HGB.

[832] Dazu *Grundmann* EuGesR Rn. 579; *Habersack/Verse* EuGesR § 9 Rn. 59f.

[833] Vgl. § 316 Abs. 2 HGB.

[834] Vgl. § 325 Abs. 3 HGB.

[835] Insbesondere US-GAAP (Generally Accepted Accounting Practices) und IAS (International Accounting Standards).

[836] Dazu *Habersack/Verse* EuGesR § 9 Rn. 62; *Lutter/Bayer/J. Schmidt* EuropUR § 10 Rn. 2, 8, § 25 Rn. 8.

294 Als Antwort wurde im Juli 2002 auf Grundlage von Art. 114 AEUV die unmittelbar anwendbare **IFRS-VO** verabschiedet,[837] die die **Übernahme** und **Anwendung internationaler Rechnungslegungsstandards** (**IFRS/IAS-Standards** sowie **SIC/IFRIC-Interpretationen**)[838] in einem **bestimmten Anwendungsbereich anordnet,** um europäische Konzerne mit einer einheitlichen und international anerkannten konsolidierten Rechnungslegung auszustatten und internationalen Konzernen den Zutritt zu den europäischen Kapitalmärkten zu erleichtern.

295 Gemäß Art. 4 IFRS-VO sind **kapitalmarktorientierte Gesellschaften,**[839] die dem Recht eines Mitgliedstaats unterliegen, **verpflichtet,** für alle nach dem 31.12.2004 beginnenden Geschäftsjahre ihren **konsolidierten Abschluss** in Übereinstimmung mit den **internationalen Rechnungslegungsstandards** zu erstellen, die im Rahmen eines Übernahmeverfahrens (vgl. Rn. 297) **in europäisches Verordnungsrecht übertragen** wurden. In diesem **Anwendungsbereich** werden die europäischen Rechnungslegungsbestimmungen, dh die entsprechenden Regelungen der Bilanz-Richtlinie und ihre nationalen Umsetzungsbestimmungen verdrängt.[840] Die europäisch harmonisierten Regelungen insbesondere zur Frage, welche Gesellschaften zur Erstellung eines konsolidierten Abschlusses verpflichtet sind, zum konsolidierten Lagebericht sowie zur Abschlussprüfung und Offenlegung bleiben jedoch unberührt.[841]

296 Gemäß Art. 5 IFRS-VO bestehen **Mitgliedstaatenwahlrechte,** den **Anwendungsbereich** der übernommenen Standards **zu erweitern:** Die Mitgliedstaaten können **vorschreiben oder gestatten,** dass (i) **kapitalmarktorientierte Gesellschaften** ihre **Jahresabschlüsse** und/oder (ii) **nicht kapitalmarktorientierte Gesellschaften** ihre **Jahresabschlüsse** und/oder **konsolidierten Abschlüsse** in Übereinstimmung mit den in europäisches Verordnungsrecht übernommenen internationalen Standards erstellen.[842] Diese Wahlrechte ermöglichen es den Mitgliedstaaten, die Erstellung von Jahresabschlüssen und konsolidierten Abschlüssen der ihrem Recht unterliegenden Gesellschaften und Gruppen teilweise oder geschlossen den Regelungen nach der Bilanz-Richtlinie zu entziehen und die umfassende Anwendbarkeit der übernommenen Standards vorzusehen.[843]

---

[837] VO (EG) Nr. 1606/2002 v. 19.7.2002 betreffend die Anwendung internationaler Rechnungslegungsstandards, ABl. 2002 L 243/1; Beschluss des Gemeinsamen EWR-Ausschusses Nr. 37/2003 v. 14.3.2003, ABl. 2003 L 137/44 erweiterte den Anwendungsberich auf den EWR.

[838] S. Legaldefinition für *„internationale Rechnungslegungsstandards"* in Art. 2 IFRS-VO, dazu *Hennrichs,* in MüKoBilR, Einf. IFRS Rn. 58 f.; *J. Wüstemann/S. Wüstemann,* in Staub, HGB Anhang § 315a IFRS 1. Abschnitt Rn. 15: International Financial Reportings Standards (IFRS), bis 31.3.2001 International Accounting Standards (IAS), zusätzlich damit verbundene Auslegungen (SIC/IFRIC-Interpretationen), nach kostenloser Registrierung („eIFRS Basic") online abrufbar: http://www.ifrs.org/IFRSs/Pages/IFRS.aspx bzw. http://www.ifrs.org/IFRSs/Pages/IFRICs.aspx (15.1.2015).

[839] Gemäß Art. 4 IFRS-VO Gesellschaften, deren Wertpapiere am jeweiligen Bilanzstichtag zum Handel an einem geregelten Markt im Sinne der MiFID-RL eines Mitgliedstaats zugelassen sind.

[840] *Grundmann* EuGesR Rn. 600; *Habersack/Verse* EuGesR § 9 Rn. 62; *Lutter/Bayer/J. Schmidt* EuropUR § 25 Rn. 9, § 26 Rn. 3; vgl. § 315a Abs. 1 HGB iVm Art. 4 IFRS-VO.

[841] *Grundmann* EuGesR Rn. 595; vgl. auch *Busse von Colbe,* in MüKoHGB, § 315a Rn. 8 (16 ff., 17, 26 f.); *Merkt,* in Baumbach/Hopt, HGB § 315a Rn. 6.

[842] *Grundmann* EuGesR Rn. 601, 611 ff.; *Habersack/Verse* EuGesR § 9 Rn. 66; *Hennrichs,* in MüKoBilR, Einf. IFRS Rn. 49; *Lutter/Bayer/J. Schmidt* EuropUR § 26 Rn. 4; vgl. § 315a Abs. 2 (für Gesellschaften, die die Zulassung eines Wertpapiers zum Handel an einem geregelten Markt beantragt haben, sind die übernommenen Standards zwingend auf den konsolidierten Abschluss anzuwenden), Abs. 3 (für sonstige, nicht kapitalmarktorientierte Gesellschaften besteht Wahlrecht zur Anwendung der übernommenen Standards auf den konsolidierten Abschluss) HGB, dazu *Busse von Colbe,* in MüKoHGB, § 315a Rn. 11 (28 ff.); für die Jahresabschlüsse aller Gesellschaften in Deutschland sind weiterhin die europäisch harmonisierten Bestimmungen nach der Bilanz-RL (§§ 238 ff. HGB) anwendbar, § 325 Abs. 2a, 2b HGB ermöglichen aber die *Offenlegung* eines nach IAS/IFRS anstatt nach Bilanz-RL/HGB erstellten Jahresabschlusses, dazu *Fehrenbacher,* in MüKoHGB, § 325 Rn. 82 ff.

[843] Die Anwendbarkeit der übernommenen Standards in Ausübung aller Optionen hat zB Luxemburg erlaubt und Zypern zwingend angeordnet (Stand Dezember 2013), vgl. dazu den regelmäßig ak-

Die **internationalen Rechnungslegungsstandards** werden vom International Accounting Standards Board **(IASB),** einer privatwirtschaftlich organisierten und von sachverständigen Kreisen beschickten Plattform,[844] entwickelt und sind als solche keine verbindlichen Rechtsnormen.[845] In Art. 3 Abs. 1, Art. 6 Abs. 2 IFRS-VO iVm Art. 5a Komitologiebeschluss[846] ist ein Prozess festgelegt, bei dem es sich um ein Komitologie-Verfahren in der Variante des **„Regelungsverfahrens mit Kontrolle"** handelt, nach dem die einzelnen **Standards in europäisches Recht übernommen** werden (Übernahme- bzw. **Endorsement-Verfahren**).[847] An diesem Verfahren sind neben Kommission, Rat und Europäischem Parlament die europäische beratende Gruppe für die Vorlage von Abschlüssen (European Financial Reporting Advisory Group – EFRAG) sowie der Regelungsausschuss für Rechnungslegung (Accounting Regulatory Committee – ARC) beteiligt. Die **EFRAG** besteht aus sachverständigen Vertretern der Industrie, Börsenaufsichtsbehörden, Wirtschaftsprüfern etc,[848] das **ARC** aus Vertretern der Mitgliedstaaten und einem vorsitzführenden Kommissionsvertreter. Die Standards können nur übernommen werden, wenn sie die **Anforderungen gemäß Art. 3 Abs. 2 IFRS-VO erfüllen,** dh dem True-and-fair-view-Grundsatz der Bilanz-Richtlinie nicht widersprechen, dem europäischen öffentlichen Interesse dienen sowie den Kriterien der Verständlichkeit, Erheblichkeit, Verlässlichkeit und Vergleichbarkeit genügen.[849] Nach Prüfung eines internationalen Rechnungslegungsstandards durch die Kommission und die EFRAG erstellt die Kommission den Entwurf einer Übernahme-Verordnung und legt diesen dem ARC vor. Nach einer Stellungnahme[850] des ARC wird der Vorschlag unverzüglich Rat und Parlament vorgelegt, die trotz positiver Stellungnahme des ARC den Kommissionsvorschlag jeweils durch Widerspruch verhindern, nach negativer oder fehlender Stellungnahme des ARC die Übernahme des Standards durch zustimmende Beschlüsse herbeiführen können. Nur die in diesem Verfahren übernommenen und als **Verordnungen der Kommission** veröffentlichten Standards sind von den Gesellschaften verbindlich anzuwenden.[851] 297

---

tualisierten Überblick der Kommission zur Nutzung der Wahlrechte gemäß Art. 5 IFRS-VO durch die Mitgliedstaaten, online abrufbar: http://ec.europa.eu/internal_market/accounting/legal_framework/regulations_adopting_ias/index_de.htm (15.1.2015).

[844] Bis 31.3.2001 „International Accounting Standards Committee" (IASC), dazu *Watrin,* in MüKoBilR, Einf. IFRS Rn. 15 ff.; *J. Wüstemann/S. Wüstemann,* in Staub, HGB Anhang § 315a IFRS 1. Abschnitt Rn. 10 ff.; derzeit hat das IASB 14 vollzeitbeschäftigte Mitglieder, dazu online: http://www.ifrs.org/About-us/IASB/Pages/Home.aspx (15.1.2015).

[845] *Hennrichs,* in MüKoBilR, Einf. IFRS Rn. 47; *J. Wüstemann/S. Wüstemann,* in Staub, HGB Anhang § 315a IFRS 1. Abschnitt Rn. 13.

[846] Beschluss des Rates 1999/468/EG v. 28.6.1999, ABl. 1999 L 184/23, idF Beschluss des Rates 2006/512/EG v. 17.7.2006, ABl. 2006 L 200/11; der Komitologie-Beschluss wurde zwar durch die VO (EU) Nr. 182/2011 v. 16.2.2011, ABl. 2011 L 55/13 („Komitologie-Verordnung") grundsätzlich aufgehoben, Art. 5a Komitologie-Beschluss gilt aber gemäß Art. 12 Uabs. 2 Komitologie-VO weiterhin bei Verweis früherer Rechtsakte auf diesen (Art. 6 Abs. 2 IFRS-VO), dazu *Daiber* EuR 2012, 240 (241, 253).

[847] Dazu *Bohl,* in Beck'sches IFRS-Handbuch, § 1 Rn. 67 f.; *Grundmann* EuGesR Rn. 602 f.; *J. Wüstemann/S. Wüstemann,* in Staub, HGB Anhang § 315a IFRS 1. Abschnitt Rn. 2 ff.; eine regelmäßig aktualisierte Liste zum Stand der Übernahmeverfahren für IAS/IFRS und IFRIC-Interpretationen ist online verfügbar unter: http://www.efrag.org/Front/c1-306/Endorsement-Status-Report_EN.aspx (15.1.2015).

[848] Vgl. *J. Wüstemann/S. Wüstemann,* in Staub, HGB Anhang § 315a IFRS 1. Abschnitt Rn. 3; vgl. auch online unter: http://www.efrag.org/Front/Home.aspx (15.1.2015).

[849] Dazu *Hennrichs,* in MüKoBilR, Einf. IFRS Rn. 81 ff.; *J. Wüstemann/S. Wüstemann,* in Staub, HGB Anhang § 315a IFRS 1. Abschnitt Rn. 7 ff.

[850] Der Kommissionsvertreter ist für die Abstimmung über die Stellungsnahme nicht stimmberechtigt, vgl. Art. 5a Abs. 2 S. 5 Komitologiebeschluss.

[851] *Busse von Colbe,* in MüKoHGB, § 315a Rn. 14; *Hennrichs,* in MüKoBilR, Einf. IFRS Rn. 48; *J. Wüstemann/S. Wüstemann,* in Staub, HGB Anhang § 315a IFRS 1. Abschnitt Rn. 15; eine regelmä-

298 Im Vergleich zu den Regelungen nach der Bilanz-Richtlinie zeichnen sich die IFRS/IAS insbesondere durch größere **Einheitlichkeit aufgrund weniger Wahlrechte** sowie durch das durchgehende[852] **Bewertungsprinzip des *fair value,*** dh der Bewertung der Aktiva und Passiva nach dem wahren Wert zum Bilanzstichtag aus.[853] Da auch der konsolidierte Abschluss nach IFRS/IAS auf den Jahresabschlüssen der Gruppenmitglieder basiert, müssen die zur Anwendung von IFRS/IAS verpflichteten Gruppen – abhängig von der durch Wahlrechte gestalteten Rechtslage für Jahresabschlüsse – gegebenenfalls im Ergebnis *„doppelt bilanzieren“,* um die Erstellung des konsolidierten Abschlusses auf passender Grundlage zu ermöglichen.[854]

299 Das IASB hat im Juli 2009 spezielle Rechnungslegungsstandards für kleine und mittlere Unternehmen veröffentlicht **(„IFRS for SME“),**[855] die nach einer eingehenden Prüfung durch das IASB zwischen 2012 und 2014 im Jahr 2015 einer Überarbeitung unterzogen werden.[856] Anstatt – vergleichbar zu den „normalen“ IFRS – die Anwendung von „IFRS for SME“ auf Abschlüsse von KMU vorzusehen, hat sich die Bilanz-Richtlinie darauf beschränkt, den Rechtsrahmen für die Rechnungslegung einheitlich zu strukturieren, weiter zu harmonisieren und für KMU Erleichterungen vorzusehen (vgl. Rn. 260).

300 **ee) Länderbezogene Berichterstattung für Zahlungen an staatliche Stellen:** Vergleichbar mit den Pflichten für Institute zur Offenlegung bestimmter Schlüsselinformationen gemäß Art. 89 CRD-IV-RL (vgl. Rn. 452) sieht Kapitel 10 (Art. 41 bis 48) Bilanz-RL branchenspezifisch für **große Unternehmen** und **Unternehmen von öffentlichem Interesse** der **mineralgewinnenden Industrie** und des **Holzeinschlags in Primärwäldern**[857] eine gesonderte Berichts- und Offenlegungspflicht über **Zahlungen an staatliche Stellen** in Mitglied- und Drittstaaten[858] vor.[859] Die Unternehmen müssen gemäß Art. 42 Abs. 1 Bilanz-RL für Zahlungen an staatliche Stellen, zB Nutzungsentgelte, Lizenz- und Steuerzahlungen,[860] die als Einmalzahlung oder als Reihe verbundener Zahlungen mindestens EUR 100 000 betragen, bestimmte Angaben zu Art und Gesamtbeträgen der Zahlungen an die einzelnen staatlichen Stellen sowie für einzelne Projekte[861] in einen **gesonderten Bericht** gemäß Art. 43 Bilanz-RL aufnehmen (länderbezogene Berichterstattung bzw. **„country-by-country reporting“**).[862] Der Bericht ist gemäß Art. 45 Abs. 1 Bilanz-RL

ßig aktualisierte Liste der Verordnungen der Kommission, die internationale Standards übernommen haben, ist online abrufbar: http://ec.europa.eu/internal_market/accounting/legal_framework/regulations_adopting_ias/original_text_de.htm (15.1.2015); vgl. auch VO (EG) Nr. 1126/2008 v. 3.11.2008, ABl. 2008 L 320/1, in der alle bis zum 15.10.2008 übernommenen Standards in konsolidierter Fassung zusammengefasst sind; zur Anwendung und Auslegung der übernommenen Standards *J. Wüstemann/S. Wüstemann,* in Staub, HGB Anhang § 315a IFRS 1. Abschnitt Rn. 15 ff.

852 Vgl. die Mitgliedstaatenoptionen zur Anwendung des *fair value*-Prinzips auf Finanzinstrumente und sonstige Vermögenswerte gemäß Art. 8 Bilanz-RL (vgl. Rn. 269).

853 Vgl. *Grundmann* EuGesR Rn. 606 ff.; *Lutter/Bayer/J. Schmidt* EuropUR § 26 Rn. 7.

854 *Lutter/Bayer/J. Schmidt* EuropUR § 25 Rn. 10.

855 Dazu *Hoffmann/Lüdenbach,* in Lüdenbach/Hoffmann/Freiberg, IFRS-Kommentar § 50 Rn. 1 ff.; *Kajuter/Saucke,* in MüKoBilR, IFRS for SMEs Rn. 1 ff.; vgl. auch online unter: http://www.ifrs.org/IFRS-for-SMEs/Pages/IFRS-for-SMEs.aspx (15.1.2015), nach kostenloser Registrierung („eIFRS Basic“) sind die „IFRS for SME“ online verfügbar unter: http://www.ifrs.org/IFRS-for-SMEs/Pages/IFRS-for-SMEs-and-related-material.aspx (15.1.2015).

856 Zum ersten Entwurf ED/2013/9 und dazu ergangenen Stellungnahmen *Eierle/Ketterer/Kummer* DB 2014, 2180 ff. (Teil 1), 2239 ff. (Teil 2).

857 S. Legaldefinitionen in Art. 41 Nr. 1, 2 Bilanz-RL.

858 S. Legaldefinitionen in Art. 41 Nr. 3 („staatliche Stelle“) und Nr. 5 („Zahlung“) Bilanz-RL.

859 Dazu *Zwirner* DStR 2014, 439 (444); vgl. auch *Keller/Schmid* BB 2014, 2283 ff., die auch auf vergleichbare Pflichten aufgrund des von D angestrebten Beitritts zur Extractive Industries Transparency Initiative (EITI) eingehen.

860 *Zwirner* DStR 2014, 439 (444).

861 S. Legaldefinition in Art. 41 Nr. 4 Bilanz-RL.

862 Art. 43 Bilanz-RL.

nach den Regelungen in Kapitel 2 der Publizitäts-Richtlinie (vgl. Rn. 220ff.) **gesondert offenzulegen.** Gemäß Art. 44 Bilanz-RL hat bei Bestehen der Verpflichtung zur Aufstellung eines konsolidierten Abschlusses die Muttergesellschaft grundsätzlich[863] einen **konsolidierten Bericht über Zahlungen an staatliche Stellen** aufzustellen, der sich aber ausschließlich auf Zahlungen im Rahmen der Geschäftstätigkeit von Gruppenmitgliedern in der mineralgewinnenden Industrie bzw. im Primärwaldholzeinschlag bezieht. In diesem Fall entfällt gemäß Art. 42 Abs. 2 Bilanz-RL die Pflicht der einzelnen erfassten Unternehmen zur Erstellung eines entsprechenden Berichts. Art. 6 Transparenz-RL erweitert den Anwendungsbereich von Kapitel 10 Bilanz-RL auf **Emittenten** im Sinne der Transparenz-Richtlinie (vgl. Rn. 530)[864] die in der **mineralgewinnenden Industrie** oder im **Holzeinschlag in Primärwäldern** tätig sind.

301 Die Kommission hat bis spätestens 21.7.2018 einen **Bericht** gemäß Art. 48 Bilanz-RL über Anwendung und Wirksamkeit von Kapitel 10 Bilanz-RL vorzulegen, der insbesondere zu den Folgen für die Wettbewerbsfähigkeit, den internationalen Entwicklungen in diesem Bereich, einer Ausdehnung auf andere Wirtschaftszweige sowie zu möglichen Pflichten für ein verantwortliches Lieferkettenmanagement[865] Stellung nimmt und erforderlichenfalls mit einem Änderungsvorschlag ergänzt wird.

302 **ff) Rechtsrahmen für die Abschlussprüfung:** *aaa) Grundlagen und Anwendungsbereich:* **Art 34 Bilanz-RL** ordnet die Prüfung des Jahresabschlusses von Gesellschaften und des konsolidierten Abschlusses von Unternehmensgruppen **(„Abschlussprüfung")** durch einen oder mehrere Abschlussprüfer bzw. Prüfungsgesellschaften[866] an (vgl. Rn. 275, 290), setzt dafür eine Zulassung des Abschlussprüfers nach der Abschlussprüfer-Richtlinie voraus, enthält darüber hinaus aber keine Regelungen für die **Qualifikation von Abschlussprüfern** oder das **Verfahren der Abschlussprüfung.** Diese Fragen sind Regelungsgegenstände des **europäischen Rechtsrahmens für die Abschlussprüfung,** der ursprünglich aus der 8. Gesellschaftsrechtlichen Richtlinie[867] bestand, die 2006 durch die **Abschlussprüfer-Richtlinie**[868] („AbP-RL") ersetzt wurde. Diese brachte insbesondere durch umfassende Regelungen zur Unabhängigkeit des Abschlussprüfers, die Einführung eines Prüfungsausschusses mit einem unabhängigen Finanzexperten und die Einrichtung einer externen Qualitätskontrolle eine erhebliche inhaltliche Erweiterung des Rechtsrahmens mit sich.[869] In Reaktion auf die Finanzkrise 2008 und auf Grundlage eines Grün-

---

863 S. Ausnahmebestimmungen in Art. 44 Abs. 2, 3 Bilanz-RL.

864 S. Legaldefinition in Art. 2 Abs. 1 lit. d Tr-RL.

865 Es geht um Bemühungen mit dem Ziel, dass Lieferketten beim Abbau von Mineralien keine Verbindung zu Konfliktparteien haben; vgl. zu entsprechenden Offenlegungspflichten unter US-Recht Sec. 1502 Dodd-Frank Wall Street Reform and Consumer Protection Act, online abrufbar unter: http://www.sec.gov/about/laws/wallstreetreform-cpa.pdf (15.1.2015); vgl. auch den Kimberly Prozess für Konflikt- bzw. „Blutdiamanten", dazu online: http://www.kimberleyprocess.com/home/index_en.html (15.1.2015).

866 In weitere Folge umfasst der Begriff „Abschlussprüfer" im Zweifel Abschlussprüfer und Prüfungsgesellschaften.

867 Richtlinie 84/253/EWG v. 10.4.1984, aufgrund von Artikel 54 Absatz 3 Buchstabe g) des Vertrages über die Zulassung der mit der Pflichtprüfung der Rechnungslegung beauftragten Personen, ABl. 1984 L 126/20, dazu *Habersack/Verse* EuGesR § 9 Rn. 69; *Nordemann* WPg 1989, 671 (674ff.); *Schatzmann* RIW 1984, 614ff.

868 Richtlinie 2006/43/EG v. 17.5.2006 über Abschlussprüfungen von Jahresabschlüssen und konsolidierten Abschlüssen, zur Änderung der Richtlinien 78/660/EWG und 83/349/EWG des Rates und zur Aufhebung der Richtlinie 84/253/EWG des Rates, ABl. 2006 L 157/87; Erweiterung des Anwendungsbereichs auf den EWR durch Beschluss des Gemeinsamen EWR-Ausschusses Nr. 160/2006 v. 8.12.2006 zur Änderung des Anhangs XXII (Gesellschaftsrecht) des EWR-Abkommens, ABl. 2007 L 89/38.

869 Dazu *Grundmann* EuGesR Rn. 582ff.; *Habersack/Verse* EuGesR § 9 Rn. 71f.; *Inwinkl/Kortenbusch/Schneider* Konzern 2008, 215ff.; *Lanfermann/Maul* DB 2006, 1505ff.; *Lutter/Bayer/J. Schmidt*

buchs[870] und einer öffentlichen Konsultation[871] der Kommission aus 2010 kam es im **April 2014** mit einer Änderung der Abschlussprüfer-Richtlinie[872] und der Einführung der Abschlussprüfer-Verordnung[873] für die Abschlussprüfung bei Unternehmen von öffentlichem Interesse („AbP-VO") zu einer **Reform und Zweiteilung des Rechtsrahmens für die Abschlussprüfung.**[874] Die neuen Bestimmungen beinhalten insbesondere **verschärfte Anforderungen** an die Abschlussprüfung und an die Absicherung der Unabhängigkeit des Abschlussprüfers bei **Unternehmen von öffentlichem Interesse** und sind **ab dem 17.6.2016 anzuwenden.**[875]

303 Die Regelungen der **Abschlussprüfer-Richtlinie** gelten gemäß Art. 1 AbP-RL für **„Abschlussprüfungen"** im Sinne dieser Richtlinie, dh für Prüfungen von Jahresabschlüssen und konsolidierten Abschlüssen, die **durch europäisches Recht vorgeschrieben sind** oder für **kleine Gesellschaften** durch **nationales Recht angeordnet** bzw. als gesetzliche Abschlussprüfung auf freiwilliger Basis zugelassen werden.[876] Die **Abschlussprüfer-Verordnung** enthält gemäß Art. 2 Abs. 1 AbP-VO spezifisch auf **Unternehmen von öffentlichem Interesse** und deren **Abschlussprüfer** bzw. **Prüfungsgesellschaften** unmittelbar anwendbare Bestimmungen.[877]

304 *bbb) Allgemeiner Rechtsrahmen für die Abschlussprüfung:* Die **Abschlussprüfer-Richtlinie** sieht für **Abschlussprüfungen** Regelungen insbesondere in folgenden Bereichen vor: (i) Art. 3 bis 14 AbP-RL legen **Qualifikationsanforderungen** für die Zulassung von Abschlussprüfern fest, Art. 13 AbP-RL sieht zu diesem Zweck auch eine Verpflichtung zur laufenden Weiterbildung vor. (ii) Art. 21 Abs. 2 AbP-RL verankert ausdrücklich die **„kritische Grundhaltung"** als zentralen Berufsgrundsatz für Abschlussprüfer.[878] (iii) Die Art. 22 bis 25 AbP-RL sollen für Abschlussprüfer, aber auch für deren

---

EuropUR § 27 Rn. 5 ff.; *Naumann/Feld* WPg 2006, 873 ff.; *Nonnenmacher/Pohle/v. Werder* DB 2007, 2412 ff.

[870] Grünbuch der Kommission KOM(2010) 561 v. 13.10.2010. Weiteres Vorgehen im Bereich der Abschlussprüfung: Lehren aus der Krise, dazu *Arbeitskreis Bilanzrecht* NZG 2011, 176 f.; *Eisenhardt/Wader* DStR 2010, 2532 ff.; *Köhler/Runke/M. Schmidt* DB 2011, 773 ff.; *Max-Planck-Arbeitsgruppe* ZIP 2011, 459 f.; *Niemann* DStR 2010, 2368 ff.

[871] Online abrufbar: http://ec.europa.eu/internal_market/auditing/reform/index_de.htm (15.1.2015).

[872] RL 2014/56/EU v. 16.4.2014 zur Änderung der Richtlinie 2006/43/EG über Abschlussprüfungen von Jahresabschlüssen und konsolidierten Abschlüssen, ABl. 2014 L 158/196.

[873] VO (EU) Nr. 537/2014 v. 16.4.2014 über spezifische Anforderungen an die Abschlussprüfung bei Unternehmen von öffentlichem Interesse und zur Aufhebung des Beschlusses 2005/909/EG der Kommission, ABl. 2014 L 158/77.

[874] Dazu *Henrichs* ZGR 2015, 248 ff.; *Hopt* ZGR 2015, 186 ff.; *Scheffler* AG 2014, R196 ff.; *Velte* DStR 2014, 1688 ff.; zum neuen Rechtsrahmen für die Abschlussprüfung sind regelmäßig aktualisierte *„Fragen und Antworten"* der Kommission online abrufbar: http://ec.europa.eu/finance/auditing/reform/index_en.htm (15.1.2015); die Haftung des Abschlussprüfers unterliegt weiterhin keiner Harmonisierung, rechtsvergleichend dazu *W. Doralt* ZGR 2015, 266 ff.; vgl. aber die – grundsätzlich verbindliche (vgl. Rn. 37) – Empfehlung der Kommission 2008/473/EG v. 21.6.2008 zur Beschränkung der zivilrechtlichen Haftung von Abschlussprüfern und Prüfungsgesellschaften, ABl. 2008, L 162/39.

[875] Art. 2 Abs. 1 RL 2014/56/EU; Art. 44 AbP-VO.

[876] S. Legaldefinition in Art. 2 Nr. 1 AbP-RL.

[877] Gemäß Art. 3 AbP-VO sind die Begriffsbestimmungen gemäß Art. 2 AbP-RL anwendbar, s. daher Legaldefinitionen in Art. 2 Nr. 2 *(„Abschlussprüfer"),* Nr. 3 *(„Prüfungsgesellschaft"),* Nr. 13 *(„Unternehmen von öffentlichem Interesse")* AbP-RL; vgl. auch die Mitgliedstaatenwahlrechte gemäß Art. 2 Abs. 3 AbP-RL für mögliche Ausnahmen vom Anwendungsbereich der Abschlussprüfer-Verordnung.

[878] Zu diesem Grundsatz im Detail *Chekushina/Loth* NZG 2014, 85 ff.; nach der Rechtslage vor der Reform 2014 war dieser Grundsatz nicht ausdrücklich vorgeschrieben.

Netzwerke[879] und sonstige natürliche Personen, die das Ergebnis einer Abschlussprüfung beeinflussen können, die **Unabhängigkeit von dem geprüften Unternehmen** sowie eine **hohe Qualität der Abschlussprüfung** sicherstellen. Zu diesem Zweck dürfen insbesondere Abschlussprüfer und verantwortliche Prüfungspartner[880] gemäß Art. 22a Abs. 1 AbP-RL bestimmte Positionen im geprüften Unternehmen, zum Beispiel als Führungskraft oder Mitglied des Prüfungsausschusses (vgl. Rn. 308) für einen Zeitraum **von einem Jahr** nach Beendigung ihrer Prüfungstätigkeit nicht übernehmen **(„Cooling-off-Periode")**[881] und sehen die Art. 24a, 24b AbP-RL umfassende **organisatorische Anforderungen** an den Abschlussprüfer vor, zum Beispiel durch die obligatorische **Einrichtung eines internen Qualitätssicherungssystems** gemäß Art. 24a Abs. 1 lit. g AbP-RL sowie durch Vorgaben gemäß Art. 24b Abs. 1, 2 AbP-RL für die Benennung eines verantwortlichen Prüfungspartners in Prüfungsgesellschaften und einen **angemessenen Zeit- und Ressourcenaufwand** für die Abschlussprüfung.[882] (iv) Vergleichbar mit dem Mechanismus zur Übernahme von internationalen Rechnungslegungsstandards nach der IFRS-VO (vgl. Rn. 297) ermöglicht Art. 26 AbP-RL die **Übernahme von internationalen Prüfungsstandards**[883] durch delegierten Rechtsakt der Kommission nach dem Verfahren gemäß Art. 48a AbP-RL.[884] (v) Art. 29 AbP-RL sieht die **Einrichtung eines externen Qualitätssicherungssystems** vor, das grundsätzlich[885] zumindest alle 6 Jahre eine Qualitätssicherungsprüfung durchführt.[886]

ccc) Rechtsrahmen für die Abschlussprüfung bei Unternehmen von öffentlichem Interesse: Für **Abschlussprüfungen bei Unternehmen von öffentlichem Interesse** *(„public-interest entities")*[887] sehen die **Abschlussprüfer-Richtlinie** und speziell die **unmittelbar anwendbare**[888] **Abschlussprüfer-Verordnung** besondere Bestimmungen, insbesondere Mechanismen zur Absicherung der Unabhängigkeit des Abschlussprüfers, erweiterte Berichtspflichten des Abschlussprüfers und die Einrichtung des Prüfungsausschusses zur Unterstützung der Corporate Governance im geprüften Unternehmen vor. 305

[879] S. Legaldefinition in Art. 2 Nr. 7 AbP-RL; vgl. § 319b HGB.

[880] S. Legaldefinition in Art. 2 Nr. 16 AbP-RL.

[881] Nach der Rechtslage vor der Reform 2014 gab es eine solche Cooling-off-Periode von 2 Jahren nur für Unternehmen von öffentlichem Interesse (vgl. Rn. 306); vgl. § 43 Abs. 3 WiPrO, der nach der Rechtslage 2014 erweitert werden muss.

[882] Art. 24a, 24b AbP-RL wurden erst mit der Reform 2014 eingefügt.

[883] Als *„internationale Prüfungsstandards"* gelten gemäß Art. 26 Abs. 2 AbP-RL *„die International Standards on Auditing (ISA), [der] International Standard on Quality Control 1 und andere damit zusammenhängende Standards, die [...] vom International Auditing and Assurance Standards Board (IAASB) herausgegeben wurden, soweit sie für die Abschlussprüfung relevant sind"*, vgl. § 317 Abs. 5 HGB, dazu *Bormann,* in MüKoBilR, § 317 HGB Rn. 106; *Merkt/Hopt,* in Baumbach/Hopt, HGB § 317 Rn. 11.

[884] Nach der Rechtslage vor der Reform 2014 sind bisher keine internationalen Prüfungsstandards übernommen worden; dazu online: http://ec.europa.eu/internal_market/auditing/isa/index_de.htm (15.1.2015); vgl. nichtsdestotrotz zur Bedeutung der ISA *Merkt* ZGR 2015, 215 ff.; zum IAASB *Köhler* ZGR 2015, 204 ff.

[885] Vgl. § 29 Abs. 1 lit. h iVm Art. 2 Abs. 1 lit. a AbP-RL; für Unternehmen von öffentlichem Interesse ist grundsätzlich zumindest alle 3 Jahre eine Qualitätssicherungsprüfung durchzuführen, vgl. Art. 26 Abs. 2 Uabs. 2 AbP-VO.

[886] Vgl. § 57a WiPrO.

[887] S. Legaldefinition in Art. 2 Nr. 13 AbP-RL, die der Legaldefinition in Art. 2 Nr. 1 Bilanz-RL (vgl. Rn. 265) entspricht.

[888] Da einige Regelungsgegenstände mit der Reform 2014 aus der AbP-RL in die AbP-VO übertragen wurden, insbesondere der Transparenzbericht (ehemals Art. 40 AbP-RL, jetzt Art. 13 AbP-VO) und das System der internen Rotation (ehemals Art. 42 Abs. 2 AbP-RL, jetzt Art. 7 Abs. 7 AbP-VO), wird nationales Umsetzungsrecht aufgrund der unmittelbaren Anwendbarkeit der Verordnung verdrängt bzw. entbehrlich, vgl. *Nettesheim,* in Grabitz/Hilf/Nettesheim, Das Recht der EU, EL. 48, AEUV Art. 288 Rn. 101; *Ruffert,* in Callies/Ruffert, EUV/AEUV, AEUV Art. 288 Rn. 20.

306 (1) Absicherung der **Unabhängigkeit** des Abschlussprüfers: (i) Gemäß Art. 22a Abs. 1 AbP-RL besteht für Abschlussprüfer und verantwortliche Prüfungspartner für den Wechsel in bestimmte Positionen des geprüften Unternehmens eine **Cooling-off-Periode von zwei Jahren.** (ii) Art. 17 Abs. 7 AbP-VO sieht ein **System der internen Rotation** vor, nach dem bei Prüfungsgesellschaften der verantwortliche Prüfungspartner nach spätestens sieben Jahren für mindestens drei Jahre aussetzen muss,[889] sowie Abschlussprüfer und Prüfungssgesellschaften für das an der Prüfung beteiligte Führungspersonal ein *„angemessenes, graduelles Rotationssystem"* einzurichten haben.[890] (iii) Art. 17 Abs. 1 bis 6 AbP-VO sehen als ein Kernstück der Reform 2014[891] ein **System der externen Rotation** vor, nach dem Abschlussprüfer und Prüfungsgesellschaften im Regelfall[892] ein Prüfungsmandat für höchstens zehn Jahre ausüben dürfen und dieses danach für mindestens vier Jahre ruhen lassen müssen. Um den Kosten- und Zeitaufwand aufgrund eines Abschlussprüferwechsels nach diesem Rotationssystem zu verringern, hat der bisherige Abschlussprüfer gemäß Art. 18 AbP-VO iVm Art. 23 Abs. 3 AbP-RL dem Folgeprüfer umfassend Zugang zu relevanten Informationen zu gewähren **(„Übergabeakte").** (iv) In Ergänzung zu den Rotationssystemen verbietet der ebenfalls für die Reform 2014 zentrale Art. 5 Abs. 1 AbP-VO von Beginn des Prüfungszeitraums bis zur Abgabe des Bestätigungsvermerks die Erbringung von bestimmten Nichtprüfungsleistungen durch den Abschlussprüfer an das geprüfte Unternehmen, von diesem beherrschte Unternehmen sowie an dessen Mutterunternehmen.[893] Die **verbotenen Nichtprüfungsleistungen** werden in Form einer **„Black List"** aufgezählt, die insbesondere Steuerberatungsleistungen, Leistungen mit einer Teilnahme an der Führung des geprüften Unternehmens sowie juristische Leistungen zum Zweck allgemeiner Beratung oder zu Verhandlungs- oder Vermittlungszwecken[894] beinhaltet.[895] Die Mitgliedstaaten können diese Liste gemäß Art. 5 Abs. 2 AbP-VO erweitern, aber gemäß Art. 5 Abs. 3 AbP-VO unter bestimmten Voraussetzungen auch die Erbringung von Steuerberatungs- und Bewertungsleistungen zulassen. Leistungen, die nach dieser Aufzählung nicht verboten sind, können vom Abschlussprüfer grundsätzlich[896] parallel zu Prüfungsleistungen an das geprüfte Unternehmen erbracht werden, wenn der Prüfungsausschuss gemäß Art. 5 Abs. 4 Uabs. 1 AbP-VO seine Zustimmung erteilt.[897] Zusätzlich sind im Zusammenhang mit der Erbringung von Nichtprüfungsleistungen sowie allgemein zur Sicherung der Unabhängigkeit des Abschlussprüfers die **Honorargrenzen** gemäß Art. 4 AbP-VO einzuhalten.[898]

---

[889] Gemäß Art. 42 Abs. 2 AbP-RL nach der Rechtslage vor der Reform 2014 betrug der Zeitraum zur Aussetzung 2 Jahre, vgl. § 319a Abs. 1 S. 1 Nr. 4 HGB zur Umsetzung dieser Rechtslage.

[890] Diese Komponente eines internen Rotationssystems ist 2014 neu eingeführt worden.

[891] *Velte* DStR 2014, 1688 (1690); vgl. auch *Hopt* ZGR 2015, 186 (190 ff.).

[892] Art. 17 Abs. 4–6 AbP-VO sehen Möglichkeiten zur Verlängerung der Höchstlaufzeiten für Mandate unter bestimmten Voraussetzungen vor, dazu *Hopt* ZGR 2015, 186 (191); *Velte* DStR 2014, 1688 (1690); gemäß Art. 17 Abs. 2 lit. b AbP-VO können die Mitgliedstaaten die Höchstlaufzeit von 10 Jahren auch verringern.

[893] Vgl. § 319a Abs. 1 S. 1 Nr. 2, 3 HGB, der – bisher ohne europarechtliche Vorlage – ein vergleichbares Konzept verfolgt, dazu *Ebke,* in MüKoHGB, § 319a Rn. 13 ff.

[894] Für diese juristischen Leistungen erstreckt sich gemäß Art. 5 Abs. 1 Uabs. 1 lit. b AbP-VO der Verbotszeitraum auch auf das dem Prüfungszeitraum vorangegangene Geschäfsjahr.

[895] Dazu *Scheffler* AG 2014, R196 (R198); *Velte* DStR 2014, 1688 (1690 f.); *Velte/Weber/Stiglbauer,* Reform der Abschlussprüfung, 85–87 (Übersichtstabelle).

[896] Art. 5 Abs. 4 Uabs. 2 AbP-VO stellt ausdrücklich klar, dass die Mitgliedstaaten auch strengere Voraussetzungen vorsehen können.

[897] Dazu *Velte* DStR 2014, 1688 (1691).

[898] Dazu *Scheffler* AG 2014, R196 (R198); *Velte* DStR 2014, 1688 (1691); vgl. § 319a Abs. 1 S. 1 Nr. 1 HGB, der – bisher ohne europarechtliche Vorlage – ein vergleichbares Konzept verfolgt, dazu *Ebke,* in MüKoHGB, § 319a Rn. 10 ff.; vgl. auch § 319 Abs. 3 S. 1 Nr. 5 HGB für sonstige Unternehmen (nicht von öffentlichem Interesse), dazu *Ebke,* in MüKoHGB, § 319 Rn. 69 f.

(2) **Erweiterte Berichtspflichten** des Abschlussprüfers: (i) Abschlussprüfer und Prüfungsgesellschaften, die Unternehmen von öffentlichem Interesse prüfen, müssen gemäß Art. 13 AbP-VO jährlich einen **Transparenzbericht veröffentlichen,** der neben allgemeinen Angaben zum Prüfer (Struktur, Netzwerkmitgliedschaft) eine Liste der geprüften Unternehmen von öffentlichem Interesse, Erklärungen zur Sicherstellung der Unabhängigkeit und zur Erfüllung der Fortbildungspflicht gemäß Art. 13 AbP-RL (vgl. Rn. 304), Angaben über die Vergütungsparameter für Partner bei Prüfungsgesellschaften und eine Beschreibung der angewandten Grundsätze für die interne Rotation gemäß Art. 17 Abs. 7 AbP-VO umfasst.[899] (ii) Der Abschlussprüfer bzw. die Prüfungsgesellschaft hat gemäß Art. 11 AbP-VO spätestens mit dem Bestätigungsvermerk einen **Prüfungsbericht an den Prüfungsausschuss** zu erstatten, der insbesondere die Unabhängigkeitserklärung gemäß Art. 6 Abs. 2 lit. a AbP-VO und eine Beschreibung der verwendeten Prüfungsmethode beinhaltet,[900] und der **Bestätigungsvermerk** (vgl. Rn. 275) hat zusätzlich zu den Voraussetzungen gemäß Art. 28 AbP-RL den Anforderungen gemäß Art. 10 AbP-VO zu genügen.[901] 307

(3) **Prüfungsausschuss** im geprüften Unternehmen: Gemäß Art. 39 Abs. 1 AbP-RL hat jedes **Unternehmen von öffentlichem Interesse** einen **Prüfungsausschuss** *(„audit committee")* einzurichten, der als eigenständiger Ausschuss oder als Ausschuss des Verwaltungs- oder des Aufsichtsorgans des geprüften Unternehmens konstitutiert ist und aus nicht geschäftsführenden Mitgliedern des Verwaltungsorgans oder des Aufsichtsorgans bzw. aus von der Gesellschafterversammlung gewählten Mitgliedern besteht. Die **Zusammensetzung** des Prüfungsausschusses ist mehrfach **qualifiziert:** Der **Vorsitzende** und die **Mehrheit der Mitglieder** müssen von dem geprüften Unternehmen **unabhängig**[902] sowie alle Mitglieder zusammen mit dem Sektor, in dem das geprüfte Unternehmen tätig ist, vertraut sein und zumindest ein Mitglied hat über Sachverstand im Bereich der Rechungslegung oder Abschlussprüfung zu verfügen **(„Finanzexperte").**[903] Art. 39 Abs. 2 bis 5 AbP-RL sehen allerdings **Mitgliedstaatenwahlrechte** für Erleichterungen und Befreiungen von diesen Bestimmungen vor, insbesondere können gemäß Abs. 2 leg cit die Aufgaben des Prüfungsausschusses unter bestimmten Voraussetzungen auch vom Verwaltungs- oder Aufsichtsorgan des geprüften Unternehmens als Gesamtorgan wahrgenommen werden[904] und gemäß Abs. 5 leg cit die Unabhängigkeitsanforderungen entfallen, wenn alle Ausschussmitglieder Mitglieder des Verwaltungs- oder Aufsichtsorgans sind. Dem Prüfungsausschuss ist gemäß Art. 39 Abs. 6 AbP-RL ein **umfangreicher Aufgabenkatalog** zugewiesen,[905] der 308

---

[899] Vgl. § 55c WiPrO in Umsetzung des bisherigen Art. 40 AbP-RL nach der Rechtslage vor der Reform 2014.

[900] Nach der Rechtslage vor der Reform 2014 gab es europarechtlich keine entsprechende Berichtspflicht, national sah § 321 HGB eine inhaltlich vergleichbare Berichtspflicht an die gesetzlichen Vertreter bzw. an den Aufsichtsrat des Unternehmens vor, dazu und zum Inhalt des Prüfberichts gemäß Art. 11 AbP-VO *Scheffler* AG 2014, R196 (R198); *Velte* DStR 2014, 1688 (1692f.).

[901] Dazu *Scheffler* AG 2014, R196 (R198); *Velte* DStR 2014, 1688 (1693f.).

[902] Mangels Legaldefinition von „Unabhängigkeit" wird zur Auslegung auf die Empfehlung 2005/162/EG v. 15.2.2005 (vgl. Rn. 434) zurückgegriffen, dazu *Ernst/Seidler* ZGR 2008, 631 (665f.); *Gruber* NZG 2008, 12 (13f.); *Habersack,* in MüKoAktG, § 100 Rn. 3, 66; *Nowak* BB 2010, 2423 (2424f.); *Velte* DStR 2014, 1688 (1692); vgl. auch ErwG 24 S. 2 AbP-RL.

[903] Nach der Rechtslage vor der Reform 2014 bestand nur die Voraussetzung, dass ein Mitglied „unabhängiger Finanzexperte" war, vgl. § 100 Abs. 5, § 107 Abs. 4 AktG und § 324 Abs. 2 S. 2 HGB; nach der Rechtslage 2014 wurden zwar die Unabhängigkeitserfordernisse erweitert, nach dem Wortlaut in Art. 39 Abs. 1 Uabs. 2 AbP-RL muss jedoch der Finanzexperte nicht gleichzeitig unabhängig sein.

[904] Vgl. § 324 HGB, der nur für bestimmte Gesellschaften ohne Aufsichts- bzw. Verwaltungsrat, der die Voraussetzungen gemäß § 100 Abs. 5 AktG erfüllt, die Einrichtung eines Prüfungsausschusses verlangt, dazu *Hopt/Merkt,* in Baumbach/Hopt, HGB § 324 Rn. 1ff.

[905] Dazu *Velte* DStR 2014, 1688 (1691f.).

von der Überwachung der Abschlussprüfung und der Unabhängigkeit des Abschlussprüfers über den Gegenstand der Abschlussprüfung hinausreicht, insbesondere die Überwachung der Wirksamkeit der internen Kontroll- und Risikomanagementsysteme, der internen Revision sowie des Rechnungslegungsprozesses in dem geprüften Unternehmen beinhaltet und daher den Prüfungsausschuss als wichtigen **Akteur zur Gestaltung der Corporate Governance** in Unternehmen von öffentlichem Interesse positioniert (vgl. Rn. 434).

5. Finanzverfassung

309 Die **Kapital-Richtlinie** als zentraler Rechtsrahmen für die Finanzverfassung verankert für **Aktiengesellschaften** den **Grundsatz des festen Kapitals** im europäischen Gesellschaftsrecht: Bei Gründung einer Gesellschaft wird ein bestimmtes **Grundkapital gezeichnet,** das zumindest einem vorgegebenen **Mindestkapital** entspricht, dessen **tatsächliche Aufbringung** und **späterer Erhalt** abgesichert ist und das nur durch vorgeschriebene **Verfahren für Kapitalmaßnahmen** herabgesetzt oder erhöht werden kann. Die traditionelle kontinentaleuropäische Auffassung sieht dieses System des Kapitalschutzes als notwendige Ergänzung und **Ausgleich für die Marktteilnahme der Gesellschafter mit beschränkter Haftung,** das neben dem Gläubiger- auch dem Gesellschafterschutz dient.

310 Die **Beschränkung** der Anwendung der Kapital-Richtlinie auf **Aktiengesellschaften** und das Fehlen entsprechender Bestimmungen für sonstige Kapitalgesellschaften mit beschränkter Haftung führen zu einer europarechtlich **vorgezeichneten Zweiteilung** von Kapitalgesellschaften in Aktiengesellschaften als **Publikumsgesellschaften mit harmonisiertem Kapitalschutzsystem** und sonstigen **Kapitalgesellschaften mit beschränktem Gesellschafterkreis.** Die Differenzierung nach der Kapital-Richtlinie steht allerdings in einem **Spannungsverhältnis** mit der ebenfalls europarechtlich, insbesondere im Rechnungslegungsrecht sowie durch die Aktionärsrechte-Richtlinie und das umfassende Kapitalmarktrecht vorgezeichneten **Zweiteilung von Kapitalgesellschaften in kapitalmarktorientierte und nicht kapitalmarktorientierte Gesellschaften,** da diese Bruchlinie nicht am Gesellschaftstypus, sondern an der Teilnahme am Kapitalmarkt anknüpft.

311 **Bestimmungen zur Finanzverfassung** finden sich schließlich in den Rechtsgrundlagen für **europäische Rechtsformen** und knüpfen insbesondere für die **Kapitalerhaltung** an das **Modell der Kapital-Richtlinie** an: Die SE-Verordnung verweist auf nationales Aktienrecht und übernimmt daher mittelbar das harmonisierte Kapitalschutzsystem für die SE (vgl. Rn. 559), die gescheiterte SPE-Verordnung sollte mit Bilanz- sowie Gewinn- und Verlustrechnungstest für die SPE dieselben Schutzmechanismen vorsehen (vgl. Rn. 624). Der SUP-RL-Entwurf sieht hingegen zusätzlich zu einem Stammkapital von zwingend nur einem Euro für Ausschüttungen neben einem Bilanztest das Erfordernis einer Solvenzbescheinigung als Höchststandard der Kapitalerhaltung vor (vgl. Rn. 493).

312 Trotz anhaltender Diskussion um die Vor- und Nachteile des in der Kapital-Richtlinie grundgelegten Kapitalschutzsystems,[906] verbreiteter Tendenz der nationalen GmbH-Rechte zur Verringerung oder Streichung eines Mindestkapitalerfordernisses sowie insbesondere der Vorschläge für die Ablöse der bilanzorientierten Ausschüttungsschranken durch das Erforder-

---

[906] Für die grundsätzliche Beibehaltung: Ergebnisse des Arbeitskreises „Kapital in Europa" („Lutter-Gruppe) in *Lutter,* Das Kapital der Aktiengesellschaft in Europa, 2006; für Änderungsvorschläge: Bericht der Hochrangigen Expertengruppe auf dem Gebiet des Gesellschaftsrechts über moderne gesellschaftsrechtliche Rahmenbedingungen in Europa v. 4.11.2002, 94ff., online abrufbar: http://ec.europa.eu/internal_market/company/docs/modern/report_de.pdf (15.1.2015); Interdisciplinary Group on Capital Maintenance („Rickford-Gruppe") in *Rickford,* Reforming Capital, EBLR 2004, 919ff.; vgl. aus der Lehre zB *Drygala* ZGR 2006, 587ff.; *Engert* ZHR 170 (2006), 296ff.; *Merkt* ZGR 2004, 305ff.; *Mülbert* Konzern 2004, 151ff.

nis einer auf Liquiditätsschutz gerichteten Solvenzbescheinigung[907] ist eine **Änderung der Kapital-Richtlinie nicht zu erwarten.** Auf Grundlage einer externen Studie zu alternativen Modellen[908] hat dies die Kommission 2008 auch ausgesprochen[909] und mit der Neufassung der Richtlinie 2012, die keine inhaltlichen Änderungen brachte, vorerst bestätigt.

a) Grundlagen und Anwendungsbereich der Kapital-Richtlinie

Die **Kapital-Richtlinie** (Kapital-RL)[910] dient dem **Schutz der Gläubiger,** des **Geschäftsverkehrs** und der **Aktionäre,** statuiert den Grundsatz des festen Kapitals und enthält Regelungen zu Mindestkapital, Kapitalaufbringung, Kapitalerhaltung, Kapitalmaßnahmen sowie zur Gründung einer Aktiengesellschaft. Dem Aktionärsschutz dienen insbesondere die Regelungen über die Beteiligung der Hauptversammlung an Kapitalmaßnahmen, das Bezugsrecht für Kapitalerhöhungen, die Informationspflichten für den Fall eines schweren Verlustes und der Gleichbehandlungsgrundsatz.[911] 313

Art. 45 Abs. 1, 2 Kapital-RL sehen **Möglichkeiten zur Abweichung** von bestimmten Regelungen der Richtlinie für Kapitalaufbringung und -erhaltung sowie für Kapitalmaßnahmen vor, die die Mitgliedstaaten zum Zweck der Verfolgung sozialpolitischer Zwecke, insbesondere zu Förderung der Beteiligung von Arbeitnehmern[912] am Aktienbesitz, nutzen können.[913] 314

Gemäß Art. 45 Abs. 3 Kapital-RL hat bei Anwendung bestimmter **Restrukturierungs- und Abwicklungsinstrumente** nach dem Rechtsrahmen aus 2014 für die Sanierung und Abwicklung von **Kreditinstituten und Wertpapierfirmen**[914] (vgl. Rn. 547) die Anwendung einzelner Bestimmungen der Kapital-Richtlinie zu unterbleiben, insbesondere zur Wertprüfung von Sacheinlagen, zur Einberufungspflicht der Hauptversammlung nach schweren Verlusten, zur zwingenden Zuständigkeit der Hauptversammlung für Kapitalmaßnahmen, zum Bezugsrecht der Aktionäre sowie zur Sicherheitenbestellung für Gläubiger bei Kapitalherabsetzungen. 315

Der **persönliche Anwendungsbereich** beschränkt sich gemäß Art. 1 Abs. 1 Kapital-RL ausschließlich auf **Aktiengesellschaften** einschließlich der SE[915] bzw. auf entspre- 316

---

[907] Vgl. *Arminger* IRZ 2012, 343 ff.; *Jungmann* ZGR 2006, 638 ff.

[908] KPMG, Feasibility study on an alternative to the capital maintenance regime established by the Second Company Law Directive 77/91/EEC of 14 December 1976 and an examination of the impact on profit distribution of the new accounting regime (2008) online abrufbar: http://ec.europa.eu/internal_market/company/docs/capital/feasbility/study_en.pdf (15.1.2015).

[909] GD Binnenmarkt und Dienstleistungen, Results of the external study on the feasibility of an alternative to the Capital Maintenance Regime of the Second Company Law Directive and the impact of the adoption of IFRS on profit distribution (2008) online abrufbar: http://ec.europa.eu/internal_market/company/docs/capital/feasbility/markt-position_en.pdf (15.1.2015).

[910] Richtlinie 2012/30/EU v. 25.10.2012 zur Koordinierung der Schutzbestimmungen, die in den Mitgliedstaaten den Gesellschaften im Sinne des Artikels 54 Absatz 2 des Vertrages über die Arbeitsweise der Europäischen Union im Interesse der Gesellschafter sowie Dritter für die Gründung der Aktiengesellschaft sowie für die Erhaltung und Änderung ihres Kapitals vorgeschrieben sind, um diese Bestimmungen gleichwertig zu gestalten, ABl. 2012 L 315/74, ursprünglich RL 77/91/EWG („Zweite Gesellschaftsrechtliche Richtlinie"), die 2012 neu gefasst wurde.

[911] Vgl. im Überblick *Habersack/Verse* EuGesR § 6 Rn. 3 f.; *Lutter/Bayer/J. Schmidt* EuropUR § 20 Rn. 3 f.

[912] Umstritten, aber zu bejahen ist, ob in diesem Zusammenhang auch die Mitglieder der Geschäftsführung als Arbeitnehmer anzusehen sind, dazu *Hüffer* ZHR 161 (1997), 214 (239 f.); *Kalss,* in Koppensteiner, ÖuEuWPR, Teil 1, 119, 224; aA *Fuchs,* in MüKoAktG, § 192 Rn. 114; *Lösekrug,* Die Umsetzung der Kapital-, Verschmelzungs- und Spaltungsrichtlinie der EG im deutschen nationalen Recht, 2004, 195.

[913] Zu den konkreten Anforderungen EuGH v. 30.5.1991 – verb. Rs. C-19/90, 20/90, BeckRS 2004, 74810 Rn. 33 ff. – Karella; vgl. auch *Lutter/Bayer/J. Schmidt* EuropUR § 20 Rn. 232.

[914] RL 2014/59/EU v. 15.5.2014, ABl. 2014 L 173/190.

[915] Aufgrund der Anwendbarkeit des für Aktiengesellschaften relevanten nationalen Rechts des Sitzstaats gemäß Art. 9 Abs. 1 lit. c sublit. ii SE-VO auf die SE, das auch die Bestimmungen zur Um-

chende Gesellschaften, die im Anhang I der Richtlinie abschließend aufgezählt sind[916] und als gemeinsames Merkmal insbesondere den Kapitalmarkt in Anspruch nehmen können; andere Kapitalgesellschaften wie die GmbH sind – im Gegensatz zum Anwendungsbereich der Publizitäts-Richtlinie (vgl. Rn. 217) – nicht erfasst.[917] Daher ist der Gestaltungsraum für GmbH bezogen auf das Kapital deutlich flexibler.

b) Satzungspublizität und Gründung einer Aktiengesellschaft

317 Art. 2 Kapital-RL sieht bestimmte **Mindestangaben** vor, die zwingend in der **Satzung** oder im **Errichtungsakt** einer Aktiengesellschaft enthalten sein müssen, und ergänzt damit Art. 2 lit. a bis c P-RL, der die Offenlegung von Satzung und Errichtungsakt in aktueller Fassung anordnet. Gemeinsam gewährleisten diese Bestimmungen für Aktiengesellschaften daher die Offenlegung bestimmter Mindestinhalte zum Schutz des Geschäftsverkehrs **(„Satzungspublizität").** Aus Art. 12 S. 1 lit. b sublit. iii P-RL[918] lässt sich darüber hinaus ableiten, dass nur das Fehlen der dort angeführten Inhalte zu einer Nichtigkeit der Gesellschaft führen darf (vgl. Rn. 253). Art. 2 Kapital-RL sieht die Aufnahme von (i) Firma und Rechtsform der Aktiengesellschaft,[919] (ii) Unternehmensgegenstand,[920] (iii) Höhe des gezeichneten und eines gegebenenfalls genehmigten Kapitals, (iv) Regelungen zu Zahl, Bestellungsverfahren und Zuständigkeiten der Vertretungs- ,Verwaltungs- und Kontrollorgane sowie (v) bei befristeten Gesellschaften der Dauer der Gesellschaft vor.

318 Die **Angabepflicht** zu Zahl, Bestellungsmodalitäten und Zuständigkeiten der **Organe** entfällt, soweit sich diese Regelungen bereits aus dem nationalen Gesetzesrecht ablesen lassen, dh die Gesellschaft nicht vom Gesetzesrecht abweicht bzw. nicht abweichen kann[921] und nicht von entsprechenden Gestaltungsoptionen Gebrauch macht.[922] Über die Gesetzeslage in diesen Bereichen müssen sich Interessierte selbst informieren. Als „Zuständigkeiten" gelten in diesem Zusammenhang nicht Zustimmungsvorbehalte für andere Or-

setzung von europäischem Richtlinienrecht umfasst, vgl. *Lutter/Bayer/J. Schmidt* EuropUR § 41 Rn. 25.

[916] Dazu kommen die in Anhang XII Nr. 2 des EWR-Abkommens (ABl. 1994 L 1/3) aufgezählten Gesellschaften für die nicht der EU angehörigen EWR-Staaten Island, Liechtenstein und Norwegen.

[917] Art. 1 Abs. 2 Kapital-RL erlaubt den Mitgliedstaaten, Investmentgesellschaften mit veränderlichem Kapital und Genossenschaften, die in entsprechender Rechtsform betrieben werden, vom Anwendungsbereich der Richtlinie auszunehmen, gegebenenfalls muss die befreiende Eigenschaft in der Geschäftskorrespondenz im Sinne von Art. 5 P-RL angegeben werden, vgl. *Lutter/Bayer/J. Schmidt* EuropUR § 20 Rn. 13; *Mülbert,* FS Lutter, 2000, 535 (547 ff.); in D für Investmentgesellschaften umgesetzt (Investmentmodernisierungsgesetz v. 15.12.2003, BGBl. I 2676).

[918] Art. 12 S. 1 lit. b sublit. iii P-RL sieht keine Pflicht zur Aufnahme der entsprechenden Inhalte in die Satzung bzw. den Errichtungsakt vor, das ergänzt – für AG – Art. 2 Kapital-RL.

[919] Die Firma einer Aktiengesellschaft richtet sich grundsätzlich nach nationalem Recht, sie muss aber gemäß Art. 1 Abs. 1 S. 2 Kapital-RL eine Bezeichnung beinhalten, die sich von denen für andere Gesellschaften unterscheidet, bzw. damit verbunden sein, nicht jedoch zwingend einen Rechtsformzusatz, sodass die Angabe der Rechtsform separat verlangt wird, vgl. *Habersack/Verse* EuGesR § 6 Rn. 10; *Lutter/Bayer/J. Schmidt* EuropUR § 20 Rn. 16.

[920] Wichtig für die Mitgliedsstaatenoption gemäß Art. 10 Abs. 1 Uabs. 2 P-RL zur Beschränkung der Vertretungsmacht bei Überschreiten des Unternehmensgegenstands (vgl. Rn. 248).

[921] Aufgrund des Grundsatzes der Satzungsstrenge gemäß § 23 Abs. 5 AktG hat die Frage einer von der gesetzlichen Kompetenzverteilung abweichenden Satzungsregelung in D keine Bedeutung; zur Satzungsstrenge in Ö *E. Gruber,* in Doralt/Nowotny/Kalss, AktG § 17 Rn. 33; *Kalss,* in Kalss/Nowotny/Schauer, ÖGesR Rn. 3/48, die trotz Fehlens einer mit § 23 Abs. 5 AktG vergleichbaren ausdrücklichen Regelung im österreichischen Aktiengesetz ebenfalls vom Grundsatz der Satzungsstrenge ausgehen.

[922] Die Bestellungsmodalitäten für Vorstand und Aufsichtsrat sind aus den §§ 84, 101 Abs. 1 AktG und den Regelungen zur Arbeitnehmermitbestimmung zu gewinnen und daher – wie für die Kompetenzverteilung – grundsätzlich nicht in die Satzung aufzunehmen, vgl. aber das satzungsmäßig einzuräumende Entsenderecht von Aktionären in den Aufsichtsrat gemäß § 101 Abs. 2 AktG (vgl. Ö: § 88 AktG).

gane,[923] insbesondere Zustimmungsrechte des Aufsichtsrats, die nicht nur durch Satzungsregelung, sondern auch durch Aufsichtsratsbeschluss festgelegt werden können und gegebenenfalls müssen.[924] Zur „Zahl" der Organmitglieder ist ausreichend, dass die Satzung bzw. der Errichtungsakt eine Mindest- und Höchstzahl angibt[925] oder die Zuständigkeit zur Festlegung der Mandatszahl einem bestimmten Organ zuweist.[926]

Art. 3 Kapital-RL sieht **weitere Mindestangaben** vor, die allerdings nicht zwingend in 319
der Satzung bzw. in einem Errichtungsakt, sondern auch in einem **gesonderten Schriftstück** enthalten sein können, das aber ebenfalls im Sinne von Art. 3 P-RL **offengelegt** werden muss.[927] Zweck einer solchen „Auslagerung" bestimmter Inhalte aus der Satzung bzw. dem Errichtungsakt ist die dann fehlende Notwendigkeit, jede weitere Änderung wieder offenzulegen.[928] Zu den gemäß Art. 3 Kapital-RL aufzunehmenden Angaben gehören insbesondere der Satzungssitz der Gesellschaft, der Nennbetrag der gezeichneten Aktien, der eingezahlte Betrag des gezeichneten Kapitals zum Zeitpunkt der Gründung, Angaben zu Sacheinlagen (Gegenstand, Wert, Einleger), die Personalien der Gründergesellschafter und die Gründungskosten.[929]

Art. 4 Kapital-RL bestimmt, dass das nationale Recht Regelungen für die **Haftung** für 320
Verbindlichkeiten beinhalten muss, die von der Aktiengesellschaft im Zeitraum zwischen der Entstehung[930] der Gesellschaft und der Erteilung bzw. Ablehnung einer gegebenenfalls im nationalen Recht vorgesehenen Genehmigung zur Aufnahme der Geschäftstätigkeit eingegangen werden.[931]

Art. 5 Kapital-RL beschränkt für den Fall, dass das nationale Recht für Aktiengesell- 321
schaften eine Mindestanzahl an Gründungsgesellschaftern voraussetzt,[932] die Rechtsfolgen eines späteren **Absinkens der Gesellschafterzahl** und ergänzt damit – für Aktiengesellschaften – den möglichen Nichtigkeitsgrund der Einpersonengründung gemäß Art. 12 S. 1

---

[923] *Lösekrug,* Die Umsetzung der Kapital-, Verschmelzungs- und Spaltungsrichtlinie der EG in das nationale deutsche Recht, 2004, 74; *Lutter,* FS Ferid, 1978, 599 (614 f.); *Schwarz* EuGesR Rn. 576; vgl. § 111 Abs. 4 S. 2 AktG, vgl. Ö: § 95 Abs. 5 AktG.

[924] Vgl. *Koch,* in Hüffer, AktG § 111 Rn. 35 ff.; *Spindler,* in Spindler/Stilz, AktG § 111 Rn. 69 f.; vgl. für Ö *Kalss,* in Doralt/Nowowtny/Kalss, AktG § 95 Rn. 81 ff.

[925] *Lutter,* FS Ferid, 1978, 599 (613); *Kalss,* in Koppensteiner, ÖuEuWPR, Teil 1, 119, 199; *Schwarz* EuGesR Rn. 576; *Grohmann,* Das Informationsmodell im Europäischen Gesellschaftsrecht, 2006, 259.

[926] BGH v.17.12.2001 – II ZR 288/99, ZIP 2002, 216 (217), der ein solches Verständnis der Richtlinie als offenkundig ansah und die Frage daher nicht dem EuGH vorlegte; vgl. *Habersack/Verse* EuGesR § 6 Rn. 13; *Lutter/Bayer/J. Schmidt* EuropUR § 20 Rn. 16.

[927] Vgl. die Aktienübernahmeerklärung gemäß § 23 Abs. 2 AktG bzw. in Ö gemäß § 16 Abs. 2 AktG.

[928] Vgl. *Grohmann,* Das Informationsmodell im Europäischen Gesellschaftsrecht, 2006, 257; *Kalss,* in Koppensteiner, ÖuEuWPR, Teil 1, 119, 195 f.

[929] Vgl. zur Umsetzung *Lutter/Bayer/J. Schmidt* EuropUR § 20 Rn. 18; vgl. für Ö mit geringem Anpassungsbedarf zB für das eingezahlte gezeichnete Kapital *E. Gruber,* in Doralt/Nowotny/Kalss, AktG § 17 Rn. 6.

[930] Vor Entstehung der Gesellschaft greift die Handelndenhaftung gemäß Art. 8 P-RL (vgl. Rn. 244) und dessen Umsetzungsbestimmungen im nationalen Recht bzw. für SE die Regelung gemäß Art. 16 Abs. 2 SE-VO (vgl. Rn. 573), vgl. *Kalss,* in Koppensteiner, ÖuEuWPR, Teil 1, 119, 212; *Lösekrug,* Die Umsetzung der Kapital-, Verschmelzungs- und Spaltungsrichtlinie der EG in das nationale deutsche Recht, 2004, 69; *Lutter/Bayer/J. Schmidt* EuropUR § 20 Rn. 21.

[931] Nicht relevant für D und Ö, vgl. aber *Lutter/Bayer/J. Schmidt* EuropUR § 20 Rn. 20 zum sogenannten „trading certificate" gemäß s. 761 CA 2006 im englischen Recht, sodass in s. 767 (3) CA 2006 eine gesamtschuldnerische Haftung der directors vorgesehen ist; ausgenommen sind gemäß Art. 4 Abs. 2 Kapital-RL die Verbindlichkeiten, die unter der Bedingung der Genehmigung der Geschäftstätigkeit geschlossen werden.

[932] Zwingende Zulässigkeit von Einpersonengesellschaften besteht nur für GmbH nach der Einpersonen-Gesellschaft-RL (vgl. Rn. 464) und für von SE gegründete Tochter-SE gemäß Art. 3 Abs. 2 SE-VO (vgl. Rn. 570).

lit. b sublit. vi P-RL (vgl. Rn. 253) und sieht vor, dass in diesen Fällen nur eine Auflösung durch gerichtliche Entscheidung und erst nach Setzung einer angemessenen Frist zur Behebung des Mangels möglich ist.[933]

c) Der Grundsatz des festen Kapitals

322 Die Kapital-Richtlinie basiert auf dem **System des festen Kapitals,** dh dass Aktiengesellschaften über ein satzungsmäßig bestimmtes Grundkapital verfügen, das nur durch ordnungsgemäß durchgeführte Kapitalerhöhungen bzw. -herabsetzungen verändert werden kann und durch Regelungen über das Mindestkapital sowie die ordnungsgemäße Aufbringung und die Erhaltung des Grundkapitals abgesichert ist.[934]

323 Das gesetzliche **Mindestkapital** einer Aktiengesellschaft ist das Kapital, das bei Gesellschaftsgründung mindestens gezeichnet werden muss und trotz Kapitalherabsetzung grundsätzlich nicht unterschritten werden darf (vgl. Rn. 374). Es beträgt gemäß Art. 6 Abs. 1 Kapital-RL zumindest EUR 25 000, die Mitgliedstaaten können auch ein höheres Mindestkapital verlangen.[935] Das Mindestkapital dient primär als Seriositätsschwelle für die Gründung einer Aktiengesellschaft.[936]

324 Das konkrete **Grundkapital** einer Aktiengesellschaft ist das gemäß Art. 2 lit. c bzw. d Kapital-RL in der Satzung bzw. im Errichtungsakt festgelegte gezeichnete Kapital, das mindestens dem gesetzlichen Mindestkapital entspricht.[937] Es ist Eigenkapital, dessen Aufbringung und Erhaltung durch weitere Regelungen der Kapital-Richtlinie abgesichert ist und das daher gebundenes Kapital der Gesellschaft sowie Risikokapital ist, dh es wird im Insolvenzverfahren erst nach dem Fremd- und Hybridkapital bedient.[938]

325 Das Grundkapital einer Aktiengesellschaft muss in **Aktien** zerlegt sein, die jeweils einen bestimmten Anteil an dem Grundkapital verkörpern, zu dessen Aufbringung durch Einlageleistung sich der zeichnende Aktionär verpflichtet. Gemäß Art. 8 Abs. 1 Kapital-RL ist die Ausgabe sowohl von **Nennbetragsaktien,** die auf einen bestimmten Nennbetrag lauten, als auch von **Stückaktien** (unechte nennwertlose Aktien) zulässig, deren Anteil am Grundkapital sich rechnerisch aus der Anzahl der ausgegebenen Stückaktien ergibt.[939] Echte nennwertlose Aktien sind nicht zulässig.[940] Die Einlagepflicht des Aktionärs für die jeweilige Aktie entspricht mindestens dem Nennbetrag der Nennbetragsaktie bzw. dem rechnerischen Anteil der Stückaktie am Grundkapital. Eine geringere Einlagepflicht, dh

---

[933] Vgl. *Grundmann* EuGesR Rn. 327; *Kalss,* in Koppensteiner, ÖuEuWPR, Teil 1, 119, 214; *Lutter/Bayer/J. Schmidt* EuropUR § 20 Rn. 24.

[934] Vgl. *Lutter/Bayer/J. Schmidt* EuropUR § 20 Rn. 3; allgemein zum System des festen Kapitals *Lutter,* Das Kapital der Aktiengesellschaft in Europa, 2006, 1 ff.

[935] *Grundmann* EuGesR Rn. 328; *Kalss,* in Koppensteiner, ÖuEuWPR, Teil 1, 119, 218; *Lutter/Bayer/J. Schmidt* EuropUR § 20 Rn. 27; vgl. § 7 AktG (EUR 50 000); vgl. Ö § 7 AktG (EUR 70 000); vgl. Frankreich Art. L224-2 Code de commerce (EUR 37 000); vgl. Vereinigtes Königreich s. 763 CA 2006 (GBP 50 000).

[936] Vgl. *Grundmann* EuGesR Rn. 328; *Lutter/Bayer/J. Schmidt* EuropUR § 20 Rn. 27; *Merkt* ZGR 2004, 305 (317); *Pentz/Priester/Schwanna,* in Lutter, Das Kapital der Aktiengesellschaft in Europa, 2006, 42 (51 f.); *G. H. Roth,* FS Doralt, 2004, 479 (482); vgl. allgemein zum Mindestkapital im System des festen Kapitals *Eidenmüller/Grunewald/Noack,* in Lutter, Das Kapital der Aktiengesellschaft in Europa, 2006, 17 ff.

[937] Grundlegend zum Grundkapital *Lutter,* Kapital, Sicherung der Kapitalaufbringung und Kapitalerhaltung in den Aktien- und GmbH-Rechten der EWG, 1964, 38 ff.; *Pentz/Priester/Schwanna,* in Lutter, Das Kapital der Aktiengesellschaft in Europa, 2006, 42 (45 ff.).

[938] *Habersack/Verse* EuGesR § 6 Rn. 17; vgl. allgemein zu Eigenkapital *Habersack* ZHR 155 (1991), 378 (381 ff.); *K. Schmidt,* FS Goerdeler, 1987, 487 (490 ff.).

[939] Vgl. § 8 AktG und für Ö § 8 AktG, die jeweils Nennbetrags- und Stückaktien zulassen, wobei in einer AG immer nur entweder Nennbetrags- oder Stückaktien ausgegeben werden können, vgl. *Koch,* in Hüffer, AktG § 8 Rn. 4; *Vatter,* in Spindler/Stilz, AktG § 8 Rn. 8; *Micheler,* in Doralt/Nowotny/Kalss, AktG § 8 Rn. 1.

[940] *Habersack/Verse* EuGesR § 6 Fn 61; *Lutter/Bayer/J. Schmidt* EuropUR § 20 Rn. 30.

eine Unterpari-Emission von Aktien, ist für Aktiengesellschaften gemäß Art. 8 Kapital-RL nicht zulässig,[941] eine Überpari-Emission durch eine über diesen Wert hinausgehende Übernahme eines Aufgelds (Agio) hingegen schon.[942]

d) Kapitalaufbringung

Die Art. 7 bis 16 Kapital-RL enthalten Regelungen, die im Sinne des Grundsatzes der realen Kapitalaufbringung die **tatsächliche Leistung vermögenswerter Einlagen** für das gezeichnete Kapital an die Gesellschaft **sicherstellen** sollen.[943] Zu diesem Zweck gewährleisten Art. 14 Kapital-RL, der die Befreiung von einer übernommenen Einlagepflicht ausschließlich durch Kapitalherabsetzung zulässt,[944] und Art. 20 Kapital-RL, der den originären Erwerb eigener Aktien durch die Gesellschaft verbietet,[945] gemeinsam mit dem Verbot der Unterpari-Emission gemäß Art. 8 Kapital-RL (vgl. Rn. 325), dass für das satzungsmäßige Grundkapital von den Gesellschaftern unabdingbare Einlagepflichten in entsprechender Höhe übernommen werden. 326

Art. 7 Kapital-RL beschränkt die **einlagefähigen Gegenstände** auf Vermögensgegenstände, deren wirtschaftlicher Wert feststellbar ist, dh die objektiv in Geld bewertet werden können.[946] Art. 7 S. 2 Kapital-RL ordnet aber an, dass eine Verpflichtung zu Arbeits- und Dienstleistungen nicht Gegenstand einer Sacheinlage sein kann.[947] Dies gilt entsprechend dem Schutzzweck der Regelung sowohl für Leistungsverpflichtungen eines Gesellschafters als auch von Dritten.[948] 327

Die Kapital-Richtlinie differenziert für die Kapitalaufbringung zwischen **Bareinlagen,** die auf Zahlung von Geld gerichtet sind, und Einlagen, die nicht Bareinlagen sind, dh auf die Erbringung anderer Leistungen gerichtet sind **(„Sacheinlagen“[949]),** und sieht für Sacheinlagen besondere Schutzmechanismen für Gläubiger und Aktionäre vor (zur Offenlegung gemäß Art. 3 lit. h Kapital-RL vgl. Rn. 319).[950] Gemäß Art. 9 Abs. 1 Kapital-RL müssen von Bareinlagen zum Gründungszeitpunkt mindestens 25% geleistet werden, für die Fälligkeit der restlichen 75% sowie eines möglichen Agios sieht die Kapital-Richtlinie keine Regelung vor, diese obliegt den Mitgliedstaaten.[951] Für Sacheinlagen ordnet Art. 9 328

---

[941] Vgl. § 9 Abs. 1 AktG; vgl. Ö: § 8a Abs. 1 AktG.

[942] Vgl. § 9 Abs. 2 AktG; vgl. Ö: § 8a Abs. 2 AktG.

[943] Vgl. *Kalss,* in Koppensteiner, ÖuEuWPR, Teil 1, 119, 217; *Lösekrug,* Die Umsetzung der Kapital-, Verschmelzungs- und Spaltungsrichtlinie der EG in das nationale deutsche Recht, 2004, 76; *Lutter/Bayer/J. Schmidt* EuropUR § 20 Rn. 32; grundlegend zur Kapitalaufbringung *Lutter,* Kapital, Sicherung der Kapitalaufbringung und Kapitalerhaltung in den Aktien- und GmbH-Rechten der EWG, 1964, 57ff.; *Pentz/Priester/Schwanna,* in Lutter, Das Kapital der Aktiengesellschaft in Europa, 2006, 42 (54ff.).

[944] Vgl. Befreiungsverbot gemäß § 66 Abs. 1 S. 1 AktG; dazu *Bayer,* in MüKoAktG, § 66 Rn. 3 mwN; vgl. für Ö § 60 AktG.

[945] Vgl. § 56 AktG; zu dessen Umsetzung von Art. 20 Kapital-RL *Bungeroth,* in MüKoAktG, § 56 Rn. 4f.; vgl. für Ö § 51 AktG.

[946] GA *Tesauro,* Schlussanträge EuGH v. 8.4.1992 – C-83/91, Rn. 15 – Meilicke; *Kalss,* in Koppensteiner, ÖuEuWPR, Teil 1, 119, 220; *Lösekrug,* Die Umsetzung der Kapital-, Verschmelzungs- und Spaltungsrichtlinie der EG in das nationale deutsche Recht, 2004, 80; *Schwarz* EuGesR Rn. 586; vgl. § 27 Abs. 2 AktG; vgl. Ö: § 20 Abs. 2 AktG.

[947] Vgl. § 27 Abs. 2 AktG; vgl. für Ö § 20 Abs. 2 AktG.

[948] *Habersack/Verse* EuGesR § 6 Rn. 29; *Kalss,* in Koppensteiner, ÖuEuWPR, Teil 1, 119, 220; *Lutter/Bayer/J. Schmidt* EuropUR § 20 Rn. 38; *Schwarz* EuGesR Rn. 586.

[949] Die Kapital-RL verwendet insbesondere die Formulierung *„Einlagen, die nicht Bareinlagen sind“* (zB Art. 9, 10 Kapital-RL).

[950] Die Einordnung von Forderungen als Bar- oder Sacheinlage ist umstritten und in verschiedenen Mitgliedstaaten unterschiedlich gelöst, in D und Ö nach hM als Sacheinlagen (vgl. *Koch,* in Hüffer, AktG § 27 Rn. 16f.; *Ettel,* in Doralt/Nowotny/Kalss, AktG § 20 Rn. 18), im Vereinigten Königreich als Bareinlagen, dazu *Lutter/Bayer/J. Schmidt* EuropUR § 20 Rn. 41 mwN.

[951] *Habersack/Verse* EuGesR § 6 Rn. 26; *Lutter/Bayer/J. Schmidt* EuropUR § 20 Rn. 42.

Abs. 2 Kapital-RL an, dass diese innerhalb von 5 Jahren nach der Gründung vollständig eingebracht sein müssen. Bei diesen Vorgaben handelt es sich um **Mindeststandards**, die Mitgliedstaaten können daher auch strengere Regelungen vorsehen.[952]

329 Gegenstände von **Sacheinlagen** sind grundsätzlich einer unabhängigen und **sachverständigen Wertprüfung** gemäß Art. 10 Abs. 1 bis 3 Kapital-RL zu unterziehen, um eine Überbewertung von Sacheinlagen zu verhindern und die tatsächliche Aufbringung des Grundkapitals der Gesellschaft mit entsprechend vermögenswerten Aktiva zu gewährleisten. Geschützt werden dadurch einerseits die Gläubiger der Gesellschaft, aber auch die Aktionäre, die nicht überbewertete Sacheinlagen übernehmen und gegebenenfalls mit ihren vollwertigen Einlagen die betroffenen Aktionäre und deren am übernommenen Anteil am Grundkapital ausgerichteten Mitgliedschaftsrechte *„quersubventionieren"*.[953] Die Wertprüfung erstreckt sich gemäß Art. 10 Abs. 2 Kapital-RL nicht nur auf den Nennbetrag bzw. den rechnerischen Wert der für die Sacheinlage ausgegebenen Aktien, sondern ausdrücklich auch auf ein durch die Sacheinlage zu erreichendes Agio *(„Mehrbetrag")*.[954] Das Ergebnis der Wertprüfung ist in Form eines – an sich nicht bindenden[955] – Berichts entsprechend Art. 3 P-RL offenzulegen, die Mitgliedstaaten können weitere Kontrollmechanismen, zB eine gerichtliche Kontrolle mit entsprechenden Konsequenzen auf den Gründungsvorgang,[956] vorsehen.[957]

330 Die **Mitgliedstaaten** haben die **Option,** in bestimmten Fällen von einer **Wertprüfung abzusehen:** (i) Gemäß Art. 10 Abs. 4 Kapital-RL für bestimmte gruppeninterne Gründungen,[958] (ii) gemäß Art. 10 Abs. 5 Kapital-RL für Gründungen durch Spaltungen und Verschmelzungen, wenn bereits ein unabhängiger Sachverständiger die Verschmelzungs- bzw. Spaltungspläne prüft,[959] und (iii) gemäß Art. 11 Kapital-RL für bestimmte Sacheinlagen, für die zuverlässige Bewertungsgrundlagen bestehen, sodass eine weitere kostenaufwendige Wertprüfung entfallen kann.[960] Bei den Fallgruppen gemäß Art. 11 Kapital-RL handelt es sich um Sacheinlagen in Form von Wertpapieren und Geldmarktinstrumenten, für die ein aussagekräftiger Börsenkurs besteht (Abs. 1), sowie von sonstigen Vermögensgegenständen, die bereits durch einen unabhängigen Sachverständigen bewertet wurden (Abs. 2) oder deren Bewertung aus einem geprüften Jahresabschluss des vorangegangenen

---

[952] Vgl. § 36a AktG, der für ein Agio die sofortige Einbringung in voller Höhe anordnet, für Sacheinlagen – bei *„unverständlich[er]"* Regelung (*Koch,* in Hüffer, AktG § 36a Rn. 4) – ebenfalls teilweise strenger als Art. 9 Abs. 2 Kapital-RL ist, dazu *Koch,* in Hüffer, AktG Rn. 2, 4; *Pentz,* in MüKoAktG, § 28a Rn. 9 ff.; vgl. für Ö § 28a AktG, der nicht nur für ein Agio, sondern auch für alle Sacheinlagen generell die sofortige Einbringung in voller Höhe verlangt, dazu *Zollner,* in Doralt/Nowotny/Kalss, AktG § 28a Rn. 3, 13, 40, 27.

[953] *Habersack/Verse* EuGesR § 6 Rn. 30.

[954] *Grundmann* EuGesR Rn. 337; *Habersack/Verse* EuGesR § 6 Rn. 30; *Lutter/Bayer/J. Schmidt* EuropUR § 20 Rn. 47; vgl. § 34 Abs. 1 Nr. 2 AktG, der nach seinem Wortlaut – entgegen Art. 10 Abs. 2 Kapital-RL – die Gründungsprüfung nicht auf das Agio, sondern nur auf den geringsten Ausgabebetrag der übernommenen Aktien bezieht, dazu und zur Frage einer richtlinienkonformen Auslegung *Bayer,* FS Ulmer, 2003, 21 (32 ff.); *Hoffmann-Becking,* in MüHBGesR IV, § 4 Rn. 34; *Krieger/Kraft,* in MüHBGesR IV, § 56 Rn. 44; *Priester,* FS Lutter, 2000, 617 (622 ff.).

[955] *Grohmann,* Das Informationsmodell im Europäischen Gesellschaftsrecht, 2006, 274; *Lutter/Bayer/J. Schmidt* EuropUR § 20 Rn. 48.

[956] Vgl. § 38 Abs. 2 S. 2 AktG zur Ablehnung der Eintragung der Aktiengesellschaft aufgrund der Ergebnisse der Gründungsprüfung, dazu *Koch,* in Hüffer, AktG § 38 Rn. 9; *Döbereiner,* in Spindler/Stilz, AktG § 38 Rn. 9.

[957] *Lutter/Bayer/J. Schmidt* EuropUR § 20 Rn. 49.

[958] Keine Umsetzung in Deutschland.

[959] Das Umwandlungsrecht in Deutschland lässt die Gründungsprüfung nur für die Verschmelzung zur Neugründung, nicht auch für die Spaltung zur Neugründung entfallen, vgl. § 75 Abs. 2 UmwG, § 144 UmwG, dazu *Diekmann,* in Semler/Stengel, UmwG § 75 Rn. 4 ff., § 144 Rn. 2.

[960] Dazu im Detail *Lutter/Bayer/J. Schmidt* EuropUR § 20 Rn. 54 ff.

Geschäftsjahres abgeleitet werden kann (Abs. 3).[961] Art. 12 Kapital-RL sieht für die Fälle des Art. 11 Kapital-RL die Abgabe einer besonderen Erklärung mit bestimmten Inhalten zu den Sacheinlagen und ihrer Bewertung vor, die entsprechend Art. 3 P-RL offenzulegen ist und daher *„Schutz durch Transparenz“* bieten soll.[962]

Zum Zweck der Verhinderung von Umgehungshandlungen erstreckt Art. 13 Abs. 1 Kapital-RL die Notwendigkeit einer Wertprüfung auf bestimmte Erwerbsvorgänge **(„Nachgründungen“)** und zielt insbesondere auf Fälle ab, in denen Gründer zuerst Bareinlagen übernehmen, das geleistete Geld aber durch die Veräußerung von Vermögensgegenständen an die Aktiengesellschaft zu überhöhten Preisen wieder zurückbekommen.[963] Art. 13 Abs. 1 Kapital-RL erfasst den Erwerb von Vermögensgegenständen von Gründern im Sinne von Art. 3 lit. i Kapital-RL durch die Aktiengesellschaft innerhalb von zwei Jahren nach der Gründung zu einem Gegenwert von mindestens 10% des gezeichneten Kapitals, bindet diesen an die Zustimmung der Hauptversammlung und ordnet die Durchführung einer Wertprüfung im Sinne von Art. 10 Abs. 1 bis 3 Kapital-RL an.[964] 331

Gemäß Art. 13 Abs. 2 Kapital-RL sind Erwerbsvorgänge (i) im Rahmen der laufenden Geschäfte der Gesellschaft, (ii) unter Aufsicht oder unter Anordnung einer Verwaltungsbehörde oder eines Gerichts sowie (iii) an der Börse zwingend[965] von den Nachgründungsregelungen ausgeschlossen.[966] Gemäß Art. 13 Abs. 1 S. 2 Kapital-RL können die Mitgliedstaaten die Wertprüfung in sinngemäßer Anwendung von Art. 11, 12 Kapital-RL entfallen lassen **(„vereinfachte Nachgründung“).**[967] Art. 13 Abs. 1 Kapital-RL ermöglicht den Mitgliedstaaten ausdrücklich, die Nachgründungsregelungen umgekehrt auch zu verschärfen, indem die Zweijahresfrist verlängert oder zusätzlich zu Erwerbsvorgängen mit Gründern solche mit anderen Aktionären oder sonstigen Personen erfasst werden. 332

Umstritten ist, ob Art. 13 Kapital-RL den **Umgehungsschutz** für Sacheinlagen abschließend regelt oder die Mitgliedstaaten darüber hinausgehende Schutzregelungen vorsehen können, insbesondere Regelungen über Sachübernahmen und verdeckte Sacheinlagen.[968] Im Sinne des Schutzzwecks der Kapital-Richtlinie ist Art. 13 Kapital-RL im Ergebnis als nicht 333

[961] Vgl. § 33a AktG, der die Ausnahmeoptionen gemäß Art. 11 Abs. 1 und Abs. 2, nicht jedoch von Abs. 3 Kapital-RL als Optionen mit Wahlrecht für die Gründer ausgestaltet, dazu *Koch,* in Hüffer, AktG § 33a Rn. 7.

[962] *Lutter/Bayer/J. Schmidt* EuropUR § 20 Rn. 60; vgl. auch *Grohmann*, Das Informationsmodell im Europäischen Gesellschaftsrecht, 2006, 276f.; *Grundmann* EuGesR Rn. 338; vgl. § 37a AktG.

[963] Vgl. § 52 AktG.

[964] Trotz missverständlichen Wortlauts des Art. 13 Abs. 1 Kapital-RL ist sowohl die Zustimmung der Hauptversammlung als auch die Wertprüfungspflicht an die Zweijahresfrist gebunden, dazu GA *Tesauro* zu EuGH v. 8.4.1992 – C-83/91, Slg. 1992 I-4871 Rn. 18 – Meilicke; *Habersack/Verse* EuGesR § 6 Fn. 85; *Kalss,* in Koppensteiner, ÖuEuWPR, Teil 1, 119, 229f.; *Lutter/Bayer/J. Schmidt* EuropUR § 20 Fn 237; vgl. § 52 Abs. 1 AktG, der richtlinienwidrig nicht mindestens 10%, sondern eine 10% *„übersteigende“* Vergütung verlangt, dazu *Habersack/Verse* EuGesR § 6 Rn. 35; *Lutter/Bayer/J. Schmidt* EuropUR § 20 Rn. 67; *Priester,* in GroßKAktG, § 52 Rn. 10, 51.

[965] *Habersack/Verse* EuGesR § 6 Rn. 34; *Kalss,* in Koppensteiner, ÖuEuWPR, Teil 1, 119, 230; *Lutter/Bayer/J. Schmidt* EuropUR § 20 Rn. 64.

[966] Vgl. § 52 Abs. 9 AktG, der für die zweite Fallgruppe richtlinienwidrig anstatt aller Erwerbe auf Anordnung oder unter Aufsicht einer Verwaltungsbehörde oder eines Gerichts nur den Erwerb *„in der Zwangsvollstreckung“* ausnimmt, dazu *Habersack/Verse* EuGesR § 6 Rn. 35; *Lutter/Bayer/J. Schmidt* EuropUR § 20 Rn. 67; *Priester,* in GroßKAktG, § 52 Rn. 10, 96; zur richtlinienkonformen Auslegung *Pentz,* in MüKoAktG, § 52 Rn. 58.

[967] Vgl. § 52 Abs. 4 S. 3, Abs. 6 S. 3 und Abs. 7 S. 2 AktG, dazu *Bayer/J. Schmidt* ZGR 2009, 805 (844); zur Frage, ob in diesen Fällen nicht nur die Wertprüfung, sondern auch der Hauptversammlungsbeschluss entfallen kann, *Lutter/Bayer/J. Schmidt* EuropUR § 20 Rn. 65.

[968] Vgl. § 27 Abs. 1 AktG zur Sachübernahme in S. 1 und zur fingierten Sacheinlage in S. 2, dazu *Heidinger/Benz,* in Spindler/Stilz, AktG § 27 Rn. 49, 51; vgl. § 27 Abs. 3 AktG zu verdeckten Sacheinlagen; vgl. auch § 27 Abs. 4 AktG zum „Hin- und Herzahlen“.

abschließender **Mindeststandard** zu verstehen und sind weitergehende Regelungen zum Umgehungsschutz daher grundsätzlich zulässig.[969]

e) Kapitalerhaltung

334 Notwendige **Ergänzung zur Kapitalaufbringung** für einen wirksamen Gläubigerschutz sind Regelungen der Kapitalerhaltung, die sicherstellen, dass das eingebrachte Kapital nicht wieder frei an die Gesellschafter zurückfließen kann. Zu diesem Zweck sieht die Kapital-Richtlinie (i) Regelungen zur Beschränkung von Ausschüttungen an die Gesellschafter, (ii) eine Einberufungspflicht der Hauptversammlung im Fall schwerer Verluste, und (iii) Beschränkungen für den Erwerb und das Halten eigener Aktien vor.

335 **aa) Kapitalschutz durch Ausschüttungsbeschränkungen:** Art 17 Kapital-RL legt Grenzen für Ausschüttungen an Aktionäre fest, die durch die Rückzahlungspflicht gemäß Art. 18 Kapital-RL abgesichert sind. Als Grundregel ordnet Art. 17 Abs. 1 Kapital-RL im Sinne eines **Bilanztests** *(„balance sheet test")* an, dass Ausschüttungen an Aktionäre nur gemacht werden dürfen, wenn dadurch das im Jahresabschluss des letzten Geschäftsjahrs ausgewiesene Nettoaktivvermögen den Betrag des gezeichneten Kapitals zuzüglich gesetzlich oder satzungsmäßig nicht ausschüttungsfähiger Rücklagen nicht unterschreiten würde. **Ausschüttungsfähig** ist daher nur der **über das gezeichnete Kapital und die nicht ausschüttungsfähigen Rücklagen hinausgehende Betrag** nach dem Jahresabschluss des letzten Geschäftsjahres, dh das **Nettoaktivvermögen.**[970] Um zu gewährleisten, dass sich ein unterschiedlicher Ausweis des gezeichneten Kapitals nicht auf die Berechnung auswirkt, ist das gezeichnete Kapital gemäß Art. 17 Abs. 2 Kapital-RL um den noch nicht darauf eingeforderten Betrag zu vermindern, wenn dieser nicht auf der Aktivseite der Bilanz ausgewiesen ist.[971] Art. 17 Abs. 3 Kapital-RL sieht als zusätzliche Beschränkung einen **Gewinn- und Verlustrechnungstest** *(„earned surplus test")* vor, sodass der **ausgeschüttete Betrag den Bilanzgewinn des letzten abgeschlossenen Geschäftsjahrs nicht überschreiten darf.**[972] Bei der Ausschüttungsgrenze gemäß Art. 17 Abs. 1 Kapital-RL handelt es sich um einen einfachen Kapitalschutz, bei dem nur ein Teil des Gesellschaftsvermögens, nämlich das gezeichnete Kapital und die nicht ausschüttungsfähigen Rücklagen, gebunden ist und nicht das gesamte Gesellschaftsvermögen.[973] Die Ausschüttungsbeschränkung ist aber keine abschließende Regelung der Kapitalerhaltung, sondern etabliert nur einen **Mindeststandard,** den die Mitgliedstaaten im nationalen Recht verschärfen können.[974]

---

[969] Vgl. BGH v. 4.12.2006 – II ZR 305/05, DStR 2006, 2326; BGH v. 15.1.1990 – II ZR 164/88, NJW 1990, 982, jeweils mit Ablehnung einer EuGH-Vorlage, da das Rechtsinstitut der verdeckten Sacheinlage im Sinne der *acte-clair*-Doktrin offensichtlich richtlinienkonform sei; vgl. zum Mindestschutzcharakter der Kapital-RL auch EuGH v. 30.6.2009 – C-101/08, BeckRS 2009, 71136 Rn. 39 – Audiolux; vgl. zu der Frage *Bayer/J. Schmidt* ZGR 2009, 805 (831 ff.); *Drinkuth,* Die Kapitalrichtlinie – Mindest- oder Höchstnorm?, 1998, 169 ff.; *Habersack/Verse* EuGesR § 6 Rn. 36 ff.; *Henze,* in Grundmann, Systembildung und Systemlücken in Kerngebieten des Europäischen Privatrechts, 2000, 235 ff.; *Lutter/Bayer/J. Schmidt* EuropUR § 20 Rn. 68 ff.

[970] *Grundmann* EuGesR Rn. 342.

[971] *Lutter/Bayer/J. Schmidt* EuropUR § 20 Rn. 80.

[972] *Lutter/Bayer/J. Schmidt* EuropUR § 20 Rn. 81.

[973] *Habersack/Verse* EuGesR § 6 Rn. 41; *Kalss,* in Koppensteiner, ÖuEuWPR, Teil 1, 119, 235; *Lutter/Bayer/J. Schmidt* EuropUR § 20 Rn. 80.

[974] *Cahn/v. Spannenberg,* in Spindler/Stilz, AktG § 57 Rn. 3; *Drinkuth,* Die Kapitalrichtlinie – Mindest- oder Höchstnorm?, 1998, 188; *Grundmann* EuGesR Rn. 343; *Habersack/Verse* EuGesR § 6 Rn. 44; *Lutter/Bayer/J. Schmidt* EuropUR § 20 Rn. 87; *Schwarz* EuGesR Rn. 596; vgl. § 30 GmbHG, der einen zu Art. 17 Abs. 1 Kapital-RL vergleichbaren einfachen Kapitalschutz bietet, während § 57 AktG das gesamte Gesellschaftsvermögen bindet, dazu *Koch,* in Hüffer, AktG § 57 Rn. 3; vgl. Ö: Sowohl § 82 GmbHG als auch § 52 AktG binden das gesamte Gesellschaftsvermögen, dazu *Bauer/Zehetner,* in Straube, GmbHG § 82 Rn. 15; *U. Saurer,* in Doralt/Nowotny/Kalss, AktG § 52 Rn. 3.

Der grundlegende Begriff der **„Ausschüttung“** wird nicht definiert, Art. 17 Abs. 4 Kapital-RL stellt nur klar, dass darunter *„insbesondere die Zahlung von Dividenden und von Zinsen für Aktien“* fällt.[975] Nach dem Schutzzweck der Regelung ist davon auszugehen, dass unter „Ausschüttung“ nicht nur **offene Ausschüttungen,** sondern auch **verdeckte Vermögensverlagerungen** von der Aktiengesellschaft auf den Aktionär fallen.[976] Nicht vom Ausschüttungsverbot erfasst sind Leistungen zum zulässigen Erwerb eigener Aktien (vgl. Rn. 347) sowie angemessene Leistungen im Rahmen drittvergleichsfähiger Geschäfte zwischen Aktiengesellschaft und Aktionär.[977] Ausdrücklich nimmt Art. 17 Kapital-RL in Abs. 1 die Fälle einer Kapitalherabsetzung im Sinne der Art. 34 ff. Kapital-RL sowie in Abs. 6 einer Kapitalerhöhung aus Gesellschaftsmitteln aus dem Anwendungsbereich der Ausschüttungsbeschränkungen aus.[978] **336**

Umstritten war lange Zeit die Frage, ob eine **Emittentenhaftung** aufgrund **fehlerhafter Kapitalmarktinformation** mit dem **Kapitalschutz** nach Art. 17 Kapital-RL vereinbar sei bzw. ob die Ausschüttungsgrenzen auf die Befriedigung entsprechender Schadenersatzansprüche anzuwenden seien.[979] Der EuGH hat diese Frage mittlerweile geklärt und festgestellt, dass die Ausschüttungsbeschränkungen gemäß Art. 17 Kapital-RL auf Haftungsansprüche aufgrund Prospekt- oder sonstiger Kapitalmarktinformationsmängel nicht anzuwenden sind, da diese Ansprüche sich nicht aus dem Gesellschaftsvertrag ergeben und nicht allein das Innenverhältnis der Gesellschaft betreffen und es sich daher nicht um Ausschüttungen im Sinne von Art. 17 Kapital-RL handelt.[980] **337**

Umstritten bleibt die Frage, ob die Ausschüttungsbeschränkungen gemäß Art. 17 Kapital-RL auf **Konzernsachverhalte** anzuwenden sind oder ob für Ausschüttungen im Konzern eine **ungeschriebene Bereichsausnahme** besteht, da die Kapital-Richtlinie gleichzeitig mit einer Konzernrechts-Richtlinie[981] vorbereitet wurde. Dieses Vorhaben wurde zwar nicht verwirklicht, legt aber nahe, dass Konzernsachverhalte, dh Ausschüttungen innerhalb von Unternehmensgruppen, ursprünglich einer eigenständigen Regelung zugeführt und nicht von der Kapital-Richtlinie erfasst sein sollten.[982] Bleibt man hingegen bei **338**

---

[975] Auch Sachdividenden sind erfasst, dazu *Habersack/Verse* EuGesR § 6 Rn. 42; *Leinekugel,* Die Sachdividende im deutschen und europäischen Aktienrecht, 2001, 11 ff.; *Lutter/Bayer/J. Schmidt* EuropUR § 20 Rn. 82.

[976] Bejahend *Engert,* in Langenbucher, EuropPR § 5 Rn. 81; *Fleischer,* in Lutter, Das Kapital der Aktiengesellschaft in Europa, 2006, 114 (120); *Grundmann* EuGesR Rn. 343; *Habersack/Verse* EuGesR § 6 Rn. 42; *Lutter/Bayer/J. Schmidt* EuropUR § 20 Rn. 82; *Mülbert,* FS Lutter, 2000, 535 (545 ff.); auf offene Ausschüttungen beschränkend *Bezzenberger,* Das Kapital der Aktiengesellschaft, 2005, 259 ff.; *Koll-Möllenhoff,* Das Prinzip des festen Grundkapitals im europäischen Gesellschaftsrecht, 2005, 159 f.; *Lösekrug,* Die Umsetzung der Kapital-, Verschmelzungs- und Spaltungsrichtlinie der EG in das nationale deutsche Recht, 2004, 124; vgl. dazu die weite Definition von Ausschüttungen in Art. 2 Abs. 1 lit. c SPE-VO-E (vgl. Rn. 624); zum SUP-RL-E vgl. Rn. 493.

[977] *Habersack/Verse* EuGesR § 6 Rn. 42.

[978] Vgl. §§ 207 ff. AktG, dazu *Arnold,* in MüKoAktG, § 207 Rn. 8; vgl. für Ö das Kapitalberichtigungsgesetz (KapBG), das die Kapitalerhöhung aus Gesellschaftsmitteln („Kapitalberichtigung“) für AG und GmbH regelt.

[979] Vgl. *Habersack/Verse* EuGesR § 6 Rn. 42; *Lutter/Bayer/J. Schmidt* EuropUR § 20 Rn. 86 jeweils mwN.

[980] EuGH v. 19.12.2013 – C-174/12, BeckRS 2013, 82370 Rn. 27 ff. (32) – Hirmann, EuZW 2014, 223 mAnm *Kalss;* GesRZ 2014, 42 mAnm *Eder;* vgl. auch *Fleischer,* in K. Schmidt/Lutter, AktG § 57 Rn. 67; *Kalss/Oppitz/Zollner* KMR § 20 Rn. 22, 58; *Langenbucher* ZIP 2005, 239 (242); *Lutter/Bayer/J. Schmidt* EuropUR § 20 Rn. 86; *Verse/Wiersch* EuZW 2014, 375 (376).

[981] Vgl. Entwürfe für Konzernrechts-RL („Neunte Gesellschaftsrechtliche Richtlinie“) aus 1974/1975 bzw. 1984, abgedruckt in *Lutter* EuropUR 1984, 187 ff. bzw. in *Lutter* EuropUR 1996, 244 ff.

[982] Für eine solche Bereichsausnahme *Engert,* in Langenbucher, EuropPR § 5 Rn. 85; *Fleischer,* in Lutter, Das Kapital der Aktiengesellschaft in Europa, 2006, 114 (132); *Lösekrug,* Die Umsetzung der Kapital-, Verschmelzungs- und Spaltungsrichtlinie der EG in das nationale deutsche Recht, 2004, 129; *Lutter/Bayer/J. Schmidt* EuropUR § 20 Rn. 85; *Schwarz* EuGesR Rn. 596.

der Anwendbarkeit von Art. 17 Kapital-RL auf Konzernsachverhalte, ist zu fragen, wie die im nationalen Recht vielfach bestehenden Konzernprivilegien in Form von Ausnahmen zu den Ausschüttungsbeschränkungen nach der Kapital-Richtlinie zu beurteilen sind.[983] Für die Richtlinienkonformität der nationalen Konzernprivilegien kommt es nach dieser Sichtweise darauf an, ob das nationale Recht andere **Schutz- und Ausgleichsmechanismen** anordnet, die einen zu den Ausschüttungsbeschränkungen der Kapital-Richtlinie **gleichwertigen Schutz für Gläubiger und außenstehende Aktionäre sicherstellen.**[984] Abhängig von der Intensität des Eingriffs der konkreten Konzernprivilegierung in die Ausschüttungsbeschränkungen können daher insbesondere eine unmittelbare Haftung der herrschenden Gesellschaft, die den Ausschüttungsbeschränkungen gemäß Art. 17 Kapital-RL unterliegt, oder eine Kombination aus Verpflichtung zum Nachteilsausgleich und subsidiärer Schadenersatzpflicht ein gleichwertiges Schutzniveau bieten.[985]

339 Art. 18 Kapital-RL sieht als **Sanktion** für eine Verletzung der Ausschüttungsbeschränkungen nach Art. 17 Kapital-RL einen **Rückzahlungsanspruch** des empfangenden Aktionärs vor, wenn die Gesellschaft beweist, dass der Aktionär von der Unzulässigkeit der Ausschüttung wusste oder darüber nach den Umständen nicht in Unkenntnis sein konnte, dh zumindest leicht fahrlässig handelte.[986] Art. 18 Kapital-RL etabliert einen **Mindeststandard,** die Mitgliedstaaten können die Rückzahlungspflicht daher auch auf gutgläubige Aktionäre erstrecken oder die Beweislast umkehren.[987]

340 **bb) Einberufungspflicht bei schweren Verlusten:** Art. 19 Abs. 1 Kapital-RL sieht vor, dass **bei schweren Verlusten des gezeichneten Kapitals** die **Hauptversammlung einzuberufen** ist und diese zu prüfen hat, ob und welche Maßnahmen gesetzt werden sollen.[988] Die Regelung dient dem Schutz sowohl der Aktionäre, die informiert werden und

---

[983] Grundlegend *Schön,* FS Kropff, 1997, 285 ff.; vgl. § 291 Abs. 3 iVm § 57 Abs. 1 S. 3 Alt. 1 AktG zu verbundenen Unternehmen mit Beherrschungs- oder Gewinnabführungsvertrag, § 323 Abs. 2 AktG für eingegliederte Gesellschaften, § 311 AktG für Gesellschaften in einfacher Abhängigkeit, dazu im Detail *Habersack/Verse* EuGesR § 6 Rn. 46 ff.; vgl. für Frankreich die in der Rspr. entwickelte *Rozenblum*-Doktrin, dazu *Lutter,* FS Kellermann, 1991, 257 (260 ff.); vgl. auch die neuen Bestimmungen in Art. 19 ff. BRRD-RL (vgl. Rn. 547) zu Verträgen für eine gruppeninterne finanzielle Unterstützung in Bankenkonzernen für den Krisenfall, die allerdings stets eine „Gegenleistung" für die finanzielle Unterstützung voraussetzen, dazu *Lutter* ZIP 2014, 910 f.

[984] Vgl. *Bayer/J. Schmidt,* in Bayer/Habersack, Aktienrecht im Wandel I, 2007, Kap. 18 Rn. 39; *Grundmann* EuGesR Rn. 343; *Habersack/Verse* EuGesR § 6 Rn. 46 ff.; *Lutter/Bayer/J. Schmidt* EuropUR § 20 Rn. 85; *Verse,* Der Gleichbehandlungsgrundsatz im Recht der Kapitalgesellschaften, 2006, 101 ff.; diese Möglichkeit ausdrücklich verneinend *Engert,* in Langenbucher, EuropPR § 5 Rn. 84.

[985] Zur Haftung des Hauptgesellschafters gemäß § 322 AktG bei der Eingliederung vgl. *Habersack/Verse* EuGesR § 6 Rn. 47; zum Nachteilsausgleich gemäß § 311 AktG und die Schadenersatzpflicht gemäß § 317 AktG für den Fall der einfachen Abhängigkeit vgl. *Bayer,* in MüKoAktG, § 57 Rn. 150; *Habersack/Verse* EuGesR § 6 Rn. 48; vgl. allgemein für Richtlinienkonformität *Bayer/J. Schmidt,* in Bayer/Habersack, Aktienrecht im Wandel I, 2007, Kap. 18 Rn. 39; *Lutter/Bayer/J. Schmidt* EuropUR § 20 Rn. 90; differenzierend *Schön,* FS Kropff, 1997, 285 (298 ff.); vorsichtig *Grundmann* EuGesR Rn. 343.

[986] Vereinzelt wird die Formulierung in Art. 18 Kapital-RL als grobe Fahrlässigkeit verstanden, vgl. zB *Grundmann* EuGesR Rn. 344; nach hM genügt aber leichte Fahrlässigkeit, dazu *Cahn,* in Spindler/Stilz, AktG § 62 Rn. 2; *Lutter/Bayer/J. Schmidt* EuropUR § 20 Rn. 94; *Kalss,* in Koppensteiner, ÖuEuWPR, Teil 1, 119, 236.

[987] *Grundmann* EuGesR Rn. 344; *Habersack/Verse* EuGesR § 6 Rn. 44; *Kalss,* in Koppensteiner, ÖuEuWPR, Teil 1, 119, 236 f.; *Lutter/Bayer/J. Schmidt* EuropUR § 20 Rn. 93; *Schwarz* EuGesR Rn. 597; vgl. § 62 Abs. 1 AktG, der die Rückzahlungspflicht grundsätzlich auch auf gutgläubige Aktionäre erstreckt und nur für den Fall des Bezugs als Gewinnanteil gutgläubige Aktionäre von der Rückzahlungspflicht befreit, wobei der Bezug als Gewinnanteil vom Aktionär zu beweisen ist, dazu *Cahn,* in Spindler/Stilz, AktG § 62 Rn. 27 f.; *Koch,* in Hüffer, AktG § 62 Rn. 13 f.

[988] Für einen rechtsvergleichenden Überblick zu Rechtspflichten von Geschäftsleitern in der Krise vgl. *Kalss/Adensamer/Oelkers,* in Lutter, Das Kapital der Aktiengesellschaft in Europa, 2006, 134 ff.

eine Gelegenheit zum Handeln bekommen, als auch der Gläubiger, die mittelbar von den Maßnahmen der Hauptversammlung profitieren.[989] Die Aktionäre sind jedoch nur zur Prüfung, nicht zur Setzung möglicher Maßnahmen verpflichtet. In Frage kommen insbesondere Kapitalmaßnahmen, die Abberufung und Neubestellung von Organmitgliedern sowie die Auflösung der Gesellschaft.

Weitere Einzelheiten zu Einberufungsfrist,[990] Höhe und Berechnungsmethode[991] des erforderlichen Verlustes sowie zu Sanktionen bei Verletzung der Einberufungspflicht[992] bleiben der Regelung durch **nationales Recht** vorbehalten. Art. 19 Abs. 2 Kapital-RL legt einschränkend fest, dass die auslösende **Verlustgrenze** höchstens mit der Hälfte des gezeichneten Kapitals anzusetzen ist, dh eine entsprechende Einberufungspflicht zB auch schon bei Verlusten in Höhe von einem Drittel des gezeichneten Kapitals vorgesehen werden kann.[993] 341

cc) Erwerb eigener Aktien: *aaa) Allgemeines:* Die Art. 20 bis 28 Kapital-RL sehen detaillierte **Regelungen für den originären und derivativen Erwerb** sowie für das **Halten eigener Aktien** vor, erfassen mögliche **Umgehungsstrategien** wie insbesondere die finanzielle Unterstützung Dritter beim Aktienerwerb und definieren die Voraussetzungen und **Fallgruppen,** in denen die **Zulässigkeit eines Erwerbs eigener Aktien notwendig oder erwünscht ist,** insbesondere für Strukturmaßnahmen zu Abfindungszwecken oder für die Bedienung von Aktienoptionen von Mitarbeitern. Im Verhältnis zur ursprünglichen Fassung der Bestimmungen führten Änderungen der Kapital-Richtlinie im September **2006**[994] zu einer wesentlichen **Liberalisierung** durch Erleichterungen für den derivativen Erwerb eigener Aktien, insbesondere mit Abschaffung der obligatorischen Begrenzung auf 10% des Grundkapitals und der Verlängerung der Ermächtigungsdauer auf 5 Jahre,[995] sowie durch die Möglichkeit für die Mitgliedstaaten, die Gewährung von finanzieller Unterstützung des Aktienerwerbs durch Dritte unter bestimmten Voraussetzungen zuzulassen.[996] 342

Die Regelungen zeichnen sich durch hohe Dichte und Komplexität aus und stehen im **Spannungsfeld** der charakteristischen **Gefahren von Erwerb und Halten eigener Aktien**: Bei einem originären Erwerb eigener Aktien kann der Gesellschaft effektiv kein Vermögen zufließen, da die Gesellschaft dafür nur Mittel aufwenden kann, die sie bereits hat, beim derivativen Erwerb stellt sich die Frage nach einer unzulässigen Ausschüttung durch 343

---

[989] *Habersack/Verse* EuGesR § 6 Rn. 50; *Lösekrug,* Die Umsetzung der Kapital-, Verschmelzungs- und Spaltungsrichtlinie der EG in das nationale deutsche Recht, 2004, 133; *Lutter/Bayer/J. Schmidt* EuropUR § 20 Rn. 96.

[990] Vgl. § 92 Abs. 1 AktG, der eine *„unverzügliche"* Einberufung verlangt, dazu *Spindler,* in MüKo-AktG, § 92 Rn. 11; ebenso für Ö in § 83 AktG, dazu *Nowotny,* in Doralt/Nowotny/Kalss, AktG § 83 Rn. 6.

[991] Vgl. *Habersack/Verse* EuGesR § 6 Rn. 53 zu der Frage, ob für die Berechnung des geforderten „Verlusts" der Jahresfehlbetrag in Verhältnis zum gezeichneten Kapital zu setzen oder der Verlust dem gesamten offen ausgewiesenen Eigenkapital gegenüberzustellen ist (Letzteres ist hM, dazu *Koch,* in Hüffer, AktG § 92 Rn. 2 mwN).

[992] Insbesondere Strafbarkeit (vgl. § 401 Abs. 1 Nr. 2 AktG) und Schadenersatzpflicht des Vorstands gegenüber der AG (dazu *Koch,* in Hüffer, AktG § 92 Rn. 26); die Wirkung als Schutzgesetz iSv § 823 Abs. 2 BGB gegenüber den Aktionären ist umstritten, aber im Ergebnis insbesondere auch in Berücksichtigung des *effet utile*-Grundsatzes (vgl. Rn. 35) zu bejahen, dazu *Grundmann* EuGesR Rn. 346; *Habersack/Verse* EuGesR § 6 Rn. 54; *Lutter/Bayer/J. Schmidt* EuropUR § 20 Rn. 99.

[993] Zu den national festgelegten Grenzwerten vgl. *Kalss/Adensamer/Oelkers,* in Lutter, Das Kapital der Aktiengesellschaft in Europa, 2006, 134 (138 ff.).

[994] RL 2006/68/EG v. 6.9.2006 zur Änderung der Richtlinie 77/91/EG über die Gründung von Aktiengesellschaften sowie die Erhaltung und Änderung ihres Kapitals, ABl. 2006 L 264/32.

[995] Vgl. *Cahn* Konzern 2007, 385 ff. *Oechsler* ZHR 170 (2006), 72 ff.

[996] Änderung von Art. 23 Abs. 1 RL 77/91/EG und Einfügung von Art. 23a RL 77/91/EG (jetzt: Art. 25 Kapital-RL); vgl. *Drygala* Konzern 2007, 396 ff.; *Freitag* AG 2007, 157 ff.

die Vergütung an den veräußernden Aktionär, sodass in beiden Fällen der Kapitalschutz nach der Kapital-Richtlinie bedroht ist.[997] Zusätzlich wirkt sich das Halten eigener Aktien auf das Kompetenzgefüge innerhalb der Gesellschaft aus, da die mit den Aktien verbundenen Rechte grundsätzlich durch den Vorstand auszuüben sind und dieser daher Einfluss auf die Willensbildung in der Hauptversammlung und auf seine eigene Überwachung bekäme.[998]

344 *bbb) Originärer Erwerb eigener Aktien:* Der **originäre Erwerb eigener Aktien** ist gemäß Art. 20 Abs. 1 Kapital-RL generell verboten, wodurch die Kapitalaufbringung sichergestellt und verhindert werden soll, dass die Gesellschaft für übernommene Einlagepflichten gleichzeitig Schuldner und Gläubiger wird. Dem Erwerb durch die Gesellschaft selbst ist gemäß Art. 28 Kapital-RL der Erwerb durch eine abhängige Gesellschaft (vgl. Rn. 356) gleichgestellt. Art. 20 Abs. 2 Kapital-RL erweitert das Verbot auf den originären Erwerb von Aktien durch Dritte, die im eigenen Namen, aber auf Rechnung der Gesellschaft handeln. Ein solcher Erwerb wird im Sinne einer Fiktion als tatsächlicher Erwerb durch den Dritten gewertet, der unabhängig von den Abreden mit der Gesellschaft die volle Einlage schuldet, dh insbesondere auch keine gesetzlichen oder vertraglichen Aufwandersatzansprüche gegen die Gesellschaft geltend machen kann.[999]

345 Art. 20 Abs. 3 Kapital-RL ordnet als **Sanktion** für Verstöße gegen diese Verbote nicht die Nichtigkeit des Aktienerwerbs an,[1000] sondern sieht für solche Fälle bei Gründung eine Haftung der Gründergesellschafter im Sinne von Art. 3 lit. i Kapital-RL, bei Kapitalerhöhung eine Haftung des Vorstands für die entsprechenden Einlagepflichten vor, die aber durch nationales Recht verschuldensabhängig ausgestaltet werden kann.[1001]

346 *ccc) Derivativer Erwerb eigener Aktien:* Der **derivative Erwerb eigener Aktien** durch die Gesellschaft selbst bzw. durch eine abhängige Gesellschaft (vgl. Rn. 356) ist im Sinne eines konzeptionellen Grundsatzes ebenfalls verboten. Die Art. 21 und 22 Kapital-RL geben den Mitgliedstaaten aber durch ein System aus obligatorischen und optionalen Voraussetzungen sowie aus Bereichsausnahmen die Möglichkeit, den derivativen Erwerb eigener Aktien innerhalb dieser Schranken und daher auch im Grundsatz zuzulassen. Die Mitgliedstaaten entscheiden selbst, ob und in welchem Ausmaß sie den derivativen Erwerb eigener Aktien unter diesen Voraussetzungen zulassen möchten, und können daher insbesondere den Erwerb ohne besondere Zweckbindung, dh außerhalb der Bereichsausnahmen (vgl. Rn. 350) und zweckgebundenen Erleichterungen (vgl. Rn. 348), wie Deutschland für alle Aktiengesellschaften zulassen oder wie Österreich auf börsennotierte Gesellschaften beschränken.[1002]

---

[997] *Kalss,* in Koppensteiner, ÖuEuWPR, Teil 1, 119, 239; *Lösekrug,* Die Umsetzung der Kapital-, Verschmelzungs- und Spaltungsrichtlinie der EG in das nationale deutsche Recht, 2004, 119; *Lutter/Bayer/J. Schmidt* EuropUR § 20 Rn. 100.

[998] *Grohmann,* Informationsmodell im Europäischen Gesellschaftsrecht, 2006, 284; *Habersack/Verse* EuGesR § 6 Rn. 55; *Lösekrug,* Die Umsetzung der Kapital-, Verschmelzungs- und Spaltungsrichtlinie der EG in das nationale deutsche Recht, 2004, 120; *Lutter/Bayer/J. Schmidt* EuropUR § 20 Rn. 100; *Schwarz* EuGesR Rn. 599.

[999] *Habersack/Verse* EuGesR § 6 Rn. 55; vgl. § 56 Abs. 3 AktG, dazu *Koch,* in Hüffer, AktG § 56 Rn. 14 (hM: Vertrag im Innenverhältnis ist gültig, Aktionär kann daraus aber keine Rechte gegen Gesellschaft ausüben); *Cahn/v. Spannenberg,* in Spindler/Stilz, AktG § 56 Rn. 50 ff., der gegen die hM von der Unwirksamkeit des Innenverhältnisses zwischen Aktionär und Gesellschaft ausgeht.

[1000] *Kalss,* in Koppensteiner, ÖuEuWPR, Teil 1, 119, 243, 245; *Lutter/Bayer/J. Schmidt* EuropUR § 20 Rn. 104; Nichtigkeit kann vom nationalen Recht aber vorgesehen werden, vgl. dazu § 56 Abs. 1 und Abs. 2 AktG: Bei Erwerb durch die Gesellschaft selbst (Abs. 1) besteht Nichtigkeit, bei Erwerb durch eine abhängige Gesellschaft (Abs. 2) ausdrücklich keine Nichtigkeit, dazu *Koch,* in Hüffer, AktG § 56 Rn. 4, 10.

[1001] Vgl. § 56 Abs. 4 AktG zur Haftung des Vorstands im Fall von Verbotsverstößen bei Kapitalerhöhungen, die aber verschuldensabhängig gestaltet ist, dazu *Koch,* in Hüffer, AktG § 56 Rn. 17.

[1002] § 71 Abs. 1 Nr. 8 AktG, dazu *Cahn,* in Spindler/Stilz, AktG § 71 Rn. 92 ff.; vgl. Ö: § 65 Abs. 1 Nr. 8 AktG, dazu *Kalss,* in Doralt/Nowotny/Kalss, AktG § 65 Rn. 58 ff.; in Ö bleibt es daher

Eine Verpflichtung der Mitgliedstaaten zur Zulassung des derivativen Erwerbs besteht nicht.[1003] Weitere Schranken[1004] für den derivativen Erwerb ergeben sich aus dem Gleichbehandlungsgrundsatz für Aktionäre gemäß Art. 46 Kapital-RL (vgl. Rn. 376) sowie aus Regelungen der Marktmissbrauchs-Richtlinie, die aber auch *„safe harbours"* für den Erwerb eigener Aktien im Rahmen von Aktienrückkaufprogrammen und Kursstabilisierungsmaßnahmen vorsieht.[1005] Insbesondere der Erwerb eigener Aktien über die Börse genügt dem Gleichbehandlungsgrundsatz im Regelfall.[1006]

Wenn und **soweit ein Mitgliedstaat den derivativen Erwerb eigener Aktien zulässt,** muss dieser drei grundlegende **obligatorische Voraussetzungen** gemäß Art. 21 Abs. 1 Uabs. 1 erfüllen:[1007] (i) Genehmigung durch Hauptversammlungsbeschluss, der der Kontrolle durch die Aktionäre und dem Gleichbehandlungsgrundsatz gemäß Art. 46 Kapital-RL dient, die Einzelheiten des vorgesehenen Erwerbs eigener Aktien, insbesondere Mindest- und Höchstpreis bei entgeltlichem Erwerb und Höchstzahl der Aktien, festlegt und je nach Ausgestaltung im nationalen Recht für eine Geltungsdauer von höchstens fünf Jahren erteilt werden kann, (ii) der Erwerb eigener Aktien darf nicht dazu führen, dass das Nettoaktivvermögen der Gesellschaft unter die Grenze gemäß Art. 17 Abs. 1, 2 Kapital-RL, dh unter die Grenze für Ausschüttungen an Aktionäre fällt (vgl. Rn. 335),[1008] und (iii) darf der Erwerb nur voll eingezahlte Aktien betreffen,[1009] sodass keine Einlageforderungen durch Vereinigung von Gläubiger- und Schuldnerposition untergehen.[1010] 347

Gemäß Art. 21 Abs. 2 und 3 Kapital-RL können die Mitgliedstaaten unter bestimmten Voraussetzungen (i) zur **Abwendung** eines schweren und unmittelbar bevorstehenden **Schadens** für die Gesellschaft und (ii) zum Zweck der Ausgabe der Aktien an Arbeitnehmer[1011] **(„Belegschaftsaktien")** allein vom Erfordernis einer Genehmigung durch **Hauptversammlungsbeschluss absehen.**[1012] 348

Art. 21 Abs. 1 Uabs. 2 Kapital-RL enthält einen **abschließenden Katalog** von **optionalen Voraussetzungen,** die die **Mitgliedstaaten zusätzlich** für den Erwerb eigener 349

---

beim konzeptionellen Verbot für nicht-börsennotierte AG, während für börsennotierte AG eine konzeptionelle Erlaubnis zum Erwerb eigener Aktien besteht; zur bewussten Beschränkung des ö. Gesetzgebers auf börsennotierte Gesellschaften im Vergleich zum dt. Gesetzgeber *Karollus,* in Jabornegg/Strasser, AktG § 65 Rn. 50; sowohl die dt. als auch die ö. Regelung nehmen aber den Erwerb zum Zweck des Handels in eigenen Aktien von der Zulassung grundsätzlich aus, ohne dass die Kapital-RL dies erzwingen würde, während sie für Kreditinstitute den Erwerb eigener Aktien zum Zweck des Wertpapierhandels zulassen (vgl. § 71 Abs. 1 Nr. 7 AktG, für Ö: § 65 Abs. 1 Nr. 7 AktG).

[1003] *Habersack/Verse* EuGesR § 6 Rn. 60; *Kalss,* in Koppensteiner, ÖuEuWPR, Teil 1, 119, 248; *Lutter/Bayer/J. Schmidt* EuropUR § 20 Rn. 109.

[1004] S. die ausdrücklichen, aber nur deklaratorischen Verweise in Art. 21 Abs. 1 S. 1 Kapital-RL.

[1005] RL 2003/6/EG v. 28.1.2003, die aber mit Wirkung ab 3.7.2016 durch den neuen Rechtsrahmen für Marktmissbrauch (VO (EU) Nr. 596/2014 v. 16.4.2014, ABl. 2014 L 173/1, und RL 2014/57/EU v. 16.4.2014, ABl. 2014 L 173/179) ersetzt wird; vgl. *Cahn,* in Spindler/Stilz, AktG § 71 Rn. 166 ff.; *Teigelack,* in Veil, EuKMR § 14 Rn. 50 ff.

[1006] *Habersack/Verse* EuGesR § 6 Rn. 60; vgl. § 71 Abs. 1 Nr. 8 S. 4 AktG, dazu *Cahn,* in Spindler/Stilz, AktG § 71 Rn. 116 ff.; vgl. Ö: § 65 Abs. 1b S. 1 AktG, dazu *Kalss,* in Doralt/Nowotny/Kalss, AktG § 65 Rn. 79, 86 mit dem Hinweis, dass in besonderen Fällen, zB bei einem vorabgesprochenen Blockhandel über die Börse, der Erwerb eigener Aktien über die Börse dem Gleichbehandlungsgrundsatz auch widersprechen kann und daher ein Gegenbeweis gegen den pauschalen Gesetzeswortlaut möglich sein muss.

[1007] Dazu im Detail *Lutter/Bayer/J. Schmidt* EuropUR § 20 Rn. 110 ff.

[1008] *Grundmann* EuGesR Rn. 348; *Habersack/Verse* EuGesR 6 Rn. 61; vgl. § 71 Abs. 2 S. 2 AktG, dazu *Cahn,* in Spindler/Stilz, AktG § 71 Rn. 222 ff.

[1009] Vgl. § 71 Abs. 2 S. 3 AktG, dazu *Cahn,* in Spindler/Stilz, AktG § 71 Rn. 226.

[1010] Ein mögliches Agio muss hingegen nicht voll eingezahlt sein, dazu *Kalss,* in Koppensteiner, ÖuEuWPR, Teil 1, 119, 252.

[1011] Auch ehemalige Arbeitnehmer und Arbeitnehmer von verbundenen Unternehmen sind erfasst, dazu *Cahn,* in Spindler/Stilz, AktG § 71 Rn. 58.

[1012] *Lutter/Bayer/J. Schmidt* EuropUR § 20 Rn. 112; vgl. § 71 Abs. 1 Nr. 1, 2 iVm Abs. 3 AktG.

Aktien vorsehen können, insbesondere eine Höchstbestandsgrenze an eigenen Aktien, die aber nicht niedriger als 10% des gezeichneten Kapitals sein darf.[1013] Andere Voraussetzungen als die in Art. 21 Abs. 1 Uabs. 2 Kapital-RL genannten dürfen die Mitgliedstaaten für den Erwerb eigener Aktien nicht vorsehen.[1014]

350 Art. 22 Kapital-RL sieht verschiedene **Fallgruppen** vor, für die die Mitgliedstaaten einen Erwerb eigener Aktien **ohne Beachtung der Voraussetzungen** nach Art. 21 Kapital-RL zulassen können **(Bereichsausnahmen).** Dazu gehören Erwerbe im Rahmen einer Kapitalherabsetzung[1015] oder einer Gesamtrechtsnachfolge[1016] sowie der Kommissionserwerb durch Kreditinstitute und der unentgeltliche Erwerb voll eingezahlter Aktien.[1017] Der Erwerb gemäß Art. 22 Abs. 1 lit. d Kapital-RL zum Schutz von Minderheitsaktionären auf Grundlage einer gesetzlichen Verpflichtung oder gerichtlichen Entscheidung kann insbesondere der Abfindung im Rahmen von Umgründungsmaßnahmen[1018] oder der schadenersatzrechtlichen Naturalrestitution bei Schadenersatzpflicht der Gesellschaft aufgrund fehlerhafter Kapitalmarktinformation dienen.[1019] Die Mitgliedstaaten können in diesen Fällen von der Einhaltung der obligatorischen Voraussetzungen absehen oder andere, nicht in Art. 21 Kapital-RL aufgezählte Voraussetzungen, zum Beispiel eine unter 10% liegende Höchstbestandsgrenze oder eine Erwerbsgrenze,[1020] anordnen. Die so erworbenen Aktien sind allerdings gemäß Art. 22 Abs. 2 Kapital-RL grundsätzlich innerhalb von höchstens 3 Jahren wieder zu veräußern, soweit die eigenen Aktien 10% des gezeichneten Kapitals übersteigen.[1021]

351 Ein Erwerb eigener Aktien entgegen den Regelungen nach Art. 21, 22 Kapital-RL ist nicht nichtig.[1022] Art. 23 Kapital-RL ordnet für diesen Fall als **Sanktion** an, dass die Aktien innerhalb von einem Jahr ab Erwerb veräußert und andernfalls im Sinne von Art. 22 Abs. 3 Kapital-RL für nichtig erklärt, dh eingezogen werden müssen.[1023] Die Entgeltleistung für einen unzulässigen Erwerb eigener Aktien unterliegt auch den Ausschüttungsgrenzen und der Rückzahlungspflicht gemäß Art. 17, 18 Kapital-RL.[1024]

352 Art. 24 Kapital-RL sieht für das **Halten eigener Aktien** bestimmte Bedingungen vor, insbesondere die Aufhebung des Stimmrechts sowie die Aufnahme bestimmter Informationen in den Lagebericht. Im Sinne eines **Mindeststandards** können die Mitgliedstaaten die Bedingungen auch erweitern, insbesondere durch eine weitergehende Aufhebung der mit den Aktien verbundenen Rechte, zum Beispiel der Vermögensrechte auf Dividende und Liquidationserlös sowie der Bezugsrechte für Kapitalerhöhungen.[1025] Die Bedingungen gel-

---

[1013] Vgl. § 71 Abs. 2 S. 1 AktG, dazu *Cahn,* in Spindler/Stilz, AktG § 71 Rn. 216.

[1014] *Habersack/Verse* EuGesR § 6 Rn. 62; *Lutter/Bayer/J. Schmidt* EuropUR § 20 Rn. 117; die in § 71 Abs. 1 Nr. 7 und Nr. 8 AktG vorgesehenen Erwerbsgrenzen von 5% pro Tag bzw. 10% pro Ermächtigung sind daher als nicht im Katalog enthaltene Voraussetzungen richtlinienwidrig, dazu *Cahn,* in Spindler/Stilz, AktG § 71 Rn. 87, 100; *Habersack/Verse* EuGesR § 6 Rn. 62; *Merkt,* in GroßKAktG, § 71 Rn. 131, aA *Lutter/Drygala,* in KK-AktG, § 71 Rn. 14.

[1015] Art. 22 Abs. 1 lit. a Kapital-RL; vgl. § 71 Abs. 1 Nr. 6 AktG.

[1016] Art. 22 Abs. 1 lit. b Kapital-RL; vgl. § 71 Abs. 1 Nr. 5 AktG.

[1017] Art. 22 Abs. 1 lit. c Kapital-RL; vgl. § 71 Abs. 1 Nr. 4 AktG.

[1018] Vgl. § 71 Abs. 1 Nr. 3 AktG.

[1019] EuGH v. 19.12.2013 – C-174/12, BeckRS 2013, 82370 Rn. 31, 34 – Hirmann, EuZW 2014, 223 mAnm *Kalss;* GesRZ 2014, 42 mAnm *Eder.*

[1020] Vgl. *Cahn* Konzern 2007, 385 (390 f.).

[1021] Dazu *Lutter/Bayer/J. Schmidt* EuropUR § 20 Rn. 125.

[1022] *Kalss,* in Koppensteiner, ÖuEuWPR, Teil 1, 119, 258; *Lutter/Bayer/J. Schmidt* EuropUR § 20 Rn. 129; vgl. die dadurch erforderliche ausdrückliche Wirksamerklärung des dinglichen Aktienerwerbs bei gleichzeitiger schuldrechtlicher Nichtigkeit des zugrundeliegenden schuldrechtlichen Rechtsgeschäfts in § 71 Abs. 4 S. 1 bzw. 2 AktG, dazu *Cahn,* in Spindler/Stilz, AktG § 71 Rn. 27, 231 ff.

[1023] Vgl. § 71c Abs. 1, 3 AktG, dazu *Cahn,* in Spindler/Stilz, AktG § 71c Rn. 1.

[1024] Vgl. *Habersack/Verse* EuGesR § 6 Rn. 63.

[1025] Vgl. § 71b AktG, der alle Rechte aus eigenen Aktien, dh Verwaltungs- und Vermögensrechte für die Zeit des Haltens ruhend stellt.

ten für das Halten nach einem zulässigen sowie – entgegen dem Wortlaut, aber im Sinne von *a maiore ad minus* – nach einem rechtswidrigen Erwerb eigener Aktien, da ein entsprechendes Schutzbedürfnis von Gesellschaft, Aktionären und Gläubigern auch in diesen Fällen besteht.[1026]

ddd) Umgehungsschutz – Zwischenschaltung Dritter, finanzielle Unterstützung, abhängige Gesellschaft: Um Umgehungen der Regelungen für den derivativen Erwerb eigener Aktien durch die **Zwischenschaltung Dritter** *(„mittelbare Stellvertreter")*[1027] zu verhindern, gelten die Art. 21 und 24 Kapital-RL ausdrücklich auch für den Erwerb und das Halten von Aktien durch Dritte im eigenen Namen, aber für Rechnung der Gesellschaft.[1028] Die Art. 25 bis 28 Kapital-RL sehen einen weitergehenden **Umgehungsschutz** vor durch (i) Regelungen über die finanzielle Unterstützung Dritter zum Aktienerwerb, (ii) die grundsätzliche Gleichstellung der Inpfandnahme mit dem Erwerb eigener Aktien[1029] und (iii) den Erwerb von eigenen Aktien durch abhängige Gesellschaften. **353**

Bei der **finanziellen Unterstützung** geht es insbesondere um die Gewährung von Darlehen und die Leistung von Sicherheiten, aber auch um sonstige Formen einer finanziellen Unterstützungsleistung von der Gesellschaft an einen Dritten zum Zweck der Finanzierung des Erwerbs von Aktien an der Gesellschaft *(„financial assistance").*[1030] Die finanzielle Unterstützung ist im **Grundsatz verboten**, kann von den **Mitgliedstaaten** aber gemäß Art. 25 Abs. 1 Kapital-RL **unter Einhaltung der Voraussetzungen nach Abs. 2 bis 5 zugelassen werden:**[1031] (i) Drittvergleichsfähigkeit des Unterstützungsgeschäfts (Zinsen etc) und eine angemessene Prüfung der Kreditwürdigkeit des Dritten, (ii) Zustimmung der Hauptversammlung mit qualifizierter Mehrheit nach schriftlicher Berichterstattung durch das Verwaltungs- bzw. Leitungsorgan sowie Offenlegung des Berichts im Sinne von Art. 3 P-RL (vgl. Rn. 220 ff.), (iii) Erhaltung des Grundkapitals und der gebundenen Rücklagen im Sinne der Ausschüttungsgrenze nach Art. 17 Abs. 1, 2 Kapital-RL (vgl. Rn. 335), und (iv) Angemessenheit des Erwerbspreises, wenn es sich um den Erwerb eigener Aktien der Gesellschaft oder die Zeichnung von Aktien im Rahmen einer Kapitalerhöhung handelt. Gemäß Art. 25 Abs. 6 und 7 Kapital-RL sind **drei Fallgruppen,** insbesondere für Unterstützungsgeschäfte im Rahmen der laufenden Geschäfte von Banken und anderen Finanzinstituten, von der Anwendung der Bestimmungen zur finanziellen Unterstützung **ausgenommen.**[1032] **354**

Umstritten ist die Frage, ob das Verbot der finanziellen Unterstützung nur den derivativen oder auch den **originären Erwerb von Aktien** im Rahmen der Gründung oder einer Kapitalerhöhung erfasst. Die besseren Gründe sprechen dafür, auch den originären Erwerb als von Art. 25 Kapital-RL erfasst zu sehen, da insbesondere die Gefährdung des **355**

[1026] *Grundmann* EuGesR Rn. 351; *Lutter/Bayer/J. Schmidt* EuropUR § 20 Rn. 131.

[1027] *Cahn,* in Spindler/Stilz, AktG § 71d Rn. 3.

[1028] Vgl. § 71d AktG.

[1029] Dazu näher *Lutter/Bayer/J. Schmidt* EuropUR § 20 Rn. 147 f.; vgl. Art. 27 Kapital-RL; § 71e AktG.

[1030] Keine abschließende Aufzählung in Art. 25 Abs. 1 Kapital-RL, dazu *Bezzenberger,* in K. Schmidt/Lutter, AktG § 71a Rn. 11 ff.; *Drygala* Konzern 2007, 396 (397); *Lutter/Bayer/J. Schmidt* EuropUR § 20 Rn. 137; aA *Brosius,* Die finanzielle Unterstützung des Erwerbs eigener Aktien, 2011, 266 f.; auch jeweils keine abschließende Aufzählung in den parallel formulierten § 71a Abs. 1 S. 1 AktG (dazu *Koch,* in Hüffer, AktG § 71a Rn. 2) und für Ö § 66a AktG (dazu *Kalss,* in Doralt/Nowotny/Kalss, AktG § 66a Rn. 4); zu nicht ausdrücklich genannten Formen finanzieller Unterstützung zB *Cahn,* in Spindler/Stilz, AktG § 71a Rn. 27 ff.

[1031] Weder § 71a AktG noch für Ö § 66a AktG haben von dieser Möglichkeit Gebrauch gemacht; für weitere Mitgliedstaaten s. *Hooft,* 2011, 8 ECL 157, 159.

[1032] Dazu *Lutter/Bayer/J. Schmidt* EuropUR § 20 Rn. 142; vgl. § 71a Abs. 1 S. 2 AktG (Satz 3 nimmt auch den Vertragskonzern vom Anwendungsbereich des Unterstützungsverbots aus und wirft damit die Frage nach seiner Richtlinienkonformität auf, dazu *Habersack/Verse* EuGesR § 6 Rn. 67).

Gesellschaftsvermögens durch finanzielle Unterstützung beim originären Erwerb genauso besteht wie bei einem derivativen Erwerb und Abs. 5 ausdrücklich auch die Zeichnung von Aktien im Rahmen einer Kapitalerhöhung nennt.[1033]

356 Um eine **Umgehung** der Regelungen über den Erwerb eigener Aktien durch die **Zwischenschaltung einer Tochtergesellschaft** zu verhindern, legt Art. 28 Abs. 1 Uabs. 1 Kapital-RL als Grundsatz fest, dass Zeichnung, Erwerb und Halten von Aktien einer Gesellschaft durch eine von dieser **abhängigen Gesellschaft** so zu behandeln ist, als ob die Gesellschaft unmittelbar selbst handeln würde, und daher die entsprechenden Regelungen anzuwenden sind.[1034] Als abhängige Gesellschaften kommen nicht nur Aktiengesellschaften, sondern alle Gesellschaftsformen im Sinne von Art. 1 P-RL (**Kapitalgesellschaften,** vgl. Rn. 217) sowie dazu vergleichbare Gesellschaften aus Drittstaaten in Frage. Für die Definition der erforderlichen Abhängigkeit verbleibt den Mitgliedstaaten ein breiter Spielraum, indem sie gemäß Art. 28 Abs. 2 Kapital-RL weitgehend selbst bestimmen können, wann mittelbar oder unmittelbar ein die Abhängigkeit auslösender beherrschender Einfluss besteht bzw. über die Stimmrechte verfügt wird.[1035] Art. 28 Abs. 1 Uabs. 3 sowie die Abs. 3 bis 6[1036] Kapital-RL sehen verschiedene Fallgruppen vor, in denen die Mitgliedstaaten von der Gleichstellung mit dem Erwerb eigener Aktien absehen können, insbesondere für die Fälle bloß „mittelbarer" Abhängigkeit, sofern die Stimmrechte aus den von der abhängigen Gesellschaft gehaltenen Aktien ausgesetzt werden, oder wenn die abhängige Gesellschaft als mittelbarer Stellvertreter auf Rechnung eines Dritten handelt.[1037]

f) Kapitalmaßnahmen

357 Die Art. 29 bis 44 Kapital-RL beinhalten detaillierte Regelungen für Kapitalmaßnahmen im Sinne von **Kapitalerhöhungen** und **Kapitalherabsetzungen,** die zu einer **Änderung des Grundkapitals** einer Gesellschaft führen, zum Beispiel um die Eigenkapitalquote dem Ausmaß der aktuellen Geschäftstätigkeit anzupassen, und die insbesondere Einfluss auf die Beteiligungsstruktur der Gesellschaft haben können.

358 **aa) Kapitalerhöhung:** Die Kapitalerhöhung führt zu einer **Erhöhung des gezeichneten Kapitals** und gefährdet daher grundsätzlich nicht die Interessen der Gläubiger, für die die Aufnahme von zusätzlichem Eigenkapital zu einer Erhöhung des Haftungsfonds führt. Die Regelungen nach Art. 29 bis 33 Kapital-RL zur Kapitalerhöhung verfolgen vielmehr den **Schutz der Altaktionäre**[1038] und sehen zu diesem Zweck (i) die Zuständigkeit der Hauptversammlung, (ii) Regelungen für die tatsächliche Aufbringung des neu gezeichneten Kapitals sowie (iii) das Bezugsrecht der Altaktionäre auf die neuen Aktien vor.[1039]

[1033] Vgl. zu der Diskussion *Habersack/Verse* EuGesR § 6 Rn. 65; *Lutter/Bayer/J. Schmidt* EuropUR § 20 Rn. 138 jeweils mwN; geht man davon aus, dass Art. 25 Kapital-RL und in richtlinienkonformer Auslegung auch § 71a AktG den originären Erwerb erfasst, verbleibt für ein „Hin- und Herzahlen" gemäß § 27 Abs. 4 AktG als Form von *„financial assistance"* kein Anwendungsbereich, da § 27 Abs. 4 AktG einen gültigen Darlehensrückzahlungsanspruch der Gesellschaft gegen den Aktionär voraussetzt, § 71a AktG aber – Unzulässigkeit vorausgesetzt – ausdrücklich die Nichtigkeit des Unterstützungsgeschäfts anordnet, dazu im Detail *Habersack* AG 2009, 557 (561 ff.).

[1034] Vgl. § 71d AktG.

[1035] *Lutter/Bayer/J. Schmidt* EuropUR § 20 Rn. 151; *Schwarz* EuGesR Rn. 613.

[1036] Bei Abs. 6 handelt es sich um eine Option für die Sanktionierung eines unzulässigen Erwerbs, dazu *Lutter/Bayer/J. Schmidt* EuropUR § 20 Rn. 153.

[1037] Dazu *Lutter/Bayer/J. Schmidt* EuropUR § 20 Rn. 152.

[1038] Vgl. EuGH v. 30.5.1991 – verb. Rs. C-19/90, 20/90, BeckRS 2004, 74810 Rn. 25 – Karella; EuGH v. 23.3.2000 – C-373/97, BeckRS 2004, 76838 Rn. 32 – Diamantis; vgl. auch *Bayer/J. Schmidt,* in Bayer/Habersack, Aktienrecht im Wandel I, 2007, Kap. 18 Rn. 59; *Grundmann* EuGesR Rn. 353; *Kalss,* in Koppensteiner, ÖuEuWPR, Teil 1, 119, 268.

[1039] Vgl. allgemein *Hirte,* in Grundmann, Systembildung und Systemlücken in Kerngebieten des Europäischen Privatrechts, 2000, 211 (220 ff.).

359 *aaa) Zuständigkeit der Hauptversammlung:* Die **Zuständigkeit der Hauptversammlung** zur Entscheidung über eine Kapitalerhöhung gemäß Art. 29 Abs. 1 S. 1 Kapital-RL ist **zwingend** und nicht satzungsdispositiv.[1040] Kommt es aufgrund nationaler Abwicklungsregelungen zum Schutz der Gläubiger zu einer **Zwangsverwaltung** der Gesellschaft, besteht die Hauptversammlungszuständigkeit nach Rechtsprechung des EuGH allerdings nicht mehr.[1041] Ausnahmen für Sanierungsmaßnahmen und insbesondere auch staatliche Eingriffe zur Bewältigung von Krisensituationen und sonstigen Sonderfällen bestehen nach ständiger Rechtsprechung des EuGH nicht,[1042] dies gilt grundsätzlich auch für den Bankensektor.[1043] Allerdings hat gemäß Art. 45 Abs. 3 Kapital-RL (vgl. Rn. 315) bei Anwendung bestimmter **Restrukturierungs- und Abwicklungsinstrumente** nach dem Rechtsrahmen für die Sanierung und Abwicklung von **Kreditinstituten und Wertpapierfirmen**[1044] die Zuständigkeit der Hauptversammlung für Kapitalerhöhungen zu entfallen.

360 Vorgaben für **Mehrheitserfordernisse** des Hauptversammlungsbeschlusses bestehen nicht ausdrücklich, aus Art. 44 Kapital-RL lässt sich das Genügen der einfachen Stimmenmehrheit ableiten,[1045] nationales Recht kann dafür auch strengere Voraussetzungen vorsehen, dh insbesondere ein höheres Stimmrechtsquorum oder eine bestimmte Kapitalmehrheit.[1046] Bestehen verschiedene Aktiengattungen, deren Rechte durch die Kapitalerhöhung berührt werden, verlangt Art. 29 Abs. 3 Kapital-RL aufgrund der Gefahr einer Verschiebung des Verhältnisses der Aktiengattungen zueinander[1047] Sonderbeschlüsse der einzelnen Aktionärsgruppen.[1048] Der Hauptversammlungsbeschluss zur Kapitalerhöhung sowie deren

---

[1040] *Grundmann* EuGesR Rn. 354; *Lutter/Bayer/J. Schmidt* EuropUR § 20 Rn. 158.

[1041] EuGH v. 30.5.1991 – verb. Rs. C-19/90 und C-20/90, BeckRS 2004, 74810 Rn. 30 – Karella; EuGH v. 12.3.1996 – C-441/93, BeckRS 2004, 77279 Rn. 57ff. – Pafitis; offen bleibt, ob die Hauptversammlungszuständigkeit in anderen Fällen nach Eröffnung eines Insolvenz- oder Reorganisationsverfahrens bestehen bleibt, zu dieser Diskussion *Lutter/Bayer/J. Schmidt* EuropUR § 20 Rn. 160 mwN.

[1042] S. grundlegend EuGH v. 30.5.1991 – verb. Rs. – C-19/90, 20/90, BeckRS 2004, 74810 Rn. 26ff. – Karella; vgl. auch EuGH v. 24.3.1992 – C-381/89, BeckRS 2004, 76896 Rn. 24ff. – Evangelikis Ekklisias; EuGH v. 12.11.1992 – verb. Rs. C-134/91, 135/91, BeckRS 2004, 74334 Rn. 13ff. – Kerafina; EuGH v. 12.3.1996 – C-441/93, BeckRS 2004, 77279 Rn. 18ff. – Pafitis; EuGH v. 12.5.1998 – C-367/96, BeckRS 2004, 76787 Rn. 20ff. – Kefalas.

[1043] EuGH v. 12.3.1996 – C-441/93, BeckRS 2004, 77279 Rn. 24, 41 – Pafitis; bis zum neuen Rechtsrahmen 2014 für die Sanierung und Abwicklung von Kreditinstituten (vgl. Rn. 547) war daher fraglich, ob nach der Rechtsprechung des EuGH Spielraum bleibt, in besonderen Fällen begrenzte Ausnahmen zur Hauptversammlungszuständigkeit für Maßnahmen zur Rettung systemrelevanter Banken zuzulassen; vgl. § 3 FMStBG, der – zeitlich bis Ende 2010 begrenzt – für Aktiengesellschaften des Finanzsektors die Möglichkeit zur Kapitalerhöhung ohne HV-Zuständigkeit und mit Bezugsrechtsausschluss (daher grundsätzlich auch Verstoß gegen Art. 33 Kapital-RL, vgl. Rn. 369) zugunsten des staatlichen Finanzmarktstabilisierungsfonds (FMS) vorsah, dazu *Habersack/Verse* EuGesR § 6 Rn. 72; *Lutter/Bayer/J. Schmidt* EuropUR § 20 Rn. 159 jeweils mwN.

[1044] RL 2014/59/EU v. 15.5.2014, ABl. 2014 L 173/190.

[1045] *Grundmann* EuGesR Rn. 353; *Habersack/Verse* EuGesR § 6 Rn. 73; *Lutter/Bayer/J. Schmidt* EuropUR § 20 Rn. 164.

[1046] *Habersack/Verse* EuGesR § 6 Rn. 73; *Lutter/Bayer/J. Schmidt* EuropUR § 20 Rn. 164; vgl. § 182 Abs. 1 S. 1 bis 3 AktG, die erhöhte Beschlussvoraussetzungen festlegen, dazu *Servatius,* in Spindler/Stilz, AktG § 182 Rn. 15.

[1047] EuGH v. 12.3.1996 – C-441/93, BeckRS 2004, 77279 Rn. 39ff. – Pafitis.

[1048] Vgl. § 182 Abs. 2 AktG für stimmberechtigte Aktiengattungen, der – zulässigerweise, da Mindestregelung, vgl. bereits zu den Mehrheitserfordernissen – überschießend ist, als er Sonderbeschlüsse unabhängig davon verlangt, ob die Rechte der Aktionäre „berührt" werden, dazu *Servatius,* in Spindler/Stilz, AktG § 182 Rn. 26; vgl. zur Diskussion, ob auch Rechte von stimmrechtslosen Aktionären „berührt" sein können und daher nach Art. 29 Abs. 3 Kapital-RL ein entsprechender Sonderbeschluss erforderlich ist, *Brause*, Stimmrechtslose Vorzugsaktien bei Umwandlungen, 2002, 60ff.; *Grundmann* EuGesR Rn. 354, dazu aber auch § 141 AktG.

Durchführung sind gemäß Art. 29 Abs. 1 S. 2 Kapital-RL im Sinne von Art. 3 P-RL offenzulegen (vgl. Rn. 220ff.).[1049]

361 Das Erfordernis eines Hauptversammlungsbeschlusses für jede Kapitalerhöhung wird durch Art. 29 Abs. 2 Kapital-RL eingeschränkt, der den Mitgliedstaaten die Option[1050] einräumt, die Aufnahme von **genehmigtem Kapital** zu ermöglichen. Satzung, Errichtungsakt oder Hauptversammlungsbeschluss[1051] können in diesem Fall das nach nationalem Recht zuständige[1052] Verwaltungsorgan einer Gesellschaft zu einer Erhöhung des Grundkapitals ermächtigen. Die Ermächtigung hat einen Höchstbetrag[1053] und eine Höchstdauer festzulegen, die maximal 5 Jahre[1054] betragen darf und innerhalb der das Verwaltungsorgan ohne weitere Befassung der Hauptversammlung beschließen kann, ob und in welcher Höhe das genehmigte Kapital aufgenommen wird, dh eine entsprechende Kapitalerhöhung durchgeführt wird.

362 Die Regelungen des Art. 29 Kapital-RL sind gemäß Abs. 4 auch auf die Ausgabe aller **Wertpapiere** anzuwenden, die **in Aktien umgewandelt werden können** oder mit einem **Bezugsrecht auf Aktien verbunden** sind, dh Wandel- und Optionsanleihen sowie Optionsrechte.[1055] Die Ausübung der entsprechenden Umtausch- und Bezugsrechte ist im Gegensatz zur Ausgabe der Wertpapiere nicht erfasst und bedarf daher keines weiteren Hauptversammlungsbeschlusses.[1056]

363 *bbb) Tatsächliche Kapitalaufbringung:* Die Art. 30 und 31 Kapital-RL sollen die **tatsächliche Kapitalaufbringung** bei der Kapitalerhöhung gewährleisten und entsprechen weitgehend den Regelungen zur Kapitalaufbringung während der Gesellschaftsgründung (vgl. Rn. 326ff.).[1057] Im Gegensatz zu Art. 9 Abs. 1 Kapital-RL für die Gründung ist ein etwaiges Agio bei einer Barkapitalerhöhung gemäß Art. 30 S. 2 Kapital-RL vollständig zum Zeitpunkt der Aktienausgabe einzuzahlen.[1058] Für Sacheinlagen hat wie bei der Gründung grundsätzlich eine Wertprüfung stattzufinden, die sich auch auf ein etwaiges Agio erstreckt.[1059] Neben den ausdrücklich anwendbaren Ausnahmeregelungen für Wertprüfun-

---

[1049] Vgl. §§ 184, 188 AktG.

[1050] Als Mindeststandard zum Schutz der Aktionäre kann ein Mitgliedstaat auf diese Möglichkeit daher auch verzichten, dazu *Grundmann* EuGesR Rn. 355 *Habersack/Verse* EuGesR § 6 Rn. 75; *Lutter/Bayer/J. Schmidt* EuropUR § 20 Rn. 166; *Schwarz* EuGesR Rn. 619.

[1051] Dieser ist im Sinne von Art. 3 P-RL offenzulegen und erfordert grundsätzlich die einfache Stimmenmehrheit, die Mitgliedstaaten können aber strengere Beschlussvoraussetzungen festlegen, dazu *Lutter/Bayer/J. Schmidt* EuropUR § 20 Rn. 166.

[1052] Vgl. § 202 Abs. 1 iVm Abs. 3 S. 2 AktG: Zuständigkeit des Vorstands, der – im Innenverhältnis – die Zustimmung des Aufsichtsrats einzuholen hat, dazu *Wamser,* in Spindler/Stilz, AktG § 202 Rn. 91; vgl. aber auch die in der Regel zusätzlich erforderliche Zustimmung des Aufsichtsrats gemäß § 204 Abs. 1 S. 2 AktG, die Wirksamkeitserfordernis ist, dazu *Wamser,* in Spindler/Stilz, AktG § 204 Rn. 38ff.

[1053] Der maximale Höchstbetrag *kann* durch nationales Recht festgelegt werden, vgl. § 202 Abs. 3 AktG, der daher richtlinienkonform über den Mindeststandard der Kapital-RL hinausgeht, dazu *Bayer,* in MüKoAktG, § 202 Rn. 28; *Schwarz* EuGesR Rn. 619.

[1054] Der Beginn der jeweiligen Frist ist vom nationalen Recht festzulegen, vgl. § 202 Abs. 2 S. 1 AktG: Fristbeginn mit Eintragung der Satzungsänderung, dazu *Habersack/Verse* EuGesR § 6 Fn. 207.

[1055] Vgl. § 221 AktG (insbesondere Abs. 2); die Frage, ob reine Optionsrechte, dh sogenannte „naked warrants" überhaupt ausgegeben werden können, ist allein durch nationales Recht geregelt, dazu *Habersack,* in MüKoAktG, § 221 Rn. 7, 36ff.

[1056] *Grundmann* EuGesR Rn. 353; *Habersack/Verse* EuGesR § 6 Rn. 74; *Lutter/Bayer/J. Schmidt* EuropUR § 20 Rn. 168.

[1057] Dazu *Lutter/Bayer/J. Schmidt* EuropUR § 20 Rn. 170ff.

[1058] *Grundmann* EuGesR Rn. 356; *Habersack/Verse* EuGesR § 6 Rn. 77; *Lutter/Bayer/J. Schmidt* EuropUR § 20 Rn. 172.

[1059] Gemäß Art. 31 Abs. 2 Uabs. 2 iVm Art. 10 Abs. 2 Kapital-RL, dazu *Habersack/Verse* EuGesR § 6 Rn. 77; *Lutter/Bayer/J. Schmidt* EuropUR § 20 Rn. 173; vgl. § 183 Abs. 3 iVm § 34 Abs. 1 Nr. 2 AktG, zur mangelhaften Umsetzung aufgrund Beschränkung der Wertprüfung auf den geringesten

gen gemäß Art. 10 und 11 Kapital-RL (vgl. Rn. 330) sieht Art. 31 Abs. 3 Kapital-RL zum Zweck der Vermeidung von Doppelprüfungen die Möglichkeit für die Mitgliedstaaten vor, von einer gesonderten Wertprüfung abzusehen, wenn die Kapitalerhöhung zur Entgeltleistung an Aktionäre für Umgründungsmaßnahmen (Verschmelzung, Spaltung) und öffentliche Übernahme- bzw. Umtauschangebote genutzt wird.[1060] Auf Art. 13 KapitalRL verweist Art. 31 Kapital-RL nicht, den Mitgliedstaaten steht es aber frei, entsprechende Nachgründungsregelungen[1061] oder andere Maßnahmen als Umgehungsschutz für Sachkapitalerhöhungen, insbesondere für verdeckte Sacheinlagen,[1062] vorzusehen (vgl. Rn. 331 ff.).[1063]

Art. 32 Kapital-RL ordnet im Sinne eines **„Volleinzahlungsprinzips"** an, dass es bei nicht vollständiger Zeichnung der Kapitalerhöhung nur dann zur Kapitalerhöhung im entsprechenden Ausmaß kommt, wenn dies in den Ausgabebedingungen ausdrücklich festgelegt ist.[1064] 364

ccc) Bezugsrecht: Art. 33 Kapital-RL regelt das **Bezugsrecht** der Aktionäre, das für Kapitalerhöhungen (i) die Aufrechterhaltung der Beteiligungsquoten der Aktionäre am Grundkapital und daher der an die Beteiligungsquote gebundenen Rechte sicherstellen und (ii) die Aktionäre vor einer Verwässerung ihrer Anteilswerte im Fall der Ausgabe der neuen Aktien unter dem Wert der Altaktien schützen soll.[1065] Das Bezugsrecht führt dazu, dass bei einer Kapitalerhöhung die neuen Aktien gemäß Art. 33 Abs. 1 Kapital-RL den bisherigen Aktionären im Verhältnis ihrer bisherigen Beteiligung am Grundkapital angeboten werden müssen. Das Bezugsrecht ist daher das subjektive **Recht der Aktionäre auf verhältnismäßige Teilnahme an einer Kapitalerhöhung,** eine Verpflichtung zur Teilnahme besteht nicht. Bezugsberechtigt sind ausschließlich die Altaktionäre, die Mitgliedstaaten dürfen anderen Personen, zB Inhabern von Wandel- oder Optionsanleihen, das Bezugsrecht nicht einräumen.[1066] 365

Das **Bezugsrecht** der Aktionäre ist nach dem Wortlaut in Art. 33 Abs. 1 Kapital-RL nur für den Fall einer Barkapitalerhöhung vorgeschrieben, für **Sachkapitalerhöhungen** ist ein Bezugsrecht der Aktionäre daher nicht angeordnet.[1067] Das Bezugsrecht der Aktionäre und die entsprechenden Regelungen gelten aber nicht nur für die Ausgabe neuer Aktien bei Kapitalerhöhungen, sondern gemäß Art. 33 Abs. 6 Kapital-RL für die Ausgabe von allen **Wertpapieren,**[1068] die in Aktien umgewandelt werden können oder mit einem Be- 366

Ausgabebetrag der Aktien *Lutter/Bayer/J. Schmidt* EuropUR § 20 Rn. 180 mwN, zu derselben Umsetzungsproblematik für die Gründung vgl. Rn. 329.

[1060] Dazu *Lutter/Bayer/J. Schmidt* EuropUR § 20 Rn. 175.

[1061] Zur nach hM analogen Anwendung von § 52 AktG auf Sachkapitalerhöhungen *Heidinger,* in Spindler/Stilz, AktG § 52 Rn. 48; *Koch,* in Hüffer, AktG § 52 Rn. 11; *Pentz,* in MüKoAktG, § 52 Rn. 73 ff.

[1062] Vgl. § 183 Abs. 2 iVm § 27 Abs. 3 (verdeckte Sacheinlagen) und Abs. 4 (Hin- und Herzahlen) AktG, dazu *Koch,* in Hüffer, AktG § 183 Rn. 12.

[1063] *Drinkuth,* Die Kapitalrichtlinie – Mindest- oder Höchstnorm, 1998, 237; *Habersack/Verse* EuGesR § 6 Rn. 78; *Lutter/Bayer/J. Schmidt* EuropUR § 20 Rn. 177.

[1064] Vgl. § 185 Abs. 1 S. 3 Nr. 4 AktG, wonach die Kapitalerhöhung unwirksam wird, wenn die Aktien nicht bis zu einem bestimmten Zeitpunkt vollständig gezeichnet sind, dazu *Peifer,* in MüKoAktG, § 185 Rn. 24 f.

[1065] Vgl. EuGH v. 18.12.2008 – C-338/06, BeckRS 2008, 71354 Rn. 43 – Kommission/Spanien; *Habersack/Verse* EuGesR § 6 Rn. 79; *Lutter/Bayer/J. Schmidt* EuropUR § 20 Rn. 183.

[1066] EuGH v. 18.12.2008 – C-338/06, BeckRS 2008, 71354 Rn. 44 ff. – Kommission/Spanien.

[1067] EuGH v. 19.11.1006 – C-42/95, BeckRS 2004, 77154 Rn. 15 f. – Siemens/Nold; vgl. *Grundmann* EuGesR Rn. 358; *Habersack/Verse* EuGesR § 6 Rn. 84; *Lutter/Bayer/J. Schmidt* EuropUR § 20 Rn. 187; *Kalss,* in Koppensteiner, ÖuEuWPR, Teil 1, 119, 276 f.; *Schuster* ZGR 2010, 325 (339).

[1068] Im Anwendungsbereich des Art. 33 Kapital-RL muss es sich um Finanztitel handel, die den Erwerber zu einer Leistung *in Geld* verpflichten, da das Bezugsrecht auch nur für Barkapitalerhöhungen gilt, dazu *Habersack/Verse* EuGesR § 6 Fn. 215.

zugsrecht auf Aktien verbunden sind, dh Wandel- und Optionsanleihen sowie reine Optionsrechte.[1069]

367 Art. 33 Kapital-RL gilt als **Mindeststandard,**[1070] das nationale Recht der Mitgliedstaaten kann daher über die Richtlinienbestimmungen hinausgehen und das Bezugsrecht auf die Ausgabe sonstiger Wertpapiere, insbesondere von Genussrechten und Gewinnschuldverschreibungen,[1071] erweitern sowie auf Sachkapitalerhöhungen anwenden.[1072]

368 Art. 33 Abs. 3 Kapital-RL enthält formale Vorgaben für die **Ausübung des Bezugsrechts** und legt fest, dass das Angebot an die Aktionäre zur Ausübung grundsätzlich im nationalen Amtsblatt nach der Publizitäts-Richtlinie bekanntzumachen ist (vgl. Rn. 222), soweit der Mitgliedstaat für den Fall, dass alle Aktien Namensaktien sind,[1073] nicht eine schriftliche Benachrichtigung vorsieht, sowie dass das Bezugsrecht innerhalb einer mindestens vierzehntägigen, von den Mitgliedstaaten bestimmten Frist[1074] ausgeübt werden kann.

369 Das **Bezugsrecht** der Aktionäre ist **grundsätzlich zwingend** und kann gemäß Art. 33 Abs. 4 S. 1 Kapital-RL ausdrücklich nicht durch Satzung oder Errichtungsakt beschränkt oder ausgeschlossen werden. Unter den strengen Voraussetzungen nach Art. 33 Abs. 4 und 5 Kapital-RL ist ein **Ausschluss** oder eine **Beschränkung** des Bezugsrechts jedoch möglich, um insbesondere die Verfolgung der Finanzierungsinteressen der Gesellschaft im Einzelfall zu ermöglichen.[1075] Die Haupversammlung kann daher nach einem schriftlichen Bericht[1076] des Verwaltungs- oder Leitungsorgans durch Beschluss[1077] mit qualifizierter Mehrheit,[1078] der im Sinne von Art. 3 P-RL (vgl. Rn. 220ff.) offengelegt werden muss, das

---

[1069] Vgl. § 221 Abs. 4 AktG; die Frage, ob reine Optionsrechte, dh sogenannte „naked warrants" überhaupt ausgegeben werden können, ist allein durch nationales Recht geregelt, dazu *Habersack,* in MüKoAktG, § 221 Rn. 7, 36ff.

[1070] *Habersack/Verse* EuGesR § 6 Rn. 80; *Lutter/Bayer/J. Schmidt* EuropUR § 20 Rn. 191.

[1071] *Habersack/Verse* EuGesR § 6 Rn. 80; *Lösekrug,* Die Umsetzung der Kapital-, Verschmelzungs- und Spaltungsrichtlinie der EG in das nationale deutsche Recht, 2004, 200; *Lutter/Bayer/J. Schmidt* EuropUR § 20 Rn. 186; vgl. § 221 Abs. 4 AktG, zur Anwendung des Bezugsrechts auf Gewinnschuldverschreibungen und Genussrechte *Koch,* in Hüffer, AktG § 221 Rn. 38.

[1072] EuGH v. 19.11.1996 – C-42/95, BeckRS 2004, 77154 Rn. 18 – Siemens/Nold; vgl. dazu das Bezugrecht der Aktionäre gemäß § 186 AktG, das nicht auf Barkapitalerhöhungen beschränkt ist und daher auch für Sachkapitalerhöhungen gilt, dazu *Lutter/Bayer/J. Schmidt* EuropUR § 20 Rn. 191.

[1073] Gemäß § 10 AktG besteht grundsätzlich Wahlfreiheit zwischen Namensaktien und Inhaberaktien, dazu *Koch,* in Hüffer, AktG § 10 Rn. 5; vgl. aber zu den geplanten Einschränkungen für Inhaberaktien in nicht-börsennotierten AG durch die Aktienrechtsnovelle 2015 (BR-Drs. 22/15) *Götze/Nartowska* NZG 2015, 298 (299ff.); in Ö ist gemäß § 9 AktG die Zusammensetzung des Grundkapitals ausschließlich aus Namensaktien bereits der Regelfall, da Inhaberaktien nach dem AktRÄG 2011 aufgrund eines FATF-Berichts zur Bekämpfung von Terrorismusfinanzierung und Geldwäsche grundsätzlich nur noch für börsennotierte Aktiengesellschaften zulässig sind, dazu *Micheler,* in Doralt/Nowotny/Kalss, Akt § 9 Rn. 1.

[1074] Vgl. § 186 Abs. 1 S. 2 AktG (mindestens 2 Wochen), dazu *Peifer,* in MüKoAktG, § 186 Rn. 42.

[1075] Vgl. *Lutter/Bayer/J. Schmidt* EuropUR § 20 Rn. 195; zum Konflikt zwischen Finanzierungsinteresse der Gesellschaft und Bezugsrecht der Aktionäre *Baldamus,* Reform der Kapitalrichtlinie, 2002, 204ff.

[1076] Der Bericht muss die Gründe für Ausschluss bzw. Beschränkung erläutern und den Ausgabekurs begründen (dazu *Habersack/Verse* EuGesR § 6 Rn. 82) und schützt daher die Aktionäre – unabhängig von materiellen Voraussetzungen für den Bezugsrechtsausschluss – durch Information, dazu *Grundmann* EuGesR Rn. 360; *Habersack/Verse* EuGesR § 6 Rn. 83; *Kalss,* in Koppensteiner, ÖuEuWPR, Teil 1, 119, 278f.; *Lutter/Bayer/J. Schmidt* EuropUR § 20 Rn. 200.

[1077] Zur Richtlinienkonformität einer bedingten Kapitalerhöhung gemäß §§ 192ff. AktG, bei der ein ausdrücklicher Hauptversammlungsbeschluss bzw. ein entsprechender Bericht für den Bezugsrechtsausschluss nicht vorgesehen ist, mit unterschiedlicher Begründung für die einzelnen Varianten nach § 192 Abs. 2 Nr. 1, 2, 3 AktG *Lutter/Bayer/J. Schmidt* EuropUR § 20 Rn. 203 mwN.

[1078] Art. 33 Abs. 4 S. 4 Kapital-RL verweist für die Beschlusserfordernisse auf Art. 44 Kapital-RL, der mindestens zwei Drittel des vertretenen Kapitals verlangt oder nach mitgliedstaatlicher Regelung

Bezugsrecht der Aktionäre ausschließen oder beschränken.[1079] Die andere Möglichkeit bei Zulassung durch das nationale Recht des Mitgliedstaats ist gemäß Art. 33 Abs. 5 Kapital-RL die Ermächtigung durch Satzung, Errichtungsakt oder Hauptversammlungsbeschluss[1080] an das entsprechend zur Entscheidung berufene Organ, für die Aufnahme von genehmigten Kapital im Sinne von Art. 29 Abs. 2 Kapital-RL das Bezugsrecht auszuschließen oder zu beschränken.[1081]

Materielle Anforderungen an den Ausschluss des Bezugsrechts stellen Art. 33 Abs. 4 und 5 Kapital-RL nicht auf, das nationale Recht muss daher keine besondere materielle Beschlusskontrolle des Bezugsrechtsausschlusses vorsehen.[1082] Zu beachten ist aber der **Gleichbehandlungsgrundsatz** gemäß Art. 46 Kapital-RL (vgl. Rn. 376).[1083] Da Art. 33 Kapital-RL aber nur einen **Mindeststandard** etabliert, dürfen die Mitgliedstaaten darüber hinausgehend den Ausschluss des Bezugsrechts zum verstärkten Schutz der Aktionäre an besondere materielle Anforderungen binden[1084] und auch die formellen Voraussetzungen verschärfen, zum Beispiel durch eine Berichtspflicht für den Ausschluss beim genehmigten Kapital.[1085] Die Mitgliedstaaten dürfen den Ausschluss des Bezugsrechts aber nicht völlig unmöglich machen, dh die Hauptversammlung muss nach Art. 33 Abs. 4 Kapital-RL jedenfalls das Recht haben, das Bezugsrecht durch Beschluss unter Einhaltung bestimmter Voraussetzungen auszuschließen.[1086] 370

auch die einfache Mehrheit genügen lässt, wenn mindestens die Hälfte des gezeichneten Kapitals vertreten ist. Als Mindeststandard verbietet diese Vorgabe aber nicht, dass die Mitgliedstaaten auch strengere Voraussetzungen vorsehen, vgl. § 186 Abs. 3 S. 2, 3 AktG (drei Viertel des vertretenen Grundkapitals oder höher und ggf. weitere Erfordernisse), dazu und zur Richtlinienkonformität von § 7 Abs. 2 FMStBG (herabgesetzte Voraussetzungen für den Finanzsektor) *Servatius,* in Spindler/Stilz, AktG § 186 Rn. 37.

[1079] Vgl. § 186 Abs. 3 und 4 AktG, dazu *Lutter/Bayer/J. Schmidt* EuropUR § 20 Rn. 197.

[1080] Art. 33 Abs. 5 Kapital-RL verlangt als Mindeststandard für den ermächtigenden HV-Beschluss ausdrücklich dieselben Mehrheitserfordernisse gemäß Art. 44 Kapital-RL wie für den unmittelbaren Bezugsrechtsausschluss durch HV-Beschluss (vgl. § 202 Abs. 2 S. 2, 3 AktG) sowie eine Offenlegung gemäß Art. 3 P-RL, enthält aber keine entsprechende Berichtspflicht des Verwaltungs- bzw. Leitungsorgans, dazu BGH v. 10.10.2005 – II ZR 148/03, NJW 2006, 371 – Mangusta/Commerzbank I; *Grundmann* EuGesR Rn. 361; *Habersack/Verse* EuGesR § 6 Rn. 82; *Kalss,* in Koppensteiner, ÖuEuWPR, Teil 1, 119, 279; *Lutter/Bayer/J. Schmidt* EuropUR § 20 Rn. 198; aA *Hirte,* in GroßKAktG, § 202 Rn. 46f.

[1081] Vgl. § 203 Abs. 2 AktG.

[1082] *Grundmann* EuGesR Rn. 360; *Habersack/Verse* EuGesR § 6 Rn. 83; *Kalss,* in Koppensteiner, ÖuEuWPR, Teil 1, 119, 278; *Lutter/Bayer/J. Schmidt* EuropUR § 20 Rn. 200; aA *Drinkuth,* Die Kapitalrichtlinie – Mindest- oder Höchstnorm?, 1998, 250; *Kindler* ZHR 158 (1994), 339 (360, 369); *Peifer,* in MüKoAktG, § 186 Rn. 78.

[1083] *Habersack/Verse* EuGesR § 6 Rn. 83; *Verse,* Der Gleichbehandlungsgrundsatz im Recht der Kapitalgesellschaften, 2006, 457ff.

[1084] EuGH v. 19.11.1006 – C-42/95, BeckRS 2004, 77154 Rn. 21 – Siemens/Nold; EuGH v. 18.12.2008 – C-338/06, BeckRS 2008, 71354 Rn. 26 – Kommission/Spanien; *Habersack/Verse* EuGesR § 6 Rn. 83; *Lutter/Bayer/J. Schmidt* EuropUR § 20 Rn. 200; zum nicht ausdrücklich in § 186 AktG genannten Erfordernis sachlicher Rechtfertigung durch Gesellschaftsinteresse und Verhältnismäßigkeit grundlegend BGH v. 13.3.1978 – II ZR 142/76, NJW 1978, 1316; im Einzelnen zB *Koch,* in Hüffer, AktG § 186 Rn. 25ff.; Erleichterungen der daher zulässiger Weise nach nationalem Recht geforderten materiellen Beschlusskontrolle (zur Vermutung der sachlichen Rechtfertigung für den Fall des „vereinfachten Bezugsrechtsausschlusses" nach § 186 Abs. 3 S. 4 AktG zB *Koch,* in Hüffer, AktG § 186 Rn. 39e; *Peifer,* in MüKoAktG, § 186 Rn. 88) sind richtlinienkonform, da die Inhaltskontrolle über die Vorgaben der Kapital-RL als Mindeststandard hinausgeht, dazu *Habersack/Verse* EuGesR § 6 Rn. 83; *Lutter/Bayer/J. Schmidt* EuropUR § 20 Rn. 202.

[1085] EuGH v. 18.12.2008 – C-338/06, BeckRS 2008, 71354 Rn. 26 – Kommission/Spanien; *Lutter/Bayer/J. Schmidt* EuropUR § 20 Rn. 199.

[1086] EuGH v. 18.12.2008 – C-338/06, BeckRS 2008, 71354 Rn. 50 – Kommission/Spanien; *Lutter/Bayer/J. Schmidt* EuropUR § 20 Rn. 199.

371 **bb) Kapitalherabsetzung:** Die Kapitalherabsetzung führt zu einer **Verringerung des Grundkapitals** und damit des Haftunsgfonds der Gesellschaft.[1087] Die Regelungen in Art. 34 bis 43 Kapital-RL dienen daher primär dem **Schutz der Gläubiger.**[1088] Die **Aktionäre** sind ebenfalls schützenswert, da eine Kapitalherabsetzung zu einer Verkürzung ihrer Mitgliedschaftsrechte oder sogar zu einem Verlust der Mitgliedschaft führen kann.[1089] Aufgrund ihrer hohen Bedeutung setzt jede Kapitalherabsetzung gemäß Art. 34 Kapital-RL **zwingend** einen **Hauptversammlungsbeschluss** voraus, ausgenommen sind Kapitalherabsetzungen aufgrund gerichtlicher Entscheidung.[1090] Der Hauptversammlungsbeschluss unterliegt den qualifizierten Mehrheitserfordernissen im Sinne von Art. 44 Kapital-RL, setzt zur Vorabinformation der Aktionäre eine Mitteilung in der HV-Einberufung über Zweck und Verfahren der Kapitalherabsetzung sowie gemäß Art. 35 Kapital-RL bei Bestehen mehrerer Aktiengattungen, deren Rechte durch die Kapitalherabsetzung berührt werden, Sonderbeschlüsse jeder Gattung voraus und ist gemäß Art. 3 P-RL offenzulegen (vgl. Rn. 220ff.).[1091] Eine über die Beachtung des **Gleichbehandlungsgrundsatzes**[1092] gemäß Art. 46 Kapital-RL (vgl. Rn. 376) hinausgehende materielle Kontrolle der Kapitalherabsetzung ist europarechtlich nicht angeordnet, kann aber durch die Mitgliedstaaten zur Verstärkung des Gläubiger- und Aktionärsschutzes vorgesehen werden.[1093]

372 Der **Schutz der Gläubiger** wird durch Art. 36 Kapital-RL verwirklicht, der als Mindeststandard[1094] die Mitgliedstaaten dazu verpflichtet, den Altgläubigern ein Recht auf **Sicherstellung** ihrer Forderungen gegen die Gesellschaft einzuräumen. Gemäß Art. 36 Abs. 1 Uabs. 2 Kapital-RL legen die Mitgliedstaaten die nähere Ausgestaltung der Sicherheitsleistung unter der Vorgabe fest, dass die Gläubiger eine angemessene Sicherheit vor einer Verwaltungsbehörde bzw. vor einem Gericht beantragen können, wenn sie eine Gefährdung ihrer Forderungen glaubhaft machen.[1095] Die Mitgliedstaaten haben die Nichtleistung bzw. die Verzögerung einer Sicherheitsleistung gemäß Art. 36 Abs. 2 Kapital-RL entweder mit der Unwirksamkeit der Kapitalherabsetzung oder mit einer Ausschüttungssperre gegenüber den Aktionären zu sanktionieren.[1096] Art. 36 Abs. 2 Kapital-RL stellt klar,

---

[1087] Vgl. Art. 17 Abs. 1 S. 1 Kapital-RL, der die Fälle der Kapitalherabsetzung ausdrücklich aus dem Anwendungsbereich der Ausschüttungsbeschränkungen ausnimmt.

[1088] *Grohmann,* Das Informationsmodell im Europäischen Gesellschaftsrecht, 2006, 297; *Habersack/Verse* EuGesR § 6 Rn. 85; *Lutter/Bayer/J. Schmidt* EuropUR § 20 Rn. 204; *Schwarz* EuGesR Rn. 626.

[1089] *Grohmann,* Das Informationsmodell im Europäischen Gesellschaftsrecht, 2006, 297; *Habersack/Verse* EuGesR § 6 Rn. 85; *Lutter/Bayer/J. Schmidt* EuropUR § 20 Rn. 204.

[1090] *Habersack/Verse* EuGesR § 6 Rn. 86; *Lutter/Bayer/J. Schmidt* EuropUR § 20 Rn. 205; zur gerichtlichen Bestätigung eines Insolvenzplans mit Kapitalherabsetzung *Eidenmüller/Engert* ZIP 2009, 541 (547); *Verse* ZGR 2010, 299 (313).

[1091] Im Gegensatz zur Kapitalerhöhung ist die *Durchführung* der Kapitalherabsetzung nicht offenzulegen, dazu *Habersack/Verse* EuGesR § 6 Rn. 86.

[1092] *Habersack/Verse* EuGesR § 6 Rn. 86; *Marsch-Barner,* in Spindler/Stilz, AktG § 222 Rn. 29; *Oechsler,* in MüKoAktG, § 222 Rn. 26.

[1093] *Lösekrug,* Die Umsetzung der Kapital-, Verschmelzungs- und Splatungsrichtlinie der EG in das deutsche nationale Recht, 2004, 207; *Lutter/Bayer/J. Schmidt* EuropUR § 20 Rn. 208; *Schwarz* EuGesR Rn. 626; zur Verneinung des Erfordernisses einer sachlichen Rechtfertigung für Kapitalherabsetzungen BGH v. 9.2.1998 – II ZR 278-96, NJW 1998, 2054 – Sachsenmilch; zur Diskussion um ein Erfordernis sachlicher Rechtfertigung für die isolierte vereinfachte Kapitalherabsetzung *Koch,* in Hüffer, AktG § 222 Rn. 14; *Marsch-Barner,* in Spindler/Stilz, AktG § 222 Rn. 27; *Oechsler,* in MüKoAktG, § 229 Rn. 28f.; *Sethe,* in GroßKAktG, § 222 Rn. 29.

[1094] *Lutter/Bayer/J. Schmidt* EuropUR § 20 Rn. 210; *Oechsler,* in MüKoAktG, § 225 Rn. 2.

[1095] Vgl. § 225 AktG; zu der Frage, ob die allgemeine Durchsetzbarkeit des Sicherstellungsanspruchs durch Leistungsklage richtlinienkonform ist, *Habersack/Verse* EuGesR § 6 Rn. 86 mit Hinweis auf *Ekkenga* Konzern 2007, 413 (414).

[1096] Vgl. § 225 Abs. 2 S. 1 AktG mit Ausschüttungssperre.

dass das Recht der Gläubiger auf Sicherheitsleistung auch besteht, wenn die Kapitalherabsetzung nicht durch Ausschüttung, sondern durch Verzicht auf Einlageforderungen durchgeführt werden soll.[1097]

Die Mitliedstaaten können von dem Gläubigerrecht auf **Sicherstellung absehen**, wenn (i) gemäß Art. 36 Abs. 1 Uabs. 1 S. 2 Kapital-RL ein Gläubiger bereits angemessen abgesichert ist[1098] oder eine Sicherheitsleistung angesichts des Gesellschaftsvermögens nicht notwendig ist, sowie (ii) im Fall einer Kapitalherabsetzung im Sinne von Art. 37 Kapital-RL zum Zweck eines Verlustausgleichs oder einer Rücklagenbildung unter bestimmten Voraussetzungen, insbesondere der Beschränkung der so geschaffenen Rücklage auf 10% des herabgesetzten Grundkapitals.[1099] **373**

Art. 38 Kapital-RL stellt klar, dass eine Kapitalherabsetzung nicht dazu führen darf, dass das **Grundkapital** unter das mitgliedstaatlich festgelegte **Mindestkapital** im Sinne von Art. 6 Kapital-RL sinkt. Eine derartige Herabsetzung ist bei mitgliedstaatlicher Regelung nur zulässig, wenn die Wirkamkeit des Kapitalherabsetzungsbeschlusses von einer Kapitalerhöhung zumindest auf das Mindestkapital abhängig gemacht wird.[1100] **374**

Die Art. 39 bis 43 Kapital-RL enthalten Regelungen für **besondere Formen** der **Kapitalherabsetzung** und für Rechtsinstrumente, die eine **vergleichbare Wirkung** haben können: (i) Art. 39 Kapital-RL legt Mindestvoraussetzungen für die Tilgung von gezeichnetem Kapital ohne Kapitalherabsetzung fest,[1101] (ii) Art. 43 Kapital-RL enthält besondere Regelungen für rückerwerbbare Aktien *(„redeemable shares"),*[1102] die gemäß Art. 22 Abs. 1 lit. a Kapital-RL vom Anwendungsbereich der Voraussetzungen für den Erwerb eigener Aktien ausgenommen werden können, (iii) Art. 40 Kapital-RL legt die Mindestvoraussetzungen, insbesondere die Anwendung des Gläubigerrechts auf Sicherheitsleistung im Sinne von Art. 36 Kapital-RL, für die Kapitalherabsetzung durch Zwangseinziehung fest,[1103] Art. 41 Kapital-RL bestimmt, dass eine Kapitalherabsetzung durch Zwangseinziehung eigener Aktien jedenfalls durch die Hauptversammlung beschlossen werden muss.[1104] Die Mitgliedstaaten können diese besonderen Rechtsinstitute zulassen, sind dazu aber nicht verpflichtet.[1105] **375**

[1097] Vgl. § 225 Abs. 2 S. 2 AktG mit Anordnung der Unwirksamkeit des Erlasses von Einlagepflichten bis zur Sicherheitsleistung.

[1098] Vgl. *Oechsler,* in MüKoAktG, § 225 Rn. 26.

[1099] Vgl. die „vereinfachte Kapitalherabsetzung" gemäß §§ 229 ff. AktG (§ 229 Abs. 3 AktG, der ausdrücklich nicht auf § 225 AktG verweist, dazu *Oechsler,* in MüKoAktG, § 229 Rn. 4); zu den einzelnen Voraussetzungen gemäß Art. 37 Kapital-RL *Lutter/Bayer/J. Schmidt* EuropUR § 20 Rn. 216.

[1100] Vgl. § 228 AktG, der über Art. 38 Kapital-RL hinausgeht, da die Kapitalerhöhung auf das Mindestkapital nur eine Kapitalerhöhung gegen *Bareinlagen* sein darf, dazu *Lutter/Bayer/J. Schmidt* EuropUR § 20 Rn. 219; *Oechsler,* in MüKoAktG, § 228 Rn. 7 f.

[1101] Dazu *Lutter/Bayer/J. Schmidt* EuropUR § 20 Rn. 221.

[1102] *Lutter/Bayer/J. Schmidt* EuropUR § 20 Rn. 227; wobei zu betonen ist, dass der Rückerwerb von *redeemable shares* nicht zu einer Kapitalherabsetzung führen muss, sondern diese Aktien nach dem Rückerwerb auch als eigene Aktien gehalten werden können, dazu *Habersack,* FS Lutter, 2000, 1329 (1344 f.); *Kalss,* in Doralt/Nowotny/Kalss, AktG § 65 Rn. 11.

[1103] Vgl. §§ 237 ff. AktG (§ 237 Abs. 2 S. 1 iVm § 225 AktG für das Gläubigerrecht auf Sicherheitsleistung, dazu *Koch,* in Hüffer, AktG § 237 Rn. 27).

[1104] Im Gegensatz zur Kapitalherabsetzung durch Zwangseinziehung sonstiger Aktien gemäß Art. 40 Kapital-RL, die auch durch die Satzung oder einen Errichtungsakt vorgeschrieben sein kann, dazu *Lutter/Bayer/J. Schmidt* EuropUR § 20 Rn. 225.

[1105] Vgl. *Drinkuth,* Die Kapitalrichtlinie – Mindest- oder Höchstnorm, 1998, 262 ff.; *Kalss,* in Koppensteiner, ÖuEuWPR, Teil 1, 119, 289 f.; eine Tilgung von gezeichnetem Kapital sowie rückerwerbbare Aktien sind in D und Ö nicht zugelassen (Ausnahme für rückerwerbbare Aktien bei Investmentaktiengesellschaften mit veränderlichem Kapital gemäß § 105 InvG); s. aber *Habersack,* FS Lutter, 2000, 1329 ff.; *DAV Ausschuss Handelsrecht* NZG 2011, 217 (220), mit Anregungen zur allgemeinen Einführung von rückerwerbbaren Aktien im AktG.

g) Gleichbehandlungsgrundsatz im Europäischen Gesellschaftsrecht

376 Art. 46 Kapital-RL ordnet die **Gleichbehandlung der Aktionäre** von Aktiengesellschaften **im Anwendungsbereich der Kapital-Richtlinie** an. Das Gleichbehandlungsgebot wird zum Beispiel im Bezugsrecht der Altaktionäre gemäß Art. 33 Kapital-RL konkretisiert[1106] und ist insbesondere für den Bezugsrechtsausschluss bei Kapitalerhöhungen, für die Kapitalherabsetzung, für den Erwerb eigener Aktien[1107] und für die Einlageverpflichtung der Aktionäre zu beachten.[1108]

377 Ein Gleichbehandlungsgrundsatz für Aktionäre ist neben Art. 46 Kapital-RL auch in anderen Richtlinien des europäischen Gesellschafts- sowie des Kapitalmarktrechts verankert, entsprechende Regelungen finden sich in Art. 4 AR-RL, Art. 17 Abs. 1 Tr-RL sowie in Art. 3 Abs. 1 lit. a Üb-RL. Gemeinsam ist diesen Regelungen, dass Aktionäre nur unter gleichen Bedingungen gleich zu behandeln sind, **sachlich gerechtfertigte Differenzierungen** sind daher grundsätzlich zulässig.[1109] Es besteht jedoch **kein allgemeiner, primärrechtlicher Grundsatz der Aktionärsgleichbehandlung.**[1110] Die einzelnen Bestimmungen in den Richtlinien legen daher nur für ihren jeweiligen Anwendungsbereich sekundärrechtlich eine Gleichbehandlung der Aktionäre fest, ein entsprechender allgemeiner Grundsatz ist daraus nicht abzuleiten.[1111]

378 Art 4 **Aktionärsrechte-RL** sieht die Gleichbehandlung der Aktionäre einer börsennotierten Gesellschaft für die Ausübung der Aktionärsrechte in der Hauptversammlung, dh der entsprechenden Informations-, Teilnahme- und Auskunftsrechte vor (vgl. Rn. 394).

379 Art 3 Abs. 1 lit. a Hs. 1 **Übernahme-RL** ordnet die Gleichbehandlung aller Inhaber von Wertpapieren einer börsennotierten Zielgesellschaft an, die der gleichen Gattung angehören. Das Gleichbehandlungsgebot gilt als genereller Verfahrensgrundsatz im Übernahmeverfahren und wird insbesondere für den Schutz von Minderheitsaktionären durch das Pflichtangebot und die Preisregelungen gemäß Art. 5 Übernahme-RL konkretisiert (vgl. Rn. 508).[1112] Das Gleichbehandlungsgebot der Übernahme-RL unterscheidet sich von vergleichbaren Richtlinien-Regelungen insbesondere dadurch, dass es um eine Gleichbehandlungspflicht des Bieters gegenüber den Aktionären der Zielgesellschaft geht, während für die anderen Regelungen die jeweilige Gesellschaft Pflichtadressat ist.[1113]

[1106] Vgl. *Drinkuth,* Die Kapitalrichtlinie – Mindest- oder Höchstnorm, 1998, 240; *Grundmann* EuGesR Rn. 357; *Kalss,* in Koppensteiner, ÖuEuWPR, Teil 1, 119, 215; das Bezugsrecht geht allerdings über den Gleichbehandlungsgrundsatz hinaus, da es auch einem Bezugsrechtsausschluss für alle Aktionäre grundsätzlich entgegensteht, dazu *Habersack/Verse* EuGesR § 6 Rn. 79.

[1107] Vgl. die deklaratorische Klarstellung in Art. 21 Abs. 1 S. 1 Kapital-RL.

[1108] Vgl. auch *Habersack/Verse* EuGesR § 6 Rn. 25, 60, 83, 86.

[1109] *Kalss/Oppitz/Zollner* KMR § 1 Rn. 36; *Lutter/Bayer/J. Schmidt* EuropUR § 20 Rn. 234; *Verse,* Der Gleichbehandlungsgrundsatz im Recht der Kapitalgesellschaften, 2006, 99; vgl. dazu den Wortlaut in Art. 46 Kapital-RL: *„Gleichbehandlung der Aktionäre […], die sich in denselben Verhältnissen befinden."*

[1110] EuGH v. 15.10.2009 – C-101/08, EuZW 2009, 894 – Audiolux zur Übernahme-RL, dazu *Bayer/J. Schmidt* BB 2010, 387 (393); *Grundmann* RabelsZ 75 (2011), 882 (916ff.); *Habersack/Tröger* NZG 2010, 1ff.; *Klöhn* LMK 2009, 294692; vgl. auch *Lutter/Bayer/J. Schmidt* EuropUR § 20 Rn. 234, § 30 Rn. 15.

[1111] *Habersack/Tröger* NZG 2010, 1 (6); *Kalss/Oppitz/Zollner* KMR § 1 Rn. 35; *Lutter/Bayer/J. Schmidt* EuropUR § 30 Rn. 15; vgl. dazu § 53a AktG, der im Rahmen der Umsetzung der Kapital-RL 1978 in das AktG aufgenommen wurde, aber nur die bis dahin bereits geltende Rechtslage kodifizierte und in seinem Anwendungsbereich über Art. 46 Kapital-RL hinausgeht, da er für den gesamten mitgliedschaftlichen Bereich gilt; dazu *Bungeroth,* in MüKoAktG, § 53a Rn. 1; *Cahn/v. Spannenberg,* in Spindler/Stilz, AktG § 53a Rn. 2; *Drygala,* in KK-AktG, § 53a Rn. 10; vgl. für Ö § 47a Akt, dazu *P. Doralt/Winner,* in Doralt/Nowotny/Kalss, AktG § 47a Rn. 2.

[1112] *Habersack/Verse* EuGesR § 11 Rn. 12; *Lutter/Bayer/J. Schmidt* EuropUR § 30 Rn. 15.

[1113] *Habersack/Verse* EuGesR § 6 Rn. 89.

Art. 17 Abs. 1 **Transparenz-RL**[1114] legt die Gleichbehandlung von Aktionären einer börsennotierten Gesellschaft für ihre Information und sonstigen Rechte nach der Transparenz-Richtlinie fest.[1115] 380

Die **informationelle Gleichbehandlung der Anleger** ist allgemeines Ziel des Europäischen **Kapitalmarktrechts**[1116] und kann daher in unterschiedlicher Ausprägung auch in anderen kapitalmarktrechtlichen Regelungen gefunden werden, so ist sie grundlegendes Prinzip der Marktmissbrauchs-Richtlinie[1117] und findet sich in den Regelungen der Prospekt-Richtlinie,[1118] die sicherstellen sollen, dass alle entscheidungserheblichen Informationen in den allgemein zugänglichen Prospekt aufgenommen werden.[1119] Schließlich wird die informationelle Gleichbehandlung auch noch für OGAW[1120] und für AIFM[1121] normiert. 381

6. Organisation

Nach dem Scheitern der für Aktiengesellschaften geplanten „Struktur-Richtlinie"[1122] wurde kein weiterer Versuch unternommen, ein vollständiges Regelwerk zur **Organisationsverfassung** in das europäische Gesellschaftsrecht aufzunehmen. Anstelle einer umfassenden Regelung der Einrichtung, Struktur und Zuständigkeit von Gesellschaftsorganen werden hingegen in **Abwendung vom Ziel einer Vollharmonisierung einzelne Kernbereiche** durch **punktuelle Maßnahmen** geregelt, die überwiegend auf **börsennotierte Aktiengesellschaften** zugeschnitten sind und daher die Entwicklung eines **Börsengesellschaftsrechts** vorantreiben. 382

Die Aktionärsrechte-Richtlinie sieht eine Harmonisierung der Rahmenbedingungen für eine **informierte Ausübung der Aktionärsrechte** vor, indem sie Mindeststandards für die Einberufung und Information vor der Hauptversammlung, die Teilnahme daran und die Ausübung des Stimmrechts ohne physische Präsenz in der Hauptversammlung festlegt sowie ein individuelles Fragerecht der Aktionäre gewährleistet. **Gesellschafterrechte** finden sich in verschiedenen Rechtsakten, insbesondere das **Bezugsrecht** für Kapitalerhöhungen in der Kapital-Richtlinie (vgl. Rn. 365) und das **Andienungsrecht** nach einer Übernahme in der Übernahme-Richtlinie (vgl. Rn. 526). 383

Für den Bereich der Organzuständigkeiten werden **Strukturmaßnahmen** nach den Umgründungsrichtlinien und **Kapitalmaßnahmen** nach der Kapital-Richtlinie in die Zuständigkeit der Gesellschafterversammlung verwiesen. 384

Die geplante **Reform der Aktionärsrechte-Richtlinie** sieht insbesondere **Genehmigungsrechte der Hauptversammlung** im Zusammenhang mit der Vergütung der 385

[1114] Vgl. Art. 18 Abs. 1 Tr-RL mit paralleler Regelung für Inhaber von Schuldtiteln.

[1115] *Lutter/Bayer/J. Schmidt* EuropUR § 36 Rn. 20.

[1116] *Heinze,* Europäisches Kapitalmarktrecht, 1999, 7; *Kalss/Oppitz/Zollner* KMR § 1 Rn. 34, 41; *Veil,* in Veil, EuKMR § 2 Rn. 7; vgl. im Detail *Bachmann* ZHR 170 (2006), 144 ff.; *Mehringer,* Das allgemeine kapitalmarktrechtliche Gleichbehandlungsprinzip, 2007.

[1117] RL 2003/6/EG v. 28.1.2003, ABl. 2003 L 96/16, die aber mit Wirkung ab 3.7.2016 durch den neuen Rechtsrahmen für Marktmissbrauch (VO (EU) Nr. 596/2014 v. 16.4.2014, ABl. 2014 L 173/1, und RL 2014/57/EU v. 16.4.2014, ABl. 2014 L 173/179) ersetzt wird; vgl. *Veil,* in Veil, EuKMR § 13 Rn. 7.

[1118] Vgl. Art. 5, 15, 16 Prospekt-RL 2003/71/EG v. 4.11.2003, ABl. 2003 L 345/64.

[1119] *Bachmann* ZHR 170 (2006), 144 (147).

[1120] Vgl. Art. 22 Abs. 1 Uabs. 2 Durchführungs-RL 2010/43/EU v. 1.7.2010, ABl. 2010 L 176/442 zur OGAW-RL 2009/65/EG v. 13.7.2009, ABl. 2009 L 302/32 (Gleichbehandlung verschiedener Anteilinhabergruppen).

[1121] Vgl. Art. 23 AIFM-RL 2011/61/EU v. 8.6.2011, ABl. 2011 L 174/1 (informationelle Gleichbehandlung der Anleger eines AIF durch den AIFM).

[1122] Zur Entwicklung und den Inhalten der gescheiterten Struktur-RL *Grundmann* EuGesR Rn. 366 ff.

Unternehmensleitung und related party-transactions sowie umfassende **Transparenzpflichten** institutioneller Anleger vor. Die **angestrebte stärkere Einbeziehung der Aktionäre** in die Kontrolle börsennotierter Aktiengesellschaften führt im dualistischen System zu einer **Machtverschiebung** vom für das Unternehmenswohl verantwortlichen Aufsichtsrat zu den nicht entsprechend verpflichteten Aktionären und droht durch Überlastung der Aktionäre einer weiteren **Beratisierung** und Abhängigkeit von Stimmrechtsberatern Vorschub zu leisten.

386 Der Förderung einer **guten Corporate Governance** dienen die Pflicht zur Abgabe einer **Erklärung zur Unternehmensführung** nach der Bilanz-Richtlinie (vgl. Rn. 273), die verpflichtende Einrichtung eines **Prüfungsausschusses** nach der Abschlussprüfer-Richtlinie (vgl. Rn. 308) und Empfehlungen für die **Vergütung von Organmitgliedern** sowie zu **Anforderungen und Gestaltung der Unternehmensleitung und -kontrolle.**

387 Mit der **Verschärfung aufsichtsrechtlicher Bestimmungen** für Banken und Versicherungsgesellschaften nach CRD IV und Solvency II geht die **Festlegung öffentlich-rechtlicher Organisationspflichten,** insbesondere zu Anforderungen und Mandatsgrenzen für die Verwaltungsorgane, Vergütungssystemen und zur Einrichtung von Ausschüssen, einher, die neben die bestehenden gesellschaftsrechtlichen Organisationspflichten treten. Dies führt zur **Bildung von branchenspezifischem und aufsichtsrechtlich geprägtem Gesellschaftsrecht („Bankgesellschaftsrecht"),** das zusätzlich zur privatautonomen Rechtsdurchsetzung einer **hoheitlichen Außenkontrolle** unterliegt. Erhöhte Anforderungen an die Organe, insbesondere an den Aufsichtsrat im dualistischen System, führen zu dessen **Annäherung an das einstufige Boardsystem,** das nach dem Banken- und Versicherungsaufsichtsrecht als konzeptionelles Leitbild der Corporate Governance dient **(Boardisierung).**

388 Schließlich beinhalten die Statute der **europäische Rechtsformen** sowie der geplante **SUP-Rechtsrahmen** für Einpersonen-Kapitalgesellschaften mit beschränkter Haftung Bestimmungen zur Organisationsverfassung.

a) Aktionärsrechte in börsennotierten Gesellschaften

389 **aa) Grundlagen und Anwendungsbereich:** Die **Aktionärsrechte-Richtlinie**[1123] (AR-RL) zielt darauf ab, die **insbesondere grenzüberschreitende Ausübung von Aktionärsrechten in börsennotierten Gesellschaften zu erleichtern,** um so die Überwachung der Verwaltungsorgane durch die Aktionäre und damit die Corporate Governance in diesen Gesellschaften durch gesteigerte Information sowie erhöhte Teilnahme- und Stimmquoten der Aktionäre zu verbessern.[1124] Die Aktionärsrechte-Richtlinie verfolgt dieses Ziel durch **Mindeststandards für die Hauptversammlung,** dh durch Regelungen über die Einberufung sowie über die Teilnahme der Aktionäre und die Ausübung von Aktionärsrechten in der Hauptversammlung, und führt gleichzeitig zu einer **Mindestharmonisierung** wichtiger Bereiche der Hauptversammlung von börsennotierten Gesellschaften, da die Regelungen nicht nur für **grenzüberschreitende,** sondern auch für rein **innerstaatliche Sachverhalte** gelten.[1125]

[1123] Richtlinie 2007/36/EG v. 11.7.2007 über die Ausübung bestimmter Rechte von Aktionären in börsennotierten Gesellschaften, ABl. 2007 L 184/17, mit Beschluss des gemeinsamen EWR-Ausschusses Nr. 59/2008 v. 25.4.2008 zur Änderung von Anhang XXII des EWR-Abkommens, ABl. 2008 L 223/60, auch anwendbar auf den EWR; Umsetzung in D durch das Gesetz zur Umsetzung der Aktionärsrechterichtlinie (ARUG) v. 30.7.2009, BGBl. I 2479.

[1124] Vgl. ErwG 3, 5 AR-RL; *Habersack/Verse* EuGesR § 7 Rn. 1; *Lutter/Bayer/J. Schmidt* EuropUR § 31 Rn. 2.

[1125] Vgl. *Habersack/Verse* EuGesR § 7 Rn. 2; *Lutter/Bayer/J. Schmidt* EuropUR § 31 Rn. 2, die auch darauf hinweisen, dass die Aktionärsrechte-RL durch die (teilweise) Harmonsierung der HV einen wesentlichen Teil der geplanten, aber gescheiterten 5. Gesellschaftsrechtlichen (Struktur-)RL verwirklicht, dazu *Grundmann* EuGesR Rn. 403, 407.

Der **Kommissionsvorschlag zur Änderung der Aktionärsrechte-Richtlinie** vom 9.4.2014[1126] ergänzt die bisherigen Regelungen mit dem Ziel, durch erhöhte Transparenz und stärkere Einbeziehung der Aktionäre eine Verbesserung der Corporate Governance in börsennotierten Gesellschaften herbeizuführen, der angestrebte Harmonisierungsgrad wurde nach massiver Kritik aber teilweise zurückgenommen (vgl. Rn. 415ff.). **390**

Die Regelungen der Aktionärsrechte-Richtlinie sind anzuwenden auf **Gesellschaften**[1127] mit **Satzungssitz**[1128] in einem **Mitgliedstaat,** deren Aktien zum Handel an einem **geregelten Markt**[1129] eines Mitgliedstaats zugelassen sind. Die Beschränkung auf börsennotierte Gesellschaften spiegelt die besondere Relevanz ausländischer Aktionäre für diese Gesellschaften wider im Gegensatz zu sonstigen Gesellschaften, die typischerweise keine oder nur wenige ausländische Aktionäre haben.[1130] Darüber hinaus ist der Anwendungsbereich auf Aktionäre beschränkt, deren **Aktien** mit einem **Stimmrecht** verbunden sind,[1131] daher gelten die Regelungen nicht für stimmrechtslose Aktien.[1132] Als das anwendbare Recht zur Umsetzung der Richtlinien-Vorgaben bestimmt Art. 1 Abs. 2 AR-RL ausdrücklich das **Recht des Satzungssitzstaats.**[1133] **391**

Gemäß Art. 1 Abs. 4 AR-RL hat bei Anwendung bestimmter **Restrukturierungs- und Abwicklungsinstrumente** nach dem Rechtsrahmen aus 2014 für die Sanierung und Abwicklung von **Kreditinstituten und Wertpapierfirmen**[1134] (vgl. Rn. 547) die Anwendung der Aktionärsrechte-Richtlinie zu unterbleiben. **392**

Art. 3 AR-RL stellt klar, dass die Regelungen der Aktionärsrechte-Richtlinie nur eine **Mindestharmonisierung** festlegen.[1135] Die Mitgliedstaaten können daher zum Zweck der Erleichterung der Ausübung von Aktionärsrechten inhaltlich über die Vorgaben der Richtlinie hinausgehen[1136] oder die Umsetzungsbestimmungen auch auf nicht-börsennotierte Gesellschaften[1137] bzw. auf Aktionäre mit stimmrechtslosen Aktien[1138] anwenden. **393**

Art. 4 AR-RL legt parallel zu Art. 46 Kapital-RL und Art. 17 Abs. 1 Tr-RL für den Anwendungsbereich der Aktionärsrechte-Richtlinie den **Grundsatz der Gleichbehandlung** aller Aktionäre durch die Gesellschaft fest.[1139] Sachlich gerechtfertigte Differenzierungen sind zulässig, da die Gleichbehandlung nur für Aktionäre gilt, die sich *„in der gleichen* **394**

[1126] RL-Vorschlag COM(2014) 213 final v. 9.4.2014 zur Änderung der Aktionärsrechte-RL 2007/36/EG und der Bilanz-RL 2013/34/EU.

[1127] Erfasst sind nicht ausschließlich Aktiengesellschaften, dazu *Lutter/Bayer/J. Schmidt* EuropUR § 31 Rn. 5; *Ochmann,* Die Aktionärsrechte-Richtlinie, 2009, 18f.; aus deutscher Sicht liegen daher neben AG und SE auch KGaA sowie Investmentaktiengesellschaften und REIT-AG im Anwendungsbereich; gemäß Art. 1 Abs. 3 lit. a–c AR-RL können die Mitgliedstaaten OGAW und Genossenschaften vom Anwendungsbereich ausnehmen.

[1128] Mit Bezug auf die englische Sprachfassung *(„registered office") Habersack/Verse* EuGesR § 7 Rn. 3.

[1129] Gemäß Art. 2 lit. a AR-RL ein Markt iSv Art. 4 Abs. 1 Nr. 14 RL 2004/39/EG (MiFID) bzw. Art. 4 Abs. 1 Nr. 21 RL 2014/65/EU (MiFID II), daher keine Anwendung auf Gesellschaften mit Aktien im Freiverkehr einer Börse.

[1130] *Habersack/Verse* EuGesR § 7 Rn. 1; *Lutter/Bayer/J. Schmidt* EuropUR § 31 Rn. 5.

[1131] Art. 1 Abs. 1 AR-RL; *Lutter/Bayer/J. Schmidt* EuropUR § 31 Rn. 6.

[1132] *M. Doralt,* in Doralt/Nowotny/Kalss, AktG § 118 Rn. 10.

[1133] Mit Bezug auf die englische Sprachfassung *(„registered office") Lutter/Bayer/J. Schmidt* EuropUR § 31 Rn. 8.

[1134] RL 2014/59/EU v. 15.5.2014, ABl. 2014 L 173/190.

[1135] *Habersack/Verse* EuGesR § 7 Rn. 4; *Lutter/Bayer/J. Schmidt* EuropUR § 31 Rn. 12.

[1136] *Lutter/Bayer/J. Schmidt* EuropUR § 31 Rn. 12; *Pluskat* WM 2007, 2135 (2136).

[1137] *Noack* NZG 2006, 321 (322); *Pluskat* WM 2007, 2135 (2136).

[1138] Audrücklich ErwG 4 S. 5 AR-RL; vgl. *Bachner/Dokalik* GesRZ 2007, 104 (105); *Ratschow* DStR 2007, 1402 (1403), wobei die Regelungen zur Ausübung des Stimmrechts zwingend nicht relevant sind.

[1139] Zu den Gleichbehandlungsgeboten im Europäischen Gesellschaftsrecht vgl. Rn. 376ff.; vgl. § 53a AktG, der den Gleichbehandlungsgrundsatz umfassend und nicht beschränkt auf den Anwendungsbereich einzelner Richtlinien festlegt.

Lage befinden", daher hindert die Aktionärsrechte-Richtlinie zum Beispiel nicht die Zulassung von Höchst- oder Mehrstimmrechten entgegen dem „one share, one vote-Prinzip".[1140]

395 **bb) Mindeststandards für die Hauptversammlung:** *aaa) Einberufung:* Art. 5 AR-RL sieht **Mindeststandards** für Frist, Form und Inhalt der Einberufung sowie für Veröffentlichungspflichten der Gesellschaft zur Hauptversammlung vor, um eine **rechtzeitige und ausreichende Information aller Aktionäre,** unabhängig von ihrem jeweiligen Wohnsitz bzw. Sitz, über eine kommende Hauptversammlung zu gewährleisten.[1141]

396 Die **Einberufungsfrist** beträgt gemäß Art. 5 Abs. 1 AR-RL **mindestens 21 Tage**.[1142] **Ausnahmen** bestehen für die verkürzten Einberufungsfristen im Übernahmeverfahren gemäß Art. 9 Abs. 4 und Art. 11 Abs. 4 Übernahme-RL (vgl. Rn. 520f.) sowie für die Neueinberufung von Folgeversammlungen nach Nichterreichen des zur Beschlussfähigkeit erforderlichen Quorums. Die Mitgliedstaaten haben die **Option** den Gesellschaften zu gestatten, für außerordentliche Hauptversammlungen unter engen Voraussetzungen eine Verkürzung auf 14 Tage vorzusehen.[1143] Nach dem Rechtsrahmen zur Sanierung und Abwicklung von **Kreditinstituten und Wertpapierfirmen**[1144] muss entsprechenden Gesellschaften gemäß Art. 5 Abs. 5 AR-RL die Möglichkeit zur Verkürzung der Einberufungsfrist eingeräumt werden, wenn die Hauptversammlung dem Beschluss einer Kapitalerhöhung dient und diese für die Verhinderung des Eintritts der Voraussetzungen zur Anwendung bestimmter Abwicklungs- und Restrukturierungsmaßnahmen erforderlich ist.[1145]

397 Die **Form der Einberufung** muss gemäß Art. 5 Abs. 2 AR-RL in nicht diskriminierender Weise einen schnellen Zugang zu den Informationen gewährleisten und die Einberufung zu diesem Zweck einem **Medium** zugeleitet werden, das diese an die Öffentlichkeit in der gesamten Europäischen Union weiterleiten kann. Insbesondere kommen daher Nachrichtenagenturen, europaweit operierende Printmedien, Finanzmarktseiten oder sonstige elektronische Informationsverbreitungssysteme in Frage.[1146] Die Mitgliedstaaten können aber vorsehen, dass Gesellschaften mit **Namensaktien** und einem aktuellen und vollständigen Aktionärsregister statt der Einberufung über ein Medium eine **Übersendung der Einberufung an jeden Aktionär** vornehmen.[1147] Die Kosten der Einberufung hat die Gesellschaft zu tragen, daher ist eine Verrechnung von Gebühren an die Aktionäre un-

---

[1140] *Bachner/Dokalik* GesRZ 2007, 104 (105); *Lutter/Bayer/J. Schmidt* EuropUR § 31 Rn. 14; *Ochmann,* Die Aktionärsrechte-Richtlinie, 2009, 17 (33); *Zetzsche* NZG 2007, 686 (691); vgl. dazu aber § 12 Abs. 2 AktG (Ö: § 12 Abs. 3 AktG), der (die Neuschaffung von) Mehrstimmrechtsaktien ausdrücklich verbietet, sowie § 134 Abs. 1 AktG, der Höchststimmrechte nur für nicht-börsennotierte Gesellschaften zulässt (dagegen für Ö § 12 Abs. 2 AktG, der Höchststimmrechte generell zulässt); vgl. aber die „Durchbrechungsregel" gemäß Art. 11 Übernahme-RL, die das „one share, one vote-Prinzip" in der Abwehr-HV nach öffentlichen Übernahmeangeboten sowie uU in der HV nach erfolgreicher Übernahme – optional – anordnet (vgl. Rn. 521).

[1141] ErwG 6 AR-RL; vgl. die vergleichbaren, aber geringeren Informationspflichten für Emittenten gemäß Art. 17 Abs. 2 und Art. 21 Transparenz-RL.

[1142] Vgl. § 123 Abs. 1 AktG, der eine mindestens 30-tägige Frist vorsieht und daher über den Mindeststandard der Aktionärsrechte-RL zulässigerweise hinausgeht, dazu *Habersack/Verse* EuGesR § 7 Rn. 8.

[1143] Dazu *Bachner/Dokalik* GesRZ 2007, 104 (106); *Grundmann* EuGesR Rn. 414; *Lutter/Bayer/J. Schmidt* EuropUR § 31 Rn. 19.

[1144] RL 2014/59/EU v. 15.5.2014, ABl. 2014 L 173/190.

[1145] Vgl. Art. 5 Abs. 6 AR-RL für weitere Befreiungen von Bestimmungen in diesen Fällen.

[1146] Dies entspricht den Vorgaben zur Veröffentlichung über Medien gemäß Art. 21 Abs. 1 Transparenz-RL, dazu *Lutter/Bayer/J. Schmidt* EuropUR § 36 Rn. 22; *Assmann,* in Assmann/Schneider, WpHG § 15 WpHG Rn. 279; vgl. § 121 Abs. 4 iVm § 25 AktG, der die Veröffentlichung im elektronischen Bundesanzeiger anordnet und die Anforderung der Medienzuleitung gemäß Art. 5 Abs. 2 Uabs. 1 AR-RL nach hM erfüllt, dazu *Rieckers,* in Spindler/Stilz, AktG § 121 Rn. 67 mwN.

[1147] Vgl. § 121 Abs. 4a AktG, dazu *Koch,* in Hüffer, AktG § 121 Rn. 11i; *Noack,* FS Westermann, 2008, 1203 (1210).

zulässig. Gemäß Art. 5 Abs. 4 AR-RL sind die Einberufung sowie weitere wesentliche Informationen, insbesondere über die Gesamtzahl der Aktien und Stimmrechte, und Unterlagen, zum Beispiel die Beschlussvorschläge bzw. Erläuterungen zu den einzelnen Tagesordnungspunkten, innerhalb von mindestens 21 Tagen[1148] bis zur Hauptversammlung auf der **Website** der Gesellschaft **zugänglich** zu machen.[1149]

Art. 5 Abs. 3 AR-RL sieht einen **Katalog von Mindestinhalten** für die Einberufung vor, insbesondere Ort, Zeitpunkt und Tagesordnung der Hauptversammlung, eine Angabe der Website, auf der die Informationen gemäß Art. 5 Abs. 4 AR-RL zugänglich sind, Angaben über die Rechte zur Ergänzung der Tagesordnung und das Fragerecht sowie Informationen über die Stimmrechtsvertretung und gegebenenfalls über die Stimmabgabe auf elektronischem Weg bzw. per Brief.[1150] **398**

Gemäß Art. 6 AR-RL haben die Mitgliedstaaten den Aktionären zwei grundlegende **Minderheitenrechte** einzuräumen, damit Aktionäre der Hauptversammlung bestimmte Angelegenheiten zur Beratung oder Beschlussfassung vorlegen können: (i) Das Recht zur **Ergänzung der Tagesordnung** um zusätzliche Punkte, für die entweder eine Begründung oder eine Beschlussvorlage vorzulegen sind, (ii) das Recht zur **Einbringung von Beschlussvorlagen** zu bereits bestehenden Tagesordnungspunkten. Für die nähere Ausgestaltung dieser Rechte haben die Mitgliedstaaten einen weiten, durch die Bestimmungen nach Art. 6 AR-RL abgesteckten Spielraum.[1151] Die Rechte können als Individual- oder Kollektivrechte ausgestaltet sein, wobei die erforderliche Mindestbeteiligung 5% am Grundkapital nicht übersteigen darf,[1152] und die Mitgliedstaaten können über den durch Art. 6 AR-RL etablierten Mindeststandard hinausgehen, diesen aber nicht durch strengere Beschränkungen herabsetzen,[1153] daher insbesondere ein Minderheitenrecht auch zur Einberufung der Hauptversammlung vorsehen.[1154] **399**

bbb) Zugang zur Hauptversammlung: Art. 7 AR-RL beinhaltet Regelungen für zulässige **Voraussetzungen zur Teilnahme** eines Aktionärs an der Hauptversammlung und **400**

[1148] Die Zugänglichmachung gemäß § 124a S. 1 AktG *„alsbald nach der Einberufung"*, die gemäß § 123 Abs. 1 AktG mindestens 30 Tage vor der HV stattfinden muss, ist nach allgemeinem Verständnis (maximal 2–3 Tage nach Einberufung, dazu *Rieckers,* in Spindler/Stilz, AktG § 124a Rn. 4) daher richtlinienkonform, bei ausnahmsweise verkürzter Einberufungsfrist (vgl. Rn. 396) wird der Zeitraum entsprechend angepasst, vgl. *Lutter/Bayer/J. Schmidt* EuropUR § 36 Rn. 34.

[1149] Vgl. § 124a AktG, dazu *Ochmann,* Die Aktionärsrechte-Richtlinie, 2009, 87; *Rieckers,* in Spindler/Stilz, AktG § 124a Rn. 1 ff. (3).

[1150] Vgl. dazu § 121 Abs. 3 AktG, dazu *Horn* ZIP 2008, 1558 ff.; *Ochmann,* Die Aktionärsrechte-Richtlinie, 2009, 78 ff.; richtlinienwidrig beschränkt § 121 Abs. 3 S. 3 AktG die Anwendbarkeit des Mindestkatalogs aber auf Einberufungen durch den Vorstand oder den Aufsichtsrat, richtlinienkonform ist der Mindestkatalog auch für sonstige Einberufungen, insbesondere durch eine Aktionärsminderheit gemäß § 122 Abs. 3 AktG, zu beachten, dazu *Habersack/Verse* EuGesR § 7 Rn. 11; *Noack/Zetzsche,* in KK-AktG, § 121 Rn. 86; *Ziemons,* in K. Schmidt/Lutter, AktG § 121 Rn. 43.

[1151] Dazu *Bachner/Dokalik* GesRZ 2007, 104 (108 f.); *Lutter/Bayer/J. Schmidt* EuropUR § 31 Rn. 38 ff.

[1152] Vgl. § 122 Abs. 2 AktG, der das Recht zur Ergänzung der Tagesordnung – unabhängig von der sonstigen 5%-Hürde – Aktionären einräumt, deren Anteile am Grundkapital EUR 500 000 erreichen.

[1153] Vgl. Art. 3 AR-RL (vgl. Rn. 393); vgl. zu richtlinienwidrigen Beschränkungen bei der Umsetzung von Art. 6 AR-RL *Habersack/Verse* EuGesR § 7 Rn. 13 f., insbesondere zu den nicht in Art. 6 AR-RL angeführten Voraussetzungen des Bestehens eines Beschlussvorschlags der Verwaltung bzw. einer Begründung für das Einbringen eines Beschlussvorschlags gemäß § 126 Abs. 1 AktG, die in richtlinienkonformer Auslegung zumindest für börsennotierte Gesellschaften nicht erforderlich sind, dazu *Noack/Zetzsche,* in KK-AktG, § 126 Rn. 27 f., 33; *Ziemons,* in K. Schmidt/Lutter, AktG § 126 Rn. 7, 13.

[1154] Vgl. § 122 Abs. 1 AktG, der das Einberufungsrecht zur HV für eine Mindestbeteiligung von 5% am Grundkapital vorsieht; vgl. auch §§ 126 f. AktG, die das Recht zur Einbringung von Beschlussvorlagen als Individualrecht jedem einzelnen Aktionär einräumen.

verbietet in Abs. 1 einerseits, dass eine Hinterlegung oder Übertragung von Aktien auf Dritte zu Legitimationszwecken erforderlich ist, andererseits eine Aktiensperrung *(„share blocking")*, die die Übertragbarkeit der Aktien in einem Zeitraum vor der Hauptversammlung besonders einschränkt.[1155] Art. 7 Abs. 2 AR-RL sieht als grundsätzliche Form der Legitimation der Aktionäre gegenüber der Gesellschaft einen **Terminsnachweis** *(„record date")* vor, dh der Aktionär muss der Gesellschaft nachweisen, dass er Aktien im entsprechenden Ausmaß zu einem bestimmten Termin **(„Nachweisstichtag")** gehalten hat und danach richtet sich sein Teilnahme- und Stimmrecht.[1156] Art. 7 Abs. 3 AR-RL legt den Nachweisstichtag für die Hauptversammlung nicht konkret fest, gibt dazu aber bestimmte Vorgaben, insbesondere die Einheitlichkeit der nationalen Regelung für den Nachweisstichtag mit der Möglichkeit zur Differenzierung zwischen Gesellschaften mit Inhaber- und solchen mit Namensaktien sowie die Eingrenzung der Regelung auf einen Termin, der nicht mehr als 30 Tage vor der Hauptversammlung und mindestens 8 Tage nach dem Einberufungstag liegt.[1157] Gemäß Art. 7 Abs. 4 AR-RL müssen die mitgliedstaatlichen Vorgaben für den Nachweis der Aktionärseigenschaft zur Identifikation der Aktionäre verhältnismäßig, dh erforderlich und angemessen sein.[1158] Die Mitgliedstaaten können gemäß Art. 7 Abs. 2 Uabs. 2 AR-RL auf einen Terminsnachweis zu einem Stichtag für Gesellschaften verzichten, die ein aktuelles Aktionärsregister führen, aus dem am Tag der Hauptversammlung Namen und Anschrift der Aktionäre ermittelt werden können **(„Registernachweis").**[1159]

401 *ccc) Fernteilnahme und -abstimmung:* Art. 8 und 12 AR-RL ermöglichen die **Fernteilnahme** an einer Hauptversammlung **auf elektronischem Weg** sowie die **Fernabstimmung per Brief** und stellen daher einen zentralen Bestandteil der Richtlinie zur **Erleichterung insbesondere der grenzüberschreitenden Ausübung von Aktionärsrechten** dar. Die Regelungen schaffen allerdings nur einen *„ermöglichenden Mindeststandard" („enabling minimum standard"),*[1160] dh sie verpflichten die Mitgliedstaaten dazu, den Gesellschaften die Möglichkeit zur Zulassung der Fernteilnahme bzw. -abstimmung einzuräumen, es ist daher die Entscheidung jeder einzelnen Gesellschaft, ob und inwieweit sie diese Möglichkeiten tatsächlich zulassen möchte.[1161]

402 Art. 8 Abs. 1 AR-RL verpflichtet die Mitgliedstaaten, den Gesellschaften jede **Form der Fernteilnahme** ihrer Aktionäre an der Hauptversammlung auf elektronischem Weg

---

[1155] Dazu *Noack/Zetzsche,* in KK-AktG, § 123 Rn. 11.

[1156] *Lutter/Bayer/J. Schmidt* EuropUR § 31 Rn. 43; *Noack/Zetzsche,* in KK-AktG, § 123 Rn. 12.

[1157] *Lutter/Bayer/J. Schmidt* EuropUR § 31 Rn. 44; *Noack/Zetzsche,* in KK-AktG, § 123 Rn. 13; vgl. § 123 Abs. 3 S. 3 AktG, der für Inhaberaktien den 21. Tag vor der HV als Nachweisstichtag festlegt, während für Namensaktien auf die Eintragung im aktuellen Aktienregister abgestellt wird; zur geplanten Vereinheitlichung für Inhaber- und Namensaktien mit Nachweisstichtag am 21. Tag vor der HV durch die Aktienrechtsnovelle 2015 (BR-Drs. 22/15) vgl. *Götze/Nartowska* NZG 2015, 298 (301 ff.).

[1158] *Grundmann* EuGesR Rn. 416; *Lutter/Bayer/J. Schmidt* EuropUR § 31 Rn. 45; *Noack/Zetzsche,* in KK-AktG, § 123 Rn. 18; vgl. § 123 Abs. 3 S. 2, 3 AktG; für Ö § 111 iVm § 10a AktG, dazu *Bachner,* in Doralt/Nowotny/Kalss, AktG § 111 Rn. 11, *Schmidt-Pachinger,* in Doralt/Nowotny/Kalss, AktG § 10a Rn. 12 ff.

[1159] *Noack/Zetzsche,* in KK-AktG, § 123 Rn. 14; vgl. das Aktienregister für Namensaktionäre gemäß § 67 Abs. 2 S. 1 AktG; fraglich ist, ob ein vorverlagerter Legitimationstermin, der also auf einen Tag vor der HV abstellt, bzw. ein Umschreibungsstopp, der für einen bestimmten Zeitraum vor der Hauptversammlung Aktualisierungen des Aktionärsregisters ausschließt, im Sinne eines „aktuellen" Aktionärsregisters richtlinienkonform sind, dazu bejahend *Lutter/Bayer/J. Schmidt* EuropUR § 31 Rn. 46; *Noack/Zetzsche,* in KK-AktG, § 123 Rn. 14 ff.; verneinend *Ziemons,* in K. Schmidt/Lutter, AktG § 123 Rn. 24.

[1160] SEC (2006) 181, 32; *J. Schmidt* BB 2006, 1641 (1643).

[1161] *Habersack/Verse* EuGesR § 7 Rn. 18, 21; *Lutter/Bayer/J. Schmidt* EuropUR § 31 Rn. 48; *Noack,* FS Westermann, 2008, 1203 (1214); *Ochmann,* Die Aktionärsrechte-Richtlinie, 2009, 111 (141).

zu gestatten, und zählt demonstrativ[1162] verschiedene Teilnahmemöglichkeiten auf, die insbesondere in einer rein passiven Form der Teilnahme, bei der die Aktionäre die Hauptversammlung nur mitverfolgen können,[1163] der Möglichkeit, sich aktiv durch Redebeiträge an der Hauptversammlung zu beteiligen, oder auch in der Möglichkeit zur Stimmabgabe vor[1164] oder während der Hauptversammlung bestehen können. Anforderungen und Beschränkungen für die verschiedenen Formen der Fernteilnahme können durch die Mitgliedstaaten zum Zweck der Identifikation der Aktionäre oder zur Gewährleistung der Sicherheit der elektronischen Fernteilnahme festgelegt werden, müssen aber gemäß Art. 8 Abs. 2 AR-RL verhältnismäßig, dh erforderlich und angemessen sein.[1165]

Die Gesellschaften können daher bestimmen, ob und mit welchen **Teilnahmerechten** sie die Fernteilnahme von Aktionären zulassen, dh insbesondere ob mit oder ohne Stimmrecht, Fragerecht sowie Widerspruchs- und Anfechtungsrecht, ohne dass dies zu einer Verletzung des Gleichbehandlungsgrundsatzes führt, da sich Fernteilnehmer und physische Teilnehmer an der Hauptversammlung iSv Art. 4 AR-RL grundsätzlich nicht in der gleichen Lage befinden.[1166] Zu überlegen ist allerdings, ob der Ausschluss des Widerspruchs- und Anfechtungsrechts entsprechend der hM tatsächlich so weit gehen kann, dass die Verletzung der von der Gesellschaft im konkreten Fall für die Fernteilnahme zugesicherten Aktionärsrechte sanktionslos bleibt. Entschließt sich eine Gesellschaft, den Aktionären die Fernteilnahme unter Ausübung bestimmter Teilnahmerechte zu gewähren, befinden sich die Aktionäre – soweit sie auf diesem Weg an der Hauptversammlung gleichwertig „teilnehmen"[1167] – für diese Rechte schließlich sehr wohl in der „gleichen Lage" wie die physisch anwesenden Aktionäre. Aufgrund des Gleichbehandlungsgrundsatzes und unter Beachtung möglicher Beschränkungen nach dem Verhältnismäßigkeitsgrundsatz gemäß Art. 8 Abs. 2 Uabs. 1 AR-RL ist den fernteilnehmenden Aktionären daher bei Verletzung von zugesicherten Teilnahmerechten unter den gleichen Bedingungen wie den physischen Teilnehmern ein Anfechtungsrecht zuzugestehen, das bei Möglichkeit einer Widerspruchserhebung eine solche voraussetzt, andernfalls aber auch ohne Widerspruch ausgeübt werden kann.[1168] 403

[1162] Dies berücksichtigt die technische Weiterentwicklung, vgl. *Noack,* FS Westermann, 2008, 1203 (1214); *Ochmann,* Die Aktionärsrechte-Richtlinie, 2009, 112f.; *Ratschow* DStR 2007, 1402 (1405).

[1163] Vgl. § 118 Abs. 4 AktG zur Bild- und Tonübertragung.

[1164] Die elektronische Stimmabgabe fällt unter Art. 8 AR-RL, auch wenn diese vor der HV stattfindet und daher keine „Teilnahme" an der HV besteht, dazu *Lutter/Bayer/J. Schmidt* EuropUR § 31 Rn. 51; vgl. § 118 Abs. 2 AktG, der neben der Briefabstimmung auch die Fernabstimmung auf elektronischem Weg regelt und daher teils Art. 8 AR-RL und teils Art. 12 AR-RL umsetzt.

[1165] Art. 8 Abs. 2 Uabs. 2 AR-RL stellt klar, dass die gesellschaftsrechtlichen Erfordernisse zur Einführung oder tatsächlichen Anwendung entsprechender Fernteilnahmeformen in einer Gesellschaft nicht vom Verhältnismäßigkeitsprinzip betroffen sind und durch die Mitgliedstaaten grundsätzlich frei festgelegt werden können, zB Erfordernis einer Satzungsregelung bzw. Satzungsermächtigung an den Vorstand, vgl. § 118 Abs. 1 S. 2 AktG, vgl. *Lutter/Bayer/J. Schmidt* EuropUR § 31 Rn. 50; *Ochmann,* Die Aktionärsrechte-Richtlinie, 2009, 116.

[1166] Vgl. § 118 Abs. 1 S. 2 AktG zur vollwertigen elektronische (Fern-)Teilnahme, die durch die Satzung bzw. durch den satzungsmäßig entsprechend ermächtigten Vorstand in den konkret zur Verfügung stehenden Rechten verschieden ausgestaltet werden kann, dazu *Habersack/Verse* EuGesR § 7 Rn. 19f.; *Hoffmann,* in Spindler/Stilz, AktG § 118 Rn. 35ff.; *Lutter/Bayer/J. Schmidt* EuropUR § 31 Rn. 55 mwN.

[1167] Aktionäre, die nur passiv zugeschaltet sind, sind als Teilnehmer nicht in der gleichen Lage wie die physisch anwesenden Aktionäre; Aktionäre, die durch eine Zweiweg-Echtzeitverbindung mit Bild und Ton in entsprechender Qualität mit den physisch Anwesenden interagieren können, nehmen hingegen gleichwertig an der HV teil.

[1168] Vgl. *Habersack/Verse* EuGesR § 7 Rn. 20; *Hellgardt/Hoger* ZGR 2011, 38 (79) Fn. 221; *Hoffmann,* in Spindler/Stilz, AktG § 118 Rn. 38; zur Ausübbarkeit des Anfechtungsrechts auch bei Nichteinräumung eines Widerspruchsrechts vgl. *Kersting* NZG 2010, 130 (134).

404 Art. 12 AR-RL verpflichtet die Mitgliedstaaten, den Gesellschaften die **Abstimmung der Aktionäre per Brief** vor der Hauptversammlung zu ermöglichen.[1169] Die Mitgliedstaaten können verhältnismäßige Regelungen zum Zweck der Sicherstellung der Aktionärsidentifikation und der Sicherheit der Stimmabgabe[1170] sowie Regelungen zur Berücksichtigung von Entwicklungen nach der Stimmabgabe vorsehen, insbesondere die Nichtigkeit der Stimmabgabe, wenn der Beschluss in der Hauptversammlung mit geändertem Inhalt gefasst wird.[1171]

405 *ddd) Fragerecht der Aktionäre:* Art. 9 Abs. 1 AR-RL räumt den Aktionären als **Individualrecht** ein **Fragerecht zu den Punkten der Tagesordnung** der Hauptversammlung ein und legt der Gesellschaft eine **korrespondierende Antwortpflicht** auf. Die genauere Ausgestaltung von Fragerecht und Antwortpflicht, dh wann und wie die Fragen zu stellen bzw. die Antworten zu geben sind, obliegt den Mitgliedstaaten.[1172] Inhaltlich ist das Fragerecht gemäß Art. 9 Abs. 1 AR-RL auf Fragen zur Tagesordnung beschränkt, wobei die Reichweite dieser Beschränkung umstritten ist. Die Rechtsprechung[1173] und die wohl überwiegende Meinung[1174] gehen davon aus, dass diese Beschränkung nur einen objektiven Sachzusammenhang mit einem Tagesordnungspunkt voraussetzt.[1175] Aus dem Zweck der Regelung, den – stimmberechtigten[1176] – Aktionären eine informierte Stimmrechtsausübung zu gewährleisten, ist jedoch zu schließen, dass die Beschränkung auf Informationen, die zur Bildung eines informierten Urteils über einen Tagesordnungspunkt aus der Sicht eines objektiven Durchschnittsaktionärs erforderlich sind, dem Tatbestand des Art. 9 Abs. 1 AR-RL bereits immanent ist.[1177]

[1169] Vgl. § 118 Abs. 2 AktG, der über den ermöglichenden Mindeststandard (vgl. Rn. 401) des Art. 12 AR-RL hinausgeht, da er einerseits die Fernabstimmung nicht nur per Brief, sondern auch auf elektronischem Weg zulässt und damit zum Teil Art. 8 AR-RL umsetzt, und er andererseits die Fernabstimmung auch für nicht-börsennotierte Gesellschaften eröffnet, vgl. *Habersack/Verse* EuGesR § 7 Rn. 21; zur – zu verneinenden – Frage, ob Art. 12 AR-RL bereits unmittelbar auch die Fernabstimmung auf elektronischem Weg erfasst, und dem Schluss, dass diese von Art. 8 AR-RL erfasst ist, vgl. *Lutter/Bayer/J. Schmidt* EuropUR § 31 Rn. 51.

[1170] Vgl. Art. 12 S. 2, ErwG 9 S. 2 AR-RL, dazu *Lutter/Bayer/J. Schmidt* EuropUR § 31 Rn. 53.

[1171] Vgl. ErwG 9 S. 3 AR-RL, solche Regelungen sind auch für die unter Art. 8 AR-RL fallende Fernabstimmung auf elektronischem Weg zulässig; vgl. für Ö § 126 Abs. 4 S. 2 (Fernabstimmung ohne Brief) bzw. § 127 Abs. 4 S. 2 (Fernabstimmung per Brief) AktG für Nichtigkeit der Stimmabgabe bei geändertem Beschlussinhalt.

[1172] Vgl. ErwG 8 Hs. 2 AR-RL; *Habersack/Verse* EuGesR § 7 Rn. 22; *Lutter/Bayer/J. Schmidt* EuropUR § 31 Rn. 56; *Noack,* FS Westermann, 2008, 1203 (1213); vgl. § 131 Abs. 1 S. 1 AktG, wonach das Fragerecht ausschließlich in der HV auszuüben ist, dazu und zu weiteren Modalitäten der Ausübung des Fragerechts sowie der Antwortpflicht der Gesellschaft zB *Koch,* in Hüffer, AktG § 131 Rn. 21 ff.; *Siems,* in Spindler/Stilz, AktG § 131 Rn. 18 ff., 63 ff.

[1173] BGH v. 5.11.2013 – II ZB 28/12, NZG 2014, 27 Rn. 22 ff., dazu *Kubis* ZGR 2014, 608 ff.

[1174] Vgl. *Kersting,* in KK-AktG, § 131 Rn. 112 ff.; *Kubis* ZGR 2014, 608 (617 f.); *Kubis,* in MüKo-AktG, § 131 Rn. 64; *Spindler,* in K. Schmidt/Lutter, AktG § 131 Rn. 29.

[1175] Die notwendige „Erforderlichkeit" der angefragten Information gemäß § 131 Abs. 1 S. 1 AktG sei daher eine weitergehende Beschränkung als der von Art. 9 Abs. 1 AR-RL geforderte Sachzusammenhang, die aber gemäß Art. 9 Abs. 2 Uabs. 2 AR-RL zum Zweck der Gewährleistung eines ordnungsgemäßen Ablaufs der HV gerechtfertigt sei, vgl. dazu BGH v. 5.11.2013 – II ZB 28/12, NZG 2014, 27 Rn. 27; *Habersack/Verse* EuGesR § 7 Rn. 23; *Koch,* in Hüffer, AktG § 131 Rn. 12; *Kocher/Lönner* AG 2010, 153 (156); *Kubis,* in MüKoAktG, § 131 Rn. 64; aA *Kersting,* KK-AktG, § 131 Rn. 128, der dafür eintritt, die „Erforderlichkeit" gemäß § 131 Abs. 1 S. 1 AktG richtlinienkonform eng auszulegen, sodass diese im Ergebnis dem nach dieser Meinung nach Art. 9 Abs. 1 AR-RL geforderten Sachzusammenhang mit der Tagesordnung entspricht.

[1176] Vgl. Art. 1 Abs. 1 AR-RL zum Anwendungsbereich der Aktionärsrechte-RL (vgl. Rn. 391).

[1177] *Lutter/Bayer/J. Schmidt* EuropUR § 31 Rn. 56; *Teichmann* NZG 2014, 401 (404 ff.); dies entspricht dem Verständnis der Erforderlichkeit im Sinne von § 131 Abs. 1 S. 1 AktG, dazu *Koch,* in Hüffer, AktG § 131 Rn. 12.

Das **Fragerecht** ist darüber hinaus **abschließend**[1178] **beschränkt** durch die *„Antwortfiktion"*[1179] gemäß Art. 9 Abs. 2 Uabs. 2 AR-RL, wonach die Mitgliedstaaten festlegen können, dass die Frage eines Aktionärs als beantwortet und daher die Antwortpflicht der Gesellschaft als erfüllt gilt, wenn die nachgefragte Information auf der Website der Gesellschaft verfügbar ist,[1180] sowie durch die Grenzen gemäß Art. 9 Abs. 2 Uabs. 1 AR-RL: Die Mitgliedstaaten können demnach zu den Zwecken der Identitätsfeststellung von Aktionären, der Sicherung der ordnungsgemäßen Vorbereitung und Durchführung der Hauptversammlung sowie des Schutzes der Vertraulichkeit und der Geschäftsinteressen der Gesellschaft beschränkende Maßnahmen festlegen bzw. die Gesellschaften dazu ermächtigen.[1181] **406**

Verstöße gegen das Fragerecht der Aktionäre bzw. gegen die Antwortpflicht der Gesellschaft sind durch die Mitgliedstaaten effektiv zu **sanktionieren** (vgl. Rn. 35).[1182] **407**

eee) Unmittelbare Stellvertretung: Die Aktionärsrechte-Richtlinie sieht die Möglichkeit eines Aktionärs, sich in der Hauptversammlung durch eine andere Person vertreten zu lassen, als wesentlichen Teil einer guten Unternehmensführung an und verfolgt daher das Ziel, durch eine Mindestharmonisierung Hindernisse für die verschiedenen Vertretungsformen abzubauen, da unterschiedliche Regelungen zur Stellvertretung insbesondere die grenzüberschreitende Ausübung von Aktionärsrechten behindern.[1183] Art. 10 und 11 AR-RL legen zu diesem Zweck **Mindeststandards für die materiellen und formellen Voraussetzungen für die unmittelbare Stellvertretung** eines Aktionärs durch eine andere Person in dessen Namen in der Hauptversammlung aufgrund einer rechtsgeschäftlich erteilten Vollmacht fest (*„Vertretung"*).[1184] **408**

Gemäß Art. 10 Abs. 1 Uabs. 1 AR-RL hat jeder Aktionär das **Recht,** eine natürliche oder juristische Person als **Vertreter in der Hauptversammlung zu bestellen,** der **dieselben Rechte** auf Teilnahme, Stimmrechtsausübung, Wortmeldung und Fragestellung hat wie der vertretene Aktionär.[1185] Art. 10 Abs. 1 bis 3 AR-RL sehen abschließend[1186] bestimmte **Möglichkeiten zur Beschränkung der unmittelbaren Stellvertretung** vor. Die Mitgliedstaaten können (i) für die Person des Vertreters die Voraussetzung der Geschäftsfähigkeit vorsehen bzw. die Gesellschaft dies verlangen lassen,[1187] (ii) die Bestellung **409**

[1178] *Lutter/Bayer/J. Schmidt* EuropUR § 31 Rn. 58; *Zetzsche* NZG 2007, 686 (688).

[1179] *Lutter/Bayer/J. Schmidt* EuropUR § 31 Rn. 57.

[1180] Vgl. § 131 Abs. 3 Nr. 7 AktG; zur Form der verfügbaren Information (*„Frage und Antwort"*) vgl. *Grundmann/Winkler* ZIP 2006, 1421 (1426); *J. Schmidt* BB 2006, 1641 (1643).

[1181] Vgl. § 131 Abs. 3 Nr. 1–6 AktG als Umsetzung von Art. 9 Abs. 2 Uabs. 1 Var 3 AR-RL; dazu und zur Diskussion der Richtlinienkonformität bzw. -widrigkeit der einzelnen Tatbestände *Kersting* KK-AktG § 131 Rn. 316, 327, 335, 340, 356; *Lack*, Rechtsfragen des individuellen Auskunftsrechts des Aktionärs, 2009, 266 f.; *Lutter/Bayer/J. Schmidt* EuropUR § 31 Rn. 60; *Pöschke* ZIP 2010, 1221 (1223 f.); *Zetzsche* NZG 2007, 686 (688 f.).

[1182] *Lutter/Bayer/J. Schmidt* EuropUR § 31 Rn. 59 f.; zu den Sanktionen nach dt. Recht im Detail vgl. *Kersting* KK-AktG § 131 Rn. 541 ff., vgl. insbesondere § 132 AktG zur gerichtlichen Durchsetzung des Fragerechts.

[1183] Vgl. ErwG 10 AR-RL; *Habersack/Verse* EuGesR § 7 Rn. 25; *Lutter/Bayer/J. Schmidt* EuropUR § 31 Rn. 61, 96.

[1184] Vgl. Legaldefinition in Art. 2 lit. c AR-RL; zur mittelbaren Vertretung durch Intermediäre vgl. Rn. 412.

[1185] Art. 10 Abs. 1 AR-RL gewährleistet daher über den Wortlaut der Überschrift hinaus nicht nur die Stimmrechtsausübung im Namen des Aktionärs, sondern auch die Ausübung anderer zentraler Aktionärsrechte in der HV, dazu *Habersack/Verse* EuGesR § 7 Rn. 26; *Lutter/Bayer/J. Schmidt* EuropUR § 31 Rn. 63.

[1186] *Grundmann,* FS Wymeersch, 2009, 183 (189); *Lutter/Bayer/J. Schmidt* EuropUR § 31 Rn. 62; *Ochmann,* Die Aktionärsrechte-Richtlinie, 2009, 152; *Zetzsche* NZG 2007, 686 (690).

[1187] Art. 10 Abs. 1 Uabs. 2 AR-RL; andere persönliche Voraussetzungen können weder die Mitgliedstaaten noch die Gesellschaften statutarisch vorsehen, dazu *Habersack/Verse* EuGesR § 7 Rn. 28; *Koch,* in Hüffer, AktG § 134 Rn. 25; *Lutter/Bayer/J. Schmidt* EuropUR § 31 Rn. 70; *Noack*, FS Westermann, 2008, 1203 (1211); *Ochmann,* Die Aktionärsrechte-Richtlinie, 2009, 157 f.

auf bestimmte Hauptversammlungen begrenzen,[1188] (iii) die Anzahl der Vertreter, die ein Aktionär als Vertreter für eine Hauptversammlung bestellt, beschränken,[1189] wobei diese Option nicht für Aktien aus mehreren Wertpapierdepots[1190] und nicht für Intermediäre, die für jeden ihrer Klienten einen Vertreter bestellen können,[1191] verfügbar ist, und (iv) Beschränkungen zur Vermeidung von Interessenkonflikten[1192] zwischen Aktionär und Vertreter vorsehen. Art. 10 Abs. 3 Uabs. 1 AR-RL sieht zu diesem Zweck einen abschließenden[1193] Katalog von Anforderungen vor, die die Mitgliedstaaten für die Vertretung festlegen können: Transparenzregelungen zur Offenlegung bestimmter Umstände durch den Vertreter gegenüber dem Aktionär, das Erfordernis einer konkreten Weisung des Aktionärs für jede Stimmrechtsausübung durch den Vertreter sowie die Möglichkeit zur Beschränkung oder zum Ausschluss einer Untervertretung.[1194]

410 Art. 10 Abs. 5 AR-RL gewährleistet die Zulässigkeit der **Gruppenvertretung**, dh dass ein Vertreter mehrere Aktionäre in einer Hauptversammlung vertreten und für die einzelnen Aktionäre auch unterschiedlich abstimmen kann.[1195]

411 Art. 11 AR-RL sieht für die **Bestellung** eines **Vertreters,** deren **Widerruf** sowie die entsprechenden Benachrichtigungen der Gesellschaft vor, dass diese **auf elektronischem Weg** durchgeführt werden können. Die Mitgliedstaaten sind dazu verpflichtet sicherzustellen, dass die Gesellschaften den Aktionären mindestens eine wirksame Methode der Benachrichtigung auf elektronischem Weg zur Verfügung stellen. Gleichzeitig müssen Bestellung, Widerruf und Benachrichtigungen die **Schriftform** im Sinne der Aktionärsrechte-Richtlinie einhalten, eine eigenhändige Unterschrift ist nicht erforderlich,[1196] es reicht daher die Mitteilung zum Beispiel per Email oder ausgefülltem Online-Formular.[1197] Die Mitgliedstaaten können sonstige formale Anforderungen an Bestellung, Widerruf, Erteilung von Abstimmungsanweisungen und Bestellungswiderruf nur zur Identitätsfeststellung

---

[1188] Art. 10 Abs. 2 Uabs. 1 AR-RL, keine Umsetzung in D und Ö.

[1189] Vgl. § 134 Abs. 3 S. 2 AktG, der der Gesellschaft in diesem Fall das Recht einräumt, einzelne Vertreter zurückzuweisen; diese Regelung ist aber im Sinne der Ausnahmen zu dieser Beschränkungsoption richtlinienkonform so auszulegen, dass ein Vertreter pro Wertpapierdepot bzw. ein Vertreter für jeden Klienten eines Intermediärs zuzulassen ist, dazu *Habersack/Verse* EuGesR § 7 Rn. 28 Fn. 65.

[1190] Art. 10 Abs. 2 Uabs. 2 S. 2 AR-RL.

[1191] Art. 13 Abs. 5 AR-RL (vgl. Rn. 413).

[1192] Art. 10 Abs. 3 Uabs. 2 AR-RL führt beispielhaft typische Fälle von Interessenkonflikten an, die die Mitgliedstaaten als Anknüpfungstatbestände für Anforderungen nach Uabs. 1 verwenden können, dazu im Detail *Lutter/Bayer/J. Schmidt* EuropUR § 31 Rn. 79, 84ff.

[1193] *Lutter/Bayer/J. Schmidt* EuropUR § 31 Rn. 79; *Ochmann,* Die Aktionärsrechte-Richtlinie, 2009, 154; *Ratschow* DStR 2007, 1402 (1405).

[1194] Vgl. § 135 Abs. 2 S. 4 und 5 (Transparenzregelungen iSv lit. a AR-RL) und Abs. 3 S. 3 und 4 AktG (Beschränkung ohne ausdrückliche Weisung iSv lit. b AR-RL).

[1195] Vgl. für D zur Zulässigkeit der Gruppenvertretung und unterschiedlicher Stimmabgabe *Grundmann,* in GroßKAktG, § 133 Rn. 74; *Koch,* in Hüffer, AktG § 133 Rn. 20f., § 134 Rn. 28.

[1196] Es gilt daher nicht die Schriftform iSv § 126 BGB, sondern das Schriftlichkeitserfordernis nach der Aktionärsrechte-RL entspricht der Textform gemäß § 126b BGB, dazu *Bachner,* in Doralt/Nowotny/Kalss, AktG § 114 Rn. 4; *Lutter/Bayer/J. Schmidt* EuropUR § 31 Rn. 92; *Noack*, FS Westermann, 2008, 1203 (1212); *Ochmann,* Die Aktionärsrechte-Richtlinie, 2009, 172f.; *Rieckers,* in Spindler/Stilz, AktG § 134 Rn. 69; *Wicke*, FS Kanzleiter, 2010, 415 (428); *Zetzsche* NZG 2007, 686 (690); iE auch *Habersack/Verse* EuGesR § 7 Rn. 30 Fn. 73; aA *Pluskat* WM 2007, 2135 (2138); vgl. § 134 Abs. 3 S. 3 AktG, der zwar die Textform vorsieht, allerdings für börsennotierte Gesellschaften eine statutarische Erleichterung dieses Formerfordernisses ermöglicht und insofern richtlinienwidrig ist, genauso § 135 AktG, der die Vollmachtserteilung für professionelle Stimmrechtsvertretung überhaupt formlos zulässt, dazu *Habersack/Verse* EuGesR § 7 Rn. 31 mwN; zweifelnd *Rieckers,* in Spindler/Stilz, AktG § 134 Rn. 72, § 135 Rn. 16f.

[1197] *Grundmann,* in GroßKAktG, § 134 Rn. 111a; *Lutter/Bayer/J. Schmidt* EuropUR § 31 Rn. 92; *Rieckers,* in Spindler/Stilz, AktG § 134 Rn. 70.

von Aktionär und Vertreter sowie zur Überprüfung des Inhalts von Abstimmungsanweisungen vorsehen.[1198]

fff) Intermediäre: In Ergänzung zu den Bestimmungen für die unmittelbare Stellvertretung (vgl. Rn. 408 ff.) beinhaltet Art. 13 AR-RL punktuelle Regelungen für den praktisch häufigen und insbesondere für grenzüberschreitende Aktionärskreise wichtigen Fall, dass ein **professioneller Intermediär** als Aktionär gegenüber der Gesellschaft gilt, die Aktien aber für eine andere natürliche oder juristische Person *(„Klient")* hält und die Aktionärsrechte als **mittelbarer Vertreter** für diese Person ausübt.[1199] 412

Die einzelnen Bestimmungen in Art. 13 AR-RL sehen **Erleichterungen** für Intermediäre vor: Die Mitgliedstaaten können zwar Publizitätsanforderungen aufstellen, als Voraussetzung für die Ausübbarkeit des Stimmrechts durch den Intermediär darf aber nur die Offenlegung der Identität des Klienten und der Anzahl an Aktien, aus denen für diesen das Stimmrecht ausgeübt wird, gegenüber der Gesellschaft durch Eintragung in eine Liste festgelegt werden.[1200] Gemäß Art. 13 Abs. 4 AR-RL müssen die Mitgliedstaaten gewährleisten, dass Intermediäre für verschiedene Aktien unterschiedlich abstimmen dürfen, um den Abstimmungsanweisungen verschiedener Klienten entsprechen zu können. Mit Ausnahme dieser Fallgruppe sowie der Gruppenvertretung gemäß Art. 10 Abs. 5 AR-RL (vgl. Rn. 410) bleibt es aber den Mitgliedstaaten vorbehalten zu entscheiden, ob ein Aktionär für seine Aktien unterschiedliche Stimmen abgeben kann *(„split voting")*.[1201] Art. 13 Abs. 5 AR-RL legt schließlich fest, dass ein Intermediär abweichend von Art. 10 Abs. 2 Uabs. 2 S. 1 AR-RL dazu berechtigt sein muss, für jeden Klienten entweder diesen selbst oder eine andere von diesem benannte Person als unmittelbaren Stellverterter iSv Art. 10, 11 AR-RL zu bestellen.[1202] Parallel zu den Regelungen für die unmittelbare Stellvertretung (vgl. Rn. 411) können die Mitgliedstaaten formale Anforderungen an die Ermächtigung zur Stimmrechtsausübung bzw. an Abstimmungsanweisungen des Klienten nur aufstellen, soweit diese zur Identitätsfeststellung des Klienten oder zur Überprüfung des Inhalts von Abstimmungsanweisungen erforderlich und angemessen sind.[1203] 413

ggg) Feststellung und Veröffentlichung von Abstimmungsergebnissen: Art. 14 AR-RL legt **Mindeststandards** für die **Feststellung** und die **Veröffentlichung von Abstimmungsergebnissen** fest, um allen, insbesondere elektronisch abstimmenden sowie unmittelbar oder mittelbar vertretenen Aktionären Zugang zu diesen zu gewähren.[1204] Die Gesellschaft muss zu diesem Zweck für jeden Beschluss bestimmte Mindestangaben gemäß Art. 14 414

[1198] Art. 11 Abs. 2 S. 2 AR-RL.

[1199] *Habersack/Verse* EuGesR § 7 Rn. 32; *Lutter/Bayer/J. Schmidt* EuropUR § 31 Rn. 96; vgl. die Abgrenzung des Anwendungsbereichs in Art. 13 Abs. 1 AR-RL; der Begriff *„(Finanz-)Intermediär"* wird nur in ErwG 11 AR-RL ausdrücklich verwendet, der auch auf die praxisrelevante Verwendung von ganzen Ketten von Intermediären verweist, dazu *Wymeersch*, FS Hopt, 2010, 1565 (1567 ff.); vom Anwendungsbereich des Art. 13 AR-RL erfasst sind sowohl die Fälle der „Fremdeintragung", dh „Platzhalter" iSv § 67 Abs. 4 S. 5 AktG und „Legitimationsaktionäre" iSv § 129 Abs. 3 AktG, als auch die Fälle der Vollrechtstreuhand, dazu *Habersack/Verse* EuGesR § 7 Rn. 32; *Lutter/Bayer/J. Schmidt* EuropUR § 31 Rn. 97; *Zetzsche* NZG 2007, 686 (687).

[1200] *„Maximalstandard"* gemäß Art. 13 Abs. 2 AR-RL, dazu *Lutter/Bayer/J. Schmidt* EuropUR § 31 Rn. 98; vgl. § 67 Abs. 2 S. 3 und Abs. 4 S. 2 AktG sowie § 129 Abs. 3 AktG.

[1201] Ausdrücklich Art. 10 Abs. 2 Uabs. 2 S. 3 AR-RL, dazu *Lutter/Bayer/J. Schmidt* EuropUR § 31 Rn. 74, 102.

[1202] Vgl. § 134 Abs. 3 S. 2 AktG, der – im Einklang mit Art. 10 Abs. 2 Uabs. 2 S. 1 AR-RL (vgl. Rn. 409) – für die Bestellung mehrerer Stellvertreter die Möglichkeit der Zurückweisung einzelner Stellvertreter durch die Gesellschaft vorsieht, im Fall einer Mehrfachvertretung eines Intermediärs aber aufgrund Art. 13 Abs. 5 AR-RL, der insofern lex specialis ist, richtlinienkonform eingeschränkt so auszulegen ist, dass die nicht beschränkbare Mindestanzahl an Stellvertretern der Anzahl der Klienten entspricht, dazu *Lutter/Bayer/J. Schmidt* EuropUR § 31 Rn. 105; *Zetzsche* NZG 2007, 686 (687).

[1203] Art. 13 Abs. 3 AR-RL.

[1204] *Grundmann* EuGesR Rn. 430; *Lutter/Bayer/J. Schmidt* EuropUR § 31 Rn. 109.

Abs. 1 AR-RL zu den Abstimmungsergebnissen feststellen und diese innerhalb einer von den Mitgliedstaaten bestimmten Frist von höchstens 15 Tagen nach der Hauptversammlung auf der Website der Gesellschaft veröffentlichen.[1205] Als Option können die Mitgliedstaaten gemäß Art. 14 Abs. 1 Uabs. 2 AR-RL vorsehen bzw. den Gesellschaften ermöglichen, dass sich die Feststellung der Abstimmungsergebnisse darauf beschränkt, dass die erforderliche Mehrheit erreicht wurde, wenn kein Aktionär die Angabe der umfassenden Abstimmungsergebnisse verlangt.[1206] Die Regelung der materiellen und formellen Voraussetzungen für die Wirksamkeit und die Anfechtbarkeit von Beschlüssen verbleibt nach ausdrücklicher Klarstellung in Art. 14 Abs. 3 AR-RL ausschließlich bei den Mitgliedstaaten.[1207]

415 **cc) Reform der Aktionärsrechte-Richtlinie – Vorschläge 2014:** *aaa) Grundlagen und Ausblick:* Am 9.4.2014 hat die Kommission ein **Maßnahmenpaket** veröffentlicht, das neben dem Entwurf einer neuen Richtlinie für Einpersonen-Kapitalgesellschaften (vgl. Rn. 463) und einer Empfehlung zur Qualität der Berichterstattung über die Unternehmensführung (vgl. Rn. 437) den Entwurf einer **Richtlinie zur Änderung der Aktionärsrechte-Richtlinie** („Änderungs-RL-E")[1208] enthält. Der Entwurf zielt in Umsetzung zentraler Punkte des **Aktionsplans 2012**[1209] darauf ab, eine **stärkere Einbeziehung der Aktionäre,** insbesondere von institutionellen Anlegern und Vermögensverwaltern, zu erreichen sowie die **Transparenz zwischen der Gesellschaft und ihren Aktionären** zu erhöhen.[1210] Als *„Einbeziehung der Aktionäre"* gelten die Überwachung und der Dialog mit der Gesellschaft durch die Aktionäre insbesondere zu Strategie, Leistungs- und Risikoentwicklung sowie Corporate Governance der Gesellschaft.[1211] Die vorgeschlagene Fassung der Aktionärsrechte-Richtlinie („AR-RL-E") sieht daher (i) Regelungen für höhere Transparenz, erleichterte Aktionärsrechteausübung und bessere Informationsübermittlung in der **Investitionskette von Gesellschaft, Finanzintermediären und Aktionären** (Art. 3a–3e AR-RL-E), (ii) Transparenzregelungen für **institutionelle Anleger** und **Vermögensverwalter** (Art. 3f–3h AR-RL-E) sowie für **Stimmrechtsberater** („proxy-advisors": Art. 3i AR-RL-E), (iii) Mitbestimmungsrechte der Aktionäre für **Vergütungspolitik** und **Vergütungsberichte** der Unternehmensleitung („say-on-pay": Art. 9a, 9b AR-RL-E), sowie (iv) Informations- und Mitbestimmungsrechte der Aktionäre für **Transaktionen** der Gesellschaft mit **nahestehenden Unternehmen und Personen** („related party-transactions": Art. 9c AR-RL-E) vor.[1212]

[1205] Vgl. § 130 Abs. 2 S. 2 (Feststellung) und Abs. 6 (7-Tage-Frist für Veröffentlichung) AktG, dazu *Wicke,* in Spindler/Stilz, AktG § 130 Rn. 53, 62, der auch darauf hinweist, dass auf die Angabe der Gesamtzahl der abgegebenen gültigen Stimmen verzichtet wurde, was sich bei Fortbestehen von Mehrstimmrechten richtlinienwidrig auswirken kann.

[1206] Vgl. § 130 Abs. 2 S. 3 AktG, nach dem ausdrücklichen Wortlaut von § 130 Abs. 6 AktG besteht aber jedenfalls die Pflicht zur Veröffentlichung der gesamten Abstimmungsergebnisse, dazu *Wicke,* in Spindler/Stilz, AktG § 130 Rn. 54, 62.

[1207] Vgl. *Koch,* in Hüffer, AktG § 130 Rn. 30, 32; *Wicke,* in Spindler/Stilz, AktG § 130 Rn. 56 jeweils mwN zu den Rechtsfolgen eines Verstoßes gegen die Feststellungs- bzw. Veröffentlichungspflichten iSv Art. 14 AR-RL.

[1208] RL-Vorschlag v. 9.4.2014, COM(2014) 213 final zur Änderung der RL 2007/36/EG (AR-RL) und der RL 2013/34/EU (Bilanz-RL); dazu *Lanfermann/Maul* BB 2014, 1283 ff.; *Seibt* DB 2014, 1910 ff.; *Zetzsche* NZG 2014, 1121 ff.

[1209] Mitteilung der Kommission v. 12.12.2013, COM(2012) 740 final („Aktionsplan 2012"): Punkte 2.3 (Identifizierung der Aktionäre), 2.4 (erhöhte Transparenz für institutionelle Anleger), 3.1 (Überwachung der Vergütungspolitik durch die Aktionäre), 3.2 (Überwachung von related-party-transactions durch die Aktionäre), 3.3 (Regulierung Stimmrechtsberater).

[1210] Vgl. ErwG 3 Änderungs-RL-E.

[1211] Vgl. Legaldefinition in Art. 2 lit. h AR-RL-E.

[1212] In die Aktionärsrechte-RL würden daher erstmals HV-Kompetenzen aufgenommen werden, europarechtlich sehen die Kapital-RL zu Kapitalmaßnahmen und die Richtlinien für Umgründungsmaßnahmen HV-Kompetenzen vor, vgl. auch Art. 9 Übernahme-RL zur Kompetenzverlagerung für Abwehrmaßnahmen auf die HV (vgl. Rn. 520).

416 Nach den Wahlen zum Europäischen Parlament und der Neubesetzung der Kommission 2014 ist mit einer Verabschiedung der Änderungs-Richtlinie **frühestens 2015** zu rechnen.[1213] Starke **Kritik** insbesondere zu den vorgeschlagenen Bestimmungen für *related party-transactions*[1214] hat im Herbst 2014 zur Vorlage von **Kompromissvorschlägen der italienischen Ratspräsidentschaft** geführt, die den Mitgliedstaaten einen größeren Umsetzungsspielraum einräumen.[1215] Bestehen bleibt die grundsätzliche Frage, ob der von der Kommission vorgezeichnete Weg einer stärkeren Einbeziehung der Aktionäre tatsächlich zu einer höheren Qualität von Leitungsentscheidungen des Unternehmens und einer nachhaltigen Unternehmenspolitik beitragen kann.[1216] Der Kommissionsentwurf bleibt eine empirische Unterlegung dieser These schuldig. Sollten die angestrebten Ziele durch eine stärkere Einbeziehung institutioneller Aktionäre erreicht werden können, droht durch einen zu dichten Pflichtenkatalog[1217] und die Befassung mit komplexen Transaktionsentscheidungen[1218] eine Überlastung der adressierten Aktionäre, die mangels Kapazitäten und einschlägiger Fachkenntnis die entsprechende Aufgabenerfüllung umfassend an professionelle Stimmrechtsberater abtreten **(„Beraterisierung")** und so im Ergebnis von der gewünschten Einbeziehung noch weiter abrücken. Zusätzlich führt die Verlagerung von Entscheidungskompetenzen von den auf das Unternehmenswohl verpflichteten und dafür haftbaren Verwaltungsorganen zu den nicht entsprechend verpflichteten Aktionären zu Unstimmigkeiten mit nationalem Gesellschaftsrecht (vgl. Rn. 424, 428).

417 *bbb) Finanzintermediäre und Einbeziehung der Aktionäre:* In den Art. 3a bis 3e AR-RL-E wird ein **Rechtsrahmen** vorgeschlagen, der bei **Aktieninvestitionen über Finanzintermediäre bzw. Ketten von Finanzintermediären**[1219] eine stärkere Einbeziehung der Aktionäre, dh eine informierte und wirksame Ausübung der Aktionärsrechte sowie einen verbesserten Dialog zwischen der Gesellschaft und ihren Aktionären zur Corporate Governance gewährleisten soll.[1220] Zu diesem Zweck räumt (i) Art. 3a AR-RL-E der **Gesellschaft** den **Anspruch** ein, von einem Finanzintermediär bzw. über eine Kette von Finanzintermediären die **Identifizierung** der dahinter stehenden Aktionäre, dh die **unverzügliche Bekanntgabe** von **Namen und Kontaktdaten der Aktionäre** verlangen zu können.[1221] Eine Differenzierung zwischen Namens- und Inhaberaktien ist nicht vorgesehen, sodass der Entwurf die Möglichkeit einer generellen Offenlegung aller Aktionäre

---

[1213] Art. 3 Abs. 1 Uabs. 1 Änderungs-RL-E sieht für die Mitgliedstaaten zusätzlich eine Umsetzungsfrist von 18 Monaten nach dem Inkrafttreten vor.

[1214] Vgl. insbesondere allgemein *Zetzsche* NZG 2014, 1121 ff., spezifisch zu den related party-transactions *Fleischer* BB 2014, 2691 (2697 ff.); *Habersack* NJW 27/2014 Editorial; *Hopt* EuZW 2014, 401; *Lutter* EuZW 2014, 687 f.; *U. H. Schneider* EuZW 2014, 641 f.; *Wiersch* NZG 2014, 1131 (1135 ff.); *DAV Ausschuss Handelsrecht,* Stellungnahme Nr. 64/2014 (Dezember 2014) 31 ff., online abrufbar: http//www.anwaltverein.de/downloads/DAV-SN64-14.pdf (15.1.2015).

[1215] Kompromissvorschläge der italienischen Ratspräsidentschaft v. 12.11.2014 und 26.11.2014, dazu *Bayer/Selentin* NZG 2015, 7 (9 f.); *Jung* WM 2014, 2351 ff.

[1216] Zur Übertragung der teilweise als Vorbild dienenden Pflichten aus dem UK Stewardship Code bereits kritisch *Fleischer/Strothotte* AG 2011, 221 ff.; zur Diskussion um die Rolle von – insbesondere institutionellen – Aktionären und ihre Einbeziehung in der Gesellschaft *Søndergaard/Birkmose* ECFR 2014, 214 ff.; *Weber-Rey/Reps* ZGR 2013, 597 ff.; zum Verhältnis des Ziels einer stärkeren Einbeziehung von Aktionären und den gegebenfalls drohenden Rechtsfolgen eines *acting in concert* der aktivierten und sich koordinierenden Aktionäre *Ghetti* ECFR 2014, 595 ff.

[1217] Zur Erstellung und Offenlegung einer umfassenden Einbeziehungspolitik vgl. Rn. 418.

[1218] Zu Vergütungsentscheidungen und *related party-transactions* vgl. Rn. 421 ff., 426 ff.

[1219] Vgl. die Legaldefinition in Art. 2 lit. d *(„Finanzintermediär")* und lit. e *(„Finanzintermediär aus einem Drittland")* AR-RL-E.

[1220] Vgl. S. 6, ErwG 4–7 Änderungs-RL-E; Aktionsplan 2012, Punkt 2.3; *Seibt* DB 2014, 1910 (1916 f.).

[1221] Vgl. S. 10 f., ErwG 4 Änderungs-RL-E; dazu im Detail *Lanfermann/Maul* BB 2014, 1283 (1288); *Seibt* DB 2014, 1910 (1917).

gegenüber der Gesellschaft schafft und daher eine wesentliche **Umstellung hin zur Transparenz für Inhaberaktien** bedeuten würde.[1222] Darüber hinaus sollen (ii) gemäß Art. 3b AR-RL-E die **Übermittlung von Informationen,** die insbesondere für die Ausübung von Aktionärsrechten erforderlich sind, zwischen der Gesellschaft und den Aktionären über Finanzintermediäre bzw. Ketten von Finanzintermediären gewährleistet werden, sowie Finanzintermediäre verpflichtet werden, (iii) gemäß Art. 3c AR-RL-E die **Ausübung der Aktionärsrechte,** insbesondere des Teilnahme- und Stimmrechts in der Hauptversammlung, **durch den Aktionär zu ermöglichen** oder diese Rechte mit ausdrücklicher Genehmigung und nach den Anweisungen des Aktionärs auszuüben, und (iv) gemäß Art. 3d AR-RL-E für diese Dienstleistungen ihre **Entgelte offenzulegen** und diese verhältnismäßig und – insbesondere zwischen innerstaatlichen und grenzüberschreitenden Fällen – diskriminierungsfrei zu gestalten.[1223] Die Regelungen dieses neuen Kapitels IA gelten gemäß Art. 3e AR-RL-E auch für Finanzintermediäre aus Drittstaaten mit einer Zweigniederlassung in einem Mitgliedstaat. Der Kommission kommt für die Vorgaben in Art. 3a-3c AR-RL-E jeweils die Kompetenz zur Erlassung konkretisierender **Durchführungsrechtsakte** zu.

418 *ccc) Institutionelle Anleger und Vermögensverwalter:* **Institutionelle Anleger** und **Vermögensverwalter** gelten als wichtige Aktionäre in börsennotierten Gesellschaften.[1224] **Transparenzregelungen** sollen durch **Offenlegung** wesentlicher Informationen die hinter diesen Aktionären stehenden Anleger und Begünstigten, insbesondere auch institutionelle Anleger, die Vermögensverwalter beauftragt haben, in die Lage versetzen, informierte Anlageentscheidungen zu treffen, und so die **Einbeziehung dieser Aktionäre** mit dem Ziel einer nachhaltigen Entwicklung der Gesellschaft fördern:[1225] Art. 3f AR-RL-E sieht für **institutionelle Anleger** und **Vermögensverwalter** im Sinne des Entwurfs[1226] die Aufstellung einer **„Einbeziehungspolitik“,** die insbesondere Angaben zu Überwachung und Kommunikation mit der Gesellschaft, Stimmrechtsausübung, Kooperation mit anderen Aktionären und zu Maßnahmen gegen Interessenkonflikte beinhalten muss, sowie die jährliche Veröffentlichung der Einbeziehungspolitik und deren Umsetzung vor.[1227] Im Sinne eines *comply-or-explain*-Mechanismus kann der Aktionär gemäß Art. 3f Abs. 4 AR-RL-E entscheiden, *„unmissverständlich“* und *„ausführlich“* begründet von der Aufstellung oder Veröffentlichung abzusehen. Gemäß Art. 3g AR-RL-E müssen **institutionelle Anleger** zumindest auf ihrer Website veröffentlichen, wie ihre **Anlagestrategie** an ihre Verbindlichkeiten angepasst ist und zur mittel- und langfristigen Wertentwicklung ihrer Vermögenswerte beiträgt, sowie **bestimmte Elemente**[1228] einer **bestehenden Vereinbarung mit einem Vermögensverwalter offenlegen.**[1229] Den **Vermögensverwalter** treffen in diesem Fall gemäß Art. 3h AR-RL-E gegenüber dem institutionellen Anleger halbjährlich zu erfüllende, umfassende **Informationspflichten,** insbesondere zu ihrer An-

---

[1222] Nach Angabe im Aktionsplan 2012, Punkt 2.3 gegen die Auffassung des Europäischen Parlaments; *Seibt* DB 2014, 1910 (1917).

[1223] Dazu im Detail *Lanfermann/Maul* BB 2014, 1283 (1288); *Seibt* DB 2014, 1910 (1917); vgl. ErwG 5–7 Änderungs-RL-E.

[1224] Vgl. ErwG 9 Änderungs-RL-E.

[1225] Vgl. ErwG 10 Änderungs-RL-E; *Lanfermann/Maul* BB 2014, 1283 (1288); *Seibt* DB 2014, 1910 (1917f.); kritisch zu den Offenlegungspflichten im Detail *Freitag* AG 2014, 647ff.

[1226] Vgl. Legaldefinitionen in Art. 2 lit. f., der – relativ eng – nur Versicherungsunternehmen, die Lebensversicherungen anbieten, und Pensionskassen als *„institutionelle Anleger“* bezeichnet, und lit. g AR-RL-E.

[1227] Vgl. ErwG 11 Änderungs-RL-E.

[1228] Für den Fall des Fehlens einzelner Elemente in der Vereinbarung mit dem Vermögensverwalter besteht gemäß Art. 3g Abs. 2 Uabs. 2 AR-RL-E im Sinne eines *comply-or-explain*-Mechanismus die Pflicht für den institutionellen Anleger, dies *„unmissverständlich“* und *„ausführlich“* zu begründen.

[1229] Vgl. ErwG 12 Änderungs-RL-E.

lagestrategie, deren Umsetzung und Übereinstimmung mit der Vermögensverwaltungsvereinbarung, ihrem Portfolio, Interessenkonflikten und gegebenenfalls dem Einsatz von Stimmrechtsberatern.[1230]

ddd) Professionelle Stimmrechtsberater: **Professionelle Stimmrechtsberater**[1231] **(„proxy advisors“)** nehmen am **Kapitalmarkt** eine zunehmend **wichtige Rolle** für die Willensbildung börsennotierter Gesellschaften ein, unterliegen bisher aber – im Gegensatz zu den in ihrer Rolle für Corporate Governance und Informationsbeschaffung vergleichbaren Ratingagenturen[1232] – keiner öffentlichen Überwachung oder Regulierung ***(„regulatorisches Vakuum“***[1233]***),*** sondern sind nur ihrem jeweiligen Auftraggeber rechenschaftspflichtig. Stimmrechtsberater üben die Stimmrechte im Regelfall als Vertreter unmittelbar selbst aus oder haben zumindest starken tatsächlichen Einfluss auf das Abstimmungsverhalten der beratenen Investoren, insbesondere auch von institutionellen Anlegern.[1234] Dies führt regelmäßig zu einem **Auseinanderfallen von Verantwortlichkeit und Investition von der Stimmrechtsausübung.**[1235] Aufgrund der Regelung in Art. 7 Abs. 2 AR-RL zur Anknüpfung des Teilnahme- und Stimmrechts in der Hauptversammlung an einen Nachweisstichtag (vgl. Rn. 400) spitzt sich diese Problematik weiter zu, da durch Weiterverkauf der Aktien nach dem Nachweisstichtag zwar das bestehende Auftragsverhältnis zwischen Aktionär und Stimmrechtsberater durchschnitten wird, nicht aber die Ausübbarkeit des Stimmrechts **(„empty voting“).**[1236] Verschärft wird diese Entwicklung durch die international weitgehende Marktkonzentration auf die zwei Anbieter *Institutional Shareholder Services* und *Glass Lewis* (97% gemeinsamer Marktanteil in den USA).[1237] Daher ist jede Regelung der Stimmrechtsberater, die die großen Marktteilnehmer begünstigt und die kleinen verdrängt, vor allem unter dem Wettbewerbsrecht zu sehen. Die **ESMA** hat in ihrem Bericht über Stimmrechtsberater im Februar 2013 keine Rechtfertigung für zwingende Regelungen gesehen, sondern die **Selbstregulierung** der Stimmrechtsberatungsindustrie durch Erstellung eines Verhaltenskodex empfohlen.[1238] Ein solcher **Verhaltenskodex** wurde von der durch die Branche im Februar 2013 gebildeten Arbeitsgruppe *Best Practice Principles Group* (BPPG)[1239] im März 2014 veröffentlicht, dem sich professionelle Stimmrechtsberater auf freiwilliger Basis unterwerfen können und der auf Grundlage eines *comply-or-explain-*Mechanismus Verhaltensregelungen und Standards *(„principles“)* etabliert.[1240] Für 2015 ist ein Review des Kodex und seiner Auswirkungen durch die ESMA angekündigt.[1241] Die Rege- 419

[1230] Vgl. ErwG 13 Änderungs-RL-E.

[1231] Vgl. Legaldefinition in Art. 2 lit. i AR-RL-E: *„Berater für die Stimmrechtsvertretung“.*

[1232] *Weber-Rey/Reps* ZGR 2013, 597 (639); Regulierung durch die bereits mehrfach geänderte VO (EG) Nr. 1060/2009 v. 16.9.2009 über Ratingagenturen, ABl. 2009 L 302/1 („Rating-Verordnung“), sowie RL 2013/14/EU v. 21.5.2013, ABl. 2013 L 145/1.

[1233] *Fleischer* AG 2012, 2 (4).

[1234] *Augustin* ÖBA 2014, 583f.; *Kalss* EuZW 2014, 441; *Seibt* DB 2014, 1910 (1915f.); Aktionsplan 2012, Punkt 3.3; Änderungs-RL-E S. 6; vgl. auch *Fleischer* AG 2012, 2f.; *Klöhn/Schwarz* ZIP 2012, 149; *Wilsing* ZGR 2012, 291 (294).

[1235] Dazu im Detail *Seibt* ZGR 2010, 795 (799ff., 814ff.).

[1236] *Kalss* EuZW 2014, 441 (442).

[1237] Vgl. *Augustin* ÖBA 2014, 583; vgl. auch *Fleischer* AG 2012, 2 (3); *Klöhn/Schwarz* ZIP 2012, 149 (150).

[1238] Vgl. ESMA v. 19.2.2013, ESMA/2013/84, Final Report – Feedback statement on the consultation regarding the role of the proxy advisory industry, S. 27; vgl. *Kalss* EuZW 2014, 441 (442); *Seibt* DB 2014, 1910 (1916).

[1239] S. zu Mitgliedern (ua *ISS* und *Glass Lewis*) etc online unter: http://bppgrp.info/ (15.1.2015).

[1240] BPPG, Best practice principles for providers of shareholder voting research & analysis (März 2014) online abrufbar: http://bppgrp.info/wp-content/uploads/2014/03/BPP-ShareholderVoting-Research-2014.pdf (15.1.2015); dazu im Detail *Augustin* ÖBA 2014, 583 (587f.); *Zetzsche/Preiner* AG 2014, 685ff.

[1241] ESMA, Press Release v. 19.2.2013, ESMA/2013/240, online abrufbar: http://www.esma.europa.eu/system/files/2013-240.pdf (15.1.2015).

lungen folgen damit einem vertraglichen und nicht einem Aufsichtsansatz. Inhaltlich an diesen *principles* orientiert, regulatorisch aber darüber hinausgehend hat die Kommission mit Art. 3i AR-RL-E einen **zwingenden Rechtsrahmen** für Stimmrechtsberater vorgeschlagen.[1242] Stimmrechtsberater sollen verpflichtet werden, (i) gemäß Abs. 1 leg cit *„angemessene Maßnahmen"* zur **Gewährleistung** der *„Richtig[keit]"* und *„Zuverlässig[keit]"* ihrer **Stimmempfehlungen** sowie deren Unterlegung mit einer *„sorgfältigen Prüfung aller ihnen zur Verfügung stehenden Informationen"* zu setzen, (ii) gemäß Abs. 2 leg cit **jährlich Informationen zu den angewandten Methoden offenzulegen,** insbesondere Hauptinformationsquellen, Anzahl der an den Stimmempfehlungen beteiligten Mitarbeiter und der im vergangenen Jahr abgegebenen Stimmempfehlungen, ob und wie sie im Dialog mit der Gesellschaft stehen und den spezifischen Markt und Rechtsrahmen (zum Beispiel das dualistische System) der Gesellschaft berücksichtigen, sowie (iii) gemäß Abs. 3 leg cit **Interessenkonflikte** im Zusammenhang mit ihren Stimmempfehlungen[1243] sowie entsprechende **Gegenmaßnahmen** gegenüber dem Kunden und der jeweiligen Gesellschaft unverzüglich **offenzulegen.**

420 Art 3i AR-RL-E verfolgt für Stimmrechtsberater eine **Qualitätssicherung** sowie eine **höhere Transparenz** für **Methoden** und **Interessenkonflikte** und ist zu begrüßen.[1244] Die Aufnahme der Inanspruchnahme von Stimmrechtsberatern in die Einbeziehungspolitik gemäß Art. 3f Abs. 1 lit. e AR-RL-E sowie in die Information von Vermögensverwaltern an institutionelle Anleger gemäß Art. 3h Abs. 2 lit. g AR-RL-E (vgl. Rn. 418) dienen in sinnvoller Weise der weiteren Offenlegung des Einflusses von Stimmrechtsberatern auf die Stimmrechtsausübung zentraler Kapitalmarktteilnehmer und Aktionäre.[1245] Das Problem des *empty voting* wird jedoch nicht gelöst und bleibt einer weiteren Änderung der Aktionärsrechte-Richtlinie vorbehalten, um eine Ausübung der Stimmrechte bereits verkaufter Aktien durch Stimmrechtsberater zu verhindern.

421 *eee) Vergütung für Mitglieder der Unternehmensleitung:* Die Regulierung der **Vergütung von Organmitgliedern** und die Frage einer entsprechenden Entscheidungskompetenz der Hauptversammlung sind laufende Diskussionsthemen auf nationaler[1246] und europäischer Ebene.[1247] Auf letzterer sind verbindliche Maßnahmen für die Vergütung bisher nur im Bankenbereich in Form von Regelungen zu Höhe und Zusammensetzung von variablen Vergütungsbestandteilen für Führungskräfte gesetzt worden (vgl. Rn. 449).[1248] In Deutschland ist das geplante Gesetz zur Verbesserung der Kontrolle der Vorstandsvergütung, das durch Änderung des § 120 Abs. 4 AktG erstmals eine verbindliche Beschlusskompetenz der Hauptversammlung zur Billigung des Vergütungssystems für Vorstandsmit-

---

[1242] Vgl. ErwG 14 Änderungs-RL-E; dazu im Detail *Augustin* ÖBA 2014, 583 (588 ff.).

[1243] Insbesondere aufgrund gleichzeitiger Beratung der Gesellschaft zu Corporate-Governance-Themen durch den Stimmrechtsberater, dazu *Fleischer* AG 2012, 2 (4); *Klöhn/Schwarz* ZIP 2012, 149 (152 f.); vgl. auch *Augustin* ÖBA 2014, 583 (584) konkret zu *ISS* und *Glass Lewis.*

[1244] Vgl. zur diesbezüglichen Kritik an Stimmrechtsberatern *Augustin* ÖBA 2014, 583 (584).

[1245] Vgl. *Augustin* ÖBA 2014, 583 (590).

[1246] Vgl. die grundlegende Änderung von § 87 Abs. 1, 2 AktG zur Vorstandsvergütung sowie die Einfügung von § 120 Abs. 4 AktG mit einer – unverbindlichen – Kompetenz der Hauptversammlung zur Billigung des Vergütungssystems für die Vorstandsmitglieder durch das VorstAG v. 31.7.2009, BGBl. I 2509, dazu zB *Fleischer* NZG 2009, 801 ff.; *Thüsing* AG 2009, 517 ff.; vgl. auch *Seibert*, FS Hüffer, 2010, 955 ff. zu den rechtspolitischen Gründen.

[1247] Vgl. Kommission: Empfehlung 2004/913/EG v. 14.12.2004 zur Einführung einer angemessenen Regelung für die Vergütung von Mitgliedern der Unternehmensleitung börsennotierter Gesellschaften, ABl. 2004 L 385/55; Empfehlung 2009/385/EG v. 30.4.2009 zur Ergänzung der Empfehlungen 2004/913/EG und 2005/162/EG zur Regelung der Vergütung von Mitgliedern der Unternehmensleitung börsennotierter Gesellschaften, ABl. 2009 L 120/28; Empfehlung 2009/384/EG v. 30.4.2009 zur Vergütungspolitik im Finanzdienstleistungssektor, ABl. 2009 L 120/22; vgl. *Velte* EuZW 2013, 893 ff. (zur HV-Kompetenz für die Vorstandsvergütung).

[1248] Vgl. Art. 92 Abs. 2, Art. 94 Abs. 1 CRD IV-RL; §§ 24, 25a–25e KWG; dazu im Detail *Lunk/Besenthal* NZG 2013, 1010 ff.

glieder vorsah,[1249] 2013 vorerst[1250] gescheitert. Für die Aktienrechtsnovelle 2015 wurden die umstrittenen Vergütungsregelungen wieder entfernt,[1251] eine entsprechende Änderung ist daher erst nach einer Vorgabe durch die Aktionärsrechte-Richtlinie zu erwarten.[1252]

Die Art. 9a, 9b AR-RL-E sehen Regelungen für die Genehmigung der **Vergütungspolitik** durch die Hauptversammlung **(„say-on-pay")** sowie für die Erstellung eines **Vergütungsberichts** und dessen Genehmigung durch die Hauptversammlung vor. Vergütungspolitik und Vergütungsbericht beziehen sich jeweils auf die Vergütung der *„Mitglieder der Unternehmensleitung"*, dh im monistischen System aller Mitglieder des **Verwaltungsrats,** im dualistischen System der Mitglieder von **Vorstand** und **Aufsichtsrat.**[1253] Die Regelungen verfolgen das Ziel, den Aktionären einen *„tatsächlich[en] Einfluss auf die Vergütungspolitik"* und die Überwachung ihrer Umsetzung zu ermöglichen und auf diesem Weg sicherzustellen, dass die Vergütung der Unternehmensleitung dem **langfristigen Unternehmenserfolg** dient.[1254] 422

Gemäß Art. 9a Abs. 1 Uabs. 1 S. 1, 3 AR-RL-E ist die **Vergütungspolitik** von der Unternehmensleitung **den Aktionären**[1255] mindestens **alle drei Jahre** zur **Genehmigung** in der Hauptversammlung **vorzulegen** und nach Genehmigung gemäß Art. 9a Abs. 4 AR-RL-E **unverzüglich** auf der Website der Gesellschaft zu **veröffentlichen.** Die Vergütungspolitik muss den Vorgaben gemäß Art. 9a Abs. 2, 3 AR-RL-E entsprechen und ist **inhaltlich sehr detailliert.**[1256] Der Genehmigungsbeschluss der Hauptversammlung entwickelt eine **Bindungswirkung,** da die Vergütung der Mitglieder der Unternehmensleitung mit der genehmigten Vergütungspolitik im Einklang stehen muss.[1257] Aufsichtsratsbeschlüssen zur Vorstandsvergütung ohne bzw. im Widerspruch zu einer genehmigten Vergütungspolitik droht daher die Nichtigkeit.[1258] Ausdrücklich geregelt ist der Fall, dass nach Genehmigung der Vergütungspolitik neu eingetretenen Organmitgliedern eine Vergütung gewährt werden soll, die nicht der Vergütungspolitik entspricht. Dies ist nur möglich, wenn die Aktionäre dieser Vergütung vorab oder im Nachhinein zustimmen, ansonsten kommt es zur Rückzahlung *(„vorläufig ausgezahlt werden").*[1259] Sonstige Rechtsfolgen für die fehlende Genehmigung einer Vergütungspolitik richten sich nach nationalem Recht.[1260] 423

[1249] Dazu im Detail *Verse* NZG 2013, 921 ff.; *Ziemons* GWR 2013, 283 ff.

[1250] Im Koalitionsvertrag von CDU, CSU und SPD vom Dezember 2013, S. 17, ist die Absicht zur Einführung einer solchen Regelung aber wiederholt worden, online abrufbar: http://www.bundesregierung.de/Content/DE/_Anlagen/2013/2013-12-17-koalitionsvertrag.pdf (15.1.2015).

[1251] Zu den Entwürfen der Aktienrechtsnovelle 2015 (noch „Aktienrechtsnovelle 2014") im Detail *Müller-Eising* GWR 2015, 50 ff.

[1252] Vgl. *Götze/Nartowska* NZG 2015, 298 f.; vgl. im Gegensatz dazu die Rechtslage seit April 2013 in UK, wo die HV gemäß Section 439A (1) Companies Act 2006 alle 3 Jahre verbindlich über die Vergütungspolitik und gemäß Section 439 Companies Act 2006 jährlich unverbindlich über deren Anwendung beschließt, dazu *Verse* NZG 2013, 921 (924).

[1253] Vgl. Legaldefinition in Art. 2 lit. l AR-RL-E, dazu *Seibt* DB 2014, 1910 (1911).

[1254] Vgl. ErwG 15–17 Änderungs-RL-E; Aktionsplan 2012, Punkt 3.1.

[1255] Der Vorschlag für die Vergütungspolitik darf daher nicht von den Aktionären kommen, dazu *Seibt* DB 2014, 1910 (1911).

[1256] Die *„Vergütungspolitik"* iSv Art. 9a AR-RL-E geht daher weit über das *„Vergütungssystem"* iSv § 120 Abs. 4 AktG idF VorstAG (vgl. zu dessen Inhalt zB *Fleischer* NZG 2009, 801 [805]) hinaus, dazu und zu den verlangten Inhalten im Überblick *Seibt* DB 2014, 1910 (1911 f.); vgl. auch *Lanfermann/Maul* BB 2014, 1283 (1285); *Mense/Klie* GWR 2014, 232 (235).

[1257] S. Art. 9a Abs. 1 Uabs. 1 S. 2 AR-RL-E; vgl. *Mense/Klie* GWR 2014, 232 (235); *Seibt* DB 2014, 1910 (1911); vgl. im Gegensatz dazu die Rechtslage nach § 120 Abs. 4 AktG idF VorstAG, wonach der HV-Beschluss zur Nicht-/Billigung des Vergütungssystems für den Vorstand keine Rechtswirkungen hat, dazu *Koch,* in Hüffer, AktG § 120 Rn. 24.

[1258] Vgl. *Seibt* DB 2014, 1910 (1912).

[1259] Beide „Lösungsvarianten" sind für die Praxis problematisch: Eine Vorabgenehmigung erfordert die Einberufung einer – kostspieligen – außerordentlichen HV, der Vorbehalt einer nachträglichen Genehmigung bedeutet Rechtsunsicherheit, dazu *Mense/Klie* GWR 2014, 232 (235).

[1260] *Lanfermann/Maul* BB 2014, 1283 (1284); *Seibt* DB 2014, 1910 (1913).

424 Die **Kompetenz** zur Festlegung der **konkreten Vergütung** für die einzelnen Mitglieder der Unternehmensführung bleibt vom Entwurf **unberührt** und richtet sich nach nationalem Recht und entsprechender Organisationsstruktur der Gesellschaft. Im dualistischen System entscheidet daher weiterhin der Aufsichtsrat über die Vergütung des Vorstands[1261] und die Hauptversammlung durch Beschluss bzw. Satzungsregelung über die Vergütung des Aufsichtsrats.[1262] Dennoch führt die Genehmigungskompetenz der Hauptversammlung gemäß Art. 9a AR-RL-E aufgrund der Bindungswirkung im Zusammenhang mit dem hohen inhaltlichen Detailgrad der Vergütungspolitik (vgl. Rn. 423) im **dualistischen System** für die Vorstandsvergütung zu einer **weitreichenden Kompetenzverschiebung** vom **Aufsichtsrat zur Hauptversammlung.**[1263] Während der Aufsichtsrat auf das Unternehmenswohl verpflichtet ist, dafür haftet und auch durch die regelmäßige Arbeitnehmerbeteiligung eine breitere Interessenorientierung bietet als die durch Mehrheitsaktionäre dominierte Hauptversammlung, unterliegen die Aktionäre keiner vergleichbaren Verpflichtung.[1264] Abseits rechtspolitischer Vorbehalte gegen das Konzept von *„say-on-pay"* besteht daher jedenfalls Verbesserungsbedarf, um die Besonderheiten des dualistischen Systems mit dem Aufsichtsrat als zuständige und verantwortliche Stelle für die Vorstandsvergütung besser zu berücksichtigen.

425 Gemäß Art. 9b Abs. 1 AR-RL-E ist von der Gesellschaft **jährlich** ein **Vergütungsbericht** zu erstellen, der einen **Überblick** über die den **Mitgliedern der Unternehmensleitung** im **abgelaufenen Geschäftsjahr** gewährte **Vergütung** beinhaltet und zu diesem Zweck **umfangreiche Angaben** enthalten muss.[1265] Der Vergütungsbericht ist den Aktionären jährlich zur Abstimmung vorzulegen. Im Fall einer Ablehnung ist im Folgejahr zusätzlich darzulegen, ob und wie dieser negativen Abstimmung Rechnung getragen wurde. Weitere Rechtsfolgen richten sich nach nationalem Recht.[1266] Zum Zweck einer allgemeinen **Offenlegung** ist vorgesehen, dass der Vergütungsbericht **Teil der Erklärung zur Unternehmensführung** im Lagebericht wird (vgl. Rn. 273f.).[1267] Der Vergütungsbericht soll die Aktionäre in die Lage versetzen, die tatsächliche Umsetzung der Vergütungspolitik laufend kontrollieren und notfalls sanktionieren zu können.[1268]

426 *fff) Transaktionen mit nahestehenden Unternehmen und Personen:* Transaktionen einer Gesellschaft mit nahe stehenden Unternehmen und Personen, insbesondere mit Mitgliedern der Leitungsorgane oder kontrollierenden Aktionären **(„related party-transactions"),** sind potentielle Interessenkonflikte und daher die Gefahr nachteiliger Vermögenverschiebungen immanent. Über den im europäischen Rechnungslegungsrecht verankerten *ex post*-Schutz durch nachträgliche Information[1269] hinausgehend sieht Art. 9c AR-RL-E zum Zweck

---

[1261] Vgl. *Lanfermann/Maul* BB 2014, 1283 (1284).

[1262] Die Festlegung der konkreten Aufsichtsratsvergütung durch die Hauptversammlung ersetzt nicht die geforderte Genehmigung einer Vergütungspolitik auch für den Aufsichtsrat, da Art. 9a AR-RL-E eine regelmäßige Überprüfung und neuerliche Genehmigung der Vergütungspolitik verlangt; aA *Seibt* DB 2014, 1910 (1912).

[1263] *Seibt* DB 2014, 1910 (1912); vgl. auch *Lanfermann/Maul* BB 2014, 1283 (1284).

[1264] Vgl. *Lanfermann/Maul* BB 2014, 1283 (1284).

[1265] Die in Art. 9b Abs. 1 lit. a–f AR-RL-E angeführten Angaben gehen über die bisher – europarechtlich und nach nationalem dt. Recht – offenzulegenden Informationen zur Vergütung hinaus, dazu *Lanfermann/Maul* BB 2014, 1283 (1286); *Seibt* DB 2014, 1910 (1912); die Kommission kann gemäß Art. 9b Abs. 4 AR-RL-E Durchführungsrechtsakte für eine standardisierte Darstellung der erforderlichen Angaben erlassen.

[1266] *Seibt* DB 2014, 1910 (1913).

[1267] Vgl. die in Art. 2 Änderungs-RL-E vorgesehene Ergänzung der Bilanz-RL 2013/34/EU durch Art. 20 Abs. 1 lit. h Bilanz-RL-E.

[1268] Vgl. ErwG 17 Änderungs-RL-E.

[1269] Zur – nachträglichen – Angabe von Geschäften mit nahestehenden Unternehmen oder Personen Art. 17 Abs. 1 lit. r iVm Art. 2 Nr. 3 Bilanz-RL; vgl. § 285 Nr. 21 (Anhang zum Jahresabschluss), § 314 Abs. 1 Nr. 13 (Konzernanhang) HGB; vgl. auch IAS 24.18 zu Angaben im Jahresabschluss über Geschäftsvorfälle und die Art der Beziehung mit nahe stehenden Unternehmen und

einer **stärkeren Überwachung durch die Aktionäre** einen **Rechtsrahmen** in Form eines *ex ante*-Schutzes durch **Vorabinformation** und **Genehmigungsrechte** vor.[1270] Die Aktionäre sollen in die Lage versetzt werden, *related party-transactions* besser zu kontrollieren und nötigenfalls verhindern zu können.[1271]

Der **Kommissionsvorschlag** vom April 2014 sieht spätestens zum jeweiligen Abschlusszeitpunkt für **Transaktionen**[1272] **mit nahestehenden Unternehmen und Personen**[1273] über **mehr als 1 % des Gesellschaftsvermögens**[1274] die **öffentliche Bekanntmachung** unter Angabe bestimmter Informationen, insbesondere zur Identität des nahestehenden Transaktionspartners, der Art der Nahbeziehung und dem Transaktionswert, sowie unter Beifügung einer **Fairness Opinion eines unabhängigen Dritten**[1275] vor, für Transaktionen über **mehr als 5 % des Gesellschaftsvermögens** oder mit – möglicherweise[1276] – erheblichen Auswirkungen auf Gewinn oder Umsatz der Gesellschaft die **Genehmigung durch die Aktionäre** in der Hauptversammlung.[1277] Die Mitgliedstaaten können Transaktionen zwischen einem **Unternehmen** und einer oder mehreren **100 %-Tochtergesellschaften** von der Anwendung dieser Bestimmungen ausnehmen. 427

Ein **Genehmigungsrecht der Aktionäre** für bestimmte Transaktionen kann – je nach nationaler Rechtslage – wesentlich **in das Aktienrecht der Mitgliedstaaten eingreifen:** Für bestimmte Maßnahmen der Geschäftsführung kommt es (i) zu einer **Verschiebung** zwar nicht des Initiativrechts,[1278] aber der **Letztentscheidungskompetenz vom Leitungsorgan auf die Hauptversammlung,**[1279] die nach nationalem, insbesondere deut- 428

Personen; vgl. zum Wechsel vom *ex post*-Schutz durch Information zum *ex ante*-Schutz durch Information und Genehmigungsrechte *Lanfermann/Maul* BB 2014, 1283 (1287).

[1270] Vgl. *Lanfermann/Maul* BB 2014, 1283 (1287).

[1271] Vgl. ErwG 19, S. 5 f. Änderungs-RL-E; Aktionsplan 2012, Punkt 3.2.

[1272] Der Begriff der *„Transaktion"* wird im AR-RL-E nicht definiert, naheliegend ist ein Verständnis im Sinne des *„Geschäftsvorfall[s]"* nach IAS 24.9, wonach insbesondere auch unentgeltliche Transaktionen und Tauschgeschäfte erfasst sind, vgl. *Lanfermann/Maul* BB 2014, 1283 (1287); zu *„Geschäftsvorfall"* iSv IAS 24.9 *Hennrichs/Schubert,* in MüKoBilR, IAS 24 Rn. 101 ff.

[1273] Die Legaldefinition für *„nahe stehende Unternehmen und Personen"* in Art. 2 lit. j AR-RL-E verweist auf die entsprechenden Regelungen der nach IFRS-VO übernommenen Rechnungslegungsstandards (IAS 24), vgl. IAS 24.9, 24.11, dazu *Hennrichs/Schubert,* in MüKoBilR, IAS 24 Rn. 32 ff.; *Niehus* DStR 2008, 2280 ff.; *Poelzig,* in MüKoHGB, § 285 Rn. 351 ff.; erfasst sind daher insbesondere Mitglieder des Leitungsorgans und sonstige Führungskräfte der (Mutter-)Gesellschaft, diesen nahe stehende Familienangehörige, Gesellschaften in derselben Unternehmensgruppe, daher auch Tochtergesellschaften der Gesellschaft, sowie Personen bzw. Unternehmen, die die Gesellschaft beherrschen oder einen maßgeblichen Einfluss auf die Gesellschaft ausüben; als Führungskräfte gelten nicht notwendigerweise nur Mitglieder von Vorstand und Aufsichtsrat, sondern auch sonstige Personen ohne Organmandat, aber mit Führungskompetenzen (IAS 24.9: *„Mitglieder des Managements in Schlüsselpositionen"*), dazu *Hennrichs/Schubert,* in MüKoBilR, IAS 24 Rn. 55 ff.; *Poelzig,* in MüKoHGB, § 285 Rn. 356.

[1274] Zur Bedeutung von *„Vermögen"* findet sich im AR-RL-E keine Regelung, vorgeschlagen wurde das Verständnis als bilanzielles Aktivvermögen zu einem bestimmten Zeitpunkt (zB Abschlusszeitpunkt), dazu *Lanfermann/Maul* BB 2014, 1283 (1287); *Seibt* DB 2014, 1910 (1914) Fn. 44.

[1275] Der Änderungs-RL-E spricht an anderer Stelle (S. 10) von *„unabhängigen Beratern"* und *„Prüfern"* und schätzt den erforderlichen Aufwand für eine Fairness Opinion auf 5–10 Stunden bzw. EUR 2500–5000 – diese Schätzung ist zumindest kritisch zu hinterfragen, vgl. *DAV Ausschuss Handelsrecht,* Stellungnahme, Nr. 64/2014 (Dezember 2014) 37: *„völlig lebensfremd"*.

[1276] Diese sehr weite Definition in Art. 9c Abs. 2 Uabs. 1 S. 1 AR-RL-E *(„[...] Auswirkungen [...] haben können")* sorgt nicht für Rechtssicherheit.

[1277] Dazu im Detail *Lanfermann/Maul* BB 2014, 1283 (1287); *Seibt* DB 2014, 1910 (1914 f.); *Wiersch* NZG 2014, 1131 (1132 ff.).

[1278] Gemäß Art. 9c Abs. 2 S. 1 AR-RL-E müssen die entsprechenden Transaktionen *„den Aktionären [...] vorgelegt werden"*, die Initiative für diese Transaktionen liegt daher bei der Verwaltung der Gesellschaft.

[1279] Vgl. *Habersack* NJW 27/2014 Editorial; *U. H. Schneider* EuZW 2014, 641 f.; *Seibt* DB 2014, 1910 (1914).

schem Aktienrecht nur ausnahmsweise in Geschäftsführungsentscheidungen eingebunden ist.[1280] In dualistischen Systemen bedeutet das Genehmigungsrecht der Hauptversammlung (ii) eine erhebliche **Schwächung des Aufsichtsrats** durch die **Verschiebung der Zustimmungskompetenz** für wesentliche Transaktionen auf die **Hauptversammlung.**[1281] Die Notwendigkeit einer Genehmigung durch **Hauptversammlungsbeschluss** stellt die Gesellschaft schließlich vor einen beträchtlichen **Kosten- und Zeitaufwand** in der praktischen Abwicklung der betroffenen Transaktionen.[1282]

429 Nach **massiver Kritik insbesondere von deutscher Seite**[1283] wurde der Kommissionsentwurf im zweiten Halbjahr 2014 von der italienischen Ratspräsidentschaft mehrfach überarbeitet.[1284] Der **Kompromissvorschlag** vom 26.11.2014 behält zwar den Regelungsansatz grundsätzlich bei und unterwirft Transaktionen[1285] mit nahestehenden Unternehmen und Personen[1286] einem dreiteiligen System aus Offenlegung, unabhängiger Fairness Opinion und Genehmigungsbeschluss, räumt den Mitgliedstaaten aber einen **größeren Umsetzungsspielraum** ein.[1287] Die **Mitgliedstaaten** können – und müssen – die **erfassten Transaktionen** *(„material transactions")* und damit den sachlichen Anwendungsbereich der Richtlinienbestimmungen **selbst definieren,** sind dabei aber an bestimmte materielle und formelle Vorgaben gebunden. Für die Anwendung der Anforderungen von Offenlegung und Fairness Opinion bzw. der Genehmigung können unterschiedliche Schwellenwerte festgelegt werden. Darüber hinaus können die Mitgliedstaaten die **Zuständigkeit zur Erstellung der Fairness Opinion** nicht Dritten, sondern **unabhängigen Direktoren,** dem Prüfungsausschuss oder sonstigen, mehrheitlich unabhängig besetzten Aufsichtsratsausschüssen auferlegen, die **Genehmigungskompetenz anstelle der Aktionäre dem Aufsichtsrat einräumen,** sowie **weitergehende Ausnahmen,** insbesondere für Transaktionen innerhalb von Unternehmensgruppen, vorsehen.[1288]

b) Corporate Governance

430 **aa) Gegenstand von Corporate Governance: Corporate Governance** wird grundlegend als das **System der Leitung und Überwachung eines Unternehmens**

[1280] Vgl. den Grundsatz in § 119 Abs. 2 AktG (HV-Kompetenz für Geschäftsführungsentscheidungen nur nach Vorstandsverlangen), dazu bzw. zu ungeschriebenen HV-Kompetenzen für Geschäftsführungsmaßnahmen im Detail zB *Kubis,* in MüKoAktG, § 119 Rn. 18 ff., 31 ff.; vgl. Ö: § 103 Abs. 2 AktG, der im Gegensatz zum dt. Aktienrecht neben dem Vorstand auch dem Aufsichtsrat eine – auf AR-zustimmungspflichtige Geschäfte beschränkte – Vorlagekompetenz einräumt, dazu *Kalss,* in MüKoAktG, § 119 Rn. 192.

[1281] Vgl. *Habersack* NJW 27/2014 Editorial.

[1282] Vgl. *Lanfermann/Maul* BB 2014, 1283 (1287); *U. H. Schneider* EuZW 2014, 641.

[1283] Vgl. *Fleischer* BB 2014, 2691 (2697 ff.); *Habersack* NJW 27/2014 Editorial; *Hopt* EuZW 2014, 401; *Lutter* EuZW 2014, 687 f.; *U. H. Schneider* EuZW 2014, 641 f.; *Seibt* DB 2014, 1910 (1914 f.); *Wiersch* NZG 2014, 1131 (1135 ff.); *DAV Ausschuss Handelsrecht,* Stellungnahme, Nr. 64/2014 (Dezember 2014) 31 ff.

[1284] Kompromissvorschläge der italienischen Ratspräsidentschaft v. 12.11.2014 und 26.11.2014, dazu im Detail und mit vorsichtig positiver Bewertung *Jung* WM 2014, 2351 ff.; vgl. auch *Bayer/Selentin* NZG 2015, 7 (9 f. – allerdings nur zum Vorschlag v. 12.11.2014).

[1285] Wie im Kommissionsvorschlag keine Definition des Begriffs der Transaktion (vgl. Fn. 1272), aber zumindest Klarstellung, dass auch Geschäfte von Tochtergesellschaften erfasst sind.

[1286] Wie im Kommissionsvorschlag Verweis auf übernommene Rechnungslegungsstandards (vgl. Fn. 1273).

[1287] Allerdings nicht so einen großen Spielraum wie der zwischenzeitliche Entwurf v. 12.11.2014, vgl. *Jung* WM 2014, 2351 (2355, 2357).

[1288] Neben den Ausnahmeoptionen für die Mitgliedstaaten ist die zwingende Ausnahme von marktüblichen Transaktionen im Rahmen der gewöhnlichen Geschäftstätigkeit beachtlich, dazu *Jung* WM 2014, 2351 (2355 f.).

verstanden.[1289] Ziel dieses Systems ist die Sicherstellung von **Entscheidungsstrukturen,** die **gute Entscheidungen** des Unternehmens gewährleisten.[1290] Zu diesem Zweck muss das System der Corporate Governance die Beziehungen zwischen Verwaltungsorganen, Eigentümern und sonstigen Interessenträgern des Unternehmens berücksichtigen und durch passende **Steuerungsmechanismen** die **Interessengegensätze** zwischen und innerhalb dieser Gruppen **ausgleichen.**[1291] Die Trennung zwischen Leitung und Eigentum des Unternehmens **(„principal-agent-conflict")** und Interessengegensätze zwischen Eigentümerminderheit und -mehrheit sowie zwischen Eigentümern und sonstigen Interessengruppen, insbesondere Kreditgebern und Arbeitnehmern **(„shareholder/stakeholder value"),**[1292] stellen wesentliche Konfliktlinien dar, für die Corporate Governance einen Ausgleich sucht.[1293]

Corporate Governance ist nicht auf **unternehmensinterne Systeme,** dh Steuerungsmechanismen der **Organisationsverfassung** beschränkt **(interne Corporate Governance),** sondern bezieht auch die Unternehmenskontrolle durch **externe Einflüsse, dh durch Märkte und Marktkräfte auf die Entscheidungsstrukturen** im Unternehmen mit ein **(externe Corporate Governance).**[1294] Arrangements der internen Corporate Governance räumen einzelnen Interessengruppen unternehmensintern, im dualistischen System insbesondere über den Aufsichtsrat Informations-, Überwachungs- und Entscheidungsrechte ein.[1295] Zur externen Corporate Governance zählen insbesondere die **Steuerungsmechanismen des Kapitalmarktes** mit seiner **Finanzierungsfunktion** und den Auswirkungen von **Kursentwicklungen** sowie der **Markt für Unternehmenskontrolle** mit dem Handel von kontrollierenden Aktienpaketen und **Übernahmen,** die zum Austausch des Managements ermächtigen.[1296] 431

Der **europäische Rahmen für Corporate Governance** besteht aus einer Mischung verbindlicher Rechtsvorschriften und unverbindlicher Regelwerke, insbesondere Empfehlungen. Für die **externe Corporate Governance** sind der Kapitalmarkt durch das europäische Kapitalmarktrecht (vgl. Kapitel F. III.), insbesondere mit den Publizitätsanforderungen der Regel- und ad-hoc-Publizität (vgl. Rn. 530ff. zur Beteiligungspublizität), sowie der Markt für Unternehmenskontrolle durch die Übernahme-Richtlinie (vgl. Rn. 502ff.) **in weiten Teilen europäisch harmonisiert.**[1297] Dies gilt auch für das Rechnungslegungs- und Abschlussprüfungsrecht[1298] (vgl. Rn. 255ff.), das am Schnittpunkt zwischen in- 432

1289 Zurückgehend auf eine Definition der britischen *Cadbury Comission* aus 1992 im Report of the Committee on the Financial Aspects of Corporate Governance, para 2.5: *„[...] the system by which companies are directed and controlled"*, dazu *Hopt,* in Hopt/Wohlmannstetter, Handbuch Corporate Governance von Banken, 2011, 3 (4).

1290 *Grundmann* EuGesR Rn. 442.

1291 *Kalss,* FS Melnizky, 2013, 77 (78); *Kalss,* in Kalss/Nowotny/Schauer, ÖGesR Rn. 3/241.

1292 Vgl. *Grundmann* EuGesR Rn. 461; *v. Werder,* in Hommelhoff/Hopt/v. Werder, Handbuch Corporate Governance, 2009, 3, 7ff.

1293 *Hopt,* in Hopt/Wohlmannstetter, Handbuch Corporate Governance von Banken, 2011, 3, 5.

1294 *Grundmann* EuGesR Rn. 476; *Hopt,* in Hopt/Wohlmannstetter, Handbuch Corporate Governance von Banken, 3, 7; *Hopt,* in Hommelhoff/Hopt/v. Werder, Handbuch Corporate Governance, 39, 42; *v. Werder,* in Hommelhoff/Hopt/v. Werder, Handbuch Corporate Governance, 3, 16f.

1295 *V. Werder,* in Hommelhoff/Hopt/v. Werder, Handbuch Corporate Governance, 3, 16.

1296 Vgl. *Grundmann* EuGesR Rn. 476 mit Hinweis auf weitere, kontrollierend wirkende Märkte (Produktmarkt, Arbeitsmarkt); *Hopt,* in Hopt/Wohlmannstetter, Handbuch Corporate Governance von Banken 3, 7; *v. Werder,* in Hommelhoff/Hopt/v. Werder, Handbuch Corporate Governance, 3, 16f. mit Hinweis auf den insbesondere durch die Medien gestalteten Markt für Reputation.

1297 *Grundmann* EuGesR Rn. 478; vgl. auch *Hopt,* in Hommelhoff/Hopt/v. Werder, Handbuch Corporate Governance, 39, 59f.

1298 Auch in diesem Bereich kam es in Reaktion auf die Finanzkrise 2008 zu intensiver Fortentwicklung, dazu Grünbuch der Kommission KOM(2010) 561 endgültig v. 13.10.2010, Weiteres Vorgehen im Bereich der Abschlussprüfung: Lehren aus der Krise, sowie die darauf aufbauende Reform des Abschlussprüfungsrechts mit einem neuen Rechtsrahmen in 2014, der ua einen Schwerpunkt auf

terner und externer Corporate Governance steht, da es den Gesellschaftern, den Anlegern am Kapitalmarkt und allen sonstigen Interessengruppen als zentrale Informationsquelle dient.[1299] Für die interne Corporate Governance fehlt es nach dem Scheitern der geplanten 5. Gesellschaftsrechtlichen Richtlinie („Struktur-Richtlinie")[1300] an einer harmonisierten Organisationsverfassung.[1301] Nach der Jahrtausendwende entwickelten sich die europäischen Regelungen für die **interne Corporate Governance** daher als ein **Mosaik** aus Handlungsanweisungen und Regelwerken **unterschiedlicher Rechtsqualität,** von Empfehlungen zu Richtlinienrecht.

433 **bb) Entwicklung des Corporate Governance-Rahmens:** Die bisherige **Entwicklung** der (internen) **Corporate Governance** auf europäischer Ebene lässt sich grob in **zwei Phasen** einteilen, deren jeweilige Ankerpunkte die beiden **Aktionspläne** zu Gesellschaftsrecht und Corporate Governance aus **2003**[1302] und **2012**[1303] sind.

434 Auf Grundlage des Berichts der High Level Group of Company Law Experts („Winter-Group")[1304] sah der **Aktionsplan 2003** zahlreiche Maßnahmen zur Weiterentwicklung des Europäischen Gesellschafsrechts und der Corporate Governance vor,[1305] ging konzeptionell nach dem Scheitern sowohl der Struktur-Richtlinie als auch der Konzern-Richtlinie[1306] vom Ziel der Vollharmonisierung ab und konzentrierte sich auf eine Harmonisierung in Kernbereichen.[1307] Im Bereich der Corporate Governance kam es in weiterer Folge zur Verabschiedung mehrerer **Empfehlungen** der Kommission für **börsennotierte Unternehmen** sowie für den **Finanzdienstleistungssektor:** Eine Reihe von Empfehlungen beschäftigt sich mit der Gestaltung **angemessener Vergütungssysteme** für Organmitglieder in börsennotierten Unternehmen sowie für Schlüsselpositionen von Unternehmen im Finanzdienstleistungssektor.[1308] Eine weitere Empfehlung[1309] zielt auf eine **Stärkung**

---

die Unabhängigkeit des Abschlussprüfers legt (vgl. Rn. 306), dazu im Detail *Velte* DStR 2014, 1688 ff.

[1299] *Grundmann* EuGesR Rn. 484 ff.

[1300] Dazu *Grundmann* EuGesR Rn. 366 ff.; *Lutter,* in Grundmann, Systembildung und Systemlücken in Kerngebieten des Europäischen Privatrechts, 2000, 121 (133).

[1301] *Bayer* NZG 2013, 1 (15); *Hopt,* in Hommelhoff/Hopt/v. Werder, Handbuch Corporate Governance, 39 (50).

[1302] Mitteilung der Kommission KOM(2003) 284 endgültig v. 21.5.2004, Modernisierung des Gesellschaftsrechts und Verbesserung der Corporate Governance in der Europäischen Union – Aktionsplan, im Folgenden („Aktionsplan 2003").

[1303] Mitteilung der Kommission COM(2012) 740 final v. 12.12.2012, Aktionsplan: Europäisches Gesellschaftsrecht und Corporate Governance – ein moderner Rechtsrahmen für engagiertere Aktionäre und besser überlebensfähige Unternehmen („Aktionsplan 2012").

[1304] Bericht der Hochrangigen Expertengruppe auf dem Gebiet des Gesellschaftsrechts über moderne gesellschaftsrechtliche Rahmenbedingungen in Europa v. 4.11.2002, online abrufbar: http://ec.europa.eu/internal_market/company/docs/modern/report_de.pdf (15.1.2015), dazu im Detail *German Experts on Corporate Law* ZIP 2003, 863 ff.; *Haberer* GesRZ 2003, 211 ff.; *Wiesner* BB 2003, 213 ff.

[1305] Dazu im Detail *Bayer* BB 2004, 1 (5 ff.); *Habersack* NZG 2004, 1 ff.; *Hopt* ZIP 2005, 461 ff.; *Lutter/Bayer/J. Schmidt* EuropUR § 18 Rn. 6 ff.

[1306] Dazu *Lutter/Bayer/J. Schmidt* EuropUR § 9 Rn. 5 ff.

[1307] *Habersack* NZG 2004, 1 (3); *Hopt* ZIP 2005, 461 (463); *Lutter/Bayer/J. Schmidt* EuropUR § 18 Rn. 9; *Merkt* RIW 2004, 1, (2, 5).

[1308] Empfehlung der Kommission 2004/913/EG v. 14.12.2004 zur Einführung einer angemessenen Regelung für die Vergütung von Mitgliedern der Unternehmensleitung börsennotierter Gesellschaften, ABl. 2004 L 385/55; Empfehlung der Kommission 2009/385/EG v. 30.4.2009, zur Ergänzung der Empfehlungen 2004/913/EG und 2005/162/EG zur Regelung der Vergütung von Mitgliedern der Unternehmensleitung börsennotierter Gesellschaften, ABl. 2009 L 120/28; Empfehlung der Kommission 2009/384/EG v. 30.4.2009 zur Vergütungspolitik im Finanzdienstleistungssektor, ABl. 2009 L 120/22; zu diesen Empfehlungen im Detail *Lutter/Bayer/J. Schmidt* EuropUR § 18 Rn. 47 ff.

[1309] Empfehlung der Kommission 2005/162/EG v. 15.2.2005, zu den Aufgaben nicht geschäftsführender Direktoren/Aufsichtsratsmitgliedern börsennotierter Unternehmen und zu den Ausschüssen von

von unabhängigen nicht geschäftsführenden Direktoren und Aufsichtsratsmitgliedern in börsennotierten Gesellschaften ab und beinhaltet insbesondere eine Definition von „Unabhängigkeit“[1310] sowie Empfehlungen zum Anteil unabhängiger Organmitglieder, zu Fachkompetenz, zeitlichem Engagement und Selbstevaluation des Organs sowie zur Einrichtung bestimmter Ausschüsse. Parallel und in teilweiser Umsetzung zu diesen grundsätzlich unverbindlichen Empfehlungen (vgl. Rn. 37) wurden als weitere wesentliche Schritte der Corporate Governance-Entwicklung mit einer Änderungs-Richtlinie zu den Bilanz-Richtlinien[1311] ein Mindeststandard zur **Organverantwortung für die Rechnungslegung** und für kapitalmarktorientierte Unternehmen zwingend die Pflicht zur Abgabe einer **Erklärung zur Unternehmensführung** („*corporate governance statement*“, vgl. Rn. 273) eingeführt,[1312] mit der Abschlussprüfer-Richtlinie 2006[1313] die zwingende **Einrichtung eines Prüfungsausschusses** mit einem **unabhängigen Finanzexperten** für Unternehmen von öffentlichem Interesse vorgesehen (vgl. Rn. 308) sowie die **Aktionärsrechte-Richtlinie** mit einem Rechtsrahmen für börsennotierte Gesellschaften zur Stärkung der Aktionärsrechte (vgl. Rn. 389 ff.) erlassen.

In Reaktion auf die Finanzkrise[1314] läutete die Kommission mit Konsultationen und Grünbüchern zur Corporate Governance für Finanzinstitute in 2010[1315] sowie für einen allgemeinen Corporate Governance-Rahmen in 2011[1316] die nächste Phase der Entwicklung ein. Auf dieser Grundlage sowie unter Berücksichtigung des Berichts der Reflection Group aus 2011[1317] sowie einer Entschließung des Europäischen Parlaments[1318] und einer weiteren Konsultation[1319] zur Zukunft des europäischen Gesellschaftsrechts arbeitete die Kommission den **Aktionsplan 2012** mit einer Reihe weiterer Vorschläge zur Corporate Governance aus.[1320] Noch kurz vor der Verabschiedung des Aktionsplans hat die Kommission im November 2012 den **Vorschlag für eine Richtlinie zur Geschlechterbalance** in der Verwaltung börsennotierter Gesellschaften vorgelegt, der zugunsten des unterrepräsentierten Geschlechts für die nicht geschäftsführenden Direktoren bzw. Aufsichtsratsmit- 435

Verwaltungs- bzw. Aufsichtsrat, ABl. 2005 L 52/51, dazu im Detail *Hopt* ZIP 2005, 461 (467 f.); *Lutter/Bayer/J. Schmidt* EuropUR § 18 Rn. 18 ff.; *Lutter* EuZW 2009, 799 ff.; *Spindler* ZIP 2005, 2033 ff.

1310 Zum Einfluss dieser Definition auf Verständnis und Weiterentwicklung des Unabhängigkeitsbegriffs nach dem DCGK und deutschem Aktienrecht *Bayer* NZG 2013, 1 (10 ff.); *Mense/Klie* GWR 2014, 232 (233); *Stephanblome* NZG 2013, 445; speziell zum Verständnis der Unabhängigkeit im Zusammenhang mit dem Prüfungsausschuss vgl. Rn. 308.

1311 Änderungs-RL 2006/46/EG v. 14.6.2006, ABl. 2006 L 224/1.

1312 *Lutter/Bayer/J. Schmidt* EuropUR § 10 Rn. 14 f., § 18 Rn. 13.

1313 RL 2006/43/EG v. 17.5.2006, ABl. 2006 L 157/87, dazu im Detail *Lutter/Bayer/J. Schmidt* EuropUR § 27 Rn. 2 ff.; *Lanfermann/Maul* DB 2006, 1505 ff.; *Nonnenmacher/Pohle/v. Werder* DB 2007, 2412 (2412 ff.).

1314 Vgl. *v. Werder,* in Hommelhoff/Hopt/v. Werder, Handbuch Corporate Governance, 3, 5 f. mit Hinweis auf den *Madoff*-Skandal.

1315 Grünbuch der Kommission KOM(2010) 284 endgültig v. 2.6.2010, Corporate Governance in Finanzinstituten und Vergütungspolitik, dazu *Buschmann* NZG 2011, 87 ff.; *Hilgers/Kurta* ZBB 2010, 471 (477 ff.); *Mülbert* ZHR 174 (2010), 375 (377 ff.).

1316 Grünbuch der Kommission KOM(2011) 164 endgültig v. 5.4.2011, Europäischer Corporate Governance-Rahmen, dazu *Jahn* AG 2011, 454 ff.; *Jung* BB 2011, 1987 ff.; *Peltzer* NZG 2011, 961 ff.; *Scheffler* AG 2011, R262 ff.

1317 Report of the Reflection Group On the Future of EU Company Law v. 5.4.2011, online abrufbar: http://ec.europa.eu/internal_market/company/docs/modern/reflectiongroup_report_en.pdf (15.1.2015).

1318 Entschließung des EP v. 14.6.2012 zur Zukunft des Europäuschen Gesellschaftsrechts, P7_TA (2012) 0259, dazu *Clausnitzer* AG 2012, R 224 f.

1319 Online abrufbar: http://ec.europa.eu/internal_market/company/modern/index_de.htm (15.1.2015).

1320 Dazu im Detail *Bayer/J. Schmidt* BB 2013, 3 (12 ff.); *Hupka* GWR 2013, 59 ff.; *Verse* EuZW 2013, 336 (342 ff.).

glieder feste Quoten sowie für den Vorstand eine verpflichtende Selbstverpflichtung der Unternehmen („Flexiquote") vorsieht.[1321] Das weitere Schicksal des Richtlinienvorschlags ist trotz Zustimmung des Europäischen Parlaments im November 2013 aufgrund des Widerstands im Rat nicht absehbar.[1322] In unmittelbarer Umsetzung des Aktionsplans 2012 im Bereich der Corporate Governance legte die Kommission im April 2014 für börsennotierte Gesellschaften (i) einen **Vorschlag zur Änderung der Aktionärsrechte-Richtlinie** und (ii) eine **Empfehlung zur Qualität der Berichterstattung über die Unternehmensführung** vor.

436 Der **Vorschlag zur Änderung der Aktionärsrechte-Richtlinie**[1323] setzt einen Großteil der bereits im Grünbuch aus 2011 sowie im Aktionsplan 2012 vorgegebenen Maßnahmen für Corporate Governance, insbesondere zur stärkeren Einbeziehung der Aktionäre, zur höheren Transparenz für Stimmrechtsberater sowie zur Überwachung von *related party-transactions* und der Vergütungspolitik durch die Aktionäre als verbindliche Regelungen für börsennotierte Gesellschaften um (vgl. Rn. 415 ff.).[1324]

437 Die **Empfehlung zur Qualität der Berichterstattung über die Unternehmensführung**[1325] ist eine weitere Umsetzung einer im Aktionsplan 2012 angekündigten Maßnahme[1326] und stellt für börsennotierte Gesellschaften **Leitlinien** für die Gestaltung (i) allgemein der **Erklärung zur Unternehmensführung** gemäß Art. 20 Abs. 1 Bilanz-RL sowie (ii) spezifisch der **Erklärung über Abweichungen** von einem auf die Gesellschaft gegebenenfalls anwendbaren **Corporate Governance-Kodex** zur Verfügung (vgl. Rn. 273). Den berichtenden Unternehmen wird unter anderem empfohlen, die Erklärung zur Unternehmensführung neben der Offenlegung nach der Bilanz-Richtlinie auf der Unternehmenswebsite zu veröffentlichen (Punkt 6) sowie zusätzlich auf die individuellen Merkmale der Gesellschaft, insbesondere Größe, Unternehmens- und Beteiligungsstruktur einzugehen (Punkt 5 Satz 2, Punkt 9 Satz 2). Zu den Abweichungen soll erkärt werden, wie die Entscheidung zu diesen zustande kam, wann bei einer Befristung der Abweichung diese abläuft sowie welche Alternativmaßnahmen gewählt wurden und wie diese zu einer

---

[1321] Vorschlag für Richtlinie COM(2012) 614 v. 14.11.2012 zur Gewährleistung einer ausgewogenen Vertretung von Frauen und Männern unter den nicht geschäftsführenden Direktoren/Aufsichtsratsmitgliedern börsennotierter Gesellschaften und über damit zusammenhängende Maßnahmen, dazu im Detail *Jung* BB 2013, 387 ff.; *Verse* EuZW 2013, 336 (340); kritisch zur Kompetenzgrundlage *Stöbener/Böhm* EuZW 2013, 371 ff. sowie bereits *Koch* ZHR 175 (2011), 827 (834 ff.).

[1322] *Brouwer* NZG 2014, 201 (202); *Verse/Wiersch* EuZW 2014, 375 (380); vgl. aber die Verpflichtung von kapitalmarktorientierten Gesellschaften zur Aufnahme eines Diversitätskonzepts gemäß Art. 20 Abs. 1 lit. g Bilanz-RL in die Erklärung zur Unternehmensführung (eingefügt im Oktober 2014, vgl. Rn. 274); zum Bankenbereich nach CRD IV vgl. Rn. 443, 451; auf nationaler Ebene in D wurde im März 2015 das Gesetz für eine gleichberechtigte Teilhabe von Frauen und Männern an Führungspositionen in der Privatwirtschaft und im öffentlichen Dienst verabschiedet, das für börsennotierte *und* paritätisch mitbestimmte Gesellschaften eine Geschlechterquote von mindestens 30 % im AR vorsieht, sowie für Gesellschaften, die *entweder* börsennotiert *oder* gesetzlich mitbestimmt sind, eine Pflicht zu eigenen Zielsetzungen für den Geschlechteranteil in Führungspositionen festlegt, dazu *Mense/Klie* GWR 2015, 1 ff.; *Rüb/Teichmann* BB 2015, 259 ff.; *Rubner/Leuering* NJW-Spezial 2015, 207 f.; *Stüber* CCZ 2015, 38 ff.; vgl. auch *Kersten/Habersack* BB 2014, 2819 ff.

[1323] Vorschlag für Änderungs-RL COM(2014) 213 v. 9.4.2014 zur Änderung der Richtlinie 2007/36/EG im Hinblick auf die Förderung der langfristigen Einbeziehung der Aktionäre sowie der Richtlinie 2013/34/EU in Bezug auf bestimmte Elemente der Erklärung zur Unternehmensführung, dazu im Detail *Lanfermann/Maul* BB 2014, 1283 ff.; *Seibt* DB 2014, 1910 ff.

[1324] Vgl. Aktionsplan 2012, Punkte 2.3 (Identifizierung der Aktionäre), 2.4 (erhöhte Transparenz für institutionelle Anleger), 3.1 (Überwachung der Vergütungspolitik durch die Aktionäre), 3.2 (Überwachung von related party-transactions durch die Aktionäre), 3.3 (Regulierung Stimmrechtsberater).

[1325] Empfehlung der Kommission 2014/208/EU v. 9.4.2014 zur Qualität der Berichterstattung über die Unternehmensführung („Comply or Explain") ABl. 2014 L 109/43, dazu im Detail *Mense/Klie* GWR 2014, 232 ff.

[1326] Vgl. Aktionsplan 2012, Punkt 2.2 (Verbesserte Berichterstattung über Corporate Governance).

guten Corporate Governance beitragen. Gerade diese Empfehlungen über Kodexabweichungen in Punkt 8 lit. c bis e sind potentiell sehr weitreichend und von der Praxis im Einzelfall wohl nur schwer zu erfüllen.[1327] An die Stellen gerichtet, die Corporate Governance-Kodizes erstellen, wird in Punkt 2 angeregt, die Kodexregelungen klar danach zu unterscheiden, ob diese jedenfalls einzuhalten sind, ihre Abweichung begründet werden muss („Comply-or-Explain") oder freiwillig sind.[1328] Die Mitgliedstaaten schließlich sollen eine bessere Überwachung der Einhaltung der Empfehlungen, dh der Qualität der Berichterstattung sicherstellen.[1329]

Die Schaffung eines eigenständigen **Europäischen Corporate Governance-Kodizes ist abzulehnen,** da die Unterschiede in den nationalen Aktienrechten, insbesondere der strukturelle Unterschied zwischen monistischen und dualistischen Verfassungen, entweder zu einem überdimensionierten, auf eine konkrete Gesellschaft zu großen Teilen nicht anwendbaren oder zu einem hochgradig abstrahierten und daher „zahnlosen" Regelungsrahmen führen würden.[1330] Eine Entwicklung hin zu einem einheitlichen europäischen Kodex ist nach aktuellem Stand nicht zu erwarten.[1331] 438

In der Entwicklung des Corporate Governance-Rahmens auf europäischer Ebene lassen sich **zwei Grundlinien** feststellen: (i) Die **Konzentration** auf **börsennotierte**[1332] **Gesellschaften,** sowie (ii) vor allem in der zweiten Phase der Versuch, die – insbesondere institutionellen – **Aktionäre** nicht nur als passive Konsumenten, sondern **als aktive Träger einer funktionierenden Corporate Governance** zu positionieren. Letzteres führt allerdings zu einer grundsätzlichen **Machtverschiebung hin zu den Aktionären,** die im Gegensatz zu den Mitgliedern der Verwaltung in ihrem Handeln grundsätzlich nicht auf das Unternehmenswohl verpflichtet oder dafür verantwortlich sind, und denen in vielen Fällen die notwendige Fachkompetenz, insbesondere zur Beurteilung von komplexen *related party-transactions* und der Vergütungspolitik fehlen wird.[1333] Im dualistischen System ist in diesem Zusammenhang auf die damit einhergehende **systemwidrige Schwächung des Aufsichtsrats** hinzuweisen (vgl. Rn. 424, 428). 439

cc) Corporate Governance und Europäisches Bankgesellschaftsrecht: Parallel zu der auf börsennotierte Gesellschaften konzentrierten Entwicklung der Corporate Governance (vgl. Rn. 439) wurden unter dem Eindruck der Finanzkrise[1334] und auf Grundlage 440

[1327] Dazu mit Recht kritisch *Mense/Klie* GWR 2014, 232 (234); im Rahmen der Kodexrevision 2015 wurden diese Leitlinien jedoch direkt in den ö. Kodex übernommen (neuer Anhang 2b ÖCGK idF 2015).

[1328] Diesem Schema entsprechend verwendet der dt. Kodex eine sprachliche Differenzierung (soll – sollte – andere Formulierung), dazu Präambel DCGK, der ö. Kodex eine Kennzeichnung nach den Regelungskategorien L (Legal Requirement), C (Comply-or-Explain), R (Recommendation), dazu Erläuterungen zum Kodex ÖCGK.

[1329] Vgl. ErwG 19, Punkt 11 Empfehlung 2014/208/EU v. 9.4.2014.

[1330] Bericht der Hochrangigen Expertengruppe auf dem Gebiet des Gesellschaftsrechts über moderne gesellschaftsrechtliche Rahmenbedingungen in Europa v. 4.11.2002, 77 f., online abrufbar: http://ec.europa.eu/internal_market/company/docs/modern/report_de.pdf (15.1.2015); Aktionsplan 2003, Punkt 3.1; vgl. auch *Fleischer* ZGR 2012, 160 (182 ff.); *Hopt,* in Hommelhoff/Hopt/v. Werder, Handbuch Corporate Governance, 39, 48; *Lutter/Bayer/J. Schmidt* EuropUR § 18 Rn. 10; aA *Sester,* in Spindler/Stilz, AktG § 161 Rn. 5.

[1331] Im Aktionsplan 2012 wird ein solches Vorhaben auch nicht erwähnt.

[1332] Der exakte Anwendungsbereich der einzelnen Regelungswerke variiert häufig zwischen börsennotierten (Aktien am geregeltem Markt, vgl. Rn. 391 zur AR-RL) und kapitalmarktorientierten (Aktien oder sonstige Wertpapiere am geregeltem Markt, vgl. Rn. 273 zur Erklärung zur Unternehmensführung gemäß Art. 20 Abs. 1 Bilanz-RL) Gesellschaften.

[1333] Zu Recht kritisch zu dieser Entwicklung *Hommelhoff,* in Liber amicorum für Martin Winter, 2011, 255 ff.; *Seibert,* FS Hoffmann-Becking, 2013, 1101 (1103 f.); *Wilsing* ZGR 2012, 291 (296 ff.).

[1334] *Kalss,* in Lewisch, JB Wirtschaftsstrafrecht und Organverantwortlichkeit 2013, 301 (304); *Langenbucher* ZBB 2013, 16 (18).

des Grünbuchs aus 2010[1335] **umfangreiche Corporate Governance-Regelungen** in das **europäische Bankrecht** aufgenommen.[1336] Nach dem seit 1.1.2014 anwendbaren CRD IV-Rechtsrahmen[1337] sehen die entsprechenden Regelungen der CRD-IV-Richtlinie verbindliche gesellschaftsrechtliche Vorgaben für Kreditinstitute und Wertpapierfirmen, dh für „Institute" nach CRD IV,[1338] vor und bilden die Grundlage für die Entwicklung eines **europäischen Bankgesellschaftsrechts.**[1339]

441 Für Versicherungsunternehmen verläuft auf Grundlage des ab 1.1.2016 anwendbaren Rechtsrahmens Solvency II[1340] eine vergleichbare Entwicklung hin zu einem **europäischen Versicherungsgesellschaftsrecht.**[1341] Auch andere aufsichtsrechtliche Regelungen, zum Beispiel die AIFM-Richtlinie für Verwalter alternativer Investmentsfonds („AIFM"),[1342] beinhalten in Form von Zulassungs- und Ausübungsbedingungen für die jeweilige Tätigkeit einzelne Bestimmungen zur Corporate Governance[1343] und sonstige gesellschaftsrechtliche Vorgaben für die zulässigen Organisationsformen.[1344] Die folgende Darstellung beschränkt sich zwecks Übersichtlichkeit auf den Bankenbereich nach CRD IV.

442 Art. 74 Abs. 1 CRD-IV-RL **verpflichtet jedes Institut** dazu, über *„solide Regelungen für die Unternehmensführung und -kontrolle"*, dh über ein **angemessenes System interner Corporate Governance** unter Berücksichtigung der Art. 76 bis 95 CRD-IV-RL zu verfügen.[1345]

[1335] Grünbuch der Kommission KOM(2010) 284 endgültig v. 2.6.2010, Corporate Governance in Finanzinstituten und Vergütungspolitik, dazu im Detail *Buschmann* NZG 2011, 87 ff.; *Hilgers/Kurta* ZBB 2010, 471 (477 ff.); *Mülbert* ZHR 174 (2010), 375 (377 ff.).

[1336] Vgl. *Mülbert* ZVglRWiss 113 (2014), 520 ff.; vgl. zur Entwicklung davor *Weber-Rey/Baltzer,* in Hopt/Wohlmannstetter, Handbuch Corporate Governance von Banken, 2011, 431 ff.

[1337] Der seit 1.1.2014 anwendbare CRD IV-Rechtsrahmen für Aufsichtsanforderungen im Bankenbereich besteht aus der Richtlinie 2013/36/EU v. 26.6.2013 über den Zugang zur Tätigkeit von Kreditinstituten und die Beaufsichtigung von Kreditinstituten und Wertpapierfirmen, zur Änderung der Richtlinie 2002/87/EG und zur Aufhebung der Richtlinien 2006/48/EG und 2006/49/EG, ABl. 2013 L 176/338 („CRD-IV-RL"), sowie der Verordnung (EU) Nr. 575/2013 v. 26.6.2013 über Aufsichtsanforderungen an Kreditinstitute und Wertpapierfirmen und zur Änderung der Verordnung (EU) Nr. 646/2012, ABl. 2013 L 176/1 („CRR-VO"); dazu *Manns/Schulte-Mattler* WM 2011, 2069 ff.; vgl. CRD IV-Umsetzungsgesetz v. 28.8.2013, BGBl. I 3395; zu den Corporate Governance-Regelungen des CRD-IV-RL-Entwurfs KOM(2011) 453 vgl. *Lutter/Bayer/J. Schmidt* EuropUR § 18 Rn. 22, 27 f., 30, 34, 39, 41, 43, 54, 61, 75.

[1338] Zur Anwendung der CRD-IV-RL auf „Institute" s. Art. 2 Abs. 1 CRD-IV-RL, zu den Definitionen von „Institut", „Kreditinstitut" und „Wertpapierfirma" s. Art. 3 Abs. 1 Nr. 1–3 CRD-IV-RL, die auf Art. 4 Abs. 1 Nr. 1–3 CRR-VO verweisen, wonach ein „Institut" ein „Kreditinstitut" oder eine „Wertpapierfirma" ist.

[1339] Vgl. *Langenbucher* ZHR 176 (2012), 652 ff. (662 ff.).

[1340] Richtlinie 2009/138/EG v. 25.11.2009 betreffend die Aufnahme und Ausübung der Versicherungs- und der Rückversicherungstätigkeit (Solvabilität II) ABl. 2009 L 335/1.

[1341] Vgl. *Bürkle* WM 2012, 878 ff.

[1342] RL 2011/61/EU v. 8.6.2011, über die Verwalter alternativer Investmentfonds und zur Änderung der Richtlinien 2003/41/EG und 2009/65/EG und der Verordnungen (EG) Nr. 1060/2009 und (EU) Nr. 1095/2010, ABl. 2011 L 174/47.

[1343] Zur Einrichtung eines Vergütungsausschusses für AIFM gemäß Art. 13 iVm Anhang II AIFM-RL vgl. *Câmara,* in Zetzsche, The Alternative Investment Fund Managers Directive, 2012, 237 (245 ff.).

[1344] Zur Anpassung des Gesellschaftsrechts der KG als Investmentkommanditgesellschaft in der Funktion als AIFM („intern verwaltete Investmentkommanditgesellschaft") nach den Voraussetzungen der AIFM-RL vgl. *Wallach* ZGR 2014, 289 (296 ff.), zB muss die Geschäftsführung gemäß Art. 8 Abs. 1 lit. c AIFM-RL aus mindestens zwei fachlich geeigneten Personen bestehen, gemäß Art. 8 Abs. 1 lit. b AIFM-RL sind die Kapitalvoraussetzungen nach Art. 9 AIFM-RL zu erfüllen; überwiegend rühren die gesellschaftsrechtlichen Sonderregelungen allerdings von der Einsatzmöglichkeit der KG als Alternative Investmentfonds („AIF") her, die nicht unmittelbar von der AIFM-RL erfasst sind.

[1345] Die EBA hat gemäß Art. 74 Abs. 3 CRD-IV-RL Leitlinien für ein solches System interner Corporate Governance auszuarbeiten, vgl. die entsprechenden Leitlinien v. 27.11.2011 (GL 44)

443 *aaa) Anforderungen an das Leitungsorgan und Annäherung an das monistische System:* Art. 91 CRD-IV-RL sieht einen umfassenden Katalog von **Anforderungen** an die **Mitglieder des Leitungsorgans** vor, der an **Regelungsdichte** („Verrechtlichung") und **Schärfe** in vielen Fällen über entsprechendes nationales Kapitalgesellschaftsrecht hinausgehen wird.[1346] Diese Anforderungen sind die Grundlage für den „fit and proper"-Test nach Art. 13 Abs. 1 Uabs. 2 CRD-IV-RL und daher Voraussetzung für die Zulassung zur Tätigkeit als Kreditinstitut. Mitglieder des Leitungsorgans eines **Instituts von erheblicher Bedeutung**[1347] unterliegen strengen **Mandatsgrenzen** (ein Leitungs- und zwei Aufsichtsmandate oder vier Aufsichtsmandate), die nur durch Genehmigung der Aufsichtsbehörde und ausschließlich für ein weiteres Aufsichtsmandat durchbrochen werden können.[1348] **Erleichterungen** bestehen insbesondere dadurch, dass Mandate innerhalb derselben Gruppe sowie in Unternehmen, an denen das Institut qualifiziert beteiligt ist, als einzelnes Mandat gelten, und Mandate in Organisationen, die nicht überwiegend gewerbliche Ziele verfolgen, nicht gezählt werden. Weitere Vorgaben sehen eine Pflicht zum **ausreichenden Zeitaufwand** der Organmitglieder für ihre Aufgabenerfüllung,[1349] den Einsatz **angemessener Personal- und Finanzressourcen** für **Einschulung** und **Fortbildung** der Organmitglieder[1350] sowie die **Förderung von Diversität** bei der **Besetzung** des Leitungsorgans vor. Jedes Mitglied des Leitungsorgans muss **individuelle Anforderungen** erfüllen, insbesondere über die für die Wahrnehmung seiner Aufgaben ausreichende Qualifikation *(„Kenntnisse, Fähigkeiten und Erfahrung")* verfügen und persönlich zuverlässig *(„ausreichend gut beleumdet")* sein.[1351] Die zum **Verständnis der Tätigkeiten des Instituts und seiner Hauptrisiken notwendige Qualifikation** muss **kollektiv im Leitungsorgan** gegeben sein.[1352] Die Europäische Bankenaufsichtsbehörde **(EBA)** ist gemäß Art. 91 Abs. 12 CRD-IV-RL verpflichtet, bis 31.12.2015 **Leitlinien** zur näheren **Konkretisierung einzelner Anforderungen** herauszugeben.[1353]

444 Die Regelungen in Art. 91 CRD-IV-RL zu den Anforderungen gelten für die **Mitglieder des Leitungsorgans** bzw. für das **Leitungsorgan insgesamt.** Unter *„Leitungsorgan"* sind nach der **Legaldefinition** in Art. 3 Abs. 1 Nr. 7 CRD-IV-RL *„das Organ oder die Organe"* eines Instituts zu verstehen, die die *„Strategie, Ziele und Gesamtpolitik [...] festlegen"*, *„die Entscheidungen der Geschäftsleitung [...] kontrollieren"* und *„die Geschäfte des Instituts tatsächlich führen"*. Auf diese Weise erfasst die Definition von „Leitungsorgan" sowohl das **monistische System** mit einem Verwaltungsrat, der Leitungs- und Überwachungsfunktion in sich vereint, als auch das **dualistische System,** in dem die Leitungs- und Überwa-

---

nach CRD III, online verfügbar unter: https://www.eba.europa.eu/documents/10180/103861/EBA_2012_00210000_DE_COR.pdf (15.1.2015).

[1346] Vgl. *Finesi* ECFR 2015, 45 (64ff.); *Kalss,* in Lewisch, JB Wirtschaftsstrafrecht und Organverantwortlichkeit 2013, 301 (304); *Langenbucher* ZHR 176 (2012), 652 (654ff.); zur verschärften Verwantwortlichkeit von Vorstand und Aufsichtsrat *Hopt* ZIP 2013, 1793 (1795ff.); spezifisch zu Haftung und Legalitätspflicht des Vorstands *Langenbucher* ZBB 2013, 16ff.

[1347] Es handelt sich um *„[...] Institute, die aufgrund ihrer Größe, ihrer internen Organisation und der Art, des Umfangs und der Komplexität ihrer Geschäfte von erheblicher Bedeutung sind [...]"*, die nähere Begriffsbestimmung obliegt den Mitgliedstaaten, vgl. § 25c Abs. 2 S. 6, § 25d Abs. 3 S. 7 KWG.

[1348] Art. 91 Abs. 3–6 CRD-IV-RL; vgl. § 25c Abs. 2, § 25d Abs. 3 KWG.

[1349] Art. 91 Abs. 2 CRD-IV-RL; vgl. § 25c Abs. 1 S. 1, § 25d Abs. 1 S. 1 KWG.

[1350] Art. 91 Abs. 9 CRD-IV-RL; dazu im Detail *Opitz* BKR 2013, 177ff.; vgl. § 25c Abs. 4, § 25d Abs. 4 KWG.

[1351] Art. 91 Abs. 1 S. 1, Abs. 8 CRD-IV-RL; vgl. § 25c Abs. 1, § 25d Abs. 1 KWG.

[1352] Art. 91 Abs. 7 CRD-IV-RL; vgl. § 25d Abs. 2 S. 1 KWG; § 25c KWG enthält für die Geschäftsleitung keine entsprechende Regelung.

[1353] Vgl. die bisherigen Leitlinien der EBA nach CRD III zur Beurteilung der Eignung von Mitgliedern des Leitungsorgans und von Inhabern von Schlüsselfunktionen v. 22.11.2012, EBA/GL/2012/06, online abrufbar unter: http://www.eba.europa.eu/documents/10180/106695/EBA_2012_00220000_DE_COR.pdf (15.1.2015).

chungsfunktion organisatorisch getrennt ist zwischen Vorstand und Aufsichtsrat.[1354] Die einzelnen **Bestimmungen zu den Anforderungen** richten sich daher im dualistischen System an den Vorstand und an den Aufsichtsrat. Mit Ausnahme der Bestimmungen zu den Mandatsgrenzen **differenziert Art. 91 CRD-IV-RL aber nicht zwischen der Leitungs- und der Überwachungsfunktion** und daher auch nicht zwischen den entsprechenden Organen und Organmitgliedern. Die **Anforderungen an Vorstands- und Aufsichtsratsmitglieder** werden daher **inhaltlich angeglichen** und auf diese Weise insbesondere **für den Aufsichtsrat erhöht.**[1355]

445 Unterstrichen wird diese Entwicklung durch die **stärkere organisatorische Einbindung** des *„Leitungsorgans in seiner Aufsichtsfunktion"*,[1356] dh im dualistischen Systen des **Aufsichtsrats** in die **Überwachungs- und Informationsstruktur** eines Instituts.[1357] Insbesondere für den Bereich des **Risikomanagements** (i) haben der Aufsichtsrat und der Risikoausschuss (vgl. Rn. 450) – soweit erforderlich – angemessenen Zugang zur Risikomanagementfunktion des Instituts und zu externen Sachverständigen, (ii) haben der Aufsichtsrat und der Risikoausschuss Art, Umfang, Format und Frequenz des risikobezogenen, unternehmensinternen Informationsflusses an sich festzulegen, (iii) hat die Risikomanagementfunktion umgekehrt die Möglichkeit, sich erforderlichenfalls unmittelbar an den Aufsichtsrat zu wenden, und (iv) kann der Leiter der Risikomanagementfunktion nicht ohne Zustimmung des Aufsichtsrats von dieser Position enthoben werden.[1358]

446 Neben dem Leitungsorgan werden in den Leitlinien der EBA[1359] als **eigenständige Leitungsebene** *„Inhaber von Schlüsselfunktionen"* identifiziert, die bestimmten fachlichen Voraussetzungen unterliegen und maßgebliche Aufgaben im Berichts- und Organisationswesen eines Instituts erfüllen.[1360] Dies entspricht dem monistischen System, bei dem unterhalb des Verwaltungsrats Geschäftsführungsaufgaben wahrgenommen werden, dh das Tagesgeschäft erledigt und dem letztentscheidungsbefugten Leitungsorgan darüber Rechenschaft gelegt wird.[1361]

447 Die Angleichung der Anforderungen für Vorstand und Aufsichtsrat, die stärkere Einbindung des Aufsichtsrats in die Organisationsstruktur und die regulatorische Verfestigung der Inhaber von Schlüsselfunktionen als zusätzliche Leitungsebene mit Geschäftsführungsaufgaben führen im **Bankenbereich** zu einer **europarechtlich getriebenen Annäherung an das monistische System („Boardisierung")** und zu einer **geänderten Rolle von Vorstand und Aufsichtsrat** im dualistischen System.[1362] Die Mitglieder des Aufsichtsrats nähern sich der Stellung von nicht geschäftsführenden Verwaltungsratsmitgliedern an, der

---

[1354] Vgl. *Kalss,* in Kalss/Nowotny/Schauer, ÖGesR Rn. 3/1089.

[1355] *Kaetzler/Hoops* BKR 2013, 192 (197); *Kalss,* in Lewisch, JB Wirtschaftsstrafrecht und Organverantwortlichkeit 2013, 301 (304 f.).

[1356] Vgl. die Legaldefinition in Art. 3 Abs. 1 Nr. 8 CRD-IV-RL.

[1357] Dazu *Kaetzler/Hoops* BKR 2013, 192 (196).

[1358] Art. 76 Abs. 4, Abs. 5 Uabs. 3, 5 CRD-IV-RL; vgl. § 25a Abs. 1, § 25d Abs. 8 S. 7–10 KWG; vgl. zu CRD III auch das Rundschreiben 10/2012 der BaFin v. 14.12.2012 über Mindestanforderungen an das Risikomanagement (MaRisk), online abrufbar unter: http://www.bafin.de/SharedDocs/Veroeffentlichungen/DE/Rundschreiben/rs_1210_marisk_ba.html?nn=2818068#doc3492188bodyText15 (15.1.2015).

[1359] S. die bisherigen Leitlinien der EBA nach CRD III zur Beurteilung der Eignung von Mitgliedern des Leitungsorgans und von Inhabern von Schlüsselfunktionen v. 22.11.2012, EBA/GL/2012/06; die CRD-IV-RL reglementiert die Inhaber von Schlüsselfunktionen nicht unmittelbar, vgl. aber Art. 76 Abs. 5 CRD-IV-RL zum Leiter des Risikomanagements, dazu *Finesi* ECFR 2015, 45 (64).

[1360] *Kalss,* in Lewisch, JB Wirtschaftsstrafrecht und Organverantwortlichkeit 2013, 301 (315 f.); *Weber-Rey* NZG 2013, 766 (769 f.).

[1361] Vgl. *Kalss,* in Lewisch, JB Wirtschaftsstrafrecht und Organverantwortlichkeit 2013, 301 (316 f.).

[1362] Dazu *Kaetzler/Hoops* BKR 2013, 192 (197); *Kalss,* in Lewisch, JB Wirtschaftsstrafrecht und Organverantwortlichkeit 2013, 301 (304 f.).

Vorstand wird – zusätzlich zur externen Bankenaufsicht – unternehmensintern „von oben" durch den näher rückenden Aufsichtsrat und „von unten" durch die Ebene der Inhaber von Schlüsselfunktionen in seinen Handlungszuständigkeiten und seinem unternehmerischen Ermessen eingeschränkt.[1363]

Diese Entwicklung führt im **Bankenbereich** zu einem – im Vergleich zum allgemeinen Kapitalgesellschaftsrecht – **komplexen Zuständigkeits- und Aufgabengeflecht**, das Vorstand, Aufsichtsrat und Inhaber von Schlüsselfunktionen **erhöhten Sorgfaltsanforderungen** unterwirft,[1364] und hat auch ein **Ausstrahlungspotential** auf das Gesellschaftsrecht für börsennotierte Unternehmen und darüber hinaus.[1365] **448**

bbb) Weitere Corporate Governance-Elemente im Europäischen Bankgesellschaftsrecht: Die Art. 92 bis 95 CRD-IV-RL bilden den Rechtsrahmen für die **Vergütung** für bestimmte Mitarbeiterklassen **(„identified staff").**[1366] Neben Grundsätzen für die **Vergütungspolitik**[1367] bestehen Vorgaben für Zusammensetzung und sonstige Modalitäten einer variablen Vergütung,[1368] insbesondere für das **Verhältnis** zwischen **festen und variablen Vergütungsbestandteilen.**[1369] Die Höhe der variablen Vergütung darf grundsätzlich 100% der festen Vergütung nicht übersteigen, **Ausnahmen** bis zu 200% sind nur mit **qualifizierter Zustimmung** der Eigentümer, dh der **Hauptversammlung** zulässig.[1370] Dieser Grundsatz der Deckelung variabler Vergütungsbestandteile ist auf die Vergütung für Leistungen ab 2014 anzuwenden, unabhängig davon, ob diese Leistungen auf Grundlage neuer oder alter, dh vor 2014 geschlossener Verträge erbracht werden.[1371] Die Kommission hat gemäß Art. 161 Abs. 2 CRD-IV-RL nach **Prüfung** in enger Zusammenarbeit mit der EBA bis 30.6.2016 einen Bericht über Anwendung und Auswirkungen der **Vergütungsbestimmungen** unter besonderer Berücksichtigung der internationalen Entwicklungen in diesem Bereich sowie erforderlichenfalls einen entsprechenden Änderungsvorschlag vorzulegen. **449**

In **Instituten von erheblicher Bedeutung** (vgl. Rn. 443) sind bestimmte **Ausschüsse** einzurichten, die aus Mitgliedern des Leitungsorgans, die keine Geschäftsführungsfunktion **450**

[1363] *Kalss,* in Lewisch, JB Wirtschaftsstrafrecht und Organverantwortlichkeit, 2013, 301 (316f.).

[1364] *Kaetzler/Hoops* BKR 2013, 192 (197); *Kalss,* in Lewisch, JB Wirtschaftsstrafrecht und Organverantwortlichkeit, 2013, 301 (323).

[1365] Vgl. dazu und zu einer normativen Ausstrahlungswirkung – zu Recht – überwiegend kritisch *Armbrüster* KSzW 2013, 10ff.; *Dreher* ZGR 2010, 496ff.; *Hopt* ZGR 2013, 165 (205); *Kaetzler/Hoops* BKR 2013, 192 (197); *Langenbucher* ZHR 176 (2012), 652 (666ff.); *Weber-Rey* ZGR 2010, 543ff. (564ff.).

[1366] Art. 92 Abs. 2 CRD-IV-RL; dazu *Lunk/Besenthal* NZG 2013, 1010 (1011) *(„Banker");* dazu auch die delegierte VO (EU) Nr. 604/2014 v. 4.3.2014, ABl. 2014 L 167/30, die gemäß Art. 94 Abs. 2 CRD-IV-RL technische Regulierungsstandards für detaillierte qualitative und quantitative Kriterien zur Ermittlung der betroffenen Mitarbeiterklassen festlegt.

[1367] Art. 92 CRD-IV-RL; die EBA hat gemäß Art. 75 Abs. 2 Uabs. 1 CRD-IV-RL Leitlinien für eine solide Vergütungspolitik auszuarbeiten, vgl. die entsprechenden Leitlinien v. 10.12.2010 (CP 42) nach CRD III, online verfügbar unter: https://www.eba.europa.eu/documents/10180/106961/Guidelines.pdf/a3ab77c9–980f-4994-b2cd-397413b77084?version=1.0 (15.1.2015).

[1368] Art. 94 Abs. 1 CRD-IV-RL; dazu *Lunk/Besenthal* NZG 2013, 1010 (1011); dazu auch die delegierte VO (EU) Nr. 527/2014 v. 12.3.2014, ABl. 2014 L 148/21, die gemäß Art. 94 Abs. 2 CRD-IV-RL technische Regulierungsstandards zur Bezeichnung von bestimmten Instrumenten, die als variable Vergütungsbestandteile iSv Art. 94 Abs. 1 lit. l sublit. ii CRD-IV-RL dienen können, festlegt.

[1369] Vgl. zur Umsetzung auch die neue Institutsvergütungsverordnung, BGBl. I 2013, 4270ff., dazu *Merkelbach* WM 2014, 1990ff.; *Zürn/Böhm* BB 2014, 1269ff.

[1370] Art. 94 Abs. 1 lit. g CRD-IV-RL; vgl. § 24 Abs. 1 Nr. 14, 14a, § 25a Abs. 5, Abs. 6 Nr. 1 lit. b KWG, dazu *Lackhoff/Kulenkamp* AG 2014, 770ff.; *Lunk/Besenthal* NZG 2013, 1010 (1011f.).

[1371] Art. 162 Abs. 3 CRD-IV-RL; zu den damit verbundenen Problemen des Eingriffs in bestehende Verträge *Lunk/Besenthal* NZG 2013, 1010 (1012ff.).

wahrnehmen *(„do not perform any executive function")*,[1372] dh aus nicht geschäftsführenden Direktoren bzw. Aufsichtsratsmitgliedern bestehen: (i) Ein **Vergütungsausschuss**, der die Beschlüsse zum Thema Vergütung vorbereitet und die Vergütungspolitik und -praxis überwacht,[1373] (ii) ein **Nominierungsausschuss,** der insbesondere die Besetzung des Leitungsorgans vorbereitet,[1374] und (iii) ein **Risikoausschuss,** der das Leitungsorgan zur aktuellen und künftigen Risikostrategie des Instituts berät und deren Umsetzung überwacht.[1375]

451 Dem **Nominierungsausschuss** kommt eine potentielle Schlüsselrolle für die Entwicklung des Leitungsorgans zu, da er eine Zielvorgabe und eine Umsetzungsstrategie zur **Erhöhung des Anteils des unterrepräsentierten Geschlechts** im Leitungsorgan erstellt,[1376] regelmäßig die **Qualifikation** *(„Kenntnisse, Fähigkeiten und Erfahrung")* der einzelnen **Mitglieder des Leitungsorgans und des Leitungsorgans insgesamt bewertet** und diese Bewertung dem Leitungsorgan mitteilt sowie neben Struktur, Größe und Zusammensetzung auch die **Leistung des Leitungsorgans bewertet** und Änderungen empfiehlt **(„Selbstevaluation").** Der Nominierungsausschuss kann zu diesen Zwecken auf angemessene Ressourcen und Finanzmittel zurückgreifen und insbesondere externe Berater einsetzen.[1377] Ist das Leitungsorgan allerdings nach nationalem Recht *„in keiner Weise"* an Auswahl und Bestellung seiner Mitglieder beteiligt, entfallen die Pflicht zur Einrichtung eines Nominierungsausschusses und daher die Anwendbarkeit dieser Bestimmungen, die auch ohne entsprechende Bestellungskompetenzen einen positiven Einfluss auf die Qualität der Unternehmensleitung haben könnten.[1378]

452 Vergleichbar mit den Pflichten von großen und kapitalmarktorientierten Unternehmen in der Rohstoffindustrie für die Offenlegung von Zahlungen an staatliche Stellen (vgl. Rn. 300) haben Institute jährlich – **geordnet nach den Staaten,**[1379] in denen ein Institut **Niederlassungen** betreibt – Angaben zu Firma, Art und Belegenheitsort der Tätigkeiten, Umsatz, Anzahl der Gehaltsempfänger, Gewinn bzw. Verlust vor Steuern und Steuern auf Gewinn bzw. Verlust sowie erhaltene staatliche Beihilfen, dh bestimmte **Schlüsselinformationen** zusammenzustellen, **vom Abschlussprüfer prüfen** zu lassen und als Anhang zum Jahresabschluss bzw. zum konsolidierten Abschluss **offenzulegen („Country-by-Country Reporting").**[1380] Bis zum 1.7.2014 sind bereits bestimmte Informationen offengelegt sowie weitere Informationen von systemrelevanten Instituten vertraulich der Kommission vorgelegt worden.[1381] Die Kommission hat daraufhin am 30.10.2014 gemäß Art. 89 Abs. 3 CRD-IV-RL einen **Bericht** vorgelegt, nach dem keine erheblichen negativen wirtschaftlichen Auswirkungen zu erwarten seien.[1382] Die neue Offenlegungspflicht gilt daher in vollem Umfang seit 1.1.2015.

[1372] Im Gegensatz zum durchgehenden englischen Wortlaut spricht die deutsche Fassung in den entsprechenden Bestimmungen der CRD-IV-RL uneinheitlich von *„Führungsaufgaben"*, *„Geschäftsführungsaufgaben"* bzw. *„Leitungsaufgaben"*.

[1373] Art. 95 CRD-IV-RL; vgl. § 25d Abs. 12 KWG *(„Vergütungskontrollausschuss")*; vgl. *Langenbucher* ZHR 176 (2012), 652 (659f.).

[1374] Art. 88 Abs. 2 CRD-IV-RL; vgl. § 25d Abs. 11 KWG; dazu im Detail *Hönsch/Kaspar* AG 2014, 297 (297ff.); vgl. auch *Langenbucher* ZHR 176 (2012), 652 (659).

[1375] Art. 76 Abs. 3 CRD-IV-RL; vgl. § 25d Abs. 8 KWG; vgl. *Langenbucher* ZHR 176 (2012), 652 (657f.).

[1376] Zielvorgabe, Strategie und Umsetzung sind gemäß Art. 435 Abs. 2 lit. c CRR-VO offenzulegen und regelmäßig, dh mindestens einmal jährlich zu aktualisieren.

[1377] Art. 88 Abs. 2 Uabs. 4 CRD-IV-RL; vgl. § 25d Abs. 11 S. 3, 4 KWG.

[1378] Art. 88 Abs. 2 Uabs. 5 CRD-IV-RL.

[1379] Erfasst sind sowohl Mitgliedstaaten als auch Drittstaaten.

[1380] Art. 89 CRD-IV-RL; vgl. § 26a Abs. 1 S. 2–7 KWG.

[1381] Art. 89 Abs. 2, 3 CRD-IV-RL.

[1382] Neben dem Kommissionsbericht COM(2014) 676 v. 30.10.2014 sind zu dieser Frage eine externe Studie sowie eine Konsultation online abrufbar: http://ec.europa.eu/internal_market/company/modern/corporate_governance_in_financial_institutions_de.htm (15.1.2015).

7. Unternehmensgruppe

Der grenzüberschreitende Aufbau von Unternehmensgruppen durch Gründung von Tochtergesellschaften, Übernahmen oder Strukturmaßnahmen ist zentrales Mittel für Wachstum und (Re-)Strukturierung eines Unternehmens. Die **Unternehmensgruppe („Konzern")** ist die **Organisationsform für Unternehmen in Europa schlechthin.**[1383] Sie wird aber **im europäischen Gesellschaftsrecht nicht systematisch erfasst,** es besteht kein einheitliches Modell der Verfassung einer Unternehmensgruppe.[1384] 453

Selbst wenn der **Konzern als solcher keine juristische Person** darstellt, sondern aus einer Mehrheit von juristischen Gesellschaften und Einheiten besteht und traditionell die Anknüpfung an der einzelnen Gesellschaft vorgenommen wird, so stehen die rechtliche Bedeutung als solche und die **zunehmende Anerkennung durch marktrechtliche Regelungen** sowie das **Sanktionenregime** für diese Regelungen außer Zweifel. Hingewiesen sei nur auf die Anknüpfung im **Kartell-** und zunehmend im **Kapitalmarktrecht.** Die wirtschaftliche Einheit ist nach der Judikatur des EuGH **Adressat** der **kartellrechtlichen Verbotsnormen.** Im Kartellrecht gilt die widerlegbare Vermutung, dass die Muttergesellschaft auf die Tochtergesellschaft einen bestimmenden Einfluss ausübt, wenn sie unmittelbar oder mittelbar deren gesamtes oder nahezu gesamtes Kapital hält.[1385] Deutlich wird die Anerkennung etwa auch bei der Berechnung von Strafen für Verstöße gegen kapitalmarktrechtliche Offenlegungspflichten, etwa nach der neuen Transparenz-Richtlinie 2013 oder der Marktmissbrauchs-Verordnung (MAR).[1386] Sichtbar wird die gruppenbezogene Anknüpfung auch im **Bilanzrecht,** das im Gedanken des Informationsmodells (vgl. Rn. 208) an der Unternehmensgruppe und an der wirtschaftlichen Gesamtleistung der Unternehmensgruppe anknüpft (vgl. Rn. 279). Eine der großen Fragen der Unternehmensgruppe wird sein, ob auch das Gesellschaftsrecht stärker die wirtschaftliche Einheit der Unternehmensgruppe anerkennt und besondere Regelungen vorsieht und die marktrechtlichen Regelungen bestätigt und verstärkt. 454

Die Voraussetzungen für die Anerkennung eines Gruppeninteresses, die Zulässigkeit gruppeninterner Weisungen und Maßnahmen im Gruppeninteresse – auch – zum Nachteil einzelner abhängiger Gesellschaften, die entsprechenden Rechte und Pflichten der beteiligten Leitungs- und Aufsichtsorgane, die Regelungen für einen Nachteilsausgleich sowie für den Schutz betroffener Interessengruppen, insbesondere von Gläubigern, Arbeitnehmern und Minderheitsgesellschaftern, richten sich **nach dem Recht der Mitgliedstaaten.**[1387] 455

Einzelne dieser Elemente, insbesondere die **Anerkennung des Gruppeninteresses** sowie die **Transparenz von Unternehmensgruppen**, stehen nunmehr auf der **Agenda der Kommission.**[1388] Dabei steht nicht mehr das Ob zur Diskussion, sondern vor allem das Ausmaß der Anerkennung sowie der gruppeninternen Umsetzung und die konkrete Gestaltung der Ausgleichs- und Schutzsysteme.[1389] 456

[1383] *Grundmann* EuGesR Rn. 1006; *Weller/Bauer* ZEuP 2015, 6 (7); vgl. auch *Hommelhoff,* FS Stilz, 2014, 287 (298); Report of the Reflection Group On the Future of EU Company Law v. 5.4.2011, S. 59, online abrufbar unter: http://ec.europa.eu/internal_market/company/docs/modern/reflectiongroup_report_en.pdf (15.1.2015).

[1384] Zum Scheitern der geplanten 9. Richtlinie („Konzernrechts-Richtlinie") vgl. *Lutter/Bayer/J. Schmidt* EuropUR § 9 Rn. 5; zur Entwicklung des Konzernrechts *Hopt* ZHR 171 (2007), 199 ff.

[1385] EuGH v. 10.9.2009 – C-97/08, Slg. 2009, I-8237 – Akzo Nobel NV; ferner EuGH v. 8.5.2013 – C-508/11, BeckEuRS 2013, 726203 – ENI SpA.

[1386] *Thaler,* Sanktionen bei Marktmissbrauch, 2014, 36 ff.; *Veil,* in Veil, EuKMR § 12 Rn. 28 ff.

[1387] Zu unterschiedlichen Konzernrechten in einzelnen MS vgl. *Teichmann* ZGR 2014, 45 (49 ff.); zur unterschiedlichen Rechtslage für gruppeninterne Weisungen in verschiedenen MS vgl. *Rodewald/Paulat* GmbHR 2013, 519 ff. (D), 522 ff. (andere MS).

[1388] Zum Aktionsplan 2012 *Drygala* AG 2013, 198 ff.; *Ekkenga* AG 2013, 181 ff.; *Hopt* ZGR 2013, 165 (209 ff.); *Teichmann* AG 2013, 184 ff.

[1389] Vgl. *Hommelhoff* GmbHR 2014, 1065 (1075); vgl. im Detail *Conac* ECFR 2013, 194 ff.; *Forum Europaeum Konzernrecht* ZGR 1998, 672 ff.; *Hommelhoff,* FS Stilz, 2014, 287 ff.; *Teichmann* AG 2013, 184 ff.

457 Die **fehlende Harmonisierung gruppenspezifischer Rechtsbereiche** erhöht den **Kosten- und Beratungsaufwand** für den Aufbau und die Führung grenzüberschreitender Gruppenstrukturen, wovon weniger die ganz großen Unternehmen, sondern vor allem die **kleineren und mittelständische Unternehmensgruppen** betroffen und belastet werden.

458 Die europäischen Normen sehen nur **einzelne Versatzstücke** für das Recht von Unternehmensgruppen vor, es **fehlt aber ein durchgängiges Verhaltens- oder Steuerungsrecht** dafür. Aus verschiedenen Richtlinien und Verordnungen lassen sich Elemente für die Regelung einer Unternehmensgruppe ableiten. Ihre Bruchstückhaftigkeit lässt sich auch mit völlig anderen primären Regelungsanliegen einzelner Bestimmungen erklären. So hat etwa die Übernahme-Richtlinie, die auf börsennotierte Gesellschaften ausgerichtet ist, neben dem kapitalmarktrechtlichen Zweck der Sicherung der Marktintegrität und des Anlegerschutzes auch massive konzernrechtliche Aspekte. Deutlich zeigen sich auch konzernrechtliche Elemente bei der Regelung der Einpersonen-Gesellschaft-Richtlinie, die primär der Förderung kleinerer und mittlerer Unternehmen diente.[1390]

459 Folgende **Einzelregelungen** im europäischen Gesellschaftsrecht knüpfen – überwiegend mittelbar – an die Unternehmensgruppe an: (i) Mit dem Rechtsrahmen für den konsolidierten Abschluss und Lagebericht adressiert das **Bilanzrecht** die Unternehmensgruppe direkt als Regelungsgegenstand (vgl. Rn. 279 ff.). (ii) Die Übernahme-Richtlinie und die Bestimmungen der Transparenz-Richtlinie zur **Beteiligungspublizität** knüpfen an den **Kontrollerwerb** bzw. an bestimmte Beteiligungsschwellen an und gewährleisten durch Pflichtangebot, Andienungs- und Ausschlussrechte sowie Transparenzpflichten einen **mittelbaren Konzerneingangsschutz.** (iii) Die Kapital-Richtlinie erstreckt das **Verbot des Erwerbs eigener Aktien** auf **abhängige Gesellschaften** (vgl. Rn. 356).[1391] (iv) Die Umgründungs-Richtlinien sehen **Erleichterungen für bestimmte up-stream verlaufende Strukturmaßnahmen** innerhalb von Unternehmensgruppen vor (vgl. Rn. 166 ff., 181, 203). (v) Die Entwürfe zur Reform der Aktionärsrechte-Richtlinie enthalten Informations- und Mitbestimmungsrechte der Aktionäre für Transaktionen der Gesellschaft mit nahestehenden Unternehmen und Personen **(„related party-transactions“),** die insbesondere **Geschäfte innerhalb einer Unternehmensgruppe** erfassen, aber auch Ausnahmemöglichkeiten in diesem Bereich eröffnen (vgl. Rn. 427, 429). Als Teil der Aktionärsrechte-Richtlinie sind diese Bestimmungen auf den Schutz der (Minderheits-)Aktionäre einer Gesellschaft vor interessenkonfliktverfangenen Transaktionen gerichtet und beschränken sich in ihrer Anwendung auf börsennotierte Gesellschaften. Eine allgemeine Regelung nachteiliger Geschäfte und Maßnahmen im Gruppeninteresse, die gruppenspezifische Fragen zu Voraussetzungen und Grenzen der Einflussnahme und des Schutzes der betroffenen Kreise berücksichtigt, wird dadurch nicht geschaffen. (vi) Die SE-Verordnung, die Einpersonen-Gesellschaft-Richtlinie und der geplante SUP-Rechtsrahmen positionieren die entsprechenden Rechtsformen auch bzw. insbesondere als Bausteine für Unternehmensgruppen. Die **SE** kann als gemeinsame **Holding- und Tochtergesellschaft** gegründet sowie als **100 %-Tochter** einer anderen SE für mehrstufige Gruppenstrukturen verwendet werden, (vgl. Rn. 566, 570), die Einpersonen-Gesellschaft-Richtlinie gewährleistet die **Verfügbarkeit nationaler Kapitalgesellschaften als 100 %-Tochtergesellschaften**, der **SUP-Rechtsrahmen** soll einen teilweise harmonisierten **100 %-Baustein zum effizienten Aufbau und Betrieb grenzüberschreitender Unternehmensgruppen** insbesondere **für KMU** zur Verfügung stellen.

460 Am Beispiel des geplanten SUP-Rechtsrahmens lassen sich **strukturelle Schwächen des fragmentarischen Regelungsansatzes** für Unternehmensgruppen verdeutlichen:

[1390] *Kalss* EuZW 2015, 252 (254); *Fleischer,* in MüKoGmbHG, § 1 Rn. 67; *Habersack/Verse* EuGesR § 10 Rn. 3.

[1391] Zur Frage, ob das Ausschüttungsverbot der Kapital-RL auf Konzernsachverhalte anwendbar ist, vgl. Rn. 338.

Das bindende Weisungsrecht des Alleingesellschafters etwa stellt ein wesentliches, die Rechtswahlmöglichkeit ein überlegenswertes Element für eine Gesellschaft als Gruppenbaustein dar. Die fehlende Harmonisierung der Voraussetzungen zur Ausübung und Befolgung des Weisungsrechts im Gruppeninteresse und von Regelungen zum Ausgleich von im Gruppeninteresse erlittenen Nachteilen der abhängigen Gesellschaft ziehen aber im Ergebnis die **Eignung einer SUP als einheitlichen Baustein im Betrieb grenzüberschreitender Unternehmensgruppen in Zweifel.**[1392] Erst bei ausreichendem Schutz der Gläubiger kann das Gruppeninteresse anerkannt werden. Für die SUP können diese Bereiche ergänzt werden, um in weiterer Folge als Grundlage für einen Rechtsakt mit breiterem Anwendungsbereich zu dienen, der neben der **Anerkennung des Gruppeninteresses** auch grundlegende Vorgaben für dessen **gruppeninterne Umsetzung und erforderliche Ausgleichs- und Schutzsysteme** enthält.[1393] Eine Harmonisierung könnte sich in einem ersten Schritt – vergleichbar zum SUP-Rechtsrahmen – auf eine Regulierung von 100%-Strukturen ohne Minderheitsaktionäre oder Anlegerpublikum in den abhängigen Gesellschaften beschränken. Eine solche **Differenzierung** nach der **Eigentümerstruktur** ist aufgrund der unterschiedlichen Interessengruppen jedenfalls notwendig. Eine stufenweise Entwicklung würde darüber hinaus sowohl die inhaltliche Ausgestaltung als auch die politische Konsensbildung erleichtern.

a) Einpersonen-Kapitalgesellschaften mit beschränkter Haftung

aa) Grundlagen und Entwicklung: Die **Einpersonen-Gesellschaft-Richtlinie**[1394] 461
(EpG-RL) stellt europaweit den **Zugang** von Unternehmern **zur Einpersonen-Kapitalgesellschaft mit beschränkter Haftung** sicher. Die Richtlinie zielt darauf ab, insbesondere Einzelunternehmern sowie kleinen und mittleren Unternehmen (KMU) eine geeignete Rechtsform mit beschränkter Haftung zur Tätigkeit am Binnenmarkt zur Verfügung zu stellen, um neben der Einpersonen-Gesellschaftsgründung im Inland vor allem die grenzüberschreitende Gesellschaftsgründung durch Einzelunternehmer und die **grenzüberschreitende Errichtung von Tochtergesellschaften durch KMU** zu gewährleisten. Darüber hinaus erleichtert sie generell die – insbesondere grenzüberschreitende – **Bildung von Unternehmensgruppen.**

Zu diesen Zwecken sieht die Einpersonen-Gesellschaft-Richtlinie die **Zulässigkeit der** 462
Gründung von Einpersonen-Kapitalgesellschaften mit beschränkter Haftung vor und sichert den **Bestand** von Kapitalgesellschaften mit beschränkter Haftung **nach Vereinigung aller Anteile in einer Hand.**[1395] **Transparenzbestimmungen** (vgl. Rn. 469ff.) sorgen für eine begrenzte Harmonisierung für Einpersonen-Kapitalgesellschaften mit beschränkter Haftung und tragen dabei dem besonderen Gefährungspotential dieser Gesellschaften für Gläubiger Rechnung: Das Fehlen einer Gesellschaftermehrheit und insbesondere die mögliche Identität von Alleingesellschafter und Geschäftsführer äußern sich im Verlust einer damit verbundenen internen Kontrolle zwischen Gesellschaftern und Ge-

---

[1392] Dazu im Detail *Hommelhoff* GmbHR 2014, 1065ff.; allgemein zu den Schwierigkeiten grenzüberschreitender Unternehmensgruppen infolge fehlender Harmonisierung *Weller/Bauer* ZEuP 2015, 6 (22ff. mwN).

[1393] Vgl. *Hommelhoff* GmbHR 2014, 1065 (1075); dazu auch *Conac* ECFR 2013, 194ff.; *Forum Europaeum Konzernrecht* ZGR 1998, 672ff.; *Hommelhoff,* FS Stilz, 2014, 287ff.; *Teichmann* AG 2013, 184ff.; *Weller/Bauer* ZEuP 2015, 6 (25).

[1394] Richtlinie 2009/102/EG v. 16.9.2009 auf dem Gebiet des Gesellschaftsrechts betreffend Gesellschaften mit beschränkter Haftung mit einem einzigen Gesellschafter, ABl. 2009 L 258/20, es handelt sich um die kodifizierte Fassung der mehrfach geänderten Zwölften Richtlinie 89/667/EWG v. 21.12.1989; ihr Anwendungsbereich wurde durch das EWR-Abkommen – Anhang XXII, Nr. 9 (ABl. 1994 L 1/3) bzw. für die kodifizierte Fassung durch Änderung des EWR-Abkommens – Anhang XXII (ABl. 2010 L 181/24) auf den EWR ausgedehnt.

[1395] Vgl. *Habersack/Verse* EuGesR § 10 Rn. 2f.; *Lutter/Bayer/J. Schmidt* EuropUR § 29 Rn. 1.

schäftsführung. Dieses **„Kontrolldefizit"** kann sich in einer unkontrollierten Vermögensvermischung bzw. -verschiebung aus der Gesellschaft an den Einzelgesellschafter sowie in der fehlenden Sanktionierung von Pflichtverletzungen des Geschäftsführers und Einzelgesellschafters konkretisieren.[1396]

463 Nach dem Scheitern der Initiative zur Einführung der SPE (vgl. Rn. 618) legte die Kommission am 9.4.2014 den Vorschlag[1397] für eine neue Richtlinie über Einpersonen-Gesellschaften mit beschränkter Haftung **(„SUP-RL-E")** vor, die die bisherige Richtlinie ersetzen soll. Die Initiative hat das Ziel, Unternehmensgründer und KMU stärker zu unterstützen und deren **grenzüberschreitende Tätigkeit am Binnenmarkt weiter zu erleichtern,** da insbesondere die **Errichtung von Tochtergesellschaften** in anderen Mitgliedstaaten aufgrund der jeweils unterschiedlichen nationalen Regelungen und Gründungsvoraussetzungen mit einem für KMU prohibitiven Kosten- und Zeitaufwand einhergeht und daher die grenzüberschreitende Betätigung und das Wachstumspotential von KMU gehemmt werden. Der SUP-RL-E übernimmt in seinem Allgemeinen Teil 1 weitgehend die Regelungen der bisherigen Richtlinie, führt aber zusätzlich in seinem Besonderen Teil 2 einen harmonisierten Rechtsrahmen für die **Societas Unius Personae** („SUP") ein, der zu einer Senkung des Kosten-, Beratungs- und Zeitaufwands für die Gründung und den Betrieb von (Tochter-)Gesellschaften in anderen Mitgliedstaaten führen soll.[1398]

464 **bb) Zulässigkeit und Harmonisierung:** Die Regelungen der Einpersonen-Gesellschaft-Richtlinie gelten gemäß Art. 1 EpG-RL für die in **Anhang I**[1399] EpG-RL **abschließend aufgezählten** nationalen **Kapitalgesellschaften mit beschränkter Haftung.**[1400] Art. 3 Abs. 2 SE-VO erweiterte den Anwendungsbereich auf **Tochter-SE** einer SE, dh die Mitgliedstaaten haben die sekundäre SE-Gründung durch eine einzelne Mutter-SE zuzulassen und die Regelungen der Einpersonen-Gesellschaft-Richtlinie sinngemäß auf die Tochter-SE anzuwenden.[1401] Um eine Umgehung der Schutzbestimmungen der Richtlinie durch Nutzung einer Einpersonen-Aktiengesellschaft zu verhindern, ordnet Art. 6 EpG-RL nach hM die Anwendung der Richtlinenbestimmungen in den Fällen an, in denen das nationale Recht eine **Einpersonen-Aktiengesellschaft** zulässt.[1402] Den Mit-

---

[1396] Vgl. *Grohmann,* Das Informationsmodell im Europäischen Gesellschaftsrecht, 2006, 304; *Grundmann* EuGesR Rn. 296; *Habersack/Verse* EuGesR § 10 Rn. 2; *Lutter/Bayer/J. Schmidt* EuropUR § 29 Rn. 25.

[1397] RL-Vorschlag COM(2014) 212 v. 9.4.2014, dazu *Beurskens* GmbHR 2014, 738 ff.; *Dreher* NZG 2014, 967 ff.; *Drygala* EuZW 2014, 491 ff.; *Hommelhoff* GmbHR 2014, 1065 ff.; *Jung* GmbHR 2014, 579 ff.; *Omlor* NZG 2014, 1137 ff.; *J. Schmidt* GmbHR 2014, R 129 f.; *Schoenemann* EWS 2014, 241 ff.; *Seibert* GmbHR 2014, R 209 f.; *Teichmann* NJW 2014, 3561 ff.; *Wicke* ZIP 2014, 1414 ff.

[1398] Vgl. ErwG 8 SUP-RL-E.

[1399] Gemäß Art. 1 Abs. 2 iVm Art. 26 SUP-RL-E wird die Kommission ermächtigt, nach Information durch die Mitgliedstaaten über entsprechende Änderungen die Auflistung der unmittelbar unterworfenen nationalen Gesellschaftsformen in Anhang I durch delegierte Rechtsakte iSv Art. 290 AEUV anzupassen, sodass im Gegensatz zur aktuellen Einpersonen-Gesellschaft-RL für derartige Änderungen eine Richtlinienänderung nicht mehr erforderlich ist, vgl. auch ErwG 26 SUP-RL-E.

[1400] Deutschland und Österreich: GmbH; für Österreich ist im Amtsblatt der EU in L 258/20 (22) zusätzlich auch „Aktiengesellschaft" angegeben, wobei es sich dabei um ein Redaktionsversehen handeln muss, das mit der Neufassung der Richtlinie zu beheben ist (in Anhang I idF SUP-RL-E bereits korrigiert); gemäß Art. 1 Abs. 1 lit. b SUP-RL-E gelten die der Einpersonen-Gesellschaft-RL weitgehend entsprechenden Regelungen des allgemeinen Teils der Richtline auch für die als SUP geführten nationalen Rechtsformen.

[1401] *Lutter/Bayer/J. Schmidt* EuropUR § 29 Rn. 7, § 41 Rn. 71 f.; lässt das nationale Aktienrecht – wie das in D und Ö (vgl. § 42 AktG bzw. § 35 öAktG) – die Einpersonen-Aktiengesellschaft zu, ist eine sinngemäße Anwendung nicht erforderlich, da in diesem Fall die entsprechenden Regelungen gemäß Art. 9 Abs. 1 lit. c SE-VO unmittelbar für die SE gelten, dazu *Oechsler,* in MüKoAktG, Art. 3 SE-VO Rn. 8.

[1402] *Bayer/J. Schmidt,* in Bayer/Habersack, Aktienrecht im Wandel I, 2007, Kap. 18 Rn. 109; *Brändel,* in GroßKAktG, § 1 Rn. 150; *Grohmann,* Das Informationsmodell im Europäischen Gesellschafts-

gliedstaaten steht es daher frei, für Aktiengesellschaften die Eigenschaft als Einpersonengesellschaft zuzulassen, sie müssen dann aber auch die Regelungen der Richtline für Einpersonen-Aktiengesellschaften umsetzen. In ihrem Anwendungsbereich derogiert die Einpersonen-Gesellschaft-Richtlinie schließlich dem Nichtigkeitsgrund gemäß Art. 12 lit. b sublit. vi P-RL, der nur mehr relevant ist, wenn Mitgliedstaaten die Einpersonengründung von Aktiengesellschaften nicht zulassen (vgl. Rn. 253).[1403]

Art. 2 Abs. 1 EpG-RL ordnet für alle Gesellschaften im Anwendungsbereich der Richtlinie die **Zulässigkeit** sowohl der **Einpersonengründung**[1404] als auch der Entstehung als Einpersonengesellschaft durch **Vereinigung aller Anteile** an (*„originäre"* und *„nachträgliche"* Einpersonengesellschaft).[1405] Die Mitgliedstaaten müssen diese Vorgänge daher zulassen und dürfen diese auch nicht mit besonderen Sanktionen, zum Beispiel Haftungsregelungen für den Einzelgesellschafter, belegen.[1406] 465

Art. 2 Abs. 2 EpG-RL eröffnet den Mitgliedstaaten für zwei Konstellationen, nämlich (i) für eine natürliche Person als Alleingesellschafter mehrerer Gesellschaften und (ii) für eine Einpersonengesellschaft bzw. eine andere juristische Person als Alleingesellschafter einer Gesellschaft, die Möglichkeit, *„besondere Bestimmungen oder Sanktionen"* vorzusehen. Dabei kann es sich um den Ausschluss von Gesellschaftsgründungen bzw. die zwangsweise Auflösung von Gesellschaften in den entsprechenden Konstellationen handeln, oder um sonstige Beschränkungen, insbesondere die Anordnung einer unbeschränkten Haftung des Alleingesellschafters.[1407] Trotz ausdrücklichen Bezugs auf das Konzernrecht ist Art. 2 Abs. 2 EpG-RL nicht als Bereichsausnahme für das Konzernrecht zu verstehen, sondern als **abschließende Aufzählung der Fälle,** in denen die Mitgliedstaaten entsprechende **Beschränkungen des Zugangs zu Einpersonen-Kapitalgesellschaften mit beschränkter Haftung** vorsehen, dh Sanktionen unmittelbar für die Gründung bzw. nachträgliche Entstehung von Einpersonen-Kapitalgesellschaften anordnen können.[1408] Regelungen, die für Einzelfälle unter bestimmten Voraussetzungen eine Haftung des Einzelgesellschafters bzw. der Geschäftsführung anordnen, werden durch Art. 2 Abs. 2 EpG-RL hingegen nicht erfasst und daher nicht beschränkt.[1409] 466

Art. 7 EpG-RL ermöglicht den Mitgliedstaaten im Sinne einer **Regelungsalternative,** statt der Zulassung der Einpersonen-Kapitalgesellschaft mit beschränkter Haftung eine 467

---

recht, 2006, 303; *Grundmann* EuGesR Rn. 295 Fn. 20, Rn. 301; *Habersack/Verse* EuGesR § 10 Rn. 4; *Lutter/Bayer/J. Schmidt* EuropUR § 29 Rn. 8; aA, dh für Anwendbarkeit der Richtlinienbestimmungen erst, wenn das nationale Recht kumulativ Gründung als Einpersonen-AG und Anteilsvereinigung zulässt, *Eckert* EuZW 1990, 54 (55 f.); *Kalss,* in Koppensteiner, ÖuEuWPR, Teil 1, 119, 293; s. auch Begründung des deutschen Gesetzgebers in BR-Drs 184/91, 7 zur Umsetzung ohne Anwendung für AG, obwohl eine Entstehung der Einpersonen-AG durch Anteilsvereinigung anerkannt war; eine entsprechende Umsetzung wurde erst 1994 mit Zulassung der Einpersonengründung für AG gemäß § 2 AktG vorgenommen; klarstellend im Sinne der hM der Wortlaut von Art. 1 Abs. 3 SUP-RL-E, der Art. 6 EpG-RL ersetzen soll.

[1403] *Grundmann* EuGesR Rn. 204; *Lutter/Bayer/J. Schmidt* EuropUR § 19 Rn. 88.

[1404] Sogenannte „Strohmanngründungen", bei denen eine weitere Person formal als Gründungsgesellschafter auftritt, aber wirtschaftlich auf Rechnung eines einzelnen Gesellschafters handelt, werden von der EpG-RL nicht erfasst, es entscheidet das nationale Recht, ob derartige Gründungsvorgänge zulässig sind bzw. wie diese zu behandeln sind, dazu *Habersack/Verse* EuGesR § 10 Rn. 8 f.; *Lutter/Bayer/J. Schmidt* EuropUR § 29 Rn. 13.

[1405] *Lutter/Bayer/J. Schmidt* EuropUR § 29 Rn. 10.

[1406] *Habersack/Verse* EuGesR § 10 Rn. 6; *Lutter/Bayer/J. Schmidt* EuropUR § 29 Rn. 12.

[1407] Vgl. *Habersack/Verse* EuGesR § 10 Rn. 11; *Lutter/Bayer/J. Schmidt* EuropUR § 29 Rn. 19; zu Kritik an dieser potentiell weitgehenden Möglichkeit zur Beschränkung der Harmonisierung für Einpersonen-Kapitalgesellschaften mit beschränkter Haftung *Lutter,* FS Brandner, 1996, 81 (85 ff.).

[1408] *Grundmann* EuGesR Rn. 302, 311; *Habersack/Verse* EuGesR § 10 Rn. 12; *Kindler* ZHR 157 (1993), 1 (11 f.); *Lutter/Bayer/J. Schmidt* EuropUR § 29 Rn. 21; *Meilicke* DB 1992, 1867 ff.

[1409] Dazu *Grundmann* EuGesR Rn. 307; *Habersack/Verse* EuGesR § 10 Rn. 12 ff.; *Lutter/Bayer/J. Schmidt* EuropUR § 29 Rn. 22.

gleichwertige Einpersonen-Unternehmensform mit beschränkter Haftung vorzusehen. Diese muss es einem Einzelunternehmer ermöglichen, mit einer auf ein bestimmtes Vermögen beschränkten Haftung tätig zu sein, sowie Schutzbestimmungen im nationalen Recht unterliegen, die gleichwertig[1410] zu den entsprechenden Regelungen der Einpersonen-Gesellschaft-Richtlinie und der sonstigen gesellschaftsrechtlichen Richtlinien für Gesellschaften im Sinne des Anhangs I EpG-RL sind.[1411]

468 Der **SUP-RL-E** enthält keine Art. 2 Abs. 2 und Art. 7 EpG-RL entsprechenden Beschränkungs- und Alternativregelungen für den Zugang zu Einpersonen-Kapitalgesellschaften mit beschränkter Haftung bzw. SUP.[1412] Die Regelungen des SUP-RL-E **gewährleisten** daher in allen Mitgliedstaaten – erstmals **lückenlos** – die Nutzungsmöglichkeit und **Zulässigkeit von Einpersonen-Kapitalgesellschaften mit beschränkter Haftung** und zwar jedenfalls mit dem Rechtsrahmen der SUP sowie gegebenenfalls in Form sonstiger nationaler Gesellschaftsformen. Die Nichtaufnahme von Beschränkungsmöglichkeiten für die Mitgliedstaaten in den SUP-RL-E stellt eine signifikante Weiterentwicklung der Harmonisierung dar und ist im Sinne des Regelungsziels der Richtlinie zu begrüßen.

469 Die Art. 3 bis 5 EpG-RL beinhalten **Publizitäts- und Transparenzregelungen zum Schutz Dritter** als Mindeststandards, über die die Mitgliedstaaten mit strengeren Schutzregelungen zur Abwehr der spezifischen Gefahren bei Einpersonen-Kapitalgesellschaften mit beschränkter Haftung (vgl. Rn. 462) hinausgehen können.[1413]

470 Art. 3 EpG-RL[1414] sieht vor, dass im Fall der nachträglichen Entstehung einer Einpersonen-Kapitalgesellschaft mit beschränkter Haftung durch **Vereinigung aller Anteile** in einer Hand[1415] diese Tatsache und die Identität[1416] des Alleingesellschafters offengelegt werden müssen.[1417] Für die Art der **Offenlegung** besteht ein Wahlrecht der Mitgliedstaaten zwischen einer Offenlegung gemäß Art. 3 Abs. 1 und 3 P-RL[1418] und einer Eintragung in ein öffentlich zugängliches Gesellschaftsregister.

471 Art. 4 Abs. 1 EpG-RL[1419] stellt klar, dass der Alleingesellschafter die Befugnisse der Gesellschafterversammlung ausübt, dh dass sich durch die Eigenschaft der Gesellschaft als Einpersonen-Kapitalgesellschaft nichts an der **Kompetenzverteilung und Funktionstren-**

[1410] *Mousoulas* Rev. Soc. 1990, 395 (401): *„Gleichwertiges aliud"*.

[1411] Die Alternative geht auf ein Modell in Portugal zurück; in Frankreich besteht seit 1.1.2011 ein entsprechendes Modell als Alternative zur Einpersonen-Kapitalgesellschaft mit beschränkter Haftung; dazu *Lutter/Bayer/J. Schmidt* EuropUR § 29 Rn. 15 Fn. 49 mwN.

[1412] *Jung* GmbHR 2014, 579 (580); weder D noch Ö haben von diesen Möglichkeiten Gebrauch gemacht, vgl. aber die Nachweise in *Lutter/Bayer/J. Schmidt* EuropUR § 29 Rn. 24 Fn. 89 bis 92 zur Nutzung von Art. 2 Abs. 2 EpG-RL in anderen MS.

[1413] *Grundmann* EuGesR Rn. 296, 300; *Habersack/Verse* EuGesR § 10 Rn. 15, 21; *Kalss,* in Koppensteiner, ÖuEuWPR, Teil 1, 119, 298; *Lutter/Bayer/J. Schmidt* EuropUR § 29 Rn. 26.

[1414] Art. 3 SUP-RL-E enthält keine inhaltlichen Änderungen, aber eine sprachliche Verbesserung.

[1415] Für den Fall der anfänglichen Entstehung durch Gründung sorgt bereits die zwingende Offenlegung des Errichtungsakts bzw. der Satzung der Gesellschaft nach Art. 2 lit. a iVm Art. 3 P-RL (vgl. Rn. 225) für die erforderliche Publizität, dazu *Habersack/Verse* EuGesR § 10 Rn. 15; *Lutter/Bayer/J. Schmidt* EuropUR § 29 Rn. 27.

[1416] Mangels Konkretisierung in der Richtlinie ist davon auszugehen, dass Name, Vorname, Geburtsdatum und Wohnort (natürliche Person) bzw. Firma und Sitz (juristische Person) zwecks Identifizierbarkeit offenzulegen sind, vgl. *Lutter/Bayer/J. Schmidt* EuropUR § 29 Rn. 27.

[1417] Vgl. § 40 Abs. 1 S. 1 GmbHG, der die Offenlegung *jeder* Änderung des Gesellschafterkreises anordnet und daher den Fall von Art. 3 EpG-RL (Vereinigung aller Anteile) „miterledigt"; vgl. § 42 AktG, der die Offenlegung hingegen nur für die (anfänglich oder nachträgliche, dazu *Pentz,* in MüKoAktG, § 42 Rn. 5, 18) Entstehung einer Einpersonen-AG anordnet (für Aktiengesellschaften erforderlich, da diese aufgrund Art. 6 EpG-RL in den Anwendungsbereich der Richtlinie fallen, dazu Rn. 464).

[1418] Eine Bekanntmachung gemäß Art. 3 Abs. 5 P-RL (vgl. Rn. 222) ist hingegen nicht erforderlich.

[1419] Keine Änderung in Art. 4 Abs. 1 SUP-RL-E.

nung zwischen Willensbildungs- und Verwaltungsorgan ändert.[1420] Art. 4 Abs. 2 EpG-RL[1421] legt dazu fest, dass die **Gesellschafterbeschlüsse** des Alleingesellschafters **schriftlich abzufassen** sind,[1422] um **Rechtssicherheit** über die Beschlussinhalte sicherstellen und spätere Manipulationen verhindern zu können.[1423]

Aufgrund der besonderen Gefahr von Interessenkollisionen und einer Schädigung der Gesellschaft bzw. ihrer Gläubiger[1424] sieht Art. 5 Abs. 1 EpG-RL zum Zweck eines Mindeststandards an Transparenz für **Verträge,** die als **In-Sich-Geschäfte** zwischen dem Alleingesellschafter und der von diesem vertretenen Einpersonen-Kapitalgesellschaft abgeschlossen werden,[1425] die Pflicht zur **schriftlichen Niederlegung**[1426] vor.[1427] Die Richtlinie geht daher grundsätzlich von der Zulässigkeit von In-sich-Geschäften mit dem Alleingesellschafter aus, überlässt die Frage nach den Voraussetzungen für eine wirksame Vertretung in diesen Fällen aber den Mitgliedstaaten.[1428] Art. 5 Abs. 2 EpG-RL räumt den Mitgliedstaaten die Möglichkeit ein, *„unter normalen Bedingungen abgeschlossene laufende Geschäfte"* von der Pflicht nach Abs. 1 auszunehmen.[1429] 472

Art. 5 SUP-RL-E übernimmt die bisherige Regelung, beinhaltet aber eine Ausweitung ihres Anwendungsbereichs, da – nach dem geänderten Wortlaut – nicht mehr nur In-sich- 473

[1420] *Habersack/Verse* EuGesR § 10 Rn. 17; *Kalss,* in Koppensteiner, ÖuEuWPR, Teil 1, 119, 299; *Lutter/Bayer/J. Schmidt* EuropUR § 29 Rn. 31, *Schwarz* EuGesR Rn. 522.

[1421] Art. 4 Abs. 2 SUP-RL-itE v. 1.12.2014 (vgl. Rn. 477) ergänzt die Dokumentationspflicht mit einer Aufbewahrunspflicht für 5 Jahre.

[1422] Die Beschlüsse können in einem Versammlungsprotokoll oder in sonstiger Weise schriftlich festgehalten werden; die Textform im Sinne von § 126b BGB erscheint nach dem Zweck der Regelung für Rechtssicherheit und Dokumentation des Beschlussinhalts als ausreichend, dazu *Lutter/Bayer/J. Schmidt* EuropUR § 29 Fn. 125; vgl. zur Auslegung europarechtlicher Schriftformerfordernisse nach dem Zweck der Regelung EuGH v. 24.1.2002 – C-170/00, BeckRS 2004, 74646 Rn. 29 – Finnland/Kommission; *Einsele,* in MüKoBGB, § 126 Rn. 5.

[1423] *Grohmann,* Das Informationsmodell im Europäischen Gesellschaftsrecht, 2006, 305 (307); *Grundmann* EuGesR Rn. 298; *Habersack/Verse* EuGesR § 10 Rn. 18; *Kalss,* in Koppensteiner, ÖuEuWPR, Teil 1, 119, 300; vgl. § 48 Abs. 3 GmbHG (vgl. auch § 130 AktG, der für HV-Beschlüsse generell eine notarielle Niederschrift verlangt).

[1424] Vgl. *Habersack/Verse* EuGesR § 10 Rn. 19; *Kalss,* in Koppensteiner, ÖuEuWPR, Teil 1, 119, 302; *Lutter/Bayer/J. Schmidt* EuropUR § 29 Rn. 35.

[1425] Erfasst sind auch die Fälle, in denen der Alleingesellschafter mit einem Fremdgeschäftsführer in Gesamtvertretung handelt oder er die Gesellschaft als Gesellschafter vertritt, dazu *Kalss,* in Koppensteiner, ÖuEuWPR, Teil 1, 119, 302; *Lutter/Bayer/J. Schmidt* EuropUR § 29 Rn. 35; vgl. dazu § 35 Abs. 3 S. 2 GmbHG.

[1426] Zur „Schriftform" vgl. Fn. 1422; Art. 5 Abs. 1 SUP-RL-itE v. 1.12.2014 (vgl. Rn. 477) ergänzt die Dokumentationspflicht mit einer Aufbewahrunspflicht für 5 Jahre.

[1427] Vgl. § 35 Abs. 3 S. 2 GmbHG, der über die Regelung in Art. 5 EpG-RL hinausgeht, da er nicht nur Verträge, sondern *alle Rechtsgeschäfte* erfasst, die *Unverzüglichkeit* der Maßnahme anordnet sowie *keine Ausnahmen* im Sinne von Art. 5 Abs. 2 EpG-RL (Art 5 Abs. 2 SUP-RL-E) zulässt, dazu *Altmeppen,* in Roth/Altmeppen, GmbHG § 35 Rn. 91; *Stephan/Tieves,* in MüKoGmbHG, § 35 Rn. 209f.; vgl. für AG § 112 AktG, wonach In-sich-Geschäfte zwischen Alleinaktionär und AG nicht möglich sind, da die AG bei allen Rechtsgeschäften mit Vorstandsmitgliedern zwingend und ausschließlich vom Aufsichtsrat vertreten wird, dazu *Habersack,* in MüKoAktG, § 112 Rn. 1; *Koch,* in Hüffer, AktG § 112 Rn. 5; *Spindler,* in Spindler/Stilz, AktG § 112 Rn. 2; vgl. zur Diskussion in Ö, ob gemäß § 97 AktG neben dem Aufsichtsrat auch weiterhin der Vorstand konkurrierend vertretungsbefugt ist, dies ablehnend *Kalss,* in Doralt/Nowotny/Kalss, AktG § 97 Rn. 7ff. mwN, wobei bei Zulassung der Gegenansicht richtlinienwidrig eine entsprechende Dokumentationspflicht für In-sich-Geschäfte mit dem Alleinaktionär fehlen würde.

[1428] *Habersack/Verse* EuGesR § 10 Rn. 19; vgl. § 35 Abs. 3 S. 1 GmbHG, der für die Frage der Zulässigkeit und Wirksamkeit die Anwendung von § 181 BGB anordnet, dazu zB *Zöllner/Noack,* in Baumbach/Hueck, GmbHG § 35 Rn. 137ff.

[1429] Dazu *Lutter/Bayer/J. Schmidt* EuropUR § 29 Rn. 36, 38; in D keine Umsetzung des Ausnahmetatbestands, vgl. für Ö aber § 18 Abs. 6 GmbHG, dazu *Enzinger,* in Straube, GmbHG § 18 Rn. 16.

Geschäfte zwischen Alleingesellschafter und der von diesem vertretenen Gesellschaft, sondern pauschal **alle Verträge zwischen Alleingesellschafter und Gesellschaft** erfasst sind. Damit unterliegen aber auch solche Verträge der Dokumentationspflicht, die kein In-sich-Geschäft darstellen, da an deren Abschluss der Alleingesellschafter nicht als Vertreter der Gesellschaft auftritt und daher nicht dieselbe Person für beide Vertragspartner handelt, sodass die für In-sich-Geschäfte typische Gefährdungslage entfällt.[1430] Darüber hinaus wird die Reichweite der Ausnahmebestimmung nach Abs. 2 durch die zusätzliche Voraussetzung beschränkt, dass nur Verträge, aus denen der Gesellschaft *„keine Nachteile entstehen"*, von der Dokumentationspflicht ausgenommen werden dürfen.[1431] Nach dem **SUP-RL-E** ist daher von einer **Ausweitung der Dokumentationspflicht** auszugehen.

474 Für Verstöße gegen die Richtlinienbestimmungen haben die **Mitgliedstaaten** effektive **Sanktionen** vorzusehen.[1432]

475 **cc) Rechtsrahmen für Societas Unius Personae – Vorschläge 2014:** *aaa) Grundlagen:* Die Einpersonen-Gesellschaft-Richtlinie hat die Einpersonen-Kapitalgesellschaft mit beschränkter Haftung in den Mitgliedstaaten verpflichtend verankert und damit unionsweit die Möglichkeit der Tätigkeit von Einzelunternehmern mit beschränkter Haftung gewährleistet.[1433] Die in den Mitgliedstaaten unterschiedlichen Gesellschaftsrechte und Gründungsvoraussetzungen führen aber weiterhin zu einem hohen Kosten-, Beratungs- und Zeitaufwand für die grenzüberschreitende Gründung und Nutzung dieser Gesellschaften, der insbesondere KMU belastet.[1434] Die Einführung eines Rechtsrahmens in Art. 6 bis 25 SUP-RL-E für die **Societas Unius Personae** (SUP) zielt darauf ab, diesen Aufwand durch **Vereinheitlichung und Vereinfachung des Gründungsverfahrens** für die SUP zu verringern sowie einen **teilweise harmonisierten Baustein für den Gruppenaufbau** zur Verfügung zu stellen.[1435]

476 Eckpunkte des SUP-Rechtsrahmens sind (i) eine **echte Rechtswahl** durch die Anwendbarkeit des Rechts des Satzungssitzstaats und der Möglichkeit zur Sitzspaltung, (ii) ein **einheitliches Gründungsverfahren,** das auch ausschließlich **online** durchgeführt werden kann und **innerhalb bestimmter Frist** abgeschlossen ist, (iii) **Vorlagen der Kommission** für die **Satzung** und die **Eintragungsanmeldung,** (iv) ein **Mindeststammkapital** von **einem Euro,** das nur statutarisch erhöht werden kann, sowie (v) die Gewährleistung

---

[1430] Das Problem eines damit gegebenenfalls verwirklichten Verstoßes gegen eine Ausschüttungssperre ist eine separate Frage.

[1431] Ein bloßer Drittvergleich kann damit nicht gemeint sein, da dieser bereits durch die Anordnung des Abschlusses unter *„Marktbedingungen"* abgedeckt ist, vgl. zur bisherigen Fassung mit der Formulierung *„unter normalen Bedingungen" Grundmann* EuGesR Rn. 299; *Lutter/Bayer/J. Schmidt* EuropUR § 29 Rn. 36.

[1432] Vgl. *Habersack/Verse* EuGesR § 10 Rn. 16, 18, 21; *Lutter/Bayer/J. Schmidt* EuropUR § 29 Rn. 29 f., 33, 37; jetzt ausdrücklich ErwG 24 SUP-RL-E, der zur Sicherstellung der Durchsetzung der Richtlinie Sanktionen seitens der Mitgliedstaaten fordert, die *„wirksam, verhältnismäßig und abschreckend"* sind, dies entspricht der EuGH-Rsp zur effektiven Durchsetzung von Richtlinien (vgl. Rn. 35); vgl. zu den – im Detail umstrittenen – Rechtsfolgen für Verstöße gegen die Niederlegungspflicht für Gesellschafterbeschlüsse gemäß § 48 Abs. 3 GmbHG zB *Liebscher,* in MüKoGmbHG, § 48 Rn. 191 ff.; dazu auch OLG Hamm v. 1.2.2006 – 8 U 46/05, NZG 2006, 430; BGH v. 27.3.1995 – II ZR 140/94, DStR 1995, 774 mAnm *Goette;* vgl. für § 130 AktG, dessen Formpflicht iVm § 241 Nr. 2 AktG als Wirksamkeitsvoraussetzung gestaltet ist, zB *Wicke,* in Spindler/Stilz, AktG § 130 Rn. 64; vgl. zu den – gesetzlich nicht geregelten – Sanktionen für Verstöße gegen die Niederlegungspflicht von In-sich-Geschäften gemäß § 35 Abs. 3 S. 2 GmbHG *Altmeppen,* in Roth/Altmeppen, GmbHG § 35 Rn. 93; *Stephan/Tieves,* in MüKoGmbHG, § 35 Rn. 211; *Zöllner/Noack,* in Baumbach/Hueck, GmbHG § 35 Rn. 144.

[1433] Vgl. ErwG 1 SUP-RL-E.

[1434] Vgl. ErwG 3, 7 SUP-RL-E.

[1435] Vgl. ErwG 7 f. SUP-RL-E; vgl. *Jung* GmbHR 2014, 579 (582); vgl. allgemein *Bachmann/Eidenmüller/Engert/Fleischer/Schön,* Rechtsregeln für die geschlossene Kapitalgesellschaft, 2012, 188 ff.

des Gläubigerschutzes in Form einer **zwingenden Kapitalerhaltung** durch **Bilanztest** und **Solvenzbescheinigung** für **Gewinnausschüttungen.**

Nach intensiver **Diskussion** in der Lehre[1436] legte die italienische Ratspräsidentschaft im zweiten Halbjahr 2014 Kompromissvorschläge vor, die aber trotz einiger Verbesserungen[1437] in den Kernpunkten keine grundlegende Änderung brachten.[1438] 477

Die grundsätzliche Eignung einer SUP als **Gruppenbaustein**[1439] zeigt sich insbesondere in der Möglichkeit zur Rechtswahl des Gesellschaftsstatuts, da dadurch der Aufbau einer **einheitlichen Gruppenstruktur** ermöglicht wird, in der alle Tochtergesellschaften dem selben – gewünschten – nationalen SUP-Rechtsrahmen eines Mitgliedstaats als Satzungssitzstaat unterliegen, ihre Verwaltungssitze aber in verschiedenen anderen Mitgliedstaaten gelegen sein können.[1440] Weitere wichtige Faktoren sind der weite zulässige Gründerkreis und die Fähigkeit der SUP, im mehrstufigen Gruppenaufbau selbst Einzelgesellschafter einer anderen Gesellschaft zu sein, das umfassende Weisungs- und jederzeitige Abberufungsrecht des Gesellschafters für das Leitungsorgan, die effiziente Beschlussfassung ohne Gesellschafterversammlung und sonstige Beschlussformalitäten sowie das Online-Eintragungsverfahren aus der Ferne. Die **fehlende Harmonisierung** der Regelungen für zulässige **gruppeninterne Weisungen im vorrangigen Gruppeninteresse** sowie für die entsprechenden **Pflichten des Leitungsorgans,** die sich jeweils nach dem anwendbaren nationalen Recht bestimmen, erschwert jedoch den Einsatz der SUP als Baustein im Betrieb einer Unternehmensgruppe, der von gegebenenfalls für die Einzelgesellschaft nachteiligen gruppeninternen Transaktionen und Maßnahmen geprägt ist. Dies zwingt zur – gerade für KMU – aufwendigen Suche nach dem optimalen bzw. nach dem am gewünschten Sitz geltenden nationalen Gesellschafts- und Konzernrecht.[1441] 478

bbb) Rechtsnatur der SUP: Die Mitgliedstaaten können die SUP als **neue nationale Gesellschaftsform** neben den anderen nationalen Kapitalgesellschaften mit beschränkter Haftung, für die weiterhin Teil 1 SUP-RL-E gilt, umsetzen, sodass **Einpersonen-GmbH und SUP nebeneinander** bestehen und miteinander konkurrieren. Die Mitgliedstaaten können die SUP aber auch als **einzige Möglichkeit einer Einpersonen-Kapitalgesellschaft mit beschränkter Haftung** vorsehen, die dann neben der nur mehr für eine Personenmehrheit zugänglichen **GmbH** steht.[1442] In beiden Varianten haben die zur Umsetzung bestimmten, nationalen Gesellschaftsformen – und nur diese – gemäß Art. 7 Abs. 3 SUP-RL-E die leicht erkennbare Bezeichnung „SUP“[1443] im Namen zu führen, die 479

[1436] Vgl. *Beurskens* GmbHR 2014, 738 ff.; *Dreher* NZG 2014, 967 ff.; *Drygala* EuZW 2014, 491 ff.; *Hommelhoff* GmbHR 2014, 1065 ff.; *Jung* GmbHR 2014, 579 ff.; *Omlor* NZG 2014, 1137 ff.; *J. Schmidt* GmbHR 2014, R 129 f.; *Schoenemann* EWS 2014, 241 ff.; *Seibert* GmbHR 2014, R 209 f.; *Teichmann* NJW 2014, 3561 ff.; *Wicke* ZIP 2014, 1414 ff.; vgl. auch *Luis de Grandes Pascual,* Arbeitsdokument des Berichterstatters des EP-Rechtsausschusses v. 6.2.2015, der Lösungsvorschläge für einzelne kritische Bereiche formuliert.

[1437] Insbesondere die Mitgliedstaatenoption zur Anordnung einer gesetzlichen Rücklagenbildung (vgl. Rn. 492) und die Beschränkung der Schattengeschäftsführerhaftung (vgl. Rn. 498).

[1438] Kompromissvorschläge v. 14.11.2014 und v. 1.12.2014, auf wesentliche Inhalte des Vorschlags v. 1.12.2014 wird verwiesen („SUP-RL-itE v. 1.12.2014“).

[1439] Vgl. Begründung SUP-RL-E S. 9, ErwG 23 SUP-RL-E, jeweils im Zusammenhang mit dem Weisungsrecht des Gesellschafters.

[1440] *Jung* GmbHR 2014, 579 (582); *Weller/Bauer* ZEuP 2015, 6 (29); kritisch zu dieser Gestaltung *Hommelhoff* GmbHR 2014, 1065 (1074): *„… bloß die zweitbeste Lösung“;* vgl. schließlich *Luis de Grandes Pascual,* Arbeitsdokument EP-Rechtsausschuss v. 6.2.2015, S. 4, der eine Beschränkung des Anwendungsbereichs auf KMU und daher eine wesentliche Einschränkung des gewährleistenden Einsatzbereichs der SUP als Gruppenbaustein andenkt *(„[…] stellt sich […] die Frage, ob es nicht sachgerechter wäre […]“).*

[1441] Dazu im Detail *Hommelhoff* GmbHR 2014, 1065 (1070 ff.).

[1442] Vgl. ErwG 10 SUP-RL-E; dazu im Detail *Jung* GmbHR 2014, 579 (580 f.).

[1443] Die Führung des ausgeschriebenen *„Societas Unius Personae“* ist wohl ebenfalls zulässig, dazu *Jung* GmbHR 579 (583); vgl. ErwG 9 SUP-RL-E.

als *„europäisches Label"* dient und die Gesellschaft gegenüber dem Rechtsverkehr ausweist.[1444]

480 Die **SUP** ist grundsätzlich **keine supranationale Rechtsform** wie die SE oder SCE, sondern ein **harmonisierter Rechtsrahmen,** der von den Mitgliedstaaten zur Verfügung zu stellen und bei dessen Nutzung die Bezeichnung SUP zu führen ist, unabhängig davon, ob die SUP als neue nationale Gesellschaftsform eingeführt oder einer bestehenden nationalen Gesellschaftsform als Regelungsmantel übergeworfen wird.[1445] Die Einführung des **SUP-Rechtsrahmens durch Richtlinie** ist aber mit der Schaffung **supranationaler Rechtsformen durch Verordnung** von den **funktionalen Auswirkungen her vergleichbar,**[1446] da in beiden Varianten in allen Mitgliedstaaten eine Rechtsform einzuführen ist, deren Gesellschaftsrecht sich aus harmonisierten europäischen Regelungen – bzw. bei der Richtlinie aus nationalen Umsetzungsbestimmungen zu europäischem Recht – sowie aus ergänzenden nationalen Regelungen zusammensetzt.[1447] Wie bei der SE und SCE gibt es daher nicht eine einheitliche Rechtsform SUP, sondern durch das Zusammenfallen harmonisierter und nationaler Regelungen im Ergebnis 28 verschiedene SUP-Formen, die sich in den national bestimmten Regelungsbereichen sowie im Ausmaß des Umsetzungspielraums des Richtlinienrechts unterscheiden (können). Die Vorgangsweise der Kommission, den SUP-Rechtsrahmen durch Richtlinienrecht einführen zu wollen, ist daher auch politisch-taktisch motiviert, da der SUP-RL-E auf Grundlage von Art. 50 (Abs. 2 lit. f.) AEUV zur Verabschiedung nur eine qualifizierte Mehrheit im Rat benötigt (vgl. Rn. 29), während für Rechtsakte auf Grundlage von Art. 352 AEUV, dh insbesondere für Verordnungen zur Schaffung supranationaler Rechtsformen, Einstimmigkeit erforderlich ist (vgl. Rn. 31).[1448]

481 Eine SUP ist eine **Einpersonen-Gesellschaft** mit **Rechtspersönlichkeit** und **beschränkter Haftung,** dh der – **einzige** – **Gesellschafter** haftet nur bis zur Höhe des gezeichneten Stammkapitals.[1449] Gesellschafter der SUP kann gemäß Art. 8 SUP-RL-E eine **natürliche** oder **juristische Person** sein, wobei als *„juristische Person"* im europarechtlichen Sinn – unabhängig von ihrer nationalen Einordnung – auch eine Personengesellschaft, zum Beispiel eine OHG oder KG, zu verstehen ist (vgl. Rn. 39).[1450] Die SUP ist flexibel einsetzbar und kann insbesondere als persönlich haftende Gesellschafterin einer KG (SUP & Co. KG)[1451] sowie gemäß Art. 6 Abs. 2 SUP-RL-E selbst einzige Gesellschafterin einer anderen Gesellschaft, dh auch einer anderen SUP, sein, und eignet sich daher grundsätzlich als Baustein zum Aufbau **mehrstufiger Gruppenstrukturen.**[1452]

482 *ccc) Sitz und anwendbares Recht:* Im Sinne einer **verschärften Unionszugehörigkeit**[1453] muss gemäß Art. 10 SUP-RL-E neben dem Satzungssitz[1454] auch der Verwaltungs-

---

[1444] *Jung* GmbHR 2014, 579 (583); vgl. auch ErwG 9 SUP-RL-E.

[1445] Zur Einordnung der SUP im Detail *Jung* GesRZ 2014, 363 ff.: SUP als *„hybride Gesellschaftsform"* im Grenzbereich zwischen nationaler und europäischer Rechtsform.

[1446] Zu Verordnungen und Richtlinien als Regelungsinstrumente im Gesellschaftsrecht vgl. Rn. 35 f.

[1447] Vgl. *Jung* GmbHR 2014, 579 (581 f.).

[1448] Vgl. die Argumentation der Kommission für die Wahl der Kompetenzgrundlage in SUP-RL-E, Begründung S. 5 f.; kritisch dazu *Drygala* EuZW 2014, 491 (493).

[1449] Vgl. Art. 7 Abs. 1, 2 SUP-RL-E.

[1450] Vgl. *Beurskens* GmbHR 738 (739); *Drygala* EuZW 2014, 491, die ausdrücklich die GbR als Gesellschafter zulassen; vgl. *Forsthoff,* in Grabitz/Hilf/Nettesheim, Recht der Europäischen Union, EL. 52, AEUV Art. 54 Rn. 3; *Jung,* in Schwarze, EU-Kommentar, AEUV Art. 54 Rn. 4; *Müller-Graff,* in Streinz, EUV/AEUV, AEUV Art. 54 Rn. 4; *Tiedje,* in von der Groeben/Schwarze/Hatje, Europäisches Unionsrecht, AEUV Art. 54 Rn. 19.

[1451] *Beurskens* GmbHR 2014, 738 (740).

[1452] *Jung* GmbHR 2014, 579 (584).

[1453] Im Vergleich zur primärrechtlichen Niederlassungsfreiheit, die gemäß Art. 54 Abs. 1 AEUV *entweder* den Satzungs- *oder* den Verwaltungssitz im Unionsgebiet voraussetzt (vgl. Rn. 44), vgl. *Forsthoff,* in Grabitz/Hilf/Nettesheim, Recht der Europäischen Union, EL. 52, AEUV Art. 54 Rn. 15; *Müller-Graff,* in Streinz, EUV/AEUV, AEUV Art. 54 Rn. 10 f.

[1454] Nach dem sich gemäß Art. 7 Abs. 4 SUP-RL-E das anwendbare Sachrecht richtet.

sitz[1455] der SUP in der Union liegen, eine zwingende Koppelung von Satzungs- und Verwaltungssitz im selben Mitgliedstaat, wie sie für SE und SCE vorgesehen ist (vgl. Rn. 562, 593), wird nicht angeordnet, eine **Sitzspaltung** mit Satzungs- und Verwaltungssitz in zwei verschiedenen Mitgliedstaaten ist daher **zulässig.**[1456] Die SUP kann **ohne grenzüberschreitendes Element** gegründet und betrieben werden.[1457] Offen ist, ob die Mitgliedstaaten entsprechende Voraussetzungen vorsehen können.[1458]

Die SUP folgt der **Gründungstheorie.**[1459] Art. 7 Abs. 4 SUP-RL-E erklärt das **Recht des Mitgliedstaats** für maßgeblich, in dem sich der **Satzungssitz** der Gesellschaft befindet. Verwiesen wird (i) auf das nationale Umsetzungsrecht zu den Bestimmungen der Richtlinie, und (ii) auf ergänzende nationale Regelungen für die nicht von der Richtline behandelten Regelungsbereiche, zum Beispiel zur Einrichtung eines Aufsichtsrats oder zu den Mitbestimmungsregelungen.[1460] **483**

ddd) Gründung: Die SUP soll **ausschließlich** durch schlichte **Gründung** gemäß Art. 8 SUP-RL-E oder durch **Umwandlung** gemäß Art. 9 SUP-RL-E im Sinne eines identitätswahrenden Formwechsels[1461] aus einer im Anhang I SUP-RL-E[1462] aufgezählten Gesellschaft entstehen können. Aufgrund ihrer Umwandlungsfähigkeit ist nach der Rechtsprechung des EuGH auch ein **grenzüberschreitender Formwechsel** in eine SUP zuzulassen (vgl. Rn. 126ff.). Die Beschränkungen auf die Errichtungsformen der Gründung und der Umwandlung sowie auf die Gesellschaftsformen nach Anhang I als Ausgangsrechtsträger für die Umwandlung werden in der Begründung zum SUP-RL-E[1463] ausdrücklich angeführt, im Richtlinienentwurf selbst, dh in den Richtlinienbestimmungen bzw. Erwägungsgründen finden sich diese Beschränkungen jedoch nicht. Sie sollten aber – wenn tatsächlich gewollt – aufgenommen werden, da andernfalls nach nationalem Recht die **Errichtungsmöglichkeiten durch Spaltung bzw. Verschmelzung zur Neugründung** zu beachten sind.[1464] Ist die SUP in diesem Fall nach dem anwendbaren nationalen Recht verschmelzungsfähig, ist auf Grundlage der Niederlassungsfreiheit (vgl. **484**

[1455] *„Hauptverwaltung"* oder *„Hauptniederlassung"* bezeichnen den Verwaltungssitz, vgl. *Drygala* EuZW 2014, 491 (492); *Jung* GmbHR 2014, 579 (585).

[1456] *Drygala* EuZW 2014, 491 (492); *Jung* GmbHR 2014, 579 (585); kritisch *Hommelhoff* GmbHR 2014, 1065 (1075); nach dem SUP-RL-E ist offen, ob die Mitgliedstaaten eine Sitzkoppelung anordnen dürfen, Art. 10 Abs. 2 SUP-RL-itE v. 1.12.2014 sieht klarstellend die *Möglichkeit* vor, dass der Satzungssitzstaat eine Sitzkoppelung, dh die verpflichtende Lage von Satzungs- und Verwaltungssitz im selben Mitgliedstaat, anordnet; eine solche Kompetenz der MS befürwortend *Luis de Grandes Pascual,* Arbeitsdokument EP-Rechtsausschuss v. 6.2.2015, S. 4.

[1457] *Jung* GmbHR 2014, 579 Fn. 33; *Drygala* EuZW 2014, 491 (492).

[1458] *Beurskens* GmbHR 2014, 738 (739), spricht sich unter Berufung auf das *„Ziel der Richtlinie"* gegen eine entsprechende Kompetenz der Mitgliedstaaten aus, allerdings zielt der Richtlinienentwurf primär darauf ab, Beschränkungen der Niederlassungsfreiheit abzubauen (vgl. ErwG 8 SUP-RL-E) und die grenzüberschreitende Gründung zu erleichtern (vgl. ErwG 3, 7, 13 SUP-RL-E), eine Klärung dieser Frage in der Richtlinie ist daher zu empfehlen.

[1459] *Drygala* EuZW 2014, 491 (492).

[1460] Der SUP-RL-E lässt offen, ob es sich dabei um das Recht für die jeweils nationale GmbH handeln muss oder spezifisches Recht für die SUP geschaffen werden kann, dazu *Jung* GmbHR 2014, 579 (583f.); vgl. auch *Beurskens* GmbHR 2014, 738 (739); Art. 7 Abs. 4 SUP-RL-E v. 1.12.2014 stellt hingegen klar, dass neben dem Umsetzungsrecht zu den Richtlinienbestimmungen (i) das für die nationale GmbH iSd Annex I relevante Recht anwendbar ist, und es sich (ii) um eine Gesamtverweisung handeln soll und das internationale Privatrecht des Satzungssitzstaats nicht überlagert wird.

[1461] Vgl. Art. 9 Abs. 2, Art. 2 Abs. 2 SUP-RL-E.

[1462] D und Ö: GmbH.

[1463] Begründung S. 7 SUP-RL-E.

[1464] Dazu *Jung* GmbHR 2014, 579 (584); vgl. auch *Beurskens* GmbHR 2014, 738 (740), der – je nach anwendbarem nationalen Recht – grundsätzlich von der Zulässigkeit der SUP-Errichtung durch Spaltung bzw. Verschmelzung zur Neugründung ausgeht.

Rn. 120ff.) bzw. der IntVersch-RL (vgl. Rn. 186) auch eine **grenzüberschreitende Verschmelzung** in eine neu gegründete SUP zuzulassen.

485 Aufgrund der Möglichkeit der Sitzspaltung (vgl. Rn. 482) und der Anwendbarkeit des nationalen Rechts des Satzungssitzstaats (vgl. Rn. 483) besteht nach dem Richtlinien-Entwurf eine **echte Rechtswahl für das Gesellschaftsstatut** der SUP. Ein Gründer kann sich daher das für ihn vorteilhafteste nationale SUP-Gesellschaftsstatut aussuchen bzw. eine bereits bestehende Gesellschaft kann durch grenzüberschreitende Umwandlung in die gewünschte nationale SUP umgewandelt werden.

486 Für das **Umwandlungsverfahren** sieht Art. 9 Abs. 3 SUP-RL-E nur einige grundlegende Voraussetzungen vor, insbesondere die Erforderlichkeit eines entsprechenden Gesellschafterbeschlusses, das restliche Verfahren, zum Beispiel auch die Beschlussanforderungen, richten sich nach dem anwendbaren nationalen Recht.[1465]

487 Die **Satzung** der SUP hat gemäß Art. 11 Abs. 1 SUP-RL-E die Regelungsgegenstände[1466] gemäß Abs. 2 leg cit als **Mindestinhalt** zu enthalten und kann entweder **individuell gestaltet** werden oder eine **einheitliche Satzungsvorlage** nutzen, die von der Kommission gemäß Art. 11 Abs. 3 SUP-RL-E mit Durchführungsrechtsakt festzulegen ist.[1467] Art. 11 Abs. 1 SUP-RL-E ist nach seinem Wortlaut ein **Mindeststandard,**[1468] sodass die Mitgliedstaaten für individuell gestaltete Satzungen zusätzliche Inhalte verlangen können, nicht jedoch für die Verwendung der einheitlichen Satzungsvorlage der Kommission.[1469] Während für individuell gestaltete Satzungen daher nach dem jeweiligen nationalen Recht gegebenenfalls weitere und unterschiedliche Anforderungen bestehen, sind die entsprechenden Vorgaben bei Verwendung der Satzungsvorlage der Kommission einheitlich.[1470] Eine spätere **Satzungsänderung** darf gemäß Art. 12 Abs. 2 SUP-RL-E nicht dazu führen, dass die Mindestinhalte gemäß Art. 11 Abs. 2 SUP-RL-E nicht mehr geregelt werden.[1471]

488 Für die **Anmeldung zur Eintragung** einer neu gegründeten bzw. aus einer Umwandlung entstandenen SUP sieht Art. 13 Abs. 1 SUP-RL-E eine **abschließende Liste** von dafür notwendigen Informationen und Unterlagen vor, die Mitgliedstaaten dürfen darüber hinaus keine weiteren Angaben verlangen.[1472] Unter anderem wird in lit. d leg cit die Offenlegung eines möglichen **wirtschaftlichen Eigentümers,** dh je nach konkreter Ausgestaltung zum Beispiel eines Treugebers, Stiftungs- bzw. Trustbegünstigten *(„beneficial owner")* oder Fruchtnießers verlangt. Eine Bestätigung der tatsächlichen Aufbringung des gezeichneten Stammkapitals wird hingegen nicht verlangt.[1473] Gemäß Art. 13 Abs. 2 SUP-RL-E erstellt die Kommission mit Durchführungsrechtsakt eine **einheitliche Vorlage für die Eintragungsanmeldung.**

489 Als eines der Kernziele des Rechtsrahmens soll die Eintragung einer neugegründeten SUP kostengünstig und ausschließlich elektronisch aus der Ferne durchgeführt werden können,[1474] die Mitgliedstaaten müssen daher gemäß Art. 14 Abs. 3 SUP-RL-E für die

---

[1465] Dazu *Hommelhoff* GmbHR 2014, 1065 (1069f.).

[1466] Im Widerspruch zu Art. 15 SUP-RL-E, nach dem zwingend nur ein einziger Anteil auszugeben ist, werden unrichtigerweise *„Anteile"* erwähnt.

[1467] *Jung* GmbHR 2014, 579 (585); zu grundsätzlichen Problemen bei der Verwendung einer Satzungsvorlage *Beurskens* GmbHR 2014, 738 (741); gegen die Gestaltung der Satzungsvorlage durch die Kommission und für deren Aufnahme in die Richtlinie als Anhang *Luis de Grandes Pascual,* Arbeitsdokument EP-Rechtsausschuss v. 6.2.2015, S. 5.

[1468] Vgl. *Jung* GmbHR 2014, 579 (585), die eine Klarstellung in der Richtlinie fordert.

[1469] *Jung* GmbHR 2014, 579 (585).

[1470] Vgl. *Jung* GmbHR 2014, 579 (585).

[1471] *Beurskens* GmbHR 2014, 738 (741).

[1472] *Jung* GmbHR 2014, 579 (586).

[1473] *Beurskens* GmbHR 2014, 738 (739); vgl. § 8 Abs. 2 GmbHG zur *„Versicherung"* der Einlageneinbringung durch die Geschäftsführung; Art. 13 Abs. 1 lit. f. SUP-RL-itE v. 1.12.2014 sieht für die Online-Gründung einen entsprechenden Nachweis vor.

[1474] Vgl. ErwG 13 SUP-RL-E.

Neugründung[1475] ein **Online-Eintragungsverfahren** unter Verwendung der **Vorlagen für Satzung und Eintragungsanmeldung** vorsehen.[1476] Die Mitgliedstaaten können zusätzlich **andere Eintragungsverfahren** für die Neugründung zulassen.[1477] Ist bei der Online-Gründung[1478] die **Eintragungsanmeldung vollständig** eingebracht worden, ist die **Eintragung** gemäß Art. 14 Abs. 4 Uabs. 2 SUP-RL-E **innerhalb von drei Arbeitstagen** durchzuführen.[1479]

Art 14 Abs. 5 SUP-RL-E stellt klar, dass die **Mitgliedstaaten** im **Eintragungsverfahren Regelungen zur Identitätsüberprüfung** sowie zur **Kontrolle der übermittelten Informationen und Unterlagen** vorsehen können, grundsätzlich auch durch Einbindung eines Notars. Allerdings ist zu gewährleisten, dass das Online-Eintragungsverfahren ausschließlich elektronisch, dh formfrei, aus der Ferne und ohne persönliches Erscheinen vor einer bestimmten Stelle, durchgeführt werden kann.[1480] Die technische Einbindung einer notariellen Kontrolle in das **Online-Eintragungsverfahren** ist daher fraglich.[1481] Die **Eintragung** der SUP im nationalen Register hat in allen Entstehungsvarianten gemäß Art. 14 Abs. 2 SUP-RL-E **konstitutive Wirkung.**[1482] 490

Die SUP darf gemäß Art. 15 Abs. 1 SUP-RL-E zwingend nur einen **einzigen Gesellschaftsanteil** ausgeben, der aber gemäß Art. 15 Abs. 3 SUP-RL-E bei Möglichkeit nach nationalem Recht im **Miteigentum** mehrerer Personen stehen darf, die ihre Rechte über einen gemeinsamen Vertreter ausüben müssen. Für den **eigenen Anteil** unterliegt die SUP gemäß Art. 15 Abs. 2 SUP-RL-E einem **direkten** und **indirekten Erwerbs- und Halteverbot.** 491

eee) Finanzverfassung: Art. 16 Abs. 1 SUP-RL-E legt fest, dass das **Mindestkapital** der SUP **einen Euro** beträgt. Es handelt sich um einen **Höchststandard,** die Mitgliedstaaten dürfen – im Gegensatz zum Entwurf für die SPE (vgl. Rn. 624) – kein höheres Mindestkapital vorsehen.[1483] Darüber hinaus ist es den Mitgliedstaaten untersagt, ein **Höchstkapital** festzulegen,[1484] das gegebenenfalls Unternehmen mit höherem Eigenkapitalbedarf von der SUP ausschließen würde.[1485] Nach dem absoluten Verbot der **Bildung gesetzlicher** 492

[1475] Art. 14 Abs. 3 SUP-RL-E verpflichtet die MS ausdrücklich nur für die Neugründung einer SUP, nicht auch für die Umwandlung in eine SUP zur Einführung eines Online-Eintragungsverfahrens, dazu *Jung* GmbHR 2014, 579 (586).

[1476] Gemäß Art. 14 Abs. 4 Uabs. 1 SUP-RL-E ist die Verwendung der Kommissionsvorlagen bei der Online-Gründung zwingend, dazu *Jung* GmbHR 2014, 579 (586); Art. 14 Abs. 4 SUP-RL-itE v. 1.12.2014 sieht hingegen vor, dass die MS für die Online-Gründung zwar jedenfalls die Möglichkeit zur Verwendung der Vorlagen sicherstellen müssen, Online-Gründungen aber auch ohne Vorlagenverwendung zulassen können.

[1477] Vgl. ErwG 19 SUP-RL-E; dazu *Beurskens* GmbHR 2014, 738 (739); *Jung* GmbHR 2014, 579 (586); in diesen Fällen können die MS ebenfalls die Verwendung der Kommissionsvorlagen zulassen.

[1478] Nach dem Wortlaut der Richtlinienbestimmung ist dieses Verständnis nicht zwingend, daher zu Recht eine Klarstellung unmittelbar in der Bestimmung fordernd *Jung* GmbHR 2014, 579 (587), zumindest ErwG 16 SUP-RL-itE v. 1.12.2014 versteht die Frist ausdrücklich als nur für Online-Gründungen geltend, vgl. in diesem Sinne bereits *Drygala* EuZW 2014, 491 (493).

[1479] Art. 14 Abs. 4 Uabs. 2 SUP-RL-itE v. 1.12.2014 relativiert die strenge 3-Tagesfrist und erweitert diese im Ergebnis auf 8 Tage.

[1480] Vgl. ErwG 18 SUP-RL-E; *Jung* GmbHR 2014, 579 (587).

[1481] Zur Kritik an dem damit beim Online-Eintragungsverfahren wohl einhergehenden Entfall einer Beratung sowie einer Identitätsprüfung durch den Notar *Ries* NZG 2014, 569; ebenfalls kritisch, aber am Grundsatz einer Online-Gründung festhaltend *Luis de Grandes Pascual,* Arbeitsdokument EP-Rechtsausschuss v. 6.2.2015, S. 5f.

[1482] Art. 14 Abs. 2 SUP-RL-itE v. 1.12.2014 überlässt die Bestimmung des Zeitpunkts dem anwendbaren nationalen Recht.

[1483] Art. 16 Abs. 1 S. 3 SUP-RL-itE v. 1.12.2014 stellt dies ausdrücklich klar.

[1484] Vgl. § 5a Abs. 1 GmbHG, wonach eine UG höchstens ein Stammkapital haben darf, das das Mindeststammkapital einer GmbH gemäß § 5 Abs. 1 GmbHG (EUR 25 000) unterschreitet.

[1485] *Drygala* EuZW 2014, 491 (492); *Jung* GmbHR 2014, 579 (587).

Rücklagen in Art. 16 Abs. 4 SUP-RL-E sieht der Vorschlag vom 1.12.2014 vor, dass die Mitgliedstaaten einer SUP generell die Bildung gesetzlicher Rücklagen vorschreiben können.[1486] Die Satzung kann ebenfalls die Bildung von Rücklagen vorsehen.[1487] Das in der Satzung festgelegte Stammkapital muss gemäß Art. 17 Abs. 1 SUP-RL-E zum Zeitpunkt der Eintragung **vollständig eingebracht** sein[1488] und kann sich grundsätzlich aus Bar- oder Sacheinlagen zusammensetzen.[1489]

493 Zum Zweck des **Gläubigerschutzes** wird die **Kapitalerhaltung** gemäß Art. 18 SUP-RL-E durch Beschränkungen für **Gewinnausschüttungen an den Gesellschafter** gewährleistet. Als Gewinnausschüttungen zählen nach der **Legaldefinition** in Art. 2 Abs. 3 SUP-RL-E alle finanziellen Vorteile, die der Gesellschafter aufgrund seiner Gesellschafterstellung direkt oder indirekt aus der Gesellschaft erhält, dh neben offenen auch **verdeckte Vermögensverlagerungen** aus der Gesellschaft an den Gesellschafter.[1490] Leistungen, die der Gesellschafter im Rahmen eines drittvergleichsfähigen Rechtsgeschäfts erhält, gelten jedoch nicht als Gewinnausschüttung, da diese Vorteile nicht aufgrund der Gesellschafterstellung sondern als angemessene Gegenleistung erbracht werden.[1491] Gemäß Art. 18 Abs. 1 bis 4 SUP-RL-E setzt **jede Gewinnausschüttung zwingend**[1492] eine **Empfehlung des Leitungsorgans,**[1493] einen **Gesellschafterbeschluss,** die Durchführung eines **Bilanztests** sowie eine offenlegungspflichtige **Solvenzbescheinigung des Leitungsorgans** voraus.[1494] Im Sinne eines **Höchststandards** sollen die Mitgliedstaaten keine weiteren Ausschüttungsbeschränkungen vorsehen.[1495] Durch den Bilanztest wird bestätigt, dass das Nettovermögen der Gesellschaft zum Stand des letzten Bilanzstichtags nach der Ausschüttung die Summe von Stammkapital und satzungsmäßigen Rücklagen nicht unterschreitet.[1496] In der schriftlichen Solvenzbescheinigung muss das Leitungsorgan erklären, dass die Gesellschaft in einem Zeitraum von einem Jahr nach der Gewinnausschüttung wei-

---

[1486] Art. 16 Abs. 4 Uabs. 2 SUP-RL-itE v. 1.12.2014 ordnet dazu an, dass auf der Website zur Online-Gründung Informationen über solche Anforderungen zur Verfügung gestellt werden, ErwG 19b SUP-RL-itE v. 1.12.2014 empfiehlt, dass die Mitgliedstaaten für solche Regelungen die unterschiedlichen Kapitalbedürfnisse der verschiedenen Wirtschaftssektoren zum Gläubigerschutz beachten.

[1487] Ausdrücklich Art. 16 Abs. 4 S. 2 SUP-RL-E.

[1488] Art. 17 Abs. 1 S. 2 SUP-RL-itE v. 1.12.2014 erweitert diese Pflicht auch auf spätere Kapitalerhöhungen.

[1489] Nach dem Wortlaut von Art. 17 Abs. 2 S. 1 SUP-RL-E sind für die Online-Gründung nur Bareinlagen zulässig, dazu *Beurskens* GmbHR 2014, 738 (742); *Drygala* EuZW 2014, 491 (494); *Jung* GmbHR 2014, 579 (588); Art. 17 Abs. 2 S. 1 SUP-RL-itE v. 1.12.2014 stellt klar, dass auch in diesen Fällen Sacheinlagen zulässig sind.

[1490] *Hommelhoff* GmbHR 2014, 1065 (1072); vgl. die parallele Regelung in Art. 2 Abs. 1 lit. c SPE-RL-E (vgl. Rn. 624); vgl. im Gegensatz dazu die fehlende Definition in Art. 17 Abs. 1 Kapital-RL und die damit einhergehende Diskussion, ob auch verdeckte Ausschüttungen nach der Kapital-RL erfasst sind (vgl. Rn. 336); der SUP-RL-itE v. 1.12.2014 unterlässt – unverständlicher Weise – eine Definition von Gewinnausschüttungen (*„distributions"*) und bindet nur mehr *„distribution[s] in the form of a dividend"*.

[1491] Vgl. *Drygala* EuZW 2014, 491 (496), der zu Recht darauf hinweist, dass die Geschäftsführer beurteilen müssen, ob ein drittvergleichsfähiges Rechtsgeschäft vorliegt und daher die Ausschüttungsvoraussetzungen einzuhalten sind; vgl. auch *Habersack/Verse* EuGesR § 6 Rn. 42 zum Ausschüttungsverbot gemäß Art. 17 Kapital-RL; aA *Beurskens* GmbHR 2014, 738 (743).

[1492] Vgl. *Beurskens* GmbHR 2014, 738 (742); *Jung* GmbHR 2014, 579 (588).

[1493] Art. 18 Abs. 1 SUP-RL-itE v. 1.12.2014 präzisiert, dass die Empfehlung schriftlich und von allen Geschäftsführen unterschrieben sein muss.

[1494] Kritisch zu diesem Kapitalschutzsystem *Hommelhoff* GmbHR 2014, 1065 (1071 ff.), der mit Verweis auf den Einsatz der SUP als Gruppenbaustein ein Kapitalschutzsystem aus Bestands- und Liquiditätsgarantie vorschlägt.

[1495] Vgl. ErwG 19 SUP-RL-E; dazu *Jung* GmbHR 2014, 579 (588).

[1496] Änderungen nach dem Bilanzstichtag sind nur für das Stammkapital und die Rücklagen beachtlich, dazu *Drygala* EuZW 2014, 491 (496).

terhin in der Lage sein wird, ihre fällig gewordenen Schulden zu begleichen.[1497] Die Solvenzbescheinigung ist dem Gesellschafter 15 Tage vor der Fassung des Gewinnausschüttungsbeschlusses vorzulegen sowie offenzulegen und gegebenenfalls auf der Website der Gesellschaft zu veröffentlichen.

Art. 18 Abs. 5 SUP-RL-E sichert die Kapitalerhaltung durch eine **verschuldensabhängige Haftung** der **Geschäftsführer** für die Empfehlung bzw. Durchführung und des **Gesellschafters** für die Beschlussfassung zu einer Gewinnausschüttung ohne Bilanztest oder Solvenzbescheinigung. Art. 19 SUP-RL-E sieht eine – **verschuldensabhängige** – **Rückzahlungsverpflichtung** des Gesellschafters an die Gesellschaft vor. Während die Haftung auch für über den Vermögensabfluss hinausgehende Schäden der Gesellschaft[1498] relevant sein kann, beschränkt sich die Rückzahlungspflicht auf eine Rückstellung der tatsächlich gewährten finanziellen Vorteile.[1499] **494**

fff) Organisationsverfassung: Der Gesellschafter hat seine Beschlüsse gemäß Art. 21 Abs. 1 SUP-RL-E schriftlich niederzulegen und diese mindestens fünf Jahre lang aufzubewahren.[1500] Um eine **effiziente Beschlussfassung** des Alleingesellschafters zu gewährleisten, dürfen Mitgliedstaaten gemäß Art. 21 Abs. 3 SUP-RL-E die Einberufung einer Generalversammlung oder die Einhaltung sonstiger formaler Voraussetzungen, zum Beispiel einer notariellen Beurkundung,[1501] nicht verlangen. Die in Art. 21 Abs. 2 SUP-RL-E aufgezählten **Beschlussgegenstände** sind dem **Gesellschafter zwingend zugewiesen,** er kann diese nicht an das Leitungs- oder an ein anderes Organ delegieren.[1502] **495**

Das **Leitungsorgan** besteht gemäß Art. 22 Abs. 1 SUP-RL-E aus einem oder mehreren **Geschäftsführern,** die gemäß Abs. 4 leg cit grundsätzlich natürliche Personen sind, bei Zulässigkeit nach dem anwendbaren nationalen Recht aber auch juristische Personen sein können.[1503] Insbesondere kann auch der Gesellschafter gleichzeitig Geschäftsführer sein. Die Geschäftsführer können gemäß Art. 22 Abs. 5 SUP-RL-E vom Gesellschafter jederzeit, dh auch ohne wichtigen Grund durch Beschluss abberufen werden.[1504] Das Leitungsorgan hat gemäß Art. 22 Abs. 3 SUP-RL-E eine **Auffangkompetenz,** dh es kommen ihm alle Befugnisse zu, die nicht dem Gesellschafter oder einem anderen Organ, insbesondere einem Aufsichtsrat zugewiesen sind.[1505] Die einzelnen Geschäftsleiterpflichten richten **496**

[1497] Während Art. 18 Abs. 3 S. 2 SUP-RL-E nur auf den *„normalen Geschäftsgang"* abstellt, dehnt der neu eingefügte Art. 18 Abs. 3 S. 3 SUP-RL-itE v. 1.12.2014 den Beurteilungsmaßstab auf außerordentliche Geschäfte aus, die die Geschäftsleiter kannten oder kennen mussten.

[1498] Aufgrund der Offenlegung der Solvenzbescheinigung könnte auch eine Haftung gegenüber Dritten in Frage kommen, dazu *Beurskens* GmbHR 2014, 738 (743); Art. 18 Abs. 5 SUP-RL-itE v. 1.12.2014 scheint dies zu bestätigen *(„… liable to whoever incurred damage …")*.

[1499] Im Einzelnen ist die jeweilige Reichweite und das Verhältnis zwischen Haftung und Rückzahlungspflicht, gerade bei Verschulden auch der Geschäftsführer, aber unklar bzw. muss sich daher grundsätzlich nach nationalem Recht richten, dazu *Jung* GmbHR 2014, 579 (589).

[1500] Nach dem SUP-RL-E gilt die Aufbewahrungspflicht nur für die SUP, dazu *Jung* GmbHR 2014, 579 (589); im SUP-RL-itE v. 1.12.2014 entfällt diese Bestimmung jedoch, da Dokumentations- und Aufbewahrungspflicht in Art. 4 Abs. 2 SUP-RL-itE v. 1.12.2014 einheitlich für alle Gesellschaften im Anwendungsbereich der Richtlinie angeordnet werden.

[1501] Vgl. § 53 Abs. 2 S. 1 1. Hs GmbHG, der für satzungsändernde Beschlüsse eine notarielle Beurkundung verlangt; vgl. *Beurskens* GmbHR 2014, 738 (743), der pointiert feststellt, dass Gesellschafter Beschlüsse *„[…] also auch beim Frühstück auf einer Serviette fixieren [dürfen]."*

[1502] Obwohl Art. 21 Abs. 2 S. 2 SUP-RL-E nur die Delegation an das Leitungsorgan erwähnt, ist aus der Schwere der angeführten Beschlussgegenstände der absolut zwingende Charakter der Zuweisung abzuleiten, dazu *Beurskens* GmbHR 2014, 738 (743); *Jung* GmbHR 2014, 579 (590).

[1503] Art. 22 Abs. 4 SUP-RL-itE v. 1.12.2014 ergänzt, dass mindestens ein Geschäftsführer eine natürliche Person sein muss.

[1504] *Jung* GmbHR 2014, 579 (590).

[1505] *Jung* GmbHR 2014, 579 (590).

sich – wie die Einrichtung und Zuständigkeiten eines möglichen **Aufsichtsrats**[1506] – nach dem **anwendbaren nationalen Recht.**[1507]

497 Der **Gesellschafter** hat gemäß Art. 23 Abs. 1 SUP-RL-E ein **Weisungsrecht** gegenüber dem Leitungsorgan. Die Geschäftsführer sind gemäß Art. 23 Abs. 2 SUP-RL-E an die Weisungen nur dann nicht gebunden, wenn diese gegen die Satzung oder das anwendbare nationale Recht verstoßen.[1508] Sonstige Schranken des Weisungsrechts bestehen nicht, der Gesellschafter kann daher grundsätzlich unbeschränkt in die Geschäftsführung eingreifen und wohl auch bindende Genehmigungsvorbehalte formulieren.[1509] Der Verweis auf das anwendbare nationale Recht als Schranke bedeutet insbesondere, dass sich die Zulässigkeit gegebenenfalls **nachteiliger gruppeninterner Weisungen** nach dem jeweiligen nationalen Recht bestimmt und mangels Harmonisierung weiterhin auch für die SUP eine jeweils unterschiedliche Rechtslage zu beachten ist, sodass die Eignung als einheitlicher Gruppenbaustein fraglich ist.[1510]

498 Personen, die als faktische Geschäftsführer tätig sind, unterliegen gemäß Art. 22 Abs. 7 SUP-RL-E **allen Geschäftsführerpflichten** und daher – je nach Rechtslage des anwendbaren nationalen Rechts[1511] – auch einer entsprechenden **Haftung,** eine Vertretungsbefugnis kommt ihnen jedoch nicht zu **(„Schattengeschäftsführer“).**[1512] Bei ausschließlichem Abstellen auf das Innenverhältnis[1513] droht diese Rechtsfolge insbesondere dem **Gesellschafter**, der sein **Weisungsrecht regelmäßig nutzt.**[1514]

499 Gemäß Art. 24 Abs. 1 SUP-RL-E vertritt das Leitungsorgan die SUP rechtswirksam nach außen, **im Zweifel** besteht gemäß Abs. 2 S. 1 leg cit **Einzelvertretungsbefugnis.** Art. 24 Abs. 2 S. 2, 3 SUP-RL-E sieht eine zu Art. 10 P-RL[1515] vergleichbare Unbeschränkbarkeit der Vertretungsbefugnis vor.[1516]

[1506] *Jung* GmbHR 2014, 579 (590) Fn. 103; zu beachten sind aber die zwingenden Zuständigkeiten des Gesellschafters, dh dass insbesondere das Bestellungs- und Abberufungsrecht für das Leitungsorgan jedenfalls beim Gesellschafter verbleibt, dazu *Beurskens* GmbHR 2014, 738 (743).

[1507] Vgl. *Hommelhoff* GmbHR 2014, 1065 (1074), der – aus dem Blickwinkel der SUP als Gruppenbaustein – für die Harmonisierung eines eingeschränkten Handlungs- und Pflichtenprogramms für das Leitungsorgan eintritt, in diesem Sinne auch *Dreher* NZG 2014, 967 (972).

[1508] Art. 23 Abs. 2 SUP-RL-itE v. 1.12.2014 erweitert diese Beschränkung der Bindungswirkung von Weisungen auf Verstöße gegen das Recht der Staaten, in denen die SUP tätig ist.

[1509] Vgl. *Jung* GmbHR 2014, 579 (590).

[1510] Dazu *Drygala* EuZW 2014, 491 (494 f.); *Hommelhoff* GmbHR 2014, 1065 (1070 ff.), der für harmonisierte Regelungen für zulässige gruppeninterne Weisungen im Gruppeninteresse sowie korrespondierende Gläubigerschutzbestimmungen und Geschäftsleiterpflichten plädiert; zu dieser Thematik im Zusammenhang mit der SPE als Gruppenbaustein *Hommelhoff/Teichmann* GmbHR 2014, 177 (183); allgemein für einen harmonisierten Rechtsrahmen für Gruppeninteresse, gruppeninterne Weisungsrechte, Nachteilsausgleich und Stakeholder-Schutz *Hommelhoff,* FS Stilz, 2014, 287 ff.; zur unterschiedlichen Rechtslage für Weisungen im Gruppeninteresse in verschiedenen MS vgl. *Rodewald/Paulat* GmbHR 2013, 519 ff. (D) 522 ff. (andere MS).

[1511] Die Haftung der Geschäftsführer für Pflichtverletzungen wird – mit Ausnahme für unzulässige Ausschüttungen gemäß Art. 18 Abs. 5 SUP-RL-E (vgl. Rn. 494) – nicht in der Richtlinie geregelt und richtet sich daher nach dem anwendbaren nationalen Recht, vgl. *Beurskens* GmbHR 2014, 738 (744); *Drygala* EuZW 2014, 491 (495).

[1512] Dazu im Detail *Dreher* NZG 2014, 967 ff.; kritisch *Hommelhoff* GmbHR 2014, 1065 (1073).

[1513] Nach deutschem Verständnis gilt als faktischer Geschäftsführer nur, wer auch im *Außenverhältnis* auftritt, dazu BGH v. 25.2.2002 – II ZR 196/00, NJW 2002, 1803; *Altmeppen,* in Roth/Altmeppen, GmbHG § 43 Rn. 101; *Tebben,* in Michalski, GmbHG § 6 Rn. 96.

[1514] In diesem Sinne der Kommissionsentwurf, dazu *Drygala* EuZW 2014, 491 (495); *Jung* GmbHR 2014, 579 (590); Art. 22 Abs. 7, 8 SUP-RL-itE v. 1.12.2014 relativieren die Reichweite der Schattengeschäftsführer-Haftung, indem für die Beurteilung als Schattengeschäftsführer bestimmte Handlungen im Innenverhältnis, insbesondere die Erteilung und Befolgung von Weisungen, nicht allein ausreichend ist.

[1515] Die SUP liegt nicht im unmittelbaren Anwendungsbereich der Publizitäts-RL, solange sie nicht in die abschließende Aufzählung von Gesellschaftsformen in Art. 1 Abs. 1 P-RL aufgenommen wird

ggg) Mitbestimmungsrecht: Der Richtlinien-Entwurf enthält keine Regelungen zur Frage der **unternehmerischen Mitbestimmung,** die sich daher nach dem **anwendbaren nationalen Recht** des **Satzungssitzstaats** richtet.[1517] Im Zusammenhang mit der Zulassung der Sitzspaltung bedeutet dies, dass eine SUP gegründet werden kann, die ihren Verwaltungssitz und gegebenfalls ihre gesamte wirtschaftliche Tätigkeit in einem oder mehreren Mitgliedstaaten hat, ihren Satzungssitz aber in einem anderen Mitgliedstaat, dessen – vorteilhaftes – Mitbestimmungsrecht zur Anwendung kommt.[1518] Dasselbe gilt für eine in Ausübung der Niederlassungsfreiheit durch grenzüberschreitende Umwandlung entstandene SUP, sodass durch grenzüberschreitenden Formwechsel in die SUP eines anderen Mitgliedstaats auch eine bereits bestehende Gesellschaft eine **„Flucht aus der Mitbestimmung"** durchführen kann.[1519] Im Fall der grenzüberschreitenden Umwandlung könnten vom Wegzugsstaat allenfalls zum Schutz der Arbeitnehmer als zwingenden Grund des Allgemeininteresses beschränkende Regelungen vorgesehen werden,[1520] die den grenzüberschreitenden Formwechsel aber nicht verhindern und sich sachlich wohl maximal an der Verhandlungslösung mit Auffangregelung nach dem Vorbild der SE-VO (vgl. Rn. 583 ff.) bzw. der IntVersch-RL (vgl. Rn. 204) orientieren dürfen.[1521] 500

b) Beteiligungserwerb an der Schnittstelle zum Kapitalmarktrecht

Der **Erwerb von Beteiligungen an Gesellschaften** kann durch Kontrollerwerb in der Zielgesellschaft zur **Bildung von Unternehmensgruppen bzw. Konzernstrukturen** führen und wird (i) durch Regelungen der Transparenz-Richtlinie zur **Beteiligungspublizität** und (ii) durch den Rechtsrahmen der Übernahme-Richtlinie für **Pflicht-** und **Übernahmeangebote,** die aufgrund bzw. mit dem Ziel eines Kontrollerwerbs in der Zielgesellschaft abgegeben werden, erfasst.[1522] Diese Richtlinien haben einen **kapitalmarktrechtlichen Anwendungsbereich,** der auf Gesellschaften mit an einem geregelten Markt im Sinne der MiFID-Richtlinie[1523] zugelassenen Wertpapieren beschränkt ist, und liegen mit ihren **Publizitätspflichten an der Schnittstelle zwischen Gesellschafts- und Kapitalmarktrecht.**[1524] 501

aa) Öffentliche Übernahmeangebote: *aaa) Grundlagen:* Neben Verschmelzungen dienen **Übernahmen** als **zentrale Maßnahme zum externen Wachstum von Unternehmen.**[1525] Für eine Übernahme legt ein Unternehmen **(Bietergesellschaft)** den Aktionären eines anderen Unternehmens **(Zielgesellschaft)** ein öffentliches Übernahme- bzw. Kaufangebot, das auf den Erwerb von Kontrolle in diesem Unternehmen gerichtet ist **(Markt für Unternehmenskontrolle)** vor. Es handeln das Leitungsorgan der Bieterge- 502

(vgl. Rn. 217), die Anwendbarkeit der nationalen Umsetzungsbestimmungen zur Publizitäts-RL wird aber in der Regel mit dem auf die SUP anwendbaren nationalen Recht einhergehen.

1516 Mangels Ausnahmemöglichkeit im Zusammenhang mit dem Unternehmensgegenstand (vgl. Rn. 248) noch strenger, dazu *Beurskens* GmbHR 2014, 738 (744); Art. 24 Abs. 2 S. 3 SUP-RL-itE v. 1.12.2014 schränkt die Bindungswirkung jedoch bei Kenntnis bzw. fahrlässiger Unkenntnis des Dritten in Hinblick auf Verstöße gegen den Unternehmensgegenstand ein.

1517 *Beurskens* GmbHR 2014, 738 (746); *Drygala* EuZW 2014, 491 (492).

1518 *Beurskens* GmbHR 2014, 738 (747); *Drygala* EuZW 2014, 491 (492).

1519 *Drygala* EuZW 2014, 491 (492).

1520 EuGH v. 12.7.2012 – C-378/10, EuZW 2012, 621 Rn. 39 Vale.

1521 *Drygala* EuZW 2014, 491 (492 f.).

1522 Vgl. *Behrens,* in Dauses, EU-Wirtschaftsrecht, EL. 14, E. III. Rn. 108.

1523 Richtlinie über Märkte für Finanzinstrumene 2004/39/EG v. 21.4.2004, ABl. 2004 L 145/1 („MiFID") bzw. die diese ersetzende Nachfolge-RL 2014/65/EU v. 15.5.2014, ABl. 2014 L 173/349 („MiFID II"), die bis 3.7.2016 umzusetzen und ab 3.1.2017 anzuwenden ist, vgl. Art. 4 Abs. 1 Nr. 14 MiFID-RL bzw. Art. 4 Abs. 1 Nr. 21 MiFID II-RL.

1524 Vgl. *Grundmann* EuGesR Rn. 948; *Lutter/Bayer/J. Schmidt* EuropUR § 17 Rn. 155, § 30 Rn. 6.

1525 Dazu *Grundmann* EuGesR Rn. 945 ff.; *Hopt,* Europäisches Übernahmerecht, 2013, 2.

sellschaft und die Aktionäre, dh die Eigentümer, der Zielgesellschaft, die individuell über das Angebot entscheiden. Das Leitungsorgan der Zielgesellschaft hat keine unmittelbare Entscheidungsmacht über die Annahme des Angebots.[1526] In der Zielgesellschaft müssen die einzelnen Aktionäre über die Annahme des Angebots bzw. den Verbleib in der Gesellschaft – gegebenenfalls – mit einem (neuen) kontrollierenden Mehrheitsgesellschafter entscheiden, mögliche Abwehrmaßnahmen können sich auf die Geschäftstätigkeit der Gesellschaft auswirken, nach erfolgreicher Übernahme kommt es häufig zu einer Auswechselung der Mitglieder des Leitungsorgans oder zu einem Abbau von Arbeitnehmern und der Sitzstaat „verliert" einen *„nationalen Champion"*.[1527] Neben der Unsicherheit für Anleger und Märkte aufgrund eines drohenden oder laufenden Übernahmeangebots betrifft eine Übernahme daher zentrale Interessen von Aktionären, Arbeitnehmern und Mitgliedern des Leitungsorgans sowie sonstiger Stakeholder der Zielgesellschaft und erfordert angemessene Verfahrens- und Schutzbestimmungen.

503 Die möglichen Eingriffe in die Besetzung des Leitungsorgans der Zielgesellschaft nach einer Übernahme stellen für das aktuelle Management potentieller Zielgesellschaften einen wichtigen **Anreiz für eine gute Unternehmensführung** dar, die den Börsenkurs des Unternehmens erhöhen und auf diese Weise Übernahmen teurer gestalten und weniger wahrscheinlich machen kann. Mit der Möglichkeit öffentlicher Übernahmen dient der Markt für Unternehmenskontrolle daher der **externen Corporate Governance** von Unternehmen (vgl. Rn. 431).[1528]

504 Nach mehreren gescheiterten Richtlinien-Entwürfen[1529] wurde im Jahr 2004 ein Kompromissvorschlag als **Übernahme-Richtlinie** (Üb-RL)[1530] verabschiedet. Die Regelungen der Übernahme-Richtlinie zielen darauf ab, (i) für öffentliche Übernahmeangebote zum Schutz der Aktionäre, Arbeitnehmer und des Rechtsverkehrs ein transparentes und faires **Übernahmeverfahren** mit **ausreichender Information** und **Gleichbehandlung** der Aktionäre der Zielgesellschaft zu gewährleisten, sowie (ii) **Minderheitsaktionäre** – auch im Sinne eines **präventiven Konzerneingangsschutzes**[1531] – durch die Anordnung eines **Pflichtangebots** nach einem Kontrollerwerb bzw. -wechsel in der Zielgesellschaft zu schützen. Als **Rahmenrichtlinie** stellt die Übernahme-Richtlinie einen flexiblen Rechtsrahmen zur Verfügung, der den **Mitgliedstaaten weite Freiräume** zur Berücksichtigung nationaler Besonderheiten lässt.[1532] Die Regelungen der Übernahme-Richtlinie stellen grundsätzlich **Mindeststandards** dar,[1533] die Mitgliedstaaten können daher gemäß Art. 3

[1526] *Grundmann* EuGesR Rn. 946.

[1527] *Hopt,* Europäisches Übernahmerecht, 2013, 4f.

[1528] Dazu im Detail *Grundmann* EuGesR Rn. 481ff.; *Hopt,* Europäisches Übernahmerecht, 2013, 11f. (77ff.).

[1529] Zur Entwicklung der Übernahme-Richtlinie im Detail vgl. *Grundmann* EuGesR Rn. 952ff.; *Pötzsch,* in Assmann/Pötzsch/U.H. Schneider, WpÜG Einl. Rn. 80ff.; vgl. auch *Lutter/Bayer/J. Schmidt* EuropUR § 30 Rn. 1ff. (insbesondere Rn. 3 zu der *„historischen"* Abstimmung im Europäischen Parlament im Juli 2001, bei der mit Stimmengleichstand eine Mehrheit knapp nicht erreicht werden konnte).

[1530] Richtlinie 2004/25/EG v. 21.4.2004 betreffend Übernahmeangebote, ABl. 2004 L 142/12, die mit Beschluss Nr. 70/2005 v. 29.4.2005 zur Änderung von Anhang XXII des EWR-Abkommens, ABl. 2005 L 239/61, auf den EWR ausgedehnt wurde; Umsetzung durch das Übernahmerichtlinie-Umsetzungsgesetz (ÜbUG) v. 8.7.2006 BGBl. I 1426 mit entsprechenden Änderungen des WpÜG; vgl. zur Umsetzung in anderen Mitgliedstaaten die Länderberichte in *Baums/Cahn,* Die Umsetzung der Übernahme-Richtlinie in Europa, 2006.

[1531] Vgl. *Fleischer/Kalss* WpÜG 27; *Hasselbach,* in KK-WpÜG, § 35 Rn. 1; *Krause/Pötzsch,* in Assmann/Pötzsch/U.H. Schneider, WpÜG^2 § 35 Rn. 31.

[1532] Vgl. ErwG 2, 3, 6, 25, 26 Üb-RL; *Habersack/Verse* EuGesR § 11 Rn. 7; *Pötzsch,* in Assmann/Pötzsch/U.H. Schneider, WpÜG Einl. Rn. 102; *Veil,* in Veil, EuKMR § 24 Rn. 2.

[1533] So ausdrücklich Art. 3 Abs. 2 lit. a *(„Mindestanforderungen"),* ErwG 25 *(„Mindestvorgaben")* Üb-RL; vgl. *Habersack/Verse* EuGesR § 11 Rn. 8; *Lutter/Bayer/J. Schmidt* EuropUR § 30 Rn. 17.

Abs. 2 lit. b Üb-RL weitergehende Schutzregelungen vorsehen[1534] sowie nicht unmittelbar erfasste Sachverhalte den entsprechenden Regelungen unterwerfen.[1535] Teilweise sehen die Regelungen der Übernahme-Richtlinie aber auch **Höchststandards** vor, um eine zu starke Behinderung von Übernahmen durch mitgliedstaatliche Maßnahmen zu verhindern.[1536] Als **flexible Rahmenregelung** räumt schließlich Art. 4 Abs. 5 Uabs. 2 Üb-RL den Mitgliedstaaten generell die Möglichkeit ein, von den Regelungen der Richtlinie abzuweichen bzw. die zuständige Aufsichtsbehörde zu Abweichungen zu ermächtigen,[1537] soweit nur die allgemeinen Grundsätze gemäß Art. 3 Abs. 1 Üb-RL (vgl. Rn. 508) eingehalten werden.[1538]

Die Kommission hat 2012 auf Grundlage einer **externen Studie** einen **Bericht über die Anwendung der Übernahme-Richtlinie** veröffentlicht[1539] und auf dieser Grundlage Bereiche mit **Verbesserungsbedarf** identifiziert, insbesondere zum Schutz von Minderheitsaktionären vor verdeckten Kontrollwechseln durch *low-balling* und *creeping-in*-Praktiken[1540] sowie der Arbeitnehmer bei Übernahmen.[1541] Zum Zweck höherer Rechtssicherheit über den für Übernahmen zentralen Begriff des *acting in concert* hat die Europäische Wertpapier- und Marktaufsichtsbehörde (ESMA) Leitlinien zur Auslegung des Begriffs vorgelegt (vgl. Rn. 514).[1542] Die im Bericht der Kommission angedachten Maßnahmen zielen auf eine verstärkte Zusammenarbeit der Aufsichtsstellen, auch auf Empfehlungen der Kommission, aber nicht auf eine Änderung der Übernahme-Richtlinie ab,[1543] wenngleich in einzelnen Bereichen, insbesondere zum Pflichtangebot für die Erfassung verdeckter Kontrollwechsel und die Vereinheitlichung der Ausnahmemöglichkei- 505

[1534] Art. 3 Abs. 2 lit. b Üb-RL regelt ausdrücklich, dass die Mitgliedstaaten *„zusätzliche Bedingungen"* und *„strengere Bestimmungen"* als in der Richtlinie vorsehen können.

[1535] Vgl. § 2 Abs. 1 WpÜG, der auch „einfache Angebote" erfasst, dh Angebote, die nicht auf Kontrollerwerb gerichtet bzw. aufgrund eines Kontrollewerbs zu legen sind, sowie § 2 Abs. 2 WpÜG, der auch Wertpapiere erfasst, die nicht mit einem Stimmrecht verbunden sind, dazu *Lutter/Bayer/J. Schmidt* EuropUR § 30 Rn. 13; *Pötzsch,* in Assmann/Pötzsch/U. H. Schneider, WpÜG § 2 Rn. 9, 47, 50 ff.

[1536] Vgl. Art. 15 Abs. 2 S. 3 Üb-RL, der einen Höchstschwellenwert als Voraussetzung für das Squeeze-Out-Recht des Bieters (vgl. Rn. 525) festlegt, sowie Art. 5 Abs. 6 Üb-RL, der über das Pflichtangebot gemäß Art. 5 Üb-RL hinausgehende Regelungen zum Schutz von Minderheitsaktionären nach einem Kontrollerwerb bzw. -wechsel nur zulässt, soweit diese *„den normalen Gang eines Angebots nicht behindern"*, dazu *Habersack/Verse* EuGesR § 11 Rn. 8; für Beschränkungen von Übernahmen sind darüber hinaus die Schranken aufgrund der primärrechtlichen Niederlassungs- und Kapitalverkehrsfreiheit zu beachten, dazu *Kainer* ZHR 168 (2004), 542 ff.

[1537] Vgl. § 37 WpÜG, der in Umsetzung von Art. 4 Abs. 5 Uabs. 2 Üb-RL in bestimmten Fällen das Unterlassen eines Pflichtangebots nach Kontrollerwerb ermöglicht, zu den Fragen der Zulässigkeit der Ausnahmen und ob in diesen Fällen eine generelle Begründungspflicht gegeben ist, *Krause/Pötzsch/Seiler,* in Assmann/Pötzsch/U. H. Schneider, WpÜG § 37 Rn. 11 ff.; *Lutter/Bayer/J. Schmidt* EuropUR § 30 Rn. 22 Fn. 92, 94 mwN; *Versteegen,* in KK-WpÜG, § 37 Rn. 6 ff.; vgl. Ö: § 25 ÜbG, dazu *Diregger/Kalss/Winner,* in MüKoAktG, ÜbG Rn. 252 ff.

[1538] Dazu *Diregger/Kalss/Winner,* in MüKoAktG, ÜbG Rn. 7; *Lutter/Bayer/J. Schmidt* EuropUR § 30 Rn. 20; *Pötzsch,* in Assmann/Pötzsch/U. H. Schneider, WpÜG Einl. Rn. 107.

[1539] *Marccus Partners/Centre for European Policy Studies*, The Takeover Bids Directive Assessment Report (2012); Kommissionsbericht COM(2012) 347 final v. 28.6.2012; jeweils online abrufbar: http://ec.europa.eu/internal_market/company/takeoverbids/index_de.htm (15.1.2015); dazu *Hopt,* Europäisches Übernahmerecht, 2013, 16 ff.

[1540] Dazu im Detail *Baums* ZIP 2010, 2374 ff.; *Hopt,* Europäisches Übernahmerecht, 2013, 46 ff.; *Kalss,* in Kämmerer/Veil, Übernahme- und Kapitalmarktrecht in der Reformdiskussion, 2013, 139 ff.; *Merkt* NZG 2011, 561 ff.

[1541] Kommissionsbericht COM(2012) 347 final v. 28.6.2012 Rn. 18, 25 sowie Rn. 20, 27; dazu *Bayer/Schmidt* BB 2013, 3 (7).

[1542] Vgl. Mitteilung der Kommission COM(2012) 740 final v. 12.12.2012 („Aktionsplan 2012"), Punkt 3.4.

[1543] Vgl. *Verse* EuZW 2013, 336 (340).

ten,[1544] zur Definition des *acting in concert*[1545] sowie zum Optionsmodell für die Neutralitätspflicht durch Verlagerung der Opt-out-Möglichkeit von der Mitgliedstaaten- auf die Gesellschaftsebene[1546] Änderungsbedarf besteht.[1547]

506 *bbb) Anwendungsbereich, allgemeine Grundsätze und Zuständigkeit:* Im **Anwendungsbereich** der Übernahme-Richtlinie liegen gemäß Art. 1 Abs. 1 Üb-RL **öffentliche Übernahmeangebote** für **Wertpapiere** von **Gesellschaften,** die dem Recht eines Mitgliedstaats unterliegen, wenn diese Wertpapiere zur Gänze oder zum Teil zum Handel an einem **geregelten Markt im Sinne der MiFID-RL**[1548] zugelassen sind. Als „Wertpapiere" gelten nach der Legaldefinition in Art. 2 Abs. 1 lit. e Üb-RL ausschließlich übertragbare Wertpapiere, die ein Stimmrecht in einer Gesellschaft verleihen, dh **Aktien,** die mit einem **Stimmrecht** verbunden sind.[1549] „Übernahmeangebote" sind nach der Legaldefinition in Art. 2 Abs. 1 lit. a Üb-RL **freiwillige Übernahmeangebote,** die einen Kontrollerwerb in einer Gesellschaft zum Ziel haben, sowie **Pflichtangebote,** die als Rechtsfolge nach einem Kontrollerwerb bzw. -wechsel in der Zielgesellschaft abzugeben sind. Pflichtangebote sind stets Vollangebote, freiwillige Angebote können sich auch nur auf einen Teil der Wertpapiere beziehen. Entsprechende Angebote für Wertpapiere von **OGAW** sowie von **Zentralbanken** der Mitgliedstaaten sind gemäß Art. 1 Abs. 2, 3 Üb-RL vom Anwendungsbereich der Richtlinie ausgenommen.

507 Der **Kontrollbegriff,** dh wann durch Beteiligungserwerb die Kontrolle in der Zielgesellschaft erlangt wird, ist in der Übernahme-Richtlinie nicht definiert. Gemäß Art. 5 Abs. 3 Üb-RL hat aber der **Mitgliedstaat,** in dem die Zielgesellschaft ihren **Satzungssitz**[1550] hat, den **Stimmrechtsanteil** und dessen **Berechnung** zu bestimmen, der eine Kontrolle im Sinne der Richtlinie vermittelt **(Kontrollschwelle).** Die Mitgliedstaaten haben von diesem Regelungsauftrag unterschiedlich Gebrauch gemacht,[1551] überwiegend

---

[1544] Dazu im Detail *Hopt,* Europäisches Übernahmerecht, 2013, 31 ff. (allgemein), 46 ff. (verdeckte Kontrollwechsel), 53 ff. (Ausnahmen); zusammenfassend *Hopt* EuZW 2014, 401 (402); vgl. zu nationalen Ausnahmebestimmungen aus schwedischer Perspektive *Skog/Sjöman* ECFR 2014, 393 ff.

[1545] *Hopt,* Europäisches Übernahmerecht, 2013, 60 ff.

[1546] Dazu *Davies/Schuster/van de Walle de Ghelcke,* in Bernitz/Ringe, Company Law and Economic Protectionism, 2010, 105 (158); *Hopt,* Europäisches Übernahmerecht, 2013, 103 ff.; *Hopt* EuZW 2014, 401 (402); *Wymeersch,* FS Hommelhoff, 2012, 1375 (1393 ff.).

[1547] Vgl. auch für Reformüberlegungen zum Verfahren und zur Aufsicht *Hopt,* Europäisches Übernahmerecht, 2013, 106 ff.

[1548] Der Verweis auf die Wertpapierdienstleistungs-Richtlinie 93/22/EWG ist gemäß Art. 69 MiFID-RL (bzw. Art. 94 MiFID II-RL) als Verweis auf diese zu verstehen, dh es geht um einen geregelten Markt im Sinne von Art. 4 Abs. 1 Nr. 14 MiFID-RL (bzw. Art. 4 Abs. 1 Nr. 21 MiFID II-RL), dazu *Habersack/Verse* EuGesR § 11 Rn. 9; *Lutter/Bayer/J. Schmidt* EuropUR § 30 Rn. 10.

[1549] *Grundmann* EuGesR Rn. 955; *Habersack/Verse* EuGesR § 11 Rn. 9; insbesondere stimmrechtslose Vorzugsaktien gemäß §§ 139 ff. AktG sind daher nicht unmittelbar von der Üb-RL erfasst, werden aber aufgrund der weiteren Definition von Wertpapieren in § 2 Abs. 2 WpÜG von den nationalen Umsetzungsbestimmungen in D – zulässiger Weise (vgl. Rn. 504) – einbezogen, dazu *Pötzsch,* in Assmann/Pötzsch/U. H. Schneider, WpÜG § 2 Rn. 50; *Wackerbarth,* in MüKoAktG, § 2 WpÜG Rn. 43.

[1550] Die deutsche Sprachfassung spricht nur von *„Sitz"*, aber die englische von *„registered office"* und die französische von *„siège social"*, vgl. *Lutter/Bayer/J. Schmidt* EuropUR § 30 Rn. 31 Fn. 133, 98; sinnvoll wäre die *Präzisierung,* dass auf das jeweils *auf die Zielgesellschaft anwendbare Gesellschaftsstatut* abzustellen ist, da es sich um eine „gesellschaftsrechtliche" Frage handelt (vgl. Rn. 509) und andernfalls – theoretisch – die Anwendbarkeit zweier Gesellschaftsstatute drohen könnte; dazu *Behrens,* in Dauses, EU-Wirtschaftsrecht, EL. 14, E. III. Rn. 117.

[1551] Die geforderten Stimmrechtsanteile reichen von 25 % bis – wohl richtlinienwidrig (vgl. *Grundmann* EuGesR Rn. 966; *Habersack/Verse* EuGesR § 11 Fn. 58) – über 50 %; dazu die Aufstellung in Anhang II des Kommissionsberichts SEC(2007) 268 v. 21.2.2007; vgl. auch die Länderberichte in *Baums/Cahn,* Die Umsetzung der Übernahme-Richtlinie in Europa, 2006 sowie *v. Bülow,* in KK-WpÜG, § 29 Rn. 9 ff.

liegt die Schwelle bei 30% der Stimmrechtsanteile.[1552] Das Ansetzen der Kontrollschwelle unterhalb der einfachen Stimmenmehrheit ist aufgrund der geringeren tatsächlichen Aktionärspräsenz in den Hauptversammlungen von Publikumsgesellschaften gerechtfertigt bzw. sogar erforderlich, da der Schutzzweck der Richtlinie verlangt, durch die Gestaltung des Kontrolltatbestands die Fälle tatsächlicher Kontrollerlangung möglichst weitgehend zu erfassen.[1553]

Art. 3 Abs. 1 Üb-RL legt **allgemeine Grundsätze** für das Übernahmeverfahren **508**
fest,[1554] die bei der Auslegung, Umsetzung und Ergänzung der Richtlinienbestimmungen in den Mitgliedstaaten sowie als Grenze für mögliche nationale Ausnahmeregelungen (vgl. Rn. 504) herangezogen werden sollen und teilweise in den weiteren Regelungen der Richtlinie konkretisiert sind.[1555] Zentral sind der **Gleichbehandlungsgrundsatz für Aktionäre der Zielgesellschaft,**[1556] der sich insbesondere im Pflichtangebot und den dafür relevanten Preisregelungen gemäß Art. 5 Abs. 1, 4 Üb-RL und dem Sell-out-Recht der Minderheitsaktionäre gemäß Art. 16 Üb-RL äußert, sowie der **Transparenzgrundsatz,** der im Sinne eines – parallel zu den Umgründungsmaßnahmen auch im europäischen Übernahmerecht verankerten – **Informationsmodells** (vgl. Rn. 145) Schutz durch Information, dh durch Sicherstellung einer informierten Entscheidung der Angebotsadressaten, gewährleistet und seine Konkretisierung in den weiteren Verfahrensbestimmungen der Übernahme-Richtlinie findet.[1557] Der übernahmerechtliche Gleichbehandlungsgrundsatz unterscheidet sich von entsprechenden Regelungen in anderen Richtlinien (vgl. Rn. 376ff.) dadurch, dass nicht die Gesellschaft gegenüber ihren Gesellschaftern, sondern der **Bieter zur Gleichbehandlung verpflichtet** ist.[1558]

Jeder **Mitgliedstaat** hat für die **Überwachung** der Einhaltung der Richtlinienbestim- **509**
mungen und des nationalen Umsetzungsrechts eine Behörde oder eine private Einrichtung als **zuständige Stelle**[1559] zu benennen sowie deren Unabhängigkeit und das Bestehen ausreichender Befugnisse sicherzustellen.[1560] Art. 4 Abs. 2 Üb-RL regelt für einen konkreten Über-

---

[1552] Vgl. § 29 Abs. 2 WpÜG; vgl. Ö: § 22 Abs. 2 ÜbG.

[1553] Vgl. *Diregger/Kalss/Winner* in MüKoAktG, ÜbG Rn. 180f.; *Winner* ÖJZ 2006, 661 (662), die sich für Ö kritisch gegenüber der 30%-Schwelle äußern, da dies bei einer durchschnittlichen HV-Präsenz von nur 12–18% des Streubesitzes zu hoch angesetzt ist; vgl. zu dieser Problematik auch *Assmann,* in Assmann/Pötzsch/U. H. Schneider, WpÜG § 29 Rn. 9; *Wackerbarth,* in MüKoAktG, § 29 WpÜG Rn. 9, mit dem Hinweis, dass bei steigender Aktionärspräsenz aufgrund elektronischer Teilnahmemöglichkeiten die Kontrollschwellen gegebenenfalls erhöht werden müssten.

[1554] Dazu *Grundmann* EuGesR Rn. 957; *Habersack/Verse* EuGesR § 11 Rn. 12ff.; *Lutter/Bayer/J. Schmidt* EuropUR § 30 Rn. 15f.

[1555] Vgl. ErwG 6 Üb-RL; *Grundmann* EuGesR Rn. 956; *Habersack/Verse* EuGesR § 11 Rn. 11; *Lutter/Bayer/J. Schmidt* EuropUR § 30 Rn. 14; vgl. parallel dazu § 3 WpÜG, dazu *Stephan,* in Assmann/Pötzsch/U. H. Schneider, WpÜG § 3 Rn. 1; vgl. Ö: § 3 ÜbG, dazu *Diregger/Kalss/Winner,* in MüKoAktG, ÜbG Rn. 61.

[1556] Vgl. § 3 Abs. 1 WpÜG, dazu *Stephan,* in Assmann/Pötzsch/U. H. Schneider, WpÜG § 3 Rn. 6ff.

[1557] *Grundmann* EuGesR Rn. 957; *Lutter/Bayer/J. Schmidt* EuropUR § 30 Rn. 16; vgl. § 3 Abs. 2 WpÜG, dazu *Assmann/Stephan,* in Assmann/Pötzsch/U. H. Schneider, WpÜG § 3 Rn. 20ff.

[1558] *Habersack/Tröger* NZG 2010, 1 (6); *Lutter/Bayer/J. Schmidt* EuropUR § 30 Rn. 15; *Psaroudakis* ECFR 2010, 550 (557).

[1559] In Abschnitt 2 WpÜG ist die Bundesanstalt für Finanzdienstleistungsaufsicht (BaFin) als behördliche Aufsicht vorgesehen, dazu *Döhmel,* in Assmann/Pötzsch/U. H. Schneider, WpÜG § 4 Rn. 1; vgl. Ö: Übernahmekomission gemäß § 28 ÜbG als behördliche Aufsicht, dazu *Gall,* in Huber, Übernahmegesetz § 28 Rn. 3.

[1560] Art. 4 Abs. 1, 3, 5 Uabs. 1 Üb-RL, dazu im Detail *Lutter/Bayer/J. Schmidt* EuropUR § 30 Rn. 18ff.; vgl. auch Art. 4 Abs. 4, ErwG 5 S. 2 Üb-RL, wonach diese Aufsichtsstellen untereinander sowie mit anderen Aufsichtsstellen für die Kapitalmärkte zusammenarbeiten sollen, dazu *Lutter/Bayer/J. Schmidt* EuropUR § 30 Rn. 19; zum Zweck der Zusammenarbeit wurde auch die Arbeitsgruppe Takeover Bids Network bei der ESMA eingerichtet, die Stellungnahmen zu übernahmerecht-

nahmevorgang die **internationale Zuständigkeit** der nationalen Aufsichtsstellen und das **anwendbare nationale Recht:** (i) Bei **Identität** von Satzungssitzstaat der Zielgesellschaft und einem Mitgliedstaat, in dem die Wertpapiere der Gesellschaft an einem geregelten Markt zum Handel zugelassen sind („Marktstaat"), hat die Aufsichtsstelle dieses Mitgliedstaats unter einheitlicher Anwendung dessen Rechts die Übernahme zu überwachen. (ii) Sind die Wertpapiere der Zielgesellschaft nicht an einem geregelten Markt im Satzungssitzstaat zugelassen, kommt es zu einer **Aufspaltung** der Zuständigkeit und des anwendbaren Rechts, sodass für Fragen der Gegenleistung und des Angebotsverfahrens die Aufsichtsstelle und das Recht des Marktstaats[1561] relevant sind, für die Unterrichtung der Arbeitnehmer und die *„gesellschaftsrechtlichen Fragen"*, dh insbesondere für die anwendbare Kontrollschwelle und die zulässigen Abwehrmaßnahmen der Verwaltung, die Aufsichtsstelle und das Recht des Satzungssitzstaats.[1562]

510 Für Verstöße gegen die nationalen Umsetzungsbestimmungen der Übernahme-Richtlinie, zum Beispiel gegen die Angebotspflicht[1563] oder das Neutralitätsgebot,[1564] müssen die Mitgliedstaaten gemäß Art. 17 Üb-RL **Sanktionen** vorsehen, die wirksam, verhältnismäßig und abschreckend sind.[1565]

511 *ccc) Kontrollerwerb und Pflichtangebot:* Kommt es zu einem **Kontrollerwerb** in einer Gesellschaft, besteht die Möglichkeit, dass der nunmehr kontrollierende Aktionär eine geänderte, für die Minderheitsaktionäre gegebenenfalls nachteilige Unternehmenspolitik verfolgt. Als Kernelement der Übernahme-Richtlinie sieht Art. 5 Üb-RL in diesen Fällen die – grundsätzlich zwingend angeordnete[1566] – Abgabe eines **Pflichtangebots** durch den kontrollierenden Aktionär vor, wodurch die Minderheitsaktionäre in die Lage versetzt werden, gegen eine angemessene Gegenleistung aus der Gesellschaft auszuscheiden.[1567] Die Regelung bietet daher einen **Schutz der Minderheitsaktio-**

---

lichen Fragen, insbesondere zum *acting in concert* (vgl. Rn. 514) abgeben soll, online abrufbar: http://www.esma.europa.eu/page/takeover-bids (15.1.2015).

[1561] Zur Bestimmung des Marktstaats, wenn die Wertpapiere in mehreren Mitgliedstaaten zugelassen sind, vgl. *Lutter/Bayer/J. Schmidt* EuropUR § 30 Rn. 26.

[1562] Die deutsche Sprachfassung spricht nur von *„Sitz"*, aber die englische von *„registered office"* und die französische von *„siège social"*, vgl. *Habersack/Verse* EuGesR § 11 Rn. 16; *Lutter/Bayer/J. Schmidt* EuropUR § 30 Rn. 24 Fn. 98; sinnvoll wäre die *Präzisierung*, dass auf das jeweils *auf die Zielgesellschaft anwendbare Gesellschaftsstatut* abzustellen ist, da andernfalls – theoretisch – die Anwendbarkeit zweier Gesellschaftsstatute drohen könnte; dazu *Behrens*, in Dauses, EU-Wirtschaftsrecht, EL. 14 E. III. Rn. 117; die genaue Aufteilung zwischen den gesellschaftsrechtlichen Fragen und den dem Marktstaat zugewiesenen Angelegenheiten ist jeweils im Einzelnen zu klären, dazu *von Hein* ZGR 2005, 528 (555 ff.); *Schauer*, FS P. Doralt, 2004, 529 (544 ff., 549 ff.).

[1563] Vgl. § 59 (Rechtsverlust), § 60 (Geldbuße) WpÜG sowie insbesondere die Anordnung eines Pflichtangebots durch die BaFin, dazu *Krause/Pötzsch*, in Assmann/Pötzsch/U. H. Schneider, WpÜG § 35 Rn. 248 ff.; ein durchsetzbarer Anspruch der *Aktionäre* auf das Pflichtangebot bzw. auf den Erwerb ihrer Aktien besteht nach dem WpÜG jedoch nicht, dazu BGH v. 11.6.2013 – II ZR 80/12, NZG 2013, 939, mAnm *Schuhmann* DStR 2013, 2017 f. mwN.

[1564] Dazu *Stephan*, in Assmann/Pötzsch/U. H. Schneider, WpÜG § 33a Rn. 68 ff.

[1565] Dies entspricht der ständigen EuGH-Rsp zur Pflicht der Mitgliedstaaten für eine Gewährleistung der wirksamen Durchsetzung von Richtlinien (*„effet utile"*, vgl. Rn. 35).

[1566] Vgl. aber die Möglichkeit für mitgliedstaatlich festgelegte Ausnahmen zum Pflichtangebot gemäß Art. 4 Abs. 5 Uabs. 2 Üb-RL (vgl. Rn. 504), dazu *Habersack/Verse* EuGesR § 11 Rn. 25; *Krause/Pötzsch/Seiler*, in Assmann/Pötzsch/U. H. Schneider, WpÜG § 37 Rn. 11; *Schlitt/Ries*, in MüKoAktG, § 37 WpÜG Rn. 14.

[1567] Vgl. ErwG 9 Üb-RL; das Schutzinstrument des Pflichtangebots ist – insbesondere aufgrund der damit einhergehenden, gegebenenfalls massiven Verteuerung einer Übernahme – rechtspolitisch umstritten, zum Schutz der Minderheitsaktionäre und dem damit einhergehenden positiven Effekt auf die Investitionsbereitschaft am Kapitalmarkt aber gerechtfertigt, vgl. zur Diskussion zB *Krause/Pötzsch*, in Assmann/Pötzsch/U. H. Schneider, WpÜG § 35 Rn. ff.; *Schlitt/Ries*, in MüKoAktG, § 35 WpÜG Rn. 38 ff.; *Wymeersch* ZGR 2002, 520 (539 ff.).

näre insbesondere für den Fall der Konzernierung **(präventiver Konzerneingangsschutz).**[1568]

Gemäß Art. 4 Abs. 5 Uabs. 3 Üb-RL hat bei Anwendung bestimmter **Restrukturierungs- und Abwicklungsinstrumente** nach dem Rechtsrahmen aus 2014 für die Sanierung und Abwicklung von **Kreditinstituten und Wertpapierfirmen**[1569] (vgl. Rn. 547) die Anwendung des Art. 5 Üb-RL zum Pflichtangebot zu unterbleiben. 512

Ausgelöst wird das Pflichtangebot durch einen **Kontrollerwerb,** dh dem Überschreiten der Kontrollschwelle durch Erwerb, oder durch einen **Kontrollwechsel.**[1570] Die Definition der Kontrollschwelle, dh des dafür erforderlichen Anteils an den Stimmrechten, obliegt gemäß Art. 5 Abs. 3 Üb-RL den Mitgliedstaaten (vgl. Rn. 507). Der Erwerb einer **mittelbaren Kontrolle** ist ausreichend. Auf welche Rechtsgrundlage der Kontrollerwerb gestützt ist, dh ob auf rechtsgeschäftliche Einzelrechtsnachfolge oder auf gesetzliche, insbesondere erbrechtliche oder umgründungsrechtliche, Gesamtrechtsnachfolge, ist irrelevant.[1571] Der Kontrollerwerb bzw. -wechsel muss nach dem Wortlaut von Art. 5 Abs. 1 S. 1 Üb-RL aber jedenfalls auf einen **Erwerbstatbestand** zurückgehen.[1572] Ein Kontrollerwerb ohne Aktienübertragung, insbesondere aufgrund einer faktischen Machtverschiebung bei einer kontrollierenden Gesellschaftermehrheit mit einem Wechsel der gemeinsamen zu einer alleinigen Kontrolle[1573] oder ausschließlich durch Stimmbindungs- bzw. Poolverträge zur Koordinierung der Stimmrechte einer Aktionärsmehrheit, ist daher von der Übernahme-Richtlinie nicht unmittelbar erfasst.[1574] Eine **Erweiterung** des Pflichtangebots auf solche Fälle[1575] sowie auf sonstige Tatbestände, insbesondere sogenannte **„creeping-in"**-Konstellationen,[1576] durch die **Mitgliedstaaten** ist auf Grundlage von Art. 3 Abs. 2 lit. b Üb-RL zulässig (vgl. Rn. 504).[1577] Das Pflichtangebot entfällt gemäß Art. 5 Abs. 2 Üb-RL, wenn der Kontrollerwerb auf ein freiwilliges Übernahmeangebot im Einklang mit den Richtlinienbestimmungen zurückgeht, das Vollangebot war, da in diesem Fall alle Aktionäre bereits die Möglichkeit zum Ausscheiden aus der Gesellschaft hatten.[1578] Ein wesentlicher Kritikpunkt zu dieser Ausnahme ist, dass ein freiwilliges Übernahmeangebot nach 513

[1568] Vgl. *Fleischer/Kalss* WpÜG 27; *Hasselbach,* in KK-WpÜG, § 35 Rn. 1; *Krause/Pötzsch,* in Assmann/Pötzsch/U. H. Schneider, WpÜG § 35 Rn. 31 mwN.

[1569] RL 2014/59/EU v. 15.5.2014, ABl. 2014 L 173/190.

[1570] Es ist daher irrelevant, ob es in der Gesellschaft bereits einen kontrollierenden Aktionär gegeben hat, dazu *Habersack/Verse* EuGesR § 11 Rn. 17; *Lutter/Bayer/J. Schmidt* EuropUR § 30 Rn. 37; vgl. auch *Schlitt/Ries,* in MüKoAktG, § 35 WpÜG Rn. 56; bestanden zum Zeitpunkt des Inkrafttretens nationaler Umsetzungsbestimmungen zur Üb-RL in Gesellschaften entsprechende Kontrollmehrheiten, lösten diese aber kein Pflichtangebot aus, so ausdrücklich ErwG 10 Üb-RL.

[1571] *Habersack/Verse* EuGesR § 11 Rn. 17; *Lutter/Bayer/J. Schmidt* EuropUR § 30 Rn. 37; vgl. auch *Grundmann* EuGesR Rn. 966; *Schlitt/Ries,* in MüKoAktG, § 35 WpÜG Rn. 73 ff.

[1572] *Diregger/Kalss/Winner,* in MüKoAktG, ÜbG Rn. 194; *Grundmann* EuGesR Rn. 966; *Habersack/Verse* EuGesR § 11 Rn. 17.

[1573] *Verse* NZG 2009, 1331 (1332); aA *Lutter/Bayer/J. Schmidt* EuropUR § 30 Rn. 37; vgl. auch *Assmann,* in Assmann/Pötzsch/U. H. Schneider, WpÜG § 29 Rn. 14.

[1574] *Habersack/Verse* EuGesR § 11 Rn. 17; *Seibt/Heiser* ZGR 2005, 200 (214).

[1575] Zum Pflichtangebot für den Kontrollerwerb durch Poolvereinbarungen gemäß § 30 Abs. 2 iVm § 35 WpÜG *Kalss,* in Semler/Volhard, HB Unternehmensübernahmen, Bd. 2, § 51 Rn. 65; *Krause/Pötzsch,* in Assmann/Pötzsch/U. H. Schneider, WpÜG § 35 Rn. 105 f.; *Schlitt/Ries,* in MüKoAktG, § 35 WpÜG Rn. 83.

[1576] Dazu im Detail *Baums* ZIP 2010, 2374 ff.; *Kalss,* in Kämmerer/Veil, Übernahme- und Kapitalmarktrecht in der Reformdiskussion, 2013, 139 ff.; *Merkt* NZG 2011, 561 ff.; vgl. Ö: § 22 Abs. 4 ÜbG, dazu *Diregger/Kalss/Winner,* in MüKoAktG, ÜbG Rn. 218 ff.; *Huber* ÜbG § 2 Rn. 68 ff.; trotz Reformdiskussion findet sich keine entsprechende Regelung im dt. Übernahmerecht.

[1577] *Diregger/Kalss/Winner,* in MüKoAktG, ÜbG Rn. 7, 194; *Habersack/Verse* EuGesR § 11 Fn. 57; *Lutter/Bayer/J. Schmidt* EuropUR § 30 Rn. 32.

[1578] Vgl. § 35 Abs. 3 WpÜG, wobei aber darauf hinzuweisen ist, dass gemäß § 32 WpÜG jedes freiwillige Übernahmeangebot ein Vollangebot sein muss.

der Richtlinie nicht den spezifischen Regelungen für Pflichtangebote zu Art und Höhe der Gegenleistung unterliegt, dh sich die Gegenleistung ausschließlich nach der Preisfindung am Markt richtet und daher ein Kontrollerwerb möglich wird, ohne – zumindest in weiterer Folge – die entsprechenden Preisregelungen einhalten zu müssen.[1579]

514 Ein das Pflichtangebot auslösender Kontrollerwerb kann durch eine einzelne natürliche oder juristische Person[1580] oder durch **mehrere, gemeinsam handelnde Personen (acting in concert)** getätigt werden. Bereits Art. 2 Abs. 2 Üb-RL stellt klar, dass eine Person und die von ihr kontrollierten Personen im Sinne von Art. 2 Abs. 1 lit. f. Transparenz-RL,[1581] dh **Mutter-, Tochter- und Schwestergesellschaften,** untereinander als gemeinsam handelnde Personen gelten.[1582] Auf der Grundlage von Art. 2 Abs. 1 lit. d Üb-RL wird die **Reichweite** des *acting in concert* durch **Leitlinien der ESMA präzisiert.**[1583] Zu diesem Zweck legte die ESMA in Abstimmung mit den nationalen Aufsichtsbehörden im November 2013 Auslegungsleitlinien zum europarechtlichen Begriff des *acting in concert* im Übernahmerecht vor und aktualisierte diese im Juni 2014.[1584] Die Leitlinien sind nicht verbindlich, geben aber das Verständnis der ESMA und der nationalen Aufsichtsbehörden wieder und führen in einer „White List" beispielhaft Fälle an, die gerade kein *acting in concert* darstellen.[1585]

515 Das **Pflichtangebot** ist gemäß Art. 5 Abs. 1 S. 2 Üb-RL als **Vollangebot**[1586] allen Aktionären für alle Aktien unverzüglich zu unterbreiten und muss zum Zweck eines effektiven Schutzes der Minderheitsaktionäre eine **angemessene Gegenleistung** anbieten. Art. 5 Abs. 4 Üb-RL enthält Regelungen zur **Preishöhe,** die auf die Preisgestaltung bei **Vor-**[1587] und **Parallelerwerben** durch den Bieter bzw. durch gemeinsam mit ihm handelnde Personen abstellen, aber den Mitgliedstaaten die **Option** bieten, eine Abänderung des so bestimmten Preises durch die nationalen Aufsichtsstellen nach eindeutig festgelegten Kriterien[1588] zu ermögli-

---

[1579] Die Rechtslage im WpÜG vermeidet diese Problematik, da auch das freiwillige Übernahmeangebot gemäß § 39 iVm § 31 WpÜG an dieselben Regelungen für die Gegenleistung wie beim Pflichtangebot gebunden ist *(„Gleichlauf von Übernahme- und Pflichtangeboten")*, dazu *Krause/Pötzsch,* in Assmann/Pötzsch/U. H. Schneider, WpÜG § 35 Rn. 9, 25, 270; *Grundmann* EuGesR Rn. 967 mwN weist darüber hinaus – zu Recht – darauf hin, dass der einzelne Aktionär noch nicht weiß, ob das Übernahmeangebot tatsächlich zu einem Kontrollerwerb führt und daher entscheiden muss, ob er in Anbetracht des *möglichen,* aber nicht *sicheren* Kontrollerwerbs verkauft *(„Gefangenendilemma")*, während beim Pflichtangebot bereits feststeht, dass es zu einem Kontrollerwerb gekommen ist.

[1580] Darunter fallen in europäisch-autonomer Auslegung auch Personengesellschaften, die nach deutschem Verständnis keine „juristischen Personen" sind (insbesondere KG, OHG), dazu *Lutter/Bayer/J. Schmidt* EuropUR § 30 Fn. 146.

[1581] Transparenz-RL 2004/109/EG, zuletzt geändert durch die Änderungs-RL 2013/50/EU (vgl. Rn. 527).

[1582] *Wackerbath,* in MüKoAktG, § 30 WpÜG Rn. 30.

[1583] Zu Unsicherheiten und Reformüberlegungen *Ghetti* ECFR 2014, 595 ff.; *Hopt,* Europäisches Übernahmerecht, 2013, 60 ff.; *Winner* ECFR 2014, 364 ff.; zur Diskussion, ob ein abgestimmter Parallelerwerb von Aktien ein *acting in concert* im Sinne der Richtlinie darstellt, *Habersack/Verse* EuGesR § 11 Rn. 19; *Lutter/Bayer/J. Schmidt* EuropUR § 30 Rn. 35, jeweils mwN; vgl. § 30 Abs. 2 WpÜG, dessen Reichweite ebenfalls umstritten ist, zu zahlreichen Einzelfragen im Detail *v. Bülow,* in KK-WpÜG, § 30 Rn. 253 ff.; *Wackerbath,* in MüKoAktG, § 30 WpÜG Rn. 44 ff.; vgl. Ö: § 1 Nr. 6 ÜbG, dazu *Diregger/Kalss/Winner,* in MüKoAktG, ÜbG Rn. 43 ff.; *Winner/Schulz* ÖBA 2010, 82 (85 ff.).

[1584] ESMA, Public Statement on shareholder cooperation and acting in concert under the Takeover Bids Directive, 2013/1642 v. 12.11.2013, First Update 2014/677 v. 23.6.2014, online abrufbar unter: http://www.esma.europa.eu/page/takeover-bids (15.1.2015).

[1585] Dazu im Detail *Winner* ECFR 2014, 364 (377 ff.); vgl. auch *Ghetti* ECFR 2014, 595 (630 ff.).

[1586] Das Pflichtangebot gemäß § 35 Abs. 2 WpÜG ist gemäß § 39 iVm § 32 WpÜG ein Vollangebot.

[1587] Es geht um Erwerbe innerhalb eines von den MS festzulegenden Zeitraums von mindestens 6 und höchstens 12 Monaten vor dem Pflichtangebot, vgl. § 4 WpÜG-Angebots-VO (6 Monate).

[1588] Die Kriterien, nach denen Aufsichtsstellen eine solche Abänderung vornehmen dürfen, sind allerdings streng, vgl. dazu EFTA-Gerichtshof v. 10.12.2010 – E-1/10, ZIP 2011, 332 – Periscopus, wonach ein Abstellen auf den *„Marktpreis"* nicht ausreichend bestimmt ist, dazu *Hirte* EWiR 2011,

chen.[1589] Als **Mindeststandard** können die Mitgliedstaaten gemäß Art. 3 Abs. 2 lit. b Üb-RL (vgl. Rn. 504) auch strengere Regelungen zur Preishöhe vorsehen.[1590] Art. 5 Abs. 5 Üb-RL sieht Regelungen zur Art **der Gegenleistung** vor, für die in bestimmten Fällen zumindest wahlweise auch eine Geldleistung anzubieten ist.[1591]

ddd) Übernahmeverfahren: Die Art. 6–8, 13, 14 Üb-RL zielen zum Schutz von Aktionären, Arbeitnehmern und Rechtsverkehr für **Pflicht- und freiwillige Übernahmeangebote** darauf ab, ein **faires** und **transparentes Übernahmeverfahren** zu etablieren:[1592] Art. 6 Üb-RL normiert zur Vermeidung von Insiderhandlungen[1593] die unverzügliche **Bekanntmachung** der **Entscheidung** zur Abgabe eines Angebots[1594] sowie zur Sicherstellung einer informierten Entscheidung der Angebotsadressaten die rechtzeitige Bekanntmachung einer **Angebotsunterlage** mit bestimmten Mindestangaben.[1595] Die Angebotsunterlage ist vor ihrer Bekanntmachung der **Aufsichtsstelle** zu übermitteln. Die Mitgliedstaaten können eine **Billigung** der Angebotsunterlage durch die Aufsichtsstelle als Voraussetzung für die Bekanntmachung vorsehen.[1596] In diesem Fall sind andere Mitgliedstaaten, an deren Märkten die Wertpapiere der Zielgesellschaft zum Handel zugelassen sind, verpflichtet, die Billigung der zuständigen (vgl. Rn. 509) Aufsichtsstelle anzuerkennen **(„Europäischer Pass").**[1597] Für die **Annahmefrist** bestimmt Art. 7 Üb-RL einen von den Mitgliedstaaten zu konkretisierenden **Rahmen** von **mindestens zwei und höchstens 10 Wochen** ab der Bekanntmachung der Angebotsunterlage und räumt den Mitgliedstaaten Optionen zur Abänderung dieser Fristen in bestimmten Fällen ein.[1598] Art. 8 Üb-RL legt allgemeine Grundsätze für die nähere Ausgestaltung der Bekanntmachungen durch die Mitgliedstaaten fest.[1599] Angebotsentscheidung und -unterlage sind nach ihrer Bekanntmachung von den jeweiligen Leitungs- bzw. Verwaltungsorganen den **Arbeitnehmer-** 516

---

133 f.; *Krause* ECFR 2011, 70 ff.; keine Umsetzung dieser Option im WpÜG, dazu *Krause,* in Assmann/Pötzsch/U. H. Schneider, WpÜG § 31 Rn. 25.

[1589] Dazu *Habersack/Verse* EuGesR § 11 Rn. 22 ff.; *Lutter/Bayer/J. Schmidt* EuropUR § 30 Rn. 42 ff.

[1590] Vgl. § 31 Abs. 1 WpÜG iVm §§ 3 ff. WpÜG-AngebotsVO, die den durchsschnittlichen Börsenkurs der Wertpapiere innerhalb von 3 Monaten nach Veröffentlichung des Kontrollerwerbs als zusätzliche Mindestgrenze festlegen, dazu *Krause,* in Assmann/Pötzsch/U. H. Schneider, WpÜG § 31 Rn. 22; vgl. auch § 31 Abs. 5 WpÜG, der zusätzlich auf die Preisgestaltung bei *außerbörslichen Nacherwerben* abstellt, dazu *Krause,* in Assmann/Pötzsch/U. H. Schneider, WpÜG § 31 Rn. 130 ff.

[1591] Dazu *Habersack/Verse* EuGesR § 11 Rn. 21; *Lutter/Bayer/J. Schmidt* EuropUR § 30 Rn. 46 f.; vgl. § 31 Abs. 2, 3 WpÜG, die nur in bestimmten Fällen zwingend das Anbieten einer Geldleistung verlangen, dazu *Krause,* in Assmann/Pötzsch/U. H. Schneider, WpÜG § 31 Rn. 61, 68; vgl. Ö: § 25b Abs. 2 ÜbG ordnet im Gegensatz zur deutschen Rechtslage an, dass jedenfalls (auch) eine Geldleistung anzubieten ist, dazu *Diregger/Kalss/Winner,* in MüKoAktG, ÜbG Rn. 295.

[1592] Dazu im Detail *Lutter/Bayer/J. Schmidt* EuropUR § 30 Rn. 48 ff.

[1593] Vgl. ErwG 12 Üb-RL; zum Verhältnis von Insiderhandelsverbot (§ 14 WpHG) und Übernahmerecht *Assmann* in Assmann/Schneider, WpHG[6] § 14 Rn. 133 ff.; *Hopt,* FS Goette, 2011, 179 (187 f.).

[1594] Vgl. für freiwillige Übernahmeangebote § 10 Abs. 1 S. 1 WpÜG, für Pflichtangebote besteht keine entsprechende Veröffentlichungspflicht, allerdings ist schon jeder – zwingend zeitlich vorgelagerte – Kontrollerwerb gemäß § 35 Abs. 1 S. 1 WpÜG zu veröffentlichen.

[1595] Dazu *Lutter/Bayer/J. Schmidt* EuropUR § 30 Rn. 53; vgl. § 11 WpÜG iVm § 2 WpÜG-Angebots-VO.

[1596] Vgl. § 35 Abs. 2 S. 1, 2 iVm § 14 Abs. 2 S. 1, 2 WpÜG.

[1597] Vgl. § 11a WpÜG; vgl. zum Prinzip der gegenseitigen Anerkennung bzw. des „Europäischen Passes" im Europäischen Kapitalmarktrecht, insbesondere zu dem als Vorbild dienenden Art. 17 Prospekt-RL *Lenenbach,* Kapitalmarktrecht, Rn. 1.115; *Lutter/Bayer/J. Schmidt* EuropUR § 17 Rn. 13 f., § 30 Rn. 56; *Meyer,* in Assmann/Pötzsch/U. H. Schneider, WpÜG § 11a Rn. 3 ff.; *Vokuhl,* in Veil, EuKMR § 17 Rn. 13.

[1598] *Seiler,* in Assmann/Pötzsch/U. H. Schneider, WpÜG § 16 Rn. 2; vgl. § 16 Abs. 1 S. 1 WpÜG (mindestens 4 und höchstens 10 Wochen).

[1599] Dazu im Detail *Lutter/Bayer/J. Schmidt* EuropUR § 30 Rn. 61 f.

vertretern bzw. **Arbeitnehmern** der Ziel- sowie der Bietergesellschaft zu übermitteln.[1600] Art. 14 Üb-RL verweist zum Zweck des Arbeitnehmerschutzes bei Übernahmen auf die einschlägigen nationalen Regelungen und Richtlinien-Umsetzungsbestimmungen.[1601]

517 Komplementär dazu sieht Art. 9 Abs. 5 Üb-RL die Verpflichtung des **Leitungs-** bzw. **Verwaltungsorgans**[1602] **der Zielgesellschaft** vor, zu einem Übernahmeangebot eine **begründete Stellungnahme** zu veröffentlichen sowie den Arbeitnehmervertretern bzw. den Arbeitnehmern der Gesellschaft zu übermitteln.[1603] Eine rechtzeitig übermittelte, eigene Stellungnahme der Arbeitnehmervertreter bzw. Arbeitnehmer[1604] ist der Veröffentlichung beizufügen. Die Stellungnahme dient als *„Gegengewicht"* zur Angebotsunterlage des Bieters und soll eine **informierte Entscheidung** der Angebotsadressaten auf ausgewogener Informationsgrundlage sicherstellen.[1605] Die Stellungnahme muss sich inhaltlich umfassend mit dem Angebot auseinandersetzen und insbesondere auf die strategische Planung des Bieters und die voraussichtlichen Auswirkungen auf Arbeitsplätze und Standorte der Zielgesellschaft eingehen.[1606] Interessenkonflikte im Zusammenhang mit der möglichen Übernahme[1607] sowie gegebenenfalls unterschiedliche Auffassungen der Verwaltung[1608] sollten offengelegt werden. Sinnvoll wäre auch die verpflichtende Einholung der Stellungnahme eines sachverständigen Dritten.[1609]

518 Die für das Übernahmeverfahren vorgesehenen **Publizitätspflichten**[1610] sind Teil des kapitalmarktrechtlichen Informationsmodells von **Markt- und Anlegerschutz durch Transparenz** (vgl. Rn. 209).

519 *eee) Rechtsrahmen für Abwehrmaßnahmen:* Der **Rechtsrahmen** für **Abwehrmechanismen und -maßnahmen der Zielgesellschaft** gegen Übernahmeangebote ist entscheidender Faktor für die „Kapitalmarktfreundlichkeit" und das Bestehen eines „level playing fields" im Übernahmerecht der Mitgliedstaaten. Nach langer Entwicklung[1611] sieht die letztlich verabschiedete Übernahme-Richtlinie folgende Grundstruktur vor: Zur Förderung effizienter Übernahmen und des Kapitalmarkts legen (i) Art. 9 Üb-RL als Schranke für Ad-hoc-Abwehrmaßnahmen *(„post-bid-defences")* eine **Neutralitätspflicht** für die Verwaltung der Zielgesellschaft und (ii) Art. 11 Üb-RL als Schranke für strukturelle Übernahmehindernisse *(„pre-bid-defences")* eine **Durchbrechungsregel** für bestimmte Abwehrmechanismen fest, während (iii) das **Optionsmodell** nach Art. 12 Üb-RL Mitgliedstaaten und Gesellschaften Optionsrechte für die (Nicht-)Anwendbarkeit dieser Regelungen einräumt und schließlich (iv) Art. 10 Üb-RL die **Transparenz** von bestehen-

---

[1600] Vgl. § 35 Abs. 2 S. 2 iVm § 14 Abs. 4 S. 2, 3 WpÜG.

[1601] Dazu *Lutter/Bayer/J. Schmidt* EuropUR § 30 Rn. 65.

[1602] Im dualistischen System handelt es sich dabei – mangels Erweiterung wie in dem ausdrücklich auf die Neutralitätspflicht beschränkten Art. 9 Abs. 6 Üb-RL (vgl. Rn. 520) – ausschließlich um den Vorstand.

[1603] Vgl. § 27 WpÜG, dazu *Krause/Pötzsch,* in Assmann/Pötzsch/U. H. Schneider, WpÜG § 27 Rn. 26.

[1604] Die Unterlassung der Aufzählung der Arbeitnehmer bei Mangel von Arbeitnehmervertretern in diesem Zusammenhang ist wohl ein Redaktionsversehen, vgl. ErwG 23 S. 2 Üb-RL, dazu *Krause/Pötzsch,* in Assmann/Pötzsch/U. H. Schneider, WpÜG § 27 Rn. 24.

[1605] *Lutter/Bayer/J. Schmidt* EuropUR § 30 Rn. 112; vgl. auch *Fleischer/Kalss* WpÜG 95 f.; *Krause/Pötzsch,* in Assmann/Pötzsch/U. H. Schneider, WpÜG § 27 Rn. 4; *Wackerbarth,* in MüKoAktG, § 27 WpÜG Rn. 6.

[1606] Dazu im Detail *Lutter/Bayer/J. Schmidt* EuropUR § 30 Rn. 114; vgl. auch *Fleischer/Kalss* WpÜG 96 ff.

[1607] Vgl. *Fleischer/Kalss* WpÜG 98 f.

[1608] Vgl. *Hopt* ZGR 2002, 333 (354 f.).

[1609] Vgl. *Fleischer/Kalss* WpÜG 97; *Hopt* ZGR 2002, 333 (355).

[1610] Vgl. auch noch Rn. 523 für die Publizitätspflichten gemäß Art. 10 Üb-RL zu den in einer Gesellschaft bestehenden Abwehrmechanismen und -strukturen.

[1611] Dazu *Lutter/Bayer/J. Schmidt* EuropUR § 30 Rn. 66.

den Abwehrmechanismen und -strukturen einer Gesellschaft gewährleistet. Das Optionsmodell führt in diesem Bereich zum (Weiter-)Bestand erheblicher Unterschiede in den nationalen Übernahmerechten und verhindert daher ein tatsächliches level-playing-field für Übernahmen in Europa, aber zumindest wurde die Auswahl der zur Verfügung stehenden Regelungsschienen harmonisiert.[1612]

Die **Neutralitätspflicht** („Verhinderungsverbot") gemäß Art. 9 Üb-RL[1613] führt dazu, dass das Leitungs- bzw. Verwaltungsorgan der Zielgesellschaft, gemäß Art. 9 Abs. 6 Üb-RL im dualistischen System auch der Aufsichtsrat,[1614] ab Bekanntmachung der Angebotsentscheidung[1615] keine Maßnahmen setzen darf, durch die der Erfolg des konkret vorliegenden Übernahmeangebots objektiv[1616] vereitelt werden könnte. Als Vereitelungsmaßnahmen kommen zum Beispiel die Veräußerung wichtiger Vermögensgegenstände des Unternehmens *(„crown jewel defence"),* der Erwerb eigener Aktien, Kapitalmaßnahmen zur Verhinderung des Kontrollerwerbs oder die Vereinbarung von *change-of-control*-Klauseln oder hohen Abfindungen für die Organmitglieder *(„golden parachute")* in Frage.[1617] In Anbetracht des potentiellen ***principal-agent-conflicts*** im Rahmen einer Übernahmesituation, die oftmals mit Änderungen und Machtverlust in der Verwaltung der Zielgesellschaft verbunden ist, soll der Verwaltung die Möglichkeit genommen werden, eine Übernahme im eigenen Interesse und gegen das Unternehmensinteresse zu verhindern.[1618] Die Zuständigkeit, entsprechende Abwehrmaßnahmen zu setzen, steht daher im Sinne einer **Kompetenzverlagerung** ausschließlich der Hauptversammlung zu.[1619] Von der Neutralitätspflicht ausgenommen sind Maßnahmen im Rahmen des normalen Geschäftsbetriebs,[1620] Maßnahmen außerhalb des normalen Geschäftsbetriebs auf Grundlage von Entscheidungen aus der Zeit vor dem Beginn der Neutralitätspflicht, die bereits teilweise umgesetzt sind,[1621] sowie die Suche nach einem konkurrierenden Angebot *(„white knight"),* das den Aktionären nur eine zusätzliche Entscheidungsalternative bietet.[1622] Auf Grundlage einer Ermächtigung der Hauptversammlung, allerdings nicht eines Vorratsbeschlusses, da die Aktionäre in Kenntnis des Angebots entscheiden sollen, kann die Verwaltung konkrete Abwehrmaßnahmen set- 520

[1612] Dazu *Grundmann* EuGesR Rn. 954; *Lutter/Bayer/J. Schmidt* EuropUR § 30 Rn. 110f.

[1613] Vgl. die Umsetzung als opt-in-Möglichkeit (vgl. Rn. 522) durch das „Europäische Verhinderungsverbot" in § 33a WpÜG, dazu *Stephan,* in Assmann/Pötzsch/U. H. Schneider, WpÜG § 33a Rn. 7ff.

[1614] Dazu *Stephan,* in Assmann/Pötzsch/U. H. Schneider, WpÜG § 33a Rn. 3.

[1615] Gemäß Art. 9 Abs. 2 Uabs. 2 S. 2 Üb-RL haben die Mitgliedstaaten die Option, eine Neutralitätspflicht bereits zu einem früheren Zeitpunkt festzulegen, insbesondere bei tatsächlicher Kenntnis eines unmittelbar bevorstehenden Angebots.

[1616] Dazu im Detail *Stephan,* in Assmann/Pötzsch/U. H. Schneider, WpÜG § 33a Rn. 37ff.

[1617] Zu Einzelmaßnahmen zB *Krause/Pötzsch/Stephan,* in Assmann/Pötzsch/U. H. Schneider, WpÜG § 33 Rn. 88ff.; *Schlitt/Ries,* in MüKoAktG, § 33 WpÜG Rn. 82ff.

[1618] Vgl. *Krause/Pötzsch/Stephan,* in Assmann/Pötzsch/U. H. Schneider, WpÜG § 33 Rn. 5f.; *Schlitt/Ries,* in MüKoAktG, § 33 WpÜG Rn. 6f.

[1619] *Grundmann* EuGesR Rn. 990; *Lutter/Bayer/J. Schmidt* EuropUR § 30 Rn. 68.

[1620] Der Wortlaut in Art. 9 Abs. 3 Üb-RL *(„normaler Geschäftsverlauf")* entspricht dem normalen Geschäftsbetrieb nach deutschem Verständnis, dazu *Stephan,* in Assmann/Pötzsch/U. H. Schneider, WpÜG § 33a Rn. 11, 55; vgl. zur Diskussion über die genaue Reichweite dieser Ausnahme *Lutter/Bayer/J. Schmidt* EuropUR § 30 Rn. 73; *Stephan,* in Assmann/Pötzsch/U. H. Schneider, WpÜG § 33a Rn. 9.

[1621] Dies soll verhindern, dass Abwehrmaßnahmen „auf Vorrat" beschlossen werden, ohne das konkrete Angebot zu kennen, dazu *Hirte,* in KK-WpÜG, § 33a Rn. 22; *Lutter/Bayer/J. Schmidt* EuropUR § 30 Rn. 74.

[1622] Kritisch dazu *Grundmann* EuGesR Rn. 989 mwN; über die Durchführung einer solchen Suche entscheidet der Vorstand nach nationalem Recht, dh grundsätzlich in Ausübung seines unternehmerischen Ermessens, das sich uU zu einer Pflicht verdichten kann, dazu *Schlitt/Ries,* in MüKoAktG, § 33 WpÜG Rn. 154; aA *Krause/Pötzsch/Stephan,* in Assmann/Pötzsch/U. H. Schneider, WpÜG § 33 Rn. 168 mwN.

zen.[1623] Da aufgrund der Angebotsfrist in vielen Fällen für eine solche **Ermächtigung durch Hauptversammlungsbeschluss** nur ein enges Zeitfenster zur Verfügung steht, ermöglicht Art. 9 Abs. 4 Üb-RL eine verkürzte Einberufungsfrist für eine solche „Abwehrhauptversammlung".[1624]

521 Die **Durchbrechungsregel** gemäß Art. 11 Üb-RL[1625] dient dazu, in Ergänzung der Neutralitätspflicht dem Bieter die Überwindung bestimmter struktureller Übernahmehindernisse zu ermöglichen.[1626] Zu diesem Zweck führt die Regelung zur Durchbrechung, dh **Wirkungslosigkeit** (i) von **statutarischen** (zum Beispiel Vinkulierungsklauseln) und **vertraglichen** (zum Beispiel Vorkaufsrechte) **Übertragungsbeschränkungen** für die Wertpapiere der Zielgesellschaft während der Angebotsfrist gegenüber dem Bieter, und (ii) von **statutarischen** und **vertraglichen Stimmrechtsbeschränkungen** (zum Beispiel Höchststimmrechte, Stimmbindungsverträge) sowie von **Mehrfachstimmrechten**[1627] in einer Hauptversammlung, die über mögliche Abwehrmaßnahmen beschließt, wodurch das „*one share, one vote*-Prinzip" für die Beschlussfassung über Abwehrmaßnahmen gewährleistet wird. In der Hauptversammlung, die ein Bieter, der nach einem erfolgreichen Angebot über mindestens 75% des stimmberechtigten Kapitals verfügt, zum Zweck einer Satzungsänderung oder einer Umbesetzung des Leitungs- bzw. Verwaltungsorgans einberuft, werden (iii) ebenfalls die entsprechenden Übertragungs- und Stimmrechtsbeschränkungen, Mehrfachstimmrechte sowie darüber hinaus statutarische Sonderrechte zur Bestellung und Abberufung, dh insbesondere Entsenderechte für das Leitungs- bzw. Verwaltungsorgan, durchbrochen.[1628] Stimmrechtsbeschränkungen, die durch besondere finanzielle Vorteile ausgeglichen werden, sind gemäß Art. 11 Abs. 6 Üb-RL von der Durchbrechungsregel generell nicht erfasst.[1629] Kommt es aufgrund der Anwendung der Durchbrechungsregel zu einem Entzug von Rechten und einem Verlust, sind die betroffenen Personen gemäß Art. 11 Abs. 5 Üb-RL **angemessen zu entschädigen.** Die Einzelheiten für diese Entschädigung richten sich nach nationalem Recht.[1630] Ausgenommen von der Durchbrechungsregel sind gemäß Art. 11 Abs. 7 Üb-RL insbesondere[1631] Sonderrechte, die einem Mitgliedstaat aus seinen Wertpapieren an der Zielgesellschaft zustehen **(Goldene Aktien).** Dies gilt allerdings ausschließlich bei einer – nach der EuGH-Rspr. nur in wenigen Fällen

---

[1623] Dazu *Lutter/Bayer/J. Schmidt* EuropUR § 30 Rn. 75; im Detail zur Umsetzung in § 33a Abs. 2 S. 2 Nr. 1 WpÜG *Stephan,* in in Assmann/Pötzsch/U. H. Schneider, WpÜG § 33a Rn. 42 ff.

[1624] Vgl. § 16 Abs. 3 (automatische Verlängerung der Angebotsfrist auf 10 Wochen bei Einberufung nach Bekanntgabe der Angebotsunterlage), Abs. 4 (Verkürzung der Einberufungsfrist auf mindestens 14 Tage) WpÜG; vgl. Art. 5 Abs. 1 AR-RL, der ausdrücklich auf diese Verkürzungsmöglichkeit verweist (vgl. Rn. 396).

[1625] Vgl. die Umsetzung als opt-in-Möglichkeit (vgl. Rn. 522) durch die „Europäische Durchbrechungsregel" in § 33b WpÜG, dazu *Meyer,* in Assmann/Pötzsch/U. H. Schneider, WpÜG § 33b Rn. 1.

[1626] Dazu im Detail *Lutter/Bayer/J. Schmidt* EuropUR § 30 Rn. 78 ff.; zur Umsetzung in § 33b WpÜG *Meyer,* in Assmann/Pötzsch/U. H. Schneider, WpÜG § 33b Rn. 15 ff.

[1627] In D (§ 12 Abs. 2 AktG) und Ö (§ 12 Abs. 3 AktG) aufgrund der grundsätzlichen Unzulässigkeit von Mehrstimmrechtsaktien von nur sehr geringer praktischer Bedeutung.

[1628] Analog zu Art. 9 Abs. 6 Üb-RL für das Neutralitätsgebot gilt auch für die Durchbrechungsregel im dualistischen System der Aufsichtsrat als „Leitungs- bzw. Verwaltungsorgan" neben dem Vorstand, dazu *Lutter/Bayer/J. Schmidt* EuropUR § 30 Rn. 84 mwN; für diese HV gilt ebenfalls eine verkürzte Einberufungsfrist.

[1629] Vorzugsaktien ohne Stimmrecht werden allerdings von vornherein nicht erfasst, da sie keine Wertpapiere im Sinne von Art. 2 Abs. 1 lit. e Üb-RL sind, dazu *Meyer,* in Assmann/Pötzsch/U. H. Schneider, WpÜG § 33b Rn. 39.

[1630] Vgl. § 33b Abs. 5 WpÜG, dazu *Meyer,* in Assmann/Pötzsch/U. H. Schneider, WpÜG § 33b Rn. 45 ff.; *Schlitt/Ries,* in MüKoAktG, § 33b WpÜG Rn. 100 ff., die jeweils zu Recht darauf hinweisen, dass die Umsetzungsregelung richtlinienwidrig nicht die Kriterien für die Angemessenheit der Entschädigung bestimmt.

[1631] Zu den sonstigen Ausnahmen *Lutter/Bayer/J. Schmidt* EuropUR § 30 Rn. 88 f.

gegebenen (vgl. Rn. 88) – Vereinbarkeit solcher Sonderrechte mit den primärrechtlichen Grundfreiheiten.

Art. 12 Üb-RL sieht ein **Optionsmodell** vor, nach dem die Mitgliedstaaten und die 522
einzelnen Gesellschaften über bestimmte Optionsrechte für die (Nicht-)Anwendbarkeit von **Neutralitätspflicht** und **Durchbrechungsregel** verfügen. Gemäß Art. 12 Abs. 1 Üb-RL können die **Mitgliedstaaten** festlegen, dass die Neutralitätspflicht und/oder die Durchbrechungsregel auf Gesellschaften mit Satzungssitz in ihrem Staatsgebiet nicht zur Anwendung kommen **(„opt-out“).**[1632] In diesem Fall sind die Mitgliedstaaten aber gemäß Art. 12 Abs. 2 Üb-RL verpflichtet, diesen **Gesellschaften** die Möglichkeit einzuräumen, die Anwendbarkeit von Neutralitätspflicht und/oder Durchbrechungsregel zu beschließen **(„opt-in“).**[1633] Die opt-in-Entscheidung setzt einen Hauptversammlungsbeschluss voraus, der den nationalen Anforderungen an eine Satzungsänderung genügt,[1634] ist jederzeit widerrufbar,[1635] muss den Aufsichtsstellen des Sitz- und gegebenenfalls aller Marktstaaten (vgl. Rn. 509) mitgeteilt werden und kann insbesondere dazu dienen, die Kapitalmarktorientierung der Gesellschaft zu unterstreichen und den Aktienkurs zu steigern.[1636] Unabhängig von der Ausübung dieser Optionsrechte[1637] können die Mitgliedstaaten gemäß Art. 12 Abs. 3 Üb-RL eine **Gegenseitigkeitsregel** einführen. Diese bietet den einzelnen Gesellschaften die Möglichkeit, trotz Geltung[1638] von Neutralitätspflicht und/oder Durchbrechungsregel deren Nichtanwendbarkeit für die Fälle zu beschließen, in denen der konkrete Bieter eine Gesellschaft ist, für die die entsprechenden Regelungen gerade nicht gelten

---

[1632] D hat sich für ein umfassendes Opt-out für Neutralitätspflicht und Durchbrechungsregel entschieden, dazu *Habersack/Verse* EuGesR § 11 Rn. 31; *Krause/Pötzsch/Stephan,* in in Assmann/Pötzsch/U. H. Schneider, WpÜG § 33 Rn. 40; *Lutter/Bayer/J. Schmidt* EuropUR § 30 Rn. 105; *Schlitt/Ries,* in MüKoAktG, § 33 WpÜG Rn. 20; das für deutsche Zielgesellschaften aber jedenfalls geltende „deutsche“ Verhinderungsverbot gemäß § 33 WpÜG ist weniger streng als das „europäische“ gemäß Art. 9 Üb-RL, da nach § 33 WpÜG insbesondere Abwehrmaßnahmen des Vorstands mit Zustimmung des Aufsichtsrats nicht erfasst sind sowie eine Ermächtigung durch HV-Beschluss als Vorratsbeschluss erteilt werden kann, zu den Unterschieden *Stephan,* in Assmann/Pötzsch/U. H. Schneider, WpÜG § 33a Rn. 27; *Röh,* in FrankfKWpÜG, § 33a Rn. 27 ff.; vgl. Ö: Kein Opt-out für die Neutralitätspflicht (§ 12 ÜbG), dazu *Zollner,* in Huber, ÜG § 12 Rn. 5, aber Opt-out für die Durchbrechungsregel, die daher nur durch ein Opt-in gewählt werden kann (§ 27a ÜbG), dazu *Trenkwalder,* in Huber, ÜG § 27a Rn. 1; europaweit wenden 19 Mitgliedstaaten die Neutralitätspflicht, aber nur 3 Mitgliedstaaten die Durchbrechungsregel an, dh sehen dafür jeweils kein Opt-out vor, dazu der Bericht der Kommission COM(2012) 347 v. 28.6.2012 Rn. 7.

[1633] Zu den einzelnen möglichen Kombinationen von Opt-out und Opt-in vgl. die Liste in *Lutter/Bayer/J. Schmidt* EuropUR § 30 Rn. 92; vgl. § 33a (Europäisches Verhinderungsverbot) und § 33b (Europäische Durchbrechungsregel) WpÜG zur Umsetzung der Opt-in-Möglichkeiten für deutsche Zielgesellschaften; ein Opt-in gemäß § 33a WpÜG führt zur Nichtanwendung des „deutschen“ Verhinderungsverbots gemäß § 33 WpÜG, dazu *Stephan,* in Assmann/Pötzsch/U. H. Schneider, WpÜG § 33a Rn. 14; praktische Bedeutung haben die Opt-in-Möglichkeiten in D aber bisher keine erlangt, dazu *Krause/Pötzsch/Stephan,* in Assmann/Pötzsch/U. H. Schneider, WpÜG § 33 Rn. 36; *Lutter/Bayer/J. Schmidt* EuropUR § 30 Rn. 109 *(„law in the books“);* vgl. Ö: § 27a ÜbG sieht eine Opt-in-Möglichkeit für die Durchbrechungsregel vor.

[1634] Eine tatsächliche Satzungsänderung ist nicht erforderlich, kann von den Mitgliedstaaten aber gemäß Art. 3 Abs. 2 lit. b Üb-RL (vgl. Rn. 504) verlangt werden, vgl. § 33a Abs. 1 S. 1, § 33b Abs. 1 S. 1 WpÜG, die dementsprechend eine Aufnahme in die Satzung voraussetzen.

[1635] Auch der Widerruf setzt die Einhaltung der nationalen Regelungen für Satzungsänderungen voraus, dazu *Lutter/Bayer/J. Schmidt* EuropUR § 30 Rn. 94; *Röh,* in FrankfKWpÜG, § 33a Rn. 18.

[1636] Dazu und zu weiteren Motiven *Lutter/Bayer/J. Schmidt* EuropUR § 30 Rn. 96 mwN.

[1637] Vgl. zu der – zu verneinenden – Frage, ob diese Option nur Mitgliedstaaten offenstehen soll, die einen entsprechenden Opt-out getätigt haben, *Lutter/Bayer/J. Schmidt* EuropUR § 30 Rn. 99 mwN.

[1638] Ob die Geltung auf das Fehlen eines mitgliedstaatlichen Opt-out oder auf ein Opt-in der Gesellschaft zurückzuführen ist, ist irrelevant, dazu *Lutter/Bayer/J. Schmidt* EuropUR § 30 Rn. 99; *Habersack/Verse* EuGesR § 11 Fn. 90.

bzw. die von einer solchen Gesellschaft kontrolliert wird **(„Waffengleichheit").**[1639] Ein solcher Vorbehalt der Gegenseitigkeit gilt nicht nur gegenüber EU/EWR-Bietergesellschaften, sondern auch gegenüber Bietergesellschaften aus Drittstaaten.[1640] Voraussetzung für einen wirksamen Gegenseitigkeitsvorbehalt ist ein Hauptversammlungsbeschluss,[1641] der als Vorratsbeschluss frühestens 18 Monate vor dem Zeitpunkt der Bekanntmachung des Angebots gefasst wurde, aber – mangels Festlegung eines möglichen Endzeitpunkts für die Beschlussfassung – auch noch in einer Abwehrhauptversammlung nach Angebotslegung nachgeholt werden kann.[1642] Aufgrund des automatischen Gültigkeitsablaufs sollte die Hauptversammlung regelmäßig neu über die Frage eines Gegenseitigkeitsvorbehalts entscheiden.

523 Nach dem Optionsmodell haben die Mitgliedstaaten Optionsrechte auf ein Opt-out sowie auf die Einführung einer Gegenseitigkeitsregel. Die einzelne Gesellschaft hat – im Fall und im Ausmaß der tatsächlichen Ausübung der entsprechenden mitgliedstaatlichen Rechte – Optionsrechte auf ein Opt-in sowie auf die Nutzung der Gegenseitigkeitsregel. Zum Zweck ausreichender **Transparenz** für den Rechtsverkehr über die auf Grundlage dieses komplexen Systems auf eine Gesellschaft **konkret anwendbaren Regelungen über Abwehrmöglichkeiten** sind **Opt-in-Beschlüsse** sowie **Gegenseitigkeitsvorbehalte** gemäß Art. 12 Abs. 4 Üb-RL **unverzüglich bekannt zu machen.**[1643] In Ergänzung dazu etabliert Art. 10 Üb-RL einen umfangreichen **Katalog von Angaben über die Eigentümerstruktur sowie bestehende Abwehrmechanismen und sonstige Übernahmehindernisse** einer Gesellschaft,[1644] die (i) im **Lage- und Konzernlagebericht**[1645] der Gesellschaft offenzulegen sowie zu denen (ii) in der **Jahreshauptversammlung** durch das Leitungs- bzw. Verwaltungsorgan[1646] ein erläuternder **Bericht** vorzulegen ist.[1647] Offenle-

[1639] Dazu im Detail *Habersack/Verse* EuGesR Rn. 30; *Lutter/Bayer/J. Schmidt* EuropUR § 30 Rn. 97 ff.; vgl. § 33c WpÜG zur Umsetzung der Gegenseitigkeitsregel für Neutralitätspflicht und Durchbrechungsregel, dazu *Meyer,* in Assmann/Pötzsch/U. H. Schneider, WpÜG § 33c Rn. 1; praktische Bedeutung haben die Gegenseitigkeitsregelungen in D mangels Nutzung der Opt-in-Möglichkeiten aber bisher keine erlangt, dazu *Krause/Pötzsch/Stephan,* in Assmann/Pötzsch/U. H. Schneider, WpÜG § 33 Rn. 36; *Lutter/Bayer/J. Schmidt* EuropUR § 30 Rn. 109 *(„law in the books");* vgl. Ö: keine Umsetzung einer Gegenseitigkeitsregel, dazu *Zollner,* in Huber, ÜG § 12 Rn. 5; *Trenkwalder,* in Huber, ÜG § 27a Rn. 4; europaweit haben 13 Mitgliedstaaten Gegenseitigkeitsregelungen umgesetzt, dazu der Bericht der Kommission COM(2012) 347 v. 28.6.2012 Rn. 7.

[1640] Bei Bietergesellschaften aus Drittstaaten ist zu prüfen, ob diese inhaltlich gleichwertigen Regelungen unterliegen oder nicht, dazu *Lutter/Bayer/J. Schmidt* EuropUR § 30 Rn. 100 f. mwN auch zur Gegenansicht; *Meyer,* in Assmann/Pötzsch/U. H. Schneider, WpÜG § 33c Rn. 10, 13; *Schlitt/Ries,* in MüKoAktG, § 33c WpÜG Rn. 4.

[1641] Die Einhaltung der Voraussetzungen für eine Satzungsänderung ist für diesen HV-Beschluss nicht erforderlich, kann aber gemäß Art. 3 Abs. 2 lit. b Üb-RL von den Mitgliedstaaten angeordnet werden, dazu *Lutter/Bayer/J. Schmidt* EuropUR § 30 Rn. 102 Fn. 415.

[1642] Vgl. *Meyer,* in Assmann/Pötzsch/U. H. Schneider, WpÜG § 33c Rn. 23.

[1643] Vgl. § 10 HGB zur Bekanntmachung von Satzungsänderungen für Opt-in-Beschlüsse sowie § 33c Abs. 3 S. 4 WpÜG für die Bekanntmachung eines Gegenseitigkeitsvorbehalts.

[1644] Dazu im Detail *Grundmann* EuGesR Rn. 997; *Lutter/Bayer/J. Schmidt* EuropUR § 30 Rn. 117; *Lange,* in MüKoHGB, § 289 Rn. 137 ff. (Rn 133: *„Eins zu Eins"*-Umsetzung, beachte aber *Lutter/Bayer/J. Schmidt* EuropUR § 30 Fn. 496).

[1645] Lagebericht gemäß Art. 19 Bilanz-RL, Konzernlagebericht gemäß Art. 29 Konzernbilanz-RL; vgl. § 289 Abs. 4, § 315 Abs. 4 HGB, dazu *Lange,* in MüKoHGB, § 289 Rn. 133, *Fülbier/Pellens,* in MüKoHGB, § 315 Rn. 63; bestimmte Angaben des Katalogs sind gemäß Art. 20 Abs. 1 lit. d Bilanz-RL auch in das Corporate-Governance-Statement aufzunehmen.

[1646] Im dualistischen System handelt es sich dabei – mangels Erweiterung wie in dem ausdrücklich auf die Neutralitätspflicht beschränkten Art. 9 Abs. 6 Üb-RL (vgl. Rn. 520) – ausschließlich um den Vorstand; eine Erweiterung der Stellungnahmepflicht auf den Aufsichtsrat ist aber gemäß Art. 3 Abs. 2 lit. b Üb-RL zulässig (vgl. § 27 WpÜG, der neben dem Vorstand auch den Aufsichtsrat verpflichtet).

[1647] Vgl. § 176 Abs. 1 S. 1 AktG für den erläuternden Bericht in der ordentlichen Hauptversammlung; vgl. Ö: richtlinienwidrig fehlt eine ausdrückliche Verpflichtung des Vorstands zu einem erläuternden Bericht, dazu *E. Gruber,* in Doralt/Nowotny/Kalss, AktG § 104 Rn. 13.

gung und Berichterstattung dienen der Information des Marktes, dh insbesondere potentieller Investoren und Bieter sowie der aktuellen Aktionäre.

fff) Übernahmerechtlicher Squeeze-out und Sell-out: **Nach einem Übernahmeverfahren** 524
auf Grundlage eines **Vollangebots**[1648] stehen unter bestimmten Voraussetzungen dem **Bieter** gemäß Art. 15 Üb-RL[1649] ein Recht auf Ausschluss der verbliebenen Minderheitsaktionäre **(„Squeeze-out")** und den **Minderheitsaktionären** gemäß Art. 16 Üb-RL[1650] ein Recht auf Andienung ihrer Wertpapiere an den Bieter **(„Sell-out")** zur Verfügung. Es handelt sich daher um Rechte, die zwingend in einem **übernahmerechtlichen Zusammenhang** stehen, sonstige nationale Ausschluss- und Andienungsrechte und -verfahren[1651] werden durch die Übernahme-Richtlinie nicht berührt.[1652]

Der **übernahmerechtliche Squeeze-out** ermöglicht dem erfolgreichen Bieter, die 525
Wertpapiere der übrigen Minderheitsgesellschafter der Zielgesellschaft zu erwerben und daher unterschiedliche **rechtsökonomische Zielsetzungen,** insbesondere den Wegfall von Kostenaufwand und möglichem „Störungspotential" für die Unternehmensführung zu erreichen.[1653] Die Mitgliedstaaten sind verpflichtet, den übernahmerechtlichen Squeeze-out einzuführen. Für den erforderlichen **Schwellenwert** können sie aber gemäß Art. 15 Abs. 2 Üb-RL wählen, ob dieser (i) **übernahmeneutral** an das **Halten** von Wertpapieren durch den Bieter mit mindestens 90% und höchstens 95% des stimmberechtigten Kapitals und der Stimmrechte („ownership test"), oder (ii) **übernahmespezifisch** an den **Erwerb** von Wertpapieren mit mindestens 90% des stimmberechtigten Kapitals und der Stimmrechte durch Angebotsannahme („acceptance test") anknüpft.[1654] Für den Fall, dass in der Zielgesellschaft verschiedene Wertpapiergattungen bestehen, können die Mitgliedstaaten vorsehen, dass der Squeeze-out nur für die Gattung(en) gilt, für die der jeweilige Schwellenwert überschritten ist **(„Gattungsdimensionaler Squeeze-out").**[1655] Das Squeeze-out-Recht kann gemäß Art. 15 Abs. 4 Üb-RL innerhalb einer **Frist von 3 Monaten** ab Ablauf der Angebotsfrist gemäß Art. 7 Üb-RL (vgl. Rn. 516) ausgeübt werden.[1656] Gemäß Art. 15 Abs. 5 Uabs. 1 Üb-RL müssen die ausgeschlossenen Minderheitsaktionäre für den Verlust ihrer Wertpapiere eine **angemessene Abfindung** erhalten, die dieselbe Form aufweist wie die Gegenleistung für das Angebot oder eine Geldleistung ist. Die Mitgliedstaaten können vorsehen, dass stets auch eine Geldleistung anzubieten ist.[1657] Für die **Höhe**

[1648] Vgl. Art. 15 Abs. 1, Art. 16 Abs. 1 Üb-RL; ob es sich um ein Pflichtangebot oder ein freiwilliges Angebot handelt, ist irrelevant, dazu *Habersack/Verse* EuGesR Rn. 33.

[1649] Vgl. §§ 39a, 39b WpÜG; vgl. Ö: § 7 GesAusG.

[1650] Vgl. § 39c WpÜG; vgl. Ö: § 19 Abs. 3 ÜbG.

[1651] Vgl. insbesondere den aktienrechtlichen Squeeze-out gemäß §§ 327aff. AktG; vgl. Ö: Ausschluss von Minderheitsaktionären nach dem Gesellschafter-Ausschlussgesetz (GesAusG), wobei § 7 GesAusG den übernahmerechtlichen Squeeze-out regelt.

[1652] Dazu die Klarstellung in ErwG 24 S. 3, 4 Üb-RL.

[1653] Dazu im Detail *Seiler,* in Assmann/Pötzsch/U. H. Schneider, WpÜG § 39a Rn. 23ff.

[1654] *Lutter/Bayer/J. Schmidt* EuropUR § 30 Rn. 126f.; vgl. § 39a Abs. 1 S. 1 WpÜG, der an das Halten von 95 % des stimmberechtigten Kapitals anknüpft; die meisten Mitgliedstaaten knüpfen ebenfalls übernahmeneutral an den Anteilsbesitz des Bieters an, allerdings überwiegend an eine 90%-Schwelle, dazu Takeover Bids Directive Assessment Report, 2012, 221f., online abrufbar: http://ec.europa.eu/internal_market/company/docs/takeoverbids/study/study_en.pdf (15.1.201); zur Richtlinienkonformität der ausschließlichen Anknüpfung an das stimmberechtigte Kapital, sowie zur Problematik, dass die Schwelle für den übernahmerechtliche Squeeze-out nicht an die Schwelle des umwandlungsrechtlichen Squeeze-out gemäß § 62 Abs. 5 UmwG (90%) angepasst wurde, *Seiler,* in Assmann/Pötzsch/U. H. Schneider, WpÜG § 39a Rn. 8, 40 sowie Rn. 22.

[1655] Keine Umsetzung des gattungsdimensionalen Squeeze-out im WpÜG, auch nicht durch § 39a Abs. 1 S. 2 WpÜG, da Vorzugsaktien ohne Stimmrecht keine Wertpapiere iSv Art. 2 Abs. 1 lit. e Üb-RL sind, dazu *Lutter/Bayer/J. Schmidt* EuropUR § 30 Rn. 130 Fn. 534.

[1656] Vgl. § 39a Abs. 4 WpÜG.

[1657] Vgl. § 39a Abs. 3 S. 1, 2 WpÜG, der diese Option nutzt.

einer Abfindung stellt Art. 15 Abs. 5 Uabs. 2, 3 Üb-RL **zwei nach Angebotsart differenzierte Angemessenheitsvermutungen** auf: Nach einem freiwilligen Übernahmeangebot gilt die darin angebotene Gegenleistung als angemessen, wenn der Bieter durch Annahme dieses Angebots mindestens 90% des vom Angebot erfassten stimmberechtigten Kapitals erworben hat. Eine derart positive Reaktion des Marktes auf das Angebot soll dessen Angemessenheit gewährleisten.[1658] Wird diese Schwelle nicht erreicht, richtet sich die Bestimmung der Angemessenheit nach nationalem Recht.[1659] Ist Grundlage des Squeeze-out ein Pflichtangebot, gilt die darin angebotene Gegenleistung – ohne weitere Voraussetzungen[1660] – als angemessen. Umstritten und noch nicht durch den EuGH geklärt ist, ob diese Vermutungen nach der Übernahme-Richtlinie als widerleglich oder als unwiderleglich gelten sollen oder sich diese Frage nach nationalem Recht richten kann,[1661] sodass auch die Umsetzung in den Mitgliedstaaten entsprechend unterschiedlich ausgefallen ist.[1662] Das **Ausschlussverfahren** richtet sich nach mitgliedstaatlichem Recht.[1663] Einen Anspruch der Minderheitsaktionäre auf **Sicherheitsleistung** für die Abfindung räumt Art. 15 Abs. 5 Üb-RL – trotz missverständlicher deutscher Sprachfassung – nicht ein.[1664]

526 Der **übernahmerechtliche Sell-out** ermöglicht den verbliebenen Minderheitsaktionären, ihre Wertpapiere **nach Ablauf der Angebotsfrist** gegen **eine angemessene Abfindung** dem Bieter zu verkaufen und daher aus der Gesellschaft **auszuscheiden,** nachdem der Bieter tatsächlich die Kontrolle erworben hat.[1665] Der Minderheitsgesellschafter wird dadurch geschützt, dass er die nunmehr vom Bieter dominierte Gesellschaft verlassen kann, gleichzeitig wird – allerdings aufgrund des zu erreichenden Schwellenwertes nur bedingt[1666] – der Annahmedruck während der Angebotsfrist („Gefangenendilemma") gelin-

---

[1658] Vgl. § 39a Abs. 3 S. 3 WpÜG.

[1659] *Habersack/Verse* EuGesR § 11 Rn. 34; zur deutschen Rechtslage zB *Grunewald,* in MüKoAktG, § 39a WpÜG Rn. 36ff.; *Seiler,* in Assmann/Pötzsch/U. H. Schneider, WpÜG § 39a Rn. 107ff.

[1660] Begründung dafür ist, dass im Fall eines Pflichtangebots die Angemessenheit der Gegenleistung bereits durch die Umsetzung von Art. 5 Abs. 4 Üb-RL (vgl. Rn. 515) gewährleistet ist; vgl. § 39a Abs. 3 S. 3 WpÜG, der – richtlinienkonform – nicht zwischen freiwilligem Übernahmeangebot und Pflichtangebot differenziert, da nach dem WpÜG die Gegenleistung auch beim freiwilligen Übernahmeangebot an Regelungen zur Preishöhe gebunden ist (vgl. Fn. 1579) und daher eigentlich überhaupt keine Annahmeschwelle vorausgesetzt werden müsste, dazu *Seiler,* in Assmann/Pötzsch/U. H. Schneider, WpÜG § 39a Rn. 11; *Lutter/Bayer/J. Schmidt* EuropUR § 30 Rn. 143; die – umgekehrt dazu – angeordnete gleichzeitige Bindung der Angemessenheitsvermutung auch beim Pflichtangebot an eine 90%-Schwelle in § 39a Abs. 3 S. 3 WpÜG ist wohl als überschießende Umsetzung eines Mindeststandards richtlinienkonform, dazu *Habersack/Verse* EuGesR § 11 Rn. 38; *Seiler,* in Assmann/Pötzsch/U. H. Schneider, WpÜG § 39a Rn. 11; aA *Lutter/Bayer/J. Schmidt* EuropUR § 30 Rn. 143.

[1661] Vgl. *Lutter/Bayer/J. Schmidt* EuropUR § 30 Rn. 138ff.; *Seiler,* in Assmann/Pötzsch/U. H. Schneider, WpÜG § 39a Rn. 96, jeweils mwN zu den einzelnen Ansichten.

[1662] Vgl. § 39 Abs. 3 S. 3 WpÜG, der nach wohl überwiegender Meinung eine unwiderlegliche Angemessenheitsvermutung anordnet, zum Meinungsstand *Seiler,* in Assmann/Pötzsch/U. H. Schneider, WpÜG § 39a Rn. 83ff.; vgl. Ö: § 7 Abs. 3 S. 2 GesAusG, der eine widerlegliche Angemessenheitsvermutung anordnet, dazu *Kalss,* in MüKoAktG, § 7 GesAusG Rn. 37.

[1663] Das Ausschlussverfahren nach §§ 39a, 39b WpÜG ist – im Gegensatz zum umwandlungsrechtlichen und zum allgemeinen aktienrechtlichen Squeeze-out-Verfahren – als gerichtliches Antragsverfahren ohne Beschlusskompetenz der Hauptversammlung ausgestaltet; vgl. Ö: Auch der übernahmerechtliche Ausschluss gemäß § 7 GesAusG wird von der Hauptversammlung beschlossen.

[1664] Dazu *Hasselbach,* in KK-WpÜG, § 39a Rn. 23ff.; *Seiler,* in Assmann/Pötzsch/U. H. Schneider, WpÜG § 39a Rn. 139.

[1665] § 39c WpÜG verwirklicht die Möglichkeit zum Sell-out regelungstechnisch nicht durch Einräumung eines eigenständigen Anspruch der Minderheitsaktionäre gegen den Bieter, sondern durch „Verlängerung" der Angebotsfrist; zur Richtlinienkonformität dieser Lösung *Hasselbach,* in KK-WpÜG, § 39c Rn. 7ff.; *Seiler,* in Assmann/Pötzsch/U. H. Schneider, WpÜG § 39c Rn. 4.

[1666] *Grunewald,* in MüKoAktG, § 39c WpÜG Rn. 3; vgl. § 39c S. 1 iVm § 39a Abs. 1 S. 1 WpÜG, daher ist das Halten von 95% des stimmberechtigten Kapitals erforderlich (vgl. Fn. 1654).

dert, da der Minderheitsgesellschafter den tatsächlichen Ausgang des Angebotsverfahrens abwarten kann.[1667] Die Mitgliedstaaten sind verpflichtet, den übernahmerechtlichen Sell-out einzuführen. Art. 16 Abs. 2, 3 Üb-RL verweisen auf die entsprechenden Regelungen zum Squeeze-out gemäß Art. 15 Abs. 2–5 Üb-RL, der Sell-out ist daher ***„spiegelbildlich"*** dazu **geregelt** und in nationales Recht **umzusetzen,**[1668] sodass insbesondere auch der auslösende Schwellenwert einheitlich für Auschluss- und Andienungsrecht festzulegen ist.[1669]

527 **bb) Beteiligungspublizität:** *aaa) Die Transparenz-Richtlinie und ihre Reform 2013:* Die **Transparenz-Richtlinie**[1670] (Tr-RL) ist eine der vier Rahmenrichtlinien im europäischen Kapitalmarktrecht[1671] und ein **Kernelement** des nicht nur im europäischen Gesellschaftsrecht, sondern auch im **europäischen Kapitalmarktrecht** zentralen **Informationsmodells,** das die Förderung und den Schutz des Kapitalmarkts sowie der Anleger durch Transparenzregeln verfolgt (vgl. Rn. 209). Zu diesem Zweck sieht die Transparenz-Richtlinie Publizitätsregelungen in drei Schienen vor: (i) Die Regelungen zur **periodischen Publizität** bzw. **Regelpublizität** (Art. 4–6 Tr-RL) sollen durch Finanzberichtspflichten der Emittentin, dh durch die regelmäßige Veröffentlichung von Rechnungslegungsinformationen[1672] das laufende Informationsbedürfnis des Kapitalmarkts und der Anleger befriedigen und etablieren daher eine **kapitalmarktrechtliche Rechnungslegungspublizität.**[1673] (ii) Die Regelungen zur **Beteiligungspublizität** (Art. 9–15 Tr-RL) stellen die Information der Anleger über **wesentliche Änderungen der Beteiligungsverhältnisse** sicher und ermöglichen daher **informierte Anlageentscheidungen** über den Erwerb oder die Veräußerung eigener Anteile. Entscheidungsrelevante Veränderungen der Aktionärsstruktur und der Beherrschungsverhältnisse sowie der Aufbau größerer Beteiligungen, die eine **Konzernierung** bzw. eine **Übernahme** vorbereiten können, werden auf diese Weise allen Anlegern zur Kenntnis gebracht. Die Beteiligungspublizität fungiert daher insbesondere als *„Frühwarnsystem"* für (feindliche) Übernahmen bzw. als *„Vorfeldtatbestand"* für das Übernahmerecht.[1674] (iii) Ergänzt werden diese zwei zentralen Regelungskomplexe durch zusätzliche Veröffentlichungspflichten der Emittentin (**„Wohlverhaltenspflichten"** gemäß Art. 16–18 Tr-RL).[1675]

[1667] *Lutter/Bayer/J. Schmidt* EuropUR § 30 Rn. 124 mwN.

[1668] *Lutter/Bayer/J. Schmidt* EuropUR § 30 Rn. 147.

[1669] *Lutter/Bayer/J. Schmidt* EuropUR § 30 Rn. 148; dies offen lassend Takeover Bids Directive Assessment Report (2012) 221; vgl. § 39c S. 1 WpÜG, der die Möglichkeit eines Sell-out an das Bestehen und daher an die Voraussetzungen eines Squeeze-out-Rechts gemäß § 39a WpÜG bindet.

[1670] Richtlinie 2004/109/EG v. 15.12.2004 zur Harmonisierung der Transparenzanforderungen in Bezug auf Informationen über Emittenten, deren Wertpapiere zum Handel auf einem geregelten Markt zugelassen sind, und zur Änderung der Richtlinie 2001/34/EG, ABl. 2004 L 390/38, ergänzt durch die Durchführungs-RL der Kommission 2007/14/EG v. 8.3.2007, sowie mit Beschluss des Gemeinsamen EWR-Ausschusses Nr. 120/2005 v. 30.9.2005 zur Änderung des Anhangs IX (Finanzdienstleistungen) des EWR-Abkommens, ABl. 2005 L 339/26, auf den EWR ausgeweitet; durch vier Änderungs-RL abgeändert, zuletzt Änderungs-RL 2013/50/EU v. 22.10.2013, ABl. 2013 L 294/13; zur Transparenz-RL im Detail vgl. *Lutter/Bayer/J. Schmidt* EuropUR § 36 (Rechtslage vor Änderungs-RL 2013); *Brinckmann,* in Veil, EuKMR § 18 (Periodische Publizität), *Veil,* in Veil, EuKMR § 20 (Beteiligungspublizität), jeweils mit Hinweisen zur Rechtslage nach der Änderungs-Richtlinie 2013.

[1671] Dazu im Detail *Veil,* in Veil, EuKMR § 1 Rn. 21 ff.

[1672] Die Verpflichtung zur Veröffentlichung von Zwischenmitteilungen gemäß Art. 6 Tr-RL, die nicht unmittelbar auf der Rechnungslegung basieren, wird mit der Änderungs-RL 2013/50/EU abgeschafft; dazu *Brinckmann,* in Veil, in Veil, EuKMR § 18 Rn. 49, 51.

[1673] Vgl. ErwG 1, 2 S. 1 Tr-RL; dazu im Detail *Brinckmann,* in Veil, EuKMR § 18 Rn. 7 ff.

[1674] *Parmentier* AG 2014, 15 (17, 20); vgl. auch *Hirte,* in KK-WpHG, § 21 Rn. 24; *U. H. Schneider,* in Assmann/U. H. Schneider, WpHG, Vor § 21 Rn. 9; *Veil,* in Veil, EuKMR § 20 Rn. 3; *Winner* GesRZ 2014, 141.

[1675] *Lutter/Bayer/J. Schmidt* EuropUR § 36 Rn. 18 ff.

528 Die **Reform des europäischen Kapitalmarktrechts** nach der Finanzkrise[1676] führte neben dem neuen Rechtsrahmen zur Regulierung der europäischen Finanzmärkte[1677] und für den Marktmissbrauch[1678] insbesondere auch zu einer Überarbeitung der Transparenz-Richtlinie. Die **Änderungs-Richtlinie 2013**[1679] ist **bis 26.11.2015 in nationales Recht umzusetzen**[1680] und führt zu einem **teilweisen Wechsel** von der bisherigen **Mindestharmonisierung zur Vollharmonisierung.**[1681] Dies stellt eine maßgebliche Änderung des Regelungskonzepts dar. Für Verpflichtungen der Emittenten legt die geänderte Transparenz-Richtlinie (Tr-RL 2013) gemäß Art. 3 Abs. 1 Hs. 1 Tr-RL 2013 im Grundsatz weiterhin nur Mindeststandards fest, dh die Mitgliedstaaten können auch strengere Regelungen vorsehen. Für die **periodische Publizitätspflicht** der Emittenten bleibt es daher grundsätzlich bei einer **Mindestharmonisierung,** allerdings wird die Verpflichtung zur Erstattung einer Zwischenmitteilung gemäß Art. 6 Tr-RL gestrichen und im Sinne eines Höchststandards in Art. 3 Abs. 1 Hs. 2 Tr-RL 2013 angeordnet, dass die Mitgliedstaaten eine Verpflichtung zu einer häufigeren Veröffentlichung von Finanzinformationen als durch Jahres- und Halbjahresfinanzberichte gemäß Art. 4, 5 Tr-RL nicht vorsehen dürfen.[1682] Für Aktionäre und Personen, denen gemäß Art. 10 Tr-RL Stimmrechte zugerechnet werden, sowie für Inhaber von Finanzinstrumenten gemäß Art. 13 Tr-RL ordnet Art. 3 Abs. 1a Uabs. 4 Tr-RL 2013 hingegen ausdrücklich eine **Vollharmonisierung** an. Dies entspricht der Entwicklung im europäischen Kapitalmarktrecht, zum Zweck der Marktordnung zusehends durch Vollharmonisierung einheitliche Standards zu setzen.[1683] Die Mitgliedstaaten dürfen daher im Bereich der **Beteiligungspublizität** für diese Personengruppen grundsätzlich keine strengeren Anforderungen als die Transparenz-Richtlinie aufstellen, Art. 3 Abs. 1a Uabs. 4 lit. i–iii Tr-RL 2013 sehen dazu allerdings weitreichende Ausnahmetatbestände vor.[1684] Die teilweise Vollharmonisierung soll insbesondere die Rechtssicherheit erhöhen und den Verwaltungsaufwand, der für grenzüberschreitende Anleger aufgrund unterschiedlicher nationaler Regelungen besteht, reduzieren.[1685]

[1676] Vgl. *Veil,* in Veil, EuKMR § 1 Rn. 33ff. zur Entwicklung des Europäischen Kapitalmarktrechts nach der Finanzkrise auf Grundlage des Berichts von *de Larosière,* The High-Level Group on Financial Supervision in the EU, v. 25.2.2009.

[1677] Der neue Rechtsrahmen besteht aus der RL 2014/65/EU v. 15.5.2014, ABl. 2014 L 173/349 („MiFID II") und der VO (EU) Nr. 600/2014 v. 15.5.2014, ABl. 2014 L 173/84 („MiFIR"), ersetzt die bisherige RL 2004/39/EG v. 21.4.2004 („MiFID") und ist ab 3.1.2017 anzuwenden.

[1678] Der neue Rechtsrahmen für den Marktmissbrauch besteht aus der VO (EU) Nr. 596/2014 v. 16.4.2014, ABl. 2014 L 173/1 („MAR") und der RL 2014/57/EU v. 16.4.2014, ABl. 2014 L 173/179, ersetzt die bisherige Marktmissbrauchs-RL 2003/6/EG (MAD) und ist ab 3.7.2016 anzuwenden.

[1679] Änderungs-RL 2013/50/EU v. 22.10.2013, ABl. 2013 L 294/13, die auch die Prospekt-RL 2003/71/EG sowie die Durchführungs-RL 2007/14/EG zur Transparenz-RL abändert; zu den Änderungen der Transparenz-RL im Detail *Burgard/Heimann,* FS Dauses, 2014, 47ff.; *Parmentier* AG 2014, 15ff.; *Seibt/Wollenschläger* ZIP 2014, 545ff.; *Winner* GesRZ 2014, 141ff.; zum RL-Entwurf der Kommission *Brinckmann* BB 2012, 1370ff.; *Veil* ECFR 2013, 18ff.

[1680] Art. 4 Abs. 1 Änderungs-RL 2013/50/EU (Umsetzung innerhalb von 24 Monaten nach dem Inkrafttreten gemäß Art. 6 Änderungs-RL).

[1681] Dazu *Kalss/Oppitz/Zollner* KMR § 18 Rn. 3, 5; *Veil,* in Veil, EuKMR § 20 Rn. 19; *Veil* ECFR 2013, 18 (23).

[1682] Dazu im Detail, insbesondere zur weiterhin bestehenden Möglichkeit zur Verpflichtung auf Quartalsberichte unter bestimmten Voraussetzungen gemäß Art. 3 Abs. 1a Uabs. 1–3 Tr-RL 2013 und iSv ErwG 5 Änderungs-RL 2013/50/EU, *Blöink/Kumm* BB 2013, 1963 (1964f.); *Parmentier* AG 2014, 15 (16); *Scheffler* AG 2014, R28; *Seibt/Wollenschläger* ZIP 2014, 545 (546f.).

[1683] Zu dieser Entwicklung *Kalss/Oppitz/Zollner* KMR § 1 Rn. 68; *Veil* ZGR 2014, 544ff.

[1684] Dazu im Detail *Parmentier* AG 2014, 15 (17ff.); *Seibt/Wollenschläger* ZIP 2014, 545 (547ff.); *Winner* GesRZ 2014, 141ff.

[1685] Vgl. ErwG 12 S. 1 Änderungs-RL 2013/50/EU.

Die Änderungs-Richtlinie 2013 führt zu einer **Stärkung der Europäische Wertpapier- und Marktaufsichtsbehörde** (ESMA), die in mehreren Bereichen **Kompetenzen zur Konkretisierung und weiteren Umsetzung** erhalten hat.[1686] **529**

bbb) Beteiligungspublizität im Überblick: Im **Anwendungsbereich** der Transparenz-Richtlinie liegen alle **Emittenten,** deren **Wertpapiere** zum Handel an einem **geregelten Markt im Sinne der MiFID-RL** zugelassen sind.[1687] Das **anwendbare nationale Recht** ist das Recht des **Herkunftsstaats** des Emittenten, dh grundsätzlich des Mitgliedstaats, in dem sich der **Satzungssitz** befindet.[1688] **530**

Aktionäre unterliegen gemäß Art. 9 Abs. 1 Tr-RL einer **Mitteilungspflicht** für den **Erwerb** und die **Veräußerung** von **stimmberechtigten Aktien,** wenn dadurch bestimmte **Schwellenwerte** an Stimmrechten beim Emittenten erreicht, über- oder unterschritten werden.[1689] **531**

Art. 10 Tr-RL **erweitert** die **Mitteilungspflicht** auf einen Katalog von **Fallgruppen,** in denen die **Stimmrechte** aus Aktien nicht dem Aktionär, sondern **einem Dritten zuzurechnen** sind, insbesondere durch ein *acting in concert* iSv Art. 10 lit. a Tr-RL.[1690] Problematisch ist, dass der – 2013 nicht geänderte – Tatbestand des Art. 10 Tr-RL nicht ausreichend weit ist, um alle einschlägigen Gestaltungen erfassen und so einen verlässlichen Schutz durch Transparenz von Stimmrechtskonzentrationen sicherstellen zu können, weitergehende nationale Regelungen aber aufgrund der Vollharmonisierung gemäß Art. 3 Abs. 1a Uabs. 4 Tr-RL 2013 grundsätzlich nicht mehr zulässig sind. **532**

Art. 13 Tr-RL **erweitert** die **Mitteilungspflicht** gemäß Art. 9 Tr-RL auf den **Erwerb** und die **Veräußerung** von **Finanzinstrumenten,** wenn durch diese die entsprechenden Schwellenwerte an Stimmrechten beim Emittenten erreicht, über- oder unterschritten werden können.[1691] Vor der Reform 2013 beschränkte sich die Regelung auf solche Finanzinstrumente, die dem Inhaber das **Recht** einräumen, von sich aus mit Stimmrechten verbundene und bereits ausgegebene **Aktien eines Emittenten zu erwerben.**[1692] Art. 13 Tr-RL 2013 erweitert den sachlichen Anwendungsbereich der Mitteilungspflicht (i) in Abs. 1b durch eine mittels Generalklausel[1693] offen gehaltene Aufzählung von Finanzin- **533**

[1686] Vgl. insbesondere Art. 4 Abs. 7 Tr-RL 2013: Kosten-Nutzen-Analyse und technische Standards für ein einheitliches elektronisches Berichtsformat von Jahresfinanzberichten; Art. 13 Abs. 1b Uabs. 2 Tr-RL 2013: Erstellung und Aktualisierung einer nicht abschließenden Liste von Finanzinstrumenten iSv Art. 13 Tr-RL 2013; Art. 21a, 22 Tr-RL 2013: Entwicklung und Inbetriebnahme eines Europäischen elektronischen Zugangsportals bis 1.1.2018, das einen einheitlichen Zugriff auf die nationalen Speichersysteme und die „vorgeschriebenen Informationen" iSv Art. 2 Abs. 1 lit. k Tr-RL, insbesondere die Mitteilungen im Rahmen der Beteiligungspublizität, gewähren soll, sowie die Erarbeitung der dafür notwendigen technischen Standards, dazu *Parmentier* AG 2014, 15 (25).

[1687] Vgl. die Legaldefinitionen in Art. 2 Abs. 1 lit. a, c, d Tr-RL, dazu im Detail *Brinckmann,* in Veil, EuKMR § 18 Rn. 16f.; *Veil,* in Veil, EuKMR § 20 Rn. 10; Art. 2 Abs. 1 lit. c Tr-RL verweist auf einen *geregelten Markt* im Sinne von Art. 4 Abs. 1 Nr. 14 MiFID-RL (bzw. Art. 4 Abs. 1 Nr. 21 MiFID II-RL); Art. 2 Abs. 1 lit. d Tr-RL 2013 erfasst als *Emittenten* insbesondere auch *natürliche Personen,* dazu *Parmentier* AG 2014, 15 (24).

[1688] Vgl. die Legaldefinition in Art. 2 Abs. 1 lit. i Tr-RL und die englische Sprachfassung *„registered office"*; dazu im Detail *Veil,* in Veil, EuKMR § 20 Rn. 11ff.

[1689] Vgl. § 21 WpHG.

[1690] Dazu im Detail *Veil,* in Veil, EuKMR § 20 Rn. 40ff.; vgl. § 22 WpHG; eine Überarbeitung und Vereinheitlichung der europarechtlichen Definition von *„acting in concert"* in Abstimmung mit seiner Bedeutung in der Übernahme-Richtlinie (vgl. Rn. 514) wurde mit der Tr-RL 2013 nicht vorgenommen.

[1691] Vgl. §§ 25, 25a WpHG.

[1692] Dazu im Detail *Veil,* in Veil, EuKMR § 20 Rn. 90ff.; vgl. auch die Aufzählung der relevanten Finanzinstrumente in Art. 11 Durchführungs-RL 2007/14/EG.

[1693] Vgl. Art. 13 Abs. 1b lit. g Tr-RL 2013: *„... alle anderen Kontrakte und Vereinbarungen mit vergleichbarer wirtschaftlicher Wirkung ...",* dazu *Heinrich,* in KK-WpHG, § 25a Rn. 19; *Parmentier* AG 2014, 15 (20); *Winner* GesRZ 2014, 141 (143).

strumenten, für die die ESMA eine – nicht abschließende – Liste erstellen und regelmäßig aktualisieren soll, und (ii) in Abs. 1 lit. b durch die alternative Voraussetzung, dass das Finanzinstrument zwar keine Berechtigung auf einen Aktienerwerb einräumt, aber eine vergleichbare wirtschaftliche Wirkung zu einem solchen Recht hat.[1694] Art. 13 Tr-RL und insbesondere seine **Erweiterung 2013** dienen der **Verhinderung** eines heimlichen Beteiligungsaufbaus bzw. eines **„Anschleichens"** durch den Erwerb von Finanzinstrumenten und sollen auf diese Weise der **Vermeidung von Marktmissbrauch** Vorschub leisten.[1695]

534 Im Rahmen der **Beteiligungspublizität** nach der Transparenz-Richtlinie bestehen zwei **„Meldesäulen":** Für relevante Schwellenberührungen sind daher jeweils (i) die **eigenen und zugerechneten Stimmrechte** gemäß Art. 9 und 10 Tr-RL sowie (ii) die über direkt oder indirekt gehaltene Finanzinstrumente gemäß Art. 13 Tr-RL **vermittelten Stimmrechte** zusammen zu zählen.[1696] Der neu eingeführte Art. 13a Abs. 1 Tr-RL 2013 ordnet eine **Zusammenrechnung** („Aggregation") der beiden Meldesäulen an. Eine Mitteilungspflicht besteht daher nicht nur, wenn Stimmrechte entweder aus Aktien oder aus Finanzinstrumenten eine Schwelle berühren, sondern auch, wenn die aus beiden Säulen zusammengerchneten Stimmrechte eine Schwellenberührung auslösen.[1697]

535 Aufgrund der **Vollharmonisierung** gemäß Art. 3 Abs. 1a Uabs. 4 Tr-RL 2013 (vgl. Rn. 528) im Bereich der **Beteiligungspublizität** sind **strengere nationale Regelungen**[1698] **grundsätzlich unzulässig.** Daher sind insbesondere nationale Regelungen, die andere als in der Richtlinie angegebene Schwellenwerte festlegen,[1699] über den Anwendungsbereich von Art. 10 Tr-RL hinaus Zurechnungstatbestände vorsehen[1700] oder über den Anwendungsbereich von Art. 13 Tr-RL 2013 hinaus Mitteilungspflichten für Finanzinstrumente festlegen,[1701] an den **Ausnahmetatbeständen** in Art. 3 Abs. 1a Uabs. 4 lit. i-iii Tr-RL 2013 zu messen.[1702]

536 Der **Aktionär** bzw. die Person nach Art. 10 oder 13 Tr-RL hat die Erfüllung eines Meldetatbestands **unverzüglich,**[1703] spätestens innerhalb von 4 Handelstagen nach Kennen

[1694] Dazu *Parmentier* AG 2014, 15 (19f.); *Seibt/Wollenschläger* ZIP 2014, 545 (549); *Winner* GesRZ 2014, 141 (146).

[1695] Vgl. ErwG 9 Änderungs-RL 2013/50/EU; *Heinrich,* in KK-WpHG, § 25a Rn. 18.

[1696] Auch nach dem erweiterten Art. 13 Tr-RL 2013 werden die über Finanzinstrumente vermittelten Stimmrechte in einer Säule zusammengezählt, vgl. Art. 13 Abs. 1 Uabs. 1 Tr-RL 2013, dazu *Parmentier* AG 2014, 15 (22); *Seibt/Wollenschläger* ZIP 2014, 545 (551); die nach deutschem Recht vorgenommene Bildung von zwei Meldesäulen alleine für Finanzinstrumente (eine für § 25 WpHG, eine für § 25a WpHG, dazu *Krause* AG 2011, 469 [479f.]) ist aufgrund der Vollharmonisierung nach Art. 3 Abs. 1a Uabs. 4 Tr-RL 2013 zu ändern, dh die §§ 25, 25a WpHG sind in einem Tatbestand und einer Meldesäule zusammenzufassen.

[1697] *Parmentier* AG 2014, 15 (22); *Seibt/Wollenschläger* ZIP 2014, 545 (551); vgl. § 25a Abs. 1 S. 7 WpHG, dazu *Heinrich,* in KK-WpHG, § 25a Rn. 79; *U. H. Schneider,* in Assmann/U. H. Schneider, WpHG, § 25a Rn. 59f.

[1698] Vgl. zum Beispiel den Überblick in *Seibt/Wollenschläger* ZIP 2014, 545 (547).

[1699] Vgl. *Veil,* in Veil, EuKMR § 20 Rn. 25ff.

[1700] Vgl. *Veil,* in Veil, EuKMR § 20 Rn. 20 (Überblick), Rn. 46ff. (*acting in concert*-Regelungen).

[1701] Vgl. *Veil,* in Veil, EuKMR § 20 Rn. 97ff.

[1702] S. zur Diskussion, ob gemäß Art. 3 Abs. 1a Uabs. 4 lit. i Tr-RL 2013 (*„… niedriger als jene gemäß Art. 9 Abs. 1 sind oder jene ergänzen …"*) auch *höhere* Schwellenwerte zulässig sind, *Seibt/Wollenschläger* ZIP 2014, 545 (548) (unzulässig); aA *Parmentier* AG 2014, 15 (17); zur Diskussion über weitergehende Zurechnungstatbestände *v. Bülow,* in KK-WpHG, § 22 Rn. 17; *Parmentier* AG 2014, 15 (18f.); *Seibt/Wollenschläger* ZIP 2014, 545 (548f.); *Winner* GesRZ 2014, 141 (142); *Veil,* in Veil, EuKMR § 20 Rn. 65ff.; zu Mitteilungspflichten für Finanzinstrumente gemäß § 25a WpHG *Seibt/Wollenschläger* ZIP 2014, 545 (550f.), für Ö gemäß § 91a BörseG *Winner* GesRZ 2014, 141 (143ff., 146f.).

[1703] Aus der Änderung von *„so rasch wie möglich"* zu *„unverzüglich"* und die sonstige Umformulierung in Art. 12 Abs. 2 Tr-RL 2013 lässt sich keine materielle Änderung der Rechtslage zum Meldeverfahren ableiten, vgl. *Parmentier* AG 2014, 15 (18).

bzw. Kennenmüssen **dem Emittenten mitzuteilen** sowie die Meldung bei der zuständigen Behörde[1704] des Herkunftsmitgliedstaats des Emittenten zu hinterlegen, der **Emittent** hat die Information innerhalb von 3 Handelstagen zu **veröffentlichen.**[1705] Gemäß Art. 3 Abs. 1a Uabs. 4 lit. ii Tr-RL 2013 sind strengere nationale Verfahrensbestimmungen als im Meldeverfahren gemäß Art. 12 Tr-RL ausdrücklich zulässig, daher sind insbesondere Regelungen, die die Offenlegung der mit dem Stimmrechtserwerb verfolgten Ziele anordnen (**„Investorenerklärung"**)[1706] oder die Mitteilungs- bzw. Veröffentlichungsfrist verkürzen, auch weiterhin richtlinienkonform.[1707]

Für Verstöße gegen Umsetzungsbestimmungen zur Richtlinie blieb den Mitgliedstaaten **537**
gemäß Art. 28 Tr-RL die Ausgestaltung der **Sanktionen** weitgehend überlassen, die unter bestimmten Voraussetzungen veröffentlicht werden konnten *(„naming and shaming")*[1708] sowie wirksam, verhältnismäßig und abschreckend sein mussten.[1709] Mit der **Änderungs-Richtlinie 2013** wurde ein neues Kapital *„Sanktionen und Maßnahmen"* (Art. 28-28c Tr-RL 2013) eingefügt, das den Rechtsrahmen für Sanktionen umfassend überarbeitet. Bei den neuen Sanktionsregelungen handelt es sich ausdrücklich um **Mindeststandards** und nicht um Maßnahmen einer Vollharmonisierung.[1710] Art. 28b Abs. 1 Uabs. 1 Tr-RL 2013 sieht für die in Art. 28a Tr-RL 2013 aufgezählten Verstöße bestimmte Mindestrechtsfolgen vor, insbesondere **Verwaltungsgeldstrafen,** für die bestimmte **Mindesthöchstgrenzen** festgelegt sind,[1711] sowie die **unverzügliche Veröffentlichung** des Verstoßes und der verantwortlichen Person nach Maßgabe von Art. 29 Tr-RL 2013.[1712] Für die Verletzung von Mitteilungspflichten im Rahmen der **Beteiligungspublizität** sieht Art. 28b Abs. 2 Tr-RL 2013 als spezielle Sanktion eine **Stimmrechtssuspendierung** vor, deren nähere Ausgestaltung den Mitgliedstaaten obliegt, die aber nach nationalem Recht auf die Anwendung nur für *„schwerwiegendste Verstöße"* beschränkt werden kann.[1713]

[1704] Zuständig ist gemäß Art. 24 Abs. 1 Tr-RL die Behörde gemäß Art. 21 Abs. 1 Prospekt-RL 2003/71/EG; vgl. § 4 WpHG, wonach die BaFin als Aufsichtsbehörde zuständig ist.

[1705] Dazu *Lutter/Bayer/J. Schmidt* EuropUR § 36 Rn. 16 (Meldeverfahren), Rn. 23 ff. (Veröffentlichung).

[1706] Vgl. § 27a WpHG; dazu *Heinrich,* in KK-WpHG, § 27a Rn. 12; *Seibt/Wollenschläger* ZIP 2014, 545 (547); ausdrücklich auch ErwG 12 S. 4 Änderungs-RL 2013/50/EU.

[1707] Vgl. *Parmentier* AG 2014, 15 (18); vgl. Ö: § 91 Abs. 1 BörseG verkürzt die Meldefrist auf 2 Handelstage.

[1708] Vgl. § 40b WpHG.

[1709] Dies entspricht der ständigen EuGH-Rsp zur Pflicht der Mitgliedstaaten für eine Gewährleistung der wirksamen Durchsetzung von Richtlinien (*„effet utile"*, vgl. Rn. 35); vgl. auch *Lutter/Bayer/J. Schmidt* EuropUR § 17 Rn. 196.

[1710] Vgl. Art. 28a Tr-RL 2013, der die Sanktionierung *„mindestens"* von Verstößen gegen bestimmte, aufgelistete Richtlinienbestimmungen anordnet, Art. 28b Abs. 3 Tr-RL, der den Mitgliedstaaten ausdrücklich die Befugnis einräumt, *„... zusätzliche Sanktionen und Maßnahmen sowie höhere Beträge ..."* vorzusehen, dazu *Seibt/Wollenschläger* ZIP 2014, 545 (551).

[1711] Dazu *Canzler/Hammermaier* AG 2014, 57 (72); *Seibt/Wollenschläger* ZIP 2014, 545 (551 ff.).

[1712] Dazu *Canzler/Hammermaier* AG 2014, 57 (72 f.); *Seibt/Wollenschläger* ZIP 2014, 545 (553).

[1713] *Seibt/Wollenschläger* ZIP 2014, 545 (554); zu verschiedenen Modellen *Seibt* ZIP 2012, 797 (801 ff.); vgl. § 28 WpHG, der – richtlinienkonform über den Mindeststandard in Art. 28b Abs. 2 Tr-RL 2013 hinaus – nicht nur das Ruhen des Stimmrechts, sondern aller Verwaltungs- und Vermögensrechte anordnet, dazu *Kremer/Oesterhaus,* in KK-WpHG, § 28 Rn. 55 ff., Änderungsbedarf besteht allerdings aufgrund der Beschränkung auf die Verletzung der Mitteilungspflichten für Stimmrechte aus eigenen oder zugerechneten Aktien, nicht hingegen aus Finanzinstrumenten, vgl. *Veil,* in Veil, EuKMR § 20 Rn. 154; vgl. Ö: § 94a BörseG ordnet nur das Ruhen der Stimmrechte und nur im Umfang der Differenz zwischen zuletzt gemeldeten und dem neuen Stimmrechtsanteil an, kritisch dazu *Winner* GesRZ 2014, 141 (142).

8. Rechtsrahmen für die Insolvenz

a) Entwicklung des Rechtsrahmens

538 Die Insolvenz als Auflösungsgrund und das Insolvenzverfahren als Verfahren zur Abwicklung eines Gesellschaftsvermögens haben hohe gesellschaftsrechtliche Relevanz.[1714] Um die **Effizienz und europaweite Wirksamkeit von Insolvenzverfahren** für grenzüberschreitende Sachverhalte sicherzustellen und ein *„forum shopping"* zum Nachteil der Gläubiger zu verhindern,[1715] wurde nach langer Entwicklung[1716] im Mai 2000 die **Europäische Insolvenzverordnung** (EuInsVO) verabschiedet.[1717] Die Europäische Insolvenzverordnung regelt (i) die **internationale Zuständigkeit** zur Eröffnung eines Insolvenzverfahrens, (ii) die **kollisionsrechtliche Bestimmung des anwendbaren Rechts,** und (iii) die **Anerkennung eines Insolvenzverfahrens in allen Mitgliedstaaten.**[1718] Leitlinie der Europäischen Insolvenzverordnung ist das **Universalitätsprinzip,** nach dem ein einziges Insolvenzverfahren unter einheitlicher Anwendung des Rechts eines Mitgliedstaats das gesamte Vermögen und alle Gläubiger des Schuldners erfasst und in allen Mitgliedstaaten automatisch anerkannt wird.[1719] Durch Sonderanknüpfungen und besondere Sachnormen für bestimmte Rechtsverhältnisse sowie territorial beschränkte Insolvenzverfahren als Ergänzung zum Hauptinsolvenzverfahren (*„Partikularinsolvenzverfahren"*)[1720] ist das Universalitätsprinzip nach der Europäischen Insolvenzverordnung allerdings mehrfach durchbrochen.[1721]

539 Im Dezember 2012 wurde auf Grundlage eines Berichts[1722] der Kommission über die Anwendung des bestehenden Rechtsrahmens ein **Vorschlag für eine Änderung der Europäischen Insolvenzverordnung** vorgelegt.[1723] Der Vorschlag konzentriert sich auf eine **Erweiterung des Anwendungsbereichs** der Europäischen Insolvenzverordnung auf Vorinsolvenzverfahren zum Zweck der Restrukturierung bzw. Sanierung und Verfahren mit fortgesetzter Eigenverwaltung des Schuldners, die **Koordination von Insolvenzverfahren bei Unternehmensgruppen** sowie die **Präzisierung des Anknüpfungspunktes** für die internationale Zuständigkeit und das anwendbare Recht.[1724] Im Dezember 2014

[1714] *Behrens,* in Dauses, EU-Wirtschaftsrecht, EL. 14, E. III. Rn. 106.

[1715] Vgl. ErwG 2, 4 EuInsVO.

[1716] Vgl. *Reinhart,* in MüKoInsO, Vorbem Art. 1 EuInsVO Rn. 3 ff.

[1717] Verordnung (EG) Nr. 1346/2000 v. 29.5.2000 über Insolvenzverfahren, ABl. 2000 L 160/1; dazu die Kommentierungen in *Haß/Huber/Gruber/Heiderhoff,* EU-Insolvenzverordnung; *Kindler,* in MüKoBGB, IIR B. EuIIR, EuInsVO; *Reinhart,* in MüKoInsO, EuInsVO; vgl. auch *Becker* ZEuP 2002, 287 ff.; *Ehricke* EWS 2002, 101 ff.; *Eidenmüller* IPRax 2001, 2 ff.; *Huber* EuZW 2002, 490 ff.; *Wimmer* NJW 2002, 2427 ff.; zum gescheiterten EU-Übereinkommen über Insolvenzverfahren, das als Grundlage für die EuInsVO diente, *Virgós/Schmit,* Erläuternder Bericht, in Stoll, Vorschläge und Gutachten zur Umsetzung des EU-Übereinkommens über Insolvenzverfahren, 1997, 32 ff.

[1718] *Lutter/Bayer/J. Schmidt* EuropUR § 16 Rn. 3.

[1719] *Huber,* in Haß/Huber/Gruber/Heiderhoff, EU-Insolvenzverordnung Einl. Rn. 4; *Lutter/Bayer/J. Schmidt* EuropUR § 16 Rn. 4.

[1720] Dazu *Kindler,* in MüKoBGB, IIR B. EuIIR, Art. 3 EuInsVO Rn. 53 ff.; *Lutter/Bayer/J. Schmidt* EuropUR § 16 Rn. 24 ff., 61 ff.; *Reinhart,* in MüKoInsO, Art. 3 EuInsVO Rn. 71 ff.

[1721] *Huber,* in Haß/Huber/Gruber/Heiderhoff, EU-Insolvenzverordnung Einl. Rn. 4 f.; *Lutter/Bayer/J. Schmidt* EuropUR § 16 Rn. 4; vgl. auch *Kindler,* in MüKoBGB, IIR B. EuIIR, Vorb. Art. 1 EuInsVO Rn. 14: *„kontrollierte Universalität"*.

[1722] Bericht der Kommission COM(2012) 743 v. 12.12.2012 über die Bewertung der Verordnung (EG) Nr. 1346/2000 des Rates über Insolvenzverfahren.

[1723] Vorschlag COM(2012) 744 v. 12.12.2012 für eine Verordnung zur Änderung der Verordnung (EG) Nr. 1346/2000 des Rates über Insolvenzverfahren.

[1724] Dazu *Eidenmüller* MJ 2013, 133 ff.; *Kindler,* in MüKoBGB IIR B. EuIIR, Vorb. Art. 1 EuInsVO Rn. 2; *Prager/Keller* NZI 2013, 57 ff.; *Reuß* EuZW 2013, 165 ff.; *Thole* ZEuP 2014, 39 ff.

hat der Rat einen **Kompromisstext** des Europäischen Parlaments für die Änderung der Europäischen Insolvenzverordnung angenommen, eine Verabschiedung ist daher für 2015 zu erwarten.[1725]

Das **materielle Insolvenzrecht** ist nur **vereinzelt harmonisiert.**[1726] Allerdings sehen Initiativen auf europäischer Ebene die Harmonisierung weiterer Teilbereiche des Insolvenzrechts vor.[1727] Insbesondere enthält die **Empfehlung** der Kommission vom März 2014[1728] **inhaltliche Leitlinien für die Gestaltung von Restrukturierungsverfahren** auf nationaler Ebene, um in allen Mitgliedstaaten die Verfügbarkeit von Verfahren sicherzustellen, die bereits im Vorfeld einer Insolvenz dem Unternehmen die Restrukturierung und daher die Abwendung der Auflösung und Abwicklung ermöglichen sowie eine Restschuldbefreiung nach angemessener Zeit herbeiführen **(„second chance for entrepreneurs“).** Diese Empfehlungen könnten zukünftig als Modell für verbindliche Harmonisierungsmaßnahmen dienen. Für den Bereich der **Kreditinstitute und Wertpapierfirmen** besteht seit 2014 bereits ein harmonisierter Rechtsrahmen für Sanierungs- und Abwicklungsmaßnahmen (vgl. Rn. 547).[1729] 540

b) Anwendungsbereich und Grundzüge

Im **Anwendungsbereich** der Europäischen Insolvenzverordnung liegen die in Art. 1 Abs. 1 EuInsVO legaldefinierten **Insolvenzverfahren der Mitgliedstaaten,** die aus Gründen der Rechtssicherheit in den Anhängen A und B EuInsVO **abschließend aufgezählt** werden.[1730] Es besteht keine Differenzierung nach der Rechtsnatur des jeweiligen Verfahrensadressaten, dh ob es sich um eine naürliche oder juristische Person bzw. einen (Nicht-)Unternehmer handelt.[1731] 541

Anknüpfungspunkt für die internationale Zuständigkeit für ein Insolvenzverfahren im Anwendungsbereich ist gemäß Art. 3 Abs. 1 S. 1 EuInsVO der Mittelpunkt der hauptsächlichen Interessen des Schuldners **(„centre of main interests“ – „COMI“).**[1732] Für Gesellschaften sieht Art. 3 Abs. 1 S. 2 EuInsVO die **widerlegbare Vermutung** vor, dass sich der COMI am jeweiligen **Satzungssitz** befindet. Mangels Legaldefinition[1733] sind die Auslegung des COMI und die Anforderungen an eine Widerlegung der Vermutung im Einzelnen umstritten. Es stehen sich grundlegend die *„mind of management“*-Theorie, die unternehmensintern auf den Ort der strategischen Leitentscheidungen abstellt, und die *„business-activity“*-Theorie, die nach außen in Erscheinung tretende Handlungen und Ver- 542

[1725] Vorschlag v. 20.11.2014 für eine Verordnung zur Änderung der Verordnung (EG) Nr. 1346/2000 des Rates über Insolvenzverfahren, online abrufbar: http://data.consilium.europa.eu/doc/document/ST-15414-2014-ADD-1/de/pdf (15.1.2015), dazu *Vallander* ZInsO 2015, 57 ff.; speziell zu den Änderungen für den COMI-Anknüpfungspunkt *Latella* ECFR 2014, 479 ff.

[1726] Vgl. *Kindler,* in MüKoBGB, IIR B. EuIIR, Vorb. Art. 4–15 EuInsVO Rn. 3, Vorb. Art. 5–15 EuInsVO Rn. 1 f., Art. 39 EuInsVO Rn. 1.

[1727] Vgl. Entschließung des Europäischen Parlaments P7_TA (2011) 0484 v. 15.11.2011.

[1728] Empfehlung COM(2014) 1500 v. 12.3.2014 on a new approach to business failure and insolvency, dazu *Lürken* NZI 2015, 3 (5 ff.).

[1729] RL 2014/59/EU v. 15.5.2014, ABl. 2014 L 173, 190; zum Entwurf des Rechtsrahmens vgl. *Burgard/Heimann,* in Dauses, EU-Wirtschaftsrecht, EL. 32, E. IV. Rn. 167 ff.; *Chattopadhyay* WM 2013, 405 ff.

[1730] Dazu *Kindler,* in MüKoBGB, IIR B. EuIIR, Art. 1 EuInsVO Rn. 2 ff.; *Reinhart,* in MüKoInsO, Art. 1 EuInsVO Rn. 2 ff.; Dänemark ist vom räumlichen Anwendungsbereich ausgenommen, dazu *Kindler,* in MüKoBGB, IIR B. EuIIR, Art. 1 EuInsVO Rn. 22; *Reinhart,* in MüKoInsO, Art. 1 EuInsVO Rn. 11; vgl. auch die Bereichsausnahmen gemäß Art. 1 Abs. 2 EuInsVO, dazu *Kindler,* in MüKoBGB, IIR B. EuIIR, Art. 1 EuInsVO Rn. 13 ff.; *Reinhart,* in MüKoInsO, Art. 1 EuInsVO Rn. 8 ff.

[1731] *Kindler,* in MüKoBGB, IIR B. EuIIR, Art. 1 EuInsVO Rn. 12.

[1732] Zur Problematik der Verlegung des COMI im Vorfeld einer Insolvenz *Weijs/Breeman* ECFR 2014, 495 ff.

[1733] Vgl. aber ErwG 13 EuInsVO, der nach dem Vorschlag aus 2012 zur Änderung der EuInsVO (vgl. Rn. 539) als Legaldefinition in den neuen Art. 3 Abs. 1 Uabs. 1 S. 2 EuInsVO übernommen werden soll.

mögenswerte als maßgeblich ansieht, gegenüber.[1734] Der EuGH hat bereits zu einer Konkretisierung beigetragen,[1735] die Präzisierung des COMI-Begriffs ist aber weiterhin Anliegen einer Reform der Europäischen Insolvenzverordnung.[1736]

543 Als **anwendbares Recht** für das Insolvenzverfahren und seine Wirkungen gilt gemäß Art. 4 Abs. 1 EuInsVO das Recht des Mitgliedstaats, in dem das Verfahren eröffnet wird **(„Insolvenzstatut")**.[1737] Es handelt sich um eine **Sachnormverweisung,**[1738] die zu einem **Gleichlauf von internationaler Zuständigkeit und anwendbarem Recht** führt. Abweichend davon werden für bestimmte Rechtsverhältnisse aus Gründen des Vertrauensschutzes und der Rechtssicherheit in Art. 5 bis 15 EuInsVO Sonderanknüpfungen und besondere Sachnormen festgelegt.[1739]

544 Für eine Gesellschaft **können** das **Insolvenzstatut,** das sich gemäß Art. 4 Abs. 1 iVm Art. 3 Abs. 1 EuInsVO nach dem COMI richtet, und das **Gesellschaftsstatut,** das nach dem nicht harmonisierten internationalen Gesellschaftsrecht im Regelfall an den Satzungs- oder an den Verwaltungssitz gebunden ist, aufgrund der gegebenenfalls unterschiedlichen Anknüpfungspunkte **auseinanderfallen.** Die „unrichtige" Einordnung eines Rechtsverhältnisses als insolvenzrechtlich und die daraus folgende Anwendung des Rechts des COMI- und Verwaltungssitzmitgliedstaats einer Gesellschaft können insbesondere zu einer Verletzung der Niederlassungsfreiheit führen, die nach der Rechtsprechung des EuGH nach einer Verwaltungssitzverlegung unter bestimmten Voraussetzungen die Anwendung des Gesellschaftsrechts des Gründungs- bzw. Satzungssitzstaats gebietet (vgl. Rn. 108f.).[1740] Die präzise **Abgrenzung** der Reichweite von Insolvenz- und Gesellschaftsstatut ist daher wesentlich, bleibt aber in einzelnen Bereichen umstritten.[1741]

545 Gemäß Art. 16 Abs. 1 EuInsVO wird die **Eröffnung eines Insolvenzverfahrens** in einem Mitgliedstaat automatisch **in allen Mitgliedstaaten anerkannt** und entfaltet die Entscheidung zur Eröffnung des Inolvenzverfahrens gemäß Art. 17 Abs. 1 EuInsVO in allen Mitgliedstaaten die nach dem anzuwendenden Recht vorgesehenen Wirkungen **(„Wirkungserstreckung").**[1742] Art. 25 Abs. 1 EuInsVO erweitert die **automatische**

[1734] Dazu im Detail *Kindler,* in MüKoBGB, IIR B. EuIIR, Art. 3 EuInsVO Rn. 14ff.; *Lutter/Bayer/J. Schmidt* EuropUR § 16 Rn. 15ff.; *Reinhart,* in MüKoInsO, Art. 3 EuInsVO Rn. 7ff.

[1735] Vgl. insbesondere EuGH v. 2.5.2006 – C-341/04, ZEuP 2007, 1137 mAnm *Thole* – Eurofood, dazu *Bachner* ECFR 2006, 310ff.; *Freitag/Leible,* RIW 2006, 641ff., *Hess* IPRax 2007, 89ff.; *Mankowski* BB 2006, 1753ff.; *Paulus* NZG 2006, 609ff.; *J. Schmidt* ZIP 2007, 405ff.; EuGH v. 21.1.2010 – C-477/07, EWiR 2010, 77 mAnm *J. Schmidt* – Probud, dazu *Fichtner* BB 2010, 532f.; *Mankowski* NZI 2010, 178f.; EuGH v. 20.10.2011 – C-396/09, NZI 2011, 994 mAnm *Mankowski* – Interedil, dazu *Honorati/Corno,* IILR 2013, 18, 32ff.; EuGH v. 15.12.2011 – C-191/10, NZI 2012, 150 mAnm *Mankowski* – Rastelli Davide; zur Nichterforderlichkeit eines „qualifizierten Binnenmarktbezugs" für die Anwendung von Art. 3 Abs. 1 EuInsVO vgl. EuGH v. 16.1.2014 – C-328/12, NJW 2014, 610 Rn. 29 – Schmid, dazu *Bayer/J. Schmidt,* KSzW 2014, 69, 76; *Brinckmann,* LMK 2014, 356291.

[1736] Zum geänderten Entwurf 2014 *Latella* ECFR 2014, 479ff.; zum Kommissionsentwurf 2012 *Prager/Keller* NZI 2013, 57 (58f.); *Reuß* EuZW 2013, 165 (167f.).

[1737] Dazu im Detail *Kindler,* in MüKoBGB, IIR B. EuIIR, Art. 4 EuInsVO Rn. 3ff.; *Reinhart,* in MüKoInsO, Art. 4 EuInsVO Rn. 2ff.

[1738] *Kindler,* in MüKoBGB, IIR B. EuIIR, Art. 4 EuInsVO Rn. 1; *Reinhart,* in MüKoInsO, Art. 4 EuInsVO Rn. 1.

[1739] *Kindler,* in MüKoBGB, IIR B. EuIIR, Vorb. Art. 5–15 EuInsVO Rn. 1ff; *Lutter/Bayer/J. Schmidt* EuropUR § 16 Rn. 36.

[1740] Vgl. *Bayer,* in Lutter/Hommelhoff, GmbHR Anh II zu § 4a Rn. 16; *Behrens,* in Dauses, EU-Wirtschaftsrecht, EL. 14, E. III. Rn. 106; *Lutter/Bayer/J. Schmidt* EuropUR § 16 Fn. 121.

[1741] Vgl. *Kindler,* in MüKoBGB, IIR B. EuIIR, Art. 4 EuInsVO Rn. 6ff., 54ff.; *Lutter/Bayer/J. Schmidt* EuropUR § 16 Rn. 35; *Reinhart,* in MüKoInsO, Art. 4 EuInsVO Rn. 4ff.; vgl. auch BGH v. 2.12.2014 – II ZR 119/14, GmbHR 2015, 79 mAnm *Römermann,* mit einschlägiger Vorlage an den EuGH (zur Insolvenzverschleppungshaftung gemäß § 64 GmbHG idF vor MoMiG).

[1742] Dazu im Detail *Lutter/Bayer/J. Schmidt* EuropUR § 16 Rn. 45ff.; vgl. auch Kommentierung von *Kindler,* in MüKoBGB, und von *Reinhart,* in MüKoInsO, zu Art. 16 und Art. 17 EuInsVO.

Anerkennung auf wichtige **Folgeentscheidungen** im Insolvenzverfahren und ordnet die **Vollstreckbarkeit** dieser Entscheidungen sowie der Eröffnungsentscheidung nach den Regelungen der **EuGVVO** an.[1743]

Die Europäische Insolvenzverordnung enthält keine besonderen Regelungen für Insolvenzverfahren innerhalb von **Unternehmensgruppen.** Unabhängig von einer Gruppenzugehörigkeit werden daher gesondert **für jede betroffene Gesellschaft** die internationale Zuständigkeit und das anwendbare Recht für ein **eigenständiges Insolvenzverfahren** nach dem jeweiligen COMI ermittelt. Der Änderungsvorschlag zur Europäischen Insolvenzverordnung behält dieses System im Grundsatz bei, erkennt aber die Unternehmensgruppe an und sieht eine Koordination der einzelnen Insolvenzverfahren innerhalb der Unternehmensgruppe mit Kooperationspflichten der beteiligten Gerichte und Verwalter vor.[1744] Die Einführung eines konsolidierten Insolvenzverfahrens für Unternehmensgruppen oder eines Tatbestandes für eine einheitliche internationale Gruppenzuständigkeit sind nicht vorgesehen.[1745] 546

c) Sanierung und Abwicklung von Kreditinstituten und Wertpapierfirmen

Die Richtlinie für die Sanierung und Abwicklung von **Kreditinstituten und Wertpapierfirmen („BRRD-RL")**[1746] etablierte 2014 einen Rechtsrahmen mit dem Ziel, die Sanierung und Abwicklung von Banken[1747] sicherzustellen, ohne die Stabilität des Finanzsektors zu gefährden oder die Steuerzahler zu belasten. Der Rechtsrahmen sieht zu diesem Zweck **harmonisierte Maßnahmen in drei Stufen** vor, (i) zur **Vorbereitung** durch die Erstellung von Sanierungs- und Abwicklungsplänen und zur **Prävention** von Krisen, (ii) für ein frühzeitiges Eingreifen der Aufsichtsbehörden in einer Krise **(„Frühintervention"),** sowie (iii) **Restrukturierungs- und Abwicklungsmaßnahmen** bei weiterer Verschlechterung der Situation. Die vorgesehenen Abwicklungsmaßnahmen bilden kein umfassendes Insolvenzverfahrensrecht für Banken, sondern sind spezifische **verwaltungsrechtliche Eingriffsinstrumente** der zuständigen nationalen Abwicklungsbehörde, die in **systemrelevanten Krisenfällen** zur Anwendung kommen können. 547

Kommt es zur **Anwendung der Restrukturierungs- und Abwicklungsmaßnahmen**, ordnet die BRRD-Richtlinie die **zwingende Nichtanwendung zahlreicher Bestimmungen des harmonisierten Gesellschaftsrechts** an,[1748] sodass die Abwicklungs- 548

[1743] Dazu im Detail *Lutter/Bayer/J. Schmidt* EuropUR § 16 Rn. 55ff.; vgl. auch Kommentierung von *Kindler,* in MüKoBGB, und von *Reinhart,* in MüKoInsO, zu Art. 25 EuInsVO.

[1744] Dazu *Brünkmans* Konzern 2013, 234ff.; *Brünkmans* ZInsO 2013, 797ff.; *Eidenmüller* MJ 2013, 133ff.; *Prager/Keller* NZI 2013, 57 (62ff.).

[1745] Vgl. zur Diskussion eines Konzerninsolvenzrechts *Beck* DZWiR 2014, 381ff.; *Brünkmans,* in MüKoInsO, Konzerninsolvenzrecht Rn. 1ff.; *Humbeck* NZI 2013, 957ff.; *Möhlenkamp* BB 2013, 579ff.; *Siemon* NZI 2014, 55ff.; vgl. den Entwurf eines Gesetzes zur Erleichterung der Bewältigung von Konzerninsolvenzen BT-Drs. 18/407 v. 30.1.2014, online verfügbar unter: http://dip21.bundestag.de/dip21/btd/18/004/1800407.pdf (15.1.2015).

[1746] Richtlinie 2014/59/EU v. 15.5.2014 zur Festlegung eines Rahmens für die Sanierung und Abwicklung von Kreditinstituten und Wertpapierfirmen und zur Änderung der Richtlinie 82/891/EWG des Rates, der Richtlinien 2001/24/EG, 2002/47/EG, 2004/25/EG, 2005/56/EG, 2007/36/EG, 2011/35/EU, 2012/30/EU und 2013/36/EU sowie der Verordnungen (EU) Nr. 1093/2010 und (EU) Nr. 648/2012, ABl. 2014 L 173/190 („BRRD-RL"), dazu *Binder* ZHR 179 (2015), 83ff.; *Katzengruber* ÖBA 2014, 513ff.; *Schrank/Meister* ÖBA 2014, 403ff. (409ff.); zum Entwurf der Richtlinie *Burgard/Heimann,* in Dauses, EU-Wirtschaftsrecht, EL. 32, E. IV. Rn. 167ff.; *Chattopadhyay* WM 2013, 405ff.; *Dohrn* WM 2012, 2033ff.; spezifisch zu Art. 19ff. BRRD-RL (Verträge zur gruppeninternen finanziellen Unterstützung im Krisenfall) *Lutter* ZIP 2014, 910f.; mahnend zur *„Ausstrahlungswirkung"* dieses Rechtsrahmens auf das allgemeine Aktienrecht *Hopt* ZGR 2013, 165 (202f.).

[1747] Die Kommission hat in ihrem Arbeitsprogramm 2015 angekündigt, einen vergleichbaren Rechtsrahmen für systemrelevante Finanzinstitute, die keine Banken sind, zu verwirklichen, vgl. Mitteilung der Kommission COM(2014) 910 final v. 16.12.2014, Annex I Nr. 10.

[1748] Vgl. Art. 116ff. BRRD-RL; vgl. auch Art. 121 Nr. 2 BRRD-RL mit gesellschaftsrechtlichen Sonderbestimmungen zur HV-Einberufung gemäß Art. 5 Abs. 5, 6 AR-RL (vgl. Rn. 396).

behörde an bestimmte gesellschaftsrechtliche Schranken nicht gebunden ist. Davon betroffen sind insbesondere einzelne Bestimmungen der Kapital-Richtlinie (vgl. Rn. 315), das Pflichtangebot gemäß Art. 5 Üb-RL (vgl. Rn. 512) sowie die Bestimmungen der Aktionärsrechte- und der Umgründungs-Richtlinien.

549 Die Bestimmungen der Richtlinie sind grundsätzlich **seit dem 1.1.2015 anzuwenden,** einzig die Umsetzung der Abwicklungsmaßnahme des „Bail-in" kann bis zum 1.1.2016 aufgeschoben werden.[1749] **Ergänzt** wird die BRRD-Richtlinie durch die Verordnung zur Schaffung eines einheitlichen Abwicklungsmechanismus („SRM-VO"),[1750] die ein **einheitliches Abwicklungsverfahren** unter einer europäischen Agentur („Ausschuss für die einheitliche Abwicklung" bzw. „Single Resulution Board") und einen einheitlichen Abwicklungsfonds für Notfälle vorsieht.

9. Europäische Gesellschaftsformen

550 Mitgliedstaatliche Gesellschaftsformen sind in Ausübung der Niederlassungsfreiheit in allen Mitgliedstaaten unter Anwendung ihres Gründungsrechts als Gesellschaftsstatut grundsätzlich anzuerkennen (vgl. Rn. 108f.). Dies führt zur Anwendung mitgliedstaatlichen Gesellschaftsrechts in anderen Mitgliedstaaten, das über Richtlinienrecht teilweise harmonisiert ist. Als Alternativen zur Nutzung mitgliedstaatlicher, dh innerstaatlicher oder EU-Auslandsgesellschaftsformen, wurden **schrittweise supranationale europäische Rechtsformen für unterschiedliche Anwendungsbereiche eingeführt,**[1751] deren verbindendes Element ein **grenzüberschreitender Bezug** ist:[1752] 1989 die Europäische wirtschaftliche Interessenvereinigung **(EWIV),** 2001 die Europäische Gesellschaft **(SE)** und 2003 die Europäische Genossenschaft **(SCE).** Die Arbeiten an den Rechtsformen eines Europäischen Vereins (European Association, EA) und einer Europäischen Gegenseitigkeitsgesellschaft (Société Mutuelle Européenne, SME) wurden 2005 eingestellt.[1753] Der letzte Vorschlag[1754] für die Europäische Privatgesellschaft (SPE) scheiterte 2011 im Rat der Europäischen Union am Widerstand von Deutschland und Schweden und die Kommission zog die Initiative 2013 im Rahmen ihres REFIT-Programms[1755] zurück.[1756] Der Vorschlag für

---

[1749] Art. 130 Abs. 1 BRRD-RL; vgl. zur Umsetzung das Gesetz zur Sanierung und Abwicklung von Instituten und Finanzgruppen (Sanierungs- und Abwicklungsgesetz – SAG) v. 10.12.2014, BGBl. I 2091; vgl. Ö: Bundesgesetz über die Sanierung und Abwicklung von Banken (Sanierungs- und Abwicklungsgesetz – BaSAG) BGBl. I Nr. 98/2014; zur teilweise „vorauseilenden" Umsetzung der BRRD-RL durch das Gesetz zur Abschirmung von Risiken zur Planung der Sanierung und Abwicklung von Kreditinstituten und Finanzgruppen (Trennbankengesetz) v. 7.8.2013, BGBl. I 3090, vgl. *Cichy/Behrens* WM 2014, 438ff., parallel für Ö durch das Bankeninterventions- und Restrukturierungsgesetz (BIRG) BGBl. I Nr. 160/2013, vgl. *Raschauer/Völkl* ÖBA 2014, 573ff.; *Schrank/Meister* ÖBA 2014, 403ff.; zum „Bail-in"-Instrument (Art. 43ff. BRRD-RL bzw. §§ 89ff. SAG) vgl. *Binder* ZHR 179 (2015) 83, 104ff.

[1750] VO (EU) Nr. 806/2014 v. 15.7.2014 zur Festlegung einheitlicher Vorschriften und eines einheitlichen Verfahrens für die Abwicklung von Kreditinstituten und bestimmten Wertpapierfirmen im Rahmen eines einheitlichen Abwicklungsmechanismus und eines einheitlichen Abwicklungsfonds sowie zur Änderung der Verordnung (EU) Nr. 1093/2010, ABl. 2014 L 225/1, dazu *Wojcik/Ceyssens* EuZW 2014, 893ff.; zu beachten ist, dass der Anwendungsbereich der SRM-VO (i) auf die Euro-MS sowie (ii) auf MS beschränkt ist, die am einheitlichen Aufsichtsmechanismus (Single Supervisory Mechanism-SSM) unter der EZB teilnehmen, und sich daher zB nicht auf das Vereinigte Königreich erstreckt.

[1751] Vgl. allgemein zu den europäischen Gesellschaftsformen *Fleischer* ZHR 174 (2010), 385ff.

[1752] *Saenger* GesR § 19 Rn. 838; zum abgeschwächten grenzüberschreitenden Bezug der SPE vgl. Rn. 622.

[1753] Mitteilung der Kommission, ABl. 2006 C 64/3.

[1754] Vorschlag der ungarischen Ratspräsidentschaft, Ratsdokument 10611/11 vom 23.5.2011, online abrufbar: http://www.europeanprivatecompany.eu/legal_texts/ (15.1.2015).

[1755] Zum Programm zur Gewährleistung der Effizienz und Leistungsfähigkeit der Rechtsetzung (REFIT) online: http://ec.europa.eu/smart-regulation/refit/index_de.htm (15.1.2015).

[1756] Mitteilung der Kommission COM(2013) 685 final v. 2.10.2013, S. 9, online abrufbar: http://ec.europa.eu/smart-regulation/docs/20131002-refit_de.pdf (15.1.2015).

die Einführung der Europäischen Stiftung[1757] (FE) wurde mangels Fortschritts im Rat von der Kommission 2014 zurückgezogen.[1758]

Supranationale Rechtsformen haben vor allem **Symbolkraft** und sind Ausdruck der Integrationswilligkeit und auch der Bereitschaft und Fähigkeit, auf europäischer Ebene politische Kompromisse für einheitliche Gestaltungen zu treffen. Darin liegt wohl die Hauptleistung. Die **praktische Akzeptanz und Rezeption bleiben hingegen deutlich zurück.** So ist etwa die Europäische wirtschaftliche Interessenvereinigung noch immer über den gesamten europäischen Wirtschaftsraum hinweg betrachtet zählbar, ebenso die Europäische Genossenschaft. Von Bedeutung ist die SE, die Europäische Aktiengesellschaft, wenngleich sie in einzelnen Ländern völlig unterschiedliche Bedeutung erlangt hat und zum Teil, wie etwa in der Tschechischen Republik, vor allem beratergetrieben vorratsweise errichtet wurde. Zum Teil wird sie vor allem zur flexiblen Gestaltung der Mitbestimmung eingesetzt. In wenigen Fällen auch als Alternative des zu starren zweistufigen Systems, etwa in Deutschland oder in Österreich mit der zwingenden zweistufigen Organisationsstruktur der Aktiengesellschaft. 551

Die **Diskussion zur Leistungskraft einer supranationalen europäischen Rechtsform** wird seit langem geführt.[1759] Als Proargument wird die **Reduktion von Transaktionskosten** genannt, wenn bei europaweiten unternehmerischen Aktivitäten von der Gesellschaft zumindest intern nur ein Regelungsregime zu berücksichtigen ist. Weitere Vorteile liegen in der **erleichterten Sitzverlegung über die Grenze** und im **außenwirksamen Branding einer europäischen Marke** sowie schließlich in der **Neutralität einer europaweit einheitlichen Rechtsform bei grenzüberschreitenden Zusammenschlüssen** und bei grenzüberschreitender Aktivität, insbesondere für Unternehmen aus Rechtsordnungen, die europaweit nicht so bekannt sind und daher noch nicht über exportfähige Rechtsformen verfügen. Hinzu kommt das durchaus akademische, aber auch praktisch wirksame Feld des **gesellschaftsrechtlichen Ideenwettbewerbs** für die Regelung einzelner Maßnahmen. Gegen die Einführung einer europaweiten Rechtsform spricht der Entwicklungsstand des sonstigen europäischen Gesellschaftsrechts, das ohnehin mit der Zweigniederlassung und dem Konzept der Ansässigkeit innerhalb der europäischen Union das Auslangen findet. Dies hängt insbesondere von den nationalen Rechtsordnungen ab, ob diese den Wegzug ihrer Rechtsformen gestatten. Gesellschaftsrecht spielt insbesondere für die Standortwahl und die Wahl des Regelungsregimes nur eine untergeordnete Rolle, zumal das Steuerrecht die Wahl viel stärker bestimmt. Schließlich sollen die nationalen Rechtsformen in ihrer Güte, Qualität und Solidität nicht unterlaufen werden können. Dies kann sowohl zum Steuerungsverlust durch die Mitgliedsstaaten, vor allem aber auch zu einem Abzug des Betätigungsfelds für nationale Berater führen. 552

Die SE ebenso wie der Entwurf zur SPE zeigen, dass der Vereinheitlichungsgrad für eine supranationale Rechtsform nur ein bestimmtes Ausmaß erreicht und vielfach von einer **europäisch-supranationalen Rechtsform jeweils mit nationaler Prägung** auszugehen ist. Eine österreichische SE schaut daher anders aus als eine holländische oder polnische. 553

Als **Rechtsgrundlage** für europäische supranationale Rechtsformen dienen unmittelbar anwendbare **Verordnungen** auf Grundlage der Ermächtigungsnorm Art. 352 AEUV (vgl. Rn. 31), teilweise ergänzt durch Richtlinien zur Frage der unternehmerischen Arbeitnehmermitbestimmung. Die nach Art. 352 AEUV erforderliche **Einstimmigkeit** im Rat und die Zustimmung des Europäischen Parlaments führen dazu, dass sich sowohl die Einführung als auch die Reform europäischer Rechtsformen als **langwieriger Prozess** 554

[1757] VO-Vorschlag der Kommission COM(2012) 35 final v. 8.2.2012; dazu im Detail *Hopt/v. Hippel* ZEuP 2013, 235 ff.; *Jung* BB 2012, 1743 ff.; *Hüttemann* EuZW 2012, 441 ff.; *Richter/Gollan* ZGR 2013, 551 ff.; *Stöber* DStR 2012, 804 ff.; *Weitemeyer* NZG 2012, 1001 ff.

[1758] Mitteilung der Kommission COM(2014) 910 final v. 16.12.2014, Annex II Nr. 61.

[1759] Vgl. *Teichmann*, Binnenmarktkonformes Gesellschaftsrecht, 2006, 234 ff.; *Bachmann/Eidenmüller/Engert/Fleischer/Schön*, Rechtsregeln für die geschlossene Kapitalgesellschaft, 2012, 184 ff.

gestaltet, wie am Beispiel der SPE oder der langen Vorbereitungszeit für die SE zu sehen ist.[1760]

555 Der Kommissionsentwurf[1761] zur Neufassung der Einpersonen-Kapitalgesellschaft-Richtlinie geht einen anderen Weg und schlägt auf Grundlage von Art. 50 AEUV die Einführung eines **einheitlichen Rechtsrahmens für nationale Einpersonen-Gesellschaften mit beschränkter Haftung** unter der gemeinsamen Bezeichnung **Societas Unius Personae** („SUP", vgl. Rn. 475ff.) durch Richtlinie mit qualifizierter Mehrheit im Rat vor (vgl. Rn. 29).

a) Europäische Gesellschaft – SE

556 **aa) Grundlagen:** Die **Europäische Gesellschaft** bzw. **Societas Europaea** (SE) wurde nach langer Entwicklung[1762] 2001 mit **Verordnung** (SE-VO) eingeführt.[1763] Neben der SE-Verordnung besteht eine Richtlinie zur Regelung der unternehmerischen Mitbestimmung von Arbeitnehmerinnen und Arbeitnehmern in der SE (SE-RL).[1764] Am 8.10.2004 trat die SE-Verordnung in Kraft und lief die Frist zur Umsetzung der SE-Richtlinie ab.[1765] Zum Stichtag 21.3.2014 bestanden 2.125 SE, die meisten SE sind in der Tschechischen Republik (1.495)[1766] und in Deutschland (292) registriert.[1767] Bekannte Großunternehmen, zum Beispiel BASF, Porsche, Puma, Allianz, MAN, Strabag oder SAP haben von dieser Rechtsform Gebrauch gemacht.[1768]

557 Die SE ist eine supranationale Aktiengesellschaft mit **Rechtspersönlichkeit,** einem in Aktien zerlegten und festen **Grundkapital** sowie mit **beschränkter Haftung** der Gesellschafter (Aktionäre). Die SE kann jeden beliebigen Zweck verfolgen, ihre Eigenschaft als Kaufmann bzw. Unternehmerin bestimmt sich nach dem Recht des Sitzstaats.[1769] Der Firma einer SE ist gemäß Art. 11 Abs. 1 SE-VO zwingend der Rechtsformzusatz „SE" voran- oder nachzustellen, daneben ist gemäß Art. 9 Abs. 1 lit. c sublit. ii bzw. Art. 15 Abs. 1 SE-VO das Firmenrecht des Sitzstaats anzuwenden.[1770]

558 Das auf eine SE **anwendbare Recht** folgt gemäß Art. 9 SE-VO einer **Normenhierarchie** in Form einer *„Rechtsquellenpyramide"*:[1771] (i) Unmittelbar anwendbare Regelungen der SE-Verordnung, (ii) Satzungsbestimmungen auf Grundlage dieser Regelungen, (iii) nationale Regelungen für die SE in Ergänzung bzw. Umsetzung der SE-Verordnung und SE-

---

[1760] *Engert,* in Langenbucher, EuropPR § 5 Rn. 120.

[1761] RL-Vorschlag COM(2014) 212 final v. 9.4.2014 über Gesellschaften mit beschränkter Haftung mit einem einzigen Gesellschafter.

[1762] Vgl. *Lutter/Bayer/J. Schmidt* EuropUR § 41 Rn. 1ff.

[1763] Verordnung (EG) Nr. 2157/2001 v. 8.10.2001 über das Statut der Europäischen Gesellschaft (SE) ABl. 2001, L 294/1, deren Anwendungsbereich mit Beschluss des Gemeinsamen EWR-Ausschusses Nr. 93/2002 v. 25.6.2002 auf den EWR ausgedehnt wurde.

[1764] Richtlinie 2001/85/EG v. 8.10.2001 zur Ergänzung des Statuts der Europäischen Gesellschaft hinsichtlich der Beteiligung der Arbeitnehmer, ABl. 2001 L 294/22, deren Anwendungsbereich mit Beschluss des Gemeinsamen EWR-Ausschusses Nr. 89/2002 v. 25.6.2002 auf den EWR ausgedehnt wurde.

[1765] Art. 70 SE-VO; Art. 14 Abs. 1 SE-RL.

[1766] In der Tschechischen Republik handelt es sich primär um Vorratsgesellschaften; dazu *Teichmann,* in MüHBGesR VI, § 49 Rn. 2.

[1767] Vgl. online: http://www.worker-participation.eu/European-Company-SE/Facts-Figures (15.1.2015).

[1768] Vgl. online: http://www.worker-participation.eu/European-Company-SE/Facts-Figures (15.1.2015); zu Bedeutung und Verbreitung der SE in Deutschland *Schuberth/v. der Höh* AG 2014, 439ff.

[1769] SE ist Kaufmann gemäß § 3 Abs. 1 AktG, § 6 Abs. 2 HGB; vgl. Ö: SE ist Formunternehmer gemäß § 2 UGB.

[1770] Vgl. §§ 17ff. HGB, dazu *Schäfer,* in MüKoAktG, Art. 11 SE-VO Rn. 3.

[1771] *Hommelhoff* AG 2001, 279 (285); vgl. *Lutter/Bayer/J. Schmidt* EuropUR § 41 Rn. 25.

Richtlinie,[1772] (iv) nationales Recht der Aktiengesellschaften und (v) Satzungsregelungen auf Grundlage der nationalen Regelungen. Das anwendbare nationale Recht ist das **Recht des Sitzstaats,** dh des Mitgliedstaats, in dem sich der **Satzungssitz** der SE befindet.[1773] Es handelt sich um **dynamische Sachnormverweisungen,** sodass das internationale Privatrecht nicht zur Anwendung kommt und das nationale Sachrecht in jeweils aktueller Fassung gilt.[1774]

Art. 4 Abs. 2 SE-VO legt für die SE ein **Mindestgrundkapital** von EUR 120 000 fest, 559
nationale Regelungen über ein höheres Mindestkapital aufgrund der Ausübung bestimmter Tätigkeiten gelten gemäß Art. 4 Abs. 3 SE-VO auch für SE.[1775] Für die Kapitalaufbringung gilt gemäß Art. 15 Abs. 1 SE-VO,[1776] für die Kapitalerhaltung und Kapitalmaßnahmen in Sinne von Kapitalerhöhung und Kapitalherabsetzung gemäß Art. 5 SE-VO das nationale Aktienrecht des SE-Sitzstaats, wobei diese Bereiche durch die Kapital-Richtlinie weitgehend europarechtlich harmonisiert sind, sodass für die SE ebenfalls das **System des festen Kapitals** gilt (vgl. Rn. 322 ff.).[1777] Gemäß Art. 5 SE-VO werden auch die Aktien, dh insbesondere die Frage nach den Aktienarten und -gattungen sowie zur Übertragbarkeit und Vinkulierung der Aktien, und die Ausgabe von Schuldverschreibungen und vergleichbaren Wertpapieren durch das nationale Aktienrecht geregelt.[1778]

Die SE ist als Aktiengesellschaft **börsefähig,** die dafür relevanten gesellschaftsrechtlichen 560
Rahmenbedingungen, insbesondere spezifische Regelungen für börsennotierte Aktiengesellschaften, bestimmen sich gemäß Art. 5 bzw. Art. 9 Abs. 1 lit. c sublit. ii SE-VO nach nationalem Recht des Sitzstaats.[1779] Die SE-VO differenziert nicht zwischen börsennotierten und nicht-börsennotierten SE, entsprechende Unterschiede, insbesondere zur Hauptversammlung (Einberufungsmodalitäten, Protokollierung etc),[1780] resultieren daher aus der Anwendung des – teilweise europarechtlich harmonisierten – nationalen (Börsen-)Aktienrechts.[1781] Da das **Kapitalmarktrecht** nicht im Anwendungsbereich der SE-VO liegt,

---

[1772] Die Regelungen von SE-VO und SE-RL wurden in Deutschland durch das SEEG (Gesetz zur Einführung der Europäischen Gesellschaft v. 22.12.2004, BGBl. I 3675) umgesetzt, das neben notwendigen Änderungen von Nebengesetzen das SE-Ausführungsgesetz (SEAG) mit gesellschaftsrechtlichen Regelungen und das SE-Beteiligungsgesetz (SEBG) mit den Umsetzungsbestimmungen zur Arbeitnehmerbeteiligung beinhaltete; vgl. Ö: Umsetzung durch GesRÄG 2004 mit SE-Gesetz (SEG) BGBl. I Nr. 67/2004 und in den §§ 208 ff. ArbVG.

[1773] Als „Sitz" iSd SE-VO ist der Satzungssitz und als „Sitzstaat" der Mitgliedstaat, in dem sich der Satzungssitz befindet, zu verstehen, dazu *Casper,* in Spindler/Stilz, AktG Art. 7 SE-VO Rn. 3; *Oechsler,* in MüKoAktG, Art. 7 SE-VO Rn. 3; *Teichmann,* in MüHBGesR VI, § 49 Rn. 3; *Zimmer/Ringe,* in Lutter/Hommelhoff, SE-Kommentar Art. 7 SE-VO Rn. 6; vgl. englische Sprachfassung: *„registered office".*

[1774] *Lutter/Bayer/J. Schmidt* EuropUR § 41 Rn. 26; *Marsch-Barner,* in Marsch-Barner/Schäfer, HB börsennotierte AG § 3 Rn. 9; *Schäfer,* in MüKoAktG, Art. 9 SE-VO Rn. 3; *Schürnbrand,* in Habersack/Drinhausen, SE-Recht (2013) Art. 9 SE-VO Rn. 34, 42; aA Teichmann, in MüHBGesR VI, § 49 Rn. 4, der die Regelung als Gesamtnormverweisung versteht, aber zu Recht darauf hinweist, dass aufgrund der zwingenden Koppelung von Satzungs- und Verwaltungssitz im selben Mitgliedstaat gemäß Art. 7 SE-VO (vgl. Rn. 562) und der damit einhergehenden Anwendbarkeit des Sitzstaatrechts sowohl bei Gründungs- als auch bei Sitztheorie diese Frage keine praktische Bedeutung hat.

[1775] *Lutter/Bayer/J. Schmidt* EuropUR § 41 Rn. 83; *Oechsler,* in MüKoAktG, Art. 4 SE-VO Rn. 3, vgl. zB § 10 KWG, § 53c VAG.

[1776] *Oechsler,* in MüKoAktG, Art. 45 SE-VO Rn. 7 f.

[1777] Dazu im Detail *Lutter/Bayer/J. Schmidt* EuropUR § 41 Rn. 87 ff.; *Oechsler,* in MüKoAktG, Art. 5 SE-VO Rn. 6 ff.

[1778] Dazu im Detail *Lutter/Bayer/J. Schmidt* EuropUR § 41 Rn. 85 f.; *Oechsler,* in MüKoAktG, Art. 5 SE-VO Rn. 35 ff.

[1779] *Marsch-Barner,* in Marsch-Barner/Schäfer, HB börsennotierte AG § 3 Rn. 5, 12.

[1780] Vgl. *Kubis,* in MüKoAktG, Art. 52 SE-VO Rn. 5 zur Privilegierung für vereinfachte Protokollierung in § 130 Abs. 1 S. 3 AktG.

[1781] Vgl. *Kubis,* in MüKoAktG, Art. 52 SE-VO Rn. 5.

bestimmen sich die anwendbaren kapitalmarktrechtlichen Regelungen nach dem Recht des Staats, in dem die SE gelistet ist bzw. einen Antrag auf Zulassung stellt.[1782]

561 Im Bereich der **Rechnungslegung** gelten für SE gemäß Art. 61 f. SE-VO dieselben Regelungen wie für Aktiengesellschaften des Sitzstaats, daher insbesondere auch die unionsrechtlich harmonisierten Rechnungslegungsbestimmungen.[1783]

562 **bb) Sitz, Sitzverlegung und Umgründungsmaßnahmen:** Der **Sitz** einer SE, dh ihr **Satzungssitz,**[1784] muss gemäß Art. 7 SE-VO in dem Mitgliedstaat liegen, in dem sie ihre **Hauptverwaltung** hat **(Sitzkoppelung).** Der Sitzstaat kann vorschreiben, dass sich Sitz und Hauptverwaltung innerhalb dieses Mitgliedstaats am selben Ort befinden müssen.[1785] Für den Fall des Auseinanderfallens von Sitz- und Hauptverwaltungsstaat hat der Sitzstaat gemäß Art. 64 Abs. 1 SE-VO geeignete Maßnahmen zum Zweck der Zusammenführung in Übereinstimmung mit Art. 7 SE-VO sowie gemäß Art. 64 Abs. 2 SE-VO für den Fall der fortgesetzten Nichtbehebung dieses Zustands erforderliche Maßnahmen zur Liquidation der SE zu setzen.[1786]

563 Gemäß Art. 8 Abs. 1 SE-VO kann die SE ihren **Satzungssitz identitätswahrend** in einen **anderen Mitgliedstaat** verlegen, wodurch es zu einem **Wechsel des anwendbaren mitgliedstaatlichen Rechts** und damit zu einem teilweisen Wechsel des Gesellschaftsstatuts der SE kommt.[1787] Art. 8 SE-VO und Umsetzungsbestimmungen im nationalen Recht regeln für diesen Vorgang ein komplexes **Verfahren mit Schutzbestimmungen für Gläubiger und Minderheitsaktionäre,** das dem europäischen Modell für Strukturmaßnahmen (vgl. Rn. 145) folgt.[1788] Zwischen Oktober 2004 und März 2014 haben weniger als 4% (79 SE) ihren Sitz grenzüberschreitend verlegt.[1789] Zu beachten ist das auch im Falle einer Sitzverlegung geltende Koppelungsgebot von Satzungs- und Verwaltungssitz im selben Mitgliedstaat gemäß Art. 7 SE-VO, sodass bei sonst drohender Auflösung auch der Verwaltungssitz in den Zielstaat der Satzungssitzverlegung verlegt werden muss.[1790]

564 Die SE kann nach Ablauf einer Sperrfrist von zwei Jahren ab Eintragung durch **identitätswahrenden Formwechsel**[1791] **in die Rechtsform einer Aktiengesellschaft des Sitzstaats** umgewandelt werden **(„Renationalisierung“).**[1792] Die Sperrfrist dient dem – vorübergehenden – Schutz vor Umgehungen nationaler Schutzbestimmungen, insbesondere des Mitbestimmungsrechts.[1793] Art. 66 SE-VO sieht für diesen Vorgang ein **Um-**

[1782] *Casper,* in Spindler/Stilz, AktG Art. 9 SE-VO Rn. 14; *Marsch-Barner,* in Marsch-Barner/Schäfer, HB börsennotierte AG § 3 Rn. 14; *Schäfer,* in MüKoAktG, Art. 9 SE-VO Rn. 7.

[1783] Vgl. *Lutter/Bayer/J. Schmidt* EuropUR § 41 Rn. 168 f.

[1784] *Casper,* in Spindler/Stilz, AktG Art. 7 SE-VO Rn. 3; *Oechsler,* in MüKoAktG, Art. 7 SE-VO Rn. 3; *Zimmer/Ringe,* in Lutter/Hommelhoff, SE-Kommentar Art. 7 SE-VO Rn. 6; vgl. englische Sprachfassung: *„registered office“.*

[1785] § 2 SEAG machte ursprünglich davon Gebrauch, bevor dies 2008 durch das MoMiG aufgehoben wurde; dazu *Lutter/Bayer/J. Schmidt* EuropUR § 41 Rn. 15; vgl. Ö: § 5 Abs. 1 SEG, der keine Koppelung von Satzungssitz und Hauptverwaltung am selben Ort vorsieht.

[1786] Vgl. § 52 SEAG, dazu *Schäfer,* in MüKoAktG, Art. 64 SE-VO Rn. 2; vgl. Ö: § 5 Abs. 2 SEG.

[1787] Eine „deutsche SE“ wandelt sich daher zB in eine „spanische SE“ um.

[1788] Vgl. §§ 12 bis 14 SEAG; dazu im Detail *Lutter/Bayer/J. Schmidt* EuropUR § 41 Rn. 170 ff.; *Oechsler,* in MüKoAktG, Art. 8 SE-VO Rn. 10 ff.; *Teichmann,* in MüHBGesR VI, § 49 Rn. 100 ff.

[1789] Vgl. online: http://www.worker-participation.eu/European-Company-SE/Facts-Figures (15.1.2015).

[1790] *Teichmann,* in MüHBGesR VI, § 49 Rn. 99.

[1791] *„Umwandlung“* gemäß Art. 66 SE-VO bedeutet identitätswahrender Formwechsel iSv §§ 190 ff. UmwG, vgl. *Schäfer,* in MüKoAktG, Art. 66 SE-VO Rn. 2; *Seibt,* in Lutter/Hommelhoff, SE-Kommentar Art. 66 SE-VO Rn. 5.

[1792] *Lutter/Bayer/J. Schmidt* EuropUR § 41 Rn. 179; *Schäfer,* in MüKoAktG, Art. 66 SE-VO Rn. 3; *Seibt,* in Lutter/Hommelhoff, SE-Kommentar Art. 66 SE-VO Rn. 9.

[1793] Dazu *Casper,* in Spindler/Stilz, AktG Art. 66 SE-VO Rn. 4; *Teichmann,* in MüHBGesR VI, § 49 Rn. 107.

wandlungsverfahren vor, das dem europäischen Modell für Strukturmaßnahmen (vgl. Rn. 145) folgt.[1794] **Andere Umwandlungsmöglichkeiten** nach dem Recht des Sitzstaats für Aktiengesellschaften sind **nicht ausgeschlossen.** Unter Anwendung des entsprechenden nationalen Umwandlungsrechts des Sitzstaats gemäß Art. 9 Abs. 1 lit. c sublit. ii SE-VO sind daher ein identitätswahrender Formwechsel in andere Rechtsformen des Sitzstaats sowie Verschmelzungen und Spaltungen möglich, soweit im Rahmen dieser Vorgänge nicht eine SE entgegen dem Numerus Clausus der SE-VO (vgl. Rn. 566) entstehen soll und die Sperrfrist gemäß Art. 66 Abs. 1 S. 2 SE-VO eingehalten wird.[1795]

Aufgrund Art. 9 Abs. 1 lit. c sublit. ii, Art. 10 SE-VO liegt die SE im persönlichen An- 565
wendungsbereich der **IntVersch-Richtlinie** und kann sich daher an **grenzüberschreitenden Verschmelzungen von Kapitalgesellschaften** beteiligen (vgl. Rn. 185).[1796] In **Ausübung der Niederlassungsfreiheit** sind einer SE auch sonstige grenzüberschreitende Umwandlungsvorgänge, insbesondere Formwechsel, nach den Grundsätzen der einschlägigen Rechtsprechung des EuGH, dh bei Zulässigkeit eines vergleichbaren innerstaatlichen Umwandlungsvorgangs in die Zielrechtsform im Aufnahmestaat, unter analoger Anwendung passender Verfahrensbestimmungen zu gestatten (vgl. Rn. 120 ff.).[1797]

cc) Gründung: Im Sinne eines **Numerus Clausus** stehen gemäß Art. 2 SE-VO zur 566
Gründung einer SE abschließend vier Varianten zur Verfügung, gemeinsam ist ihnen ein grenzüberschreitendes Element *(„Mehrstaatlichkeitserfordernis"):*[1798] (i) Verschmelzung durch Neugründung einer SE oder durch Aufnahme, bei der die aufnehmende Gesellschaft die Rechtsform der SE annimmt (Art. 17 bis 31 SE-VO), (ii) Gründung als gemeinsame Holding (Art. 32 bis 34 SE-VO), (iii) Gründung als gemeinsame Tochtergesellschaft (Art. 35, 36 SE-VO), und (iv) Umwandlung durch identitätswahrenden Formwechsel in die SE (Art. 37 SE-VO).[1799]

Das **Mehrstaatlichkeitserfordernis** ist je nach Gründungsvariante unterschiedlich aus- 567
geprägt und verlangt für die Verschmelzung die Beteiligung von zumindest zwei Gesellschaften aus verschiedenen Mitgliedstaaten, für die Holding- und Tochtergründung, dass zumindest zwei Gründungsgesellschaften seit mindestens zwei Jahren eine dem Recht eines anderen Mitgliedstaats unterliegende Tochtergesellschaft oder eine Zweigniederlassung in einem anderen Mitgliedstaat betreiben, und für die Umwandlung das Bestehen einer dem Recht eines anderen Mitgliedstaats unterliegenden Tochtergesellschaft der Ausgangsgesellschaft seit zwei Jahren.[1800] Ein nachträglicher Entfall des grenzüberschreitenden Elements führt nicht zur Auflösung der SE.[1801]

[1794] Dazu im Detail *Lutter/Bayer/J. Schmidt* EuropUR § 41 Rn. 180; *Schäfer,* in MüKoAktG, Art. 66 SE-VO Rn. 5 ff.

[1795] *Schäfer,* in MüKoAktG, Art. 66 SE-VO Rn. 1, 14; *Seibt,* in Lutter/Hommelhoff, SE-Kommentar Art. 66 SE-VO Rn. 3 f., 10, 19 f.; *Teichmann,* in MüHBGesR VI, § 49 Rn. 108; vgl. auch *Kiem,* in KK-AktG, Art. 66 SE-VO Rn. 11 f.; *Lutter/Bayer/J. Schmidt* EuropUR § 41 Rn. 177 f., 181, die allerdings gegen eine analoge Anwendung der Sperrfrist sind.

[1796] *Bayer,* in Lutter, UmwG § 122b Rn. 7; *Drinhausen,* in Semler/Stengel, UmwG § 122b Rn. 5; *Lutter/Bayer/J. Schmidt* EuropUR § 41 Rn. 177; *Oechsler,* in MüKoAktG, Vor Art. 1 SE-VO Rn. 19; für die Fälle einer Neugründung einer SE sind aber die entsprechenden Bestimmungen der SE-VO anzuwenden.

[1797] Vgl. *Bayer,* in Lutter, UmwG § 122a Rn. 11 f.; *Kiem,* in KK-AktG, Art. 66 SE-VO Rn. 4; *Schäfer,* in MüKoAktG, Art. 66 SE-VO Rn. 1 (zur Verschmelzung); aA *Lutter/Bayer/J. Schmidt* EuropUR § 41 Rn. 179; *Schäfer,* in MüKoAktG, Art. 66 SE-VO Rn. 3; *Seibt,* in Lutter/Hommelhoff, SE-Kommentar Art. 66 SE-VO Rn. 9, die davon ausgehen, dass Art. 66 SE-VO einen grenzüberschreitenden Formwechsel in eine andere Rechtsform verbietet.

[1798] *Lutter/Bayer/J. Schmidt* EuropUR § 41 Rn. 29, 32.

[1799] Zu den einzelnen Gründungsvarianten im Detail *Oechsler,* in MüKoAktG, Art. 2 SE-VO Rn. 24 ff.; *Teichmann,* in MüHBGesR VI, § 49 Rn. 17 ff.

[1800] Vgl. *Oechsler,* in MüKoAktG, Art. 2 SE-VO Rn. 5 f.; *Teichmann,* in MüHBGesR VI, § 49 Rn. 9 f.

[1801] *Oechsler,* in MüKoAktG, Art. 2 SE-VO Rn. 5.

568 Abhängig von der Gründungsform ist auch der Kreis der möglichen **Gründerpersonen** beschränkt: (i) Zu einer Verschmelzung oder Umwandlung sind gemäß Art. 2 Abs. 1 und 4 SE-VO nur Aktiengesellschaften im Sinne des Anhangs I der SE-VO berechtigt, (ii) die Gründung als Holding kann gemäß Art. 2 Abs. 2 SE-VO durch Aktiengesellschaften und Gesellschaften mit beschränkter Haftung im Sinne des Anhangs II der SE-VO, (iii) die Gründung als Tochtergesellschaft gemäß Art. 2 Abs. 3 SE-VO durch alle Gesellschaften im Sinne des Art. 54 Abs. 2 AEUV sowie durch sonstige juristische Personen des öffentlichen oder privaten Rechts, die keinen Erwerbszweck verfolgen,[1802] durchgeführt werden.

569 **Gründungsberechtigt** sind ausschließlich **Personen mit Gemeinschaftsbezug,** dh mit Satzungssitz und Hauptverwaltung innerhalb des EU/EWR-Raums. Art. 2 Abs. 5 SE-VO räumt den Mitgliedstaaten die Option ein, Gesellschaften zur Gründung zuzulassen, die ihre Hauptverwaltung nicht in einem Mitgliedstaat haben, aber mit der Wirtschaft eines Mitgliedstaats in tatsächlicher und dauerhafter Verbindung stehen.[1803] Natürliche Personen können nicht Gründer sein.[1804] SE gelten gemäß Art. 3 Abs. 1 SE-VO Aktiengesellschaften ihres Sitzstaats für die Gründungstatbestände gleichgestellt, dh im Zuge von Gründungsvorgängen gemäß Art. 2 Abs. 1 bis 3 SE-VO[1805] wird eine SE wie eine nationale AG des Sitzstaats behandelt, sodass zum Beispiel eine deutsche AG und eine deutschem Recht unterliegende SE keine Verschmelzung im Sinne von Art. 2 Abs. 1 SE-VO durchführen können.[1806]

570 Gemäß Art. 3 Abs. 2 SE-VO kann eine bestehende SE eine Tochtergesellschaft in Form einer SE gründen. Aufgrund der abschließenden Regelung in Art. 2 Abs. 3 SE-VO handelt es sich zwingend um eine Einpersonengründung, dh um die Gründung einer 100%-igen Tochter-SE,[1807] die gemäß Art. 3 Abs. 2 S. 2 SE-VO auch zulässig ist, wenn das Aktienrecht des Sitzstaats der Tochter-SE eine Einpersonen-AG nicht zulässt.[1808] Die Tochter-SE kann dem Recht eines anderen Mitgliedstaats unterliegen, zwingend ist ein solches Mehrstaatlichkeitskriterium für diese **„sekundäre SE-Gründung"** nicht.[1809]

571 Das Numerus-Clausus-Prinzip für die Gründung einer SE soll dem Schutz vor einer Umgehung nationaler Regelungen über die unternehmerische Mitbestimmung der Arbeitnehmer dienen und damit eine *„Flucht aus der Mitbestimmung"*[1810] verhindern.[1811] Die **Gründungsbeschränkungen** werden aber zu Recht kritisiert, da durch die Verankerung der Verhandlungslösung und des Vorher-Nachher-Prinzips zur Arbeitnehmermitbestimmung (vgl. Rn. 583 ff.) in der SE-RL der Grund für den Numerus Clausus

---

[1802] In Übereinstimmung mit dem Verständnis zu Art. 54 Abs. 2 AEUV (vgl. Rn. 39) bezeichnet der Begriff „juristische Person" rechtlich verselbstständigte Organisationseinheiten und ist dieser nicht als Erfordernis von Rechtspersönlichkeit nach nationalem Recht auszulegen, darüber hinaus ist die zusätzliche Anführung neben Gesellschaften im Sinne von Art. 54 Abs. 2 AEUV nur sinnvoll, wenn damit der Entfall des Erfordernisses des Erwerbszwecks einhergeht; vgl. *Casper,* in Spindler/Stilz, AktG Art. 2 SE-VO Rn. 15; *Habersack,* in Habersack/Drinhausen, SE-Recht Art. 2 SE-VO Rn. 19; *Oechsler,* in MüKoAktG, Art. 2 SE-VO Rn. 36; *Schwarz* SE-VO Art. 2 Rn. 88.

[1803] D und Ö haben davon keinen Gebrauch gemacht, UK hat die Option genutzt, vgl. *Oechsler,* in MüKoAktG, Art. 2 SE-VO Rn. 47; *Teichmann,* in MüHBGesR VI, § 49 Rn. 11.

[1804] *Lutter/Bayer/J. Schmidt* EuropUR § 41 Rn. 30; *Oechsler,* in MüKoAktG, Art. 2 SE-VO Rn. 1.

[1805] Der Gründungstatbestand einer Umwandlung gemäß Art. 2 Abs. 4 SE-VO ist nicht auf die SE anwendbar, vgl. *Oechsler,* in MüKoAktG, Art. 3 SE-VO Rn. 3.

[1806] *Oechsler,* in MüKoAktG, Art. 3 SE-VO Rn. 1.

[1807] *Bayer,* in Lutter/Hommelhoff, SE-Kommentar Art. 3 SE-VO Rn. 8; *Oechsler,* in MüKoAktG, Art. 3 SE-VO Rn. 4.

[1808] *Lutter/Bayer/J. Schmidt* EuropUR § 41 Rn. 72.

[1809] *Bayer,* in Lutter/Hommelhoff, SE-Kommentar Art. 3 SE-VO Rn. 10; *Lutter/Bayer/J. Schmidt* EuropUR § 41 Rn. 32, 71; *Oechsler,* in MüKoAktG, Art. 2 SE-VO Rn. 5; *Teichmann,* in MüHBGesR VI, § 49 Rn. 9, 52.

[1810] *Heinze* ZGR 2002, 66 (71); vgl. *Oechsler,* in MüKoAktG, Art. 2 SE-VO Rn. 2.

[1811] Vgl. *Oechsler,* in MüKoAktG, Art. 2 SE-VO Rn. 2 mwN in Fn. 9.

weggefallen ist,[1812] sowie eine Umgehung der Voraussetzungen nach Art. 2 SE-VO, insbesondere durch die Gründung einer Vorrats-SE, den vorgeschalteten Formwechsel nach nationalem Recht oder durch Gründung von entsprechenden Gesellschaften zur Beteiligung an zulässigen Gründungsvorgängen, leicht möglich ist und nur zusätzliche Kosten verursacht.[1813]

Zum Stichtag 21.3.2014 wurde mit 78% die überwiegende Mehrheit der SE als Toch- 572 tergesellschaften, entweder durch entsprechend berechtigte Gesellschaften oder durch eine andere SE gegründet, 8% durch Umwandlung, 4% durch Verschmelzung und 1% als gemeinsame Holding.[1814] Dies liegt auch daran, dass zahlreiche SE, insbesondere durch eine bereits bestehende SE, als **„Vorrats-SE"** errichtet werden, um dann als fertige Gesellschaft von Interessenten erworben zu werden, die die SE in weiterer Folge aktivieren.[1815]

Entsprechend Art. 8 P-RL (vgl. Rn. 244) ordnet Art. 16 Abs. 2 SE-VO für das Grün- 573 dungsstadium eine unbeschränkte und gesamtschuldnerische **Handelndenhaftung** für rechtsgeschäftlich und rechtsgeschäftsähnlich im Namen der SE, der Vor-SE bzw. der SE in Gründung begründete Verbindlichkeiten an.[1816] Die Haftung entfällt, wenn die Verbindlichkeiten von der SE übernommen werden und das SE-Gesellschaftsvermögen für diese haftet.[1817] Die mögliche Existenz und Rechtsnatur einer Vor-SE im Gründungsstadium und die Frage der Übernahme der eingegangenen Verbindlichkeiten auf die SE bestimmen sich gemäß Art. 15 Abs. 1 SE-VO[1818] nach nationalem Recht des (künftigen) Sitzstaats der SE für Aktiengesellschaften.[1819]

dd) Organisationsverfassung: *aaa) Wahlrecht zwischen monistischem und dualistischem* 574 *System:* Für die **Organisationsverfassung** der SE sieht Art. 38 SE-VO zwingend eine Grundstruktur bestehend aus der Hauptversammlung der Aktionäre sowie entweder einem **Aufsichts- und einem Leitungsorgan (dualistisches System)** oder einem **Verwaltungsorgan (monistisches System)** vor. Jede SE hat das **Wahlrecht,** sich durch Festlegung in der Satzung entweder für das dualistische oder das monistische System zu entscheiden und dies durch Satzungsänderung auch wieder zurückzunehmen.[1820] Insgesamt haben sich zum Stichtag 21.3.2014 81% der SE für das dualistische System entschieden und 15% für das monistische System,[1821] wobei in Deutschland das Verhältnis ausgeglichener ist (111

[1812] Vgl. *Oechsler,* in MüKoAktG, Art. 2 SE-VO Rn. 3f. mwN.

[1813] Vgl. *Lutter/Bayer/J. Schmidt* EuropUR § 41 Rn. 34 mwN; dazu im Detail *Oechsler,* in MüKoAktG, Art. 2 SE-VO Rn. 8ff.

[1814] Für 9% konnte die Gründungsform nicht festgestellt werden, vgl. online: http://www.worker-participation.eu/European-Company-SE/Facts-Figures (15.1.2015).

[1815] Zur „Vorrats-SE" *Bayer,* in Lutter/Hommelhoff, SE-Kommentar Art. 2 SE-VO Rn. 28ff.; *Oechsler,* in MüKoAktG, Art. 2 SE-VO Rn. 49; *Schäfer,* in MüKoAktG, Art. 16 SE-VO Rn. 9ff.; *Teichmann,* in MüHBGesR VI, § 49 Rn. 52.

[1816] Dazu im Detail *Schäfer,* in MüKoAktG, Art. 16 SE-VO Rn. 15ff.; vgl. parallele Regelungen für Handelndenhaftung im Gründungsstadium in Art. 18 Abs. 2 SCE-VO und Art. 9 Abs. 2 EWIV-VO.

[1817] *Lutter/Bayer/J. Schmidt* EuropUR § 41 Rn. 75; *Schäfer,* in MüKoAktG, Art. 16 SE-VO Rn. 21; *Teichmann,* in MüHBGesR VI, § 49 Rn. 16.

[1818] Art. 15 Abs. 1 SE-VO ist die Generalverweisungsnorm für den Gründungsvorgang der SE bis zu ihrer Eintragung, während Art. 9 Abs. 1 lit. c SE-VO die Generalverweisungsnorm für die eingetragene SE darstellt, dazu *Schäfer,* in MüKoAktG, Art. 15 SE-VO Rn. 5f.

[1819] *Lutter/Bayer/J. Schmidt* EuropUR § 41 Rn. 75, 77; *Teichmann,* in MüHBGesR VI, § 49 Rn. 12; in D haftet die SE daher nach hM im Sinne der Identitätstheorie mit Eintragung für die im Gründungsstadium begründeten Verbindlichkeiten und erlischt die Handelndenhaftung, dazu *Heidinger,* in Spindler/Stilz, AktG § 41 Rn. 33f., 37; *Pentz,* in MüKoAktG, § 41 Rn. 107; *K. Schmidt,* in GroßKAktG, § 41 Rn. 99.

[1820] *Reichert/Brandes,* in MüKoAktG, Art. 38 SE-VO Rn. 2.

[1821] Für 4% konnte das System nicht eruiert werden, vgl. online: http://www.worker-participation.eu/European-Company-SE/Facts-Figures (15.1.2015).

monistisch, 143 dualistisch), in Österreich sogar die Mehrheit der eingetragenen SE dem monistischen System folgt (15 zu 4).[1822]

575 Sieht das Aktienrecht des Sitzstaats keine Regelungen für eines der beiden Systeme vor, hat dieser auf Grundlage von Art. 39 Abs. 5 bzw. Art. 43 Abs. 4 SE-VO **entsprechende Regelungen für dieses System zur Verfügung zu stellen.**[1823] In beiden Systemen kann der Sitzstaat Geschäftsführer für die laufenden Geschäfte vorsehen, wenn das Recht des Sitzstaats für das jeweilige System entweder derartige Geschäftsführer bereits vorsieht oder überhaupt keine Regelungen beinhaltet.[1824] Das Leitungsorgan im dualistischen System und das Verwaltungsorgan können in Übereinstimmung mit dem Recht des Sitzstaats weitere Organe, zum Beispiel Beiräte, einrichten, ohne die Zuständigkeitsverteilung der zwingenden Organe zu berühren. Weitere Organe dürfen daher die zwingenden Organe durch Ausübung von Informations- und Anhörungsrechten nur beraten und unterstützen.[1825]

576 *bbb) Organe der Verwaltung:* Art. 46 bis 51 SE-VO sehen **allgemeine Bestimmungen** für beide zur Wahl stehenden Leitungssysteme (vgl. Rn. 574) vor, die daher sowohl für das **Leitungs- und** das **Aufsichtsorgan** als auch für das **Verwaltungsorgan** gelten:[1826] Unter anderem trägt Art. 46 SE-VO unter Festsetzung einer Höchstdauer von 6 Jahren der Satzung die Regelung der Amtszeit der Organmitglieder auf;[1827] Art. 49 SE-VO legt den Organmitgliedern eine Verschwiegenheitspflicht auf; Art. 50 SE-VO stellt unter Vorbehalt besonderer Bestimmungen in der SE-VO selbst oder in der Satzung Regelungen zur Beschlussfähigkeit und Beschlussfassung auf, zum Beispiel räumt Art. 50 Abs. 2 SE-VO dem jeweiligen Vorsitzenden eines Organs ein grundsätzlich dispositives Dirimierungsrecht ein;[1828] Art. 48 SE-VO ordnet an, dass in der Satzung die Arten von Geschäften festgelegt werden sollen, die die Zustimmung durch das Aufsichtsorgan bzw. einen ausdrücklichen Beschluss des Verwaltungsorgans voraussetzen, und ermächtigt gleichzeitig den Sitzstaat, im dualistischen System, das Aufsichtsorgan zur Festlegung entsprechender Geschäftsarten zu ermächtigen[1829] oder überhaupt einen Mindestkatalog zustimmungs- bzw. beschlussbedürftiger Geschäfte festzulegen.[1830]

[1822] In D konnte das System von 38 SE nicht eruiert werden, vgl. online: http://www.worker-participation.eu/European-Company-SE/Facts-Figures (15.1.2015).

[1823] Trotz des Wortlauts *„kann"* ist von einer Verpflichtung des nationalen Gesetzgebers auszugehen, da andernfalls aufgrund fehlender Regelungen das Wahlrecht der Gesellschaften praktisch nicht bestünde, dazu *Kalss/Greda,* in Kalss/Hügel, SE-Kommentar Vor § 34 SEG Rn. 2; *Lutter/Bayer/J. Schmidt* EuropUR § 41 Rn. 96, *Teichmann,* in Lutter/Hommelhoff, SE-Kommentar Art. 39 SE-VO Rn. 43, Art. 43 SE-VO Rn. 58; aA *Haberack/Verse* EuGesR § 13 Rn. 29; vgl. §§ 20 bis 49 SEAG bzw. für Ö §§ 38 bis 61 SEG für das monistische System.

[1824] S. Art. 39 Abs. 1 S. 2 und Abs. 5 bzw. Art. 43 Abs. 1 S. 2 und Abs. 4 SE-VO; dazu *Lutter/Bayer/J. Schmidt* EuropUR § 41 Rn. 92, 117, 133; in D und Ö besteht diese Option für das dualistische System nicht, da in beiden Staaten das dualistische System bekannt ist und neben dem Vorstand (Leitungsorgan) keine Geschäftsführer vorgesehen sind, dazu *Lutter/Bayer/J. Schmidt* EuropUR § 41 Rn. 117; vgl. aber § 40 SEAG, wonach im monistischen System geschäftsführende Direktoren bestellt werden können.

[1825] *Reichert/Brandes,* in MüKoAktG, Art. 38 SE-VO Rn. 28; *Teichmann,* in Lutter/Hommelhoff, SE-Kommentar Art. 38 SE-VO Rn. 41.

[1826] Vgl. *Lutter/Bayer/J. Schmidt* EuropUR § 41 Rn. 98 ff.

[1827] Im Vergleich zur dt. AG muss die Satzung der SE daher die Amtszeit zwingend festlegen und beträgt die höchstmögliche Amtszeit 6 Jahre anstatt 5 Jahre, vgl. *Reichert/Brandes,* in MüKoAktG, Art. 39 SE-VO Rn. 6.

[1828] *Lutter/Bayer/J. Schmidt* EuropUR § 41 Rn. 106 ff. (108); zB hat der Vorsitzende des SE-Leitungsorgans daher (wie Vorstandsvorsitzender einer AG in Ö gemäß § 70 Abs. 2 AktG) im Unterschied zum Vorstandsvorsitzenden der AG in D auch ohne besondere Satzungsbestimmung ein (dispositives) Dirimierungsrecht, dazu *Reichert/Brandes,* in MüKoAktG, Art. 38 SE-VO Rn. 11; *Fleischer,* in Spindler/Stilz, AktG § 77 Rn. 13.

[1829] Vgl. Ermächtigung in § 19 SEAG; vgl. Ö: Ermächtigung in § 37 S. 2 SEG.

[1830] Vgl. das Fehlen eines bestimmten Mindestkatalogs im SEAG parallel zu § 111 Abs. 4 S. 2 AktG; vgl. Ö: §§ 37, 40 Abs. 2 SEG erklären für beide Organisationssysteme den Mindestkatalog zustimmungsbedürftiger Geschäfte gemäß § 95 Abs. 5 AktG für anwendbar.

Die **Zahl** der Organmitglieder bestimmt sich gemäß Art. 39 Abs. 4, Art. 40 Abs. 3, Art. 43 Abs. 2 SE-VO nach der Satzung, der Sitzstaat kann jeweils Mindest- bzw. Höchstzahlen festlegen. In einer mitbestimmten SE legt Art. 43 Abs. 2 Uabs. 2 SE-VO für den Verwaltungsrat eine Mindestanzahl von drei fest.[1831] Im Gegensatz zum Leitungsorgan müssen die Mitglieder des Aufsichts- und Verwaltungsorgans gemäß Art. 42 bzw. Art. 45 SE-VO aus ihrer Mitte einen **Vorsitzenden** wählen, der bei gleicher Anzahl von Arbeitnehmer- und Kapitalvertretern Letzteren angehören muss, wodurch in Verbindung mit dem in diesem Fall zwingenden[1832] Dirimierungsrecht des Vorsitzenden gemäß Art. 50 Abs. 2 SE-VO das Letztentscheidungsrecht der Kapitalvertreter abgesichert wird.[1833] 577

Im **dualistischen System** (Aufsichtsratssystem, Two-Tier-System) sind **Leitungsorgan** und **Aufsichtsorgan** durch die Aufgabenzuweisung **funktionell** und durch die Inkompatibilität zwischen den Organen gemäß Art. 39 Abs. 3 S. 1 SE-VO **personell getrennt.**[1834] Nur im Falle einer Vakanz im Leitungsorgan kann das Aufsichtsorgan gemäß Art. 39 Abs. 3 S. 2 bis 4 SE-VO eines seiner Mitglieder – zeitlich beschränkbar durch nationales Recht – in das Leitungsorgan bei gleichzeitigem Ruhen des Aufsichtsmandats entsenden.[1835] 578

Das **Leitungsorgan** ist weisungsfrei,[1836] führt die Geschäfte der SE und vertritt die SE nach außen.[1837] Die Personalkompetenz zur Bestellung und Abberufung des Leitungsorgans liegt gemäß Art. 39 Abs. 2 SE-VO grundsätzlich beim Aufsichtsorgan, sie kann aber bei entsprechender Regelung im nationalen Aktienrecht des Sitzstaats auch auf die Hauptversammlung übertragen werden.[1838] Nicht durch die SE-Verordnung geregelte Angelegenheiten, zum Beispiel die Frage, ob freie Abberufbarkeit vorliegt,[1839] die Möglichkeit eines Vorsitzenden[1840] oder die Geschäftsordnung des Leitungsorgans, bestimmen sich gemäß Art. 9 Abs. 1 lit. c SE-VO nach nationalem (Aktien-)Recht.[1841] 579

Das weisungsfreie[1842] **Aufsichtsorgan** überwacht gemäß Art. 40 Abs. 1 S. 1 SE-VO das Leitungsorgan und vertritt die SE gegenüber dem Leitungsorgan.[1843] Das Aufsichtsorgan übt seine Überwachungsaufgabe insbesondere durch die Personalkompetenz für das Leitungsorgan gemäß Art. 39 Abs. 2 SE-VO, die Zustimmungsrechte gemäß Art. 48 SE-VO und die In- 580

[1831] Vgl. § 16 SEAG, § 38 Abs. 2 SEBG zu Fällen mit (teilweise dispositiver) Mindestzahl von 2 für das Leitungsorgan, dazu *Reichert/Brandes,* in MüKoAktG, Art. 39 SE-VO Rn. 20f.; § 17 Abs. 1, 2 und § 23 SEAG legen zwingende Mindest- und Höchstzahlen für das Aufsichts- und Verwaltungsorgan unter Vorbehalt einer anderen mitbestimmungsrechtlichen Regelung fest, dazu *Reichert/Brandes,* in MüKoAktG, Art. 40 SE-VO Rn. 66ff., Art. 43 SE-VO Rn. 58ff.

[1832] *Reichert/Brandes,* in MüKoAktG, Art. 42 SE-VO Rn. 2, Art. 45 SE-VO Rn. 2, Art. 50 SE-VO Rn. 3.

[1833] *Lutter/Bayer/J. Schmidt* EuropUR § 41 Rn. 138; *Reichert/Brandes,* in MüKoAktG, Art. 50 SE-VO Rn. 24.

[1834] *Reichert/Brandes,* in MüKoAktG, Art. 40 SE-VO Rn. 10.

[1835] Vgl. § 15 SEAG mit Beschränkung auf 1 Jahr.

[1836] *Habersack/Verse* EuGesR § 13 Rn. 32; *Lutter/Bayer/J. Schmidt* EuropUR § 41 Rn. 115f.; *Reichert/Brandes,* in MüKoAktG, Art. 39 SE-VO Rn. 9, 12; *Teichmann,* in MüHBGesR VI, § 49 Rn. 56.

[1837] *Lutter/Bayer/J. Schmidt* EuropUR § 41 Rn. 115f.; *Reichert/Brandes,* in MüKoAktG, Art. 39 SE-VO Rn. 8.

[1838] Aufgrund zwingender Personalkompetenz des Aufsichtsrats für den Vorstand der AG weder für D noch für Ö anwendbar; vgl. *Reichert/Brandes,* in MüKoAktG, Art. 39 SE-VO Rn. 15; *Ch. Nowotny,* in Doralt/Nowotny/Kalss, AktG § 75 Rn. 6, 20.

[1839] Vgl. § 84 Abs. 3 AktG; vgl. Ö: § 75 Abs. 4 AktG, daher Abberufbarkeit nur aus wichtigem Grund; vgl. *Reichert/Brandes,* in MüKoAktG, Art. 39 SE-VO Rn. 33.

[1840] Vgl. § 84 Abs. 2 AktG und für Ö § 75 Abs. 3 AktG, daher kann in D und Ö das SE-Aufsichtsorgan bei einem mehrgliedrigen Leitungsorgan einen Vorsitzenden bestellen; vgl. *Reichert/Brandes,* in MüKoAktG, Art. 39 SE-VO Rn. 29.

[1841] *Lutter/Bayer/J. Schmidt* EuropUR § 41 Rn. 120, 122.

[1842] *Reichert/Brandes,* in MüKoAktG, Art. 40 SE-VO Rn. 9.

[1843] *Drygala,* in Lutter/Hommelhoff, SE-Kommentar Art. 40 SE-VO Rn. 2; *Lutter/Bayer/J. Schmidt* EuropUR § 41 Rn. 123f.; vgl. auch *Reichert/Brandes,* in MüKoAktG, Art. 39 SE-VO Rn. 8.

formationsrechte gemäß Art. 41 SE-VO aus.[1844] Die Bestellungskompetenz für das Aufsichtsorgan liegt gemäß Art. 40 Abs. 2 SE-VO bei der Hauptversammlung, die Bestellung von Arbeitnehmervertretern bestimmt sich grundsätzlich nach der Mitbestimmungsvereinbarung.[1845] Die Abberufung der Mitglieder des Aufsichtsorgans richtet sich wie andere, nicht in der SE-VO geregelte Angelegenheiten, zum Beispiel zu Ausschüssen und der Geschäftsordnung, gemäß Art. 9 Abs. 1 lit. c SE-VO nach dem Recht des Sitzstaats.[1846]

581 Im **monistischen System** (Boardsystem, One-Tier-System) agiert das **Verwaltungsorgan** als weisungsfreies[1847] Leitungs- und Kontrollorgan, führt gemäß Art. 43 Abs. 1 S. 1 SE-VO die Geschäfte der SE und vertritt die SE nach außen.[1848] Die Regelungen zu Bestellung und Abberufung der Mitglieder des Verwaltungsorgans entsprechen den Bestimmungen zum Aufsichtsorgan im dualistischen System.[1849]

582 *ccc) Hauptversammlung:* Die Hauptversammlung ist das sowohl im monistischen wie auch dualistischen System **zwingend bestehende Organ** der SE, in dem die **Aktionäre ihre Mitgliedschaftsrechte ausüben.**[1850] In den Art. 52 bis 60 SE-VO finden sich Regelungen zur Hauptversammlung, zum Beispiel gemäß Art. 54 Abs. 1 SE-VO für eine Mindestfrequenz von einmal im Kalenderjahr innerhalb der ersten 6 Monate des Geschäftsjahrs, gemäß Art. 54 Abs. 2 und Art. 55 SE-VO für Einberufungsrechte von Leitungs-, Aufsichts- und Verwaltungsorgan sowie als Minderheitenrecht für 10% des gezeichneten Kapitals, die aber in weiten Bereichen auf das nationale (Aktien-)Recht verweisen.[1851] Art. 52 SE-VO legt für die Hauptversammlung folgende **Zuständigkeitsebenen** fest: (i) Angelegenheiten, die die SE-Verordnung der Hauptversammlung unmittelbar zuweist, zum Beispiel die Bestellung der Mitglieder des Aufsichts- und Verwaltungsorgans, Satzungsänderungen gemäß Art. 59 SE-VO und eine Sitzverlegung gemäß Art. 8 SE-VO;[1852] (ii) Angelegenheiten, die durch Umsetzungsbestimmungen zur SERichtlinie der Hauptversammlung zugewiesen werden;[1853] (iii) Angelegenheiten, die aufgrund des nationalen Aktienrechts des Sitzstaats der Hauptversammlung zugewiesen sind;[1854] (iv) statutarisch im Rahmen des Unions- und nationalen Rechts zugewiesene Angelegenheiten.[1855]

[1844] *Lutter/Bayer/J. Schmidt* EuropUR § 41 Rn. 125; vgl. § 18 SEAG und für Ö § 36 SEG, wonach auch ein einzelnes Organmitglied einen Bericht – allerdings nur – an das Gesamtgremium verlangen kann; vgl. *Reichert/Brandes,* in MüKoAktG, Art. 41 SE-VO Rn. 14.

[1845] *Lutter/Bayer/J. Schmidt* EuropUR § 41 Rn. 127; *Reichert/Brandes,* in MüKoAktG, Art. 40 SE-VO Rn. 26.

[1846] *Drygala,* in Lutter/Hommelhoff, SE-Kommentar Art. 40 SE-VO Rn. 10ff.; *Lutter/Bayer/J. Schmidt* EuropUR § 41 Rn. 128; *Reichert/Brandes,* in MüKoAktG, Art. 40 SE-VO Rn. 57; vgl. daher § 103 AktG (Kapitalvertreter) und § 37 Abs. 1 SEBG (Arbeitnehmervertreter); aA (keine vorzeitige Abberufbarkeit) *Hirte* NZG 2002, 1 (5); *Hommelhoff* AG 2001, 279 (283).

[1847] *Kubis,* in MüKoAktG, Art. 52 SE-VO Rn. 7; *Lutter/Bayer/J. Schmidt* EuropUR § 41 Rn. 131; *Reichert/Brandes,* in MüKoAktG, Art. 43 SE-VO Rn. 9.

[1848] *Lutter/Bayer/J. Schmidt* EuropUR § 41 Rn. 131f.

[1849] *Lutter/Bayer/J. Schmidt* EuropUR § 41 Rn. 135f.; vgl. im Detail *Reichert/Brandes,* in MüKoAktG, Art. 43 SE-VO Rn. 26ff.

[1850] *Kubis,* in MüKoAktG, Art. 52 SE-VO Rn. 1, 6.

[1851] *Lutter/Bayer/J. Schmidt* EuropUR § 41 Rn. 151.

[1852] Vgl. *Teichmann,* in MüHBGesR VI, § 49 Rn. 92; *Kubis,* in MüKoAktG, Art. 52 SE-VO Rn. 10ff.

[1853] In der SE-RL besteht derzeit keine entsprechende Kompetenzzuweisung, dazu *Lutter/Bayer/J. Schmidt* EuropUR § 41 Rn. 154.

[1854] Vgl. *Eberspächer,* in Spindler/Stilz, AktG Art. 52 SE-VO Rn. 6ff., 12f.; *Lutter/Bayer/J. Schmidt* EuropUR § 41 Rn. 155; *Teichmann,* in MüHBGesR VI, § 49 Rn. 93; daher sind insbesondere die Zuständigkeiten gemäß § 119 AktG zu berücksichtigen, soweit sie nicht durch Kompetenzzuweisungen der SE-VO überlagert werden, darüber hinaus aber auch die ungeschriebene HV-Zuständigkeit für Geschäfte iSd BGH-Rspr. *Holzmüller* und *Gelatine;* aA *Kubis,* in MüKoAktG, Art. 52 SE-VO Rn. 22; *Spindler,* in Lutter/Hommelhoff, SE-Kommentar Art. 52 SE-VO Rn. 47.

[1855] Vgl. *Kubis,* in MüKoAktG, Art. 52 SE-VO Rn. 23; *Lutter/Bayer/J. Schmidt* EuropUR § 41 Rn. 156; *Teichmann,* in MüHBGesR VI, § 49 Rn. 93; aufgrund der Satzungsstrenge gemäß § 23

ee) Arbeitnehmerbeteiligung: Die **Beteiligung der Arbeitnehmer** ist in der **SE-Richtlinie** und den **nationalen Umsetzungsbestimmungen** dazu geregelt.[1856] Kernpunkte des für die SE vorgesehenen Konzepts sind die Durchführung eines Verhandlungsverfahrens zur Festlegung der Arbeitnehmerbeteiligung, eine dazu subsidiäre Auffanglösung und das sogenannte *„Vorher-Nachher-Prinzip"*, das die Aufrechterhaltung des bisherigen Beteiligungsstandards in der SE gewährleisten soll.[1857] **583**

Für das **Verhandlungsverfahren** hat gemäß Art. 3 Abs. 1 und 2 SE-RL bzw. den nationalen Umsetzungsbestimmungen[1858] die Arbeitnehmerseite nach Verständigung durch die Leitungs- bzw. Verwaltungsorgane der Gründergesellschaften über die geplante SE-Gründung das „Besondere Verhandlungsgremium" (BVG) zu wählen. Ziel der grundsätzlich auf 6 Monate befristeten[1859] Verhandlungen zwischen dem BVG und den Leitungen[1860] der Gründungsgesellschaften ist der Abschluss einer schriftlichen **Beteiligungsvereinbarung** über Unterrichtung und Anhörung sowie Mitbestimmung der Arbeitnehmer in der SE. Die Vertragsparteien sind grundsätzlich frei in der inhaltlichen Gestaltung der Beteiligungsvereinbarung, gemäß Art. 4 Abs. 2 SE-RL bestehen allerdings bestimmte Mindestinhalte, zwingend ist insbesondere die Aufnahme von Verfahren zur Unterrichtung und Anhörung der Arbeitnehmer, während auf eine Mitbestimmung verzichtet werden kann.[1861] Möglich ist auch die Einigung auf eine teilweise oder vollständige Anwendung der gesetzlich vorgefertigten Auffanglösung.[1862] Das **Vorher-Nachher-Prinzip** äußert sich insbesondere dadurch, dass gemäß Art. 4 Abs. 4 SE-VO bei einer Umwandlung im Sinne eines Formwechsels einer Aktiengesellschaft in eine SE (vgl. Art. 2 Abs. 4 iVm Art. 37 SE-VO) das bisherige Beteiligungsniveau gleichwertig erhalten bleiben muss.[1863] **584**

Beschließt das BVG in qualifizierter Form die Nichtaufnahme oder den Abbruch der Verhandlungen, gelten die jeweils **nationalen Regelungen über Unterrichtung und Anhörung** der Arbeitnehmer, die SE bleibt aber **mitbestimmungsfrei.**[1864] Kommt es bis Fristablauf weder zu einer Vereinbarung noch zum Abbruch, ist die **„Auffangregelung"** nach dem Anhang zur SE-Richtlinie und den nationalen Umsetzungsbestimmungen anwendbar.[1865] Demnach ist einerseits ein SE-Betriebsrat mit Unterrichtungs- und Anhö- **585**

Abs. 5 S. 1 AktG ist dies nur möglich, soweit Gesetzesrecht eine Kompetenzzuweisung an die HV durch die Satzung ausdrücklich vorsieht; dazu *Kubis,* in MüKoAktG, § 119 Rn. 17; vgl. für Ö ähnlich *Bachner,* in Doralt/Nowotny/Kalss, AktG § 103 Rn. 16.

[1856] RL 2001/85/EG v. 8.10.2001, zur Ergänzung des Statuts der Europäischen Gesellschaft hinsichtlich der Beteiligung der Arbeitnehmer, ABl. 2001 L 294/22; SE-Beteiligungsgesetz (SEBG) vom 22.12.2004, BGBl. I 3675.

[1857] *Lutter/Bayer/J. Schmidt* EuropUR § 41 Rn. 186.

[1858] Vgl. § 4 SEBG für die Information der Arbeitnehmer, §§ 5 ff. SEBG für die Bildung des „Besonderen Verhandlungsgremiums".

[1859] Vgl. Art. 5 SE-RL und § 20 SEBG zur einvernehmlichen Verlängerung auf ein Jahr.

[1860] Mangels besonderer Regelung in SE-VO (und SEBG) können die Leitungen der Gründergesellschaften selbst bestimmen, wer für sie die Verhandlungen führt, dazu *Jacobs,* in MüKoAktG, § 13 SEBG Rn. 2.

[1861] Vgl. Art. 4 SE-RL und § 21 SEBG zu Mindestinhalten und Beschränkungen der Verhandlungsfreiheit; dazu *Lutter/Bayer/J. Schmidt* EuropUR § 41 Rn. 189 Fn. 760; *Jacobs,* in MüKoAktG, § 21 SEBG Rn. 9 ff. (9, 12 f.); *Oetker,* in Lutter/Hommelhoff, SE-Kommentar § 21 SEBG Rn. 19 ff. (19, 28, 31).

[1862] So ausdrücklich Art. 7 Abs. 1 Uabs. 2 lit. a SE-VO; vgl. § 21 Abs. 5 SEBG, dazu *Jacobs,* in MüKoAktG, § 21 SEBG Rn. 10.

[1863] Vgl. § 21 Abs. 6 S. 1 SEBG, dazu im Detail *Jacobs,* in MüKoAktG, § 21 SEBG Rn. 21 f.; *Oetker,* in Lutter/Hommelhoff, SE-Kommentar § 21 SEBG Rn. 34; *Teichmann* ZIP 2014, 1049 ff.

[1864] Vgl. Art. 3 Abs. 6 SE-RL und § 16 SEBG zu Voraussetzungen und Rechtsfolgen, dazu *Jacobs,* in MüKoAktG, § 16 SEBG Rn. 2 ff.

[1865] Vgl. Teil 1 und 2 des Anhangs SE-RL, §§ 22 ff. SEBG zur Einrichtung eines SE-Betriebsrats mit Unterrichtungs- und Anhörungsrechten, Teil 3 des Anhangs SE-RL, §§ 34 ff. SEBG zur Mitbestimmung, dazu *Habersack/Verse* EuGesR § 13 Rn. 40 ff.

rungsrechten einzurichten, andererseits bleibt bei der Umwandlung in eine SE jedenfalls das bisherige Mitbestimmungsniveau erhalten, in den anderen Fällen kommt es zur Anwendung der Mitbestimmungsregelung mit dem höchsten Anteil an Arbeitnehmervertretern im Verwaltungs- bzw. Aufsichtsorgan der beteiligten Gesellschaften, wenn für mindestens 25% (Verschmelzung)[1866] bzw. 50% (Holding-SE, Tochter-SE) der Arbeitnehmer der beteiligten Gesellschafter bereits eine Mitbestimmung bestand.

586 Das Verhandlungsmodell bietet die Möglichkeit, im Zuge einer SE-Gründung eine für das jeweilige Unternehmen *„maßgeschneiderte"* Mitbestimmungsregelung zu finden, im Fall der Auffanglösung kommt es in der Regel zum Erhalt des bisherigen Mitbestimmungsniveaus im Sinne des Verhältnisses zwischen Arbeitnehmer- und Kapitalvertretern, aber gegebenenfalls kann dadurch eine zahlenmäßige *„Verschlankung"* der Organe erreicht werden.[1867] Auch ermöglicht eine Umgründung in die SE das *„Einfrieren"* einer bestimmten Mitbestimmungsregelung, bevor strengere Bestimmungen anwendbar werden.[1868] Neben Kritik[1869] an der Komplexität und dem hohen Zeitaufwand des Verhandlungsverfahrens sowie der mit der Auffanglösung gegebenenfalls verbundenen Übernahme vergleichsweise strenger Mitbestimmungsregelungen werden verschiedene Fragen kontrovers diskutiert: Zum Beispiel, ob beim Wechsel aus einem dualistischen System in das bei der SE mögliche monistische System die Auffangregelung zur Mitbestimmung im gesamten Verwaltungsorgan,[1870] dh in der Kontrolle und Unternehmensführung, führt, oder ob das Beteiligungsverfahren bei der späteren Aktivierung einer arbeitnehmerlosen Vorrats-SE nachgeholt werden muss.[1871]

587 **ff) Ausblick:** Ein Bericht der Kommission aus 2010[1872] sowie ein Bericht der Reflection Group aus 2011[1873] identifizierten insbesondere die zwingende Koppelung von Satzungs- und Verwaltungssitz, das hohe Grundkapital oder die Gründungsbeschränkungen durch den Numerus Clausus als **Kritikpunkte** am SE-Statut. Im **Aktionsplan 2012** betont die Kommission das steigende Interesse an der Rechtsform SE, führt aber auch verbreitete Beschwerden an, insbesondere die hohe Komplexität der Regelungen sowie allgemein Rechtsunsicherheit und mangelnde Kenntnisse über das SE-Statut. In Abwägung mit den Schwierigkeiten, die eine Reformdiskussion mit sich bringen würde, spricht sich die Kommission aber jedenfalls *„kurzfristig"* gegen eine Revision des SE-Statuts aus, stattdessen sieht der Aktionsplan 2012 die Durchführung einer Informationskampagne zur Steigerung der Kenntnisse über die SE vor.[1874]

b) Europäische Genossenschaft – SCE

588 **aa) Grundlagen:** Die Europäische Genossenschaft bzw. Societas Cooperativa Europaea (SCE) wurde im Juli 2003 mit Verordnung **(SCE-VO)** eingeführt, die am 18.8.2006 in Gel-

[1866] Für die Verschmelzung besteht gemäß Art. 7 Abs. 3 SE-RL allerdings die Option des (künftigen) Sitzstaats der SE, die Auffangregelungen zur Mitbestimmung auszuschließen; D hat dies nicht getan, dazu *Jacobs,* in MüKoAktG, § 34 SEBG Rn. 6.

[1867] *Lutter/Bayer/J. Schmidt* EuropUR § 41 Rn. 196.

[1868] *Lutter/Bayer/J. Schmidt* EuropUR § 41 Rn. 196.

[1869] Vgl. *Lutter/Bayer/J. Schmidt* EuropUR § 41 Rn. 197 mwN.

[1870] Vgl. *Jacobs,* in MüKoAktG, § 35 SEBG Rn. 16ff.; *Lutter/Bayer/J. Schmidt* EuropUR § 41 Rn. 92, jeweils mwN.

[1871] Vgl. *Schäfer,* in MüKoAktG, Art. 16 SE-VO Rn. 13f.; *Oechsler,* in MüKoAktG, Art. 2 SE-VO Rn. 49; *Lutter/Bayer/J. Schmidt* EuropUR § 41 Rn. 195, jeweils mwN.

[1872] Bericht der Kommission KOM(2010) 676 v. 17.11.2010; dazu *Kiem* CFL 2011, 134ff.

[1873] Report of the Reflection Group On the Future of EU Company Law v. 5.4.2011, S. 30, online abrufbar: http://ec.europa.eu/internal_market/company/docs/modern/reflectiongroup_report_en.pdf (15.1.2015).

[1874] Mitteilung der Kommission COM(2012) 740 final v. 12.12.2012 („Aktionsplan 2012"), Punkt 4.5 und Anhang; eine Änderung des SE-Statuts ist daher derzeit nicht zu erwarten, vgl. *Bayer/J. Schmidt* BB 2013, 3 (15).

tung trat.[1875] Die Beteiligung der Arbeitnehmerinnen und Arbeitnehmer wird wie für die SE durch Richtlinie **(SCE-RL)** geregelt.[1876] Die SCE-Verordnung war Ergebnis eines langen Gesetzgebungsprozesses, erste Vorschläge gab es bereits in den 1970er Jahren, die Frage der Arbeitnehmerbeteiligung verhinderte aber lange Zeit einen erfolgreichen Abschluss.[1877] Nachdem diese Frage für die SE gelöst werden konnte, kam es zur Verwirklichung der SCE. Mit 21 SCE zum Stichtag 17.7.2012[1878] bzw. 25 SCE nach Angabe im Aktionsplan 2012[1879] besteht nur eine **geringe Verbreitung** der SCE. Die Einführung der SCE hat jedoch zu einer **Modernisierung der mitgliedstaatlichen Genossenschaftsrechte** geführt, so wurden zeitgleich mit der Umsetzung des SCE-Rechts sowohl in Deutschland als auch in Österreich für Genossenschaften nationalen Rechts Regelungen über investierende Mitglieder und ein – im Gegensatz zur SCE optionales – Mindestkapital eingeführt.[1880]

589 Die sekundärrechtlichen Regelungen der SCE-Verordnung und SCE-Richtlinie ähneln in Rechtstechnik und Inhalt dem europäischen Regelwerk zur SE, sind aber teilweise detaillierter gefasst.[1881] Das für eine bestehende[1882] SCE maßgebliche Recht folgt gemäß Art. 8 SCE-VO einer **hierarchischen Rechtsquellenpyramide:** Es gelten (i) die SCE-Verordnung, (ii) Satzungsregelungen aufgrund der SCE-Verordnung, (iii) mitgliedstaatliches Recht speziell für SCE,[1883] (iv) mitgliedstaatliches Genossenschaftsrecht, und (v) Satzungsregelungen aufgrund mitgliedstaatlichen Rechts.[1884] Das anwendbare mitgliedstaatliche Recht ist das Recht des **Sitzstaats,** dh des Mitgliedstaats, in dem sich der **Satzungssitz** der SCE befindet.[1885] Dazu kommen Spezialverweisungen[1886] sowie Regelungsermächtigungen und -verpflichtungen an den Sitzstaat.[1887]

590 Die SCE ist gemäß Art. 1 Abs. 5 SCE-VO uneingeschränkt **rechtsfähig, haftet** ihren Gläubigern mit dem **Genossenschaftsvermögen**[1888] und dient gemäß Art. 1 Abs. 3 SCE-VO dem **Zweck,** die Bedürfnisse ihrer Mitglieder zu decken und deren wirtschaftlichen und sozialen Tätigkeiten zu fördern. Die SCE ist mit ihren Tätigkeiten grundsätzlich auf ihre Mitglieder beschränkt, die Satzung kann aber gemäß Art. 1 Abs. 4 SCE-VO Anderes bestimmen.

591 Die SCE benötigt gemäß Art. 3 Abs. 2 SCE-VO zwingend ein **Grundkapital** in der Höhe von zumindest EUR 30.000. Das Grundkapital ist in Geschäftsanteile zerlegt, die

---

[1875] Verordnung (EG) Nr. 1435/2003 v. 22.7.2003 über das Statut der Europäischen Genossenschaft (SCE) ABl. 2003 L 207/1; vgl. Art. 80 SCE-VO.

[1876] Richtlinie 2003/72/EG v. 22.7.2003 zur Ergänzung des Statuts der Europäischen Genossenschaft hinsichtlich der Beteiligung der Arbeitnehmer, ABl. 2003 L 207/25.

[1877] Vgl. *Lutter/Bayer/J. Schmidt* EuropUR § 42 Rn. 1; *Nowotny,* in Kalss/Schauer/Nowotny, ÖGesR Rn. 5/166.

[1878] *Bayer/Schmidt* BB 2013, 3 Fn. 9.

[1879] Mitteilung der Kommission COM(2012) 740 final v. 12.12.2012 („Aktionsplan 2012"), Punkt 4.5.

[1880] Vgl. *Lutter/Bayer/J. Schmidt* EuropUR § 42 Rn. 4; vgl. Ö: *Nowotny,* in Kalss/Schauer/Nowotny, ÖGesR Rn. 5/61.

[1881] *Lutter/Bayer/J. Schmidt* EuropUR § 42 Rn. 2.

[1882] Auf die Gründung einer SCE ist gemäß Art. 17 Abs. 1 SCE-VO grundsätzlich das Genossenschaftsrecht des Mitgliedstaats anzuwenden, in dem der Satzungssitz gelegen sein soll.

[1883] SCE-Ausführungsgesetz BGBl. 2006 I 1911 (SCEAG) zur Ergänzung der SCE-VO sowie das SCE-Beteiligungsgesetz zur Umsetzung der Mitbestimmungsrichtlinie BGBl. 2006 I 1917 (SCEBG); vgl. Ö: SCE-Gesetz BGBl. I Nr. 104/2006 (SCEG) sowie Umsetzung der SCE-RL insbesondere durch Anpassung des ArbVG.

[1884] Vgl. *Lutter/Bayer/J. Schmidt* EuropUR § 42 Rn. 13; *Nowotny,* in Kalss/Schauer/Nowotny, ÖGesR Rn. 5/167; *Teichmann,* in MüHBGesR VI, § 51 Rn. 6.

[1885] Als „Sitz" iSd SCE-VO ist der Satzungssitz und als „Sitzstaat" der Mitgliedstaat, in dem sich der Satzungssitz befindet, zu verstehen; vgl. *Teichmann,* in MüHBGesR VI, § 51 Rn. 6 Fn. 33; vgl. englische Sprachfassung: *„registered office"*.

[1886] ZB Art. 5 Abs. 3 SCE-VO für die Gründungskontrolle nach dem Aktionsrecht des Sitzstaats.

[1887] *Lutter/Bayer/J. Schmidt* EuropUR § 42 Rn. 13.

[1888] *Teichmann,* in MüHBGesR VI, § 51 Rn. 26.

gemäß Art. 4 Abs. 3 SCE-VO auf den Namen des Inhabers und einen bestimmten Nennwert lauten. Es können gemäß Art. 4 Abs. 1 SCE-VO verschiedene Kategorien von Geschäftsanteilen ausgegeben werden, insbesondere mit unterschiedlichen Rechten bei der Ergebnisverteilung oder für nutzende und investierende Mitglieder.[1889] Das Grundkapital ist **variabel** und erhöht sich daher im Sinne einer Kapitalerhöhung mit dem Beitritt neuer Mitglieder bzw. verringert sich im Sinne einer Kapitalherabsetzung durch das Ausscheiden von Mitgliedern, darf aber nicht unter das festgelegte Grundkapital fallen.[1890] Die SCE-Verordnung beinhaltet Regelungen zur **Kapitalaufbringung** (Art. 4 Abs. 2 bis 6 SCE-VO) und Kapitalerhaltung, die sich an den entsprechenden Regelungen der Kapital-Richtlinie orientieren.[1891] Bei Gründung der SCE bzw. Beteiligung daran müssen Sacheinlagen vollständig, Bareinlagen zu 25% und der Rest innerhalb von fünf Jahren geleistet werden. Als Sacheinlagen können nur Vermögensgegenstände mit wirtschaftlich feststellbarem Wert, jedoch nicht Arbeits- oder Dienstleistungen bestimmt werden, Unterpari-Emissionen sind unzulässig. Zur **Kapitalerhaltung** dient die Auszahlungssperre gemäß Art. 3 Abs. 4 SCE-VO, wonach die Satzung einen nicht unter dem Mindestkapital liegenden Wert festzulegen hat, der durch Auszahlungen an ausscheidende Mitglieder gemäß Art. 16 Abs. 1 SCE-VO nicht unterschritten werden darf und daher den Auszahlungsanspruch bis zum Erreichen dieser Grenze aufschiebt.[1892] Gemäß Art. 4 Abs. 12 SCE-VO besteht ein **absolutes Verbot des originären und derivativen Erwerbs eigener Geschäftsanteile** mit Ausnahme der Annahme als Sicherheit im laufenden Geschäft eines genossenschaftlichen Kreditinstituts.[1893]

592 Aufstellung, Prüfung und Offenlegung der **Rechnungslegung** bestimmen sich gemäß Art. 68 Abs. 1 SCE-VO nach den Umsetzungsbestimmungen des Sitzstaats zur Bilanz-Richtlinie, wobei der Sitzstaat Sonderregelungen für genossenschaftliche Besonderheiten vorsehen kann.[1894] Ist im Recht des Sitzstaats für Genossenschaften eine besondere Pflichtprüfung vorgesehen, ersetzt diese gemäß Art. 71 SCE-VO die normale Abschlussprüfung.[1895]

593 **bb) Sitz, Sitzverlegung und Umgründungsmaßnahmen:** Die Bestimmungen für Sitz, Sitzverlegung und Umgründungsmaßnahmen entsprechen weitgehend den Bestimmungen für die SE (vgl. Rn. 562ff.). Der **Sitz** einer SCE, dh ihr **Satzungssitz,**[1896] muss gemäß Art. 6 SCE-VO in dem Mitgliedstaat liegen, in dem sie ihre **Hauptverwaltung** hat **(Sitzkoppelung).** Art. 7 SCE-VO regelt das Verfahren für eine **identitätswahrende, grenzüberschreitende Sitzverlegung,** wodurch es zu einem Wechsel des anwendbaren mitgliedstaatlichen Rechts kommt. Für den Fall des Auseinanderfallens von Sitz- und Hauptverwaltungsstaat hat der Sitzstaat gemäß Art. 73 Abs. 2 SCE-VO geeignete Maßnahmen zum Zweck der Zusammenführung in Übereinstimmung mit Art. 6 SCE-VO sowie für den Fall der fortgesetzten Nichtbehebung dieses Zustands erforderliche Maßnahmen zur Liquidation der SCE zu setzen.[1897]

594 Art. 76 SCE-VO ermöglicht der SCE unter Einhaltung einer Sperrfrist von zwei Jahren nach ihrer Eintragung einen **identitätswahrenden Formwechsel in eine Genossen-**

[1889] Art. 14 Abs. 1 Uabs. 2 SCE-VO räumt den Mitgliedstaaten die Option ein, der SCE als zusätzliche Finanzierungsmöglichkeit die Aufnahme von nicht nutzenden, dh nur „investierenden" Mitgliedern zu erlauben (vgl. Rn. 598).

[1890] *Habersack/Verse* EuGesR § 14 Rn. 6; *Lutter/Bayer/J. Schmidt* EuropUR § 42 Rn. 38ff.

[1891] Vgl. *Habersack/Verse* EuGesR § 14 Rn. 5; *Lutter/Bayer/J. Schmidt* EuropUR § 42 Rn. 32.

[1892] *Lutter/Bayer/J. Schmidt* EuropUR § 42 Rn. 40; *Teichmann,* in MüHBGesR VI, § 51 Rn. 28.

[1893] *Lutter/Bayer/J. Schmidt* EuropUR § 42 Rn. 41; das absolute Verbot ist strenger als die Regelungen der Kapital-RL, die weitreichende Gestaltungsmöglichkeiten zulässt (vgl. Rn. 342ff.).

[1894] *Lutter/Bayer/J. Schmidt* EuropUR § 42 Rn. 105.

[1895] *Lutter/Bayer/J. Schmidt* EuropUR § 42 Rn. 106.

[1896] Englische Sprachfassung: *„registered office".*

[1897] Vgl. § 10 SCEAG; vgl. Ö: § 5 Abs. 2 SCEG.

schaft nationalen Rechts des Sitzstaats („Renationalisierung"). Aufgrund Art. 8 Abs. 1 lit. c sublit. ii SCE-VO gelten die nationalen Regelungen des Sitzstaats für Formwechsel in andere Rechtsformen sowie für Verschmelzung und Spaltung von Genossenschaften unter analoger Anwendung der Sperrfrist auch für SCE des Sitzstaats.[1898] In **Ausübung der Niederlassungsfreiheit** kann die SCE nach den Grundsätzen der Rechtsprechung des EuGH auch grenzüberschreitende Umwandlungsmaßnahmen nutzen (vgl. Rn. 120 ff.).

cc) Gründung: Die Möglichkeiten zur **Gründung** einer SCE sind im Sinne eines **Numerus Clausus** in Art. 2 Abs. 1 SCE-VO abschließend festgelegt, gemeinsam ist ihnen ein **grenzüberschreitendes Element** *(„Mehrstaatlichkeitserfordernis"):*[1899] (i) Neugründung einer SCE durch mindestens fünf natürliche und/oder juristischen Personen mit Wohnsitz in bzw. anwendbarem Recht von zumindest zwei Mitgliedstaaten, (ii) Verschmelzung von mitgliedstaatlichen Genossenschaften mit Sitz und Hauptverwaltung im Unionsgebiet und anwendbarem Recht von zumindest zwei Mitgliedstaaten, sowie (iii) Umwandlung aus einer mitgliedstaatlichen Genossenschaft mit Sitz und Hauptverwaltung im Unionsgebiet und seit zwei Jahren mit zumindest einer dem Recht eines anderen Mitgliedstaats unterliegenden Tochtergesellschaft oder einer Niederlassung in einem anderen Mitgliedstaat.[1900] 595

Auf die Gründung einer SCE ist gemäß Art. 17 Abs. 1 SCE-VO grundsätzlich das für die **Gründung von Genossenschaften geltende Recht des Sitzstaats anzuwenden.**[1901] Art. 5 SCE-VO ordnet zusätzlich in Abs. 2 an, dass die Satzung schriftlich zu fassen und von allen Mitgliedern zu unterzeichnen ist, in Abs. 4 die Aufnahme bestimmter Mindestinhalte in die Satzung, sowie in Abs. 3, dass für die Gründungskontrolle das entsprechende Recht des Sitzstaats für Aktiengesellschaften anzuwenden ist.[1902] Daher sind insbesondere auch die nationalen Umsetzungsbestimmungen zu Art. 11 Publizitäts-RL über die gerichtliche bzw. verwaltungsbehördliche Gründungskontrolle und notarielle Beurkundung der Satzung (vgl. Rn. 252) anzuwenden.[1903] 596

Mangels unmittelbarer Anwendbarkeit der Publizitäts- und Zweigniederlassungs-Richtlinien auf Genossenschaften beinhalten die Art. 10 bis 13 SCE-VO entsprechende **Publizitätsregelungen,** sodass die SCE insbesondere gemäß Art. 11 Abs. 1 SCE-VO nach dem im Sitzstaat für Aktiengesellschaften geltenden Recht in ein Register eingetragen werden muss.[1904] 597

dd) Mitglieder: Als **Mitglieder** der SCE kommen natürliche Personen, Gesellschaften iSv Art. 54 Abs. 2 AEUV sowie sonstige juristische Personen des öffentlichen oder privaten Rechts, die keinen Erwerbszweck verfolgen,[1905] in Frage. Möglich sind auch *„sekundäre* 598

[1898] Vgl. *Lutter/Bayer/J. Schmidt* EuropUR § 42 Rn. 109 f. (allerdings gegen analoge Anwendung der Sperrfrist bei Verschmelzung und Spaltung).

[1899] Zur Gründung im Detail vgl. *Ebers,* in Schulze, Europäische Genossenschaft, 2004, Kap. 3; *Habersack/Verse* EuGesR § 14 Rn. 8 ff.; *Lutter/Bayer/J. Schmidt* EuropUR § 42 Rn. 17 ff.; *Teichmann,* in MüHBGesR VI, § 51 Rn. 8 ff.

[1900] Entgegen dem missverständlichen Wortlaut des Art. 2 Abs. 1 Sps. 5 SCE-VO, der von einer *„dem Recht eines anderen Mitgliedstaats unterliegende[n] Niederlassung"* spricht, ist auf eine Niederlassung als unselbstständiger Teil der Genossenschaft das auf diese anwendbare Recht anwendbar, dazu auch *Lutter/Bayer/J. Schmidt* EuropUR § 42 Fn. 94.

[1901] *Teichmann,* in MüHBGesR VI, § 51 Rn. 8.

[1902] Vgl. § 2 SCEAG mit Verweis auf die §§ 32 ff. AktG, dazu *Teichmann,* in MüHBGesR VI, § 51 Rn. 8.

[1903] Vgl. *Ebers,* in Schulze, Europäische Genossenschaft Kap. 3 Rn. 20; *Lutter/Bayer/J. Schmidt* EuropUR § 42 Rn. 16; aufgrund der Pflicht zur notariellen Beurkundung für die Satzung der AG gemäß § 23 Abs. 1 AktG ist daher auch die Satzung der SCE in D notariell zu beurkunden.

[1904] Genossenschaftsregister gemäß § 3 SCEAG; vgl. Ö: Firmenbuch gemäß § 2 Nr. 12 FBG.

[1905] In Übereinstimmung mit dem Verständnis zu Art. 54 Abs. 2 AEUV (vgl. Rn. 39) bezeichnet der Begriff „juristische Person" rechtlich verselbstständigte Organisationseinheiten und ist dieser nicht als Erfordernis von Rechtspersönlichkeit nach nationalem Recht auszulegen, darüber hinaus ist die

SCE", deren Mitglieder ausschließlich Genossenschaften sind.[1906] Die Geschäftsanteile können gemäß Art. 4 Abs. 11 SCE-VO unter Berücksichtigung der statutarischen Voraussetzungen, die insbesondere eine Zustimmung der Generalversammlung oder des Leitungs- bzw. Verwaltungsorgans vorsehen müssen, auf andere Personen übertragen werden. Unter einem doppelten Regelungsvorbehalt für das nationale Recht des Sitzstaats sowie für die Satzung der individuellen SCE lässt Art. 14 Abs. 1 Uabs. 2 SCE-VO die Aufnahme **investierender Mitglieder** zu, die nur zur Finanzierung der SCE beitragen, deren Leistungen aber nicht nutzen.[1907] Während die Aufnahme nutzender Mitglieder grundsätzlich der Zustimmung des Leitungs- bzw. Verwaltungsorgans bedarf, erfordert die Aufnahme investierender Mitglieder die Zustimmung der Generalversammlung, wenn die Satzung die Zuständigkeit nicht einem anderen Organ übertragen hat (vgl. Art. 14 Abs. 1 Uabs. 1 und Uabs. 2 SCE-VO). Die SCE-Verordnung sowie weiterführende nationale Regelungen beinhalten **Schutzbestimmungen** gegen eine *„Dominanz"* der bzw. *„Überfremdung"* durch die investierenden Mitglieder.[1908]

599 Die **Mitglieder haften** gemäß Art. 1 Abs. 2 Uabs. 3 S. 2 SCE-VO grundsätzlich nur mit der Höhe ihrer **Einlageverpflichtung,**[1909] in diesem Fall ist der Firma neben dem Rechtsformhinweis „SCE" der Zusatz „mit beschränkter Haftung" beizufügen (vgl. Art. 1 Abs. 2 Uabs. 3 S. 3 und Art. 10 Abs. 1 S. 2 SCE-VO). Die Satzung kann jedoch Anderes zur Haftung der Mitglieder anordnen, zum Beispiel eine Nachschusspflicht.[1910]

600 **ee) Organisationsverfassung:** Die **organisatorische Grundstruktur** der SCE entspricht jener der SE: Nach freier **Wahl in der Satzung** bestehen gemäß Art. 36 SCE-VO neben der Generalversammlung entweder ein Leitungs- und ein Aufsichtsorgan **(dualistisches System)** oder ein Verwaltungsorgan **(monistisches System).** SCE mit demselben Sitzstaat müssen daher nicht dieselbe Organisationsstruktur haben. Für beide Systeme enthalten die Art. 45 bis 51 SCE-VO allgemeine Bestimmungen.[1911] Regelungen zu Amtszeit und Verschwiegenheitspflicht entsprechen den Regelungen zur SE,[1912] Entsenderechte sind bei der SCE im Gegensatz zur SE hingegen nicht möglich.[1913] Die Satzung legt gemäß Art. 48 Abs. 1 SCE-VO die Geschäfte fest, die einer Zustimmung der Generalversammlung oder des Aufsichtsorgans bzw. eines ausdrücklichen Beschlusses des Verwaltungsorgans bedürfen, ohne dass dies einen Einfluss auf die Vertretungsbefugnis im Außenverhältnis hat (Art. 48 Abs. 2 SCE-VO). Das Recht des Sitzstaats kann dazu eine Mindestregelung vorse-

---

zusätzliche Anführung neben Gesellschaften im Sinne von Art. 54 Abs. 2 AEUV nur sinnvoll, wenn damit der Entfall des Erfordernisses des Erwerbszwecks einhergeht; die deutsche Sprachfassung verwendet in Art. 2 Abs. 1 Sps. 2, 3 SCE-VO missverständlich *„... bzw. ..."*, die englische Sprachfassung hingegen übereinstimmend mit Art. 2 Abs. 3 SE-VO und Art. 4 Abs. 1 lit. a EWIV-VO *„... and ..."*, daher dieselbe weite Auslegung (vgl. Rn. 568, 615); vgl. *Beuthien* GenG Art. 2 SCE-VO Rn. 1.

[1906] *Lutter/Bayer/J. Schmidt* EuropUR § 42 Rn. 44.

[1907] Vgl. § 4 SCEAG, dazu *Habersack/Verse* EuGesR § 14 Rn. 6; *Lutter/Bayer/J. Schmidt* EuropUR § 42 Rn. 45; vgl. § 8 Abs. 2 GenG, der investierende Mitglieder auch für nationale Genossenschaften ermöglicht; vgl. Ö: § 3 SCEG, § 5a Abs. 2 Nr. 1 GenG.

[1908] Vgl. Art. 39 Abs. 3 SCE-VO: Investierende Mitglieder dürfen maximal ein Drittel der Aufsichtsratsmitglieder stellen; Art. 59 Abs. 3 SCE-VO: Maximal 25% der Stimmrechte in der Generalversammlung; § 30 Abs. 2 SCEAG: Regelungsauftrag an Satzung für geeignete Maßnahmen gegen Blockaden durch investierende Mitglieder.

[1909] *Lutter/Bayer/J. Schmidt* EuropUR § 42 Fn. 163: Fehlübersetzung *„eingezahlten"*, tatsächlich ist die *übernommene* Einlagepflicht gemeint.

[1910] *Teichmann*, in MüHBGesR VI, § 51 Rn. 37.

[1911] In Abhängigkeit des Genossenschaftsrechts des Sitzstaats kann zB die Satzung neben natürlichen Personen auch Gesellschaften iSv Art. 54 Abs. 2 AEUV als Organmitglieder zulassen, in D und Ö ist das nicht zulässig, dazu *Lutter/Bayer/J. Schmidt* EuropUR § 42 Rn. 60; *Nowotny*, in Kalss/Schauer/Nowotny, ÖGesR Rn. 5/70.

[1912] *Lutter/Bayer/J. Schmidt* EuropUR § 42 Rn. 59.

[1913] *Lutter/Bayer/J. Schmidt* EuropUR § 42 Rn. 63.

hen oder im dualistischen System dem Aufsichtsorgan die Befugnis zur Festlegung zustimmungsbedürftiger Geschäfte einräumen (Art. 48 Abs. 3 SCE-VO).[1914]

Im **dualistischen System** besteht gemäß Art. 37 Abs. 3 SCE-VO **Inkompatibilität** **601**
der Mitgliedschaft im Leitungs- und im Aufsichtsorgan, eine durch das Recht des Sitzstaats zeitlich beschränkbare Ausübung eines vakanten Leitungsmandats bei Ruhen des Aufsichtsmandats ist jedoch möglich.[1915] Das **Leitungsorgan** ist für die Führung der Geschäfte und grundsätzlich für die Vertretung der SCE nach außen zuständig (Art. 37 Abs. 1 S. 1 SCE-VO). Nur im Verhältnis zu den Mitgliedern des Leitungsorgans vertritt das Aufsichtsorgan die SCE (§ 39 Abs. 1 S. 4 SCE-VO).[1916] Die Personalkompetenz für das Leitungsorgan liegt grundsätzlich beim Aufsichtsorgan, parallel zum Genossenschaftsrecht des Sitzstaats kann diese Kompetenz der Generalversammlung eingeräumt sowie entsprechende Bestellungs- und Abberufungsvoraussetzungen festgelegt werden.[1917]

Das **Aufsichtsorgan** überwacht die Geschäftsführung, kann dem Leitungsorgan aber **602**
keine Weisungen erteilen, als Überwachungsinstrumente dienen die Personalkompetenz für das Leitungsorgan, Zustimmungsrechte zu bestimmten Geschäften (vgl. § 48 SCE-VO) sowie Informationsrechte gegenüber dem Leitungsorgan (vgl. Art. 40 SCE-VO).[1918] Die Bestellungs- und Abberufungskompetenz liegt gemäß Art. 39 Abs. 2 SCE-VO bei der Generalversammlung.

Im **monistischen System** vereint das **Verwaltungsorgan** Leitungs- und Kontrollfunk- **603**
tion und nimmt daher grundsätzlich auch die Vertretung der SCE nach außen wahr.[1919] Die Anzahl der Mitglieder bestimmt sich nach der Satzung, wobei die Mitgliedstaaten Regelungen dazu vorsehen können (vgl. Art. 42 Abs. 2 SCE-VO). Die Bestellungskompetenz liegt gemäß Art. 42 Abs. 3 SCE-VO bei der Generalversammlung, die Abberufung und sonstige Beendigungsmöglichkeiten unterliegen mangels Regelung in der SCE-VO gemäß Art. 8 Abs. 1 lit. c SCE-VO dem Recht des Sitzstaats.

Sowohl im **Aufsichtsorgan** als auch im **Verwaltungsorgan** ist gemäß Art. 41 Abs. 1 **604**
SCE-VO bzw. Art. 44 Abs. 1 SCE-VO zwingend ein **Vorsitzender** zu wählen, der kein Arbeitnehmervertreter sein darf und über ein statutarisch dispositives Dirimierungsrecht verfügt. Der Anteil investierender Mitglieder ist jeweils auf ein Viertel der Mitglieder beschränkt (vgl. Art. 39 Abs. 3 SCE-VO bzw. Art. 42 Abs. 2 SCE-VO).

Die **Generalversammlung** ist gemäß Art. 52 SCE-VO zuständig in allen Angelegen- **605**
heiten, die die SCE-Verordnung, die Umsetzungsbestimmungen zur SCE-Richtlinie, das nationale Genossenschaftsrecht des Sitzstaats und die Satzung innerhalb dieser Schranken der Generalversammlung zuweisen.[1920] Gemäß Art. 63 SCE-VO kann das Recht des Sitzstaats die Satzung dazu ermächtigen, in größeren SCE Sektor- oder Sektionsversammlungen einzurichten, die die Generalversammlung als Vertreterversammlung *(„repräsentative Demokratie")*[1921] beschicken.[1922] Die Generalversammlung wird durch das Leitungs-, Aufsichts- oder Verwaltungsorgan oder eine berechtigte Minderheit (10% der stimmberechtig-

---

[1914] Von dieser Ermächtigung hat der Gesetzgeber weder in D noch in Ö Gebrauch gemacht.

[1915] Vgl. § 13 SCEAG.

[1916] *Lutter/Bayer/J. Schmidt* EuropUR § 42 Rn. 66; *Teichmann,* in MüHBGesR VI, § 51 Rn. 21.

[1917] Vgl. § 12 SCEAG, der es der SCE ermöglicht, die Personalkompetenz für das Leitungsorgan in der Satzung der Generalversammlung zu übertragen; dazu *Lutter/Bayer/J. Schmidt* EuropUR § 42 Rn. 71; *Teichmann,* in MüHBGesR VI, § 51 Rn. 20; vgl. Ö: § 22 SCEG mit inhaltlich gleicher Regelung.

[1918] Vgl. § 16 SCEAG, der von der Option Gebrauch macht, jedem einzelnen Mitglied des Aufsichtsorgans ein Individualrecht auf Information an das Aufsichtsorgan einzuräumen, dazu *Lutter/Bayer/J. Schmidt* EuropUR § 42 Rn. 74.

[1919] *Lutter/Bayer/J. Schmidt* EuropUR § 42 Rn. 78; vgl. §§ 17–27 SCEAG zum „Verwaltungsrat" der SCE in Deutschland.

[1920] *Lutter/Bayer/J. Schmidt* EuropUR § 42 Rn. 91; *Teichmann,* in MüHBGesR VI, § 51 Rn. 16.

[1921] *Lutter/Bayer/J. Schmidt* EuropUR § 42 Rn. 97.

[1922] Vgl. § 43a GenG; vgl. Ö: § 29 SCEG.

ten Mitglieder oder 5000 Mitglieder) einberufen (vgl. Art. 54 Abs. 2 und Art. 55 SCE-VO). Jedes Mitglied ist gemäß Art. 58 Abs. 1 SCE-VO teilnahmeberechtigt und zu den Tagesordnungspunkten redeberechtigt und hat ein individuelles Informationsrecht gemäß Art. 60 SCE-VO. Art. 59 SCE-VO legt zum Stimmrecht in der Generalversammlung fest, dass sich dieses am Kopfprinzip orientiert, die Satzung in Übereinstimmung mit dem Recht des Sitzstaats aber Ausnahmen zu diesem Grundsatz im Sinne von Mehrstimmrechten vorsehen kann.[1923] Die Einräumung von Stimmrechten an investierende Mitglieder obliegt dem Recht des Sitzstaats, Art. 59 Abs. 3 SCE-VO legt dazu fest, dass investierenden Mitgliedern insgesamt höchstens 25% der Stimmrechte zukommen dürfen.[1924]

606 **ff) Arbeitnehmerbeteiligung:** Die Regelungen der SCE-Richtlinie zur **Beteiligung** der Arbeitnehmerinnen und Arbeitnehmer entsprechen im Wesentlichen den Regelungen der SE-Richtlinie und halten an dem Verhandlungsmodell und dem Vorher-Nachher-Prinzip fest (vgl. Rn. 584).[1925] Gemäß Art. 8 SCE-RL[1926] richtet sich die Arbeitnehmerbeteiligung in dem Fall, dass an der SCE-Gründung keine oder nur eine juristische Person beteiligt ist und insgesamt weniger als 50 Arbeitnehmer oder in nur einem Mitgliedstaat 50 oder mehr Arbeitnehmer betroffen sind, nach dem Recht des Sitzstaats. Das Verhandlungsverfahren kommt in diesen Fällen nur auf Antrag eines Drittels der Arbeitnehmer oder nach Erreichen des Schwellenwerts von 50 Arbeitnehmern in zumindest zwei Mitgliedstaaten zur Anwendung.

607 **gg) Ausblick:** Die SCE-Verordnung gilt nach einer Konsultation aus 2011[1927] und einem Bericht der Kommission aus 2012[1928] als *„evident revisionsbedürftig"*.[1929] Im Aktionsplan 2012 ist nur eine Prüfung vorgesehen, ob zur Förderung des SCE-Statuts auch eine Informationskampagne wie für die SE initiiert werden soll, aber die Kommission *„beabsichtigt [...] kurzfristig keine Revision"*.[1930]

c) Europäische wirtschaftliche Interessenvereinigung – EWIV

608 **aa) Grundlagen:** Mit der Europäischen wirtschaftlichen Interessenvereinigung (EWIV) steht seit 1.7.1989 die älteste Rechtsform europäischen Rechts zur Verfügung.[1931] Die EWIV hat sich als grenzüberschreitende Kooperationsform mit 2.333 Gründungen und nach Abzug der aufgelösten EWIV mit 1.942 bestehenden EWIV zum Stichtag 11.12.2014 in Europa etabliert, wenn auch keine überragende Bedeutung erlangt.[1932] Rechtsgrundlage

---

[1923] Vgl. Art. 59 Abs. 2 SCE-VO iVm § 29 SCEAG; vgl. Ö: § 28 Abs. 2 SCEG.

[1924] Vgl. § 30 SCEAG, wonach jedes investierende Mitglied grundsätzlich 1 Stimme hat, die Satzung aber geeignete Schutzregelungen für die anderen Mitglieder vorsehen muss; vgl. Ö: § 28 Abs. 2 SCEG, der die Einräumung von Stimmen an investierende Mitglieder unter Beachtung der 25 %-Grenze der Satzung überträgt.

[1925] Auch die nationalen Umsetzungsbestimmungen im SCEBG folgen weitgehend dem SEBG, dazu *Lutter/Bayer/J. Schmidt* EuropUR § 42 Rn. 113f.; *Oetker,* in Lutter/Hommelhoff, SE-Kommentar Vor § 1 SEBG Rn. 25 (Unterschiede zwischen SCEBG und SEBG) und S. 871ff. (Entsprechungsübersicht SCEBG und SEBG); im Detail zur Arbeitnehmerbeteiligung *Nagel/Freis/Kleinsorge,* Beteiligung der Arbeitnehmer in Unternehmen auf Grundlage europäischen Rechts, 2010, Einf. SCE Rn. 24ff. und S. 290ff.

[1926] Vgl. § 41 SCEBG, dazu im Detail *Kleinsorge,* in Nagel/Freis/Kleinsorge, Beteiligung der Arbeitnehmer in Unternehmen auf Grundlage europäischen Rechts, 2010, § 41 SCEBG Rn. 1ff.

[1927] Online abrufbar: http://ec.europa.eu/enterprise/policies/sme/public-consultation/past-consultations/index2_en.htm (15.1.2015).

[1928] Bericht der Kommission COM(2012) 72 final v. 23.2.2012.

[1929] *Bayer/J. Schmidt* BB 2013, 3.

[1930] Mitteilung der Kommission COM(2012) 740 final v. 12.12.2012 („Aktionsplan 2012"), Punkt 4.5 und Anhang; eine Reform des SCE-Rechts ist daher derzeit nicht absehbar.

[1931] Art. 43 EWIV-VO.

[1932] Libertas Europäisches Institut GmbH, online abrufbar: http://www.ewiv.eu (15.1.2015).

für die EWIV ist die 1985 in Kraft getretene **EWIV-Verordnung**[1933] (EWIV-VO) und **subsidiär das nationale Recht des Sitzstaats,** dh des Mitgliedstaats, in dem sich der **Satzungssitz** befindet, auf das die EWIV-Verordnung für die innere Ordnung und den Gründungsvertrag mittels Generalsachnormverweisung in Art. 2 Abs. 1 EWIV-VO verweist.[1934] Daneben bestehen in der EWIV-Verordnung weitere Regelungsaufträge und -ermächtigungen an die Mitgliedstaaten.[1935] Auf eine EWIV mit Sitz in Deutschland werden daher subsidiär zur EWIV-Verordnung die Regelungen des deutschen EWIV-Ausführungsgesetzes und schließlich die Regelungen für die deutsche Gesellschaftsform der OHG und damit auch der Gesellschaft bürgerlichen Rechts angewendet.[1936]

Wesentliche Rechtsgrundlage ist der **Gründungsvertrag** im Sinne von Art. 1 Abs. 2 609
S. 2 EWIV-VO, der den Gründern unter Beachtung der zwingenden Bestimmungen in EWIV-Verordnung und nationalem Recht weitgehend Gestaltungsfreiheit einräumt.[1937] Der Gründungsvertrag hat den Mindestinhalt gemäß Art. 5 EWIV-VO, dh Namen, Sitz, Unternehmensgegenstand, Dauer sowie die Mitglieder der EWIV, zu beinhalten[1938] und ist grundsätzlich formfrei, unterliegt aber aufgrund der Hinterlegungspflicht bei einem nationalen Register der Textform.[1939] Mit Abschluss des Gründungsvertrages und **konstitutiver Eintragung** in ein vom Sitzstaat bestimmtes Register[1940] entsteht die EWIV.[1941] Art. 9 Abs. 2 EWIV-VO ordnet für das Gründungsstadium vor Entstehung der EWIV eine **Handelndenhaftung** an, sodass die vor Eintragung im Namen der EWIV handelnden Personen für die in diesem Zeitraum begründeten Verbindlichkeiten, die nicht von der EWIV übernommen werden, haften.[1942] Die EWIV-VO sieht zum Schutz des Rechtsverkehrs umfassende **Publizitätsvorschriften** für Gründung, Änderungen und Abwicklung der EWIV vor, die den Regelungen der – nicht unmittelbar auf die EWIV anwendbaren – Publizitäts-Richtlinie nachgebildet sind.[1943]

Der **zulässige Zweck** der EWIV liegt gemäß Art. 3 Abs. 1 EWIV-VO in der grenz- 610
überschreitenden Zusammenarbeit ihrer Mitglieder, sie soll deren wirtschaftliche Tätigkeiten unterstützen und ist daher nicht auf eigene Gewinnerzielung gerichtet, eine tatsächliche Gewinnerzielung ist aber zulässig.[1944] Die EWIV ist auf Hilfstätigkeiten in betrieblichen

---

[1933] Verordnung (EWG) Nr. 2137/85 v. 25.7.1985 über die Schaffung einer Europäischen wirtschaftlichen Interessenvereinigung (EWIV) ABl. 1985 L 199/1; das EWR-Abkommen – Anhang XXII, Nr. 10, ABl. 1994 L 1/3, dehnte den Anwendungsbereich auf den EWR aus.

[1934] *Habersack/Verse* EuGesR § 12 Rn. 1; *Lutter/Bayer/J. Schmidt* EuropUR § 40 Rn. 7; *Teichmann,* in MüHBGesR VI, § 48 Rn. 2.

[1935] Vgl. *Lutter/Bayer/J. Schmidt* EuropUR § 40 Rn. 7; *Teichmann,* in MüHBGesR VI, § 48 Rn. 4 Fn. 17.

[1936] *Habersack/Verse* EuGesR § 12 Rn. 2; *Lutter/Bayer/J. Schmidt* EuropUR § 40 Rn. 7; *Teichmann,* in MüHBGesR VI, § 48 Rn. 4; vgl. EWIV-Ausführungsgesetz v. 14.4.1988, BGBl. I 514 (EWIV-AG), das in § 1 die subsidiäre Anwendung der Regelungen zur OHG anordnet; vgl. Ö: EWIV-Ausführungsgesetz BGBl. I Nr. 521/1995 (EWIVG), das in § 1 die subsidiäre Anwendung der Regelungen zur OG anordnet.

[1937] *Habersack/Verse* EuGesR § 12 Rn. 2; *Lutter/Bayer/J. Schmidt* EuropUR § 40 Rn. 26; *Teichmann,* in MüHBGesR VI, § 48 Rn. 5, 17.

[1938] *Lutter/Bayer/J. Schmidt* EuropUR § 40 Rn. 27 ff.; *Teichmann,* in MüHBGesR VI, § 48 Rn. 16.

[1939] *Lutter/Bayer/J. Schmidt* EuropUR § 40 Rn. 32; *Teichmann,* in MüHBGesR VI, § 48 Rn. 15.

[1940] Vgl. § 2 Abs. 1 EWIV-AG, der die Eintragung im Handelsregister verlangt; vgl. Ö: § 2 Abs. 1 EWIVG für eine Firmenbucheintragung.

[1941] *Habersack/Verse* EuGesR § 12 Rn. 18; *Lutter/Bayer/J. Schmidt* EuropUR § 40 Rn. 25; *Teichmann,* in MüHBGesR VI, § 48 Rn. 22.

[1942] *Lutter/Bayer/J. Schmidt* EuropUR § 40 Rn. 36; *Teichmann,* in MüHBGesR VI, § 48 Rn. 22; vgl. parallele Regelungen für Handelndenhaftung im Gründungsstadium Art. 16 Abs. 2 SE-VO, Art. 18 Abs. 2 SCE-VO sowie in Art. 8 P-RL (vgl. Rn. 244).

[1943] Dazu im Detail *Lutter/Bayer/J. Schmidt* EuropUR § 40 Rn. 37 ff.

[1944] Art. 3 Abs. 1 EWIV-VO; vgl. *Lutter/Bayer/J. Schmidt* EuropUR § 40 Rn. 12; *Teichmann,* in MüHBGesR VI, § 48 Rn. 18.

Teilbereichen der Mitglieder beschränkt, zum Beispiel auf gemeinsame Forschungstätigkeiten, Beschaffungsvorgänge, Vermarktung oder die Nutzung kostenintensiver Investitionsgüter.[1945] In der Praxis dient die EWIV auch der grenzüberschreitenden Kooperation von Freiberuflern, insbesondere Rechtsanwälten[1946] oder als Form für Lobbyistenverbände in Brüssel.[1947]

611 Der Ausrichtung der EWIV als Kooperationsinstrument ihrer Mitglieder dienen neben der Zweckbeschränkung die **Tätigkeitsverbote** gemäß Art. 3 Abs. 2 lit. a bis e EWIV-VO: Die EWIV darf weder unmittelbar noch mittelbar die Leitungs- oder Kontrollmacht über die Unternehmen ihrer Mitglieder oder über sonstige Unternehmen ausüben (Konzernleitungsverbot), keine Anteile an Unternehmen von Mitgliedern halten (Holdingverbot), maximal 500 Arbeitnehmer beschäftigen (Beschäftigungsverbot), nicht Mitglied an einer anderen EWIV sein (Beteiligungsverbot) und sie unterliegt den mitgliedstaatlichen Beschränkungen des Sitzstaats über Kreditgewährung bzw. Vermögensübertragung an Organmitglieder und verbundene Personen (Kreditgewährungsverbot).[1948] Zusätzlich ist der EWIV gemäß Art. 23 EWIV-VO der öffentliche Zugang zum Kapitalmarkt einschließlich der Emission von Schuld- und Wandelschuldverschreibungen, Genussscheinen etc untersagt.[1949]

612 Das notwendige **grenzüberschreitende Element** der EWIV liegt gemäß Art. 4 Abs. 2 EWIV-VO darin, dass sich Hauptverwaltung (juristische Personen) bzw. Haupttätigkeit (natürliche Personen) der Mitglieder in zumindest 2 verschiedenen Mitgliedstaaten befinden, andernfalls ist die EWIV aufzulösen.[1950]

613 **bb) Zentrale Regelungsbereiche:** Gemäß Art. 12 EWIV-VO muss der im Gründungsvertrag festgelegte **Sitz** einer EIWV in einem Mitgliedstaat liegen und kann sich nur am Ort ihrer Hauptverwaltung oder am Ort der Hauptverwaltung bzw. -tätigkeit eines Mitglieds befinden. Im Gegensatz zu SE und SCE (vgl. Rn. 562, 593) muss sich der Satzungssitz daher nicht zwingend im selben Mitgliedstaat wie der Verwaltungssitz der EWIV befinden.[1951] Die EWIV kann ihren Sitz gemäß Art. 13 EWIV-V identitätswahrend, dh ohne Auflösung innerhalb des EU/EWR-Gebiets verlegen.[1952] Ändert sich durch die Sitzverlegung das neben der EWIV-VO gemäß Art. 2 Abs. 1 EWIV-VO anwendbare nationale Recht, regelt Art. 14 EWIV-VO ein besonderes Verfahren zum Schutz der Mitglieder und Gläubiger.[1953]

614 **Zwingende Organe** der EWIV sind gemäß Art. 16 Abs. 1 EWIV-VO die **gemeinschaftlich handelnden Mitglieder** sowie die **Geschäftsführung.** Für die Kompetenzabgrenzung besteht weitgehende Regelungsautonomie des Gründungsvertrages.[1954] Die gemeinschaftlich handelnden Mitglieder stellen das oberste Organ der EWIV dar, das über ausdrückliche Kompetenzzuweisungen in der EWIV-Verordnung und gründungsvertragliche Kompetenzregelungen hinaus grundsätzlich jede Geschäftsführungsentscheidung an sich ziehen kann und Weisungsbefugnis gegenüber der Geschäftsführung hat.[1955] Nur die

---

[1945] Vgl. *Lutter/Bayer/J. Schmidt* EuropUR § 40 Rn. 13; *Engert,* in Langenbucher, EuropPR § 5 Rn. 122; prominentes Beispiel ist der deutsch-französische TV-Sender ARTE.

[1946] *Lutter/Bayer/J. Schmidt* EuropUR § 40 Rn. 3.

[1947] *Saenger* GesR § 19 Rn. 834 mit dem Hinweis, dass Belgien der Mitgliedstaat mit den meisten EWIV ist.

[1948] *Lutter/Bayer/J. Schmidt* EuropUR § 40 Rn. 14 ff.; *Teichmann,* in MüHBGesR VI, § 48 Rn. 19.

[1949] *Lutter/Bayer/J. Schmidt* EuropUR § 40 Rn. 19; *Teichmann,* in MüHBGesR VI, § 48 Rn. 6.

[1950] Vgl. Art. 31 Abs. 3 EWIV-VO; *Lutter/Bayer/J. Schmidt* EuropUR § 40 Rn. 60; *Teichmann,* in MüHBGesR VI, § 48 Rn. 14.

[1951] *Lutter/Bayer/J. Schmidt* EuropUR § 40 Rn. 21; *Teichmann,* in MüHBGesR VI, § 48 Rn. 20.

[1952] *Lutter/Bayer/J. Schmidt* EuropUR § 40 Rn. 22; *Teichmann,* in MüHBGesR VI, § 48 Rn. 65.

[1953] *Lutter/Bayer/J. Schmidt* EuropUR § 40 Rn. 24; *Teichmann,* in MüHBGesR VI, § 48 Rn. 67 f.

[1954] *Lutter/Bayer/J. Schmidt* EuropUR § 40 Rn. 46, 50.

[1955] *Lutter/Bayer/J. Schmidt* EuropUR § 40 Rn. 46.

Vertretungsbefugnis liegt gemäß Art. 20 Abs. 1 EWIV-VO zwingend bei der Geschäftsführung.[1956] Für die Geschäftsführung gilt der Grundsatz der Fremdorganschaft, dh Mitgliedschaft ist für die Geschäftsführungsfunktion nicht erforderlich, und sie kann aus ein oder mehreren, grundsätzlich natürlichen Personen bestehen, die Einzelvertretungsbefugnis ausüben, wenn gründungsvertraglich nichts Anderes vorgesehen ist.[1957] Die Bestellung der Geschäftsführer kann gemäß Art. 19 Abs. 1 EWIV-VO im Gründungsvertrag oder durch Beschluss der Mitglieder vorgenommen werden. Der Gründungsvertrag kann gemäß Art. 16 Abs. 1 S. 2 EWIV-VO weitere Organe, zum Beispiel einen Beirat oder Aufsichtsrat, vorsehen.[1958]

Die EWIV muss gemäß Art. 4 Abs. 2 EWIV-VO **mindestens 2 Mitglieder** haben, bei **615**
nur einem Mitglied ist die EWIV aufzulösen.[1959] Mitglieder können gemäß Art. 4 Abs. 1 EWIV-VO natürliche Personen mit wirtschaftlichen Tätigkeiten im EU/EWR-Gebiet, Gesellschaften im Sinne von Art. 54 Abs. 2 AEUV sowie sonstige juristische Personen des öffentlichen oder privaten Rechts mit Hauptverwaltung in einem EU/EWR-Mitgliedstaat sein, die keinen Erwerbszweck verfolgen,[1960] nicht jedoch Gesellschaften etc aus Drittstaaten.[1961] Der Mitgliederkreis der EWIV ändert sich durch die **Aufnahme** neuer Mitglieder mittels einstimmigen Beschlusses der gemeinsam handelnden Mitglieder, durch Einzelrechtsnachfolge oder Gesamtrechtsnachfolge von Todes wegen bei Zustimmung der anderen Mitglieder oder gründungsvertraglicher Zulassung, sowie durch das **Ausscheiden** eines Mitglieds insbesondere aufgrund von Tod, Verlust der Mitgliedschaftsvoraussetzungen, Kündigung mit gründungsvertraglicher Regelung, Zustimmung aller anderen Mitglieder, Ausschluss wegen grober Pflichtverletzung oder vertraglich festgelegten Ausschlussgründen.[1962]

Die EWIV benötigt **kein Mindestkapital** und unterliegt auch keinen Kapitalaufbrin- **616**
gungs- und Kapitalerhaltungsregelungen. Als Ausgleich haften für Verbindlichkeiten der EWIV neben ihrem Vermögen die Mitglieder gemäß Art. 24 EWIV-VO unbeschränkt und gesamtschuldnerisch.[1963] Die **Haftung der Mitglieder** ist aber gemäß Art. 24 Abs. 2 EWIV-VO **subsidiär,** dh der Gläubiger muss die EWIV zumindest zur Zahlung aufgefordert haben und eine angemessene Frist verstreichen lassen.

Die EWIV kann aus Gründen, die sich nur aus dem nationalen Recht des Sitzstaats er- **617**
geben,[1964] für **nichtig erklärt werden,** wobei die verfahrensrechtlichen Vorgaben gemäß Art. 15 EWIV-VO eingehalten werden müssen, dh insbesondere die Nichtigkeit gerichtlich festgestellt und eine Mängelbehebungsfrist gesetzt werden muss.[1965] Zur **Auflösung** kommt

---

[1956] *Lutter/Bayer/J. Schmidt* EuropUR § 40 Rn. 51.

[1957] *Lutter/Bayer/J. Schmidt* EuropUR § 40 Rn. 49.

[1958] *Lutter/Bayer/J. Schmidt* EuropUR § 40 Rn. 55.

[1959] Vgl. Art. 31 Abs. 3 EWIV-VO, dazu *Lutter/Bayer/J. Schmidt* EuropUR § 40 Rn. 58.

[1960] Die Mitglieder müssen aber jedenfalls eine wirtschaftliche Tätigkeit betreiben, da die EWIV auf die Förderung der wirtschaftlichen Tätigkeit ihrer Mitglieder gerichtet ist, vgl. *Teichmann,* in MüHBGesR VI, § 48 Rn. 9; die deutsche Sprachfassung spricht von *„juristische[n] Einheiten",* in Zusammenschau mit Art. 2 Abs. 3 SE-VO und Art. 2 Abs. 1 Sps. 2, 3 SCE-VO bzw. mit den entsprechenden englischen Sprachfassungen (einheitlich: *„legal bodies"*) ist davon auszugehen, dass der Begriff „juristische Personen" gemeint ist; in Übereinstimmung mit dem Verständnis zu Art. 54 Abs. 2 AEUV (vgl. Rn. 39) bezeichnet der Begriff „juristische Person" rechtlich verselbstständigte Organisationseinheiten und ist dieser nicht als Erfordernis von Rechtspersönlichkeit nach nationalem Recht auszulegen, darüber hinaus ist die zusätzliche Anführung neben Gesellschaften im Sinne von Art. 54 Abs. 2 AEUV nur sinnvoll, wenn damit der Entfall des Erfordernisses des Erwerbszwecks einhergeht (vgl. zu SE und SCE Rn. 568, 598).

[1961] Dazu im Detail *Teichmann,* in MüHBGesR VI, § 48 Rn. 8ff.

[1962] Vgl. Art. 22, 26–28 EWIV-VO; dazu im Detail *Lutter/Bayer/J. Schmidt* EuropUR § 40 Rn. 64ff.; *Teichmann,* in MüHBGesR VI, § 48 Rn. 43ff.

[1963] Dazu im Detail *Lutter/Bayer/J. Schmidt* EuropUR § 40 Rn. 71ff.; *Teichmann,* in MüHBGesR VI, § 48 Rn. 58ff.

[1964] Vgl. § 1 EWIV-AG, der allgemein auf das OHG-Recht verweist.

[1965] *Lutter/Bayer/J. Schmidt* EuropUR § 40 Rn. 79f.; *Teichmann,* in MüHBGesR VI, § 48 Rn. 73.

es gemäß Art. 31, 32 EWIV-VO durch **Mitgliederbeschluss** oder **Gerichtsentscheidung.** Die Mitglieder haben demnach die EWIV insbesondere aufzulösen, wenn die gründungsvertraglich festgelegte Dauer abgelaufen oder ein sonstiger gründungsvertraglicher Auflösungsgrund eingetreten ist, darüber hinaus können die Mitglieder grundsätzlich jederzeit die Auflösung beschließen.[1966] Das Gericht hat die Auflösung auf Antrag eines Beteiligten[1967] oder einer Behörde insbesondere zu beschließen, wenn entgegen Art. 4 Abs. 2 EWIV-VO nur noch ein Mitglied vorhanden ist, und kann die Auflösung beschließen, wenn dies ein Mitglied aus wichtigem Grund beantragt.[1968]

d) Europäische Privatgesellschaft – SPE

618 Im **Juni 2008** legte die Kommission im Zusammenhang mit dem „Small Business Act"[1969] zur Förderung von Klein- und Mittelständischen Unternehmen einen **Verordnungsvorschlag**[1970] für die Schaffung der Rechtsform der Europäischen Privatgesellschaft bzw. Societas Privata Europaea (SPE) vor. Nach Änderungsvorschlägen des Europäischen Parlaments[1971] und Kompromissvorschlägen verschiedener Ratspräsidentschaften[1972] scheiterte der (dritte) Vorschlag[1973] der ungarischen Ratspräsidentschaft im Mai 2011 im Rat an den Stimmen Deutschlands und Schwedens.[1974] Im Aktionsplan 2012 sprach sich die Kommission nur für die Fortführung der Arbeit an einem *„follow-up"* zum SPE-Vorschlag aus,[1975] nach einer Mitteilung zur Effizienz und Leistungsfähigkeit der Rechtssetzung vom **Oktober 2013 zog die Kommission den Vorschlag eines SPE-Statuts zurück,** allerdings unter dem Vorbehalt, einen neuen Vorschlag in Zukunft zu *„erwägen"*.[1976]

619 Als **Alternative** ist die Einführung des Rechtsrahmens für die **Societas Unius Personae** geplant (vgl. Rn. 475 ff.). Eine Wiederbelebung des SPE-Projekts wird insbesondere von einem entsprechenden Impuls aus dem bisher blockierenden Deutschland abhängen, dessen Grundlage die Regierungsparteien im November 2013 mit der Festlegung in ihrem Koalitionsvertrag, sich für die Schaffung der SPE einzusetzen, zumindest gelegt ist.[1977] Als wesentliche Streitpunkte des SPE-Gesellschaftsstatuts gelten die Mitbestimmung der Arbeitnehmerinnen und Arbeitnehmer, die Möglichkeit der Sitzspaltung sowie das Mindeststammkapital.[1978]

[1966] *Lutter/Bayer/J. Schmidt* EuropUR § 40 Rn. 83; *Teichmann,* in MüHBGesR VI, § 48 Rn. 70.

[1967] De Begriff des „Beteiligten" ist weit auszulegen und erfasst ua Geschäftsführer, Arbeitnehmer, Mitglieder, dazu *Teichmann,* in MüHBGesR VI, § 48 Rn. 71.

[1968] *Lutter/Bayer/J. Schmidt* EuropUR § 40 Rn. 84.

[1969] Mitteilung der Kommission KOM(2008) 394 endgültig v. 25.6.2008.

[1970] VO-Vorschlag der Kommission KOM(2008) 396 v. 25.6.2008 über das Statut der Europäischen Privatgesellschaft, dazu im Detail *Jung,* Die Societas Privata Europaea (SPE), 2009.

[1971] Legislative Entschließung des Europäischen Parlaments v. 10.3.2009, ABl. 2010 C 87 E/300.

[1972] Dazu *Lutter/Bayer/J. Schmidt* EuropUR § 43 Rn. 4.

[1973] Vorschläge für SPE-Verordnung Dok. 8084/11, 9713/11, 10 611/11; der letzte Entwurf wird im Folgenden als Grundlage verwendet („SPE-VO-E"), abgedruckt in *Lutter/Bayer/J. Schmidt* EuropUR § 43 S. 1734 ff.

[1974] *Lutter/Bayer/J. Schmidt* EuropUR § 43 Rn. 4; zum Einstimmigkeitserfordernis auf Grundlage von Art. 352 AEUV vgl. Rn. 31.

[1975] Mitteilung der Kommission COM(2012) 740 final v. 12.12.2012 („Aktionsplan 2012"), Punkt 4.4.

[1976] Mitteilung der Kommission COM(2013) 685 final v. 2.10.2013, S. 9, online abrufbar: http://ec.europa.eu/smart-regulation/docs/20 131 002-refit_de.pdf (15.1.2015).

[1977] Vgl. Koalitionsvertrag von CDU, CSU und SPD v. 27.11.2013 „Deutschlands Zukunft gestalten" S. 19, online abrufbar: https://www.cdu.de/sites/default/files/media/dokumente/koalitionsvertrag.pdf (15.1.2015); vgl. *Bremer* NZG 2014, 57 (58), vgl. im Detail für die Wiederaufnahme der Verhandlungen zur SPE *Hommelhoff/Teichmann* GmbHR 2014, 177 ff.

[1978] Vgl. *Habersack/Verse* EuGesR § 15 Rn. 1, 6, 10; *Lutter/Bayer/J. Schmidt* EuropUR § 43 Rn. 12, 73, 172; *Teichmann,* in MüHBGesR VI, § 50 Rn. 3.

Die grundlegenden **Ziele** der Schaffung der SPE sind (i) die Förderung des Wachstums von **Klein- und Mittelständischen Unternehmen** am europäischen Binnenmarkt und (ii) die Funktion der SPE als **einheitlicher Gruppenbaustein** sowohl für mittelständische als auch für große Unternehmen.[1979] Hintergrund ist, dass das GmbH-Recht in Europa in weiten Bereichen, insbesondere Organisations- und Finanzverfassung, nicht vereinheitlicht ist. Im Zusammenhang mit der Rechtsprechung des EuGH zur Anerkennung von EU-Auslandsgesellschaften (vgl. Rn. 108f.) hatte dies einen Wettbewerb der nationalen Gesellschaftsrechte für Gesellschaften mit beschränkter Haftung zur Folge.[1980] Dies führte einerseits zu einer Modernisierung der nationalen GmbH-Rechte, andererseits aufgrund der Vielfalt der zur Verfügung stehenden Rechtsformen und dem damit einhergehenden Beratungs- und Verwaltungsaufwand zu einer Überforderung insbesondere von Klein- und Mittelständischen Unternehmen, die eine passende Gesellschaftsform suchen bzw. im EU-Ausland eine Niederlassung in Form einer selbstständigen Tochtergesellschaft gründen und betreiben wollen. Eine europäische Gesellschaftsform, die einen einheitlichen Rahmen für Auslandstochtergesellschaften von Klein- und Mittelständischen Unternehmen bietet und als Gruppenbaustein dient, könnte zu einer wesentlichen Reduktion von Beratungskosten und Verwaltungsaufwand führen.[1981] 620

Aus den Verordnungsentwürfen lassen sich **Kernelemente** einer möglichen SPE ableiten:[1982] Die SPE ist eine Kapitalgesellschaft mit Rechtspersönlichkeit, deren Kapital in Geschäftsanteile zerlegt ist, die nicht öffentlich, dh an einem geregelten Markt oder multilateralen Handelssystem gehandelt werden dürfen, und deren Gesellschafter nicht bzw. nur bis zur Höhe der gezeichneten Geschäftsanteile für Gesellschaftsverbindlichkeiten haften.[1983] 621

Art. 3 Abs. 3 SPE-VO-E setzt zwar ein **grenzüberschreitendes Element** voraus, das aber im Vergleich zur SE (vgl. Rn. 567) sehr schwach ausgeprägt ist, da ein grenzüberschreitender Gesellschaftszweck oder die Absicht, in einem anderen Mitgliedstaat Geschäfte zu betreiben, ausreicht.[1984] Der Zugang zur Rechtsform SPE ist daher offener als der zur SE und wohl auch für – zu Beginn – rein nationale Gründungsvorgänge gegeben.[1985] 622

Das neben dem Verordnungsrecht auf eine SPE anwendbare nationale Recht[1986] ist das **Recht des Sitzstaats,** dh des Mitgliedstaats, in dem sich der **Satzungssitz** der SPE befindet.[1987] Satzungs- und Verwaltungssitz müssen gemäß Art. 7 SPE-VO-E in der Europäischen Union liegen, darüber hinaus ist das Recht des Sitzstaats einzuhalten.[1988] Das bedeu- 623

[1979] Vgl. *Lutter/Bayer/J. Schmidt* EuropUR § 43 Rn. 7f.; *Teichmann,* in MüHBGesR VI, § 50 Rn. 1 mwN.

[1980] Vgl. *Engert,* in Langenbucher, EuropPR § 5 Rn. 9; *Leuering* ZRP 2006, 201; *Müller-Graff/Teichmann,* Europäisches Gesellschaftsrecht auf neuen Wegen, 2010, 43ff.

[1981] Vgl. *Teichmann* ZRP 2013, 169 (170) mwN und Beispielen.

[1982] Zu Einzelaspekten der geplanten SPE vgl. die gesammelten Beiträge in *Hirte/Teichmann,* The European Private Company – Societas Privata Europaea (SPE) ECFR Special Volume 3, 2013; *Hommelhoff/Schubel/Teichmann,* Societas Privata Europaea (SPE) – die europäische Kapitalgesellschaft für mittelständische Unternehmen, 2014.

[1983] Vgl. Art. 3 Abs. 1–2a SPE-VO-E.

[1984] *Lutter/Bayer/J. Schmidt* EuropUR § 43 Rn. 33; vgl. auch *Teichmann,* in MüHBGesR VI, § 50 Rn. 23f.

[1985] Vgl. *Servatius,* in Henssler/Strohn, Gesellschaftsrecht IntGesR Rn. 346.

[1986] Zum auf eine SPE anwendbaren Recht *Lutter/Bayer/J. Schmidt* EuropUR § 43 Rn. 20ff.; *Teichmann,* in MüHBGesR VI, § 50 Rn. 10.

[1987] Vgl. englische Sprachfassung: *„registered office";* es handelt sich dabei um dynamische Sachnormverweisungen, dazu *Lutter/Bayer/J. Schmidt* EuropUR § 43 Rn. 21; vgl. auch *de Erice/Gaude* DStR 2009, 857 Fn. 8; *Servatius,* in Henssler/Strohn, Gesellschaftsrecht IntGesR Rn. 344; aA (Gesamtnormverweisung) *Hommelhoff/Teichmann* GmbHR 2010, 337 (345); *Teichmann,* in MüHBGesR VI, § 50 Rn. 11.

[1988] Der Verweis auf das *„einzelstaatliche"* Recht ist als Gesamtnormverweisung, dh als Verweis auf das nationale Sach- und Kollisionsrecht, zu verstehen, dazu *Lutter/Bayer/J. Schmidt* EuropUR § 43 Rn. 13 Fn. 7.

tet, dass eine SPE mit Satzungssitz in einem Staat mit Gründungstheorie im internationalen Privatrecht und ohne Regelungen im anwendbaren materiellen Recht, die den Verwaltungssitz zwingend im Inland vorsehen,[1989] ihren Verwaltungssitz auch in einen anderen Mitgliedstaat – anfänglich oder nachträglich – verlegen kann **(Sitzspaltung).** Die Art. 36 ff. SPE-VO-E ermöglichen die **identitätswahrende, grenzüberschreitende Verlegung des Satzungssitzes** in einen anderen Mitgliedstaat und damit einen **teilweisen Wechsel des Gesellschaftsstatuts** der SPE, dh des anzuwendenden nationalen Rechts.[1990] Da im Gegensatz zur SE für die SPE keine zwingende Koppelung von Satzungs- und Verwaltungssitz besteht, kommt es nur auf das nationale Recht des – neuen – Sitzstaats an, ob der Verwaltungssitz mit verlegt werden muss oder nicht.[1991]

624 Das **Mindeststammkapital** der SPE beträgt einen Euro, die Mitgliedstaaten können aber ein Mindestkapital bis zur Höhe von EUR 8000 vorsehen.[1992] Zum Zweck der **Kapitalerhaltung** legt Art. 21 SPE-VO-E Schranken[1993] für **Ausschüttungen** der Gesellschaft fest, dh nach der **Legaldefinition** in Art. 2 Abs. 1 lit. c SPE-VO-E für alle finanziellen Vorteile, die ein Gesellschafter aufgrund seiner Gesellschafterstellung direkt oder indirekt aus der Gesellschaft bezieht. Die weite Definition soll offene und verdeckte Vermögensverschiebungen erfassen,[1994] Leistungen im Rahmen verkehrsüblicher Geschäfte unter marktüblichen Bedingungen sind aber nicht als Ausschüttungen zu qualifizieren.[1995] Ausschüttungen an Gesellschafter sind gemäß Art. 21 Abs. 1, 2 SPE-VO-E nur zulässig, wenn ein **Bilanztest** sowie ein **Gewinn- und Verlustrechnungstest** bestanden werden.[1996] Der Sitzstaat kann darüber hinaus gemäß Art. 21 Abs. 4 SPE-VO-E einen **Solvenztest** vorsehen.

625 Für die **Organisationsverfassung** der SPE besteht weitgehend **Satzungsautonomie,** obligatorisch einzurichten sind gemäß Art. 27 Abs. 1a, 1c SPE-VO-E die **Gesellschafterversammlung** sowie das **Geschäftsführungsorgan.**[1997] Neben den der Gesellschafterversammlung zwingend zugewiesenen Kompetenzen gemäß Art. 28 Abs. 1 SPE-VO-E kann die Satzung dieser weitere Beschlussgegenstände zuweisen.[1998] Die Struktur des „Geschäftsführungsorgans“ iSv Art. 2 Abs. 1 lit. e SPE-VO-E bestimmt sich zwingend nach der Sat-

---

[1989] Für eine SPE mit Satzungssitz in D ist daher § 4a GmbHG nach dem MoMiG zu beachten, wodurch jedenfalls materiellrechtlich der Verwaltungssitz auch im Ausland gelegen sein darf. Geht man davon aus, dass die Änderung von § 4a GmbHG sowohl materiellrechtliche als auch kollisionsrechtliche Wirkung hatte (zur Diskussion *Kieninger,* in MüHBGesR VI, § 52 Rn. 19 ff. mwN), würde eine SPE mit Satzungssitz in D ihren Verwaltungssitz auch im EU-Ausland haben können.

[1990] Es kommt daher zu einem „teilweisen Formwechsel“ aus der SPE, die dem nationalen Recht eines Mitgliedstaats unterliegt, in die Rechtsform der SPE, die dem nationalen Recht eines anderen Mitgliedstaats unterliegt; vgl. *Lutter/Bayer/J. Schmidt* EuropUR § 43 Rn. 161; *Servatius,* in Henssler/Strohn, Gesellschaftsrecht IntGesR Rn. 395; *Teichmann,* in MüHBGesR VI, § 50 Rn. 60.

[1991] *Lutter/Bayer/J. Schmidt* EuropUR § 43 Rn. 161.

[1992] Art. 19 Abs. 3 SPE-VP-E, dazu *Lutter/Bayer/J. Schmidt* EuropUR § 43 Rn. 73.

[1993] Dazu im Detail *Lutter/Bayer/J. Schmidt* EuropUR § 43 Rn. 85 ff.; vgl. auch *Kalss,* in Hommelhoff/Schubel/Teichmann, Societas Privata Europaea (SPE) – die europäische Kapitalgesellschaft für mittelständische Unternehmen, 2014, 133 (151 ff.) (zum schwedischen Kompromissvorschlag aus 2009).

[1994] *Lutter/Bayer/J. Schmidt* EuropUR § 43 Rn. 88; *Teichmann,* in MüHBGesR VI, § 50 Rn. 44.

[1995] *Hommelhoff/Teichmann* GmbHR 2008, 897 (906); *Teichmann,* in MüHBGesR VI, § 50 Rn. 45.

[1996] *Lutter/Bayer/J. Schmidt* EuropUR § 43 Rn. 87 ff. (90); diese Mechanismen zur Kapitalerhaltung nach dem SPE-VO-E entsprechen den Bestimmungen der Kapital-RL für Aktiengesellschaften (vgl. Rn. 335), der Bilanztest findet sich auch im Vorschlag für den SUP-Rechtsrahmen (vgl. Rn. 493).

[1997] *Lutter/Bayer/J. Schmidt* EuropUR § 43 Rn. 115 f.; zur Organisationsverfassung im Detail *Schoenemann,* Die Organisationsverfassung der Societas Privata Europaea, 2014; *Schubel,* in Hommelhoff/Schubel/Teichmann, Societas Privata Europaea (SPE) – die europäische Kapitalgesellschaft für mittelständische Unternehmen, 2014, 83, 93 ff.

[1998] Anhang I Nr. 10 SPE-VO-E, dazu *Lutter/Bayer/J. Schmidt* EuropUR § 43 Rn. 122.

zung, die SPE hat daher insbesondere ein **Wahlrecht** zwischen **monistischem** und **dualistischem System.**

Für die **Mitbestimmung** knüpft das SPE-Statut in Art. 35 Abs. 1 SPE-VO-E an das **Recht des Satzungssitzstaats** an, gleichzeitig wird ein Auseinanderfallen von Satzungs- und Verwaltungssitz zugelassen (vgl. Rn. 623) und daher eine *„Flucht aus der Mitbestimmung"*[1999] ermöglicht.[2000] Als Ausgleich sehen die Art. 35a–35d SPE-VO-E – allerdings nur in besonderen Fallkonstellationen – Regelungen für die Durchführung eines Verhandlungsverfahrens sowie eine Auffangregelung vor.[2001] 626

e) Alternativen zu Europäischen Gesellschaftsformen

Nach dem – zumindest vorläufigen – Scheitern der SPE werden Alternativen diskutiert, die eine Entwicklung des Gesellschaftsrechts in vergleichbarer Weise erreichen sollen. Auf Grundlage des Berichts der Reflection Group aus 2011[2002] sowie einer Konsultation aus 2013[2003] legte die Kommission am 9.4.2014 einen Richtlinien-Vorschlag vor, der die **Societas Unius Personae** („SUP") als Rechtsrahmen für nationale Einpersonen-Kapitalgesellschaften mit beschränkter Haftung vorsieht (vgl. Rn. 475 ff.). 627

Eine weitere Alternative brachte die Kommission in ihrer Konsultation zur Zukunft des Europäischen Gesellschaftsrechts aus 2012 ins Spiel.[2004] Für nationale Gesellschaftsformen, die bestimmte Anforderungen erfüllen, könnte eine europäische Bezeichnung zugelassen werden. Eine solche **Europäische Zertifizierung („EU-Gütesiegel")** würde entsprechend qualifizierten Gesellschaftsformen verliehen und könnte insbesondere Klein- und Mittelständischen Unternehmen die Auswahl geeigneter Gesellschaftsformen für eine Expansion am EU-Binnenmarkt erleichtern.[2005] Die Mitgliedstaaten wären in ihrer gesellschaftsrechtlichen Regelungsgewalt nicht eingeschränkt,[2006] stünden aber vor der Wahl, ob sie „ihre" Gesellschaftsformen anpassen, um das europäische Zertifikat zu erlangen, oder im Wettbewerb der Gesellschaftsrechte einen möglichen Nachteil in Kauf nehmen. Die Steuerungs- bzw. Harmonisierungswirkung eines solchen Modells wird ausschließlich durch den – vorausgesetzten – Vorzug entsprechend zertifizierter Rechtsformen durch die Marktteilnehmer erreicht. Eine Zertifizierung weist daher Ähnlichkeiten zu grundsätzlich nicht verbindlichen soft law-Methoden wie der Offenen Methode der Koordinierung oder Empfehlungen auf.[2007] Eine genauere Ausgestaltung des Zertifizierungs-Modells, insbesondere die Festlegung der gesellschaftsrechtlichen Anforderungen zum Erhalt des Zertifikats, besteht derzeit nicht.[2008] 628

Eine weitere Alternative zur Fortentwicklung der mitgliedstaatlichen Gesellschaftsrechte stellt das **Modellgesetz** European Model Company Act (EMCA) dar.[2009] Das **European** 629

[1999] *Lutter/Bayer/J. Schmidt* EuropUR § 43 Rn. 172.

[2000] Vgl. *Lutter/Bayer/J. Schmidt* EuropUR § 43 Rn. 173; *Servatius,* in Henssler/Strohn, Gesellschaftsrecht IntGesR Rn. 386; *Teichmann,* in MüHBGesR VI, § 50 Rn. 56.

[2001] Dazu im Detail *Lutter/Bayer/J. Schmidt* EuropUR § 43 Rn. 176 ff.

[2002] Report of the Reflection Group On the Future of EU Company Law v. 5.4.2011, S. 58, 66 f., online abrufbar: http://ec.europa.eu/internal_market/company/docs/modern/reflectiongroup_report_en.pdf (15.1.2015).

[2003] Online abrufbar: http://ec.europa.eu/internal_market/consultations/2013/single-member-private-companies/index_de.htm (15.1.2015).

[2004] Konsultation über die Zukunft des Europäischen Gesellschaftsrechts (2012) Frage 13, online abrufbar: http://ec.europa.eu/internal_market/consultations/docs/2012/companylaw/questionnaire_de.pdf (15.1.2015).

[2005] Vgl. *Möslein* ZHR 176 (2012), 470 (472 f.).

[2006] Vgl. *Möslein* ZHR 176 (2012), 470 (473 f.).

[2007] Vgl. *Möslein* ZHR 176 (2012), 470 (475 f.).

[2008] Zu möglichen gesellschaftsrechtlichen Anforderungskriterien vgl. *Möslein* ZHR 176 (2012), 470 (498 ff.).

[2009] Vgl. direkter Hinweis auf den EMCA in Europäische Kommission, Konsultation über die Zukunft des Europäischen Gesellschaftsrechts, 2012, Frage 12, online abrufbar: http://ec.europa.eu/internal_market/consultations/docs/2012/companylaw/questionnaire_de.pdf (15.1.2015).

Model Company Law Project ist eine private Initiative europäischer Wissenschaftler und zielt auf die Entwicklung von Modellregeln für offene Kapitalgesellschaften. Den nationalen Regelgebern sollen Modelle zur Verfügung gestellt werden, bestimmte Regelungsbereiche entsprechend eines vorgedachten Mechanismus zu regeln.[2010] Der EMCA versteht sich als europäischer Versuch, eine ähnliche Vorlage wie die American Bar Association für die US-amerkanische Close Corporation vorgelegt hat,[2011] anzubieten. Die Modellregelungen werden am 10. und 11. September 2015 anlässlich einer Tagung an der Wirtschaftsuniversität Wien vorgestellt und einer kritischen Diskussion unterzogen.

[2010] Dazu die Website der Arbeitsgruppe, online abrufbar: http://law.au.dk/en/research/projects/europeanmodelcompanyactemca/ (15.1.2015), vgl. *Baums,* Europäische Modellgesetze im Gesellschaftsrecht, Working Paper 75, 2008 online abrufbar: http://www.ilf-frankfurt.de/uploads/media/ILF_WP_075.pdf (15.1.2015); *Baums/Krüger/Andersen,* The European Model Company Act Project, in Tison/De Wulf/Van der Elst/Steennot, Perspectives in Company Law and Financial Regulation – Essays in Honour of Eddy Wymeersch, 2009, 5 ff.; *Kalss* ECFR 2008, 324 ff.; *Teichmann* KSzW 2014, 77 ff.

[2011] American Bar Association, Model Business Corporation Act Annotated: Professional Corporation Supplement: Close Corporation Supplement, 1984.